京都嵯峨 壽樂園日誌

終戦直後に創設された養老院のドキュメント

横川八重 著
小國英夫 監修

関西学院大学出版会

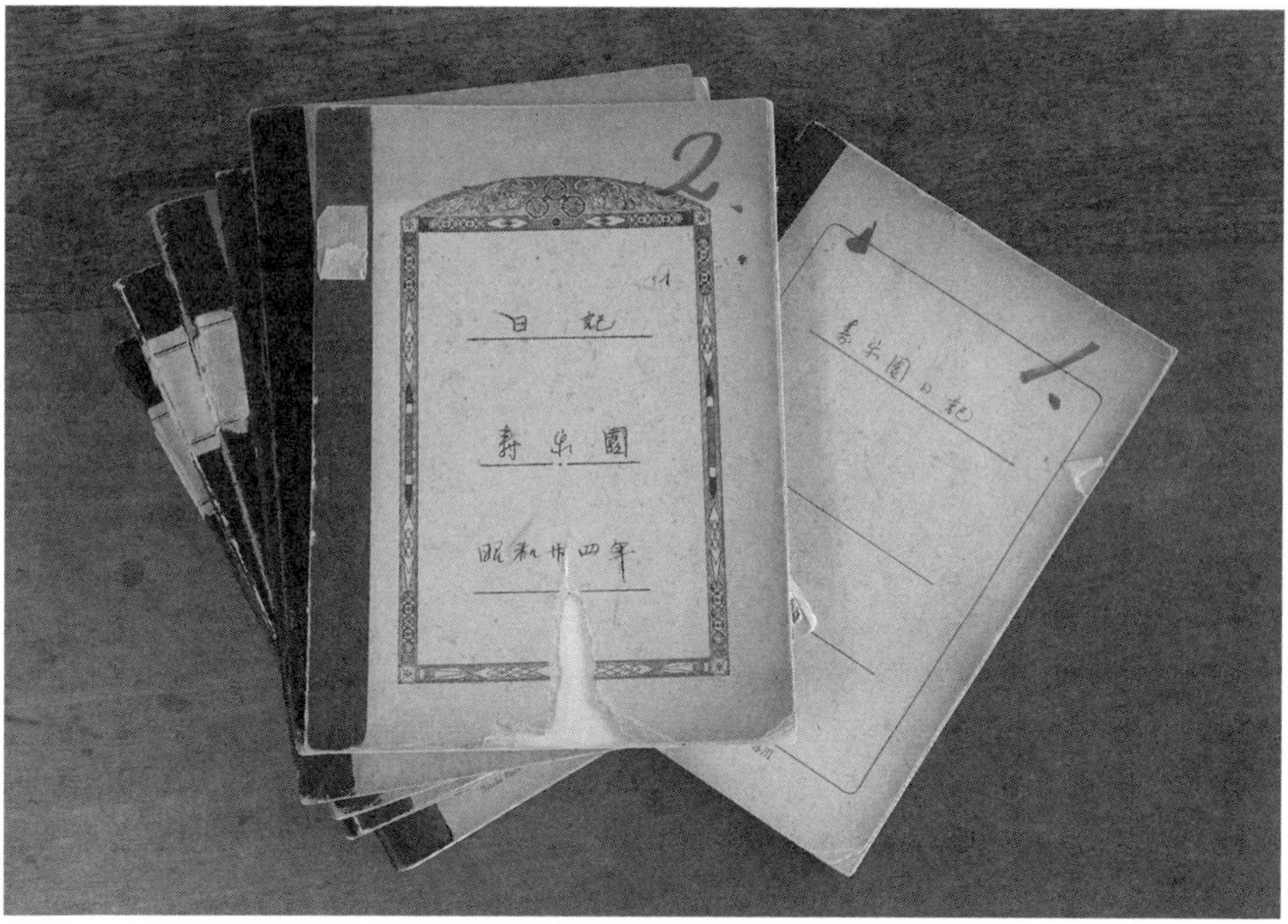

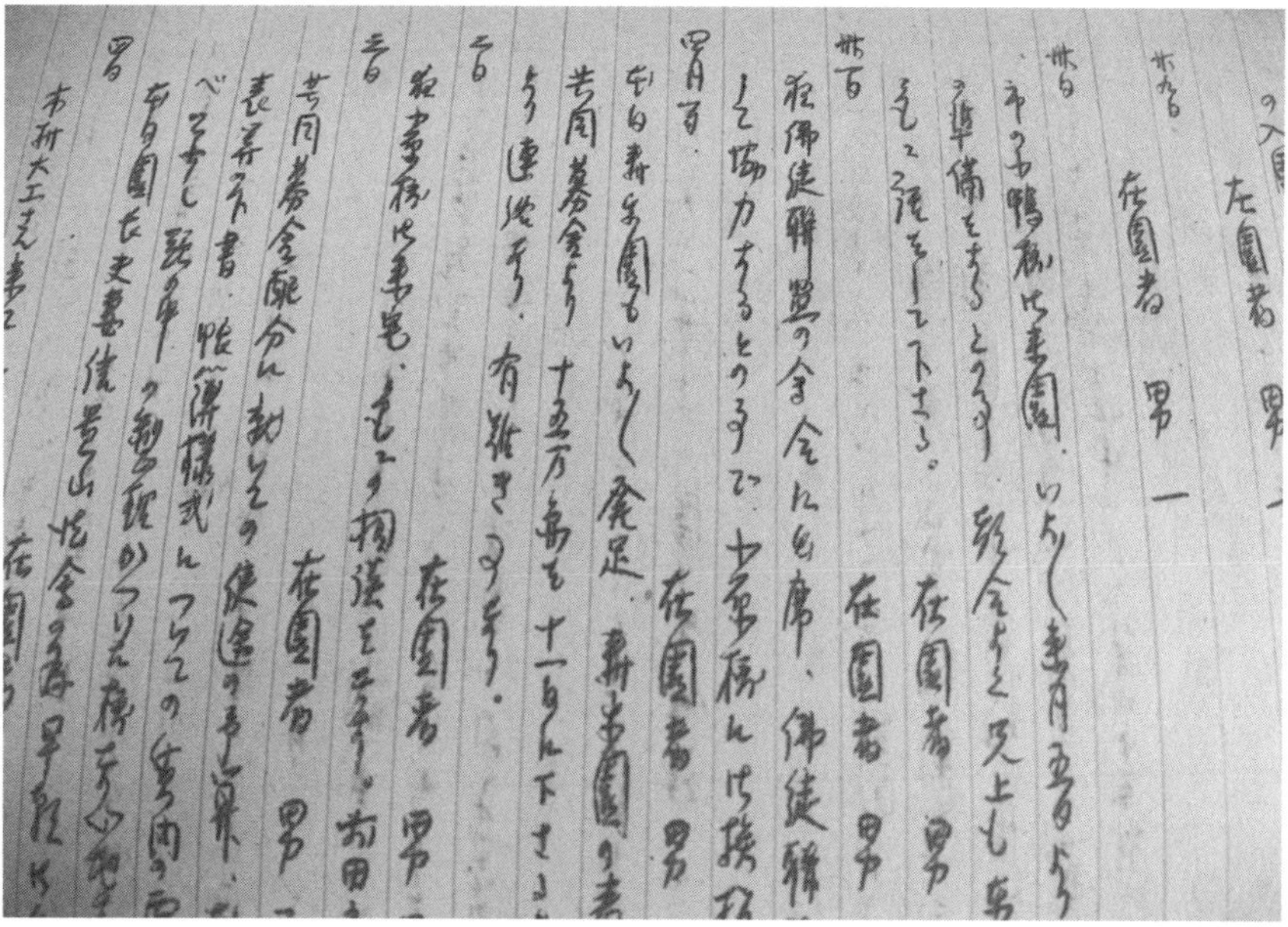

横川が大学ノートに8年間記した日誌

題字　小國英夫

京都嵯峨　寿楽園日誌

終戦直後に創設された養老院のドキュメント

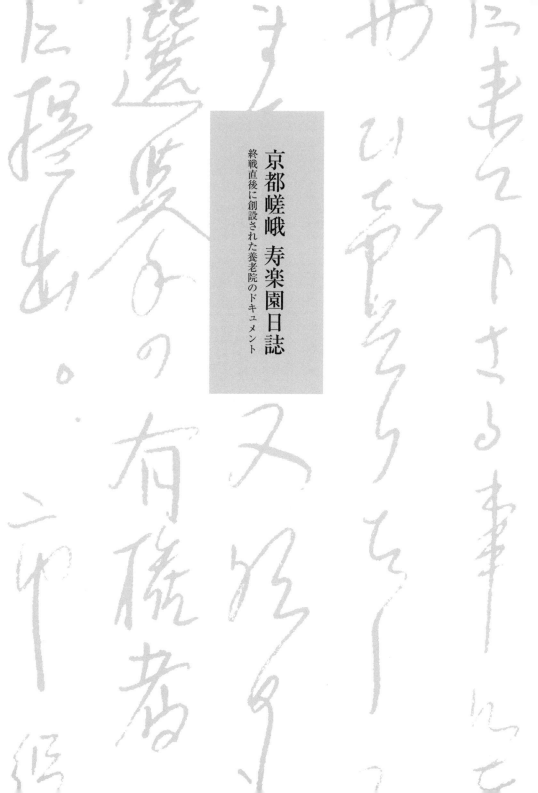

はじめに

社会福祉法人健光園はお陰様で二〇一九年四月一日に創立七十周年を迎え、その記念事業の一つとして本書を出版することにしました。これは創立時の重要なメンバーの一人であった横川八重（一九〇三〜六五）が八年間にわたって大学ノートにほぼ毎日記録したものであり、健光園創立時（当時の名称は寿楽園）の経過や日々の状況が手に取るようにわかります。

そもそも養老院創設の発端は、私の父が一九四八（昭和二十三）年三月二十日に四十九歳で他界したために、経営していた「健光園嵯峨断食道場」は道場主を失い、継続できなくなったためであります。そこでこの施設を活かして養老院を開設してはどうかという多くの方々のご助言やご支援により創設されました（断食道場は祖父・小國安太郎が昭和の初めに創設。ドイツなどで行われていた科学的な断食療法を独学で学び、主として消化器系の慢性疾患に悩む多くの人々の治療を実施。その後、父が川端愛義先生、市田賢吉先生、松田三三人先生等、医師数人の協力を得て継承。当時、断食道場は全国に七カ所ほどあった）。

当時の日本は敗戦直後の混乱した状況が続いており、まだまだ多くの人々が日々の暮らしに困窮していました。空襲で家族や住まいを失った児童や高齢者、戦争で深い傷を負った傷痍軍人、一家の働き手が戦死し途方に暮れる家族、海外からやっとの思いで引き揚げてきた人々、職もなく住まいもない路上生活者、飢えや病気に苦しむ人々等々枚挙に暇がありません。

そうしたなかで路上生活を余儀なくされている多くの高齢者を救済するためには養老院が必要であり、断食道場だった施設はそうした高齢者の生活の場として適当であること等々の理由で急遽、開設に向かって準備することになりました。
しかし、養老院の経営に経験のある者は一人もなく、何をどうすればよいのかわからないなかで、この日誌の著者である横川八重（私の父の妹）と小國静子（私の母）が伏見区醍醐にある同和園（一九二一＝大正十年に創設された京都で最も古い養老院）に日参し、時には泊り込んで当時の石井勇園長先生や江頭法輪主事先生に手取り足取りご指導をいただいた次第です。

この日誌の著者・横川八重は京都府女子師範学校（現在の京都教育大学）を卒業して教員をしていましたが、父の友人である横川修治と結婚して広島の五日市に住んでいました。広島に原爆が投下され、また夫が病死したため、一九四七（昭和二十二）年に八重の実家である嵯峨に戻り私たちとともに暮らしていました。母の小國静子は、父が断食道場主になった以後は献身的に患者さんのお世話に当たっていました。そうした二人の経験が、養老院の仕事にも大いに生かされたように思います。

終戦直後は、上海から引き揚げてきた谷山敬之（父の二番目の姉婿で後の健光園三代目理事長）一家とその長女や次女の一家、祖父の弟や妹夫婦など、多くの親戚縁者が断食道場の離れで一緒に暮らしていました。文字通りの大家族でした。

また、断食道場時代からいろいろお世話になっていた大本山大覚寺の草繋全宜《くさなぎぜんぎ》ご門跡、別格本山覚勝院の坂口密翁ご住職（戦前、現在の日本社会事業大学の研究科で学ばれ、我が国養老事業の草分けである浴風園（東京）での実習も経験された方。当時は京都府共同募金会に関わっておられた）、医師で民生委員でもあった松田二三人先生、さらには相互タクシー株式会社の多田清社長や京阪練炭株式会社の西田小太郎社長、嵯峨婦人会会長の飛鳥井慈孝曇華院《どんげいん》ご門跡、その他近隣の有力者の方々に大変お世話になりました。また、小國家の親族もまさに総出で取り組んでくれました。

もちろん、京都府、京都市、厚生省（当時）等の担当者の方々をはじめ、京都府社会福祉協議会や京都府共同募金会、地元の民生委員さん等にも親身になってご指導、ご協力いただきました。

創立当時の理事長には大覚寺の草繫全宜ご門跡、園長には亀山弘應大僧正（父の一番上の姉婿で、戦前・戦中は高野山真言宗の布哇花瑠瑠＝ハワイ・ホノルル別院や京城＝韓国ソウル別院で社会部長等を歴任、その経験が評価され養老院創設が認可された。のちの高野山金剛峯寺第四〇四世座主）、副園長には小原弘万さん（大阪養老院理事経験者）が就任しました。

私は創立当時、京都市立嵯峨小学校の五年生になったばかりでした。しかし一応小國家の跡取りということで関係者の方々は何か重要なことがあるたび、幼い私にもわかるように詳しく説明してくださいました。とくに法人設立時に小國家所有の家屋（断食道場）を寄付すること等については、その必要性等を具体的に説明してくださいました。また、法人設立に当たっては断食道場時代からお借りしていた大本山大覚寺の広い土地をご寄付いただきました。

そうしたことから私も子どもながらに養老院に大いに関心を持つようになりました。当時のご利用者は自分の孫のように私を可愛がってくださり、またいろいろなことを教えてくださいました。本当にたくさんの思い出があります。それだけでなく近所の子どもたちや私の学校の同級生たちもお年寄りにたいへん可愛がってもらいました。

また、ご近所の方々をはじめいろいろな団体や企業、そして有志の方々から何かにつけてご寄付・ご寄贈を賜りました。とにかくいろいろな形での交流が盛んに行われていました。

加えて、京都には祇園をはじめ多くの花街がある関係で、ご利用者のなかには芸妓さんのＯＧがたくさんおられましたので、何かあるたびに本職の三味線を持ち出して本当に賑やかな養老院でした。

このように、ご利用者の皆さんは決して消極的な生活をしておられたわけではありません。和裁の腕がある人はご指名で着物の仕立てを頼まれたり、大覚寺や天龍寺などで大きな行事がある時期にはお手伝いを頼まれたり、養老院での食事やお風呂、お掃除などの当番をされたりしていました。当時はご近所の農家の皆さんが収穫後の畑に残っている野菜をくださったり、家の改修等で出た古材をくださったのでそれを薪にすることができました。そうしたものをいただきに行くのはすべて元気なおじいさんたちでした。

また、ご利用者の自治会もあって、選挙で役員を選び、みんなで助け合いながら日々を活発に送っておられました。衆議院議員その他の選挙の日は、足の不自由な人をリヤカーに乗せて、みんなで投票に行かれました。まさに地域の一員、社会の一員としての生活を送っておられました。そうしたことから、ご利用者の多くはご近所の方々と固有名詞でのおつきあいをしておられました。

いま考えますと、健光園の法人理念である「生涯地域居住」は、実はこのようにして始まったといえるのではないかと思います。

この八年間の寿楽園日誌にはそうした日常が詳細に記録されています。これは単にある養老院のドキュメントというだけでなく、終戦後の日本社会がどのようにして復活していったかの記録でもあるはずです。ぜひ多く方々にお読みいただきたいと思います。

文中では「養老院」と書きましたが、制度上は旧生活保護法・新生活保護法に基づく「保護施設」あるいは「養老施設」が正式名称です。ただし当時は、世間の皆さんのほとんどは「養老院」と言っておられたので、当時の雰囲気を表現しようと思い「養老院」としました。因みに「養老」とは和暦の年号にも使われている言葉で、辞典によれば「老人をいたわること」「老後を安楽にくらすこと」などの意味であり、「院」とは「宮殿、役所、寺院、学校など」という意味です。

社会福祉法人健光園　七代理事長

小國英夫

目次

はじめに……2

刊行によせて

『京都嵯峨 寿楽園日誌』を一読して……10
——時代の風景を読む
室田保夫（京都ノートルダム女子大学教授、関西学院大学名誉教授）

生活保護法下の養老院……19
——寿楽園の創設をめぐって
山本啓太郎（元大阪体育大学健康福祉学部教授）

「寿楽園」創設初年度（昭和二十四年度）の実態について……31
小笠原慶彰（神戸女子大学教授）

対談「寿楽園日誌」が書かれた時代……37
——戦後日本の社会福祉をふりかえる
岡本民夫（同志社大学名誉教授）×小國英夫（社会福祉法人健光園理事長）

刊行によせて

『京都嵯峨　寿楽園日誌』を一読して——時代の風景を読む

室田保夫
（京都ノートルダム女子大学教授、関西学院大学名誉教授）

はじめに

歴史とは残された記録や記憶の中から、何を感じ、何を言語化し、客観的な時代背景をとおして物語を構築していく作業である。この『京都嵯峨　寿楽園日誌』は、一九四九年四月に京都嵯峨の地に創設された高齢者施設「寿楽園」（現・社会福祉法人健光園）の草創期から五七年三月までのドキュメントである。アジア太平洋戦争終結後、ＧＨＱ指導のもと、被占領地の中で人々は必死になって日本の再建に努力し、朝鮮戦争、サンフランシスコ条約締結という時代背景の中を生き抜いてきた。この日誌は、老人福祉の関係では新旧生活保護法から老人福祉法成立前を背景に、横川八重氏によって書かれた貴重な記録（日録）である。

寿楽園の記録としては僅か十年にも満たない年月にすぎないが、ずっしりとした重さが感じられ、一つ一つの行間にある時代の風景を浮かび上がらせてくれる。それは書き手の姿勢、想いにも関係する。もちろん私はその時代を知悉しているわけではない。偶然にも私がちょうど生まれた年に、計画があがり構想が現実化した状況であり、その知らない時間と空間をもう一度、確かめていくという営みがあるだけだ。私にとって資料を読む原点とは読み手の私がこの時代を懸命に生きている人々の姿を、そして風景を頭の中に再現することから始めなければならない。記録の迫力に押されながら、私の貧しい経験と記憶を交差させながら、個人的な狭い視点であるが、一読した素朴な感想を書かせていただくことにする。

真言宗との関係

この寿楽園は健光園と改称され、今日七十周年を迎えようしているが、当初、寿楽園が「断食道場」から、いかなるモチーフの中で誕生したかに興味をもった。当初それが大覚寺にあった断食道場が閉じられ、そのあとにこの福祉施設が創設されたという経緯があり、大覚寺という真言宗のお寺と深い関係が基点になっている。私は過去に、高野山大学に勤めていた経験があり、この寿楽園が弘法大師の思想とつながりがあることに妙な親近感を覚えた。

近代の真言宗は二十世紀の初めに「祖風宣揚会」（一九〇三）を立ち上げ、慈善事業や慈善病院、教育事業の方針を示し、明治末期、東寺の傍らに済世病院を創設した。宣揚会の理念は「当相即道」「即事而真」「凡聖不二」等であった。このお大師さんの考えがこの施設創立への重要なモチーフとなっている。土宣法龍が祖風宣揚会を立ち上げるに際し、社会の公益事業、いわゆる「摂化利生の業」を普及さすことを目途とした精神にも通じている。東寺の傍の慈善病院たる済世病院の事業、そして同じ仏教系の同和園につぐ京都で二番目の高齢者保護施設であるということも重要なことであり、この施設の特徴にもなっている。

高野山との関係

このことは入園者の高野山との関係にも多く見受けられる。たとえば毎年六月十五日には青葉祭り、二十一日のお大師さんの日、花祭り、高野山への参詣などである。しばしば高野山詣でのことが見受けられるのも、寿楽園の重要な特徴としてある。たとえば一九五三年五月二十四日「朝の内小雨の中を大塔其他宝物館拝観し、午後金剛峯寺へ参り金山管長様の御説教を聞かせて頂き、寺族婦人会が歓迎会をして下さりお茶菓子を頂いて園生一同涙を流してよろこぶ。午後奥の院に参拝、中野家の御墓前に感謝の御詠歌を御供養して七時前普門院に帰る」とある。こうした参詣は単なる高野山参りという以上の効果がある。旅と健康とスピリチュアルな精神的効果である。また高野山宗務支所から助成金が出ていたことも当然施設経営にとっても重要なことであろう。

海外の別院から――ハワイとロサンゼルス

寿楽園とハワイとロサンゼルスとの関係も興味をもった。ホノルルには真言宗のハワイ別院があるが、小生もここを二回ほど訪れたことがあるが、日系人を中心にして日本の伝統が残されていた。寿楽園とハワイとの関係は園長との関係に依拠しており、これほど深く寄付や慰問をとおして、ハワイの信者さんや一般の人と関係があることにも驚かされた。何回もハワイから贈答の品々、訪問を受けている実態、これはロサンゼルスからも同様である。

ロサンゼルスの別院も、以前訪れたこともあり、懐かしく感じた。日本だけでなく海外からもこうした援助があったことも寿楽園の特徴として読みとれる。たとえば一九四九年八月二十八日、ロサンゼルスの曽我部師が来て、アメリカから持参の映画上映があり、翌日には大覚寺でロサンゼルス別院婦人会からの贈物の伝達式が挙行された。「式は心経、いろは歌にはじまり、曽我部特使の御挨拶に続いて園長の謝辞、門跡、軍政部の祝辞、在米同胞の御多幸を祈って一同心経をとなへ、寿楽園の歌を歌って式を終へ――略――次々と暖いオーバやズボンが出て来て皆大よろこび。京毎、京日、六大、中外等の写真班も来て写真をうつし、曽我部師も十六ミリに大よろこびのところを写さる。終って一同一しょに昼食を頂く」とある。この様子は八月三〇日の『京都新聞』に「こりゃ温いわい　海越えての贈物に養老院の喜び」として写真入りで掲載されている。ちなみに手元にある『高野山米国別院五十年史』（一九七四）には「曽我部師の訪日」として「師は故国の復興の槌音に強い感銘うけた」（九五頁）と記されている。真言宗をとおしての海外交流のすばらしさに瞠目した。

〃こりゃ温いわい〃
海越えての贈物に養老院の喜び

どうだいにあうかい・じいさん婆さんの喜び

ロサンゼルスから海を渡つて在留同胞の温い贈り物が二十九日のひるごろ嵯峨大覚寺の養老院壽楽園に到着した、さあ何だろうとこれまで養老院に山羊のプレゼントはあつたが横文字の立派な大きな箱が二十個も届いたからじいさんばあさんだつてシワの中の瞳は輝いた傳達式が終ると早速玉手箱(?)をあける、〃子供〃に負けない大はしやぎだ、それもそのはず冬將軍の寒さが一番苦手のお年寄り連〃には何より温い衣類ばかり「じいさんやこのオーバーは似合うかのう」「おばあもそれを着るとイヤに若返るなアッハッハ」このひととき心からこみあげるうれしさに養老院には珍しい爆笑が続き〃ウカれたじいさんばあさん達は思い思いの洋服に手を通して〃アナタ〃と呼び〃ナンダイ〃と答えた昔の気分を味つた

なお当日は寄贈物品傳達のため來訪したロサンゼルスの高野山米國別院主事曾我部了勝氏が十六ミリ撮映機をたずさえてフジヤマのトビウオならぬ養老院の老人達がこのプレゼントをもらつたときの表情を在留同胞への土産のためにおさめこれだけ喜んでもらえばと満足そうだつた

京都新聞　昭和24年8月30日（写真・記事一部加工）

ララ物資

戦後日本の海外からの援助といえば、その代表的なものにララ物資（Licensed Agencies for Relief in Asia）がある。ララ（ＬＡＲＡ）とは戦後アメリカのキリスト教団体、社会福祉団体などがアジア各国に戦乱後のため生活物資を送り届けたものである。「朝おつとめの後でララの肌着配分。これから汗の時期に入るので園生はとてもよろこんでゐた」（一九五〇年五月二十日）というように、頻繁にララの配分の件が具体的に記述されており、時代が鮮明に見えてくる。もちろん日本の多くの社会福祉施設も同様であるが、この時代、こうした援助に依存せざるを得ない状況かがよくわかる。いろいろな寄付行為に関しては各年の財務記録があれば、寄付金全体の収支の割合がよくわかると思われるが、換言すれば、いかに貧しい補助金であったかの証左でもあり、当局の苦労が相当のものであったか想像できる。

園内での生活

時代を感じさせる記述も多い。今の「高齢者の時代」「人生一〇〇年」といった状況とはほど違く、老人福祉法（一九六三）も成立していない、いわゆる新旧の生活保護法時代の養老施設の実態が、入園者の生活状況の具体的な記述によって浮かび上がっている。それは「処遇や介護の実態」であったり、食事や生活環境の記録に表れる。たとえば年一回の「すきやき会」での楽しいひとときの様子「大よろこびで年に一度のすき焼に舌つゞみを打つ」（一九五三年一月十七日）もそうである。日々の献立はいかなるものであったか、その詳細も知りたく思った。また建物の様子も読み取れる。たとえば一九五〇年九月三日の「ジェーン台風」の様子は「午後台風、昼でよかったと思ふ。トタンが飛んだりガラスが割れたり塀が倒れたり障子が南側殆ど破れてしまったが幸い、けが人はガラスで足を一寸切った者三名」云々とあり、この災害史の実態も貴重な記録である。

またしばしば催される映画も入園者の楽しい娯楽時間であった。たとえば一九五三年九月十九日、「夜は映画。福祉協議会からの御慰問。前以てビラがはってあったので会場にあふれるばかりの盛況。エンタツ、アチャコの新婚お化屋敷というのでみんなキャッキャッと大笑い。福協の中川さん達も、こんなに沢山来られて、こんなによろこんでもらうと張合があるとよろこんでゐられた」とあり、慰問、ボランティアの醍醐味に触れられている。多彩な人の訪問や慰問には、名勝嵯峨、嵐山といった立地条件が幸いしている。

さらに衛生環境においては、いわゆる「ＤＤＴ革命」とも呼ばれた園内のＤＤＴ撒布の様子、これを裏がえすと、戦後の日本人が悩まされた蚤や虱の多くいた生活環境の実態も透けて見えてくる。これは私の小学生時代の学校での様子とオーバーラップする風景であった。

寄付や皇室との関係——下賜金の実態

経営の実態については、他の詳細な資料が必要であるが、公的な補助金のみならず頻繁にある寄付金や寄付物資についての報告である。それらも時代を感じさせてくれるものも多くある。たとえば一九五六年四月、北野の岩崎氏によってテレビの寄贈がなされた。日本で一般社会にテレビが普及したのは五九(昭和三十四)年の皇太子の成婚が契機となっているが、その点から考えてもかなり早い導入である。そのときの嬉しそうな様子は「本日待望のテレビ取つけに大阪より来園。大変調子よくてはっきりしている。園生のよろこびは大変なもの」(五六年五月四日)と報告されている。

また、補助金とも関係するが、皇室との関係も目についた。とりわけ下賜金の受納についても毎年記されており、戦後社会においても皇室との関係の密接さに強い印象をもった。もちろん被占領期における公的補助がいかに困難な状況であったか、ということであろう。「本日天皇陛下よりの御下賜金の伝達式あり。園長列席」(一九五四年五月十九日)といった記録である。五一年十一月の天皇陛下の行幸についても十三日にその叙述がみられた。「天皇陛下が嵯峨駅御通過になるので、今日か明日園生も駅頭で奉迎させたら」云々、翌日「午後三時園生一同を連れて陛下を嵯峨駅で御見送り申し上げる。近々と拝めて皆とても感激していた」とある。

著名人の慰問

さらに寿楽園に来られた多くの著名人にも目が止まった。たとえば中村久子の講演の様子は「広間一ぱいに近所の人も来られて又一同深い感銘に打たれ、校長先生は先生方が是非ほしいと云ふので短冊を御持ちになる。散会後御疲れのところを色紙や短冊を書いて頂く。歯が悪くなったのではさみやなんか力の這入る事ができにくいとおっしゃって縫物や編物して見せて頂けないのは誠に残念至極であった」(一九四九年十月二十日)と感想が記されている。手足に障害をもった中村久子はこの頃、全国各地を慰問されていたが、寿楽園と関係は深いように思われた。

美空ひばりとトニー谷のような芸能人の慰問、一九五五年四月二十三日、二人の慰問は大覚寺でなく、園で行われた。「大入り満員で、にぎやかに夕方五時迄面白く過させて頂く」とあり、狭い園内で行われたことは身近にショウを楽しめたことが手に取るようにわかる描写である。また前尾繁三郎といった著名な政治家も複数回の訪問記録がある。

軍政部（民事部）——楠本安子

そうした中で、小生にとって思わぬ名前に出会った。それは楠本安子と思われる人物の記述である。一九四九年七月十九日の記録に軍政部の楠本女史が来園を視察し、園生による寿楽園の歌を聞いてもらい以下の様に記されている。「家庭的な温味があって今日迄のやり方大変結構だと思ふから、今後もこれを失はぬ様心掛けてほしいとの事で、今後何か相談でもあれば遠慮なく話しに来てほしい、その代り何でも細大もらさず報告して来る様との事であった。楠本女史は長年社会事業に関する仕事に従事せられ、支那では随分苦しくも尊い経験を経て来られたよしで、大変感じのい丶方のように思われた。園生の自治会、職員会議等、定期的に持つ様との事であった。——略——今後も児童課とも連絡して講習でもあれば受講する様、又看護婦の資格を得る便法もあるから資格を取って置く様との事であった」と。この楠本女史とは楠本安子であると思われる。彼女は戦時中、上海に渡り崑山中日小児園を創設した人物で、義父の楠本六一の故郷大分に引き上げた後は京都に移ったということで詳細がわからなかった。彼女が軍政部で働いていたことが判明して、「瓢箪から駒」のごとく、うれしい発見をした次第である。ちなみに軍政部とはＧＨＱの地方での出先機関で京都にも置かれ、指導機関であった。後に民事部となる。それの中心人物であったエミリー・パトナム女史についても記録されている。

「寿楽園に関する記録」

その他、一九五三年十月十日の記事「解剖体祭執行するからと京大医学部から通知を頂いていたので中村主事出席」とあるように、京都大学医学部への献体の実態、生活手段として相互タクシーとの関係、あるいはスラタリー夫人の活動など教えられたことも多い。多岐にわたる興味ある記述にも目がとまったが、改めて書かれてある行間の奥深さを感じた。

巻末に「寿楽園に関する記録」として七種類の資料が付されてある。それにより断食道場から寿楽園に推移していく経緯、あるいは財団法人に設立の経緯や様子がよくわかる。この様な資料は今後節目の年、年史を作成される時の重要な資料となる。それには今後、これらを傍証していく作業も必要であろう。しかしこうした生の資料は、施設史として整理されたものより多くを語る場合があり、違った重みが感じられる。施設史とは何か、という根本的な議論も必要だ。

おわりに

福祉の歴史をみていく時、個々人の持つ生活史として把握していくことは重要な視点である。とりわけ戦後は憲法二十五条の「健康で文化的な最低限度の生活」の保障という視点が大切であることはいうまでもない。福祉にとって必要なのは個人個人の生活（生存）への保障である。この「寿楽園日記」の時代を思う時、岡山の朝日茂が起こした生存権への追求「朝日訴訟」、別名「人間裁判」と呼ばれた状況を想起した。しかしそうした状況下でも、一方で終の棲家での幸福な過ごし方を求め、職員さん達が入所者や施設の運営に腐心されながら生活を大事にされていることが読みとれる記録である。「人生の旅路の果をよるべもなくさまよう気の毒な人を一人でも多く収容して社会を明るくし度いものと念願して職員一同一丸となって努力いたして居ります」（一九五六年一月二十一日の「園長挨拶文」）という当時の姿勢があったのだろう。

創立当初の一九四九年の十月六日の記録に、「本夕大覚寺に於ては名月鑑賞会あり。思ひかけず夕方から晴れた空に中秋の月美しく、中村直勝博士の御講説、琴、尺八、謡曲等の余興もあり。園生も席に加はり大沢池畔に月を愛でし楽しい一夜を過す」とある。こうした文章を読むと正直、ホッとする。生活環境の厳しい中にも、自然の美しさとしばしの生活を楽しむ園生の姿を頭に描きながら、その思いと風景を想像し、ひとときの時間の充実に和まされた。私にとって、当時の園経営の厳しい状況と共に、一方でそうした風景を想起させてくれる貴重な記録との出会いであった。

むろた・やすお
一九四八年、京都府生まれ。同志社大学大学院修了後、高野山大学、関西学院大学教授などを経て、現在、京都ノートルダム女子大学特任教授。関西学院大学名誉教授。博士（社会福祉学）。専門は近代日本の社会福祉の歴史。著書に、『キリスト教社会福祉史の研究』（一九九四）、『留岡幸助の研究』（一九九八）、『近代日本の光と影』（二〇一二）等がある。

生活保護法下の養老院――寿楽園の創設をめぐって

山本啓太郎
（元大阪体育大学健康福祉学部教授）

一　大正・昭和期の養老院

近代日本における養老院の歴史は、明治二十八年（一八九五）の東京・聖ヒルダ養老院にはじまる。もっとも、それ以前にも老人を含む生活困窮者全般を収容救助する施設に、東京市養育院や小野慈善院があり、老人と幼児に限定した大勧進養育院などもあった。

明治四十四年（一九一一）末の内務省調査によると十七施設に過ぎなかった養老院・養育院も、日本における社会事業成立期の大正時代には大きな変化を見せる。日本資本主義の矛盾が米騒動として表現され方面委員制度が出現し、さらに首都圏を襲った関東大震災を契機とする巨大養老院の（財）浴風会浴風園が登場するのである。

このようななか養老院関係者らは、大正十四年（一九二五）には第一回の全国養老事業大会を開催し、昭和七年（一九三二）には全国養老事業協会を結成し、機関誌『養老事業』の創刊、全国養老事業調査の実施、講習会の開催と専門化・科学化の道を辿ってゆく。しかしながら養老院の法的位置づけは、恤救規則が施設収容を明確に規定していなかったこともあり不明確なままであった。

昭和恐慌を背景に昭和四年（一九二九）救護法が成立するなかで、施設救護が明確化され養老院も救護施設として位置づけを得る。昭和十三年（一九三八）の社会事業法により「予算の範囲内」ではあったが養老院も財政的な裏付けを得、昭和十九年末には全国の施設数一二七、昭和二十年度（一九四五）には一一九施設と減少した。

昭和二十年の生活困窮者緊急生活援護要綱により養老院にも事務費が支払われはじめ、昭和二十一年には生活保護法により保護施設に位置づけられる。ＧＨＱによる公私分離原則および日本国憲法八十九条の規定により民間社会事業団体への公費支出が禁止されるとともに、戦後の諸物価騰貴により養老院の経営は困難となった。この窮状を軽減すべく創設されたのが社会事業共同募金であり、海外からの支援物資であるララ物資がその緩和に大きく寄与したのである。

二　寿楽園の設立

京都における養老院は、大正十年（一九二一）大西良慶ら京都仏教護国団による京都養老院の設立が嚆矢である。その創設については池田敬正が『同和園70年史』で詳述しているが、礜水山人は「京都には之れまで養老院がなくて、府としても困つてゐた。殊に社会問題の矢釜しい際に一つの養老院もないといふのでは京都府の体面上捨て置けぬといふことになり、そのことを宗教家側へ相談があつた。所が基督教側から早速引受けてやらうと申出てきた。それ取られては面目が潰ぶれるといふので仏教徒側から引受け方を申込み、到頭京都仏教護国団が引受けて経営することになつた。」（『六大新報』一〇八一号、大正十三年九月十四日）との証言もある。

ところで昭和二年（一九二七）、小国鉄哉は大覚寺境内の覚勝院内に断食道場を設立し、昭和四年三月には大覚寺門前の現在地に新築移転し、健光園と命名していた。昭和九年頃の職員には、鉄哉および長男小国素堂、研究部主任に黒沢元晴、機関紙『健光』主筆の横川四明などの名がみえ、「春夏秋冬を通じて二十名三十名の男女の断食者が常に参集」と三十人ほどの宿泊規模であったことがうかがえる（『健光園式断食療法』）。

第二次世界大戦後の混乱と小国素堂の死去により昭和二十三年（一九四八）十二月二十三日、覚勝院等より健康道場を養老院に切り替えてはどうかという提案があったが、横川八重は「あまり気乗せず」と記録している。この背景には、戦火の影響がほとんどなかった京都市においても、全国養老事業協会理事長・下松桂馬が「戦災引揚等のため寄辺なき老人が非常に増加し、嘗ては扶養の義務を負わされて居た人々が解放せられ、経済的逼迫、失業問題」が巷にあふれたと要救助老人の激増や、彼等を収容救助すべき養老院の逼迫、「野村胡堂による養老施設十倍増はともかく、少なくとも四、五倍を拡充する必要」と養老院の新設、拡張を指摘していたことと同様の状況があったものと考えられる（『養老事業だより』第三号）。

たしかに、昭和二十一年には福知山の京都救済院が経営難のため閉鎖され、戦前より養老事業を継続していたのは同和園（京都養老院が昭和十六年に改称）のみとなる。ようやく昭和二十三年、京都府が府立洛北寮に併設して洛北養老園を設立したにとどまっていた（『同和園70年史』）。

昭和二十四年二月、参議院議員・中山寿彦らは京都府を視察し、「府下の社会事業施設は児童福祉施設を除いて一二〇余の施設と連絡統制上の十余団体があり、養老院は近来その運営に当りましては、その経営資金が非常に枯渇し十分なる運営ができない」ので「共同募金によります資金の分配を受けてその危機を脱」していると報告していた（『第五回国会参議院厚生委員会会議録』）。

このような中での養老院創設の提案であった。「気乗せず」であった横川であるが、昭和二十四年一月には同和園を見学したのち、「養老院をやって少しでもこうした気の毒な人達の為に残る命を捧げやう」と養老院設立による再出発の決意する。

三　生活保護法による養老院の位置

断食道場を養老院に転換するには、生活保護法による認可を必要とした。昭和二十一年九月九日、生活保護法が公布される（同年十月一日施行）。

内藤誠夫は「我が国現在の最大課題は新日本の建設」であり、「その目的達成の第一歩は民生の安定から踏み出されるが、産業の全面的回復振興を期待することは困難」で、「当面の課題として少なくとも国民の最低生活の保障に万全の策を講ずる必要があり、先ず第一に国民のすべてに対して最低生活を保障し、しかる後に逐次国民生活の向上を図ること、これが我が国における民生安定に関して踏まれるべき順序であるが、従来の救護法等では保護の対象が限定的であり最近の社会情勢の下においては保護から洩れる者を生ずる惧れがある」と生活保護法制定の理由を述べる（『生活保護法の解釈』）。

生活保護法では第六条に「この法律において保護施設とは、この法律による保護を目的とする施設又はこの法律による保護を受ける者の援護のために必要な施設をいふ。」と規定するが、救護法のように種別を明記するものではなかった。厚生省は、昭和二十一年九月十六日発社第一〇六号厚生次官依命通牒「生活保護法施行に関する件」で、各地方長官に保護施設の認可基準を示した。保護施設を認可しようとするときは「施設の事業経営及び設備の適否、施設の分布及び利用状況等を詳細調査してこれをなすこと、尚当分の内は予め当省に協議の上認可をされたいこと」、および規模については「本法による収容保護を受ける者を常時十五人以上、その他のものにあっては三十人以上取扱ふものであること」と示し、「事情によつては本法による保護を受ける者以外の者を取扱つても差支ない。しかし本法による保護を受ける者以外の者の数は取扱総人数の半数を超えてはならない」というものであった（『生活保護法の解釈』）。

四　寿楽園

設立趣意書

明治・大正の養老院と同様、寿楽園も創設にあたって設立趣意書を作成した。正確な作成年月日は不明であるが、設立の意図を広く社会に訴え、趣意書は海外へも送付されている。高橋成通は「亀山寿楽園長より謄写版刷り趣意書をエヤーメールにて拝受仕候。今年当別院婦人会の事業として寿楽院へ古着送りを決議致居候」と述べる（『六大新報』二二五〇号、昭和二十四年五月二十五日）。

寿楽園の設立を『六大新報』は、「亀山弘應師（京都寿楽園長）去る一日から京都嵯峨寿楽園長に就任」と報じている（『六大新報』二二四六号、昭和二十四年四月十五日）。

後援会

昭和二十四年二月二十七日にも同和園に行き「後援会の事につきお話聞いて帰」り、小原と亀山園長とで会則を作り、物心両面での支援者を募り高野山社会部の補助もあった。「京都市右京区嵯峨町大本山大覚寺の寿楽園（養老院）は去る四月から開園し草繋門跡が園主となり、亀山弘應師が園長となつて目下厚生省に認可申請中であるが、今回『寿楽園後援会』を組織し、十方各位の物心両面に渉つての援助を求めている。高野宗務所社会部は今回1万円を補助している。」（『六大新報』二二五一号、昭和二十四年六月五日）。後援会長谷内清巌が紅葉狩りに招待したことが、「京都嵯峨寿楽園の老人たちは去る七日亀山園長や職員たちにつれられて同園後援会長高雄山神護寺谷内清巌大僧正の招待により、目下見頃の高雄の紅葉を観賞し、一行四十名はとても喜んだ一日を送つた。」とある（『六大新報』二二九九号、昭和二十五年十一月十五日）。

在園者

当初、寿楽園での施設入所者の呼称は「在園者」であったが、昭和二十四年五月五日に「午後三時より園生一同覚勝院に参拝」と「園生」に変更されている。この変更にはモデルとした同和園の影響が考えられる。ちなみに、同和園では前身の京都養老院時代には「院生」、同和園と改称以後に「園生」と呼称し、この点を池田敬正は「収容者を人間的に平等視する意識がうかがえる。仏教でいう『自他不二』の思想が見出」しえるとみる（『同和園70年史』）。

寿楽園園歌

昭和二十四年五月二十九日に、「夜、副園長作詞作曲の寿楽園の歌の練習。」とあり、五月下旬頃に「寿楽園の歌」が制作されたことがわかる。この点を「洛西嵯峨大覚寺門前寿楽園（園長亀山弘應師）では創立以来着々整備をなし、現在では入園者三十五名の多数になり亀山園長は日々業務に忙殺うれしい悲鳴を挙げるに到つた。又同園長の熱意に応えて内外より続々後援物資が送られつつあり、米国ハワイ真言宗別院婦人会ではこれ等の事業に賛意を表し古着の発送をなし最近同園に到着する筈、尚ホノルルの一信者は一〇五ドルを資金の一部にと送金、これを受けて同園では各室に置おしこみを設置すべく準備中である。一方ロスアンゼルス米国別院主監高橋成通師は既に古着の発送を了し、来る二十日に訪日する曽我部開教師を迎えてこれが伝達式を挙行する予定である。又亀山園長は園歌を発表、入園者に教え普及に努めているがその一節は左の如くである。大師ゆかりの宮居のほとり　み佛様にまもられて　いつも笑顔で楽しい我家　これぞ我等が寿楽園（以下略―原文注）」（『六大新報』二二五七号、昭和二十四年八月五日）。

職員

設立直後の昭和二十五年一月頃の職員には、「園長・亀山弘應　主治医師・松田二三人　主事・横川八重　会計・小国静子　寮母・亀山順子　炊事主任・大野ヨシノ」の名前がわかる（『六大新報』二二七〇号、昭和二十五年一月一日）。

日本仏教社会事業連盟結成

昭和二十五年一月十四日には、仏教社会事業関係者が結集し仏教社会事業連盟を結成、鬼山と誤記されているが亀山弘應もその一員として参加している。

「仏教社会事業の振興を期することは平和日本建設の基本と思料せられるから本日会同した我等一同は『日本仏教社会事業連盟』（仮称）を結成して積極的に仏教社会事業の興隆に資せんことを期する。尚之が具体的準備は参議院関係者によりて進められんことを望む　昭和二十五年一月十四日　仏教社会事業関係者懇談会　真宗大谷派本願寺・藤津□真宗本願寺派・條周存　浄土宗知恩院・大河内貫静　臨済宗大徳寺派・野村円海　臨済宗南禅寺派・鈴木以心　融通念仏宗・本霊禅山　真言宗御室派・佐藤明義　浄土宗西山深草派・板倉修峰　天台寺門派・山本光照　日蓮宗・毘尼薩台諒　西本願寺母子寮・井上徹也　仏立宗積慶園・古村正樹　知恩院平安養育院・前田孝雄　相國寺和敬学園・樋口圭一東本願寺紫草苑・常盤隆澄　大覚寺寿楽園・鬼山弘應　西本願寺社会部・林龍雲　東本願寺社会部・月光恵雲　知恩院社会部・秦隆眞」（『参議院厚生委員会』）。

要入所老人

旧法を全面改正する生活保護法案に対する公聴会が、昭和二十五年四月衆議院厚生委員会で開かれ、日本社会事業協会理事長の青木秀夫は、「現在約八千人ばかりの方が養老院に入っておられるのであります。しかしながら全国的にこれを見まするると、約三万人の老人は養老院においておせわをしなければならないというような状況」であると、なお施設不足を明らかにし、「養老施設というものはごく大局的に見ますと、必要経費に比べて三割程度は不足しておる。昨年は四割くらいは不足」していたが「厚生当局のお骨折りによって、非常に措置費が上げられて参ったのでありますが、なお三割は不足しておるのが実情」で「これらを共同募金とかあるいはララ援助、あるいは特殊寄付でまかなうというような状況」と証言している（『衆議院厚生委員会公聴会義録』）。

海外からの支援

寿楽園への海外からの支援の一端は以下の通り。

「京都嵯峨大覚寺の寿楽園（養老院）では本年四月から寄辺のない老人達を収容して園長亀山弘應師が種々世話をなし現在三十七名が入園しているが、この程アメリカ、ロスアンゼルスの高野山別院婦人会から温い贈物が十一箱も届いた。乃ち去月二十九日午前十一時から目下帰朝中の米国別院主事曽我部了勝師を迎えて大覚寺御影堂でその伝達式を行つた。当日は進駐軍の民政部から高橋、楠木の両氏も出席、先ず草繋門跡導師でぢいさんばあさんと共に心経を法楽、伝達式に入り、老人達のいろは歌に始まり門跡を通じて曽我部師から亀山園長に品物を贈呈、門跡の挨拶についで曽我部師から　米国別院婦人会からの温い衣類の贓品であり、身を温めると共に心を温めて頂き、明るい気持で元気で暮して下さい。この贈物は在米同胞の人達がありあまつた品を送つて来たのではない、皆買い求めて下さつたもの、この温い気持を忘れずに、日々の行動の上に感謝と奉仕に努めて下さい　とのべ、老人達を感泣させ、亀山師の謝辞の後、在米同胞の健勝祈願をなし、寿楽園歌を以て式を終り、それより寿楽園に、十一個の贈物を抱いて帰り、包装を解き、純毛のラクダのオーバ、服ズボンなどを見て老人達大喜び、曽我部主事は一々これを16ミリの映画に収めてこの感謝を土産としたいとのべていた。」（『六大新報』二二五九号、昭和二十四年九月五日）。

「米国より京都嵯峨大覚寺寿楽園（養老院）の老人達への贈物に引き続き、此度布哇よりも多大の寄贈ある由、布哇國行愛輔氏より寿楽園帳亀山弘應師の下へ通信があつた。則ち布哇別院を中心としての信徒や婦人会が奔走し、種々の困難あるにもかかわらず和服其他の中古衣料を集め、既に二十数個荷物を集め、近く布哇別院より発送する。今三十六名の老人達は最後までみとつてもらえる仏の温い慈悲につつまれなごやかな日を送り、本社寄贈の勤行法則を手に、園長夫人の指導で毎夜の詠歌奉唱を楽しんでいる。」（『六大新報』二二六二号、昭和二十四年十月五日）。

「高野山布哇別院婦人会からこの程嵯峨大覚寺寿楽園（養老院）へ古衣類二十五箱の小包が贈られ、同園長亀山弘應師はじめ爺さん婆さん達を喜こばせている。贈られた古衣類は直接そのまま身に着られないので、更生衣に仕立替え、爺さん達にはズボン、婆さん達にはズロース等にして渡され、その厚情に感激している。」（『六大新報』二二六八号、昭和二十四年十二月五日）。

「京都嵯峨大覚寺の寿楽園（園長亀山弘應師）へ昨夏米国羅府高野山別院（高橋成通師）婦人会から老いて身寄りない爺さん婆さん達に古着類を十一箱も贈つて来り、曽我別院主事がたまたま内地訪問中であつたので、同師を迎えてその伝達式を盛大に行つたが、その喜びと感激を親りに見た曽我部主事は帰米後再び婦人会に呼びかけ古着類を募集、昨年は主として男子向のオーバやパンツ類であつたが、今回は主として女子用のものが小包九個にして送られる旨、別院から通知があつた。園長はじめ老人達を喜ばせている。尚寿楽園と大覚寺の職員にはキャンデー二個を贈ると航空便で通知して来ている。」（『六大新報』二二七三号、昭和二十五年二月十五日）。

「京都嵯峨大覚寺の寿楽園へ米国ロスアンゼルス別院婦人会からこの程古着類9箱を贈つて来り、更に布哇別院からも衣類を贈つて来り、老いて身寄りのない爺さん婆さん達を喜こばせている。」（『六大新報』二二七六号、昭和二十五年三月十五日）。

主事の近況報告

横川主事が全国養老事業協会への会費納入と近況報告が残されている。「ここ一両日京名物の底冷も少しやわらいで桃の蕾も少々ふくらんで参りました。他地も如何で御座いますか？　爺ちゃん婆ちゃんをかかへて居りますと寒さが一番気にかかります。何時も何彼と全国施設の為に御骨折頂きまして有難う御座います。当方は昨年四月やっと生れたばかりでまだお誕生も参りません様な事にて仕事にと事務にと不馴れで一生懸命にやらせて頂いては居るので御座いますが思ふ様に参りません。今後とも何分よろしく御指導頂きます様御願ひ申上し上げます。御報告もおくれて済みませんでした。御送付頂きました用紙をなくしましたので悪しからず御免召し下さいませ。会費も同封致します。何も彼もおくれて申しわけ御座いません。園生はおかげ様で皆和やかに元気に暮して居ります。此間のおひな祭りには、喉自慢に踊りやらにわかと飛入りで楽しい半日を過しました。やがて桜が咲きましたらおべん当をこしらへて大沢の池のほとりでお花見をしやうと楽しんで居ります。死ぬ迄に一度高野山へおまいりがし度いと云ふのが大分御座いますのでこれを何とか実現し度いものと色々計画中で御座います。では又お便り致します。（三月七日）」（『養老事業だより』第五号、昭和二十五年九月）。

高野山へ参詣

横川が述べていた「高野山参詣」が実現した。「嵯峨大覚寺の寿楽園では去月二十七日園長亀山弘應師外二名引率のもとに園生十九名が高野山に参詣、高野山普門院で二泊し、二十八日には大師教会本部で受戒、歓迎会もあり、更に金剛峰寺で和田座主の法話、寺族婦人会の茶話会にも出席、とても老人達をよろこばせて二十九日帰洛した。尚同園では京都相互自動車会社から毎月一万円づつの寄付をうけて居りこの第一回分の寄付で高野山を発企したようである。」（『六大新報』二二八八号、昭和二十五年七月十五日）。

財団法人結成

宗教法人より財団法人への変更を「京都嵯峨大覚寺の寿楽園（養老院）亀山園長が昨春就任以来着々内容を充実しているが、今回財団法人を設立し、大覚寺の社会事業として行うべく、新たに理事、評議員を改選して財団の認可をうけようと手続中である。」（『六大新報』二二九三号、昭和二十五年九月十五日）。

老人の日

「九月十五日老人の日は各地で老人招待会、養老院行事があつたが、京都市嵯峨の養老院『寿楽園』（園長亀山弘應師）では、それに先立つ十三日午後に慰安会を催した。三味線をひくお婆さん、歌うお爺さん、踊りも出て、全く童心に返つてはしやいだ。亦十五日夜も慰安会が開かれ、福引等で楽しい夜を送り、十七日は素人浄るい大会、十八日はバスで市内神社、仏閣廻り、二十日はご詠歌大会を催して何れも童心に返つてハシヤいだ。」（『六大新報』昭和二十八年九月二十五日）。

全国養老施設調査への報告

全国養老事業協会が昭和二十四年十二月末現在で全国養老施設調査を実施し、以下はその報告であり、寿楽園の一端をうかがい知ることができる。

「名称・寿楽園　組織・宗教法人　創立年月日・昭和二十四年四月一日　所在地・京都市右京区嵯峨大覚寺門前六道町十二　従事者・有給五、無給〇　収容定員・四〇　現在収容数・四十二　敷地・四三一坪余　耕地・一三〇坪（外）建物・五棟　資産・無記入　昭和二十四年度予算・一、四七〇、二七二円（経常臨時）

六十歳未満・女二　六十―六十四歳・男一　女一　六十五―六十九歳・男六　女十一　七十―七十四歳・男三　女七

七十五―七十九歳・男四　女四　八十―八十四歳・〇　八十五―八十九歳・男一　女三　合計・男十四　女二十八　計四十二
教育程度・無学三十四　寺子屋三　尋常小学校中退八　尋常小学校卒十一　高等小学校卒十　中等学校中退二　中等学校卒二　専門学校中退二　専門学校卒一
医療設備・静養室　娯楽設備・三味線　保温設備・コタツ、火鉢、ユタンポ　作業種目・麻糸ツナギ、編物解キ、ゾーリ、家禽飼育
一人一日摂取熱量・蛋白　一八七八カロリー　一日平均食費・三十八円三十八銭　新規計画・礼拝堂兼食堂の新設、事務室、便所の新設計画中」。

やまもと・けいたろう
一九五〇年、大阪府生まれ。同志社大学大学院修了後、京都市老人福祉施設協議会事務局職員（非常勤）、奈良文化女子短期大学講師・助教授等を経て、大阪体育大学健康福祉学部教授に就任。二〇一七年三月退官。専門は社会事業史・社会福祉史。

「寿楽園」創設初年度（昭和二十四年度）の実態について

小笠原慶彰
（神戸女子大学教授）

はじめに

「寿楽園日誌」は、一九四八（昭和二十三）年の年末に養老院開設を打診されたところから始まっている（実質は翌年から）。日誌の最後は一九五七（昭和三十二）年三月末に男女合わせて四十九人が入所する養老施設に至るまでであり、戦後の京都における一老人ホーム創設期の記録である。本稿では、一九四九（昭和二十四）年度末まで、つまり主として創設初年度について若干考察する。

昭和二十四年頃における社会福祉の状況

昭和二十（一九四五）年九月二日、日本と連合国は降伏文書を交わした。これ以降、連合軍総司令部（ＧＨＱ）の指令を日本政府が実施するという間接統治下におかれた。ＧＨＱは、生活困窮者の救済に関して、翌年二月二十七日付のＧＨＱ指令「社会救済」（ＳＣＡＰＩＮ七七五）を出し、結果として、それを受ける形で昭和二十一年九月九日に生活保護法（旧法）が公布され、翌月一日から施行された。昭和二十五年五月四日に新たな生活保護法（新法）が公布・施行されるまで、旧法が有効であった。なお旧法と入れ替えに廃止された救護法の第六条に規定されていた養老院を含む救護施設は、旧法下では保護施設という一括した名称に替わり、養老院という用語は用いられていなかった。一方で戦前期からの社会事業法は、昭和二十六（一九五一）年三月二十九日まで有効であり、その第一条には養老院が残されていた。したがって昭和二十四年には、養老院は社会事業法に基づく施設であるとともに保護施設として運用されていたのである。

旧法の制定と時を同じくして、救済行政の補助にあたっていた方面委員を衣替えするために昭和二十一（一九四六）年九月十三日勅令第四二六号をもって新たに民生委員令が制定され、同十月一日より施行された。この時点での民生委員は生活保護実施の補助機関とされていたが、その存在の重要性や勅令を根拠にすることの不適切性もあり、昭和二十三年七月二十九日には民生委員法（法律第九八号）が施行された。その翌年には、十月三十一日付社発第七二号社会局長児童局長連名通知「公的保護事務における民生委員（児童委員）の活動範囲について」で、生活保護実施の協力機関であることが明確にされた。ところで旧法下（つまり主として民生委員令下で民生委員が補助機関とされていた時期）における生活保護行政では、戦時下に旧方面事務所等から転用されていた町内会事務所等が民生事務所として生活保護の相談窓口に利用されていたらしい。しかしその実務が複雑化するにつれて、民生委員による対応に課題が生じただけではなく、また実務が複雑・専門化するにともなって、民生事務所の有給職員配置が強化されていったようだ。とはいえ先の第七二号通知が出されているように昭和二十四年は、その移行期に当たっているのであり、民生委員に関しては補助機関から協力機関へと位置づけが変わっていく時期であった。

ところで、この時期に存在した私設の社会事業組織に対しては、先のＳＣＡＰＩＮ七七五によって、国や地方自治体が財政的援助をしてはならないことになった。社会事業法はまだ有効だったのであるが、公費から補助金や奨励金を支出することは、戦前から存在していた施設等に対するもの等の一部例外を除いて、禁止状態であった。これでは新設の私設社会事業は運営できないので、ＧＨＱの示唆および協力によって展開されたのが共同募金運動であった。昭和二十二（一九四七）年八月六日に「社会事業共同募金中央委員会」が設立されて、その年末から共同募金が開始された。ただ中央委員会でも独立した事務局はなかったのであるが、地方では社会事業協会内におかれて、都道府県等の民生部長が事務局長を担い、公務員が業務を行っていた。このような実態はGHQから問題視され、度重ねて公務員の関与を制限するよう指導されたが、実情からすれば民間人だけによる運動はかなり困難であった。しかし昭和二十三年十一月には中央委員会が財団法人中央共同募金会となり、これ以降は順次地方組織の法人化も実現し、形式的には民間主導で運動が進められる体制整備が進んでいった。昭和二十四年段階では、地方組織の法人化が進みつつあり、翌年度には二十六の地方組織が法人化されたという。こうしてこの時期の私設社会事業組織を財政的に支える仕組みがまがりなりにも機能することになった。ただ実態としてはGHQの指示に従って公的影響力を行使しないよう細心の注意を払いつつも、実務において行政機関と分かち難い一体性を保持していた。

「寿楽園日誌」に見る戦後新設された私設社会事業の実際

軍政部との関係

GHQは、地方軍政部を通じて自治体をコントロールしていた。京都の社会事業行政は軍政部の「パトナム」や「楠本」等が担当していたらしい。七月十九日の記述に「楠本女史は長年社会事業に関する仕事に従事せられ、支那では随分苦しくも尊い経験を経て来られたよしで、大変感じのいゝ方の様に思はれた」とある。また八月二十九日の記述に「十時半から大覚寺でロサンゼルス別院婦人会からの贈物の伝達式挙行。…（中略）…曽我部特使の御挨拶に続いて園長の謝辞、門跡、軍政部の祝辞、在米同胞の御多幸を祈って一同心経をとなへ、寿楽園の歌を歌って式を終へ、集会室で早速に荷物をほどくと、次々と暖いオーバやズボンが出て来て皆大よろこび。京毎、京日、六大、中外等の写真班も来て写真をうつし、曽我部師も一六ミリに大よろこびのところを写さる。終って一同一しょに昼食を頂く。府から坂根様、軍政部からは楠本様他一名、市から山崎様御越しになる」とある。十月二十八日には「パトナム女史、楠本女子（ママ）の送別茶話会が西本願寺の飛雲閣であり主事出席」となっている。このパトナム女史、楠本女史については、室田論文（16頁）でも触れられているが、地方軍政部の干渉は、この年の秋頃からなくなっていったということだろうか。

共同募金配分の実際

共同募金に関しては、まず二月二十六日に「大覚寺寺務長、兄上、小原さんと私と四人で共同募金事務局、市役所、府庁へ書類を出しがてら御挨拶に行く」とあり、寿楽園の開設にあたって支援を受けようとしていることがわかる。その後四月一日に「共同募金より十五万円を十一日に下さるよし」とあり、四月三日に「共同募金配分に就いての使途の予算、本月の予定表等の下書、帳簿様式についての質問の要点等しらべて、少し頭の中の整理がついた様な心地なり」となっている。さらに六月十三日には「主事府庁に書類を持参。坂根主事に先月の月報提出。市役所にも月報提出。人件費等につき相談。夕方より理事会開催。共同募金に提出の本年度予算に関し審議をなし散会十二時過」とある。そして翌年三月二十九日、すなわち年度末には「共同募金から二十五年度配分金の通知あり。五日に会合あり経常費の三分の一を渡すとの事、総額一七八、四〇〇円也但経常費三〇、二〇〇円、臨時費一四八、二〇〇円（内訳、園舎修理費一〇〇、〇〇〇円、寝具補修費四八、二〇〇円）」とある。また十二月十七日には「共同募金金庫から越年資金借入れについて福祉協会に主事出張、月曜か火曜に借入れられるよし。金額五万円也」とあり、共同募金の窓口は、福祉協会らしいことがわかる。

なお保護費と別に事務費は市から支払われていたようで、たとえば六月十日には「午前中に支払を受け（事務費）扶助費は午後になるらしいのでその間に市役所から府庁へ行って社会課の坂根主事に面会」となっている。この事務費と共同募金の配分金としての経常費の関係が不明だが、解明が必要であろう。

民生事務所と民生委員

民生事務所に関しては、三月二十八日「本日朝、朱雀第三の民生の方からのお話で井上重蔵、初の入園者として入園」、四月九日「太秦第一民生事務所に前山又吉の四月分の生活扶助費をもらひに行く」、五月四日には「右京第一民生事務所に保護申請用紙をもらひに行く」とある。この段階では、民生委員あるいは民生事務所の公務員が実質的に生活保護業務を担当していたようだ。しかし六月二日「午後主事市役所に行き、五月分の扶助料申請と薪炭の登録用紙をもらひに行ったが、薪炭は林務課から直接手紙で用紙が来るよし。扶助費は五月から男女同額になるので計算をやり直して来いとの事」とあり、六月四日「市役所に扶助料の書き直しを持って行って頂いたらやはり、前の計算との事。や、こしき事なり」となっている。この頃には市役所で実務が行われつつあったらしい。さらに七月八日「午後市役所に行き六月分扶助費請求書提出。塩の券をもらって帰る」、八月二日「市役所に七月分扶助請求書提出。医療券の申請をなす。扶助費は四日午後出るよし。葬儀費もなるべく一しょに出す様にするとの事なり」とあり、業務は市役所での取り扱いになっていると判断できる。翌年一月二十七日には「死亡の場合の、要保護者である証明書がこれからは民生事務所では出ない事になってゐると聞いてゐたので、保護課で頂いて来ようと思ったが、此度丈は区でもらふ様との事なので、帰途区役所に立より事情を話して証明書を頂いて帰宅」とあり、区役所も関与しているようでもあり、まだ業務の混乱があることも伺える。

民生委員に関しては、七月九日「丹羽キクさん、民生委員さんに御礼を申し度いので行かせてほしいと云って早朝出かけ、桝谷さんも民生委員さんに御礼に行って、夏物を置いてあるから取りに行くと云って出かける」とあり、八月二日「朝堀井良造と云ふ東山の民生委員来園、園の様子を見せてほしいとの事なり。遠慮なく御覧になって、直接園生から様子を聞いて頂く様話して自由に見て頂いたら、大変結構だと思ふから今後又御願するとの事で帰られた」とある。「初の入園者」も民生委員の仲介によるもののようであるが、委員が養老院を社会資源として把握しており、また当事者から感謝されていたこともわかる。

おわりに

「寿楽園日誌」を読みつつ、既存の史資料や先行研究を確認していくと、こういうことだったのかと再確認できることも多いし、さらに疑問が生じてくることも少なくない。また実際に事業に従事されていた方の生の記録の持つ迫力というものがひしひしと感じられる。さらに通読すれば、多くの疑問が解明されるような予感がする史料であるという期待に胸が膨らむ思いである。

主な参考文献
三和治『生活保護制度の研究』学文社　一九九九年
百瀬孝『日本老人福祉史』中央法規出版　一九九七年
村上貴美子『占領期の福祉政策』勁草書房　一九八七年
副田義也『生活保護制度の社会史』東京大学出版会　一九九五年
菅沼隆『被占領期社会福祉分析』ミネルヴァ書房　二〇〇五年

おがさわら・よしあき
一九七八（昭和五十三）年、関西学院大学卒業。二〇一二年、博士（人間福祉）取得。聖和大学短期大学部、四天王寺国際仏教大学、京都光華女子大学を経て、二〇一四年より神戸女子大学健康福祉学部社会福祉学科教授。主要著書は『林市藏の研究——方面委員制度との関わりを中心として』（関西学院大学出版会　二〇一三）

「寿楽園日誌」が書かれた時代——戦後日本の社会福祉をふりかえる

岡本民夫（同志社大学名誉教授）
小國英夫（社会福祉法人健光園理事長）

明治・大正・昭和初期の社会福祉とは

小國　この「寿楽園日誌」は、昭和二十四年度から三十二年度まで八年間の記録です。岡本先生には日誌にある八年間をはさんで、昭和二十年（一九四五）から三十五年（一九六〇）あたりまでの戦後日本の社会福祉やソーシャルワークの理論や思想、事業、法制などについてお聞きしながら、社会福祉という視点から振り返れば当時がどういう時代だったのかを伺いたいと思います。

制度的には昭和四年（一九二九）に恤救規則が救護法に変わり、それが戦後の昭和二十一年（一九四六）に旧生活保護法となり、さらに二十五年（一九五〇）に生活保護法へと変遷していきますので、寿楽園が創設されたのは旧生活保護法の終わりかけの頃ということになります。

岡本　恤救規則は明治七年（一八七四）に施行されて、明治、大正、昭和まで続いたことになりますね。これは日本で初めての生活困窮者のための公的救済制度といえます。

小國　ただ、池本美和子先生の著書『日本における社会事業の形成』（一九九九）によれば、昭和に入って恤救規則から救護法に替わる段階では、かなり活発に議論されたようです。極めて制限的な恤救規則をいかに拡大していくかということと、単に拡大しただけではいろいろと漏れが生じることから、当時すでに「ソーシャル・ウェルフェア」という言葉が使われていました。我々はともすると戦後の日本国憲法で初めて「社会福祉」という言葉が登場するかのように思い込んでいますが、実はそうではないことがわかります。

社会事業法と健兵健民政策

小國　昭和十三年（一九三八）に、それまでの内務省社会局と衛生局の業務を分離独立させて厚生省が発足し、後に厚生大臣も務めた灘尾弘吉さんら若い官僚が中心となって、社会事業法などを制定しました。さらに、太平洋戦争に突入するまでのこの時期に国民健康保険法、船員保険法、労働者年金保険法など、戦後の社会保障の基礎となるようなさまざまな法律が施行されます。

岡本　戦時中はあらゆる施策が戦争を遂行する目的に収斂されていきますが、戦時色が濃くなるにつれ国防のために人口の増加や体力の向上が要求されるようになって、いわゆる健兵健民政策と呼ばれる政策が実行されるようになります。昭和七年（一九三二）に施行された救護法も、そのための法律のようになってしまった側面がありますね。

小國　国民健康保険法の施行に伴って保険証ができたり、〝産めよ増やせよ〟という人口政策と徴兵検査において甲種合格を増やすための健兵健民政策が推進されました。さまざまな社会保険制度も、当時は戦費調達という大目的があったわけですが、健康保険であれ年金であれ、戦後の社会保険制度につながったのもまた事実です。

岡本　年金のように拠出から給付まで長期間を要するしくみは、資金を流用できることから、戦前にあっては戦費にあてることが可能な、国の貯金のような性格があったわけです。

小國　大雑把な言い方になりますが、戦前は施設をつくってそこに入ってもらうという考え方ではなく、居宅保護という考え方が主流でした。終戦後、外地からの引揚者や傷痍軍人、戦争孤児などが多数発生して、居宅保護の原則などとはいっておられなくなって、施設をいかにつくっていくかという歴史となった。これは今にいたるまで基本的に変わってないように思います。

先生や私が大学生だった昭和三十年代前半には、大学で社会福祉を学んで福祉施設に就職するといった発想はほぼ皆無で、むしろ施設における福祉などというものは極めて非人道的なものだと考えられていたように思います。つまり、現実の施策や政策とソーシャルワークの考え方や社会福祉の理論とは、かなり乖離があったのではないでしょうか。

岡本　確かに同時並行的には進まず、理念だけが先行していましたね。私は大学に入学してから朝日新聞の大阪厚生文化事業団と関わりができて、青少年の健全育成のための教育組織キャンプにカウンセラーとして参加するようになりました。厚生文化事業団のキャンプでカウンセラーをやっていた人は必ずしも福祉を専攻しているというわけではなく、経済学部や法学部の出身で、ＹＭＣＡやＹＷＣＡの経験がある人が多かったです。

朝日新聞の厚生文化事業団は昭和四、五年頃の大恐慌の中で発足しており、大阪府内の生活困窮者を救うことが当初の目的でした。新聞社としては、社会的な貢献をアピールする目的もありました。新聞社に所属する看護師が、当時の代表的な疾病であった結核と貧困を抱える人たちを訪問して支援や看護を行う、といった医療福祉的な事業も行われていましたね。

小國　それらの活動は、戦後にどのようにつながっていったのでしょうか。

岡本　戦時中は出征兵士の家族を支援するようなことを行っていましたが、戦後の混乱期は救貧活動が中心で、世の中が落ち着いてくるにつれて徐々に青少年の健全な育成に力を注ぐようになったわけです。

竹内愛二ゼミに学んで

小國 寿楽園がスタートした昭和二十四年頃から、谷川貞夫『ケースウワーク要論』、永井三郎『ソーシアル・グループ・ワーク――原理と実際』、浅賀ふさ『ソーシャルケースワーク』、竹内愛二『ケース・ウォークの技術』など、ケースワークやグループワークに関する書物が次々と刊行されます。そうした動きはどう見ればいいのでしょうか。

岡本 竹内愛二先生の『ケース・ウォークの理論と実際』は、すでに昭和十三年（一九三八）に刊行されていますが、それからは戦時色一色になっていくので、民主的な指導理念は抑制されてしまいます。ゴードン・ハミルトンが昭和三十五年（一九六〇）に同名の『ケースワークの理論と実際』という本を出しています。

小國 実は岡本先生と私は、関学では竹内愛二先生のゼミ生でした。岡本先生は私の二年先輩で、在学中から大変お世話になりました。我々の恩師である竹内先生は京都の方で、同志社大学でも教鞭をとっておられたんですよね。

岡本 牧師であったお父上から二代に渡っての同志社ご出身ですからね。そうして戦後に関西学院大学に移られて、創設されたのが我々が学んだ社会事業学科です。

小國 この「寿楽園日誌」にも竹内先生のことが書かれています。京都でもしばしば講演をされていたので、私の伯母や母は何度も拝聴したそうです。そのご縁で私も竹内先生のもとで学びたいと関学を選びました。私が理事長になってのち、昭和四十四年（一九六九）からは健光園の顧問をお願いしておりました。このように見ていくと、日本のソーシャルワークは竹内先生がそうだったと思うのですが、アメリカの影響が大きいといえるのでしょうか。

岡本 ソーシャルワークの概念を日本に紹介したのは谷川貞夫氏や竹内先生ですから、その意味ではアメリカの影響は少なからずあったかもしれません。

小國　その頃の思想的な背景は、どのようなものだったのでしょうか。

岡本　人を支援するというより経済的な保護が主流になってきますが、その転換期は昭和十二、三年頃ではないかと思います。戦時色が強くなるにつれて、竹内先生の理論も個人の尊厳といったようなものは消えて、いかに社会に役立つ人を育てるかといったものに変わっていきました。後年この点を先生に尋ねたことがありますが、「個人の尊厳とか主体性とか書くと、軍部からにらまれるから仕方がなかったんだよ」という答でした。竹内先生もご自身の信念を曲げて妥協せざるを得なかったのではないかと思います。

当時の貧困観は、貧乏や生活困難になるのは己の努力不足であるという自己責任観がベースにあると思います。税金を使って彼らを救済することには抵抗が強かったし、日本の歴史の中では、そういう考えに賛同する人が多かったのではないか。私の母が民生委員をしていて、子供の頃に、母と生活保護申請者の話を傍で聞いていたことがありますが、事細かに状況を聞き出して、本当に必要性があるとわかって初めて役所に申請するという感じでした。今のように貧困の理由は問わない時代とは違って、個人の心がけが悪いという時代でしたね。

戦後民主主義と福祉の政策

小國　戦争と敗戦でそれまでの貧富の差や社会階層的な差が大きく崩れて、世が世ならといった身分の人や経済的に裕福だった人であっても、外地から無一文に近いような状態で引き上げてこられた。従って、寿楽園にも極めて高学歴の方や大会社の重役の奥さんといった方がおられました。とくに京都は戦災を免れていたので、京都に行けば何とかなるだろうと、外地からも国内からも多くの人が集まっていました。

ただ、戦前に目を移すと、だんだんキナ臭くなってくる時代でありながら、昭和十三年（一九三八）に厚生省が創設され、社会事業法が施行されるなど、救貧の問題などに真剣に取り組もうとした歴史もありますよね。

岡本　社会事業法の施行によって貧困を救済するという建前の発想と、健兵健民政策に基き貧困者を元気にして戦力にするという本音の発想の両方があったわけです。

小國　物事には大抵表と裏の二面性がありますが、良し悪しは別として、そういうことがあって初めて戦後のＧＨＱの政策の中で旧生活保護法や新生活保護法、社会福祉事業法などができた背景があると思います。

岡本　昭和二十一年に施行された日本国憲法の第二十五条に「すべて国民は健康で文化的な最低限度の生活を営む権利を有する」という基本的人権が謳われていますが、このような条文がある憲法は世界中で日本だけです。日本国憲法の成立を巡っては日本の主体性の有無を巡って今でも議論がありますが、少なくとも第二十五条は日本の発想ではない。昭和二十七年（一九五二）まで日本を統治していたＧＨＱが、日本を一気に民主化しようとした政策の結果だったのだろうと思います。

小國　明治時代に欽定憲法を作った際にも、諸外国の憲法の理論を巡ってさまざまな議論があったようですが、日本の地縁社会の中では「結い」とか「講」といった相互扶助の考え方がはっきりとシステム化されて存在していたように思うのですが。

岡本　町内会や自治会の精神も古くから存在していましたが、実質的に機能したかどうかはその地域の状態や時々の社会情勢によって異なります。例えば過疎地域では成り立たないし、反対に大都会でも成立しないわけです。

小國　町内会は江戸時代の五人組など、一種の連帯責任システムの流れを汲んでいるという説もあります。しかし京都の町衆の暮らし方などを見ると、権力が民衆の生活に介入していないために、自治によって自分たちの町や暮らし、商売などを守っていく必要性から生活単位としての地縁社会でもある「町《ちょう》」を形成したというのが町づくりの歴史としてあるように思います。

岡本　地縁社会によって事が進んでいることを国家も理解していて、積極的には関わらないようにしていました。ある意味、行政権力を放棄していることになるのですが。

小國　警察国家も似たようなところがあって、ある一線を超えない限りは無関心だが、それが戦争国家や福祉国家になると良きにつけ悪しきにつけ権力が生活に関与してくる。

岡本　ただ、以前私が佐賀県や熊本県の歴史に関する資料を見ていて気づいたことですが、相互扶助の基盤となる地域管理は警察が主体となっていたようですね。

小國　国民の健康を保全するために、その障害や危険を除去する衛生行政の一部を担当する警察を「衛生警察」という言葉で表すこともありますが、銭湯を営業する許可なども警察が出していた時代がありました。寿楽園の時代も、また健光園になってからも、地域からの寄付金はまず警察に届けられて、当時の太秦署（現・右京署）から「寄付金が届いているので取りに来るように」とよく電話があったものです。

岡本　困っている人を誰が支えるのかという、いわゆるヘルピングには救済・支援・援助の三つの概念があって、生活保護受給者や身障者などに対してそれぞれ巧みに適用していると思うのですが、改めてヘルピングの意義と中味を整理して広義の生活困難者に対する支援のあり方を議論してみたいと思いますね。

新生活保護法のもとで

小國　先生は岡村重夫、嶋田啓一郎、竹内愛二、孝橋正一、岸勇、仲村優一といった当時の高名な社会福祉学者の論争をどのように見ておられたのでしょうか。

岡本　孝橋氏は、岡村・嶋田・竹内先生らの主張は世の中のほころびを繕うような施策に過ぎず、社会福祉の本質ではないと批判しましたが、では世の中のしくみを変えるためにはどうすればよいかということになると、孝橋さんも岸さんも本質的には革命論ではないので、世の中の矛盾をカバーする対策は社会の維持、存続、発展に必要だが、本質は資本主義社会が持っている矛盾や欠陥が露呈してきたものに過ぎないのではないかという考え方になる。しかし、社会主義的な考え方は福祉の世界ではあまり登場してきません。

小國　仲村先生の主張は、社会福祉の補完や代替という機能が、本質的ではないかもしれないが現実的だということであろうと思いますが。

岡本　それに対して岸さんは、資本主義社会の本質的な矛盾を変えていくような方向性を持ちながら、現実をカバーするためには最低限度の保証を行うのは国家責任であるという考え方でした。

小國　私が学生の頃は、ソ連や中国のような社会主義国家や共産主義国家に社会福祉は要るのか要らないのかという議論をしたものです。当時、左翼の多くの人達は不要論だったと思いますが、日本はヨーロッパの福祉や社会保障の影響とアメリカの影響、両方があったように思うのですが。

岡本　日本の戦後の福祉政策はもっぱらベヴァリッジ・プラン等のイギリスをモデルにしてきたのですが、一九六〇年代の日本の高度経済成長期には、ヨーロッパもアメリカもどちらも参考にならないといわれた。社会保険に関してはドイツですが、ドイツでは社会保険をつくることによって社会主義体制にしていきたいという動きが一部にありました。生活状況がどうなろうと国が面倒をみるというのは、まさに社会主義ですよね。

福祉国家という発想は六〇年代になって活発になりましたが、では誰が面倒をみるのかという問題が出てきた。日本では公的負担論というのはあまり表面化しませんでしたが、実は結構ありました。もともと人間の生活は個人責任であるというのが自由主義社会共通の考え方ですが、自己責任の限界を超えたときに誰がいかなる理由をもって対応するのかという発想は、やはりイギリスではないかと思います。

小國　社会保障制度審議会が昭和二十五年に出した社会保障制度に関わる勧告の中では、社会保険・公的扶助・公衆衛生および医療・社会福祉が四つの柱となっています。なかでも公的扶助が中心となっていて、社会福祉というのは公的扶助に至らないようにする予防的な機能を持っているという表現もありました。あれにつながっていくのはイギリスのベヴァリッジ報告書である「社会保険と関連サービス」あたりでしょうか。

岡本　日本国憲法の二十五条がめざす目標となりましたね。

小國　そこから公的責任論が出てきたのですね。

岡本　新生活保護法になって理由を問わず保護が受けられるようになりましたが、旧保護法の時代は福祉事務所長などの裁量で決められていたので、国民の権利にはなっておらず行政の権限でした。一方、新しい生活保護法では憲法二十五条の理念を前面に打ち出していますが、それがどれだけ具体化できるかは施策の問題でしょう。具体化のプロセスにおいて昭和二十七、八年頃に「大砲か、バターか」という財政論争がありました。昭和三十一年度の経済白書に「もはや戦後でない」とあったように、三十年代になると徐々に景気もよくなってそういう財政論争もなくなった。

小國　寿楽園は当然、私的社会事業でしたが、社会福祉の基本的な考え方の中では、一方では公的責任を云々しつつも、もう一方では民間性とか運動としての社会福祉、ソーシャル・リフォームといったものがある。私が学生の頃、竹内愛二先生がよく「日本のソーシャルワークに欠けているものの一つはソーシャル・アクションだ」といっておられました。いまになって、つくづくそのことばを噛みしめております。

「寿楽園日誌」に読む民間福祉の実践

小國　先生が堺市の浅香山病院に勤めておられた頃、精神障害者の自立とか社会復帰といった状況はどうだったのでしょうか。

岡本　医師、心理系の職員、私のような福祉系の職員の三者で、臨床心理部門をつくって新しい医療に取り組むという動きがあったのですが、案外、看護系の職員は保守的でした。当時は統合失調症の患者さんは外には出さないという方針で、居室は施錠して、院内であれば出てもよい患者さん、家庭まで戻ってよい患者さん、地域社会まで復帰できる患者さんと区分して、それを処遇の判定や退院の判定の際の基準にしていました。

症状的には退院できる状態で、経済的にも退院して受入れ可能な家庭の患者さん達であっても、通院しながらほとんどの人は仕事がない。それで私が事業活動プログラムを企画しました。昭和三十年代の高度経済成長期でしたから企業は人手不足で、大阪手内職斡旋協議会に相談に行ったら、ぜひやってくれということになった。そうして家庭と病院と職場をつなぐことを考えたのですが、しかし患者さんの症状に波があって、筋書き通りにはいかないことを痛感しました。

それから、最初は危ないということでずいぶん反対されたのですが、難波にあった大阪球場に患者さん達とナイターを見に行ったり、バスをチャーターして京都や奈良に日帰り旅行をするようにもなりました。

小國　そういう試みに対して、保健所など行政は当時どのような反応でしたか。

岡本　保健所は相談業務だけで、就職の斡旋とか社会復帰のための訓練などはあの頃はなかったですね。

小國　社会福祉施設は現在でも民営がほとんどですが、とくに京都は寺が多いこともあって保育園から老人ホームまで大半の社会福祉施設は民営で､公的な施設はほとんどありませんでした。関西はとくにその傾向が強いかもしれません。

岡本　戦前の民設民営という社会事業の流れが色濃く残っていましたね。健光園もそうですが、措置費や生活保護の概念が入ってきて、入所に伴う経済的な側面が保証されるようになってから少し変わってきました。

小國　昭和四十七年までの措置費は補助金という性格もあって､まったく不十分なものでした。それが昭和四十八年に､同じ措置であっても補助金から委託費という位置付けに変わりました。些細なことに思われるかもしれませんが、実はこれが非常に大きかったのです。

補助金というのは余ったら返さなければならなかったのですが、委託費は必要なサービスをきちんと提供した結果、やり繰りして残った分は繰り越しが認められるようになった。それがさらに介護保険制度になると、利益の概念が入ってきます。補助金の頃は日常の経費も臨時の経費も足りなかったので、寄付金を募るということを恒常的にやっていました。しかし、世間の皆さんもよくご存知で、補助金の時代は寄付も当然の文化のようになっていたと思うのですが、これが委託費に変わると、自分達がやっていることを絶えずアピールしていかなければ寄付もなかなか集まらなくなりました。時代がどんどん変わっていったわけです。

この「寿楽園日誌」を読んで改めて思うのは、戦後すぐの時代にはそれなりに民間福祉の実践だという強い信念のようなものがあった気がします。この日誌を読んで心動かされるのは、そういうところではないかと思います。福祉の現場にいる我々こそ、いま一度足もとを振り返る機会にしなければと思います。きょうはどうもありがとうございました。

おかもと・たみお
一九三六年、和歌山県生まれ。関西学院大学文学部卒。浅香山病院医局、熊本短期大学教授、カナダ・トロント大学大学院客員研究員などを経て一九八〇年同志社大学教授、同大学院教授、現在名誉教授。文部科学省教科書検定審議会第八部長・会長代理、大学設置審議会専門委員、日本社会福祉学会理事などを歴任。二〇一六年瑞宝中綬章受章。主な著書に『ケースワーク研究』『医療福祉の研究』『社会福祉原論』等がある。

寿楽園日誌

凡例

1　本書は、横川八重が大学ノートに記した「寿楽園日記」（昭和二十三年〜）「日記 寿楽園」（昭和二十五年度）「事業日誌」（昭和二十六〜三十一年度）計八冊分を翻刻したものである。
2　原文は旧仮名づかい、新仮名づかい、旧漢字、新漢字が混在しているが、原則として原文通りとした。ただし旧漢字は現在の漢字に改めた。「□□え行く」は「□□へ行く」に改めた。
3　送り仮名、漢字づかい、句読点は、今日から見れば不自然なものがあるが原文通りとした。
4　明らかに誤記・脱字と判断される箇所については正しい表記に改めた。
5　今日では理解しにくい用語は、冒頭に用語解説を設けて参照できるようにした。また略称、略語、通称等で、原文のままではわかりにくいものには一部、カッコで注を付した。
6　巻末の「資料編」においては、とくに資料的な意味合いが強いため、旧字体旧仮名づかいをそのままに、すべて原文通りとした。送り仮名、漢字づかいの不適切かと思われる場合も原文通りとした。
7　本文、巻末「資料編」ともに、判読不能箇所はおおよその文字数分の□を記した。また空白箇所は本文を空白として、傍注で〔空白〕と記した。
8　今日の観点からすれば不適切な表現も見られるが、資料としての性格を考えてすべて原文通りとした。ただし園生の人名については一部仮名とした。

用語解説（五十音順）

右京民間社会事業振興会　うきょうみんかんしゃかいじぎょうしんこうかい

戦後、ＧＨＱの基本方針である「公私分離」の考え方により民間社会事業は極めて厳しい状況にあった。そうした中で昭和二十四年（一九四九）に参議院厚生委員会が厚生大臣に「民主的な社会事業振興連絡機関の確立」を求めたことをはじめ、翌二十五年（一九五〇）には中央共同募金会が「地域の民間事業の意思を民主的に反映する一元的な連絡団体の設立」を要望、さらにはＧＨＱがいわゆる六項目の一つとして「団体及び施設により自発的に行われる社会福祉活動に関する協議会の設置」を求めた。こうした動きの中で各地に民間社会事業を支援する組織として民間社会事業振興会が誕生し、資金援助活動を展開したと考えられる。詳細不明。

恩給年金　おんきゅうねんきん

公務員とその遺族を対象とする明治以来の退職・障害・遺族給付などの制度。戦後は国家公務員・地方公務員共済に移行したので、公務員共済以前の退職・死亡者と旧軍人軍属およびその遺族に「恩給」は適用された。

介護料　かいごりょう

介護という語が法律用語として登場するのは昭和三十八年（一九六三）の老人福祉法が最初であるが、それ以前の公文書では、明治二十五年（一八九二）の軍人恩給の給付等級に介護という用語が登場するのが最初とされている。

ただし、この寿楽園日誌が書かれた旧生活保護法時代から新生活保護法時代には養老施設入所者の長期化が進み、その四分の一前後が病人や病弱者であった。そのため病弱等の理由で特別の世話が必要な場合に、行政が「介護料」を支給していた。この日誌には昭和二十九年（一九五四）四月十二日に「四月から介護者の申請をしなければならない」として、「介護料請求書提出」「介護料受領」などの記録が見られる。ただし、介護という概念が明確にされていたわけではない。

外食券　がいしょくけん

第二次大戦中から敗戦後しばらくまで続いた米穀の統制下において、外食する者のために発行された食券。昭和十六年（一九四一）四月一日実施、昭和四十四年（一九六九）廃止。

解剖体慰霊祭（剖体祭）　かいぼうたいいれいさい

大学医学部などで教育上の解剖に提供された遺体を春秋の彼岸などの時期に慰霊するために開催されるもの。寿楽園では創設以来、本人の希望があれば京都大学医学部へ、その後は関西医科大学へ、遺体提供を行ってきた。そのために慰霊祭（通称・剖体祭）には毎年ご案内をいただき、職員が参列するのが慣わしとなっていた。

覚勝院　かくしょういん

寿楽園の前身である断食道場は、最初は大覚寺の塔頭寺院・覚勝院山内に「覚勝院断食道場」として誕生した。当時の覚勝院三好僧正と小國家の姻戚である亀山弘應僧正（寿楽園初代園長でのち二代理事長）が懇意であり、また大覚寺本山も協力的であった。断食道場はその後、覚勝院から大覚寺敷地内の新たな地に移り「健光園嵯峨断食道場」となったが、道場主を失った小國家に養老事業発起を奨めたのは覚勝院の当時の住職・坂口密翁僧正であり、同寺もまた昭和二十七年（一九五二）「まこと幼児園」を開設。高齢者と幼児園園児らの交流は寿楽園時代から現在まで続いている。

加配米　かはいまい

「米穀通帳」と呼ばれた通帳による米穀の配給制度のもとで、特別な労務に従事する者等に「配給米」と同じ価格で一般よりも多く配給された米を「加配米」と呼んだ。一人一日当たり平均一〇〇グラムで、公私の病院職員等（事務員を除く）は対象外であったが、養老施設職員や入所者は対象外であったようである。

昭和二十七年（一九五二）二月二日に「労働基準局出張所で加配米の件につき問い合わせをなす。園では炊婦にも無い由」と記されている。

亀山弘應園長　かめやまこうおう えんちょう

真言宗の僧侶。大正九年（一九二〇）布哇（ハワイ）開教監督、昭和六年（一九三一）朝鮮開教監督として海外布教を担う。真言宗京都大（現種智院大）在学中、のちの大覚寺門跡・草繋師、覚勝院（解説参照）三好師とともに三羽ガラスと謳われた縁が、小國家との姻戚関係から初期の断食道場や寿楽園創設につながる。寿楽園初代園長、二代理事長、その後に嵐山寮理事長として社会福祉に貢献した。昭和四十七年（一九七二）高野山金剛峯寺座主・同管長に就任、五十一年（一九七六）遷化。

共同募金　きょうどうぼきん

民間の社会福祉施設・団体の資金を確保するため、年一回、厚生労働大臣が定める期間、都道府県を区域として実施される計画的な募金運動。社会福祉法で第一種社会福祉事業に位置付けられている。日本国憲法第八十九条の公私分離により民間福祉事業への公費支出が停止され、戦後のインフレと寄付金の激減により財団法人であった多くの民間福祉経営は困難を極めていた。そのなかで、昭和二十一年（一九四六）に同胞援護会が実施した「越冬同胞援護運動」が起源とされる。

京都感化保護院　きょうとかんかほごいん

感化保護院は、出獄者の保護教化のために明治期に各地に設立されたが、京都感化保護院は明治二十二年（一八八九）西京の民家に開設された。築昭和十年（一九三五）という古い建物で長年維持されていたが、現在は新築され更生保護法人「盟親」となっている。

軍政部　ぐんせいぶ

正式には京都軍政部。京都における第二次世界大戦後の連合軍による占領下の地方行政（法律、経済、衛生、厚生など）を担当する部局の名称。

御下賜金　ごかしきん

皇室から福祉施設・団体などに事業奨励などのため「下賜」された金子。

心もち運動　こころもちうんどう

「心餅運動」「心持ち運動」とも書かれる。年末についたお餅を地域のひとり暮らしの方や高齢者、あるいは福祉施設などに届ける運動で、現在も各地で続いている。寿楽園でも新年があけると京都府内一円から善意のお餅が届けられ、入園者を喜ばせた。

嵯峨佛徒連盟　さがぶっとれんめい

嵯峨地区でも多数に上った戦没者の慰霊供養を行うため、地区四十数か寺院と檀信徒が一体となって、まだ占領下にあった昭和二十三年（一九四八）に発足。その中心メンバーの一人に健光園嵯峨断食道場主・小國健治がいたが、連盟発足の翌月に死去。その遺志を受け継ぎ、嵯峨全地域への托鉢や嵐山灯篭流しは寿楽園の大切な行事となった。五山送り火のもとでの嵐山灯篭流しと四月の花祭りは現在も同連盟の宗教行事として定着しており、収益の一部は嵯峨の各種団体に寄付されている。

C・A・C　シーエーシー

ララ物資（解説参照）配布が終了した後の一九五三年三月から、C・A・C救援活動（食料、衣料など）が始まった。C・A・Cはアメリカ宗教三団体の頭文字。

スラタリー夫人　すらたりー ふじん

京都に進駐したA・P・スラタリー米軍将校夫人が、友人とともに初めて寿楽園を訪れたのは昭和二十六年末（一九五一）。その数日前にニューヨークで夫人の老父が亡くなった電報を受けたこともあって、それから帰国までの半年間、心の通う交流を続けた。毎週木曜午後を中心に、珍しいお土産をもって園を訪れ、老人たちを愛車シボレーに交代で乗せては市内や琵琶湖方面をめぐるドライブは、とくに皆が楽しみにしていた。

中央病院　ちゅうおうびょういん

寿楽園日誌に書かれている「中央病院」とは、現在の京都市立病院のこと。京都市立病院は明治十五年（一八八二）に設立された上京公立避病院であり、大正時代には東洋一の伝染病院といわれた。

中央保護所　ちゅうおうほごしょ

昭和二十一年（一九四六）、戦災などによる浮浪児・者を緊急収容する若宮寮が京都市厚生協会により設立されたものが京都市に移管され、生活保護法による一時保護施設、京都市中央保護所となる。中央保護所から積慶園、同和園、寿楽園、平安徳義会などの施設に収容を委託された。

同和園　どうわえん

大正十年（一九二一）、大西良慶師ら京都仏教護国団により御室に創設された京都で初めての養老院（京都養老院）。昭和九年（一九三四）に現在地の醍醐に移転し、昭和十六年に同和園と名称を変更した。

寿楽園の創設時には、先輩養老施設である同和園に出向いて日々の運営方法、業務の進め方を実地で学ぶなど、多大のご協力をいただいた。

曇華院　どんげいん

下嵯峨・鹿王院の隣にある尼門跡寺院。「竹の御所」と呼ばれ、古い歴史と高い寺格をもつ。寿楽園日誌に「御前様」として登場するのは曇華院二十九世・飛鳥井家出身の慈孝禅尼のこと。嵯峨地区の婦人会活動などを通じて横川・小國は親交を深め、人生の岐路に立てば相談に乗ってもらっていた。

中村久子女史　なかむらひさこ じょし

明治三十年（一八九七）岐阜県生まれ。大正・昭和期に両手・両足の切断というハンディキャップをもちながら自立した生活を送った女性。四十一歳でヘレン・ケラーと出会う。五十歳頃より執筆・講演・各施設訪問活動を開始。この時期に寿楽園も何度か訪問し、親しく交流している。

平安徳義会　へいあんとくぎかい

明治二十三年（一八九〇）、京のまちに浮浪する孤児・貧困少年等を救済しようと民間人五名が創設した孤児院に始まる児童福祉施設。明治三十六年（一九〇三）に岡崎に移り、大正時代に保育園、昭和八年に乳児院を開設。昭和四十一年（一九六六）に本部、乳児院、養護園が西京区大原野に移り、岡崎には幼児園が残って現在に至る。

豆区役所　まめくやくしょ

区役所支所または出張所のこと。当時の京都市民はこう通称していたようだ。日誌のなかでたびたび登場する豆区役所は、寿楽園の地域にある右京区役所嵯峨出張所。近年まで出張所として継続してきたが、現在は証明書発行コーナーだけになっている。

民生事務所（民生安定所）　みんせいじむしょ

現在の福祉事務所のこと。昭和二十一年（一九四六）、六大都市および人口十五万以上の都市に民生委員事務所が創設され、昭和二十五年、社会保障制度審議会が「社会保障に関する勧告」を出すなかで社会福祉現業機関として「民生安定所」創設の必要をのべ、社会福祉法で規定されたもの。

養老事業連盟　ようろうじぎょうれんめい

大正十四年（一九二五）の第一回全国養老事業大会開催を契機に、昭和七年（一九三二）全国の公私養老施設を会員として全国養老事業協会が設立され、機関紙『養老事業』の発行、全国調査、全国大会、研修事業などを実施していた。

洛北寮　らくほくりょう

昭和二十二年（一九四七）に設立された保護施設、京都府立洛北寮のこと。寿楽園より二年早く誕生した公立養老施設として、京都最古の同和園とともに、寿楽園はこの二施設から多くのことを学び、昭和二十、三十年代の老人福祉を実践してきた。洛北寮はその後、京都市内から京都府京田辺市に移転して社会福祉法人京都府社会福祉事業団「洛南寮」と改称している。

ララ物資　ららぶっし

アメリカの民間による国際社会福祉支援団体のひとつで、アジア救援認可団体の頭文字LARA（Licensed Agencies for Relief in Asia）から救援物資を「ララ物資」と呼称。小麦粉、粉乳、砂糖、大豆、肉、缶詰などの食料品から衣類、医薬、学用品など救援物資が占領軍を通じて厚生省に引き渡され、戦災孤児、引揚者、保育所、収容施設などに配布された。戦後日本の学校給食再開にも大きな寄与があった。横浜市の新港埠頭に「ララ」記念碑が建っている。

昭和二十三〜二十四年度

昭和二十三年十二月二十三日〜昭和二十五年三月三十一日

開園当初の日誌類

昭和二十三年度（開設前）

十二月二十三日
松田先生、覚勝院様等より道場を養老院に切り替へてはどうかとの御話ありたるもあまり気乗せず。

一月十二日
夜覚勝院に行き養老院につき種々御話を聞き、兎も角も見学させて頂く事にする。

一月十三日
午後松田先生御来宅、養老院につき種々御話あり。

一月二十三日
選挙場で羽生田《はにゅうだ》（二尊院）様に御目にかゝり養老院につき御話を聞く。羽生田様は前に醍醐の同和園に御関係があったよし。

一月二十四日
四条大宮に醍醐行のバスの時間を見に行き、帰途覚勝院に立より同和園への紹介状を書いて頂く。

一月二十五日
午後同和園に行き、色々話を聞き内部を見せて頂く。病室に淋しげに寝てゐる人達を見た時、養老院をやって少しでもこうした気の毒な人達の為に残る命を捧げやうと云ふ気になる。

一月二十七日
坂口様と御一しょに市の保護課を尋ね、係長、課長、次長にお目にかゝり、養老院開設に関し種々相談。大阪の養老院参観の為、坂口様に紹介状を頂く。帰途、曇華院に立より御前様からも是非やる様にと力づけて頂き大阪に行く。

一月二十八日
大阪天満の助け合いの事務所に肥田課長に御目にかゝり、仁川がモデル養老院であると聞き、直に仁川松風荘の参観に行く。中々に設備もよく、清潔なのに感心す。

一月三十日
朝、大覚寺に門跡様を訪問。結構なこと故、是非やって呉れる様、大覚寺も出来る限りの応援はするとの事、亀山の兄上にも乗り出して頂けばよい等、種々相談に乗って頂く。

一月三十一日
亀山の兄上に養老院について手紙を書く。

二月四日
静さんと一しょに再度、同和園訪問。

二月六日
本日見積書作成。朝、覚勝院に行き種々書類につき説明を聞き書類をあづかり帰宅。

二月七日
先ず御前様の御意見を伺ひ、石川、谷山等を訪問。皆同一意見なり。
二月八日
夜覚勝院に行き一同の意見をのべて書類の内容を少し変へて頂く様御話する。
二月九日
道場の図面を画く。
二月十二日
一日中図面画きをなし、夜やうやく仕上ぐ。
二月十四日
四条のお福茶店で本阿彌さんにお目にかゝり、府の厚生部長へ連絡して置くとの事。夜中村さん来宅。種々相談をなせり。
二月十六日
朝、覚勝院に行き其後の経過を聞く。各方面より御協力下さるよし、心強く有難い事と思ふ。御前様にお目にかゝり色々事情を御話したら、お観音様が三十三身に身を表して御力ぞへ下さるのですよとおっしゃる。誠にその通りであらう。
二月十九日
夜、亀山の兄上御越しになり、今日迄の経過を御話して御協力を御願ひする。
二月二十日
夜坂口さん石川さん御来宅、十二時過迄兄上、静さん共に色々相談し、明後日、谷山中村等にも来て頂く事となる。
二月二十一日
谷山に親族会議につき都合よき日知らせてもらふ様連絡して帰宅。兄上、夜大覚寺に行き先方の意向を聞いて来て下さる。
二月二十三日
夕刻より亀山、谷山、中村、石川さんと共に種々相談の結果、遂に養老院に切かへと決定。
二月二十四日
夜大覚寺の岩根寺務長に来て頂き種々ご相談。十時過坂口様も来られ、予算其他会則等の原稿を作って下さったりして二時半御帰り。
二月二十五日
本日中に府市等に提出の書類作成の要あり。大覚寺に御願して夜十時出来上り。立派なものなり。本日午前中、小原様に来て頂き副園長になって頂く事になる。
二月二十六日
大覚寺寺務長、兄上、小原さんと私と四人で共同募金事務局、市役所、府庁へ書類を出しがてら御挨拶に行く。
二月二十七日
夕方のバスで醍醐へ行き、後援会の事につきお話聞いて帰る。
二月二十八日

朝早く小原様御来宅。お昼頃迄後援会の会則を兄上と共に作って下さる。

三月一日

小原様御来宅。後援会は一応地元の有力者をおまねきしての上の事の方がよからうと云ふ事になる。午後、亀山の兄上と共に野路井様に行き理事になって頂く様に依頼して承知して頂き、谷山に行き本日行く筈のところ都合つかぬ由連絡して直に大阪に行く。

三月二日

亀山の兄上、大毎事業部長開田氏を訪問、園の為御協力下さる様御話して下さった由。兄上御帰国を大阪駅に見送り、帰途本阿彌先生にお目にかかり府の方の事たのむ。

三月三日

夕方市役所から二人御来園。ざっくばらんに色々御相談したところ、兎も角認可のある迄に十人でも入れた方がよいとの御話であった。松田先生丁度来ておられ御存知の方だったので好都合であった。

三月四日

夕方小原様のお宅へ御伺ひして御見舞やら昨日の報告をなす。

三月八日

釈迦堂の塚本様にお目にかゝり養老院の事御話す。佛徒連盟としても出来る丈の協力をするとおっしゃって頂く。

三月九日

本日府より視察に来られる由で、午前中、小原様坂口様御来宅待ってゐて頂いたが午前中は来られず、午後二時半頃、府の坂根主事御来園、種々御指導頂く。婦人会に一尺運動をやってもらってはどうかしらと坂口様に御相談したところ、大変いゝ事だから是非ともやれとの事。

三月十一日

入場者の中務様、寿楽園に二千円也御寄附下さる。第一回の寄附金なり。

三月十三日

峯山の養老院を参観するつもりで出かけたところ、その様なものは無いとの事なり。然し皆親切に色々としらべたり連絡したりして下さる。

三月十八日

夕方亀山兄上御来宅。夜種々御相談に乗って頂く。

三月十九日

朝、小原様御来宅。午後、兄上と共に共同募金事務局、府、市役所に行き、四月より養老園経営の実際にうつる事になる。市に人選を依頼す。

三月二十三日

渡辺さん、齊藤さん、山田さん、神崎さん等に一尺運動の事御願ひしたら皆賛意を表して下さる。

三月二十八日

本日朝、朱雀第三の民生の方からのお話で井上重蔵、初の入園者として入園。

在園者　男一

三月二十九日

在園者　男一

三月三十日

市の小鴨様御来園。いよいよ来月五日より十人位入園の準備をするとの事。都合よく兄上も東京より御帰宅、色々話をして下さる。

在園者　男一

三月三十一日

在園者　男一

夜、佛徒連盟の会合に出席。佛徒連盟も托鉢等して協力するとの事で、小原様に御挨拶して頂く。

昭和二十四年度

四月一日　在園者　男一

本日、寿楽園もいよいよ発足。寿楽園の看板をかゝぐ。共同募金より十五万円を十一日に下さるよし、朝、小原様より連絡あり。有難き事なり。

四月二日　在園者　男二

夜、小原様御来宅。色々の相談をなす。前山又吉入園。

四月三日　在園者　男二

共同募金配分に就いての使途の予算、本月の予定表等の下書、帳簿様式についての質問の要点等しらべて、少し頭の中の整理がついた様な心地なり。本日、園長夫妻信貴山法会の為早朝に出立。

四月四日　在園者　男二

木村大工さん来て三畳の床張り、西の部屋の押入の棚直し。乗車券、郵便切手、収入印紙受払簿作る。

四月五日　在園者　男五　女二

本日上京より白谷熊吉、園田とみ、佐々原徳松、東山より、小川信太郎、二木せいの五名入園。ＤＤＴ撒布。

四月六日　在園者　男四　女〇　退園者　男一　女二

早朝市の小鴨様御来園。小川信太郎、二木せいの二名夫婦のよし部屋に困るよしお話したら、人数の少ないのに他にも悪いからと、直に醍醐にうつす様連絡して下さったので二人は十時頃退園。園田は一たん荷物の整理の為帰宅。理事会の廻状をまわす。

四月七日　在園者　男四

本日佛徒聯盟の托鉢。寿楽園にてパンお茶のお供養を出す。ハワイのコーヒーを園長サービスして下さる。

四月八日　在園者　男四

佛徒連盟の花祭に参加。午後市役所に行き、月沢さんにお目にかゝり佐々原の精神病者なる事を報告。医師の診断書があれば、他に収容するとの事なり。谷山に行き十二日の理事会の事連絡。

四月九日　在園者　男四

太秦第一民生事務所に前山又吉の四月分の生活扶助費をもらひに行く。井上連絡の為外出。寄附の石けんもらいひに大阪へ行く。中村より洗濯石けん三百箇寄贈さる。

小原様御来宅。園長も帰られ木村さんにも来てもらって台所改造の相談をなす。どんぶり出来上り、四千四百円支払をなす。共同募金の内金として二万円、坂口様おことずかり下さったよし。本日婦人部会、副園長出席。来月の會場は当方と決定のよし。

四月十日　在園者　男四

木村さん左官やさんを連れて来て炊事場の事種々相談。十四日頃からとりかゝるよし。夜十二時迄かゝって予算を作る。

四月十一日　在園者　男四

本日共同募金十五万四千円(内三万円は現金で前日入金)頂く。明日の理事会の為予算書作成の為、一時過まで坂口様副園長も御協力下さる。有難き事なり。

四月十二日　在園者　男四

午前中、帷子の辻第一銀行に共同募金の配分金を預金して内一万九千七百五十円引出し。夕六時頃より理事会。散会十二時過。後援会結成の運びなる。

四月十三日　在園者　男四

園長、大毎事業部の開田氏へ集会の招待状持参。四時のバスで醍醐へ行く。醍醐同和園に一泊。江頭《えとう》氏夫妻に色々御世話になり、園の事情等聞かせて頂く。当方より轉じた小川信太郎夫妻身ぎれいにして貰ってゐて、当方には未だその余地なく、うらやましき事と思ふ。

四月十四日　在園者　男四　女一　入園　女一

終日事務上の事細々と教へて頂く。本日中尾入園。

四月十五日　在園者　男四　女一

四月十六日　在園者　男四　女一

本日大毎事業部長開田氏、京都支局次長、本社事業部員と三名来園。大覚寺門跡、園長の五名、大沢の池に舟を浮べて花見。花は四分咲。新聞社として何等かの方法で大いに協力するとの事。夕刻中野様の御子息御来園。歓喜の面につき園長より依頼。

四月十七日　在園者　男四　女一

寿楽園のお花見。おすしを作っておせんべのおやつもそへて大覚寺の花の下でお昼を頂き、一同大よろこび。本日園の規則、色紙等を貼る。

四月十八日　在園者　男四　女一

佐々原を帝大分院精神科に診察に連れて行く。朝園長のお話あり。

四月十九日　在園者　男四　女一

銀行より預金引出し。右京嵯峨野保健所に行き所長に面会。両三日中に集団検診して頂く事にする。市役所に佐々原の事連絡。

四月二十日

道場入場者のカルテ等入園者台帳に利用の為工夫す。入園者を入浴に出す。浮揚重信入園。かまど出来上り。

在園者　男四　女二　　入園　女一

四月二十一日

東京の安藤様夫妻御来園。園の為後援させて頂くとの事なり。

在園者　男四　女二

四月二十二日

佐々原をのぞく在園者五名を連れて右京保健所に集団検診して頂きに行く。井上全身かいせん。丸善で事務用雑品購入。散髪用具購入。朝ハワイへ出す手紙を園長ニ時迄かゝって書いて下さる。

在園者　男四　女二

四月二十三日

園長と共に婦人会長に御挨拶に行く。夜、稲葉夫妻入園。

入園者　男一　女一

在園者　男五　女三

四月二十四日

福田入園。坂口様に謄写版刷りお願ひす。理事会記録、高野山への補助願申請のうつし等す。

在園者　男五　女四　　入園一

四月二十五日

井上、浮揚、前山の三名、大覚寺へ草引きに行く。白谷はお茶をとりに帰る。夕方大覚寺へ行き、おしまい迄を少し手伝ふ。副園長も御一しょなり。夜木村さん来宅。種々打合せをなす。園長牛窓の開眼供養の為帰国。

在園者　男五　女四

四月二十六日

井上、前山、白谷の三名大覚寺へ草引き。浮揚の十一月分よりの追加を西院の第三民生事務所へ貰ひに行く。一四六五円、天龍堂で半紙、ノート、のり等事務用雑品購入。伏見より女一名入園。市よりの連絡なきも、兎に角今夜は寝させる事にする。

在園者　男五　女五

入園　女一

四月二十七日

諸綴の表紙出来上り。朝、市へ連絡したらやはり昨日のは間違なしとの事。色々わからぬ事は月末か来月はじめに来てくれとの事。午後小鴨様より電話あり。一両日中に行くとの事。佐々原は和光寮に入れるから前日に知らせよとの事なり。夕方副園長ゆのみを御持参下さる。中々趣あるものなり。支払をなす。夜木村さん来宅。

在園者　男五　女五

四月二十八日

本日石鹸一コづゝ配給す。朝大工左官、井戸修繕等の代金支払分を銀行より引出す。佐々原の和光寮行は一日のつもりだったが二日にのばす事となる。

在園者　男五　女五

四月二十九日

天長節でお風呂をわかして在園者一同に入浴さす。午後、舟渡徳一入園。四時過より□会に出席。養老事業に協力を申し出たところ、今年は寿楽園に共同募金を持って行かうと云って下さる。呉竹のぶさんはおぢいさんのもの何か送りますとの事。帰宅十時。稲葉より在園者一同に□□焼のサービス。

在園者　男六　女五

入園　男一

四月三十日

ポンプ出来上り。井上重蔵、薬湯にはいって大変かゆみがなくなったと大よろこび。夕方木村さんに支払す。夕刻園長帰宅。午前中市の小鴨様来園、色々御指導を頂く。集会室を食堂にして一緒に食事をさせたらよいだろうとの事。副園長散髪サービス。香水の香ふく郁なり。

在園者　男六　女五

五月一日

愛宕神社、野々宮神社の祭礼。昼食は筍寿司は□□その小布地を集て福田のばあちゃんが製作。中々上手なり。園長大覚寺を訪問、入園者の仕事に幾分のたばこ銭を出して頂く様交渉して下さったよし。園長引そつして在園者一同大覚寺内拝。

在園者　男六　女五

五月二日

佐々原を自動車で副園長と共に醍醐の和光寮へ送る。帰途カミソリを買求む。夕方副園長ひげそりのサービス。夕のおつとめの時園の挨拶は合掌に致しませう、拝み合ふ心で暮しませうと云ふ事にする。

在園者　男五　女五

退園　男一

五月三日

行方不明の石鹸と石鹸箱がお風呂場へかへされてゐた。小川のぶさんから寄贈の古着小包着。婦人会の一尺運動の分も刈分を一番先頭にぼつぼつ集りつゝあるよし。有難い事と思ふ。

在園者　男五　女五

五月四日

右京第一民生事務所に保護申請用紙をもらひに行く。相互タクシーに二月の受取をもらひに行き、四条へ出て寿楽園のゴム印、裏ごし器等求めて帰宅。副園長在園者の間取をして保護台帳作製。夜在園者四月分の扶助料の申請書作製。園長高野山行き。
在園者　男五　女五
五月五日
午後三時より園生一同覚勝院に参拝。御先祖供養のおつとめをして頂き、茶菓の御接待を受け園生一同涙を流して感激。稲葉この、腹痛の為就床。
在園者　男五　女五
五月六日
園長高野より帰園。後援会費頂いて来て下さる。後援会趣意書印刷。
在園者　男五　女五
五月七日
副園長、主事、市役所へ四月分扶助料の件につき出張。副園長は午後二時より東本願寺白書院で共同募金への感謝茶会に出席。河田義孝、宇賀寛美入園。
園生　男七　女五
入園　男二
五月八日
午後宇賀寛美、河田の聞取をなす。
園生　男七　女五
五月九日
横川、市役所へ行き四月分の扶助料未受領の分の請求書と、佐々原の自動車賃請求書を提出。生活課で準世帯の届の事聞いて帰宅。
園生　男七　女五
五月十日
ハワイ真言宗別院の信徒総代、国行氏御夫妻を案内して園長副園長保津川下り。大沢池畔で昼食。
園生　男七　女五
五月十一日
大鮒入園。しらみを一ぱいつけてゐて不潔なので早速にＤＤＴを撒布。衣類も随分よごれてゐるので早速とりかへさす。宇賀の布団ものすごくよごれたり破れたりしてゐるので、皆で解いたり洗ったりして女の人達がよく世話をしてやってゐる。
船渡、河田の二名曇華院に草むしりに行く。
園生　男八　女五
入園　男一　女〇
五月十二日
久世郡民生委員の方来られて八十五才のおばあちゃんの入園をたのみに来らる。市役所に連絡して頂く様話して置いた。
園生　男八　女五
五月十三日
午前十時より大覚寺で成人部会。会場は庭湖館。太湖楼でお茶をさし上ぐ。昼食も大覚寺で御馳走をして頂く（米は各自持参）。昨夜の雨に洗はれて池畔の新緑一入に美しく皆よろこんで夕刻散会。婦人会の鹿王班、小渕班、広沢班から古布頂く。

園生　男八　女五

五月十四日

市役所で四月分の生活扶助料未納の分を頂く。小川のぶ様に古着御寄附の御礼に立より。園長の色紙一枚進呈。

園生　男八　女五

五月十五日

河田家先祖の供養してほしいとの事で朝、園長におつとめをして頂く。河田、園生一同にお供養におせんべを買う。

園生　男八　女五

五月十六日

副園長東本願寺白書院の成人部会に出席。明日同和園の方八名程参観に御越しのよし。夜園長大覚寺にこのよし連絡。

園生　男八　女五

五月十七日

十時頃醍醐同和園の職員八名来園。事務長の説明で寺内の拝観、正午過帰らる。本日午後副園長、福祉協会の集りに出席。

園生　男八　女五

五月十八日

園生　男八　女五

五月十九日

府の社会課よりＤＤＴ、ケロシン、特配の通知あり。園長野沢夫妻と共に□□行。主事、配給所で四月分の配給に就いて種々問合せ。相互タクシーによって受取をもらひ、市役所保護課に提出。生活課で準世帯の諸物資の通帳交付方依頼の手続をなし、石鹸の購入票をもらって帰宅。伊勢の上、東角倉、西角倉婦人会の会合の時、東角倉より古布の御寄贈を受く。夜四月決算書、事業成績報告書作成。

園生　男八　女五

五月二十日

午後府庁に坂根主事を尋ねて決算書、事業報告書、木材の申請書等提出、事務上の事に就き種々御指導頂く。嵐電のパス交付に就いて証明を頂く。

園長本日、高尾行。谷内さんの書を頂いて帰らる。夜田中家先祖の御供養を園長にして頂く。皆、園長にお供養してほしくても御礼の事等心配するといけないから箱を作って志丈入れる事にし、何事かの時皆の慰安の為にこれを使ふ事に決めて、このよし一同に話したら大よろこびなり。

園生　男八　女五

ポンプ購入につき府社会課より通知あり。

五月二十一日

午前中園生の散髪、ひげそりをなす。皆さっぱりして大よろこび。午後市役所より保護課長以下五名視察の為来園さる。

安藤トキ入園。河田、覚勝院の畑の手伝。

夜北嵯峨の子供さん達十名、園生慰問に来て下さって、歌やおどりのおみやげどっさり、副園長のお話、おばあちゃん代表で浮揚のおばあちゃんのおどり、園長はおぢいちゃん代表で詩吟、又参りますと云っておせんべのおみやげをもらって散会。園生も心からよろこんでゐた。

園生　男八　女六

入園　女一

五月二十二日

午後奥田啓一郎氏来訪。親類のおばあさんを入園させてほしいと同和園の江頭《えとう》氏の名刺を持って来園。市役所の保護課へ連絡して頂く様話して帰って頂く。

本日共同募金事務局より共同募金のマークの見本送付、入用の数申し込めとの事。尚本年臨時費配分金使途についての報告至急送付方通知あり。園生一同にハワイより園長への蜂蜜サービス。

園生　男八　女六

五月二十三日

本日愛宕神社の祭礼。お祭にはおすしを作って池の辺で皆一しょに頂く筈のところ、折悪しくの大雨で一同残念ながらお部屋で御馳走丈頂く。ＤＤＴは雨の為持参して頂けず。市役所行は印が無いので中止。夜は帳簿の線引き。

園生　男八　女六

五月二十四日

谷山に先達の理事会の報告に行き近日開く筈の理事会の事御願して帰宅。

園生　男八　女六

五月二十五日

園生　男八　女六

五月二十六日

朝市役所に行き五月分の追加米穀申請をなし、来月分申請もなす。自動車代の立替ももらって帰る。

園生　男八　女六

五月二十七日

同和園の職員方十名程来園。寿楽園で石笛を聞かせて頂き、大覚寺でびわを聞かせて頂く。三十一日東本願寺に御出演の念仏おどりを見せて頂く。おみやげに同和園のお茶を頂く。

園生　男八　女六

五月二十八日

園生　男八　女六

五月二十九日

夜、副園長作詞作曲の寿楽園の歌の練習。園生のよろこび一方ならず。歌はよきものかな。

本日大阪養老院長、京都新聞記者来園。台所の共同募金のかんばんを写真にとって、近日写真入りの記事を出すとの事なり。

園生　男八　女六

五月三十日

東本願寺より電話あり。明日のコンクールに出演せよとの事。夜一同覚えたての歌の練習。前かけ、リボン等作って準備をなす。

明日の準備に散髪、ひげそり、入浴等。小鴨より電話あり。あと何名程収容出来るかとの事にて、早速には五、六名、せいぜい早く目標に達する様するつもりなる事を御返事す。

園生　男八　女六

五月三十一日

浮揚さん腹痛の為出演出来ず、宇賀さんと二人お留守番。おべん当を持って、二人をのぞく他の十二名と小国のおばあちゃん、副園長、主事の計十五名、十時半の汽車に乗り、十一時半東本願寺着。

先ず寿楽園の歌で露はらひ。可愛らしいぢいちゃんばあちゃんの幼稚園児のお歌は中々一日の練習としては上出来なり。副園長の漫談、御挨拶あり。他の施設のものを見せて頂き、五時半の汽車で帰宅。出演者に記念として念珠、資生堂のはみがきを頂く。

園生　男八　女六

六月一日　水

副園長朝のおつとめに参加。浮揚の腹痛は止みたるも尚元気なく一日就床。
園生　男八　女六

六月二日　木

宇賀、急に腹痛を起こし松田先生に来て頂く。体の調子がよくなって来たのでよろこんでゐたが少し調子にのりすぎて食べ過たらしい。

午後主事市役所に行き、五月分の扶助料申請と薪炭の登録用紙をもらひに行ったが、薪炭は林務課から直接手紙で用紙が来るよし。扶助費は五月から男女同額になるので計算をやり直して来いとの事。事務費を四、五月分厚生援護金から立替払ひしてもよいと書式を教えて下さる。

帰途嵐電の無料乗車券発行申請の事につき石川貞子さんの所へおよりしたら御病気中。御主人はまだ御帰りなく、渡して置くから会社から返事をするとの事なり。

園生　男八　女六

六月三日　金

扶助料の計算のやり直し。夕方高橋タキ入園。園も大分にぎやかになった。
園生　男八　女七

入園　女一

六月四日　土

本日百万遍で成人部会、副会長出席。行きしなに市役所に扶助料の書き直しを持って行って頂いたらやはり、前の計算との事。やゝこしき事なり。六日の共同募金の懇談会迄に実行予算作成の要ありとの事で一日数字と首っ引。

園生　男八　女七

六月五日　日

浮揚、宇賀又腹痛。御飯をゆっくり食べる様話して、主事も食事時園に居る時は食事を共にする事にした。いくら早くとも三十分はかゝって食べる事にする。浮揚は午後口から回虫が一匹出たとの事。明朝断食しても一度虫下しをのむと云って居る。園長ハワイよりの贈物の石けんを園生一同におすそ分。コーヒーサービス。

園生　男八　女七

六月六日　月

午後一時より百万遍で共同募金事務局の受益団体との懇談会あり。園長、主事出席。三浦入園。

園生　男九　女七

入園　男一

六月七日　火

砂糖の配給を受けたので稲葉よりそら豆のサービスあり、一同におぜんざいのおやつをつける。

高橋タキ、本月分の扶助料を頂きに外出。弓削、両三日中に準備をして入園するからよろしくたのむと電話あり。市役所から、弓削が園へ行ったが市から連絡無い為当方で断ったとの事で問合せあり。当方よりは入園承知の旨答えた旨返事。

夕方青木ウノ入園。南と北の室は押入無き為荷物の整理がつかず困難なり。棚でもとりあへず早くつる様木村さんにたのむ。人見入園。

園生　男十　女八

入園　男一　女一

六月八日　水

園生　男十　女八

六月九日　木

主事市役所に薪炭の登録の件につき行く。書式を教へてもらって明日市生活課まで出せば府へ連絡するとの事。保護課で四、五月分事務費の立替を明日午前中に支払ふ様手配したからとの事。五月分補助料も一しょに頂ける由。

園生　男十　女八

六月十日　金

午前中に支払を受け（事務費）扶助費は午後になるらしいのでその間に市役所から府庁へ行って社会課の坂根主事に面会。事業成績表、金あみ、ガラス、木材の申請書提出。ホルミン試食、ポンプ購入。児童課にララの件につき連絡。

鞍岡主事に面会。至急に書類出す様速達で東京に連絡して見たら、或は衣料丈でももらへるかも知れないからとの事で書式を書いて下さる。明日理事会開催につき回状をまわす。府の帰りに市に行き扶助料の支払を受けて帰宅。

園生　男十　女八

六月十一日　土

ララの件に関し児童課へ提出の書類作成。本日理事会の筈のところ理事の連絡つかず予算書も不充分の為明後日に延期。

園生　男十　女八

六月十二日　日

本日大覚寺の弘法大師の降誕会青葉祭り。午後一時より園生一同大覚寺本堂に参拝。念仏おどり、児童の舞など見る。

福田よし、孫の一夫の事の気がゝりがとれて何も心にかゝる事なく毎日うれしく有難く暮してゐるとよろこんでゐる。

園生　男十　女八

六月十三日　月

主事府庁に書類を持参。坂根主事に先月の月報提出。市役所にも月報提出。人件費等につき相談。

夕方より理事会開催。共同募金に提出の本年度予算に関し審議をなし散会十二時過。

園生　男十　女八

六月十四日　火

弓削入園。主事同和園に出張。予算について説明教示を受く。本年度予算は当園としては開設当初にして実績なき為、同和園の予算決算等を参考として当園の事情を考慮に入れて作成す。

朝食の時、農園主任は人見音吉と決定、麦刈りをなす。

園生　男十一　女八

入園　男一

六月十五日　水

朝小原副園長より連絡あり。高野山南院波切不動の信徒総代一行、大覚寺へ参拝されたるにつき午後当園慰問のよし。午後二時過一行の慰問あり。金剛舞踊、金剛和讃等、当園々生一同寿楽園の歌を合唱。慰問団一行感激して又改めておみやげを持って参りますとて帰らる。坂口様後援会規則御持帰りになる。

小野田と云う老婦人、入園させてほしいので様子を見せてもらひに来たとて昼食を共にし、是非入れてほしいとて帰宅。本日農園のいも植えをなす。

園生　男十一　女八

六月十六日　木

朝のおつとめの後の話しの途中に、河田が井上の専横なる由を告げるので、お互にゆるし合ひ拝み合ひの生活をする事をたのんで、目に見るもの耳に聞こえるもの一切を観音様の慈悲の表はれと思ってお互に怒らぬ様話す。

午後共同募金へ提出の書類を区役所保護課へ持参す。家屋税、地租税は本年度分はかゝるよし。ぼけの小さい株を雨の後で掘り、松田先生におとどけして帰りに体重秤持って帰る様川越、人見の二人にたのむ。

弓削は胸におできあり。カリエスではないかと思ふ。なるべく早い目に診断の要あり。

園生一同にＤＤＴ撒布をなす。

園生　男十一　女八

六月十七日　金

午後一時より希望者十一名曇華院の今津供覚師の講演会に行く。松田先生の診断の結果、青木うのは軽度のろくまくのよし。しらみが一ぱいゐて大さわぎ。きがへさせて又も一度ＤＤＴを撒布。
丹羽入園す。弓削はカリエスか梅毒か明日にでも血液検査をして下さる由。夜女の人達集会室に集いて色々と相談をして各自の受持を決めた。
園生　男十一　女九
入園　女一

六月十八日　土

丹羽、転出証明書をとりに伏見へ帰宅。外出日は月曜日丈と変更。寿楽園の歌二番、三番出来上り。


松田先生にボケの株を一株持参。帰りに体重秤を持って帰ってもらう。河田が百円拾ったのを見たと云ふ人あり。河田は拾はぬと云ひ、半日をとうとうこの事であちこちして過す。出しそびれたものらしく思はれるが今後とも色々とうるさい問題が起る事と思ふ。

三浦が雨もりの所を修繕して呉れたので大助かり。困る事もあるが相互供養で有難い面も多々あり。

園生　男十一　女九

六月十九日　日

経理状況につき府より近日指導並に監査の実施について通知あり。午前中園生一同の体重を測る。午後散髪、ひげそりをなす。共同募金配分金の使途執行状態報告書作成。
園生　男十一　女九

六月二十日　月

大鮒、腕痛みにて松田先生の診察を受く、大した事無し。市生活課に米穀七月分及六月分の追加申請に行く。係の人不在にて要領を得ず、明日出直す事となる。左京区長、民生課長、松田先生の御案内にて当園の視察に来られ、園生が誠に明るくほがらかで感じがよいと感心して帰らる。本日坂口様にことずけて共同募金の執行報告書提出。
園生　男十一　女九

六月二十一日　火

お天気ならば園生一同大覚寺へ感謝の草むしりの奉仕を

なす筈のところ、どしゃ降りの為中止。市役所に米穀申請書提出。夜『無形の手と足』を一同に読んで聞かせる。
園生　男十一　女九

六月二十二日　水

朝の起床を少し早目にしておつとめの後、又昨夜の続きの無形の手と足を読んで聞かせ、読む者も聞く者も共に泣く。共同募金の二十三年度分経常費、第二回配分の通知来る。夜も又おつとめの後、朝の続きを読む。感激深く、私達五体満足なものはもっともっと感謝行をはげまねばならぬと話し合ふ。明日も又続きを読んでほしいとの事。
園生　男十一　女九

六月二十三日　木

午後市役所に行きたるも係の人皆留守。月沢様に此間、市より委託の通知受けたる内末入園者四名を報告して置く。府庁の保険課に行き健康保険加入につき御尋ねしたところ、正式に認可があってからの事にしてほしいとの事。尚、市役所では、病人の場合は先ず医師の診断書をもらってそれを市に提出し医療券をもらふ様との事なり。

朝は昨夜の続きを三十分程読みたるも、夜は時間がおくれたので中止す。

園生　男十一　女九

六月二十四日　金

醍醐同和園の納骨堂落慶供養の為（園長、国行氏、明日出発の為行けず）主事参列。

夜園長夫人来園の挨拶あり。コーヒー、おせんべを頂いて園生一同おいしいおいしいと大よろこびす。

女の園生一同入浴。青木は昨日帰りたるまま本日帰らず。

園生　男十一　女八

六月二十五日　土

園生　男十一　女八

六月二十六日　日

大部分の園生が皆それぞれに麦の後仕事に薪割りに垣刈りにお台所の手伝にと、いそいそと働き□□結構だ。勿体ない事だとよろこんで居る姿をみると誠にうれしく、小さければ小さいで又家族的に親しみ合へてよいところもあるものと思ふ。どの様な世になろうとも只真実丈がものを云ふ事は間違の無い事だ。一切のもやもやに心を悩ます事なく、只ひたすらに突進すればよいと思ふ。青木本日も帰らず。
園生　男十一　女八

六月二十七日　月

朝のおつとめの後園長のお話あり。府の方よりの布団の配給二十組注文状を出す。

八幡町長よりの手紙を持って入園希望者、森本鹿之助来園。責任者不在なりし為おなかがぺこぺこだと云ふので食事を与へて一応帰す。

洛北寮より電話あり。坂根石蔵と云ふ入寮者仏教に縁のある当園に這入り度き本人の希望であるのでそちらへ入れてもらへぬかとのこと故、市に連絡してもらう様返事す。

園生　男十一　女八

六月二十八日　火

中央保護所で成人部会。主事出席。福祉協会の改組につき各部会より三名ないし五名の委員を選出する事となり選挙の結果、洛北寮、同和園、感化保護院、中央保護所、平安の五つが代表となる。

綿蚊帳一一六五円で配給あるよし。三組申込をなす。学童服二着申込。米一合五勺持寄り昼食を共にす。加納満寿郎入園。

園生　男十二　女八

入園　男一

六月二十九日　水

朝、市の小鴨様来園、職務分担につき御話あり。園内を視察して昼過帰らる。

中西つね入園。ちり紙配給す。

園生　男十二　女九

入園　女一

六月三十日　木

寿楽園の歌をガリ版で刷って渡して歌のおけいこ。夕方大覚寺からオルガンを返してもらって夜もおけいこ。中々むつかしいらしい。本日大覚寺門跡がお話をしに来て下さる筈のところ、都合で明日になるらしい。夜副園長に来て頂いて仕事の分たんについて色々話し、都合悪い時は嘱託となって頂く様園長より話しあり。考へてお返事するとの事にて帰らる。

園生　男十二　女九

七月一日　金

午後大覚寺草繫門跡来園、園生一同にパンのおみやげを頂く。お話を聞かせて頂いて、園歌合唱。半日を有意義に過す。西口ヌイ来園。

園生　男十二　女十

入園　女一

七月二日　土

共同募金第二回経常費配分金四千円受領の為園長出張。桝谷ユキ入園。

味噌、醤油、砂糖、米配給の件につき市役所に主事出張。塩の配給申請書至急提出せよとの事。

園生　男十二　女十一

入園　女一

七月三日　日

主事より歯ブラシ九十箇寄贈。園生に一本づつ配給。塩配給申請願作成。夜御詠歌の後でコーヒーサービス。男子入浴日。

園生　男十二　女十一

七月四日　月

外出日、加納満寿郎、前住地の区役所に御礼を云って来ましたと報告。園生一同がこんな有難い事はない、こんな結構な事はないとよろこんでゐてくれる。心からそう思ってゐてくれるのなら、我々働くものも又こんなうれしい事はないわけで、毎夜の寝不足も苦にはならぬ。

夜御詠歌のおけいこ。中々むつかしいらしいが皆楽しみにしてゐる。鈴鉦五組注文してあるよし。

女の園生一同入浴。園長帰国。

園生　男十二　女十一

七月五日　火

朝早く府の坂根主事来園。帳簿の整理を早くする様注意を受く。今は幼稚園でもやがてはと思ってゐるのだが、よそからはさぞまだるっこい事だらう。

午後布団のお金を支払に会計、大丸行き。布団がわのよい布地が来てゐるよし。蚊帳二つ配給あり。

夜御詠歌のおけいこ。昨夜より大分上手になった。洛北寮より電話あり、青木が中央保護所よりまわされたよし。

園生　男十二　女十一

七月六日　水

園生の内職に輸出用犬ころ作りの講習会が授産場であるので亀山、小国、稲葉、安藤の四名受講の為早朝出かける。共同募金の巡回映画の試写会が午後五時より府庁であるので帰途見物して帰宅十時半。講習は少し高級すぎて園生には一寸無理な様子なり。

木村さんが来て押入の方早速とりかゝる由。園の農園を府の方からでも話してもらって何とかしたらとの事。今度府へ行ったら依頼して見るとよいと思ふ。

市村松次郎を連れて民生委員と妻になるおばあさんと三人連れで来たが精神病者である為、他へ入れて頂く様話して帰ってもらふ。雨の中気の毒だった。

園生　男十二　女十一

七月七日　木

本日迄に書類提出の要なるもまだ整理出来ず。

木村さん本日より押入の仕事にとりかゝる。

丹羽さん伏見へ帰ってシャガをおみやげに持参。

中京の島村愛子と云ふ婦人来園。入園希望だが一応様子を見せてほしいとの事で、園生とも話しをしたりして、近いうちによせて頂き度いから早速市の方に連絡してもらうと云ってはゐたが、まだ少しは財産があるらしく、こうした生活に這入る覚悟があるかどうか?

園生　男十二　女十一

七月八日　金

奥村会館の地域婦人会の常任委員会に主事出席。婦人会の事業の一つとして是非協力して頂き度い旨申出て後援会申込書をお渡しして置く。午後市役所に行き六月分扶助費請求書提出。塩の券をもらって帰る。夜御詠歌のおけいこ。皆大変上手になった。

園生　男十二　女十一

七月九日　土

丹羽キクさん、民生委員さんに御礼を申し度いので行かせてほしいと云って早朝出かけ、桝谷さんも民生委員さんに御礼に行って、夏物を置いてあるから取りに行くと云って出かける。桝谷さんが嵯峨駅で切符を買ってゐたら二十五、六才の男の人が往復切符を買って下さって、帰りの汽車の時間までしらべて書いて下さって橋を渡って汽車の乗場迄つれて来て下さって、誠に誠に有難かったとの話を聞き若い人であったと云ふ事が誠にうれしく頼もしい心地がした。

井上、加納、三浦の三人、西田さんに草引きに行く。松田さんからお電話あり。お礼の事の問合せやら、松田先生とこへも早く来てほしいとの事なり。元気な人ばかりならよいけれど、人が行けば自分も行き度いらしい。まぜまぜで行ってもらふ事にでもしなければ仕方あるまい。

夕方の散髪、大野さんのサービス。医療券をもらふ為に面倒な書類が二通づゝも入用なり。何彼にお役所仕事はわずらはしい限りなり。総べての人を先ず悪を働くものと見て厳重と云へば厳重、面倒と云へば面倒の限りをつくしてあるので感心する。

園生　男十二　女十一

七月十日　日

大丸より布団八流れ到着。ハワイから古着が来たら、それで表を作って綿にかぶせれば布団は先ず一安心といふもの。布に番号を書いて縫いつけて大覚寺に保管を御願ひす。

園生　男十二　女十一

七月十一日　月

外出日であるが、ぎおん祭の日に出度いから今日は出ないと云って、松田先生の所と西田さんとこの二隊に分れて草引きに出働。三分の一は働けぬ人の為に積立る事にして七割を手渡すことに決まる。

園生　男十二　女十一

七月十二日　火

午後保健所に行きカロリー表や献立表の事御願ひして来る。今週中には必ずして置きますとの事。

園生　男十二　女十一

七月十三日　水

市役所へ六月分の保護費をもらひに行ったが、印の持ちまわりが出来てゐないので、本日は駄目。共同募金用のパンフレット中施設一覧表の中に寿楽園が抜けてゐたので、後でゴム印を作るから右京丈でも押してほしいとの事であった。右京丈でなく出来る丈は区役所に出張して押しますと云って置いた。

副園長本日から仕事が一寸一段落つきましたから又お手伝に参りますと云って午前中居られた。三宝堂へ注文してあった鈴鉦五組到着。皆大よろこびで、夜は御詠歌のおけいこ。

園生　男十二　女十一

七月十四日　木

午後市役所に行き六月分の扶助をもらって帰る。帰途、大丸で蚊帳二つ支払をなし配達をたのんで来た。市役所で醍醐の石井主事さんと一しょになり、寿楽園がすばらしくよい評判で今も聞いてきたとの事。何時迄も何時迄も益々よい評判になって行く様、仕事の為に真心を失はない様にし度いものと思ふ。

園生　男十二　女十一

七月十五日　金

市役所小鴨様より電話連絡あり。後八名依託手続しても受入れは大丈夫かとの事で、押入は出来たが戸棚目下製作中だが、近日中出来上る予定なので連絡して頂く様返事した。

下京　大内フカ　　上京　松井カネ
東山　小野田ヒサ　下京　矢嶋コウ
左京　藤田暦尾　　右京　北村タキ
東山　野崎ユキ　　東山　坂本ヨネ　　以上八名

稲葉夫妻は問題になり易いので、地方民生の保護を受ける事にして入園者としない様、府の意見ありたるよし。市は要保護者なのだからそんなにしなくとも他に方法はあると思ふがと云って居られるが、取りあへず部屋はあけて表にうつってもらふ事にする。静養室に座敷を充当するとすれば、稲葉に表の部屋にゐてもらふ事も必要とも思はれる。

園生　男十二　女十一

七月十六日　土

松田先生の方は本日で終り。お昼を頂いて来る人の昼食はそれ丈余分になり、おやつ迄頂いて来るのだから、残さないで園に残る人にまわした方がよい。でないとおなかをこわすとの意見が出て、今後はそうする事になる。大鮒、歯を直すと云ふので八田歯科医院にやり診断書をもらって来させる。

ハワイからの寄贈のお金で今度の押入を作る事にして、園長各押入にそのよし記入。夜の御詠歌は大変上手になり、今夜から代わる代わる鈴鉦をふる稽古はじまる。

園生　男十二　女十一

七月十七日　日

ぎをん祭見物に園生多数出かける。中尾さん髪の毛がうるさくて仕方がないから切ってほしいと云ふので丸めてあげたら、いゝ尼さんが出来た。大丸から蚊帳二帳到着。

園生　男十二　女十一

七月十八日　月

大内フカ入園、丹羽さん達の部屋にはいってもらう。先日散髪し残した人達を散髪して、浮揚のおばあちゃんも髪を落してほしいと云ふので落したら、可愛らしい尼さんが出来て人相がよくなったら、安藤さんも私も切ってもらおかしらと云ってゐる。

園生　男十二　女十二

入園　女一

七月十九日　火

朝小原さんから本日坂根主事が来られるよし連絡あり。十時頃軍政部の楠本女史お一人と坂根主事の三人連れで来られ、色々調べ園内を視察し園生の寿楽園の歌を聞いて頂いた。家庭的な温味があって今日迄のやり方大変結構だと思ふから、今後もこれを失はぬ様心掛けてほしいとの事で、今後何か相談でもあれば遠慮なく話しに来てほしい、その代り何でも細大もらさず報告して来る様との事であった。楠本女史は長年社会事業に関する仕事に従事せられ、支那では随分苦しくも尊い経験を経て来られたよしで、大変感じのいゝ方の様に思はれた。園生の自治会、職員会議等、定期的に持つ様との事であった。又可愛らしい趣味の仕事等やらせて寄附して下さった方等にさし上げる様にしたりするのもよい事だらふとのお話で、今後も児童課とも連絡して講習でもあれば受講する様、又看護婦の資格を得る便法もあるから資格を取って置く様との事であった。

午後保健所の普及員方が来られ、明日来るからとの事で色々話して帰られた。

園生　男十二　女十二

七月二十日　水

午後一時過、市保健課の栄養士と保健所の人と二人連れで来られ、四時前保健所長と保健婦と来られ園内を視察して、こんないい所とは思はなかったと云って居られた。保健所長さんは園生をはじめて集団検診につれて行った時とは全然感じがちがってゐて驚いたと云って居られた。夜の御詠歌の時園長からすばらしくおいしいこぶ茶の接待あり。

園生　男十二　女十二

七月二十一日　木

本日は御大師様の日なので、行ける人丈全部大覚寺へ草引きの奉仕に行く。園長は早朝より神護寺へ後援会の書の依頼に出張。主事午後より市役所に行き大鮒の医療券をもらひ、大内の恩給はどの様にすればよいか聞いて、生活課で小国、横川、稲葉、青木の転出証明を受け、帰途苅分多田氏宅を訪問。来週水曜日、園長が会社に出向く様約束して帰宅。

本日入園者二名あり。ものすごく不潔なので散髪して入浴。着換をさせたらよいおばあちゃんになり、大変よろこんでゐた。皆よく精出してくれるのでおせんべ配給。松井、藤田。

園生　男十二　女十四

入園　女二

七月二十二日　金

昨日三宝堂より寄進の弘法大師のかけ軸の開眼供養の為園長勧行。園長より種々お話あり。一同涙を流して感激。大覚寺より昨日御礼のおせんべを持って来て下さったので、行けなかった人にも皆分配。

大阪の清水さんが社中で集めて下さった後援の為の古着御持参下さったので、つづくるものを園の人にたのむ。シャツ、下帯等もあったので、これで又あまりにひどい人に着かへをさせてあげられるのでうれしい。

園生　男十二　女十四

七月二十三日　土

軍政部へ行ったが楠本女史不在。月曜によせて頂く旨伝えて、府の坂根主事を問へば、先日の園長が副知事訪問の時、部課長、主事を尋ねなかったのと竹内氏によって政治的工作をしたと云ふのですごいお冠。間違へば間違ふものかな。なる程悪意に取ればそうも思へるものとつくづくむつかしいものだと思ふ。

これ程きれいな気持で努力してゐて何とか彼とか云はれて、何だかがっかりして働く気力が大いにそがれてしまった。知る人ぞ知る。時計の歯車は互にかみ合ひつ、時計の運動を続けさす。反対の歯車のある事が有難いのだ。はじめから拝んで受取る心持が大切なのはこ、の所か。

事務所の模様がへ。西口ぬい、園生一同に御挨拶にとて二百円でおせんべを買って分配。人見が急腹痛を起したが大した事もなかったのでよかった。

園生　男十二　女十四

七月二十四日　日

亀山、小国両名、大阪のお花の社中より寄贈の古着と中村寄贈の洗濯石けんを取りに大阪へ出張。押入と戸棚すっかり出来上り。室内がきちんと整頓して気持がよいので皆大変よろこんでゐる。予定は押入と戸をつけた棚と思ってゐたので、年寄の事故高い戸棚は不便だらうと置戸棚に変更したので予算よりうんと高くついて困るが、然しこの方が後々の為にはよいと思ふ。

野崎ユキ入園。養老院といふものは水ばかり飲ませて、殺されてしまふ所だと云ふ人があって、泣き泣き来たが来て見てびっくり、連れて来た人もすっかり安心してよろこんで、皆にこの実状をよく話しますと云って帰られた。

今日は又大覚寺に草引き奉仕。本日中村寄贈の洗濯石けん一ケづ、配給。

園生　男十二　女十五

入園　女一

七月二十五日　月

軍政部に経理状況並に職員の状況報告。社会課に坂根主事を訪問。ふとんをお願ひしたら、すでに市役所で買取ったのでもう無いとの事。肌着の配給のあるよしなるも本日大丸は定休。先日軍政部より視察に来られた時の感じがとても和やかで、職員が園生と大変円満に行ってゐる様に見受けられたから、今後とも大いに頑張ってほしいとの事であった。

府から大丸への途上三百円拾ったので交番にとどけに行ったら、隣が生長の家の和田さんのお宅で、そんな事なら涼しくなったら是非一度よせて頂いて、何かよいおみやげを持って行ってお話もするとの事。冬迄には婦人会にも呼びかけて、衣料の方も何とかしますとうれしい約束をして頂いた。和田さんに一度来て頂き度いと思ってゐた念がとどくわけで誠に有難い事と思ふ。

松井は腹まくとろくまくのよし、病気をかくして入園したらしいので、松田先生に御願して診断書を頂いて明日入院の手続を取って頂く事にする。野崎ユキは昨日は泣き泣き来たけれど、今日は何も思ふ事もなく早くこの実状が皆に知らせ度くてたまりませんと云ってゐる。

各室畳をめくってＤＤＴ撒布。

園生　男十二　女十五

七月二十六日　火

前山、福田の二人を連れて西院の富岡眼病院に行ったが院長が留守で、三十日の朝行く約束にして二人を帰し市役所に行く。松井を済生会病院に入院させる事にして大徳寺迄行ったが、明日午後でないと室の都合がわからぬよし。そのまま曇華院に行って電話したら、様子も悪いし手を合して拝んでゐるのに可哀そうだから、もうこのまゝ寿楽園に置いてあげた方がよからうと云ふ事に決めたら、夕方死亡。寿楽園の初の仏様である。入園して六日目。お大師様の日に入園して、入園するなり頭を丸めてもらって、大して苦しみもせず往生出来、園長にお経をもらって、夜は園生一同の御詠歌に皆々幸福な仏だ、私達もこんなに楽に参り度いと話し合ってゐた。

園生　男十二　女十五

七月二十七日　水

九時を待って市役所に連絡。大川にも連絡したが大川はもう廃業してゐて太秦の野口と云ふ家を市から連絡してもらって、ようやく四時に間に合ふ。骨を拾って帰園。夜は集会室で園長勧行。一同御詠歌。園生職員一同よりお供へのお供養を分配。園長からうどんのお供養あり。

園長本日相互タクシーの社長に面会の筈のところ社長所用の為人事課長に面会。夕方社長が園の参観に来られる筈であったがお仕事の都合で中止となる。

園生　男十二　女十四

死亡　女一

七月二十八日　木

右京区役所で保護を受けてゐた証明書をもらって、火葬場へ持参。市役所へ行き、千四百円払ったと云ったら、千七十円でちゃんと約束が出来てゐるのだからと組合に交渉してくださったので、三百三十円で後で返金に来る筈との事。

済生会病院にゐるが別に手当の方法もなく只老衰の為死を待つばかりと云ふおばあさん二人たのむとの事で、お引受けした。本日相互の社長来園されるやも知れずとの事であったが中止。園長夫妻大阪悲田院を参観。寿楽園の人達は幸福だ、あまりぜいたくさせ過ぎぬ様との注意を受く。阪本ヨネ入園。

園生　男十二　女十五

入園　女一

七月二十九日　金

朝からどしゃ降りで税務所に行けず。雨の中を上田政吉、中川タキさんの名刺を持参して都合を聞きに来たので、色々話して、園の人にも聞いていらっしゃいと聞きにやったら大変よろこんで帰った。来月早々位に来るからよろしくたのむ、是非入れてほしいとくれぐれもたのんで帰った。

夜園長に大師和讃を教へてもらう。

園生　男十二　女十五

七月三十日　土

済生会病院から中沢トラ、唯川フサの二名入園。中沢トラは寝たまゝで動けないが、もう何処へも連れて行かんといてと泣いてたのむのを見るといぢらしい気がする。口はまだまだ達者で、豆でもポリポリ食べられる由。本日園長より乾味噌二百二十袋寄贈あり。園生一同に一ケづゝ分配。

園生　男十二　女十七

入園　女二

七月三十一日　日

朝園長、主事、相互社長多田様宅訪問。社長は大阪の山林買取の商談の為御留守であったが、奥様から去る二十七日御主人の誕生日にほんの手料理で社の幹部の方達をよばれて、後の費用は節約して養老院に寄附するつもりだからと云って居りましたとの話を聞き、誠にうれしく、こうした理解のある協力者のある事は不愉快な事で気力をそがれてゐる時には全く生命の泉にふれた思ひがする。要するに云ひ古るされた言葉ながら、人を相手とせず、天を相手とせよの言葉通り、只誠心を以てぐんぐん仕事にぶつかって行けば後のごたごたは心にかけるひつようはないわけだ。

園生　男十二　女十七

八月一日　月　晴

午前中寿楽園集会室に於て学校児童の夏期集会あり。夜、幻燈映写会に引続いて可愛らしい児童の慰問舞踊あり。園生一同楽しい一夕を過させて頂く。

主事市役所に大内の件につき連絡。準世帯の味噌醤油原簿の件につき生活課と連絡。稲葉夫妻は本月より園より籍を抜く。大内早朝帰園。

上田政吉、荷物を運んで来園。えらい元気なおぢいちゃんなり。

園生　男十三　女十七
入園　男一

八月二日　火　晴
市役所に七月分扶助請求書提出。医療券の申請をなす。扶助費は四日午後出るよし。葬儀費もなるべく一しょに出す様にするとの事なり。朝堀井良造と云ふ東山の民生委員来園、園の様子を見せてほしいとの事なり。遠慮なく御覧になって、直接園生から様子を聞いて頂く様話して自由に見て頂いたら、大変結構だと思ふから今後又御願するとの事で帰られた。
園長夫人寮母として就任。夜一同に挨拶あり。
園生　男十三　女十七

八月三日　水　晴
午前十時右京税務所に出頭。源泉課税につき現況説明。園長、共募、市役所訪問。
園生　男十三　女十七

八月四日　木　晴
主事市役所に七月分の保護費を受取に行く。園長本朝帰国。
園生　男十三　女十七

八月五日　金　晴
朝から園生の散髪。唯川、阪本のおばあちゃんも散髪してほしいと申し出たので尼さんにしてあげた。唯川は来る迄は足が痛くて長いこと坐れなかったのが、坐れるやうになった、とよろこんで朝のおつとめにも出てちゃんと座ってゐる。阪本も杖なしで歩けるやうになったとよろこんでゐる。
一人でも二人でも真理の言葉をすなほに受入れて信仰の世界に這入ってくれゝば有難いことである。この仕事に一生をさゝげてよいと云ふ思ひを深くする。
園生　男十三　女十七

八月六日　土　晴
病人看護の順番等、何でも無い様な事も中々むつかしい。強制であってはならないが、家族的な当園にあっては、お互に看護させて頂きますと申し出られゝば心のまゝにしてもらふべきだと思ふが、それにしても皆随分よくしてくれると感謝に堪へない。病人の日々「おまる下さいと云ふたらハイと云ふてくれはった。何といふ有難いこっちゃ有難いこっちゃ」今迄居たところでは随分どつかれたそうである。

園生　男十三　女十七

八月七日　日　晴

昼食の時或一人のおばあちゃんが満坐の中で「先生あの人の食事半分位にへらさんとこないしてたら何時迄ゐやはるやわからしまへんえ」と何と云ふ言葉を耳にする事か。りつ然として肌にあわを生ずる思ひがする。昨日はKが夕食の時にわざわざにしんの子を口からつまみ出して「わしの様な歯の無いものにわざわざこんなかたいものを入れて置いた」と云った。

年老いて誰も世話してくれる人が無く、こうした所へ這入る人の心にはなる程と思へるものがある。死ぬ迄にそうした間違ひに気付かせてあげ度いが、中々生やさしい事では無いだらう。深く深く皆の心の中に迄這入り込んでみて、この仕事にしっかりと根をおろしてやらなければ駄目だとつくづく前途の多難を思ふ。

本日松井カネの二七日、早いものだ。夕方皆でお経をあげ御詠歌をあげてお供養をした。飴をお供へして一同に分配。

園生　男十三　女十七

八月八日　月　晴　立秋

本日外出日。信用組合よりビラ配りを頼まる。

授産場より電話あり。おもちゃの講習会あり、十日におべん当持参で九時から来るようにとの事なり。北サガ、観空寺学童と共に先生の童話を聞き、可愛らしい子供の唱歌聞かせてもらひ、こちらも寿楽園の歌を唄ふ。大阪清水氏より古布古着寄贈さる。

西側の外の腰板張り、事務所食堂の床修繕。

園生　男十三　女十七

八月九日　火　晴

寄附して頂いたシャツや下着等分配するのに中々むつかし。いよいよ無い人に必要に応じて分配。

園生　男十三　女十七

八月十日　水　晴

朝、萩野様来園。皆大変よろこんでゐるよしお話あり。

園の垣根の苅込をなし見晴しよくなる。

相互タクシーの前田監査部長御来園。社長代理として社長の誕生祝の記念として二万円の御寄附を頂く。有難い事なり。夕方大覚寺のお花の先生からお盆のお花を贈られ、集会室も事務所も玄関も新しいお花に飾られてすがすがし。木曜日の朝からお茶でも花でも無料奉仕を致しますとおっしゃって頂く。少し落ついたら希望者がお稽古させて頂いたらよいと思ふ。本日の講習には亀山、小国、稲葉、安藤の四名出席。袋張りを習って帰り、月二万枚の予約申込をなす。

園生　男十三　女十七

八月十一日　木　晴

市保護課林様よりお電話あり。めくらの女の人一人、二、三ヶ月あづかってほしいとの事。衣料切符、砂糖切符の券も区役所に十三日迄に連絡してもらうやうとの御注意あり。

園生　男十三　女十七

八月十二日　金　晴

朝右京区役所に行き砂糖、衣料切符の交付を受く。区役所で申請書と名簿作成。みそ、しょうゆの原簿も区役所で話をして出して頂く。市役所で松井カネの葬儀費の支払を受く。

園生　男十三　女十七

八月十三日　土　晴

朝園長帰園。午後相互タクシーに社長を尋ねお礼を云ひに行かれたところ、これを御縁に又何かの援助をさせてもらうとの事で後援会員になって下さったよし。又ある筋から寿楽園の認可もお盆前位にはある筈になってゐるとか耳にされたよし。正式に認可にならないと何彼に不自由なので一日も早く決定してほしいと思ふ。

園生　男十三　女十七

八月十四日　日　晴

朝のおつとめに園長勧行。お酒の事、仕事の事についてお話あり。今日はお盆なので園長国許より持参のあづき、もち米、砂糖でおはぎを作り園生職員一同へ寄贈。園生はこんな結構なもの久し振りに頂いた。よい死にみやげで御座いますとよろこんでゐた。

夕方草野入園。めくらは初めてなので心配だ。それに大変感がにぶい様だ。二十年にもなると云ふのに、大分ぼけてゐるらしい。立派な息子があるのに気の毒なものだと思ふ。夜はのど自慢大会をなす。園長も列席。渡布の際贈られた詩を吟じ園生も御詠歌やら茶つみ唄やら、どどいつやら中々芸人もある。あめを御供へして一同に分配。

園生　男十三　女十八

入園　女一

八月十五日　月　晴

園生一同の御先祖に御供養の為、午前中塔ば供養を園長勧修。一同感謝箱に心持を入れ合ふ。夜は御詠歌供養、二十日盆には大覚寺で御詠歌の御供養をするのださうな。皆よろこんで一生懸命の練習である。本日済生会病院から小池千代、西陣救療所から森きぬ、竹岡はるの二名、計三名入園。

園生　男十三　女二十一

入園　女三

八月十六日　火　晴一時曇

今日は大風になるかも知れぬと警報が出てゐたので心配してゐたが、夕方から天候が持ち直って嵐山の川施餓鬼、燈籠流しに足のたっしゃな人達は見物に出かける。三浦、井上、人見の三人は燈籠流しの御手伝をして皆によろこんで頂いた。

今日は西瓜を一同に分配。お盆にせめて西瓜の一切位は食べさせてやり度いといふので。

園生　男十三　女二十一

八月十七日　水　晴
今夜自治会の筈であったが、観空寺のお観音様で年一回の余興があるとの事で、お参りし度い人はお参りしたらよからうといふので中止、明晩に変更。同和園の石井様からお手紙あり。中村久子女史が十月二十日に来て下さるとの事。有難い事だと思ふ。あゝしたすばらしい心境の人に接しる機会はめったに無いと思ふ。ロサンゼルスから小包三ヶ到着。彼地婦人会よりの寄贈である。
園生　男十三　女二十一

八月十八日　木　晴後雨
朝□田先生の紙芝居の御慰問を受く。午後は育友会長藤田様と御一しょに西岡先生御来園、有益な御話を面白く聞かせて頂き、後で川村、笠井両先生の人形芝居を見せて頂いて、今日は一日中を楽しく有益に過させて頂き一同大よろこびであった。
三法堂から鈴鉦がとどいたが、今夜は自治会があったので御詠歌はおけいこ無し。自治会を夜開いて皆の希望を聞いたり、園生からよいお話を聞いたりした。明朝御つとめの後で男子から二名、女子から三名、自治委員を選出する事に決定。
園生　男十三　女二十一

八月十九日　金　晴一時雨
朝市役所に井上、前山の歯の医療券をもらひに行ったが園長印を忘れたので、明日出なほす事にする。鮮魚の配給を中央市場で受け度いと思ったが、色々むつかしい事があって寿楽園位の小施設では思ふ様に行かないらしいので中止する事にする。
本日園長より角砂糖二ヶづゝ配給。本朝自治会の役員選挙したところ男子では井上、三浦、女子は安藤、丹羽、福田の三名に決定。
園生　男十三　女二十一

八月二十日　土　晴
本日大覚寺の二十日盆で朝勅使門の辺を掃除し、午後は一同本堂で御詠歌をあげ、角力見物をなし、夕方から万才六済念仏、盆踊り等大覚寺本山年に一度の大賑わひ、夜の十二時過まで見物してゐた者もあり、一日楽しく過す。
主事市役所で井上、前山の医療券をもらいひに行き、帰途西田、小川両氏に後援会の事、並木会に話して頂く様御願す。
園生　男十三　女二十一

八月二十一日　日　晴

男の人四、五人で大覚寺の庭掃除。糠味噌三袋づゝ配給。朝のおつとめの後園長のお話あり。芋のぢくや葉を食べさせたのを何とか彼とか云ふ者があるとかで、兎角有難い事を忘れ勝で困ったものである。本日入浴日。

園生　男十三　女二十一

八月二十二日　月　晴

井上、前山の二人歯医者行。本日外出日。園長は洛北寮の開園式に参列。本日清掃消毒なるも外出日なので明日に延期。

園生　男十三　女二十一

八月二十三日　火　晴

午前中園内清掃。地蔵盆で夜は御詠歌に行く筈のところ都合で中止。園で御詠歌をあげて、園長からハワイの蜂蜜を頂き、町内からお供へのおじゃがの砂糖煮を頂く。

園生　男十三　女二十一

八月二十四日　水　晴

いろは歌のおけいこをはじむ。心のなごむよい歌だ。園生もよろこんでこれはきっと上手になれます、と中々自信たっぷりなり。

園生　男十三　女二十一

八月二十五日　木　晴一時雨

午前中夏期学園の生徒さんと一しょに紙芝居お話等に楽しませて頂き、午後は荊分の子供さん達と黒田先生の生徒さんとで可愛らしい劇、舞踊、唱歌等盛沢山の御慰問を頂いて皆涙を流して可憐な姿に見入ってゐた。「おぢいさんおばあさん、お元気で暮してください。又参ります」と可愛らしい御挨拶を頂いて胸が一ぱいになって御返しの御挨拶も出来なかった。

市の小鴨様御越しになり、園生にも色々御話して下さり何なりと不服な点があったら申し出る様にとの事であったが、皆よろこんで居りますと云ってゐたよし。

園生　男十三　女二十一

八月二十六日　金　晴一時雨

磯嶋茂太入園。区役所に九月分の米穀申請書を提出。午後府に経理の報告提出。市へ出したのがまだとどかぬらしい。今後はやはり直接出した方がよいやうだ。

園生　男十四　女二十一

入園　男一

八月二十七日　土　晴一時雨

ロサンゼルス曽我部師二十八日大覚寺に来られ、二十九日寄贈品の伝達式と決定。府軍政部の楠本女史、市役所に連絡。府は電話かゝらず、月曜に報告する事とす。同胞援護会より寄贈の書物を頂きに亀山寮母と上田の二名午前中に連絡。高野山より寄贈の鈴鉦十組（木舎《きや》氏持参）到着したので、御詠歌が大変にぎやかになった。

園生　男十四　女二十一

八月二十八日　日　晴

朝から園長は人見を連れて曽我部氏を難波に出迎へ。園生一同朝散髪。森も散髪してほしいと云ふので髪を落してあげたら可愛らしい尼さんになった。こう皆が丸坊さんになり度がると、おしまいには皆尼さんになってしまひさうだ。

午後松田先生御来診。竹岡はる今日も下熱せず大分意識もうろうとしてゐる。松田先生は何時だかわからないとおっしゃる。入園以来とてもよろこんで、毎日おつとめにも出て有難い有難いと云ってゐたが、安心してがっくりしたものか？　鈴木松年の姉さんとか聞いたが、弟子の内に何とか見てあげる人も無いものか。気の毒な事だ。

夜分曽我部師がはるばるアメリカから御持参の映画を大覚寺で見せて頂き、近所の人達もお相伴で沢山来てゐられた。藤原熊太郎夕刻入園。

園生　男十五　女二十一

入園　男一

八月二十九日　月　晴にわか雨

十時半から大覚寺でロサンゼルス別院婦人会からの贈物の伝達式挙行。園長に引率されて一同唐門から本堂に入る。式は心経、いろは歌にはじまり、曽我部特使の御挨拶に続いて園長の謝辞、門跡、軍政部の祝辞、在米同胞の御多幸を祈って一同心経をとなへ、寿楽園の歌を歌って式を終へ、集会室で早速に荷物をほどくと、次々と暖いオーバやズボンが出て来て皆大よろこび。京毎、京日、六大、中外等の写真班も来て写真をうつし、曽我部師も十六ミリに大よろこびのところを写さる。終って一同一しょに昼食を頂く。府から坂根様、軍政部からは楠本様他一名、市から山崎様御越しになる。夜は覚勝院で幻燈会。

竹岡はる、四、五日前から風邪で寝てゐるが、年が年なので松田先生は何とも云はれないとおっしゃる。すやすやと寝てばかりゐる。とてもおとなしい病人だが、皆が「このままでお参り出来ればほんとに極楽だ」と云ひ合てゐる。

園生　男十五　女二十一

八月三十日　火　晴にわか雨

竹岡は今日も変化なし。本日の毎日新聞と京都新聞に昨日の写真が出てゐて皆引張り合でよろこんで読んでゐた。写真も割にはっきりと写ってゐる。園長新聞社訪問。竹岡十一時半頃から少し呼吸苦しさうになる。松井三十五日、あめお供へ。

園生　男十五　女二十一

八月三十一日　水　晴

竹岡はる午前四時半眠るが如くに息を引取る。入園以来毎日感謝の日暮しをしてゐたが全く安らかな往生であった。本籍地其他くわしい聞取が出来てゐなかったので色々と気をもんであちこち走り廻った。年寄の事とてほんとに明日の事がわからないのだから、何彼の事は早くちゃんとして置かなくてはならない。夕方葬儀をなす。夜お通夜。宇賀も磯嶋も気分が悪いと云ふので松田先生に診て頂いたが大した事は無いよし。草野は入院の手続取る様松田先生が取計って下さるよし。市役所でも入院させると云って下さる。

市役所に扶助料の請求書提出。医療券申請提出。扶助料は二日午後渡す様にするとの事。夜分御詠歌の供養。

園生　男十五　女二十

死亡　女一

九月一日　木　晴にわか雨

園生　男十五　女二十

九月二日　金　晴にわか雨

市に保護費受取に行ったが持まわりが出来て居らず明日午前中に来てくれとの事。午前に府庁に電話したがか丶らず、出かけたらやはり前に二枚出したのがどちらが正しいのかわからなくて問合せたとの事。説明して一つを取消しをなす。保護台帳が変るので何枚入用かとの事で百枚申込をなす。草野は引取る様するとの事。

園生　男十五　女二十

九月三日　土　晴

九月一日現在での年令調査、左の通り。

男子平均年齢　七十一才　　女子　六十八才

男女平均年齢　六十九才

六十才台　男子　七名　　女子　十一名

七十才台　男子　六名　　女子　七名

八十才台　男子　一名　　女子　三名

区役所で本月分米穀手帳の人員証明を受け、味噌醤油の証明も受け、市役所で保護費を受く。

松井ひさ入園。市から通知が無いが、問合すのも土曜日で午後休みなので月曜日に照会してみる事にしてとも角入園さす。

園生　男十五　女二十一

入園　女一

九月四日　日　晴

中村久子女史より十月二十日御来園の御通知あり。早速御礼状を出す。

園生　男十五　女二十一

九月五日　月　晴

朝五名の役員と園長と亀山寮母と会談、左の事項決定。

一、台所の炊事当直、三名づ丶一週間交替

一、外出日　一同の休暇とし各人自由にする事

一、朝夕の勤行出席の件

一、起床、就寝のドラ　――三浦勇男が責任を持つ

一、オデンチを作る事

一、外に出て働く事

外働希望者を募集し、くじ引で順番を決めて順に出る事。

特殊技能は又別個に考へる。

お礼は五分―本人、五分―保管―その半分は働きに出られぬ人の為

道具は先方持とする。

園の仕事―園長の命による。おやつは券を出して副食で増配する。

園生　男十五　女二十一

九月六日　火　晴

園生　男十五　女二十一

九月七日　水　晴

内職の件につき寮母出張。中々思はしくなし。兎も角試験的に竹笛をして見る事となる。草野の息子来園、事情を話し引取方をたのむ。

園生　男十五　女二十一

九月八日　木　晴

主事、市と府へ本月分の経理報告書持参。草野昨日は市役所へは来なかったよし。兎も角引取ってもらう様善処方を御願して帰る。府の坂根主事は不在であったが小包二十一ヶとかの間ちがいひの件話してもらう様たのんで置く。

園生　男十五　女二十一

九月九日　金　晴

八月末調査、地域別入園者、左の通り。

	前月より繰越	本月入園	退園	計
中　京	5			5
右　京	3			3
上　京	6	4	死亡1	9
左　京	2	1		3
伏　見	3	1		4
下　京	5	1		6
東　山	3			3
その他	2			2
計	29	7	1	35

葬儀屋に領収書受取に行き、帷子の第一銀行に先月本月二ヶ月分の共募経常費を引出しに行く。本日十七日紫草園で婦人保護についての懇談会のあるよし連絡あり。十日には社会事業協会で会合あるよし府より連絡あり。

園生　男十五　女二十一

九月十日　土　曇雨

園長社会事業協会の今回の一斉調査についての懇談会出席。内職の笛作りをして見たが中々むつかしくて老人には不向の様だが、又元気よくやってゐる人もある。何事をするのも中々むつかしいものなり。銀紙が半分足りないと云ふのでは一寸事だと思ふ。

園生　男十五　女二十一

九月十一日　日　雨

ロサンゼルスからの贈物があまり大きいので、裄《ゆき》丈を岩崎さんに直してもらふ。そのまゝ着られさうなのと直すのと区分す。一斉調査書記入の為の必要条項に聞取のしてない人の聞取をなす。

園生　男十五　女二十一

九月十二日　月　晴

主事早朝醍醐同和園に行き後援会の感謝状を印刷してもらったのをもらひ、中村女史の来られた時の打合せをして、午後は福祉審議会主催社会福祉の為に婦人の協力を求める会合に出席。婦人の指導的立場にゐる人々に各施設の実状を参観してもらひ度い旨申し入れ、審議会としてもすでにその事については試案があるからとて試案提出。二十九日バスで各施設見学と決定。場所、時間等の都合で寿楽園には来てもらへないが各別個には又慰問致しますとの事。

本日太秦の広隆寺で各流御詠歌大会、寮母、園生三名参観。本日中川氏、男の人の散髪奉仕の申し入れありたるも都合で中止。

園生　男十五　女二十一

九月十三日　火　雨

誓約書作り、前職、学歴、宗旨等のしらべに一日を費す。
園長司法保護六十周年記念式に出席。

園生　男十五　女二十一

九月十四日　水　晴

園生の種々の調査の結果、左の通り。

◎宗教		◎前職	
天台宗	一	工場労務者	四
真宗	十一	会社員店員	三
真言宗	三	商、工業（自営）	九
禅宗	四	農、漁業（自営）	ナシ
浄土宗	十二	無職	十七
日蓮宗	四	その他	三
時宗	一		

◎学歴		◎縁故者	
不就	八	直系扶養義務者あり	二十
小卒	十九	その他扶養義務者あり	ナシ
高小卒	七	親戚縁者あり	一
中卒	二	なし	十五

午後区役所にバタの予約をし、四条印房で後援会の印を受取り、糸、線香を買求めて帰園。

本日園生のぼろの布団皆ほどいて洗濯。夜諸種の調査のグラフを作る。

園生　男十五　女二十一

九月十五日　木　晴

松井カネのお骨を大覚寺本山に納めて頂く為、朝園長告別の為勧行。食後一同大覚寺に参拝。午後園長の寺友小泉氏が尺八の師、北谷無竹師同伴御来園。尺八の慰問をして頂く。誠に妙音。来月十五日にも御来園下さるよし。

園生　男十五　女二十一

九月十六日　金　晴

朝感謝箱を開く。千三百円余。役員会を開き左の事項につき談合。

一、洗濯日　つづくり日週二回としこの日は奉仕とし出来ない人のものを出来る人がしてあげる事。園一般にわたるもの。

一、他の日は随意日とし園の希望者の仕事をした時、本来は奉仕の精神をもってするも、大体左の通りとしこれ以上の金銭の受渡しはしない事。

畑仕事　　薪割等は増配とす
洗濯　　肌着一円　上着二円
縫物　　肌着二円　上着十円
あんま　　三円
とぎもの　一円一点

一、パン屋等の出入は週一回とする。　以上

保護施設の病院等でもお礼をしなければならない為に次第に身のまわりの物を売り払って、おしまいには中沢や松井や竹岡のやうにまるはだかになってしまふと聞くので、当園ではなるべくその様な事にならない様、今元気でもやがて自分も衰へて行く事をよく考へて互に助け合ってやって行く様し度いと思ふ。

園生　男十五　女二十一

九月十七日　土　曇後晴

紫草園で成人部会あり。主事出席。坂根様より寿楽園に保護施設としての認可があったよし御話あり。出願して七ヶ月目にやっと認可あり。職員を親類縁者のみでかためるのは仕事がルーズになり、他からも疑惑の目で見られるおそれがあるから改めてほしいとの事。

園生　男十五　女二十一

九月十八日　日　晴

冬が近づくのに衣類の心配をしなければならず、又新らしい保護台帳には所持の点数を記入しなければならないので、園生の衣しょうしらべをなす。こういふ所へ這入る時何も彼も売り払ふ人もあり。又全く何も無くなる様な事情になって這入る人もあるであらうが全く何も無い人も可成あり。

岩崎さん昨日からとまりがけでオーバーの直しをしてゐて下さる。園内での仕事の賃金等が決まったら、馬鹿馬鹿しいと云ふ人もあるらしい。奉仕といふ事は中々むつかしいものらしい。もの、考へ方が我々とはおよそ違ふらしい。前途幾山河、なまやさしい事では無い。

キリスト教の福音書を持って来た不具者あり。キリスト

教信者の熱意には頭が下る。然しこの人も如何にすくわれてゐないかを話してゐる内にはっきり感じて魂の救はれると云ふ事は何宗にしろ中々むつかしいものだとつくづく思ふ。来月二十日に中村久子さんのお話を聞きにいらっしゃいと云ってあげたらよろこんで帰った。園長本日高野山の顧問弁護士の所へ財団法人に切替へる為色々相談に行かれる。

園生　男十五　女二十一

九月十九日　月　雨

園長ロサンゼルス婦人会よりの贈物に対する感謝状、記念品等伝達の為、岐阜の曽我部氏訪問の為出張。

園生　男十五　女二十一

九月二十日　火　晴

加納満寿郎が自分の綿だと申し出たが園のものに違いないと思はれるので、寮母が山内の親類の家で色々聞合せたところそのような物はないというので、いろいろ問ただし、やはり押入の中のをごまかしてゐたと云ふ。親の日に頭をけがしたが、さぞ泉下で父親が涙を流してゐる事だろう。わかっても案外ケロリとしてゐる。

夕方園長帰園。曽我部氏大変よろこんで今後も又出来る丈の事はすると云ってゐられたとの事。有難い事だと思ふ。

高倉六条高倉会館内タカクラサンデースクールから、来る十月二日の日曜日に児童を慰問につれて行き度いと思ふが都合はどうかと聞いて来た。早速によろこんで御受けする旨の返事を出す。

園生　男十五　女二十一

九月二十一日　水　晴

竹岡ハルの本籍、生年月日につき不備の点あり、出頭せよとの事で区役所に行く。やはり当人に間違ひないらしいので手続をして頂く。留守中に市の小鴨様よりお電話あり。認可が来たのだから四月以来の事務費を支払ふから取りに来い、書式がわからねば役所へ来て書けと云って下さったよし。御親切ほんとに有難いと思ふ。早く書類を作成して頂きに出る事にしようと思ふのだが色々用事が多くて中々はかどらない。園長は本日谷内老師の相互の書と感謝状持参、相互タクシーの社長に御礼に行かる。

園生　男十五　女二十一

九月二十二日　木　□

昨夜二時頃浮揚急に腹痛との事で起しに来た。食べ過ぎだと思ふが食べる事丈しか楽しみの無い人達の事で中々口の養生はむつかしい。病人の食量もへらすのも中々問題だ。むつかしいものだとつくづく思ふ。役員になったものが兎角いばったり仕事をしなくなるかたむきあるらし。こうしたところに這入って来るような運命を持つ人には、皆それぞれなる程とうなづかれるものを持ってゐる様に思ふ。心の三百六十度転換をさせる事は時日を要すると思ふ。甘い事はない。甘く考へない事だ。毎日一しょに光明の言葉を読み、話し、お互に努力しなければならない。終生の仕事としてうまづたゆまず努力しやう。「おんにこにこはらたてまいぞやそはか」これがぴったり生活の上に生きて来なければ駄目だ。一切を拝んで受けよう。

園生　男十五　女二十一

九月二十三日　金　曇

午後園生一同の散髪をなす。一人散髪すると何とかのお経一巻あげる丈の功徳があるといふ。兎もあれ皆の頭がきれいだと気持がいい。昨日今日障子の破れつづくり。すっかり張りかへる事は出来ないので、なるべく辛抱して破れた所丈張る様にしてもらったが、破れてさへゐなければ白や茶色や色とりどりでも、これで園内が大分貧乏長屋らしくなくなった。事務費の書類出来上り。

園生　男十五　女二十一

九月二十四日　土　晴

園長主事市役所に認可の御礼のあいさつに行き、府へは園長が訪問、共同募金にも挨拶に行かれる。市に加納の話をして今後の園生へのみせしめに他へ転じて頂く様御願す。市役所保護課本日部屋かへの為ごった返してゐたので廊下の立話で何れ又出直す事として帰った。府から保護台帳の新しい紙を持って帰らる。

園生　男十五　女二十一

九月二十五日　日　晴

園の洗濯日。朝からロサンゼルスからの贈物の整理をし備品台帳に記入。近々ハワイ婦人会からも二十数箱小包が来る由、園長のおかげで本園の園生は仕合せだと思ふ。園生も多くなり職員も又多くなり、人と人との間が中々むつかしいものだ。どんな状態の中にゐても、たい然として心を動じない様にならなければこんな仕事は出来ないと思ふ。皆が楽しく働ける様にする為に、細心の注意をしなければならない。

園生　男十五　女二十一

九月二十六日　月　曇後晴

主事市役所に葬祭費の事、医療券の事等で出張。事務費は明後日出して下さるよし。帰途西陣公共職業安定所に行き造花の内職の件問合せに入ったところ、あの記事が出て数時間の後にはすでに千に余る程がさつ到したよし。但し四十五才迄といふ事なので寿楽園では全然駄目、残念な事だが止むを得ない。只さへ内職のむつかしい世の中になって来てゐる中で老人向のやさしい仕事等と云っても中々無いものと見える。嵐電で鈴木円照さんにお目にかゝったらお月夜の晩に慰問に行くつもりだとの事。お月見の何か催しを考へて置いたらよいやうだ。

園生　男十五　女二十一

九月二十七日　火　曇

市小鴨様よりお電話あり。明日御越しのよし。府の坂根様はお差支へで誰か代理の方が来られるとの事。

園生　男十五　女二十一

九月二十八日　水　晴

午前十時、府の足立様、市の小鴨様御来園。足立様は当園ははじめてで、洛北寮等より内容がはるかによくてはづかしいとおっしゃって下さった。経理状況の報告書を持って帰って頂く。昼食をともにして、園長は府と軍政部訪問の為皆一しょに釈迦堂からバスで出かけ、主事は二条厚生会館の会合に出席。市へ事務費をもらひにも行くつもりのところ、時間が無くて明日の事にして帰宅。同和園の石井様にお目にかかったところ、中村女史から御手紙あり。二十日には当方に御一泊下さるよし。石井様が色々御骨折り下さって居るので、得難い機会にも遇はせて頂けてほんとに有難いと思ふ。

園生　男十五　女二十一

九月二十九日　木　晴

朝市役所に電話して午後園長が事務費をもらひに行ったが、書類不備の為今日の間に合わず一日□午前中に間に合して下さるよし。

昨夜唯川が便所でこけて頭を打ち出血多量で心配したが、朝松田先生に来て頂き大した事も無く段々落ついて来た。

園生　男十五　女二十一

九月三十日　金

唯川の負傷は大した事もなく其後経過よし。夜理事会開催。

園生　男十五　女二十一

十月一日　土　晴

市役所に事務費をもらひに行ったが、事務員が変わったので書類が十一時に間に合はず、月曜日の午後に出して頂く事になって帰宅。

園生　男十五　女二十一

十月二日　日　晴

タカクラ・サンデー・スクールの可愛らしい子供さん達の御慰問あり。皆涙を流してよろこぶ。コーヒーとお菓子を出す。

園生　男十五　女二十一

十月三日　月　晴

四月以降八月までの事務費入金、内四、五月分、以前に立替て頂いたのを返済。残金で一応人件費の支払をなし、園長、会計全額支払済、主事は残金を内入として支払を受く。中村久子女史の件につき婦人会と打合せ。

園生　男十五　女二十一

十月四日　火　雨

本日学校の運動会の筈のところ、大雨でお流れとなる。

園生　男十五　女二十一

十月五日　水　雨

理事監事等の事につき午前中種々相談し、夕刻より主事大阪に行き、中村様理事就任の承諾を受けに行き一泊。

園生　男十五　女二十一

十月六日　木　雨

大ビルに今村様を尋ね、監事就任の承諾を受ける筈のところ、本日は未だ出社されずとの事。中村様にくわしく聞取って頂く様名刺を置いて帰宅。

本夕大覚寺に於ては名月鑑賞会あり。思ひかけず夕方から晴れた空に中秋の月美しく、中村直勝博士の御講説、琴、尺八、謡曲等の余興もあり。園生も席に加はり大沢池畔に月を愛でし楽しい一夜を過す。

園生　男十五　女二十一

十月七日　金　晴

午前中一ぱいかゝって府より調査の上半期事業成績報告書、経理状況、事業成績等作成。午後府に第一番に行き書類提出。それから救護連盟にはなをの事を聞きに行き、共同募金にまわり、市役所に着いたら四時二十分前。園長印がうすいとかで書類が返って来てゐたので押し直して大急ぎ提出。やっと四時ぎりぎりに保護費を頂く。診療者の延べ数は市でわからず、松田先生のお宅にお願ひす。

園生　男十五　女二十一

十月八日　土　晴

本日早朝より快晴。学校の運動会を自由行動で見物に行く。学校で婦人会の共同募金運動あり。寿楽園のバッチも三十九ヶ売れた。明日はお天気よければ、寿楽園も街頭募金をやってもい、と思って更に五十ヶバッチを頂いて帰る。腕章三つ頂いて帰る。

午後婦人新聞の記者曇華院に来訪。近日中に寿楽園を訪問するとの事。記者高橋知恵子女史に後援会費として百円頂く。

園生　男十五　女二十一

十月九日　日　雨

園生　男十五　女二十一

十月十日　月　晴

寮母帰国。本日外出日。主事午後より大和大路松原東の足立氏訪問。中村女史について種々御相談に行く。大宮迄輪タクでもよろしいでせうとの事だが、多田様の方で自動車をまわして頂けると有難いのだが、婦人会の班長さんから話して頂く事になったのでたぶん承知して頂ける事と思ふ。

園生　男十五　女二十一

十月十一日　火　晴

午後より主事白鳩会にて施設の共同募金を御願し、帰途四条通りで募金をなし五十枚持ってゐたのを全部売って帰宅。
園生　男十五　女二十一
十月十二日　水　晴
共同募金の羽根、四百、区役所より受取る。バッチは品切れの由。ハワイより川村様御兄妹御来園、御一泊。
園生　男十五　女二十一
十月十三日　木　雨後晴
午後より主事、右京全体を共募応援の宣伝自動車で区長、総務課長、民生課長、山田、伊豆田、藤井の諸婦と御一しょに御願やらお礼の為一周。夕刻帰宅。
園生　男十五　女二十一
十月十四日　金　曇
醍醐同和園で本月の成人部会あり。主事出席。園長は母上御病気の為帰国。帰途林様、山崎様と一しょになり市役所へ立寄って金庫の窓口へ行って見たがまだ書類がまわってゐない由。明日はまわして置くとの事で帰宅。二十日の中村女史の講演会には石井様も御越し下さるよし。
園生　男十五　女二十一
十月十五日　土　晴
主事、会計両名、先ず市役所で九月分の事務費を受取り、帰途京極入口で共募に立ち羽根二百五十を売り帰宅。
園生　男十五　女二十一
十月十六日　日　晴
朝共同募金に就いて色々話して聞かせ、感謝を何等の形で表はし度いものだと話し、我々の生活を正しく楽しいものにする事が大事である旨話し、小国、横川両名早朝より園の募金協力の為京都に出張、大丸前、四条大橋等で二百五十枚を売り帰宅。
留守中に上田、河田の両名が皆が大覚寺に草刈り奉仕に出た後、一ぱい飲んでけんかして下駄でなぐり合をしたとか。朝あれ丈かんでふくめる様に話したのに何を聞いてゐたのか、全くなさけなくなってしまった。大して悪気もなく、オイ一ぱいやろか位のとこだらうけれど、共同募金の期間中にこんな事をし出かしてほんとに世間に対して申しわけがないと思ふ。配置転換をしてもらひ度いと思ふがどうかしら？
園生　男十五　女二十一
十月十七日　月
市で昨日の事を話したら配置転換してもいゝと云って下さったが、よく考へて見れば、どんな者でも教化して善導するのが我々の仕事で、よいのばかり楽々と世話するのが楽にはちがひないが、最初からその目的ではなかった筈だ、考へ直して見やうと思ふ。
園生　男十五　女二十一
十月十八日　火
今日は中村先生が京都に来て居られる筈だが、福祉協会からの調査票がまだ出来てないので一日中それにかゝる。一寸した所で数字が違っても大変だ。全部計算のしらべ直しだ。何故間違ふのかしらと吾れながらいやになってしまふ。

園生　男十五　女二十一

十月十九日　水　晴

朝、園としてははじめてのララの配給を頂く事になったので、主事、三浦をつれて千本三条の倉庫に配給をもらひに行く。肌着三十枚とステテコ二十一枚、食糧も来月はじめには配給頂けるよし。有難い事と思ふ。

午後中村先生のお泊りの古谷氏宅を訪問。途中で石井先生と御一しょになり、古谷氏宅で夕食を頂き、夜高倉会館での先生の御講演をお聞きする。十年の知己の様に何とも云へない温い感じの方。明朝車でお迎へに上る約束をして帰宅。

園生　男十五　女二十一

十月二十日　木　晴

相互タクシー多田様の御厚意の自動車で四条大宮からおむかへの車に乗り、十時過学校着、十時四十分から子供さん達の上級生へのお話あり。子供達にも感銘深かったらしい。錦さんからおべん当を頂き、午後一時半より講演会。真実魂にふれる有難いお話に一同涙を流して拝聴。

嵐山ははじめてとおっしゃるので切角の機会だからと思って、御前様と錦さん、清水さんと私とおともしてお舟で温泉まで行き、錦さんお心尽しのあついお茶と満月で先生もとてもよろこんで頂いて、風が少し冷たかったけれどとても夕方の静かな嵐山にしばらくのよい時を過ごして、丁度川岸にゐたタクシーをひろって大覚寺に行き拝観を終へて寿楽園に帰宅。御飯の後で又夕刻からお話し、広間一ぱいに近所の人も来られて又一同深い感銘に打たれ、校長先生は先生方が是非ほしいと云ふのでと短冊を御持ちになる。散会後御疲れのところを色紙や短冊を書いて頂く。歯が悪くなったのではさみやなんか力の這入る事が出来にくいとおっしゃって縫物や編物して見せて頂けないのは誠に残念至極であった。

園生　男十五　女二十一

十月二十一日　金　晴

午前六時六分の汽車でお立ちになるので、五時過に家を出て、京都駅迄秀妙さんと御送りして帰途曇華院に立より、丁度石鹸製造の講習をする人が来られたのでそれを見て十一時半帰宅。午後園生は大覚寺へお詣りして御詠歌をあげる筈のところ、皆あまり上手なのでびっくりして早々帰園したとか。よいものにふれると云ふ事はよい事だと思ふ。明日提出の書類作成。

園生　男十五　女二十一

十月二十二日　土　晴

府へ書類提出の為出張。坂根様御留守だったので他の方に渡して置いた。
園生　男十五　女二十一

十月二十三日　日　晴
園生　男十五　女二十一

十月二十四日　月　晴
主事、会計嵐山に共募に立つ。シールス軍来るとの事だったが見物は子供ばかりでさっぱり駄目。五十枚やっとはかして帰宅。
園生　男十五　女二十一

十月二十五日　火　晴たり曇ったり
主事、会計の二名、市役所、府庁、福祉協会（洗剤受領の為）、職業紹介所等訪問。府庁の坂根主事はお留守、来月五日御来園と決定。
園生　男十五　女二十一

十月二十六日　水　雨
園生　男十五　女二十一

十月二十七日　木　雨
雨中にもかゝわらず苅分婦人会の方々御慰問に来て下さり、パンやたばこ飴等のおみやげを頂き、紙芝居を見せて頂きよいお話を聞き一同大よろこび。園長夫人帰園。
園生　男十五　女二十一

十月二十八日　金
パトナム女史、楠本女子の送別茶話会が西本願寺の飛雲閣であり主事出席。午前中は福祉協会で東京大会出席の打合せ会に園長出席。園長明日高野行の為、補助金請願書作成。
園生　男十五　女二十一

十月二十九日　土
ララの肌着、ステテコ配給す。午後淑徳高校の女生徒さん達が慰問に来て下さったので（大覚寺で開催）慰安演芸大会。舞踊音楽、劇等「父帰る」には皆すっかり泣かされた。園からは中村久子先生の色紙を贈る。夜共募対策協議会。園長早朝より高野登山。
園生　男十五　女二十一

十月三十日　日　晴
嵯峨全町民大運動会。寒くて寒くてお正月頃の様なので皆よう見物に行かなかった。来年は早目から準備して沢市お里でもやらせるか。園長夜高野より帰園。八田入園。
園生　男十六　女二十一
入園　男一

十月三十一日　月
園生　男十六　女二十一

十一月一日　火　晴
主事市役所に保護費請求書提出。四日に出すとの事。
園生　男十六　女二十一

十一月二日　水　晴

横川、小国、富田博愛会病院に於ける栄養料理講習会に出席。

園生　男十六　女二十一

十一月三日　木　晴

本日嵐山のもみぢ祭。園生一同自由に見物に出かける。もみぢ祭はじまってはじめてのお天気、中々の人出。園生もお天気はよし大よろこびで帰宅。

園生　男十六　女二十一

十一月四日　金　晴

主事、市役所に保護費をもらひに行く。午前中、散髪奉仕。

園生　男十六　女二十一

十一月五日　土　雨後晴

寿楽園が正式に認可になった内祝にと府、市の色々御世話になった方達を御まねきしたが、府の方は東京へ出張の為来られず、市の方と授産場の方と来られ心ばかりのお祝をした。今日からほしい人にはおこたをしてあげる事になってゐたが、小鴨様が湯たんぽでないととてもあぶないからとの事で切角おこたの手入はしたが、湯たんぽの方針に変更。

園生　男十六　女二十一

十一月六日　日　晴

園長おつとめ。その時、火鉢は部屋では中止、たばこは集会室の火鉢でのむ事に決定。中々むつかしいと思はれるが、火の元大事の事とて皆にもそれぞれも協力する様話された。夕方園長東京へ出発。

園生　男十六　女二十一

十一月七日　月　晴

谷村かめ入園。本日役員選挙の筈であったが、外出日なので明日に延期。

園生　男十六　女二十二

入園　女一

十一月八日　火

朝のおつとめの後役員の選挙をなす。なるべく新らしい人になってもらった方が、役を持つ者のむつかしさもわかってよからうと思ふが、止むを得なければ再選さし支へなしと云ふ事で、男三浦、人見、女丹羽、中西の四名と決定。その後で部屋がへをなす。色々と条件を考へてやるが中々むつかしい。浮揚丈に病人を見させて置くのは考へものだと思ふので、宇賀、草野、中沢とを一部屋にして一日交代で浮揚と田中とに見させる事とする。

園生　男十六　女二十二

十一月九日　水　雨後晴

園生　男十六　女二十二

十一月十日　木　晴

ララの食糧初の配分あり。ラードが沢山あるのでこれで大分カロリーの面も助かる。有難い事と思ふ。
園生　男十六　女二十二

十一月十一日　金　晴

昨夜中、草野トク死亡。二時過には御不浄につれて行ってもらったそうなのに、朝御飯の時に呼んだが返事が無いのでびっくりした様な事で、楽な大往生だったらしい。立派な子供がありながら行方をくらましたとか、それも知らぬまま死んだのだが、知らせなくてよかったと思ふ。宇賀も昨夜は息が苦しいと云って夜中に注射したりしたが、随分衰弱もひどいし舌ももつれて来てゐる。これも甥の行方不明から急に弱った様に思はれるが、老人をこんな目にあわせて末はおそろしい事だと思ふ。夜御詠歌。
園生　男十六　女二十二
死亡　女一

十一月十二日　土　雨

主事、市役所、府庁行き。事務費は火曜日の午後来てほしいとの事。夜九時半、宇賀寛美死亡。夜の御詠歌の時に淋しいから田中のばあちゃんにそばに居てほしいと云ったとか。一寝入りして目がさめたら、どうも顔つきが違ってあまり静かなから見てほしいと云ふので見たら、もう息は絶えてゐた。誠に安らかな正に眠るが如き大往生であった。誰も皆寿楽園の仏様は楽な往生をする様だと皆よろこんで、せい出してお経をあげるおかげだらうと話してゐる。
園生　男十六　女二十一
死亡　女一

十一月十三日　日　雨

日曜なので豆区役所では死亡とどけが出来ないので太秦迄出かける。午後葬儀。夜御詠歌供養。昨日も今日も飴のお供養。
園生　男十五　女二十一

十一月十四日　月　晴

今日は外出日。夜園長帰園。
園生　男十五　女二十一

十一月十五日　火　晴

行きしなに帷子の辻の葬儀やによったら不在、区役所は石けんの登録とやらで一ぱいでどうにもならず、直に市役所に行く。持まわりして頂いてやっと事務費を頂く。
園生　男十五　女二十一

十一月十六日　水　晴

税務署で七、八、九月分の税の問合せあり。色々わからぬ事を聞いて帰る。葬儀やに立より領収書を受取り区役所に行く。死亡者のあった場合の砂糖の異動証明書や書類返還の書類等もらって帰る。石けんの登録に来るようにとの事。
園生　男十五　女二十一

十一月十七日　木　晴

先日浅沼さんからお話のあった直見リツを入園させてほしいとの事で連絡あり。市の方に区役所から連絡して頂く様話す。今日は草野の初七日で、宇賀のおたいやなので一しょにして夜おつとめ。ララの干あんずを入れて御供養にパンを作って皆に配給。

園生　男十五　女二十一

十一月十八日　金　晴

帷子の第一銀行支店で共募の立替分を出しに行き、区役所で石鹸と薪炭の登録表をもらひ、自転車税の事につき問合せをなし、死亡者のあった場合の転出の為の用紙等もらひ、バスで府庁へ行き、児童課を尋ねてシリアルがおいしく頂ける由報告し、レインコートが子供物ばかりでどうしたものかと相談したら婦人のものは皆子供物なので小さいおばあさんにでも利用出来たらしてほしい。もし交換が出来るやうなら電話するとの事であった。主食が一回分抜けてゐてやり直しをした月報を石田さんにお渡しして市役所へまわり、草野と宇賀の葬祭費の請求書を出して、浅沼さんからお話の直見リツの事御願して帰る。

園生　男十五　女二十一

十一月十九日　土　晴

園生の散髪をしやうと思ってゐたが、お天気が悪いので中止。帳簿の整理、保護台帳の新らしい用紙の書直し等。

園生　男十五　女二十一

十一月二十日　日　曇雨

今日も雨で散髪はお流れ。帳簿の整理。夕方人形の先生が来られ園生の内職にてまりの糸巻きをして見てはどうかと云って頂いたが中々むつかしからうとの事だけれど、子供でも出来る事だとの事だし次の日曜に娘さんに来て頂く事になり、市内のおもちゃの問屋さん等教へて頂く。一度行ってハワイからの小布でお手玉を作って売ってはどうかと思ふので相談して来ようと思ふ。

園生　男十五　女二十一

十一月二十一日　月　晴

園内清掃。寒くなるのに皆足袋に困ってゐるので、ハワイから送って頂いた小包の中の布で一同の足袋を作る事とし、縫へる人の奉仕で足袋縫ひをする。皆大よろこび。

園生　男十五　女二十一

十一月二十二日　火　晴

感化院で成人部会、主事出席、東京大会の報告あり。福引所のはがきの利益金は社会事業に繰り入れられるとの事なり。次回の成人部会は寿楽園でとの事。本日全市民生委員常務委員の百三十余が本園参観に来らる。民生委員中の一人が皆さんには毎日六円づゝの小遣が当る事になってゐるがもらってゐるか？　と質問されて養老施設にはその様なものは無いのに、前に見学された病院と混同しておられるのだらうけれど大変迷惑な事だ。大内が何も彼も奉仕で賃金は頂かないやうだと云ったとかで、丹羽がはっきりと実状を答へてくれたのでよかったけれど、何故故意に大内がそんな無い事を云ったのか？　それとも何時も奉仕の気持気持と私が云ふので、奉仕してゐますと答へる事が大変い丶事だと思って云ったものか？　こんな事から世間に色々と誤解の種を撒く事になる事もあるのだらう。対嵐坊の民生の講演会に市の林様、山崎様と御一しょに出席、その帰りを山本様も加へて参名来園。河田、大内、藤田等に恩給の事色々と本人の得心の行く様話して頂く。借金のある者は之を整理して来年一月から計算する事にして頂く。

園生　男十五　女二十一

十一月二十三日　水

主事、市役所に葬祭費の請求書提出。

園生　男十五　女二十一

十一月二十四日　木　晴

草野の知人二名遺骨を取りに来たが、ちゃんと七日七日にお参りしてもらふ事を聞き、それでは三十五日済む迄はこ丶へ置いて頂いた方が本人の幸福だらうからとお供養に紙とお金を置いて帰ったので、これでおせんべを買てお供へし、尚宇賀のも一しょに二七日の供養をしてそれぞれお供へ物を配分。又園長のおばあさんの日にも当るので柿のお供養もあった。

園生　男十五　女二十一

十一月二十五日　金　晴

市役所より電話あり。葬祭費の請求書に園長印が無いとの事。何をぼんやりしてゐたのやら。府からも電話あり。経理状況報告書の収入の部の累計の合計を各項別のも書いて置く様との事。明日園長に差支へなければ来て頂ける筈だったのに、残念な事だが止むを得ない。本日石けん配給。

民生の亀山様にお目にか丶ったら皆大変寿楽園の評判はよかったよし。但し合掌の挨拶はひくつな感じを抱かせると思うと云ふ評もあったとの事。之は宗教的ふんいきに縁遠い人には或はそんな風に感じられる向もあるかも知れないと思ふ。

園生　男十五　女二十一

十一月二十六日　土　晴

戸籍謄本の無い人のを取って置く為に、それぞれの区役所に申込をなす。お手玉作りは希望者があるから作らせてみようとの事になる。しらみ退治週間実施する事に決定。

園生　男十五　女二十一

十一月二十七日　日　曇後雨

十月末日現在の種々の調査、左の通り

月	性別	入園	退園	延べ人員	実人員	月末現在員	備考
4	男	6	0	121	6	6	
	女	5	0	48	5	5	
5	男	3	1	227	9	8	退(和光寮)
	女	1	0	166	6	6	
6	男	4	0	309	12	12	
	女	4	1	242	10	9	退(洛北)
7	男	0	0	372	12	12	
	女	9	1	387	18	17	退(死亡)
8	男	3	0	413	15	15	
	女	4	1	595	21	20	退(死亡)
9	男	0	0	450	15	15	
	女	1	0	628	21	21	
10	男	1	0	467	16	16	
	女	0	0	651	21	21	

地域別入園者調べ
上京　九　中京　六　下京　六
右京　三　左京　三　伏見　三
東山　四　其ノ他　二　計　三六

年齢調べ
男女平均年齢　七一才
男子平均年齢　七〇強　女子平均年齢　七一弱
最高令者　男　八六　最高令者　女　八六
最底年令　男　六四　最底年令　女　六〇

経理状況
収入総括　四三六，四八二円一〇
支出総括　六五八，二五三円六〇
収支　▲二二一，七七一円五〇

早朝から散髪するつもりのところ雨がぱらついたので中止したら、午後日が照りはじめたので一同散髪。今日は上田が男の方はやってくたので助かった。本日女の入浴日。内職の講習に来て下さるかと思ってゐたが来られなかった。おもちゃ屋さんに問合せ行く筈のところひょっと来られたらと思って見合せてゐたのに。おもちゃ屋、左の通り。

御幸町松原上ル　田村
四条通麩屋町上ル　奥山――西側
土手町正面下ル西側　中山――うちはま行にのり正面下車

便所に下駄を買って入れた。行く間が待てずによごすのか、今日迄の生活がきたなさを何とも思はない習慣になれてゐるのか。（下駄がちゃんとそろへてある時がそれでも前より多くなった様だ。）便所のよごれるのが驚くばかりだ。しっくいに作り変へなければ駄目だらう。よごしても掃除のしやすい様に考へる外あるまい。

園生　男十五　女二十一

十一月二十八日　月

午前中散髪（昨日出来なかった人）男子には下帯一つづゝ、女にハンカチ配給（ハワイよりの贈物で作ったもの）ハワイの贈物をひろげて一同写真をうつす。園長が技師、うまく写ったかどうか？　午後主事府庁と市役所行。ガラス、セメント等必要資材の申込を早くする様にとの事。ガラスは一枚、二十九円余、闇だと随分高いのに。

園長は直外画伯の画の事について六大訪問。本日から向ふ一週間しらみ根絶週間とするとし、肌着類全部熱気消毒、洗濯実行。

園生　男十五　女二十一

十一月二十九日　火　晴

園生の中でよその柿をもいだ者があるとの事。小さなことでも今の内にそんな事の無くなる様呉々も話して置く。勤務時間中さぼるのさへ時間の盗みになると云ふ。かへりみて恥かしく私は絶対に盗み心は御座いませんとは云ひ切れない。大きな口は利けないと思ふ。自分が五十鈴川の水の様に澄み切れない限り、私の周囲も澄み切る事はないだらう。先ず自分が澄み切る事に努力しなければいけない。女の人がおこしが無いからほしいと云ふ。ハワイの贈物の中からおこしになりさうなものを選び出してくじ引で女に配分。午後寮母と主事内職の件につき京都のおもちゃ屋を四軒たづねたがお手玉は今頃さっぱり売れない由、お人形ならものによっては買取ってもよいとの事だがこの方は大分骨が折れる事と思ふ。中々むつかしいものだ。年賀状の表書きの様な仕事が無いものか聞いて見る事としやう。二、三字のきれいな人の為に。帰りに区役所に立より死亡者の特配をもらひ、切符類の返還をなす。明日施設協議会があるので其時、市の方にことずけやうと思って保護費の請求書作成。

園生　男十五　女二十一

十一月三十日　水　晴

午前十時より二条厚生会館で施設協議会あり。主事出席、東京大会の情況の報告あり、又年末に越年資金を共同募金金庫から借受ける様話してもらふ事となり各部会長代表となって、共同募金、市へは市電パスの件につき之も代表に行って頂く事となる。午後市役所で草野と宇賀の葬祭費の支払を受ける。

園生　男十五　女二十一

十二月一日　木　曇

今日もしらみ退治で男の二、三人の着衣の熱気消毒をなす。午後相互タクシーから木破《こわ》をトラックに積んで持って来て頂く。随分沢山に頂いた。安く分けて頂くつもりで御願したら全部寄付して下さるとの事でほんとに勿体ない事だと思ふ。

夕方になって松野モトの荷物を車で持って来た。水屋まで持ち込んで来た。ガラクタを沢山に持ち込まれるのは困る。鈴木うのも左京区役所から連絡あり明日入園する由。

園生　男十五　女二十一

十二月二日　金　晴

共同募金局に第三回経常部の配分金を受けに主事出張、金四千円也。帰途三和で現金にして持ち帰る。銀行前で感化院の吉田様にお目にかゝる。一施設十万円位迄で、越年資金は出るらしい由S氏のお話。

鈴木うの、松野モトの二名入園。

園生　男十五　女二十三　入園　女二

十二月三日　土　雨後晴

午前中市へ出張保護費受領。

園生　男十五　女二十三

十二月四日　日　晴

大覚寺で結縁灌頂が行はれ、園生一同灌頂を受く。有難かった有難かったと園生一同涙を流してよろこぶ者もあった。夕方安田栄入園、今迄ひどくいぢめられて、踏んだりけったりされて一日も早く入園させてほしいとの事だったので引受けて置いた人。書類は全部後よりとゞけると云ってゐた。

園生　男十五　女二十四　入園　女一

十二月五日　月　晴

主食配給に関する届書提出。園長国許のおばあさんの四十九日で本朝帰国。磯嶋のぢいちゃん肺が悪いとかで本人は入院させてほしいと云ふし松田先生は老人には伝染もしないのだからとおっしゃる。栄養補給の点もあり、入院させた方がよいかも知れない。鈴木、松野、安田等新入園者の聞取をしてゐたら伊藤えん入園、中々元気なおばあちゃん。皆入れてもらえる迄は心配で心配でたまらなかったけれど、ほんとにうれしいと話し合ってゐた。安田等は普通なら所が変ると眠られないといふのに入園前二三日は毎夜ごたごたで眠れなかったのがこゝへ来てからは心からのびのびしてフカの様に昨夜も寝させてもらひましたと云ってゐた。本日で丁度定員の四十名、本年度は三十五名の予定だったが、思ひの外に早く定員を超過してしまった。魔法かまどを持って来てもらったが本当にわずかの薪でたけるので経済的だ。この調子でかまどをこの様に経済的に済ます事が出来ないものかしら?

園生　男十五　女二十五　入園　女一

十二月六日　火　晴

昨日府保護課から電話あり、調査の件につき来てほしいとの事だったので出頭。十一月分から月報を保護課へも一部づゝ提出する事となる。市へ行ったが林山崎両氏共会議でお留守。入園者の女を部屋の都合で一人丈男に変へてもらふ様にたのんで置く。

園生　男十五　女二十五

十二月七日　水　晴

昨日から急に本格的の寒さになったので園も本日よりこたつを入れる事となり、三浦が責任をもって夜まわりも二三回しますと云ふ。朝市に電話して昨日の件を山崎様に御願ひして藤原の事も伺ったが、入院させても別に大して治療も出来ないでかへって死を早める様な事になると思ふから、やはり寿楽園に置いてもらった方が結局本人の為だらうとの事。但し開放性であってはいけないから、その辺は松田先生とよく相談してほしいとの事だった。昼前に後藤、加藤の二名入園、どちらもたちのよさゝうなおばあちゃんだ。午後浅沼さんからお話の直見リツが荷物を持って民生委員と兄と三人で来たが、一昨日市で書類をしらべてもらったら同和園おくりになってゐたので、気の毒なので市へも連絡しようと思ったがどうにも電話が通ぜず、その内時間が駄目になったので、同和園も中々いゝからとよく話して引取ってもらった。

園生　男十五　女二十七　入園　女二

十二月八日　木　晴

本日はお釈迦様の成道会《じょうどうえ》なので、園生の希望者をつれて朝、釈迦堂にお参りしたが、寒くて困って一応帰ってお説教の時間に又出直して御法話を聞く。

園生　男十五　女二十七

十二月九日　金　晴

午前十時より同胞援護会で施設協議会あり、横川出席。越年資金借入についての相談。寿楽園は五万円となってゐたが、同和園が少し減らして下さったのでこちらへその分がまわして頂かれるようならと云ふので、石井様からおっしゃって頂いたので拾万円の申し込をなす。二月末日返済と云ふ事にして、募金の配分で返済すればいゝよし、つまり内渡し金になるわけ。東京都では昨年も内渡し金として前渡しを何のたんぽも無しに各施設が借受られたさうだから、京都もそれでよさゝうなものだと思ふと云ふ意見も出てゐた。何れにしても年内に幾らかでも借入れられて借金もいく分でも返済出来、わずかでも越年資金が頂かれゝば有難い事だと思ふ。

園生　男十五　女二十七

十二月十日　土　晴

散髪屋から無料奉仕の券を二十枚頂く。二度も奉仕に来て頂いて又お正月奉仕の券である。組合長なり区長なりに御礼を伝へて頂く様させて頂かう。

園生　男十五　女二十七

十二月十一日　日　晴

昨日とは少し寒さがやわらいだ一日。老人にとっては暖い陽ざしが何よりうれしく有難い事だらう。大鮒が松田先生のとこへお薬とりに行って帰りに倒れそのまゝ言語不明、右半身不随との事。大男なので老人では中々持ちあつかいが大変なので附そひ婦をつけて頂く方法があると思ふからと松田先生のお話、早速市の方へ当って見やうと思ふ。

園生　男十五　女二十七

十二月十二日　月　晴

右京区役所で午後一時から準世帯の打合せ会あり。主事出席。主食の配給、砂糖の原簿紛失の場合の手続等の説明あり。当園は皆六十才以上なので、主食の方はやゝこしくないので大助かり。

園生　男十五　女二十七

十二月十三日　火　晴

横川の三年祭の供養に園生にタオル一枚づゝ配分。園生一同御詠歌のお供養。

園生　男十五　女二十七

十二月十四日　水　雨

大鮒はその後何も食べず寝たきりだが今日は右も少し動く様になり、目ばたきも出来る様になった。弟に電報を打ったので面会に来た。このまゝ死んでくれた方が本人の為にもよいと思ひますと云ってゐた。

園生　男十五　女二十七

十二月十五日　木　晴

月報提出がおくれてゐてさいそくを受けた。七日厳守と思ひつゝ、遂々おくれてしまふ。午後府と市へ月報持参。市へは十一月分の事務費の請求書提出、来週火曜日頃出して下さるよし。夜草野の知人が四十九日のおまいりに来てお供へを置いて帰られた。

園生　男十五　女二十七

十二月十六日　金　晴

成人部会を寿楽園に於いて開催。華道会館を会場として十二名集合。福祉協会の沢村様が健康保険加入の用紙を持って来て下さった。昨日共募からお金を借りる事が出来る事になったので印持参、協会へ行くのでその時持参する事とする。明日提出の区役所への家族名簿作成。奥の井戸をポンプにして一同大助かり。

園生　男十五　女二十七

十二月十七日　土　晴

共同募金金庫から越年資金借入れについて福祉協会に主事出張、月曜か火曜に借入れられるよし。金額五万園也。大鮒の病状は相変らず。何しろ大の男なので持ちあつかいに皆一苦労。松田先生来診。附そひをつけてもらふ様にするか、入院させてもらへる様診断書を書いて下さる。

園生　男十五　女二十七

十二月十八日　日　晴

北村さんの知人の御詠歌の先生が二人連で慰問に来て下さって、おいしい飴を沢山頂き、上手な御詠歌を聞かせて頂き、園生も御詠歌をあげて楽しく半日を過す。

草野とくと宇賀寛美のお骨を大覚寺に納めた。

園生　男十五　女二十七

十二月十九日　月　曇

外出日。正午頃大鮒の様子が変って呼吸困難を起したが、意識不明のまゝ午後二時二十五分静かに息を引取った。生前大変御詠歌がすきだったので皆でうんと御詠歌をあげる事にしやうとお通夜に御詠歌のお供養をなす。

福祉協会より電話連絡あり。明日午後印を持参する様にその時会費一ヶ年分五百円も出してほしいとの事。

園生　男十五　女二十七　死亡　男一

十二月二十日　火　晴

大鮒の葬儀十時出棺。横川、小国、三浦の三名火葬場まで霊柩車に同乗。三浦だけ帰して二人で福祉協会に行き、五万円也借受け会費五百円を収む。健康保険は来年一月より加入するとの事。

お正月用菓子ミルボン十箱買ふ。市役所は持まわりが出来ないので明後日来る様にしてほしいとの事。

園生　男十四　女二十七

十二月二十一日　水　雨後曇

市役所より電話あり。女一人入れられぬかとの事だが、女の方はもう一ぱいなので、男の中に入れてもよければばと云って置いた。いくら爺ばあちゃん達でも一しょはいけないだらう。男の方なら四人にすれば後三人はいれる事になるが。今日はストだからお金は明日取りに来る様にとの事なので、半月分の事務費、保護費等年内に出して頂き度いとお願ひしたところ、一しょに明日請求書を出せと云ふ事なので書類作成。大内の電車代の請求書も書式を教へてもらって作成。

園生　男十四　女二十七

十二月二十二日　木　晴

市役所に事務費を受取に主事出張。十二月前半期分の請求書提出。

園生　男十四　女二十七

十二月二十三日　金　曇

船井郡世木村長から入園者の依頼あり、直接市保護課へ申請される様、但し目下当園は超満員のよし返信。

済生会病院からも欠員出来次第、一名入園させてほしい旨申込あり。之は市とは連絡済のよし。小池千代の砂糖の原簿送付あり。

園生　男十四　女二十七

十二月二十四日　土　晴

京都菓子業組合からクリスマスプレゼントとして菓子一袋づゝ頂く。三浦、丹羽の二名と共に小国、横川伝達式に出席、烏丸丸太町の児童院で式があり、現品は府庁へ頂きに行く。三ヶ月分の市電定期を施設名で一千五百円にして頂けるので代金を福祉協会に持参してほしいと電話があったので持参、正月用菓子の割当も買って帰る。

草野とくの知人の丸本愛子さんが遺骨をもらひに来て、干柿をお供養に持参、一同に分配。

園生　男十四　女二十七

十二月二十五日　日　晴
クリスマスで喉自慢、かくし芸等もして昨日頂いて来たプレゼントのお菓子を分けて半日を楽しく過した。
園生　男十四　女二十七

十二月二十六日　月　晴
一日から十五日迄の保護費、事務費を頂きに会計市役所へ出張、それから府の建築課にガラスの割合許可書をもらって帰る。
園生　男十四　女二十七

十二月二十七日　火　晴
区役所に一月分の主食の申請書提出。帰途帷子の辻第一銀行より共募の残金引出しに行く。
北村市治郎入園す。
園生　男十五　女二十七　入園　男一

十二月二十八日　水　晴
済生会病院から電話あり、磯嶋を入園させるのは年内にするかどうかとの事なので、何れ年明けての事にする様答へる。

昨日入園の北村は連れて来た者は精神は何ともないと云ってゐたが、どうも少し変だと思はれる節が多い。

年末のすゝはきを行ふ。台所も色々と御馳走の用意に忙しい。

園生　男十五　女二十七

十二月二十九日　木　小雪
明日のおもちつきに木村さん父子三人が奉仕に来て下さるよし。お年玉くじに年賀状を書く。
園生　男十五　女二十七

十二月三十日　金　晴
朝早くから園のおもちつき。大覚寺のお台所を拝借してやらせて頂いたので大助かり。早くから湯をわかして準備までして置いて下さって恐縮す。あべ川にして園生一同にもお毒見をさせる。木村さん達か来て下さったので早く済んだ。お風呂をして一年中のあかを流させた。
園生　男十五　女二十七

十二月三十一日　土　曇後雨
大晦の三七日。夜おつとめ。寿楽園として初めてのお正月をむかへるので何彼と忙しい。それでもたっしゃなおばあちゃん達が台所の準備をお手伝ひしてくれるので大助かり。北村が廊下をうんこだらけにして大さわぎ。
園生　男十五　女二十七

一月一日　日　雨　園生　男十五　女二十七
園長の朝のおつとめあり。今年は一入むつましく楽しく暮す様とのお話あり。午後喉自慢、かくし芸等に、破れ三味線も無いよりははるかによろしくて、一同大うかれにうかれておなかをかゝへて大笑ひの大はしゃぎ。こんなにうれしく楽しいお正月ははじめてですと涙を流してよろこんでゐた。朝の御挨拶には三浦も丹羽も只々うれしくて有難くてと胸一ぱいで言葉も出ぬ有様。一同うれし涙の内に式を終った。このお正月を此世での最後のお正月とする人もこの中には幾人かあるだらうと思ふと少しでも何とかしてよろこばせて上げ度いと思ふ。北村が切角取りかへてやった肌着を又うんこだらけにして皆大弱り。

一月二日　月　曇後雨　　園生　男十五　女二十七

退園　男一

皆が楽しみにしてゐた御詠歌大会。七十の坂は越しても一段高い所へ上げられると子供のやうにあがってしまって声がふるへたり鈴が思ふ様に振れなかったり、中々可愛らしいところがある。皆一生懸命にやって、後で御ほうびを頂いて大よろこび、夜は又集会室に集って歌ふやら踊るやらの大さわぎ。中々芸人がゐて面白い。にわかに顔芸、唄に三味線、七日には婦人会の新春お笑ひ大会にまねかれるので、その時園からは御詠歌踊りをしやうかと相談したら、一生懸命けいこして置きますと云ってゐた。

北村が又廊下をうんこだらけにしたので見てやったら、まわしの中にうんこを一ぱい入れたまゝでゐた。そのまゝに御飯を食べに来たらしく座ったので足袋もうんこだらけで、いくら云ってもすましたもの。頭が変なら変ではじめからそう云ってくれたらこんなのは和光寮へでも送ってもらふのに。四日の市役所の御用はじめまで待たうかと思ったが、送りとゞける家があるのだから、兎に角話は後のことゝして一応家まで送り返した。

一月三日　火　曇　　園生　男十四　女二十七

朝園長のおつとめ。お正月の最後の日だからもう一日遊ばせてほしいと夜九時過まで集会室で集って唄ったり遊んだり、笑って笑ってとうとう三日間笑ひつゞけてお正月を送ったわけだ。

大きい提灯、小さい提灯、魚屋さん、おたやんにてんぐさん等の遊びをしたが、満足に出来る者がゐない。年寄ってぼけるのか、頭が鈍ってあゝなるのか、はじめから頭の悪いのがこうなったのか、一寸不思議な感じがする位だ。

一月四日　水　晴　　園生　男十四　女二十七

朝市役所の山崎様に電話して、北村の事情を話して他へ手続きしてもらふ様御願ひする。午後北村が一人で帰って来て今晩こゝへとめてほしい、家へ帰っても代りの人がゐて寝られないからと云ふ。人見をつけて又送り返す。一人ではとうてい来られる人ではないので誰か近く迄連れて来たにちがひないが、持ってゐたお金を四万円余り皆巻き上げて、食ふや食はずにして最後放り出す算段に出てゐるとか近所の話。可哀さうだが精神病者では如何ともなし難し。

一月五日　木　晴　園生　男十四　女二十七

市役所に十二月後半期の保護費、事務費の請求書提出、明日午後来れば出すとの事。

一月六日　金　晴後雪　園生　男十四　女二十七

市役所で保護費、事務費を受取り、府庁にガラスの割当書を持参。

一月七日　土　晴　園生　男十四　女二十七

午後一時より婦人会新春お笑ひ大会に招待されて約二十五名出席、昨夜の雪の為、今日はお天気でも足許が悪くて、行けない者もあり。出席出来た者はあめのおいしいのをもらひ、大笑ひさせてもらって、大よろこび。大鮒の弟が大鮒の遺骨をもらひに来て、安らかに往生させて頂いて有難いとよろこんで帰った。

一月八日　日　晴　園生　男十四　女二十七

園長帰国。

一月九日　月　晴　園生　男十四　女二十七

一月十日　火　雪　園生　男十四　女二十七

亀山家の法事のお供養あり。

一月十一日　水　曇　園生　男十四　女二十七

富嶋と云ふ民生委員から電話あり。井狩ハルを何時入園させてもらへるかとの事。磯嶋が入院を十日過迄待ってほしいと云ふので、入院させた後部屋かへしなければ部屋の都合つかず、もう四、五日待って頂く様返事す。

一月十二日　木　曇後晴　園生　男十四　女二十七

ハワイ川村氏来園、園長帰園。坂口様に共募、府へ提出の書類をことずける。

一月十三日　金　晴　園生　男十四　女二十七

市へ書類提出。林様よりの慰問演芸を丁度十五日の覚勝院の護摩供養の催しと一しょにして頂く様林様に御願ひす。

一月十四日　土　雨　園生　男十四　女二十八

入園　女一

嵯峨少赤から園生におもち百五十個頂く。

井狩はる入園。仏教関係社会事業施設と参議員との懇談会が東本願寺で開催され主事出席。

一月十五日　日　晴　園生　男十四　女二十八

覚勝院の護摩供養に園生一同参拝。午後は覚勝院の催しの舞踊と、市の林様の御慰問のと、大和の木村様の御一行のと三つが一時に重なって、まるで舞踊大会。華道会館を借りて舞台ごしらえも本式に、盛沢山で半日を楽しく過させて頂いた。お昼は少赤の心もち運動のおもちでおなかも満腹、結構づくめで一同大よろこび。お正月の最後といふので夜は集会室に集まって、九時過まで大はしゃぎ。

一月十六日　月　晴　園生　男十四　女二十八

磯嶋が入院を二十日頃迄のばしてほしいと申し出た。この由病院へはがきを出す。

一月十七日　火　晴　　園生　男十四　女二十八

醍醐同和園に於て成人部会、園長出席。十、十一、十二月分のカロリー提出せよとの事である。来月は十九日成人部会のよし。百万べん育成会、西□寺の松山師、釣鐘購入の為上京の途次、寿楽園慰問、うどんを沢山に頂く。主事、大阪中村理事の見舞。

一月十八日　水　雨　　園生　男十四　女二十八

区役所に一月分米の請求書の数字のちがひを訂正に行き地下足袋の件聞きたるも区役所には未だ通知無しとの事。赤十字より電話あり、明十九日十一時少赤より慰問のお餅を下さるよし、又二十日には少赤会員三名と責任者とが園の慰問に来て下さるよし、重ねがさね有難い事である。

一月十九日　木　雨　　園生　男十四　女二十八

十一時過赤十字から慰問のお餅御持参頂き、お菓子も頂いたので夜お菓子を一同に分配。

湯殿を大覚寺華道の方達の手で作って下さるよしで大分寄付金も集まったので、木村さんに来て頂いて相談しやうと思ったが留守、明朝来て下さるよし。

一月二十日　金　曇後晴　　園生　男十四　女二十八

嵯峨少年赤十字団員二名福井先生につれられて慰問に来て下さり、心持運動の事等お話あり。主事区役所に磯嶋茂太の転出証明を頂きに行く。

一月二十一日　土　晴　　園生　男十四　女二十八

下嵯峨笹井材木店から木破を二十束頂き、園生六名車を持ってもらひに行く。済生会病院に磯嶋の入院の手続につき連絡、市に電話して移送費の事問合す。

一月二十二日　日　晴　　園生　男十四　女二十八

一月二十三日　月　晴　　園生　男十四　女二十九

入園　女一　退園　男一

午後一時、磯嶋茂太を済生会病院に送り西村ツルを連れて帰る。風邪引が多いので松田先生に来て頂き診察を受けたところ皆同じ風邪で大した事ないが、野崎丈少し熱があるから気をつける様との事。

一月二十四日　火　曇　　園生　男十三　女二十九

今日は野崎も熱が下って大分楽になったと云ってゐる。井狩が又風邪で臥床。主事府庁にガラスの代金持参。カロリー計算早く出せとの事、今日迄の整理が出来てゐなかったので馬力をかけてカロリーの計算をなす。これでいやおうなしに整理が出来たので、これからは毎日きちきちと整理出来るわけ、少しづゝ少しづゝ何彼の事がとゝのって来る。部屋替を少しする。親身の者がゐてもいやがられる様な人達の事とて中々むつかしい。

一月二十五日　水　晴　　園生　男十三　女二十九

晴れてゐて暖いお天気なので南庭で風邪気でない人達の散髪をしてやる。今度は大分長くしなかったので気持よくなったとよろこんでゐた。

一月二十六日　木　晴　園生　男十三　女二十九

松野の様子が少し変で、気ちがひの様に夜あばれて同室の者が眠れなくて困ったと云ふて何とかしてもらえぬかとの事であったが、今しばらく様子を見て、いよいよどうにもならなければ市へ何とかお願して和光寮へでも入れて頂く様お願ひするからも少し待って頂く様皆に話して置いた。

一月二十七日　金　雨　園生　男十三　女二十九

死亡　女一

昨夜も松野の室では眠れなかったと云ふので静かにする様云って聞かせたらハイハイと返事をして、それから静にしてゐたが。唇の色もよし、顔色もよいのに呼吸が次第に乱れて、そのまま眠ったままで静かに息を引取った。主事福祉協会、府庁（カロリー表とゞけに）市役所に出張、市役所で死亡の場合の、要保護者である証明書がこれからは民生事務所では出ない事になってゐると聞いてゐたので、保護課で頂いて来ようと思ったが、此度丈は区でもらふ様との事なので、帰途区役所に立より事情を話して証明書を頂いて帰宅。

夜お通夜、御詠歌。

一月二十八日　土　雨　園生　男十三　女二十八

九時半葬儀予定のところ午後三時半となる。大覚寺から黒田さん来て下さる。主事と人見と火葬場まで行き夜は例によって御詠歌の供養。当園での死亡者は皆楽々と苦しむ事もなく往生する人ばかりなので、皆朝晩一生懸命おつとめさせてもらふおかげだらうとよろこんでゐる。

一月二十九日　日　晴　園生　男十三　女二十八

一月三十日　月　雨　園生　男十三　女二十九

入園　女一

主事区役所に出張、市長選挙の名簿作成について園生の分をしらべに行く。不自由な人には自宅で出来る様にして頂けるよし。保健所から検便に出張して下さる様御願ひしたら快よく引受けて下さった。

午後山口ハル入園。唯川生いわしを十三食べて腹痛。

一月三十一日　火　曇　園生　男十三　女二十九

死亡　女一

唯川昨日はひどくあばれて困ったが、今日は朝から静かに寝てゐる。一両日食事を気をつければよいと思ふてゐたが、夕方から急に呼吸困難となり十時十五分死去。ほんとに一日のわずらいで仏様になった。身体不自由で何時も早くおむかへに来てほしいほしいと云ってゐたが本人もこんなに楽におまいり出来てよろこんでゐる事だらう。源泉課税につき主事税務所、区役所へ出張。

二月一日　水　曇　園生　男十三　女二十八

市に保護費の請求書提出。要保護者の証明書十枚頂く。

葬儀屋に連絡。明朝十時出棺。大鮒の葬祭費受領。
二月二日　木　曇　園生　男十三　女二十八
唯川フサの葬儀執行。園長午後一時半より社会福祉研究会出席。少赤への礼状延引ながら本日書き明日日赤支部へ持参の予定。主事多田氏の件につき同志社校長末光教授に面会。
二月三日　金　晴　園生　男十三　女二十八
入園　女一
市で保護費受領。午後岡本ナカ入園、松本と云ふ爺さんが園を見せてほしいと云って来た。一年半程同和園にゐたさうだが、けんかをして出たと云ふ。人はよさゝうだが、なまじ裁縫の腕があるのでやりそこなふらしい。朝っぱらからプンプンお酒のにほひをさせてゐた。
保健所から検便は八日に変更の通知あり。
日赤京都支部へ少赤の御礼に参上。夜豆まき。
二月四日　土　晴　園生　男十三　女二十九
ゴム地下足袋配給の件につき本日土曜なので午前中で役所が休みになるので電話したら月曜でもよいとの事なので大急ぎで書類は作ったが、月曜に行く事にする。
二月五日　日　晴　園生　男十三　女二十九
二月六日　月　晴　園生　男十三　女二十九
主事市役所に医療券もらひに行ったが山崎様お留守で頂けず請求書用紙丈頂いて帰る。区役所で不在投票の手続しやうと思って行ったが、すでに時間が足りなくて、とうてい駄目と思はれるので此度はやめた。次の参議員選挙の時は早目にちゃんとして置かなければならないと思ふ。米の請求書に認めをもらひ、靴、地下足袋の購入通帳、砂糖、たばこの転出入の手続をなす。
二月七日　火　晴　園生　男十三　女二十九
和辻候補の応援演説、昼間、園の前ではじまり園生十数名も出て来て聞いてゐた。夜は田畑氏応援の演説が又園の前であり、之も園生十数名が聞く。
二月八日　水　晴後雨　男十三　女二十九
本日市長選挙の為、園生の有権者は殆んど投票に行く。誰を入れた事やら？　朝園長のお話あり、選挙に関する心得等。午後は保健所より水溜延武先生外二名御来園、検便、衛生に関するお話等あり。検便の結果は三十七名中、十四名がマイナス（一）＝陰性、このやうに少ないパーセンテージははじめてとの事。医療券、初診券を持って来たらお薬を出しませうとの事。
二月九日　木　雨　男十三　女二十九
二月十日　金　晴　男十三　女二十九
二月十一日　土　晴　男十三　女二十九
二月十二日　日　小雨　男十三　女二十九
済生会へ入院した磯嶋の爺ちゃんから電話で八田の爺ちゃんに是非来てほしいとの事なので行ってもらったら、

入院した事を大変後悔して帰って直死んでもよいから寿楽園で死なせてほしい。是非先生にたのんでほしいと云ってゐたとか。結核が陽性であればこうした集団生活にはやはり一しょに置くわけにはゆかない。可哀さうだけれど。他へうつって見てはじめて此処のよさがわかるので、止むを得ない事だ。朝々に一生懸命話をしながら、これは園生に云ふのではない皆自分自身に云ひ聞かせる言葉だと思ひながらわれと吾が言葉を聞いてゐるのだが、このまま此処が極楽浄土、光明一元の世界に住むと云ふ事は何とむつかしい事か、感謝を感謝をと云ふ言葉のあとから直不平不満がもくもくとふくれ上る。自分をふり返る時誰にも何も云へないと思ふ。全力を尽してして只精進するのみ。

二月十三日　月　晴　　男十三　女二十九

主事府、市役所へ書類提出。木曜日に事務費出すとの事。

二月十四日　火　晴　　男十三　女二十九

駆虫剤を頂く為、保険所へ書類持参その節加納満寿郎、弓削俊吾の二名を同伴、診察を受く。明後日結果判明。お薬もその時頂く事になる。ロサンゼルスよりの贈物をくぢ引で女に分配、辻井先生に写真写して頂く。一同大よろこび。

二月十五日　水　曇小雨　　男十三　女二十九

朝府の坂根様来園、園内視察、事務の面等しらべて午後二時頃帰らる。ロサンゼルスよりのキャンデーを一同に分つ。

三浦、人見、三条倉庫にガラス取りに行く。

二月十六日　木　晴　　男十三　女二十九

主事午前中保健所に行きマクニン錠及リバノールもらって帰る。弓削の血液検査の結果は四五日先でないと判明しない。加納は結核菌無し。薬も不要との診断。午後市役所に行き、一月分事務費、松野、唯川の葬祭費、大内の通院交通費、移送費以上もらって帰る。うるち米代金はまだ。夜、府保護課よりの調査書作成。

二月十七日　金　晴　　男十三　女二十九

朝会の後マクニンを分配。夜お風呂の事について木村さん来て下さり園長と一しょに辻井先生のお宅へ行って寄付金の内二万円御持帰り下さる。木村さんに一万五千円内渡し。寄付で足りぬところは共募の方からでも足して頂く事にしても中は板を張って頂く事となる。

夕方厚生園より電話あり、明日共募より視察に見えるよし連絡あり。夜共募から配布の調査書に必要事項記入。

二月十八日　土　晴　　男十三　女二十九

園長朝帰国。十時頃共募より府の民政事業査察員の上田官治氏来園。御親切に色々と御指導頂く。大変理解ある態度で接して頂いて有難かった。園生がとてもおだやかで和やかな幸福さうな顔をしてゐる、大変感じがよいとほめて頂いた。

二月十九日　日　晴しぐれ　男十三　女二十九
主事育成会の成人部会に出席。
二月二十日　月　晴　男十三　女二十九
風呂釜、レンガ、等持って来た。明日から風呂にとりかゝるよし。木村さんは今日からとりかゝってゐる。
二月二十一日　火　晴　男十三　女二十九
共募配分委員の視察がある筈故それ迄に事業概要一覧の様なもの三十部程作成して置く様と府から云って来たので、原稿作成。
二月二十二日　水　晴　男十三　女二十九
四月から一月迄の収容者数、経理状況、其他の調べを謄写版ですり、ケース・ワークの面も出来れば間に合し度いと思って之もする。本日婦人会の方（此度女子大に昇格する専門学校を卒業した婦人によって作られてゐる婦人会のよし）が本部から養老事業についてしらべてほしいと云はれたので、来たと云て令息と一しょに来園、石川貞さんをよく御存じのよし。色々調査して帰られた。
二月二十三日　木　晴　男十三　女二十九
ララのフ神父をむかへて、東本願寺で打合せ会あり。主事出席。
二月二十四日　金　晴　男十三　女二十九
赤十字に感謝文持参。
二月二十五日　土　晴　男十三　女二十九

二月二十六日　日　雨　男十三　女二十九
岡山の寺から園長がお供養にもらって来られたお餅が
二月二十七日　月　晴しぐれ　男十三　女二十九
とゞき園生に朝のおつとめの後分配す。一同大よろこび。府保護課から調査に来られ、とても感じがいゝ、和やかな顔をしてゐると云って、集会室で一同写真をとって頂く。
二月二十八日　火　晴　男十三　女二十九
税務所に行き源泉支払の用紙をもらひ、太秦局で支払をなし、市役所に保護費の請求書持参。石ケンの施設配給の割当があったのでもらひに行き、共募に月報のとゞいてゐなかった分持参、多田さんと同志社の末光先生の御宅へ伺ふ。
三月一日　水　晴　男十三　女二十九
主食の請求書作成、園の概要出来上り。園生に西田天香氏の懺悔の生活を昨日から読んで聞かす。
三月二日　木　晴　男十三　女二十九
区役所へ主食請求書提出
三月三日　金　晴　男十三　女二十九
今日はひな祭り。午後から集会室に集まり直外画伯筆のひなの絵をかけあられをお供へして唄ったり踊ったり楽しい半日を過す。もみがら炭を作って見る。割合にうまく出来た。使用法、用量等研究して何とか役に立てたいと思ふ。すばらしく暖かくていゝ日和なので久し振りに園生の散髪、途中でバリカンが折れてしまって、福田のおばあちゃんは後の半分ははさみでとらがり。
三月四日　土　晴　男十三　女二十九
どっさり入れるともみがら炭は成績良好らし。今日は一日炭は一かけも使用せず。今年の冬は大堀こたつを開ける事にしよう。
三月五日　日　晴　男十三　女二十九
三月六日　月　晴後雨　男十三　女二十九
早朝同和園に行き、養老施設協会へ提出の書類の形式をうつさせて頂き、炊事主任の方からクーポンのパンより粉で加工してもらった方が金額の点も量の点もその方がいゝ事や色々教へて頂く。三九〇で一日量のパンとのこと故、六十グラムづゝ、クーポンにすれば食込むわけ、細かいところ迄行きとゞいてゐないといけないと思ふ。
三月七日　火　小雨　男十三　女二十九
全国養老施設へ提出の書類を作り月報作成、小国府庁に発シンチブスのワクチンをもらひに行く。ハワイの川村氏来園。
三月八日　水　晴　男十三　女二十九
主事、市役所に前月分の保護費受取に行く。
三月九日　木　晴　男十三　女二十九
地租税家屋税免税に関し、主事区役所行。
三月十日金　晴　男十三　女二十九
大覚寺華道の人々を主として御寄付頂いた風呂の初風呂で草繋門跡、味岡執事長、辻井先生、清水さん、笹井さん等来て頂く。六一〇《ムトウ》ハップの薬湯にして園生も大よろこび。寿楽園はほんとに云ふ事無いけれど只お風呂丈が困ると云ふ事だったのだが、これで先ず一安心と云ふわけ。午後主事市役所に事務費の請求書提出。帰途免税に関し再度区役所に出頭。戸籍係より大鮒唯川に関し死亡届に不備の点ありといふ事だったが、も一度戸籍謄本の無い者のは取りよせて置く必要あり。
三月十一日　土　晴　男十三　女二十九
来年度予算の見つもり。寮母日記印刷。
三月十二日　日　晴　男十三　女二十九
大丸でバリカンを買ふ。午後市の林様来園。
三月十三日　月　男十三　女二十九
三月十四日　火　晴　男十三　女二十九
午後社会福祉研究会に主事出席、午前中市役所に事務費もらひに行ったがまだ出てゐないとの事。
三月十五日　水　晴　男十三　女二十九
三月十六日　木　晴　男十三　女二十九
主事市役所に事務費受取に行く。
三月十七日　金　晴　男十三　女二十九
明日理事会の為、園別の改正、二十五年度予算等謄写版で印刷しやうと思ったが、コッピーでとる。

三月十八日　土　晴　　男十三　女二十九
　本日午後七時から理事会、園規約の改正、二十五年度予算の事等審議決定。十二時散会。
三月十九日　日　晴　　男十三　女二十九
　ぽかぽかと暖かいので園生の散髪をなす。今度のバリカンはとても調子よし。小国家の法事で園生一同にちり紙のお供養。
三月二十日　月　雪後晴　　男十三　女二十九
　寒波襲来で午後からは又急に寒い。然し園生皆元気。
三月二十一日　火　晴一時小雪　　男十三　女二十九
　今日も朝から厳しい寒さである。午後松田先生来園、加納も前山も大変良くなってゐる。もうむつかしいかと思ってゐたのに、との事。お彼岸の中日で園長のおつとめ。園生思ひ思ひに大覚寺に参詣。夕方笹井氏来園。
三月二十二日　水　曇時々小雪　　男十三　女二十九
　朝のおつとめに笹井氏のお話あり。御帰りかけに十六ミリを写して頂く。保健所から大便所のふたを買へと云って来たので五つ注文して置く、こゝらでは老人ばかりでそれでなくてさへ間に合ひかねるのにと云へばそれでも検査に来てやかましいからと云ふ。近日又ＤＤＴ撒布に来て下さるよし。
三月二十三日　木　晴　　男十三　女二十九
　本日洛北寮で成人部会あり。横川小国出席、寮内を参観させてもらう。建物は立派だし、設備はよし、羨ましい次第だと思ったが、あまり大きすぎるのと、朝夕の集りもなし、少し淋しくはないかしらと云ふ感じがした。日当たりのよい南のえんにぼろを展げて談笑し合ってゐる寿楽園の方が何となく血が通ってゐる様な気がした。
三月二十四日　金　晴　　男十三　女二十九
三月二十五日　土　曇　　男十三　女二十九
三月二十六日　日　曇　　男十三　女二十九
　園内ガラス拭き。
三月二十七日　月　晴　　男十三　女二十九
　本日朝、園長帰国。
三月二十八日　火　晴　　男十三　女二十九
　来月一日開園日を記念して何か催しをしやうと色々相談して福引の文句等選定。井上が去年の今日はじめて入園して来た、事実上の今日が開園当日である。
三月二十九日　水　晴　　男十三　女二十九
　共同募金から二十五年度配分金の通知あり。五日に会合あり経常費の三分の一を渡すとの事、総額一七八、四〇〇円也但経常費三〇、二〇〇円、臨時費一四八、二〇〇円（内訳、園舎修理費一〇〇、〇〇〇円、寝具補修費四八、二〇〇円）
　園生に折鶴を折らせて集会室一ぱいに飾る。皆子供のやうに大はしゃぎ。夜はその下で御詠歌おどり。

三月三十日　木　晴　　男十三　女二十九

園生に発疹チブスの予防注射を松田先生がして下さる。福引の買物をなす。

三月三十一日　金　晴後しぐれ　　男十三　女二十九

高野山から寺本かね子さん来園、御詠歌おどりを見せて頂く。

昭和二十五年度

昭和二十五年四月一日〜昭和二十六年三月三十一日

昭和25年（1950）11月7日、高雄へ紅葉狩

四月一日　土　雨　　男十三　女二十九
　本日開園一周年、午後一同集会室に集合、祝賀会を催し、くぢ引でずぼん、夏服等分配、ハブラシも分配。後、福引でそれぞれ色々なものを引当て大よろこび、雨の一日だったけれど園内で楽しく一日を過す。
四月二日　日　晴　　男十三　女二十九
　寺本さんに盆おどりを教へてもらったり、見せてもらったりした。皆前に少しならったので今度のは中々おぼへが早い。
　区役所に米の通帳持参、検印をもらふ。
四月三日　月　晴　　男十三　女二十九
　主事市役所に保護費請求書提出、ラヽ食糧頂く。
四月四日　火　晴　　男十三　女二十九
四月五日　水　晴　　男十三　女二十九
　済生会、博愛会に医療券渡す。主事共募打合会に出席、共募より一万壱百円也経常費として受領（小切手）借入金は指定変更にして返済したらよいとの事。
四月六日　木　晴　　男十三　女二十九
　会計市に保護費受取、府へ発疹チブス注射の報告書持参。本日松田先生第二回目の注射に来て下さる。
四月七日
　役員改選　男子　三浦、井上　女　安藤、中西
四月七日　金　　男十三　女二十九
四月八日　土　　男十三　女二十九
　主事市役所にパス受取に行く。
四月九日　日　　男十三　女二十九
　今年は花が早くて大覚寺も満開。松田先生、浮揚の往診に来て下さる。
四月十日　月　晴　　男十三　女二十九
四月十一日　火　晴　　男十三　女二十九
　今夕から天気も下り坂との予報なので今日園のお花見をしやうとお急ぎでたけのこの五目ずしを作り、折に入れて中の嶋でお花見、花は見事に開いて池に影をうつしてもみじの出潮と入りまじって此上なく美しい。食後、屋形船で池の上で遊び、皆大よろこび。
　午後主事、市役所に事務費請求書提出。
四月十二日　水　晴　　男十三　女二十九
　松野の死を知らずして民生委員さんが来て下さる。大覚寺におさめられたお骨におまいりしてこんなにしてもらっておばあさんは幸福だとよろこんで帰られた。
四月十三日　木　晴　　男十三　女二十九
　午後府庁へ後半期の事業成績表持参、早く財団にする事と金銭出納等きっちりして置く事、規約の改正について等話しあり。当園生の健康診断等一ヶ月に一度は必ず日を決めてする様、さもないと色々他から云はれても説明のしやうが無いから等注意を受けたが、そうした事務上の不備は

御説の通りでますます努力して整備する必要があるが、どうも府の方には何だか変な雑音が伝はるらしと不愉快である。坂根主事様等、困る立場に置かれるので困るとおっしゃって誠に御気の毒であるが、我々としては兎に角何と云はれても絶対天地にはじぬやり方で只一本に進みさへすればいゝわけだ。自分の心ににごりがある丈、それ丈自分の周囲にもにごりが出来るわけだ。先ず自分が絶対に清まる事だ。

四月十四日　金　晴　男十三　女二十九
乙訓郡の民生委員十二名来園、園で昼食の後園内を視察、後大覚寺へ御案内す。大覚寺は丁度年一度の挿花大会で丁度都合よく、御一同満足して帰らる、参百円御みやげを頂く。

四月十五日　土　晴　男十三　女二十九
大覚寺の挿花会に園生も見せて頂きに行く。午後は献花祭を拝観。午後六字洞からお使が来られて、十七日といふ事だったがお師匠様が風邪で寝てゐられるので二十七日にして頂き度い、何も御馳走は出来ないけれども御飯とお汁位ですけれども、との御さそひ園生はとても楽しみにしてゐる。

四月十六日　日　晴　男十三　女二十九
大覚寺お花の最後の日、市の林様、御越しになりお嬢様の可愛らしいお歌を一同聞かせて頂く。

四月十七日　月　晴　男十三　女二十九

四月十八日　火　晴　男十三　女二十九
男子に衣料の配給をなす。主事午前九時より税務所の源泉課税の説明会に出席、午後市役所に事務費受取に行く。石井様、断食の食養法聞に御来園。

四月十九日　水　晴　男十三　女二十九
園長成人部会に出席、博愛会読書友の会佐々木典氏より雑誌の寄贈を受く。午後釈迦堂の御身拭式に参拝、御説教を聞く。明日午後ボランデアの方二人来て下さるよし、高野事報の上田氏来園、園の事を聖愛誌上に出す為、種々調査に来らる。唯川の遺骨を知人が引取りに来らる。

四月二十日　木　晴後雨　男十三　女二十九
朝知事選挙に一同学校へ行く。午後よりボランデアの方二人来て下さる、落語講談で泣いたり笑ったり楽しい午後を過ごし、夜は又華道会館で附近の人達にも来て頂いて又やって頂き、夜は大覚寺に泊って頂く。

四月二十一日　金　雨後曇　男十三　女二十九
雨で足もとも悪いので色々事務所で話してる内にも一度園でやりましょうとの事に又朝半日楽しませて頂く。石井様のお話ではマッサーヂの方もその内来て下さるよし、ほんとうに有難い事だと思ふ。奉仕の生活をしやうと思ふ人がこんなにゐて下さると云ふ事がほんとに力強くうれしい事だと思ふ。園長本朝鳥取行。丸本様御来園、御寄付を頂く。

四月二十二日　土　晴時々曇　　男十三　女二十九
午後小泉八重様御越しになり、信仰の力によって五年八ヶ月の病床から立上られた尊い体験談をして下さり一同感激す。

四月二十三日　日　晴　　男十三　女二十九
朝のお勤めの後で又小泉様御話あり。後、小池、大内等も色々個人的にお話して頂いてゐた。夕方六時半頃引揚列車が嵯峨駅を通過するので園生も足の達者な者は出むかへ、日の丸の旗を振って見送る。

四月二十四日　月　晴後雨　　男十三　女二十九
寮母帰国、浮揚昨日の肉や竹の子が悪かったのか胃痛を起してゐる。注射をなす。

四月二十五日　火　晴　　男十三　女二十九
松田先生来診。夕方園長帰園。

四月二十六日　水　曇　　男十三　女二十九
府庁から寿楽園の資産を知らせる様との事だったので大覚寺の事務所へ聞いたが区役所でしらべなければわからぬとの事で区役所でしらべる。
四国の西宇和郡宮内のあけぼの寮長古川氏来園、昨年九月から村営で養老院をはじめたので色々と参考にしたいから園を参観し度いとの事で、園を案内し色々話し合ひ大変温い感じを受けたと云って居られた。

四月二十七日　木　晴　　男十三　女二十九
今日六字洞から御まねきを受けてゐるので園生二十七名と一しょに参詣。お説教を聞かせて頂いたり一しょにおつとめをさせて頂いたりして夕食の御供養を頂き、一同とても感謝して帰園、来られなかった者には御手製の御心づくしのおまんじゅうを頂いて帰る。園長、府共募に出張。

四月二十八日　金　晴　　男十三　女二十九
主事午前は府庁で財団の申請書の参考書類をうつさせて頂き、午後東本願寺白書院で共同募金感謝の懇談会に出席。
会計は自転車の課税外の鑑札を頂きに市役所に出張、博愛会病院入院中の磯嶋茂太死亡の由、証明書を取りに来られたが、主事留守でわからず夜又電話あり。明朝七時頃診断書持参するとの事。夜一同磯嶋の爺ちゃんの為、御詠歌をあげ釈尊物語を読む。

四月二十九日　土　晴　　男十三　女二十九
朝六時半に磯嶋の葬儀の事で使が来られ、主事直に豆区役所で手続をする為出かけたが休日の為、太秦まで行ったが死亡した土地の区役所でないと駄目との事で使の人に行ってもらひ、直に病院に行く。霊安室に一人寝させてもらって霊柩車が出る時も誰一人の見送る人もなく、なる程淋しかった筈だと思った。園から八田の爺ちゃんが代表で行った。園にはこの日、同志社女専の生徒さんがお菓子やお花を持って慰問に来て下さり、讃美歌等唄って聞かせて頂く。粉ミルクを飲ます。

四月三十日　日　晴　男十三　女二十九
今日お風呂があるので先日頂いたララの石けんを配分。い、香りの上等石けんで一同よろこぶ。
五月一日　月　晴　男十三　女二十九
愛宕神社、野々宮神社の御神幸で御輿が大覚寺へ来られるので大にぎわい。園もララの干果物、キャラメル等配給、三日四日とハワイから祖国観光団が来られるので、準備に忙がし。印刷物、おぜんざいの用意等。
五月二日　火　晴　男十三　女二十九
主事市役所に保護費の請求書提出。共同募金局に領収書提出、五万一千八十六円也。
五月三日　水　雨　男十三　女二十九
ハワイより祖国観光団五十名大覚寺へ来られるので、早朝から池の道、正門前等はき清め、に奉仕。池の見える茶席でおぜんざいのお接待をなす。
五月四日　木　曇後雨　男十三　女二十九
ハワイ祖国観光団三十一名、大覚寺へ来られたが時間が無く、園には来られなかった。午後松田先生来診、職員園生一同の健康診断を受く。
五月五日　金　雨後曇　男十三　女二十九
五月六日　土　晴　男十三　女二十九
相互自動車の多田様の代理として広瀬人事課長来園、今後一人百五十円受領（内高野積立三十円）少しづ、だけれども園の為応援し度い、大変懸命にやってゐて頂くと聞いてゐるので今後ともよろしくたのむと云って壱万円後援会に御寄附頂いた、こんなに云って頂くと何としても頑張らなければ世間に対しても申しわけ無いと云ふ気がしてくる。
五月七日　日　晴　男十三　女二十九
多田様の奥様が此間からこの寄附の事、気にして頂いてゐたので御礼に伺ったがお留守、六字洞にもまだ御礼に行ってゐなかったので園長の書を持参して御礼に行く。又紙芝居を持って伺ひますとの事。
五月八日　月　晴　男十三　女三十　入園、女一
朝中央保護所から来たと云ふ藤田ツネ入園。元気さうなおばあちゃんだ。午後府庁の税務課の人三人来園、免税の事に関して書類が不備だから、も一度税務所で土地家屋の謄本を取り図面を書いて出す様との事。
五月九日　火　晴　男十三　女三十
昨日入園の藤田、転出証明書や砂糖其他の券を取りに一度帰らす。電車賃が無いから歩いて行かうと思ふと云ってゐるとの事なので後で又園の仕事きばって手伝ってもらう様話して百円渡したら、これでお米ももらって来られますと、大よろこびで帰って行った。会計、市役所にお金を取りに行ったがまだ会計に出てゐなかった。
五月十日　水　雨　男十三　女三十

小泉様来て下さる。園の仕事何でもよいから奉仕し度いとおっしゃる。お礼が出来なくて心苦しいが、当方としては年度変りではあり財団に切り替へるのについて何彼と忙しいし、大助かりである。
夜雨の中を仏教会の方から幻燈を写しに来て下さり園生大よろこび、色々話してゐる内に、それではうちの庭そうじにも園の人に来てもらひ度いと云って頂いたので明日お天気だったら行ってもらう事にすると約束する。
五月十一日　木　晴　男十三　女三十
施設従事者の講習会があって主事会計出席。園生五名、宝筐院へ草ひきに行く。
井上が脳貧血を起して大さわぎ。大した事もなくケロリとしてゐる。
五月十二日　金　晴　男十三　女三十
主事午前中、市役所に保護費受取に行く。小切手なので烏丸四条の三和京都店へ現金受取に行き午後一時より福祉協会の会合に出席。園長東本願寺での講習に出席。
五月十三日　土　晴　男十三　女三十
ボランデアの事につき北サガの岡村氏と相談。観空寺、北嵯峨、小渕《こぶち》の三町でやれたらとのお話、相談する事にする。大覚寺より電話あり、二十日までに財団の申請をすれば四月一日附を以て認可になるが、それが遅れると何時になるかわからぬから早急に事を運ぶ様との事。
五月十四日　日　晴　男十三　女三十
理事谷山へ財団の件につき主事連絡。
五月十五日　月　晴　男十三　女三十
夕刻理事谷山氏来園、おそく迄、園長と種々相談あり。ボランデアの件につき北サガ岡村氏来園、木村氏西村新太郎氏に連絡しビラを貼る。
五月十六日　火　晴　男十三　女三十
主事市役所に事務費受取に行く。大覚寺に会場の件について、も一度連絡す。
五月十七日　水　晴　男十三　女三十
ボランデアの桂氏、杉本氏来園、午後は寿楽園で夜は大覚寺華道会館で熱演、相変らず子供ばかり多し。園生は大よろこび。
五月十八日　木　晴後曇　男十三　女三十
園長府庁に財団の事につき坂根主事と懇談、家屋、土地の件につき小泉さんに税務所に行って頂いたが、家屋の謄本なしとの事。
五月十九日　金　曇　男十四　女三十　入園　男一
主事税務所に出張、家屋土地の謄本をもらって来る。帰途宝筐院に立より草ひきの謝礼金を頂いて帰る。その節、園生が大変気持よく働いてくれて皆の態度に感心したとの御言葉、大変うれしかった。おしゃか様と云ふ御本頂いて帰る。仕事が一段落ついたら内職の方面の事、何とか骨を折りませうとの御言葉、藤原さんもお面の下打ちゃ竹の皮あみ等計画してゐるから出来たら手伝ってほしいとの事、実現したら有難いと思ふ。

夜木村氏、見積書持参。その節先日ボランデアの件につき町内会の時相談したら、我々の苦しい中からおさめた税金で、若い時散々勝手な事して年老いて困ったからとて収容されてゐる人間に、何でわれわれがこの上同情せんならんのかと云はれたさうだ。二、三よくない者の為に、世間の同情を無くしてゐる面もあると思はれる。色々と考へさせられる。ララの衣料の配分あり。夜肌着類丈、先に番号をつけ記帳。

本日午後和知卯一郎入園。若い時散々極道しましたで、これがよいみせしめで御座いますと云ふ。

五月二十日　土　風雨　　男十四　女三十

朝おつとめの後でララの肌着配分。これから汗の時期に入るので園生はとてもよろこんでゐた。

民生局長から生活困窮者援護会より当園に寄附金一千五百円也を頂くよし通知あり。早速に礼状を出す。園長府庁に行き寄附行為並に書類の書方につき坂根氏と懇談、夜大覚寺門跡に面接、それぞれ書類を作ってどんどん進める事となる。

五月二十一日　日　晴しぐれ　　男十四　女三十

朝園長のおつとめ。昨日の寄附金につきお話あり、園長の友人から贈られたおさつを観音様におそなへして午後のおやつに分配す。今日は虚空蔵様のお祭で子供行列あり、園生も足のたっしゃな者は見物に行く。

五月二十二日　月　晴　　男十四　女三十

信用組合でお金をくだいて来て、一人三十五円づゝ分配。園長同和園の成人部会に出席。大覚寺に寄附に関する書類作成方依頼し、小国健治所有の建物土地等を英夫名儀に書かへの登記手続をなす。二十四年度決算書出来上り。議案出来上り。

五月二十三日　火　晴　　男十四　女三十

申請書出来上り、議案目録出来上り。

愛宕、野々宮神社還幸祭、一同自由参拝。主事太秦区役所で土地の図面と土地謄本照し合せて来る。事務所が登記もれになってゐる。

五月二十四日　水　晴　　男十四　女三十

終日書類作成。

五月二十五日　木　曇　　男十四　女三十

本日夕七時より理事会理事、監事全員出席。

五月二十六日　金　晴　　男十四　女三十

主事府庁に行き二十四年度分四月分の経理の書方教はる。無名のはがきは府庁社会課のものとの事、友の会からの本頂いて帰る。汽車の運賃半額割引申請書、至急作成してとゞけよとの事なので帰宅後早速作ったが、明日は土曜日なので朝は間に合はず、月曜日とゞける事とす。

五月二十七日　土　雨　男十四　女三十

松田先生来園、加納、岡本の両名診察を受く、岡本は大した事無し、はき気ひどく、食をへした方がよいと同室の者が注意すると機嫌が悪いよし、加納は食べたければ食べさせて差支へ無しとの事なり。午後どしゃ降りの雨の中を、相互の広瀬課長様御越しになり第二回目の寄附金御持参下さる。第一回分は気の毒な老人達の為にお小遣に使ってほしい。後の分は園の経常費にあてられたいとの事。有難い限りと思ふ。

五月二十八日　日　曇　男十四　女三十

朝園長のおつとめ多田相互タクシー社長の御志を一同に伝へ無駄に使はぬ様お話あり、園生と役員とよく相談する様にして夜役員に希望を聞いたところ半分頂いて半分は、園の方で保管して頂いて高野山にお詣りする為とか何かの日のおやつ代にでもして頂き度いとの事申出あり、その通り取計ふ事とする。今日は磯嶋の爺ちゃんの月忌《がっき》なので夜、飴を供へて一同御詠歌の供養をなす。朝はハワイからのキャンデーを園長分配。

五月二十九日　月　晴　男十四　女三十

鉄道省に出す運賃割引申請書と四月分経理報告、石川の子供にことずける。夕方石井同和園主事様来園、『石笛を吹く男』十一部預る。世間の社会事業に対する認識の無いのを嘆いて居られた。

五月三十日　火　晴　男十四　女三十

園長大覚寺と理事の数につき昨夜種々談合、本朝出発帰国、よく落ついて考へて置くからとの事。夕方松田先生、市の方二人と来園、一人は最初小鴨さんと御一しょに来られた方。

五月三十一日　水　晴　男十四　女三十

朝相互タクシーから頂いたお金分配、一同涙を流してよろこんだ。一人百二十円づゝ、残金は組合に貯金。高野へお詣りの時の費用に積立て置く事となる。午後相互社長多田様へ御礼に行く。

六月一日　木　曇　男十四　女三十

中村久子先生が曇華院へ来られ、お話があるので午後から園生の希望者十五、六名御話を聞きに行き、豆入ういろとお茶を一同に頂いて帰る。はじめてお目にかゝった人もあり深い感めいを受けたようである。

六月二日　金　晴　男十四　女三十

夕方、中村先生御来園、園生達なつかしがって次々と御挨拶に来る。夕食をして頂いて、夜青年会の講演会に行かれるのを園生二名が曇華院迄御送りした。先生がこゝは誠に暖い感じがして他の施設で見られない和やかさがあるとおっしゃって居られた。たいていこうした施設の収容者はおどおどした所があるのに、こゝの老人達には少しもそれが無いとの事。小さな磐石風にゆらぐ事なし、賞賛にも非難にも磐石の如く心をゆるがしてはならぬと云ふ様な意味の事を何時か天龍寺の門で見た。賞賛にも非難にも心ゆるがす事なく深い反省の資料として受けるべきだらう。兎角世間の目が集まること故、天地にはぢぬ行動こそ心ゆるがさずにゐられる只一つのよりどころであらう。

ララ石けん分配。

六月三日　土　晴　男十四　女三十

主事市役所に保護費と事務費の請求書提出。夕方園生に明日の選挙について色々話す。夜おそく園長夫妻、伊藤のおばあちゃん帰園。

六月四日　日　雨後晴　男十四　女三十

空模様が少しおかしいので早く選挙を済ませる様に云ったので、皆直出かける。急に雨になったが皆雨やどりさせてもらったり傘を借りて来たりして、皆に親切にして頂いてうれしかったとよろこんでゐた。藤田のばあちゃんを車で迎へに行ったら、途中から何処の人だか孫さんに傘をきせかけさせて園まで送りとゞけて下さり、お名前を聞いてもいやァと云って帰って行かれた。

雨のおかげでうれしい事に沢山出会ふ。三十九名投票。

六月五日　月　晴　男十四　女三十

午後市役所に事務費、保護費受取りに行ったが、小切手なので銀行時間に間に合はず。

六月六日　火　晴　男十四　女三十

銀行に小切手を現金に変えに行き、帰途区役所に主食の配給申請書提出。

六月七日　水　晴　男十四　女三十

太秦郵便局に税金支払に行き税務課で土地の台帳に見つからなかった分をも一度調べたら、十一番地としてやはり畑地は台帳に記入してあった。府社会課から連絡あり、明日児童会館で講演会があるからなるべく出席する様との事であった。

六月八日　木　小雨　男十四　女三十

午後一時より児童会館に於ける講演会に横川小国出席、月報並に府保護課への施設調査書提出。財団設立につき親族会議を開く。

六月九日　金　小雨　男十四　女三十

園長と谷山、石川の三名大覚寺に四対三の比律に関し交渉に行く。

六月十日　土　晴　男十四　女三十

園長、主事、市役所に行く、土曜日で福井課長丈居られ種々事情を話し、今日迄の経過を報告、稲葉の事相談す。

六月十一日　日　晴　男十四　女三十

六月十二日　月　晴　男十四　女三十

園長、林貞蔵氏へ寄附金の謝礼に行き、使途につき希望を聞かれたところ何になりと使ってもらっても結構との事、何か社会事業に寄附し度いと思ってゐて警察に聞いたら寿楽園は大変い丶さうだからあそこへ寄附したらよからうとの事なので寄附しましたとの事、後援者の意志にそふ様、公明に努力しなければと思ふ。

ごたごたとうるさい事のある度にむくいられない仕事とは最初から覚悟してゐた筈なのに、情なく、うんざりしてしまふけれど、こうした理解者のある度に又勇気を新にさせられる。

六月十三日　火　雨　男十四　女三十

園長、府庁に坂根主事訪問、種々相談。

六月十四日　水　晴　男十四　女三十

加納満寿郎食事も進まず日々衰弱す。松田先生来診注射をして下さる。味岡氏来られる筈の所来られず。

六月十五日　木　晴　男十四　女三十

書類不備の点、追加したり清書したりして整理をなす。表の家のポリ氏来園、一月か一月半待ってもらひ度いとの事。

六月十六日　金　曇　男十四　女三十

財団法人設立委員会開催、午後七時、大覚寺の味岡氏と坂口氏（旅行中）をのぞいて全員集合したるも本日の会合には大覚寺の参加がなければ話が出来ないので呼びに行ったが遂に来られず。

六月十七日　土　晴　男十四　女三十

大覚寺より何等返答なし。夜主事坂口氏に昨夜の委員会の模様を報告。四対三でよいではないかとの意見なり。洛東教会より明日慰問に行くとの電話あり。

六月十八日　日　晴　男十四　女三十

本日大覚寺の青葉祭り、昼過から法要があり、その後で子供達の舞踊、音楽、等あり、園生も見に行く。二時過洛東教会から可愛らしい嬢ちゃん達十一名、三人の先生に引率されて来園、美しいお花や飴を沢山に頂き、讃美歌の合唱や童踊を見せて頂き、園生もいろは歌や寿楽園の歌を唄ひ、大師音頭をおどってお礼をする。

夜大覚寺より園長に電話あり。大覚寺は四対三でなければ手を引くとの事。石川氏に連絡し明日府市へ事情を話しに行く事となる。

六月十九日　月　晴　男十四　女三十

早朝、園長小国石川氏と府庁市役所に行き本日迄の実態報告、万止むを得ぬ事情を話し、許可されなければ閉鎖止むを得ずと申しのべ、兎に角当方としては許されるならば何処までも努力してやって行き度い意志の存する事をのべて帰園。万事は仏様が解決して下さるま丶にまかせる外なし。

宝筐院主様来園、又何かよい手仕事見つけてあげるとのお話有難し。松田先生来診、加納満寿郎は多分駄目だとの事。それでも今日はおもゆもおいしいと云ふし顔のはれも引いて来たが。親類の者に知らせたが見舞には来ない。

六月二十日　火　雨　　男十四　女三十

午後主事区役所に共同募金配分金受配申請書提出。

六月二十一日　水　晴　　男十四　女三十

西本願寺飛雲閣で知事市長との懇談会あり、園長出席、夕方松本民三氏来園、人形劇研究所児童の家を経営してゐる方、人形芝居の慰問に来てあげやうとのお話、今月中はやゝこしいので来月御都合のよい日に来て頂く様御願ひす。今日はお大師様なのでハワイからの粉ミルクの接待をなす。

六月二十二日　木　曇　　男十四　女三十

加納のおぢいちゃんが大分危篤の状態、世話をしてもらう人にこずらのにくい事ばかり云ふので皆が腹を立てゝゐる。よく云って聞かせると我々には合掌して有難い有難いと云ってゐるのだが。ケロシンを枕もとにまいたら蠅が一匹も来なくなった。もっと早くすればよかったと話し合ふ。

六月二十三日　金　晴　　男十四　女三十

午後ララの状況調査に府の鞍岡さんと、も一人来園、書類や倉庫等しらべてちゃんと出来てゐて結構だと云って夕方帰らる。

六月二十四日　土　晴　　男十四　女三十　死亡、男一

午前十時より成人部会を開催。大沢池の船を会場とし、水蓮の咲く池の上で皆よろこんで下さる。午後府の坂根様、市の林、山崎様と御一しょに園に残って種々今後の行き方につき御相談に乗って頂く。府市も出来る丈の事は協力するから大いに頑張って、来年は拡張の計画もあるならやってくれとの事で大いに力を得。

皆様帰られてお昼ぬきでぺこぺこなので大急ぎ食事中、加納さんが変だと呼びに来たので直行って見たらもう臨終だった。今日松田先生御来診の時は、死にますやろか、と先生に聞いてゐたさうだが楽な往生だった。此度は園長も在園だったので、消毒を済ませて集会室にうつし直園長のおつとめ。その後お通夜。市の葬儀屋に電話したがどうしても通じない、十時頃やっと通じたが今日友引だったので明日は葬儀が全部つまってゐるから明日は駄目との事、明朝太秦の何時ものところへかけ合ふ事とする。

六月二十五日　日　曇小雨　　男十三　女三十

主事早朝より嵯峨の豆区役所、松田先生、太秦区役所等に葬儀の手続をなす、四時半出棺と決る。横川、小国、園生では同室の三浦と三名、蓮華谷火葬場に行く。横川小国は帰途、理事谷山へ先日来の経過報告をなす。

六月二十六日　月　晴　　男十三　女三十

横川、小国、府市へ書類提出連絡、書籍代金支払等をなし、銀行に立寄り帰園。切符の期限も迫り、園長も財団設立の為忙しくなるので急に明日高野へ参拝決定。中外の福見氏、京都新聞、通信記者等来園。

六月二十七日　火　晴　　男十三　女三十

十時高野へ向け園生十九名、園長、小国、寮母の三名に引率されて出発、一同子供の様に大よろこび。夕方市保護課の方六名来園、今日は三浦のぢいちゃんがゐないので舟が出せないのが残念。残った園生にはコーヒーをサービス。

六月二十八日　水　雨　男十三　女三十

切角高野へおまいりしたのに今日は一日中雨、但し高野は降ってゐるのか知らないが。

六月二十九日　木　晴　男十三　女三十

高野山に参拝した園生一同元気に夕方帰園。大変なもてなしをして頂いて有難くて有難くてと涙を流してよろこんでゐた。寿楽園の旗を作ってほしいとの事、なる程これはたしかに必要だ。

六月三十日　金　晴　男十三　女三十

主事、税務所に源泉課税につき聞き度いから出頭せよとの事なので出頭、年末調整により支払の不用の場合の届書は直接税務所に送られ度いとの事。家屋の謄本一部もらって帰る。一部はやはり登記もれの様である。本日加納満寿郎の初七日、早いものである。

高野山よりのおみやげをお留守居してゐた連中に分配す。

加藤アイの入園につき問合せあり。

高野山教学部より三千円の助成金あり。

七月一日　土　晴　男十二　女二十九

本日より稲葉二人を園より抜く事となる。　退園　男一　女一

七月二日　日　晴　男十二　女二十九

午後松田先生、一同の健康診断をして下さる、皆異状なし。

七月三日　月　晴　男十二　女二十九

園長市役所に保護費事務費の請求書提出。

七月四日　火　晴　男十二　女二十九

園生の散髪をなす。

七月五日　水　晴　男十二　女二十九

本日朝園長おつとめ。主事午後より共同募金局に第二回経常費配分金受けに行く。市役所に行ったがまだ書類はそのまゝだった。皆場所変りで仕事がのみ込めてゐないらしく、やゝこしさうだった。共同募金局に臨時費の残金請求書提出。

七月六日　木　晴　男十二　女二十九

園長のおつとめ、昨日高尾の谷内大僧正にあわれ、高尾にも一度園生を連れて来てやったらお茶菓子位は出すからとのお話あり。加藤アイのふとん持参。

本日市役所に行くつもりの所時間がおくれたので、明日とす。

加納満寿郎の二七日、おじゃがを沢山頂いたので、お供へにす。

七月七日　金　晴　　男十二　女二十九
　これからは出来る丈は園長が朝のおつとめをしられる事となる。大僧正のお説教を毎日聞かれると云ふ様な事は中々むつかしい事だが、こゝの人達は幸福と云はねばならない。
　今日は七夕祭りで、七夕様をお祭りしてお供養にラヽの干桃を分配し、又衣料もハワイからのやラヽの衣料の分配をなす。ラヽの石鹸も配給す。
　主事午後市役所に行き保護費、事務費を受領、帰途府庁に立より月報提出。

七月八日　土　晴　　男十二　女二十九
　少年赤十字団嵯峨支部からめがね五ヶ寄贈、丁度一番早くからほしがってゐた福田、前山等にぴったり合ふのがあって大よろこび。本日本年の最高気温で日中はものすごく暑く、然も水不足で閉口。どうしてももう一ヶ所井戸が必要だと思ふ。

七月九日　日　晴　　男十二　女二十九
　午後自費入園希望者の問合せあり、家庭が面白くないので母を世話してほしい、孫に老人を大切にしなければならない理由を何と説明してよいのかわからないと云ふ。困った世の中だ。

七月十日　月　晴　　男十二　女二十九
　散髪。一寸気をゆるしてゐると直に半月や一月たってしまって髪がのびる。細々と手落なく注意する事は中々むつかしいものだ。

七月十一日　火　晴　　男十二　女二十九
　主事共同募金局に臨時費残額受領の為出張、銀行で小切手を現金に変へて帰途じゃが芋料理の講習受講。

七月十二日　水　晴　　男十二　女二十九
　市より島田保護係長、黒畔氏来園々長と種々相談。
　主事市役所に医療券の事につき問合せに行き稲葉の件も相談、私人委託は多分否決になると思はれるので、居宅保護の手続した方がよいと思ふのでそうしてほしいとの事。

七月十三日　木　晴夕立　　男十二　女三十　入園、女一
　加藤アイ入園、一部部屋替をなす。夜行で園長帰国。

七月十四日　金　晴夕立　　男十二　女三十
　市役所より入園者二名委託の電話あり。為に又一部部屋替をなす。稲葉の後に福田、大内、加藤アイ、八田と井上交替。小鴨氏来園。東福寺に今度養老園が出来るよし。本日婦人会で紙紐の手提袋の編方講習会あり。主事出席、園内の手先の器用な人の内職にでもなればと思って。その内モールの講習もあり。この方は大分楽かなと思ふ。
　「宗の万金膏」の寄贈あり。一同に分配大よろこびす。宗万金膏の社長の六十一の祝に全国の養老院に寄贈された由、有難い事である。

七月十五日　土　晴　　男十二　女三十一　入園　女一

民生安定所に行ったが杉本所長不在の為、用足りず。本夕嵐山花火大会で園生三々五々見物に出かけた。園からも打上げ花火はよく見えた。古川ちゑ入園。

七月十六日　日　晴　男十二　女三十一

本日人形芝居の松本氏慰問に来て下さる。中々芸術味のあるよい感じのものだった。

七月十七日　月　晴　男十二　女三十一

市の林様よりお電話あり、明日パトナム女史が大覚寺を拝観してお舟にのり度いとの事で大覚寺に連絡、目と鼻のこと故、寿楽園にも来られるかも知れないと云ふので園内も掃除をさせる。

共同募金で集会室と一号舎のたゝみがへをして頂く事にしたので、朝から畳屋さんが来て半分出来た。皆勿体ない勿体ないと大よろこび。

七月十八日　火　晴夕立　男十二　女三十一

集会室と事務所出来上り。時間の都合でパトナム女史は大覚寺へ来られない事になる。三時頃から大夕立。

七月十九日　水　晴　男十二　女三十一

主事手提袋の講習に出席。

七月二十日　木　晴　男十二　女三十一

夕方市の林様先日の御わびにとわざわざ大覚寺と当園とに来て下さる。小鴨様よりお電話あり、月曜日に行くから、それ迄に仕立直しのオーバーを出して置く事、無料で奉仕をしてあげるとの事。それなら此上なし此冬は女の人達にも着せて上げられる。

七月二十一日　金　晴　男十二　女三十二　入園　女一

高田ユキ入園、主事稲葉の事につき民生安定所に行く。主食保管所、倉の改造等につき木村さんと園長と相談。明朝倉をよく見せて頂くとて帰らる。福祉協会より電話あり、かき餅の廉売、お大師様のお供養とす。

七月二十二日　土　晴　男十二　女三十二

本日平安黎明会で成人部会、園長出席、成人部会長選出。

七月二十三日　日　晴　男十二　女三十二

午前中涼しい樹陰で散髪。

七月二十四日　月　晴　男十二　女三十二

稲葉の件につき民生安定所より調査に来られ、何時からにするかは何れ両三日中に所長と相談の上連絡すると云ふ事で帰らる。

七月二十五日　火　晴　男十二　女三十二

小鴨氏、ラ、のオーバー等仕立直しものを取りに来て下さる約束であったが来られず。

七月二十六日　水　晴　男十二　女三十二

十時頃小鴨氏、自動車で係の人と一しょに来て下さりオーバー数枚持って帰って下さり帰途園長一しょに授産所に行かれ、風ぐるまの見本をもらって帰られ園生に売りに行く話をされた所大よろこび。原価二円三十銭、売価五円、七十銭を感謝箱に入れ、あとの二円が売りに行った者の所得とする事。
主事、手提の講習に出席。坂根氏大覚寺へ来られた由。

七月二十七日　木　雨　男十二　女三十二
財団法人認可出願につき最後の委員会を来月三日開催と決定、案内状今朝発送。園長市役所訪問。

七月二十八日　金　雨後晴　男十二　女三十二
園長坂根氏訪問。坂根氏の大覚寺訪問は大覚寺門跡が一度面談し度しとの事を坂口氏より申し込まれたので、帰りがおそくなったので、よう立寄らなかったとの事であったが、用件は大覚寺としても切角はじめた事業の事であるから、続けて行き度いとの事であったよし。
園長に二十五年度予算書ことずけて府へ提出。主事三浦と共に授産場へ行き、風ぐるま二百持って帰る。市役所に行き、大内西村の医療の為の交通費の請求書提出。本月分の医療券をもらって帰る。前山の分は初診券入用の為持ち帰る。

七月二十九日　土　晴　男十二　女三十二
小泉氏に太秦へ砂糖の券もらひに行って頂く。黒畔氏来られる筈のところ来られず。私人委託の願書作成した。風ぐるまを売りに行ったら皆で百売れた。

七月三十日　日　曇小雨後晴　男十二　女三十二
小雨模様で涼し。今日も風ぐるま売りに出かけ五十余り売れたよし。松田先生来診。浮揚の注射して頂く。浮揚重湯もほしくないよし。衰弱甚し。

七月三十一日　月　晴　男十二　女三十二
朝、黒畔氏来園、私人委託の願書お渡しす。午後園長と共に三浦、風ぐるまの材料もらひに行く。三百。園長朝、大覚寺に行かれ門跡の部屋で色々お話あり。坂口氏の私案になる寄附行為と設立趣意書を持ち帰らる。
午後丹波八木町の民生常務委員さん来られ入園希望者あるよし、手続御話し、園内を見て頂いた。
高野山から鈴鉦二十組送って下さった。

八月一日　火　晴　男十二　女三十二
今日は浮揚が起こせ寝させと大分無理を云って皆を困らせてゐる。お金を貸したとかの先方の人がリンゴを持ってお見舞に来た。

八月二日　水　晴　男十二　女三十二　死亡　女一
夜中の一時半、浮揚遂に息を引取る。尿毒症で心臓が衰弱した為の由、直に屍体の処置を済ませ、集会室に運んで園長枕経をあげらる。朝、市の葬儀やさんの方に依頼したところ、四時出棺で何彼のサービスもよく、今後は止むを得ぬ事の無い限り市営の方に御願ひした方がいゝと思ふ。主事市役所に葬祭証明書をもらひに行く。四時半出棺。夜お通夜。
盆の灯籠流しは二十七の申し込みあり。男は一人も無し、どうした事か。
八月三日　木　晴　　男十二　女三十一
午後三時より理事会、全委員出席、今の寿楽園としては大覚寺の独立によって、大覚寺にもつけず高野にもつけず、園長の苦しい立場を説明して遂にどちらにもつかず当分単独の行動をとる事に決定、味岡、野路井、坂口、三理事一応理事を辞退さる。本日五時頃、相互の広瀬氏来園一万円御持参下さる。
八月四日　金　晴　　男十二　女三十一
朝、園長と谷山理事、大覚寺へ挨拶に行かる。午後園長、石川理事、小国の三名府、市共募等へ挨拶まわり。
八月五日　土　晴後雨　　男十二　女三十一
朝からうだる様な暑さ、和知が暑さあたりで発熱吐瀉、間もなく下熱し吐く丈吐いたら楽になってよく眠ってゐるが、中風の気があるのでどうかしらと案じられる。
夜吉本興行に属してゐるが慰問し度いと若い男の人が来て、国定忠治とお菊を一席やって下さった。
財団の出願を一日も早くと云ふので今日は園長はじめ総動員で書類の作成に従事。
八月六日　日　晴　　男十二　女三十一
和知は大した事もなかった様で今日はもう普通になってゐる。終日書類作成。
八月七日　月　晴　　男十二　女三十一
区役所に主食請求書提出、午後園長、小国は理事の依頼の為、森岡、市田、両氏、並に谷山、石川氏宅訪問、主事は大阪に中村、今村両氏の承諾を受けに行く。
八月八日　火　晴　　男十二　女三十一
午後一時頃ようやく書類が出来上ったので園長は二部を府へ、主事、会計両名市役所に一部を持参、帰途ラヽ倉庫の錠前買って帰る。園長外職員三名、書類を出してほっとしたので映画見物をして十一時頃帰園。
八月九日　水　晴　　男十二　女三十一
本日より天の橋立で施設従事者の講習が開催されるのだが、昨日迄書類作りでごたごたしてゐて何の予定もしてゐなかったので不参。会計市へ保護費をもらひに行ったが、まだ出来てゐなかった。
八月十日　木　晴　　男十二　女三十二　入園　女一
香西トク入園、済生会病院から送られて来た。心臓弁膜症と腰が立たず目が殆んど見えず、然しおとなしさうなお婆ちゃん。午後松田先生来診。昨年主事が三百円道で拾ってとゞけて置いたので、もし一年たって落主がなければおごってあげる約束がしてあったので、おさつの新物を三貫匁買って約束をはたす。会計市へ保護費をもらひに行く。
八月十一日　金　晴　　男十二　女三十二
八月十二日　土　晴　　男十二　女三十二
事務費請求書提出。午後園生一同健康診断。

八月十三日　日　晴　男十二　女三十二

灯籠が来たので皆にくばる。

八月十四日　月　晴　男十二　女三十二

中京祐信舎の方七名で慰問に来て下さる。代表青山幸市氏、先日山田さんからお話のあった方。一人前七十円の現金とあめ入りの袋を頂き、外にあめやパン等仏様にお供へを頂く。

十時頃、市の黒畔氏来園。施設認可の申請書を早く作って置く様との事であった。

夜お盆のお供養、園長のおつとめ。園の新仏様を送る寿楽丸出来上り。三浦の爺ちゃん作、中々立派なものが出来た。

八月十五日　火　晴　男十二　女三十二

朝おつとめの後、園長引率のもとに大覚寺におまいり。和知卯一郎この間から度々ひっくり返るのだが今日も井戸ばたで倒れ、口から一ぱいあわをふいてゐた、てんかんの発作らし、今迄はあわをふいてゐたのは気がつかなかったので中風の軽いのだらうと松田先生もおっしゃってゐられたが。困った事だ。

八月十六日　水　晴　男十二　女三十三　入園　女一

祖谷キク入園。本日佛徒連盟の灯籠流しで寿楽園の寿楽丸外、園生の灯籠を流す。主事、府庁、市役所に七月分の経理状況報告書提出。府庁の指導課の辻村氏を訪ひ、大覚寺の責任者がお盆で全部留守なので、十九日帰られた上で書類御とゞけする様報告して帰る。夜おうどん九十六玉園に頂く。夜おそかったので元気な人丈食べさせる。

八月十七日　木　晴　男十二　女三十三

市より電話あり、明日朝の内に香西トク、中沢トラを西陣病院に入院させる様連絡してあるからとの事。

八月十八日　金　晴　男十二　女三十一

午前十時、自動車で香西、中沢の二人を西陣病院に送る。転出証明書は明日役所で作ってもらって送る事とす。

八月十九日　土　晴　男十二　女三十一

市役所が午前中なので区役所を中止して十一時五分前に会計に行ったが浮揚の葬祭費丈しか出てゐず。水曜日にしてほしいとの事。

八月二十日　日　雨　男十二　女三十一

今日は大覚寺の二十日盆だが朝から雨で切角の楽しみが台無し。午後は雨が降ったり止んだりで、角力と六斎念仏があったので園生も見に行く。朝大覚寺に書類もらひに行ったが、園長に門跡があっての上との事で園長が行かれたら公文書で返事するとの事。

八月二十一日　月　曇　男十二　女三十一

今日も朝の内はお天気が悪かったが夜は大覚寺で盆おどりがあった。福田がはじめて風車売りに出かけ、一時頃帰宅夕方からひどくはき下しゝはじめた、後で聞けば暑かったので帰ってからガブガブ水を飲み、その後でトマトを沢山食べたとか、やはり老人は一層口をつゝしまなければいけない。

八月二十二日　火　晴　　男十二　女三十一

昨夜福田が蛇にかまれ、下痢で弱ってゐる上に痛い目をして大変弱り、松田先生に注射をして頂いたり南瓜の葉を貼ったり色々手当をす。午後少し発熱したが、下痢の為ひどく体温下降、午後又ブドー糖B等の注射をなす。午後高橋問合せの為来園。

八月二十三日　水　晴　　男十二　女三十二　入園　女一

高橋ゆき入園、主事市役所に行き事務費を受取り、高橋、佐治両名の謄本、健康診断書をもらって帰る。帰途市田、谷山両理事訪問、理事履歴書もらって帰る。

八月二十四日　木　晴　　男十二　女三十二
　　　　　　　　　　　　　入園　女一　死亡　女一

夜半、福田遂に死亡。孫の一夫さんに知らせようかと云ったが、ぞうよを使はす丈だし先日元気な顔を見て何も思ひ残す事は無いから知らせずにおいてくれとの事だったので発病以来の経過等、手紙で通知を出す。福田の葬儀をなす。佐治入園。

八月二十五日　金　晴　　男十二　女三十二

午後白川寮長小浜定孝氏の御令息来園、名前を云はないのでわからないが母が嵯峨の養老院に居るので入寮させてもらったら母も引取り度いと云って来たが何か忘れ物をしたのでとゞけ度いのだが、住所もわからず母が寿楽園にゐると云ってゐたからと云はれるが、しらべても当園には心当りなく、もしそんな人が尋ねて来たら御知らせするからと云って所を聞かせて置いて頂く。

左京区百万遍　京都府白川寮（電―吉田局　四六四）

八月二十六日　土　晴　　男十二　女三十二

源泉課税票を区役所に提出。夜、華道会館に学校の幻燈、紙芝居等あり、希望者見に行く。

八月二十七日　日　晴　　男十二　女三十二

監事今村氏の履歴書丈で全部と、のふので塚口迄もらひに行ったが、すでに発送済のよし。宝筐院に残りの作業代三百六十円頂いて帰る。涼しくなって又作業に出る様になったら来てくれとの事、雑布刺しの仕事もたのまる。

八月二十八日　月　雨後晴　　男十二　女三十二

午後市役所に福田の葬祭費、死亡通知、葬祭費申請等提出。

寿楽園の財団設立について市の方も随分心配して色々と交渉して頂いてゐるのを見て、我々もうかうかしてはゐられない、しっかりしなければと思った。

八月二十九日　火　晴　　男十二　女三十二

午後二時から社会事業協会で共同募金に協力する為の協議会に主事出席、帰途理事谷山氏訪問、協会でカキモチ五百匁配分あり。

八月三十日　水　晴　　男十二　女三十二

八月三十一日　木　晴　　男十二　女三十二

九月一日　金　晴　　男十二　女三十二

主事市役所に保護費の請求書提出、医療券をもらって帰る。大学病院から木原氏外三氏来園、死体の解剖の件につき依頼あり。

九月二日　土　曇小雨　　男十二　女三十二

登記所で土地の謄本をもらひ府庁へ行ったら今度管カツが変更になって市の方へ行けとの事、市は土曜日で時間が間に合はなかった。大覚寺に府から公文書が来てゐるよし、園長にあい度いとの事で、夜園長大覚寺訪問。

九月三日　日　台風　　男十二　女三十二

午後台風、昼でよかったと思ふ。トタンが飛んだりガラスが割れたり塀が倒れたり障子が南側殆ど破れてしまったが幸い、けが人はガラスで足を一寸切った者三名。大事な白桃の木が倒れたが明日にも直おこしてやれば大丈夫だらう。被害は少ない方だったと思ふ。

九月四日　月　晴　　男十二　女三十二

府より大覚寺へ公文書が来たので、早く財団認可の来るよう八月三日の大覚寺の申し入れ通りその線にそうて、一日も早く返事をしてもらひ度いとの申し入れを大覚寺の草繋門跡あてに提出す。

松田先生来診、上田の他の眼の悪い人を診て頂いたがトラホームではないとの事。夜十二時、府社会課長より被害状況知らせとの電報あり。

九月五日　火　晴　　男十二　女三十二

南側の障子全部、骨丈になってしまったので張りかへをなす。園生はおかげさまできれいになりましてとよろこんでゐる。二日かゝりで台風被害の後始末大変なり。

主事朝、区役所に主食の申請書提出、転入出多い時はとても計算がやゝこしい。午後府、市に被害状況報告、市で保護費をもらって帰る。高尾病院入院中の全快者一名入園たのむとの事。

九月六日　水　晴　　男十二　女三十二

園長府社会課長と種々懇談、明日一度小国にあひ度いとの申し入れありたる由。帰途坂口氏にバスで一しょだったので道々少し話された様子、議事録を貸してほしいとの事で持参（大覚寺に）、夜大覚寺で種々公文書の返事の相談あるよし。

九月七日　木　小雨　　男十二　女三十二

昨夜坂口氏より何の返事もないので朝書類もらひに行く。大覚寺として前役員に参集願ひ度いと思ってゐるとの事。兎も角事こゝに至っては、大覚寺も色々云はずに八月三日の決議通り気持よく後を任すと云ふ返事を書いて下されば、私達としては一番有難いのだがと云って置いた。

九月八日　金　晴　男十二　女三十二

小国早朝、府へ出頭。大覚寺より前理事監事の住所知り度いとの事で、十日午後三時に集ってほしいとの話。味岡氏にも我々の意向を伝へて置いた。大覚寺は亀山園長を後任には推薦出来ぬと府に答へて置いたとの事。独立に真向より反対した亀山を推す事は出来ぬとの事だが、それは話がおかしいと思ふ。集りが午後なのでその日は午前中に来て頂く様速達を出す。石川理事に電話して来て頂き、種々事情を園長より説明。午後主事、区役所に免税の件につき出頭、大覚寺への認可証を持参せよとの事。

九月九日　土　晴　男十二　女三十二

園長相互タクシーより一万円（八月分）頂いて帰らる。園生に相談して高尾へ秋行く事にしては等の話も出る。

九月十日　日　晴　男十二　女三十三　入園　女一

今村理事来園、はじめて大覚寺の書類に十一日午後二時に変更の事を知り、大急ぎで主事谷山理事に連絡。石井梅枝入園。

九月十一日　月　晴　男十二　女三十三

台風キヂアが来ると云ふので、種々準備をなす。此前の時、集会室の柱がゆれたからと云ふので台風で頭をへし折られた杉を一本切り、それや藤棚の木等で支へをなす。

本日大覚寺の招きあり、理事谷山、石川両氏来園、中村理事病気不参の通知あり。園長と都合三名出席、只四対三には出来ないか、それに対する意見を聞き度いとの事で話は五分位で済み、坂口氏の来られるのを待ってゐられた由なるも遂に来られず、門跡も在寺しながら出席もなく一時間位で一同帰園。

九月十二日　火　雨　男十二　女三十三

朝園長、森岡、谷山両氏を訪問の為出られた後、大覚寺より小国に来てほしいとの事なので行ったところ、事業経営の引継を承諾せられ度い、よければ承諾書と資産状況と履歴書を二通づゝ出してほしいとの事なので、森岡氏に電話したが通じないので、横川、小国両名で谷山に行き園長と相談、受諾に決し帰途石川理事宅に報告に行き帰園。

キヂアは九州方面へそれたらし。

九月十三日　水　晴　男十二　女三十三

昨夜おそく黒畔氏より電話あり、事務費出すから書類提出せよとの事、早速作成、会計午後市に請求書提出。宝筺院に雑布を頂きに行かす。

夜藤原腹痛を起したが大した事もなくおさまる。

九月十四日　木　雨後曇　男十二　女三十三

大覚寺が府へ提出の書類持って来られないので府へ行って見せて頂かうと思ったが、まだ出て居らず、府では十日の期限も過たのに何等回答が無いので、電話したら今朝速達で出したとの事なので明朝説明に来てくれと云って置いたとの事。
小国ウメコの名で知事宛副申請を出さうと思って持って行ったが、まだ早いから持って帰ってくれと云はれたので持って帰った。本日府と市に経理月報提出。事務費は二三日内に出すとの事であった。帰途坂口氏とバスが一しょであったので今日の事報告しておいた。

九月十五日　金　晴　　男十二　女三十三
台風後十三日目にやっと電灯が灯ってやれやれ。

九月十六日　土　晴　　男十二　女三十三
区へ行くのが午後になったが、幸い総務課長にお目にかゝれたので免税申請書を御渡し出来た。二三日中にちゃんとしておくからとの事であった。
六十数年振りの暑さとやらで何ともやり切れない暑さ。然し幸い園生は病人も出ず。
府からも大覚寺からも何の音沙汰もなし。共同募金局から風害の為、第三回経常費配分金を十九日に配分するからとの事である。

九月十七日　日　曇夕立　　男十二　女三十三
今日は天龍寺の夢窓国師六百年遠忌法要でお稚児さんも沢山に出るので園生自由参拝。新理事の石田博士、石川氏御来園。大夕立の為八時過まで居られ御帰りになる。
先日の風害で破損した屋根に大雨で応接室はジャジャ降り、三浦の爺ちゃんが雨の中を屋根へ上って応急手当をしてくれたので大助かり。明日の準備の寿楽園概要をつくる。

九月十八日　月　晴夕立　　男十二　女三十三
朝大覚寺から園長と小国に一寸来てほしいとの事だったので大覚寺へ両名出頭。現在の寿楽園を借りてそのまま大覚寺で経営するか、さもなければ新に大覚寺が養老施設を作って、それが出来る迄建物を借してほしい。四対三で今迄の通りやって行き度いつもりのよし。園長石川、森岡、谷山三理事訪問、今後のやり方について相談に行かれた。
午後二時、上京成逸《せいいつ》学区の民生委員さん二十三名御来園、パン二ヶづゝ御見舞に頂き園内を見て帰らる。御婦人の民生委員さんの一人が「私は醍醐、洛北とこゝと三施設を見たが、こゝが一番暖かくて感じがよい、こゝに収容された人達は幸福だ」と云って下さった。
夕方市の黒畔氏、雨の中を自転車で来られ、事務費を会計にまわして置いたからとの御通知。夕立でしばらくはどうにもならず小降を待って再び自転車で市へ帰られた。軍隊にゐた時の事思へばこれ位何でもないと元気に帰られた。市の机の上には山の様にまだ仕事が残ってゐるよし。

九月十九日　火　晴　　男十二　女三十三
市役所に事務費をもらひに行ったら、外に浮揚、福田両名の葬祭費、移送費等出てゐたので一しょに受領。それから共同募金局へ行き第三回経常費配分金を頂いて帰園。

九月二十日　水　雨後晴　　男十二　女三十三

今日早朝雨の中を園長ハワイのお客様と共に高野へ登山。京都観光都市法の投票日なので園生も行ける者は行って投票。男　十二　女　三十三

九月二十一日　木　晴　男十二　女三十三

午後二時より福祉協会で全国大会に関し種々懇談あり、主事出席、成人部会では五名出席の割当あり。本日大阪養老施設、大阪市立弘済院内大阪養老事業連盟より近府県の養老事業の施設連絡懇談会開催について問合せあり、賛成の返事を出す。夜園長帰園。

九月二十二日　金　晴　男十二　女三十三

大分朝夕涼しくなったので園内あちこちの障子の手入をなす。午後木村さん主食保管所の見積に来て下さる。園長中央保護所の成人部会に出席。

九月二十三日　土　晴　男十二　女三十三

彼岸の中日なのでお天気もよし、釈迦堂で午後三時から塚本氏のお説教があるので希望者は参詣。

九月二十四日　日　晴　男十二　女三十三

集会室に障子がはいり張り替へが出来たのですばらしく美し。皆共同募金のおかげである。

本日観空寺町の道路整理あり六名奉仕。

九月二十五日　月　晴　男十二　女三十三

理事森岡氏、知事に面会して寿楽園の現状を報告し、一日も早く認可して頂く様話し、社会課に行って課長主事にも面会して下さったよし。課長は未亡人の大事な財産を投げ出してまでやらすのも気の毒だからと考へてゐるとの事であったようだが、それはよろこんで提供すると本人が云ふのだからそんな心配はしないで一日も早く認可してほしいとたのんで置いたが、尚課長や主事は、大覚寺も今迄はあまり協力しなかったがこれからは大いにやるつもりだと云って居るのだから貴方が中に入って何とか寺と小国の間をあっせんしてほしいとの希望をのべられたよし。

九月二十六日　火　曇　男十二　女三十三

午後一時からボランデア五名で来て下さり、落語、万才音曲等色々にぎやかに慰問して頂きとても面白かったと園生一同大よろこび。今夜中秋の名月なるも雲多く惜し。社会事業協会配給のお菓子を園生に分配。園長、理事の谷山、市田氏訪問。経過報告。

九月二十七日　水　雨　男十二　女三十三

終日雨、はじめてもくせい香り初む。園にはもくせい多し。園生は楽しげに、嵯峨の秋はしみじみと美はし。人の心と自然とはかゝわりも無い。園長、市森岡氏谷山訪問。

九月二十八日　木　晴　男十二　女三十三

園長醍醐の岡田師を訪問されたが御留守であったよし。夜石川氏大覚寺の帰りに園に立寄られ園長様々今日迄の経過報告。

九月二十九日　金　晴　男十二　女三十三

九月三十日　土　晴　男十二　女三十三
午後関西生糸株式会社の高田善太郎氏来園、糸くりの内職の件につき御話あり。四、五人は経験者あるらしく明日糸を持って来る由。明日国勢調査なので下調べ下書す。
十月一日　日　晴　男十二　女三十三
午前中主食配給量の申請書を作る。大阪府三島郡の安威《あい》小学校PTAの会員の方六十名余り視察の為来園、本月は共募月で視察の方も多いと思ふ。五日に地域民生委員の方々に来て頂く様案内状を出す。
十月二日　月　晴　男十二　女三十三
主事税務所、区役所に出張、明日小学校の運動会に園生一同御招待を受く。
十月三日　火　晴　男十二　女三十三
心配してゐた空模様もからりと晴れて、園生三十一名、おべん当を作ってもらって九時頃より学校へ行き寿楽園席と立札のある場所に陣取り一日楽しく見物。午後松田先生宅の若夫人からあめの御寄贈にあづかり大よろこび、皆のよろこびを学校側に伝へ御礼を云ったら、今度は学芸会にも招待してあげ度いとの事、さぞかし一同よろこぶ事と思ふ。
午前中、市に主事九月分事務費、保護費の請求書提出。ラ丶の配分あり。
十月四日　水　雨　男十二　女三十三
ラ丶の衣料とキャンデーを園生に配分。午後市より電話あり。昨日提出の書類に誤りある由、主事直に市に行き訂正。十日頃でないとお金が出ない由、然し出来る丈骨折って見て出来次第電話するとの事であった。
十月五日　木　曇　男十二　女三十三
午前中園内清掃、午後二時より地区民生委員の方々に御参集願い園の現状を見て頂く。来会者八名、園の概況を園長より説明、園生の歌、御詠歌等聞いて頂き茶話会をして懇談の後散会、午後四時半、三百円の御見舞金を頂く。
十月六日　金　晴時々小雨　男十二　女三十三
右京の共同募金委員会の募金運動に主事右京連合婦人会として参加。右京全地区をトラックで巡回。こうして沢山の人達の並々ならぬ御努力の結晶である募金を配分して頂く事と思へばほんとうに一銭もおろそかには出来ないとつくづく思った。大嶋義雄氏より二千円也御寄附頂く。園長書写の心経に高尾神護寺の谷内大僧正が更に染筆下さったものに対する御礼としてなり。
十月七日　土　晴　男十二　女三十三
朝大覚寺より小国に一寸来てほしいとの事で、大覚寺は八月三日の理事会で決議された通り後一切をまかせますと云ふ事にすれば何事もなく済む事は知ってゐるが、こうなれば大覚寺も面ツの問題になるからあく迄戦ふ、大野木氏等に依頼してあるからこれから政治的に戦ふつもりだとの事であったよし。何処何処迄も平和的解決を望み我々としては今日迄の恩義にも感謝してゐるのだが、こうもこんがらがるのは一体どうした事か、兎もあれ一日も早く認可の来るのを祈るのみ。

十月八日　日　晴　男十二　女三十三

八田の爺ちゃんが明日外出するのに何か着るもの借り度いと申し出たので、先日のララの配分がまだなのでその中から身に合ふのを出して与へ、特別大きいのは船渡、白谷の両名に渡したら皆大よろこび。夜石川氏来園。大覚寺が六日の夜養老事業に関する理事会を召集された由を知り一寸おかしいと思ったとの事。

十月九日　月　晴　男十二　女三十三

受産場の小鴨氏よりお電話あり。前に御願してあったオーバーが仕立直しが出来たとの事なので早速三浦の爺ちゃんにお使に行ってもらう。細い袖をすそを切った布を足して着物にも着られるやうにして頂いたのでこれなら婆ちゃん達に渡して着せても楽に着られる。無料奉仕をして頂いて、ほんとに有難い。今度のラヽのや色々とり合せて大体女の数に達したので一応くじ引で配分。全く配分には頭をなやます。

一応新理事の顔合せをして今日の現状報告、今後の行き方等相談する必要ありとし、明十日午後四時から理事会を開催するよし各理事に連絡す。

大覚寺の味岡氏が、小国をうまく説き伏せて寿楽園を借り受け、小国はやがて自分の土地なり家もある事故そちらに放り込んで、職員は全部くびにしてすっかり切りかへ立派に大覚寺のものにして見せるからまあ見て居ってくれと云はれた由聞く。小国と話をする機会ある毎に好条件を持ち込み、園長の悪口を云ひ（？）された事と思ひ合せて、なる程とうなずける。神は只正義に味方し給ふものである事を信ずる。

十月十日　火　雨　男十二　女三十三

朝石川さんに月報をことずけて府へとゞけて頂く。

主事市役所、福祉協会へ行く。福祉協会にはまだおかしがあるよし一貫匁御願して置く。山崎様市に来て居られ色々事情を申し上ぐ。政治的な解決の方がよからうとの御意見。知事等にも既に理事の森岡氏から話して頂いてある筈。

午後四時から理事会。新理事として森岡氏、市田氏、松田氏を加へ、谷山理事は差支への為欠席、他は全員出席、園長より今日迄の経過報告あり。今後の行き方等種々協議の上散会。

十月十一日　水　晴　男十二　女三十三

主事民事部の楠本女史訪問。色々誤解の点あり。只々驚くばかり。事情を話して実状を見に来て頂いて正しい判断の上に立って善処方を懇願す。帰途中村理事訪問、帰園後園生に今日迄に支給したる品物を全部出させてしらべ、記帳し印をとる。ラ、の物は一々記帳してあるがその他のものは給与しっ放しで記帳してゐなかったのが手落であった。男子は大体に配分率よく（女は割合衣類を持ってゐるが男は少ない為）はじめから来てゐる者は二十点位ももらってゐる。一年半位の間に之丈の配給を受けてゐるのだから大したものである。市の林氏より松茸山の件につき問合せあり。永井のおぢさんに連絡す。

十月十二日　木　晴　男十二　女三十三

市より林氏他御一名来園種々明日の打合せをなし永井のおぢさんにも来てもらってせいぜいサービスしてもらう事になる。

十月十三日　金　晴　男十二　女三十三

午前十時半頃ラングレー女史一行十四五名来園、種々しらべて園内を視察し後記念撮影をした。他から疑惑の目を以て見られない為には一々領収書等ととのへて置く様との注意あり。天候もよく園内も明るく、好都合であった。帰途一行は大覚寺に行かれその帰りを月沢課長、嶋田係長のお二人来園、種々事情を具申。夜石川理事来園。

十月十四日　土　晴　男十二　女三十三

朝園生物故者の追悼会を営む。午後園長、横川、小国の三名で市田理事訪問、園長はその前に森岡理事と面談して森岡氏も市田氏と同意見との事にて、その後園長と小国と楠本氏訪問、つぶさに今日迄の事情を話し了解を求め、今後の協力を懇請す。本日朝糸持参下さる。

十月十五日　日　晴　男十二　女三十三

午後中村久子女史来京のよし、主事、松原の宿に女史訪問。此度は日程が少なくて来れないが、来春は是非寿楽園を訪問し度いとの事。

十月十六日　月　晴　男十二　女三十三

松田先生が各区民生常務委員さん連名の知事宛書面を出すとのお話でその準備をなす。夜小笠原記者（京都日々新聞）より寿楽園側が理事五、大覚寺二にせよと無理を云ふとの事だが真実かとの電話あり、飛んでもない誤報で当方はあく迄公共性を持たせる意味で三・三・三、又は一・一・外部より五と提案したのに対し大覚寺側はあく迄大覚寺四対小国側三之以外は絶対に不可、さもなければ大覚寺は手を引くと云ったのだからと園長より説明。

十月十七日　火　晴　男十二　女三十三

主事大阪の今村、中村理事に高野と提携の止むなき場合了解され度い旨申し入れ帰途谷山理事にも此由申入をなす。何れも万事亀山園長に一任するとの事なり。夕刊に大覚寺側の云分を大きくかゝげて寿楽園の記事が出た。例の間違の五対二を寿楽園側が云ひ張ってゐるとの記事である。

小笠原記者はこちらへも問合せて置きながら之な事を書

いてゐる、大覚寺ともあらうものが全く反対の事を云ふ等恥かしくないのかしら。大覚寺側の後押をしてゐると思はれる府の態度もけしからんと思ふ。

園長この日再度楠本氏訪問、園長はこの時は夕刊の記事には気がつかなかったよし。

十月十八日　水　晴　男十二　女三十三

園長、小国高野行。厚生省から事務監査のあるよし府社会課より通知あり。午後松田先生来園、前山に注射して頂く。痛みは大分楽になったよし。入院し度いとも云ってゐたさうだが、磯嶋と同じように後悔するに決ってゐるのだからも少し様子を見ようとの事。

十月十九日　木　晴　男十二　女三十三

朝森岡氏より電話あり、京日社長に二時間程も話し合って、今度は朝刊にはっきりと夕刊の記事の誤報である事を記載する事にした、松田先生は民生の常務でもあり種々この方面の有力者だし、この方の所へ記者をやるからとの事であったので、松田先生に直に連絡。午後吉田氏来訪、新聞を見てどうなってゐるのか一応話も聞き度いと思って来たとの事でくわしく説明す、知事、副知事とも民生部長とも懇意だし、そんな事情ならば一つ何とか骨折って見やうと云って下さる。

夕方から備後のおばあさん、野崎のばあちゃんの弟のお供養とで、おせんべ、ボーロ、ミルク等。それから昨日釈迦堂からおさつを三貫匁程お下りを頂いたのを、おやつにふかしてやる。

十月二十二日　金　晴　男十二　女三十三

大阪朝日新聞社に於て近府県養老施設連絡懇談会あり主事出席、東京浴風園の芦沢保護課長も出席、施設代表者、大阪朝日、毎日各新聞社、府・市係官等五十名程出席盛会であった。

午後懇談会の後、布施市の長生園参観、設備の完備、各室の清潔整頓せられてゐるのに驚く。最も新らしく出来たものであり、養老施設として設計されたもの丈に、全く我々の手のとゞかぬと云ふ感あり。但し生活内容は知る事は出来ない。設備をと丶のへ、内容を充実し、理想的なものを作って見度いものである。

同和園の方とも御一しょで色々園内の事情も聞かせて頂いた。困った問題も何処とも同じ事であるらしい。こうした困難な仕事に一生懸命に従事してゐる我々に対して、せめて少しでも仕事をやりよくしてやらうとの親心があってほしいものだとつくづく思ふ。

園では本日体重の測定をなす。増加したもの十七、減少のもの十四、他は前に測定してゐないもの、本日測定出来なかったもの。

十月二十一日　土　晴　男十二　女三十三

寒くなって来たので園生にもふとんの配給の必要あり。

大覚寺に預けてあったものをもらひに行く。大毎記者の田井さんに来てもらって色々事情を話し、楠本さんにも電話して経過報告をなす。園長本日府の指導課に行かれたら、大覚寺からも出願してゐるので指導課としてはあつかい兼ねるので社会課の方に何とか話しをつけてからにしてくれと云って置いたとの事。

十月二十二日　日　晴　男十二　女三十三

今日は嵯峨町青年団の運動会で園生も見物に行く。京都は時代祭なので足に自身のある者は見物に行ってもよい事になり男子が四五名出かけた。

十月二十三日　月　晴　男十二　女三十三

共同募金委員の方へ感謝の挨拶に行く事に社会福祉協会主催の連絡会が決定したので、その印刷物がとゞいた。園長京日社長訪問、先日の誤報訂正方、談判をなす。留守中大覚寺より園長に話し度き事ある由電話あり。園長より用件を聞いて来いとの事で寺に行ったら理事会で沢山の来客のよし、そのまゝ帰宅。

十月二十四日　火　晴　男十二　女三十三

朝糸やさんが来てあまりひどい糸を持って帰って頂く。朝園長松田先生訪問、午後小泉さん、上京と左京の民生常務さんのお宅へお使に行って頂く。

十月二十五日　水　晴　男十二　女三十三

本日松田先生各区民生委員会々長連名で知事宛に園の財団設立許可促進の請願書を出して下さった。大覚寺の管長であるの、事務長の、共募の部長のと色々世間的には、立派に通る人達の、あまりにも浅ましい姿に接して、こうした醜い世界は小説か何かの中丈の様に思って暮して来られた過去の半生に感謝すると共に、人を相手とせず天を相手とせよ、の古諺をひしひしと感慨深く味はひ直した。世間なんて何と云はうと思ふと心にかける必要なし、之等の人が計画してゐる菊花展の菊が得も云はれぬ気高さに香って大覚寺の庭は美しい。世の嵐はどうあらうとも寿楽園よ美しくすこやかなれ。

夕刊京都新聞に寿楽園の記事が出た。今度は園の云分が出てゐる。園をちっとも知らない人には先日の記事と今日の記事とどちらが本当なのやら判断がつかないかも知れない。然し園を知る程の人はやれやれと胸なで下して下さった事と思ふ。同和園の石井様が府へ行って何とかしてあげ度いとおっしゃって下さったよし知ってほんとにうれしいと思ふ。

十月二十六日　木　晴　男十二　女三十三

小泉さんに手伝って頂いて色々のグラフを作りはじめた。

午後石井先生来園、当方の立場をくわしく聞いて頂いてこちらとしては大覚寺の気持がわかった以上、今更手を握れと云はれても困るので、八月三日の線に迄もどして之を府が認可してくれるのが一番よいと思ふとのべて置いた。何でも彼でも直にデマが飛ぶので困ったものだ。石井先生は自分の考へを府に行ってよく話して見るとおっしゃって居られた。

十月二十七日　金　晴　男十二　女三十三

中院、鳥居本の民生委員さんの所へ共募のお礼に行く。夜大野、松石氏来園、園長より種々事情説明。

十月二十八日　土　晴　男十二　女三十三

グラフ出来上がり。北サガ永井のおぢさんが園におさつを持って来て下さったのでおやつに配分。午後社会事業協会から尚徳婦人会の件連絡あり。三十日午前十一時頃大覚寺の池の辺で食事をしてそれから園を見度いとの事。

十月二十九日　日　晴　男十二　女三十三

主事、会計二名、寿楽園としても共募の為嵐山に朝から出て羽根二百枚、合計一千八百八十四円也。お天気がよくて人出多く成績よし。嵯峨野共募委員さんのお宅にお礼に行く。今日も嵐山では梅津、上桂の学童、等沢山に出てゐられた。

午後三重県の高田慈光院の主事高林光演氏外二名来園、園内を参観して帰らる。

十月三十日　月　雨後晴　男十二　女三十三

十一時過下京区尚徳学区の募金募金委員や各種団体幹部の方々が四五十名来園、園の概況を説明後園内を参観して後大覚寺内拝観して帰らる。園の感じが大変明るくて皆幸福さうだと云って居られた。園長、伝法灌頂を受ける為本朝高野山へ行かる。

十月三十一日　火　晴　男十二　女三十三

糸やさん来て、今日はこんなに沢山出来てるとも思はなかったのでお金が足りないとて借用証を置いて帰らる。園長不在、主事病気の為、小国成人部会に出席、種々事情説明。

十一月一日　水　晴　男十二　女三十三

園長より電話あり、今日は楠本氏府へ行って園の事につき種々話し合をして下さる筈とのこと故、夜事情を聞きに行く様との事にて小国楠本氏訪問、やはり園長がもっと度々府へ行って話し合った方が有利だらうとの御意見、相当デマがひどいらしい様子。今日は都合がつかなくて府へは行かなかったとの事、只頼るべきは自己の誠と努力のみとの思ひ深し。永井のおぢさん又おさつを下さる。

十一月二日　木　晴　男十二　女三十三

十一月三日　金　晴　男十二　女三十三

嵐山のもみじ祭、園生三十名もおべん当を作ってもらってお祭見物。素晴らしいお天気でものすごい人出。それぞれの構想をこらした雅楽船、天龍寺船、お茶船、大覚寺船等、十三の船が列を作って清流を上下する、之等の船にのる人が又皆それぞれの船に相応した服装をして乗船場迄行列、もみじには少し早いが少し色づき始めた嵐山、清い水の流れ、晴れた空、誠に申し分無いお祭で園生も一日を楽しく過した。夜園長帰園。

十一月四日　土　晴後雨　　男十二　女三十三

園長府庁訪問。入れちがひに醍醐の同和園の石井主事さん来園、今日も府の社会課長にもあい、色々話して見たが、単独の出願に認可は出来ないやはり何か大きなバックがほしい意見のやうだとの事、それなら何時でも高野山がバックになってくれるが、あまりにも門前で高野山をふりかざすのは、こちらから持ちかけたけんかで無いのだからこちらとしては遠慮してゐる迄の事ですと云ったところ、何れ成人部会として何とか中に立って話しをしたいと思ってゐるとの事で、御帰りになった。小鴨氏と洋裁主任の方が来られ、小鴨氏にも今日迄の事を色々話して御力ぞへを御願ひす。

夕方高尾神護寺より電話あり、園長に急に話しあり青森より来客あり、今夜にも来てほしいとの事で園長に連絡す。

十一月五日　日　晴後雨　　男十二　女三十三

今日も午後中の島公園で映画俳優のページェントあり、園生も見物に出かける。明日は高尾行なのでお風呂をわかして皆這入ったが、夕方から雨となる。明日はどうかしら、あんなに楽しんでゐたのに。

十一月六日　月　曇小雨　　男十二　女三十三

切角楽しんでゐたが、お天気がはっきりしないので高尾行は明日に延期、お昼頃大分降って来たので行かなくてよかったと思った。明日は段々お天気はよくなると云ふのだがどうかしら？　園長が高野山の灌頂の際、大師の御影のうつゝた閼伽《あか》の水を園生一同にお加持した後呑ませられたので一同とても有難がった。

主事主食の申請書を区役所に提出。今夜も雨が降ってゐるが明日はどうかしら？

十一月七日　火　晴　　男十二　女三十三

雨も止んでどうやらお天気らしいので園生は四時頃から起き出して色々用意をしてゐるので、いよいよ高尾行と決定、七時出発。バスも丁度一台に皆のれたので（一行三十四名）、十時半頃高尾到着、一寸もみぢは早かったけれど実にすばらしい、赤黄緑と色とりどりに文字通り全山錦を織りなして得も云はれぬ美しさ。登り坂は中尾の婆ちゃんが鼻の穴がもう二つ三つほしおすと云ってゐたけれど、一人の落ゴ者も無くて神護寺で一休みの後、本堂を拝観。ここで一同御詠歌をあげ、薬師堂で又一服させて頂いてかわらけ投げをしたり、おやつを食べたりして、後神護寺に引返し客殿で松茸御飯の御馳走になり、おそくなるとバスが混雑すると困るのでぼつぼつ下山、記念写真をうつして帰園。皆中々元気で、来年も又来度い、今度来年の春は御室の八十八ヶ所めぐりをさせてほしいと楽しい計画を立てゝゐる。

十一月八日　水　晴　　男十二　女三十三

市役所に保護費、事務費、請求書提出、来月から五日以内に出してくれゝば十日迄には出すからとの事であった、此度は十一日九時頃に来る様にとの事。主事それより谷山訪問、糸やさんが来て此前の糸くり代と今度のと一しょにお金を置いて帰らる。

十一月九日　木　晴　　男十二　女三十三

主事市田理事訪問色々御意見を聞かせて頂く。

午後糸くりの代金と、相互の園生への配分金を一同に配分、一同こんな結構な事は御座いませんと大よろこび。

十一月十日　金　曇後雨　　男十二　女三十三

教育委員の選挙、園生も投票に行く。雨で足もと悪し。市役所より電話あり会計にお金が出る様手配してあるから何時でも来てよろしい、との事、会計受取に行く、小切手なり。経理報告用紙が無いので、石川の子供にたのんだら間違へて先月の報告書をもらって来たらしいので改めて電話し明日用紙をもらって来る様たのむ。

十一月十一日　土　曇後晴　　男十二　女三十三

学校で育友会婦人会共催の栄養料理の講習あり、園生の希望者も伊藤、後藤、大内参加、炊婦と四名受講、燃料も三分の一で済むし大変参考になること多し。大覚寺に庭上のお能あり、園生も四五名見に行った。夜石川、藤原、鈴木三氏来園。

十一月十二日　日　晴　　男十二　女三十三

上田の爺ちゃんが釈迦堂から又おいもを一貫五百程頂いて来たので早速昨日習った通りに蒸したら上手に出来た。一同に分配。

十一月十三日　月　晴　　男十二　女三十三

施設に提供してある建物、土地への免税の件につき税務所と区役所に主事出張。近日中に主税課から出かけるとの事であった。

十一月十四日　火　晴　　男十二　女三十三

経理報告持参して府市へ主事出張、帰途福祉協会に立よりあられの配給をうく。畔柳氏来園、河田に色々年金を受ける者の市へ当然払へる丈は払ふべき事を話してもらう。中々のみ込めぬらしかったが、おしまひには可なり得心したらしい。

十一月十五日　水　晴　　男十二　女三十三

園長が写経の為、紺紙がほしいと話したら藤原氏がいゝ紙に染めて置くとの事だったので、頂きに行ったがまだだった。

十一月十六日　木　晴　　男十二　女三十三

朝のおつとめの後役員の選挙をなす。なるべく前の役員でない人になってもらう様、然しどうしてもこの人でなければと思へば再選もかまわない事にしたところ、男は三浦女は断然中西が多く次点伊藤、松田先生に弓削前山入院の必要ありとの診断書を書いて頂く。
十一月十七日　金　晴　男十二　女三十三
朝藤原さんに紙をもらひに行ったら入れちがひになった。市役所に行き二名入院させて頂き度いと云ったら後で連絡するとの事であった。夜曇華院から縫物を持って来て下さった。
十一月十八日　土　雨　男十二　女三十三
神戸今井よし様来園の筈のところ都合で来られないよし。午後糸屋さん糸を持参して下さる。市役所の畔柳氏より電話あり。月曜日の午前中に伏見の国立病院に入院させるとの事。洗い物等あったらして置く様たのむ。園生二名保勝会から天龍寺の催しの下足番にたのまる。
十一月十九日　日　晴　男十二　女三十三
大覚寺で庭上の能狂言あり、園生も見に行く。
十一月二十日　月　晴　男十二　女三十三
朝十時半病院から自動車がさし廻され前山、弓削の二名と主事病院へ向った。前山は結核性副丸炎（?）で午後手術、沢山病気を持ってゐるからどちらへ転ぶかわからないが引受けますとの事。入院させてもらへてうれしいと大変よろこんでゐた。弓削は直手術でもないらしい。前山は中二病舎、弓削は北二病舎。
十一月二十一日　火　雨　男十　女三十三
山口の婆ちゃん二三日前から気分が悪いと云ふので松田先生に来て頂いたら大した事はないが胃が悪いとの事、午後相互自動車専務の前田様御来園、しっかりやって下さいと云って帰らる。下京区役所より電話あり、下京よりの入園者数知らせてほしいとの事。九名なり。主事、会計、市出張、病院へも見舞に行くつもりの所あまり雨がひどく中止す。西陣病院より電話あり、中沢トラの初診券を送る。
十一月二十二日　水　晴　男十　女三十三
横川、小国と二人で伏見の京都病院に弓削と前山の爺ちゃんの見舞に行ったところ、事務所で今少し前前山さんが縊死されましたと云ふのである。寝台に紐をくゝりつけて上半身をベットから落して首をしめて死んでゐたよし、死人に口なく原因は知るよしもないが、やっと手術をして頂いたのに、短気なことをしてくれたものである。病院に対して誠に御気の毒であった。警察やあちこちに御迷惑をかけ、看護婦さんや附そひの方にもほんとに御気の毒だった。気の小さい爺ちゃんだったから何時迄も皆に迷惑をかけて済まないと思ったのだらうけれど、すなほにお世話になる方がよかったのに。可哀さうな事だったが致し方なし。
市役所に行き葬祭券をもらひに行ったが畔柳さんお留守で、又五時頃出直す。明日が休日なのでどうしても今日の内にもらって来なければならないので。園長から園生にも話して園でお通夜のおつとめをなす。
十一月二十三日　木　晴　男十　女三十三

園長主事、国立病院に行き事務所にお礼をのべ霊安室で園長おつとめをし、弓削を見舞ひ午後園を代表して八田爺ちゃんと主事、渋谷の火葬場に行く。お骨を持って帰園、一同しめやかにお経をあげ御詠歌のお供養をなす。本日丹和銀行のビラ配りに五名出る。

十一月二十四日　金　晴　男十　女三十三

主事市役所に行き山口の医療券の申請書と前山の葬祭扶助費の請求書提出。大内フカの眼の手術の事御願したら申請書出す様との事。本日も五名丹和銀行のビラ配り。

十一月二十五日　土　晴　男十　女三十三

小国、渋谷、二名料理講習会に出席。

十一月二十六日　日　晴　男十　女三十三

カロリー表の用紙印刷。大覚寺が小林美樹雄氏の居宅或は工場を改築して養老院を経営されるとの噂があるとの事。前にも大覚寺の和田執事がその事を他にもらしてゐられた由聞いた。府は一体どうしようと考へてゐられるのかしら？

十一月二十七日　月　晴　男十　女三十三

小国、市役所に医療券をもらひに行き、帰途福祉協会にあられの配給受けに行く。丁度前山の初七日なので一同に供養す。病院の方は園から交渉せよとの事なり。

十一月二十八日　火　晴　男十　女三十三

市役所に医療券の事につき再調査の為行く。午後病院に行ったら昨日ならベッドがあったのに惜しい事との事で、あり次第通知して頂く事にして帰園。

夜府社会課より大覚寺に電話しられるつもりのが、間違って園にかゝって来た。夕方又病院から電話あり、ベッドが出来たから明日午前中に入院せよとの事。

十一月二十九日　水　雨　男十　女三十三

荷物があるので川越と主事とついて大内入院、モデルベッドの方があいたので布団も不用で大助かり。美しい友禅ちりめんの布団なり。

無料で手術をしてもらひ、こうしたベッドに寝させられ御馳走で三度三度御飯のよし、うかうかとは医者の手当もよう受けない者のうじゃうじゃゐる世の中にこうした事は何か割り切れないものを感じ、同時に理想的な美しい世界を作る事のむつかしさをつくづく思ふ。本日園に石川県の民生委員十二名視察に来らる。中川会長より電話連絡あり。昼過と云ふのだったが来られたのは三時頃。「今日見た中でこゝが一番いゝなァ」と話し合ってゐられたのを聞く。

夜府社会課坂根主事より明日園長十時出頭してほしいとの電話あり、要件は何も云はれず。

十一月三十日　木　曇小雨　男十　女三十二

園長府庁に出頭、牧野虎次前同志社総長の調停を無条件で受入れよとの社会課長からのお話であったさうなが、園長としては独断で返答は出来ないから役員会をひらいて一同の意見によって返事する事にして帰ったとの事。糸やさん来園。新聞記者来園。

十二月一日　金　雨後曇　男十　女三十二

明日役員会開催の為、各役員に連絡。松田先生来診、医療券御渡しす。衣料品の点検をなす。

十二月二日　土　曇　男十　女三十二

主食申請書提出、府の中入に対し、緊急役員会議開催。午後五時より。閉会十時。

十二月三日　日　晴　男十　女三十二

議事録、□出願清書。大内の眼の手術のびたよし、綿入等取りに帰って来た。保護費、事務費の請求書作成。

十二月四日　月　晴　男十　女三十二

市役所に請求書提出。主食申請書の件数字の誤り訂正に井上を使に出す。谷山、市田氏訪問。

十二月五日　火　晴　男十　女三十二

本日大内フカ手術の日。木村氏主食保管所の件について来園。洗面所は予定通りには出来ないので兎も角保管所を早くして頂く様御願す。

十二月六日　水　晴　男十　女三十二

八田が弓削と大内の見舞に行く。弓削のおしめ、おしめカバー入用のよし伝言あったので持参さす。前山の来てゐた寝間着や下着類はどうなったやらわからぬらし。湯たんぽ丈あったとかで大内の方へとゞけて置いてもらう。大内は昨日手術をしたが、三日程は絶対安静なので不自由だらう。痛みはとれて別に手術の後の苦痛は無いよし。府保護課の調査事項作成。

十二月七日　木　晴　男十　女三十二

午後お巡りさんが和知卯一郎と云ふ人居るかと云って来園、色々入質してゐるのでひよっと間違でも無いかと調査に来られたもの、色々園から配給されたので、自分の持って来たものを入質したらし。

園長、森岡、石川、両理事と牧野先生訪問、先日の調停の件に関し回答の為。

十二月八日　金　晴後雨　男十　女三十二

園長、森岡、石川両理事と共に府庁へ出頭、副知事、民生部長に面会、遅くなったので社会課へは明日行くとの事。主事、福祉協会の社会事業協会懇談会に出席。東京銀座、菊地氏より二千円寄附。

十二月九日　土　曇小雨　男十　女三十二

園長、小国、府社会課へ出頭。午後石川理事福岡の知人を連れて来園々内参観して帰らる。三百円寄附して下さる。主事相互に園長の書持参。

府での話は、民生部長も、社会課長、坂根主事さん皆園の意向を了解してくださったよし。

十二月十日　日　晴　男十　女三十二

お天気はよいが風が急に冷たくなった。嵯峨の歳末義援金募集のたく鉢あり。横川、小国参加。夜市の林様、リユックに畑のおさつを一ぱい入れて園に持って来て下さった。尊い御志ほんとに有難いと思ふ。午後京都府立朱雀高等女学校の石綾子先生来園。

十二月十一日　月　晴　男十　女三十二

主事、市役所に十一月分の保護費と事務費を受取に行く。同和園の石井様も来て居られた。事ム費の追加はまだ何等指令が来ないよし。早く来れば助かるのに。

園長府から昨日電話あり、府へ出席。今日行かれたら味岡氏も出席、牧野先生も来て居られ、真言宗各派本山の支援を受けて、各派本山から理事を出して経営する事に話が決り、帰られたら夜大覚寺から電話あり、園長大覚寺に行かれたら、京都各派本山と云ふ事だから高野は除外してあるとの味岡氏の話に、そんな馬鹿な事があるものかと園長帰園後牧野先生にも御電話して右の報告をなし、何れ明日お目にかゝるとの事にした。牧野先生もびっくりして居られたよし。これで大覚寺に今日迄園が困らされてゐた事は府の人々にもよく了解して頂ける事と思ふ。こんな出たらめな事ばかりよく云へたものだと只々驚くばかり。

十二月十二日　火　晴　男十　女三十二

園長早朝に府庁と牧野先生訪問。大覚寺の昨日の話をくわしくのべて帰園。

十二月十三日　水　晴　男十　女三十二

区役所に免税の件につき主事出頭。ガス会社、電灯会社に割引の事につき問合せたところ、今は全然無いよし。今日は、横川のおばあちゃんの祥月命日に当るので横川よりお供養す。

十二月十四日　木　雨　男十　女三十二

大内の所からはがきが来て、手術が思はしくなく再手術を十二日にして頂いたよし。弓削の方はその後も経過はよいらしい。今日、光明かぞへ歌を印刷して皆に渡す。

十二月十五日　金　晴　男十　女三十二

今日中に越年資金の借入を申込まねばならないので主事社会事業協会に行き三万円の申込をなす、大体共募の経常費の範囲内でとの事なので此の額を提出。高野行の時の写真を返して頂く。寮母、会計、病院へ見舞に行く。

十二月十六日　土　晴　男十　女三十二

主事区役所主税課に大覚寺と小国との覚書と写しとを持参す。

十二月十七日　日　晴　男十　女三十二

主事園長の書を相互の前田様に御とゞけに行く。今日は役員会があるので皆に見せ度いとの事で全部置いて帰る。

十二月十八日　月　晴　男十　女　三十二

源泉課税の年末調整の説明会あり、主事出頭。

十二月十九日　火　晴　男十　女三十二

主事桜井氏宅に『石笛を吹く男』の本を買って頂きに行

く。同和園からのたのまれもので長くそのまゝにしてあって気になってゐたもの、快く買って下さる。
十二月二十日　水　曇　男十　女三十二
主食保管所着手。午後園生健康診断。
十二月二十一日　木　小雨　男十　女三十二
一月からクーポン券を区役所からもらう事になり、その為の現在員調査あり、調査表持参。
十二月二十二日　金　晴　男十　女三十二
本日午後一時半より千本倉庫でラ、のたばこ配給あり。社会事業協会でかきもちも配給あるよし昨日電話あり、小国、亀山受取に行く。
十二月二十三日　土　晴　男十　女三十二
同和園に於て成人部会あり。主事出席、越年資金の借入額は寿楽園二万円となる。二十五日午前中に申し込まねばキ権とみなすとの事。
十二月二十四日　日　曇小雨　男十　女三十二
午後一時半頃より朱雀高等学校の女生徒さん達の慰問を受く。お手製のおいしいケーキ、飴等頂き、紙芝居、舞踊、独唱等に楽しい半日を過す。
十二月二十五日　月　晴　男十　女三十二
早朝に園長帰国。午前中に社会事業協会に借入金の申込書持参、午後市役所に行き十二月半分の保護費、事務費の請求書提出。夜はドーナツやミルクを園生に配給し、集会室で歌やおどりで楽しく一夜を過す。午後区役所でクーポン券計算に関する説明会あり。
十二月二十六日　火　曇一時雨　男十　女三十二
午後杉本氏来園、夜講談一席やって頂く。
十二月二十七日　水　曇小雪　男十　女三十二
朝区役所にクーポン券をもらひに行く。午後協会に越年資金の受取に行く。相互タクシーに行き本月分の寄附金頂いて帰る。今度はお正月のお小遣に皆ほしからうと思ったので、年内に頂きに行ったわけ。先日の園長の書にほんの紙代と云って千円園に頂く。
十二月二十八日　木　晴　男十一　女三十二
柴田巳之助入園。主事市役所に保護費、事務費受取に行き、午前中は出ず。病院に医療券持参、大内は明日退院のよし。午後又市役所に行き色々会計と連絡してもらったが結局年内には駄目、来年は六日には是非出して頂く様御願して帰る。相互のお金、ハワイよりの衣料等配給、ラ、たばこも。
十二月二十九日　金　晴　男十一　女三十三
園内すゝはらい。本年に入って最も寒かったがお天気は上々。午後大内退院。
十二月三十日　土　雨　男十一　女三十三
朝から雨、昨日大掃除して置いてよかった。園長より来電、年内は帰れぬよし。

十二月三十一日　日　晴　男十一　女三十三
一年のあかを落すべく最後のお風呂をわかす。
一月一日　月　晴　男十一　女三十三
寿楽園も足かけ三年となる。凪もおだやかに静かな暖いお正月。朝のお祝は職員も一しょに食堂でおとそを祝ふ、家ではこんなお正月はとても出来なかったと園生一同心からよろこんでゐた。一日中皆集って歌ふやらおどるやら大さわぎ。
一月二日　火　晴　男十一　女三十三
今日も暖かくてよいお天気。夕方から理事石川氏来園。今夜も歌ふやら踊るやら。等持院の方名を告げず亡母の供養と云って千円御寄附下さる。
一月三日　水　晴　男十一　女三十三
今日も暖かくてよいお天気。横川、小国、大阪の中村理事宅へ年始の挨拶に行く。去年入園した柴田巳之助の妹が来て、兄がこんな結構なお正月をさせてもらひ上等の服ももらって暖かくして頂いてゐてこんなうれしい事は無い。早速民生委員さんや区役所の方にもお礼に参りますと二人とも涙を流してよろこんで帰った。
一月四日　木　晴　男十一　女三十三
園長帰園。
一月五日　金　晴　男十一　女三十三
主事市役所に十二月後半期分の事務費、保護費の請求書提出。帰途谷山理事訪問。
一月六日　土　晴　男十一　女三十三
横川、小国府庁へ行く。大覚寺の方が何も彼も承諾してその事を文書でとってあるから何も彼も安心して早く今月中にも認可のとれる様にするから早急に話を進める様との事。事務費も差額が支払はれるから先日の調書の新基準額に不足分のある月を処理して訂正して出す様との事で書類を返してもらう。市田先生、谷山両理事訪問、経過報告。本日園生に園長が郷里の方から寄附された布を園生一同におみやげとして分配。
一月七日　日　曇　男十一　女三十三
山科の平安黎明会の主事さん御死去の由、主事告別式に出席。夜職員会議。
一月八日　月　晴　男十一　女三十三
園長府庁へ行き坂根主事に面会、大覚寺との話しを聞いて帰られたが、大覚寺の中新さんが万事交渉に当られるよし、午後大覚寺に味岡氏を訪問されたが中新さんが居られないので、何も話は出来なかったよし。主事市役所で前半（十二月分）の保護費、事務費、前山の葬祭費を受取り、帰路府庁に先日の訂正書類提出。十日の理事会延期の件各役員に速達を出す。
一月九日　火　曇後雨　男十一　女三十三
朝園長の出かけた後中新氏来園、色々事情を話す。夜雨の中を又中新氏来園、園長と種々話して帰らる。大覚寺の味岡氏の名前で十六日各派本山へ呼かけの手紙の原稿を持って来られたが、その文面では、全然大覚寺が主体となって、今日迄の話合も何もあったものではなし、園長は不同意を表明し、後で園長も各本山へ話しに行くと書いてあるのを、自分の名前は消して置いてもらう様との事を申し入れ、書類は一通こちらへも頂く様といふ事で御帰りになる。

一月十日　水　雨　男十一　女三十三

本日ラヽの糸、スナップ、ピン等の配分あり、小国京都倉庫に受取に行く。

共募右京支部主催の施設参観あり、主事出席。午後今村監事、役員会期日変更の手紙が着いてゐなかったので知らずに来園。園長理事谷山氏訪問、大覚寺より各本山へ提出した書面に対し、当方としての処置等相談。夜、中新氏来園、書面一通持参。前の通りで訂正ない様子。

一月十一日　木　曇　男十一　女三十三

園長御室、泉涌寺等訪問。森岡理事宅をも訪問、牧野先生に御電話されたが御やすみになった所との事で、明早朝森岡氏牧野先生に会って下さる事になり園長帰園。

一月十二日　金　晴　男十一　女三十三

牧野先生に会って下さって森岡理事より連絡あり、園長、森岡理事と同道、牧野先生にお目にかゝり大覚寺の行き方を説明し、府の坂根主事も来られ、大覚寺とは文書等取交はしてあってもほご同然といふ事認識されて、大処高処より見て最も最善の法を執って何とかまとめてほしいと云ふ事になり、園長は醍醐の岡田さんにくわしく事情話して御骨折願ったらいゝと思ふ旨のべて、出来る丈何とかまとめる様努力するからと云ふ事でお別れして帰園。

府社会課石田さんからお電話あり。寿楽園の資産しらべを提出してほしいとの事で明朝御とゞけする事にす。

一月十三日　土　晴　男十一　女三十三

朝、市の畔柳さんから早くお金を取りに来る様とのお電話あり。十二月後半期分の事務費、保護費を受取る。帰途府に立寄り資産調書提出。午後日本少年赤十字団より心持(餅)運動のお餅を頂く。夜は早速御観音様に御供へして園生一同少赤団員御一同に感謝の祈りを捧げ、健やかな御成長を御祈りして心経三巻読誦をなす。

一月十四日　日　雪　男十一　女三十三

醍醐岡田師よりお電話あり。園長の出られた後に中新氏来園、園の二十五年度の予算書や園の規約等見せてほしいとの事だったので、何故もっと協調的な態度に出られないのか、円満に成立させたいのならよほど慎重に事を運ばなければ、又ぶちこわしになってしまふ、根本さへ解ければ何も大覚寺で改めて予算書等御作りにならなくともこちらで出したものを一部訂正すればそれでよい事ではないかと云って帰って頂く。

今日お昼には御心餅を頂いて、書ける人は御礼状を出してもらう様話し、感謝の手紙を書かす。

一月十五日　月　晴　男十一　女三十三

小正月でお昼は頂いたお心餅で、おぜんざい。ちょっとした事で桝谷と野崎の二人がえらいけんかをして、切角のおぜんざいのお汁をこぼして、えらいはた迷惑。いくら云って聞かせても、あの二人は困ったもの也。

一月十六日　火　晴　男十一　女三十三

十一時頃大覚寺から、これから会議を初めますから園長さんに来て頂き度いとの事、府の社会課長も来てゐられますからとの事だったが、この会開催についても一方的で当方としても会場、案内状等に対して同意しかねる旨答へてあり、園長は早朝より外出。出席せず。夜役職員懇談会をなす。

一月十七日　水　晴　男十一　女三十三

赤十字社京都支部へ、主事と園生二名お礼状持参す。社会事業協会より電話あり、明十八日飴を取りに来る様との事。園長牧野氏訪問。

一月十八日　木　晴　男十一　女三十三

昨日電話連絡のあった飴は中京区城巽《じょうそん》婦人会からの贈物のよし。寮母、園の婆ちゃんと一しょに受取に行く。主事税務所に行き手当の計算の方法を教へてもらう。相互社長宅へ行き種々今日迄の事を話し、縫物の事も御願す。近い内に古布や足袋等持って行くとの事。先達の園生からのお礼状は涙を流して読みましたとの御話であった。

桂の婦人会長伊豆田氏来園二十一日に慰問に来て下さる事になり、幸い当日観空寺の子供会発会式につき合同する事になる。

一月十九日　金　雨　男十一　女三十三

園長早朝醍醐行。主事区役所に主食配給所の登録に行く。府社会課より電話あり、明朝九時～九時半頃に来てほしいとの事なり。大覚寺からも電話あり、明朝来てくれとの事なり。

一月二十日　土　曇　男十一　女三十三

大覚寺へ園長が行かれたところ、十六日の会議の経過報告であったよし、府の社会課へ行かれたら、課長、坂根主事さんから、何とかまとめられぬかとのお話であったよし、兎に角役員会を開催しての後の事とすると云って帰られた。直に二十三日午後二時より役員会開催の手続をなす。

一月二十一日　日　晴後雪　男十一　女三十三

午後こまどり劇団の慰問を受く。日赤のエンゼル号で来園、父兄、先生方も御参加になり中々盛会で、観空寺子供会の子供さん達も来られ集会室にぎっしり一ぱいにつまってしまった。右京区長さんも来られ御挨拶をして下さった。園生はこんな立派な盛大なのははじめてだったと大よろこび、御慰問頂いた上にあめのおみやげ迄頂く。

一月二十二日　月　雨後晴　　男十一　女三十三
同和園の新築病舎の落成式に主事出席、帰途谷山理事さん宅訪問、速達がとゞいたか否かたしかめに行き経過の報告をなす。
一月二十三日　火　晴　　男十一　女三十三
午後二時より役員会開催、閉会して帰りかけて居られたところへ坂根主事さん西原課長さん来園、丁度吉田さんも来て居られ理事さんも二三残って居られたので皆一しょに園長室でお話して何とかまとめる様岡田さんにも御骨折願ふ事にして西原、坂根両氏は帰途大覚寺に寄って帰られた。
一月二十四日　水　晴　　男十一　女三十三
園長は醍醐の岡田師の所へ午後から行かれたが、岡田氏急に発熱面会出来ず事務長に会って帰られたよし。園生寒行に出る。午後と夜と二回。天社主管者藤田氏よりお電話あり、二十六年度の暦を持参するとの事なり。
一月二十五日　木　晴　　男十一　女三十三
園長成人部会に出席。
税務所に源泉課税の年末調整書類提出。午後天社の藤田氏来園、本年の暦六十部の御寄贈を受く。
主事午後より市役所に医療券を頂きに行く。係の人休んで居られて駄目、明後日来てほしいとの事。本園で保護停止した者の調書提出してくれとの事。
一月二十六日　金　晴　　男十一　女三十三
小国の御先祖の命日に当るのでお供養に洋菓子と飴が出た。府の坂根さんからお電話あり、先に提出した財団認可申請願の書類一部貸せとの事。
一月二十七日　土　晴　　男十一　女三十三
園長、御室仁和寺訪問。主事、府庁に書類持参、市役所に医療券をもらひに行く、西陣病院から中沢トラの医療券の請求が来てゐるよし。
園生今夜も寒行に出る。
一月二十八日　日　晴　　男十一　女三十三
朝から停電で切角お風呂わかしたがうめ水が無く明日に延期。
一月二十九日　月　晴　　男十一　女三十三
府社会課坂根さんからお電話あり、その後どの程度迄話がまとまったかとの事、何れ園長より何分の御返事する旨返事す。
午後杉本一九さん来園、今日は外出日で在園者も少なく、お風呂もあるので、お話はして頂かなかった。
醍醐へ電話したが岡田師はまだ帰って居られず何時御帰りかもわからぬとの事。
夜園生寒行に出る。
横川、小国、大阪、塚口へ種々相談に行く。
一月三十日　火　晴　　男十一　女三十三
中京城巽婦人会長延原さんへ先日の飴の御礼状を出す。

今日松野もと、唯川フサの命日。御詠歌をあげ、お供養をなす。
園長醍醐岡田師訪問。
夜園生寒行。
小国、市役所に医療券もらひに行く。

一月三十一日　水　晴　男十一　女三十三
横川家先祖の供養あり、園生御詠歌のお供養。園長、御室仁和寺管長訪問、吉田氏お見舞。

二月一日　木　晴　男十一　女三十三
園長、東寺の京真言宗各派本山管長会議に出席、園の二十四・五年（十二月迄）の経理状況報告書持参。
小国市役所に中沢の医療券もらひに行く。
主食申請書作成、クーポン券になってから計算やゝこし。
園生、今日は西院方面に寒行に出かける。

二月二日　金　晴　男十一　女三十三
園長、吉田、森岡両氏訪問、醍醐の岡田師は、連絡つかず。用事の都合で区役所に行けなかった。

二月三日　土　晴小雪　男十一　女三十三
午前中に区役所に主食申請書提出、主税課で先に提出の覚書返してもらう。等持院は右京ではないので、寄附者の住所しらべは等持院の豆区役所に行かれたらよからうと教へて頂く。
総務課に石川さんにお目にかゝったら、今月末に二十人位で参観に行くとの事であった。

二月四日　日　小雪　男十一　女三十三
市、民生課より一月から保護費一人につき四十五円増額の通知あり。請求書の作り直しをす。

二月五日　月　曇雪しぐれ　男十一　女三十三
保護費と事務費の請求書提出。

二月六日　火　曇雪しぐれ　男十一　女三十三
今日は旧正月、寒行のしあげに午後おいしい肉うどんを作って一同に配給。

二月七日　水　曇雪しぐれ　男十一　女三十三
園長帰国。寒行のお金で花たて、ろうそく立、香炉等買ひ求む、仏前が見ちがへるほど立派になる。
内職のたとう紙の材料をバタバタで運んで来た。誰も彼もよろこんで仕事にせい出してゐる。
主事相互に行き園生へ配分のお金の受取伝票、帳簿等持参し広瀬課長に見て頂き、一月分の一万円頂いて帰る。

二月八日　木　曇後雨　男十一　女三十三
朝府の石田さんからお電話あり、奥三郡の婦人会から慰問に来て下さる筈のところ時間の都合上来れないがおみやげとしてお餅を頂いてあるから取りに来る様との事なので、早速礼状を書いて、持参、餅八十八ケ頂いて帰る。
明日三時頃園長にゐてほしいとの事であったのでたぶん帰られると思ふから帰られたらゐてもらうと云って帰る。

午後松田先生、畔柳さん来園、事ム費の差額の計算を出せとの事、尚、恩給年金の件しらべて書いて来て呉れとの事。

二月九日　金　雨後曇　　男十一　女三十三

府より手紙で十三日にラヽの綿を配分するから取りに来る様との事。

夜園長帰園。

二月十日　土　晴　　男十一　女三十三

主事、市役所に保護費、事務費の受領に行く。帰途理事谷山氏訪問、経過報告。

二月十一日　日　晴雪しぐれ　　男十一　女三十三

寄付行為作成。牧野先生、森岡氏、吉田氏等を園長訪問。

二月十二日　月　晴　　男十一　女三十三

朝共同募金局長山海氏来園、土曜日に連絡して置いた筈との事であったが当方には連絡なし。書類の書入れが出来てゐなかったが園内を見て頂き、園長松田先生訪問中を引返してもらう。そこへ府の西原課長、坂根主事来園、明日各派本山にも出席して頂いて是非財団設立発起人会を開催し度いから園長にも出席して一日も早く問題を解決し度いとの事で、山海局長も是非そうしたらとの事で明日出席と決定。

二月十三日　火　曇　　男十一　女三十三

十時から同胞援護会で発起人会開催、園長出席、横川、小国オブザーバーとして出席させて頂く。全本山出席して下さり、真言宗各派本山経営と云ふ事になり、各派本山より理事を出して頂き（管長、事ム長等本山の都合による）、各派本山より推薦した人を以て評議員会を作る事になり、大覚寺門跡が理事長、園長が常任理事で小国も理事に加はる事になり、去年八月五日出願してから今日迄もみにもんだ寿楽園問題もようやく解決したわけ。

和やかに閉会、横川、小国、帰途千本倉庫に立寄りラヽの綿、タバコ受領。千丸の福祉協会に行き、かきもちを買って帰る。

二月十四日　水　雪　　男十一　女三十三

朝、文化事報の記者来園、園の事を記事に取あげ度いから、この次に又ゆっくり来るとの事であった。園長吉田氏訪問、主事会計、共募に書類提出府へ園の青写真をとゞける。市へ行き恩給、年金等頂いてゐる者の調書提出。借金もあると云ってゐるし、なるべく四月迄待ってやってもらう様御願して帰る。大雪にあい閉口す。

二月十五日　木　雪　　男十一　女三十三

園長成人部会に出席、事務費の差額請求書作成。十七日の役員会の通知連絡等なす。

二月十六日　金　晴　　男十一　女三十三

区役所主税課に源泉の調書提出。本日園長の郷里よりお餅が来たので園生等頂く。

二月十七日　土　曇　男十一　女三十三

主事市役所に事ム費差額請求書提出。

午後四時より役員会開催。本日府から理事就任承諾書、寄付承諾書等必要書類もらひに行くとのお電話があったが来られなかった。

二月十八日　日　曇　男十一　女三十三

園長本日吉田氏訪問、吉田氏が府の民生部長、副知事、社会課長等に遇はれたところ、皆大変よろこんで、園長も充分とまではゆくまいがよく我慢して円満に解決する様されて、無事話がついて誠にうれしい、今後とも充分援助するからよろしく伝へてほしいとの事であったよし。

二月十九日　月　晴　男十一　女三十三

府に理事承認承諾書持参。入れ違ひに石田さんが来て下さったよし。市は畔柳さんお留守林さんに通常財産の事につき御聞きして帰る。

二月二十日　火　晴　男十一　女三十三

市より電話あり、事務費差額の府費を別にする様との事であったので早速府費の分を作り、総括の所も書き直しをなす。

二月二十一日　水　晴　男十一　女三十三

主事市へ府費別の事ム費差額の請求書提出、市の嶋田さん来園。

二月二十二日　木　曇　男十一　女三十三

二月二十三日　金　晴　男十一　女三十三

朝園長帰国、三浦を連れて行かれる。朝日新聞社より壁さん来園、色々園の概況を御話し、丁度保健所からケロシンを撒きに来て下さったので、御一しょに集会所に来て頂いて、光明数へ唄や朝の歌を御聞かせす。

二月二十四日　土　晴　男十一　女三十三

昨日府社会課より電話あり（大内の件につき）、大内を呼んで借金の借入先聞いたり、恩給で食べて行けるやうなら園を出て部屋でも借りて暮さないかと話したが、とてもそれ丈ではやって行けないと云ふ。先方にすれば一大事だから色々と手を打つのであらうけれど、変に捏ねまわされると迷惑する。小泉さんに西京極の借入先へ調べに行って頂く。

朝御つとめが済んだところへ朝日の壁さんが写真班を連れて来られ、皆が集会室でたとうのお仕事してゐるところを写して帰らる。市より電話あり、前山弓削の医療券の事、主事早速伏見の国立病院へ行く。弓削は大分経過良好との事だが、まだ膿が出てゐた。

二月二十五日　日　雨　男十一　女三十三

二月二十六日　月　晴　男十一　女三十三

今日は右京の見学団が来られるとの事だったので待ってゐたが、とうとう来られなかった。

二月二十七日　火　晴　男十一　女三十三

共同募金局へ園の概況報告書四十部提出。

府へ建物の使用承諾書持参。

市へ弓削、前山の医療券申請書提出、今医療券が無いので来次第作って病院の方へ送るとの事。

園長帰園、園生にお餅のおみやげ。

園生一同健康診断。

二月二十八日　水　小雨　男十一　女三十三

市から今度はいる渡井ミツの委託書が来た。昨日曇華院から頂いて来た紅梅白梅を仏様の前にお供へしたらとても美しく、一同大へんよろこんだ。

園長府、市、共募等訪問。

三月一日　木　曇　男十一　女三十四　入園女一

渡井ミツ入園。離れの部屋に入れる。

昨年度買入れた布団の綿がとてもひどいもので、ころころになり肩のところは布ばかりになってゐるので、白谷と八田の布団をとりかへてやる。

三月二日　金　曇　男十一　女三十四

市の黒畔さん来園、今度下京安定所へ御転任のよし。明日事務費の差額を支払ふから取りに来るようとのことであった。

府の坂根さん来園、出願書類に判をとりに来られたが園長不在の為明朝御伺ひする事にする。

二月末日を以て一応〆切り、現金を園長保管の証明書を持参する様にとの事であった。

三月三日　土　晴　男十一　女三十四

園長府へ出頭、書類になつ印、主事市役所に昨年五月より本年一月迄の事務費の差額受取に行く。小切手なので銀行に行って現金にして持ち帰る。

三月四日　日　晴　男十一　女三十四

事務費、保護費請求書作成。

三月五日　月　晴　男十一　女三十四

主食受配申請書作成。

三月六日　火　雨　男十一　女三十四

主事区役所に主食受配申請書提出。

三月七日　水　男十一　女三十四

主事、市役所に事務費、保護費の請求書提出。

マッサーヂの奉仕に三名来て下さり、園生が大変よろこんでゐた。

園長の次男の十三回忌のお供養あり。

三月八日　木　晴後曇　男十一　女三十四

紫草園で成人部会あり、主事出席。

糸や久しぶりに来る。

三月九日　金　晴　男十一　女三十四

主事相互タクシーに行き一万円頂いて小切手なので現金にしようと思って銀行へ行ったが、少しのところで時間に間に合はず。

府市月報作成。

三月十日　土　曇小雨　　男十一　女三十四

会計市に二月分保護費、事務費受取、月報提出。

八田が脱腸でひどく苦しみ出し松田先生に来て頂く。一時は入院させて手術しなければならないかと思って心配したが、幸いに痛みは収まった。

相互の寄附金を配分しようと思ったがこまかいお金ができず日のべ。

三月十一日　日　曇　　男十一　女三十四

二十六年度予算、先に財団設立の際提出の分は保護費も事務費も増額以前のものなので、一部予算の変更をなす。

園生に相互の寄付金の配分をなす。

三月十二日　月　晴　　男十一　女三十四

ラヽの配分あり。主事区役所公聴室で健康保険料の事等聞きに行き七条局で簡易保険の受取手続をなす、夜慈済院で四月八日嵯峨仏徒連盟と婦人会共催の敬老会の件につき相談会あり、主事出席、寿楽園は年令に制限なく、来られる丈の人は来て下さいとの事。

三月十三日　火　晴　　男十一　女三十四

ラヽの衣料配分をなす。

三月十四日　水　晴　　男十一　女三十四

中村久子女史が来京された由御通知頂いたので、午後春日校に行ったら、盲学校で午後は講演があるとの事で盲学校に行く、鳥井先生にもお目にかゝったら、来月同和園で盲人の演芸会をする事になってゐるのだが、寿楽園にもその内必ず行きますとの事であった。

三月十五日　木　晴　　男十一　女三十四

今日は釈迦堂のおたいまつで園長引率のもとに園生一同参拝、内陣に入れて頂いて色々説教をして頂く。主事市役所に医療券もらひに行く。

三月十六日　金　晴　　男十一　女三十四

吉野さんのお使で釈迦堂から御供養のお下りのお餅を頂き園生に分配す。

主事予算の件につき市役所に行き種々教へて頂く。夜大工の木村さん来園、増築の件につき相談。

三月十七日　土　晴　　男十一　女三十四

大覚寺より電話あり、寿楽園の財団認可書が来たから取りに来てほしいとの事で園長受取に行く。

今日は十七日でお観音様の日。大覚寺には昨日来てゐたらしいが寿楽園に来たのはお観音様の日であった。

直に登記手続する為谷口に書類持参す。主人急用で他出の為明日を約して帰る。

三月十八日　日　晴　　男十一　女三十四

谷口に行き主人に登記の件依頼す。

山崎氏来園、夜七時より大覚寺上局と園職員の懇談会を開催。

三月十九日　月　晴　　男十一　女三十四
園長高野山に出張、事情報告、理事就任等に就いて。
各本山理事、並に前理事に財団認可の報告をなす。主事市に挨拶に行く。府より電話あり、登記手続早くする様との事。
三月二十日　火　晴　　男十一　女三十四
府に行ったら課長、坂根氏共お留守、石田さん丈居られた。認可書を渡すから直来る様と大覚寺へ電話したが明日でないと行けないとの事なので、来れねば寿楽園に連絡して早く来る様にと云って置いたのに次の日も来ないので送ったのだとの事、当方には大覚寺から十七日迄、何の話も無かった。
夜園長帰園。高野では理事に一人位はいればよからうと云ふ説とそれにも及ぶまいと云ふ説と二つらしい。
三月二十一日　水　晴　　男十一　女三十四
前理事宅訪問挨拶をなす。
三月二十二日　木　晴夜雪　　男十一　女三十四
伊勢神宮奉賛会委員として主事、伊勢参宮に参加。
三月二十三日　金　曇　　男十一　女三十四
右京保健所よりねずみ取り器持参して下さる。ケロシン撒布。
右京区役所に主食申請書提出。
谷口に写の書類持参、委任状に印を頂く為書類を持って帰り、夜大覚寺に電話したが明朝にしてほしいとの事。
保護施設としての認可申請願の訂正をなす。
三月二十四日　土　晴　　男十一　女三十四
園長朝早く大覚寺で印をもらって、それより各本山廻り。
小国、市役所に行き保護施設としての認可申請願提出、医療券申請書提出。
西陣病院に中沢トラの初診券発送。
三月二十五日　日　曇後雨　　男十一　女三十四
主事御室仁和寺の小川理事、山科の勧修寺の竹波理事の判をもらひに行き同和園を訪問、石井主事にお目にかゝり事務費、保護費の請求書用紙を頂いて帰る。畔柳氏が同和園に来られた。
夜木村さんが屋根の修理の件で来園、天気なら明日から屋根屋さんが来てくれるよし。
三月二十六日　月　曇小雨　　男十一　女三十四
早朝に谷口に書類を持参、明日の托鉢の通知を人見と上田に持たせて連絡にまわらす。
教育青少年防犯劇の中村若之助氏来園、来月一日に慰問に来て下さるよし。
主事福祉協会に行ったが皆お留守、市役所で医療券頂いて帰る。
三月二十七日　火　晴　　男十一　女三十四
四月八日花祭りの行事中に敬老会もあり、資金募集の托鉢あり、園長、主事、会計参加。

園長府庁で坂根さんにあわれたところ、本年度は予算が無くて増築は駄目だとの事。

三月二十八日　水　雨　男十一　女三十四
主事福祉協会に行き市電パス代と二、三期分の同会費とを納む。

三月二十九日　木　晴　男十一　女三十四
社会事業協会より電話あり、あられ取りに来る様との事で一貫目わけて頂く。

三月三十日　金　晴　男十一　女三十四
花祭りのぞうが出来たので下張りを園生も手伝ふ。
府より電話あり、書類早く出せとの事、寿楽園としては書類受取ったその日に直に手続をしたのだがまだ出来て来ないのだが、谷口に聞いたら今日中には出来ると云ふ。夜電話したら出来たから明朝取りに来る様との事であった。
財団法人のスタンプ印出来上り。

三月三十一日　土　晴　男十一　女三十四
早朝谷口で謄本を受取り、直に府と市に提出す。

本日も園生ぞうの下張りを手伝ふ。

曇華院の御前様がお寺のおずしが大きさがよければ寄附するとの事で見に来て下さる。少し大きいそうなけれども、お倉から出して置くからとの事であった。

ラヽの石けん配給し、明日の用意にあられ、干桃、ミルク等分配の準備をなす。

保健所の方来て下さったがねずみは取れてゐなかった。

昭和二十六年度

昭和二十六年四月一日〜昭和二十七年三月三十一日

昭和27年(1952)1月18日、初のスキヤキパーティー

四月一日　日　雨　　男十一　女三十四
今日は開園記念日、朝の御つとめの後ラヽのミルク、干果物、あられ等配分、午後は浪曲、万才、講談等の余興あり、夜は集会所に集り園生のかくし芸等で楽しく過す。
四月二日　月　曇　　男十一　女三十四
社会事業協会で健保、厚生年金等の金額の調査をなす。園長市電パス受取りに来らる。
四月三日　火　曇　　男十一　女三十四
花祭りのぞうを作ることになり、竹籠での下ごしらへが出来たので下張りの手伝に園生も参加、一日中かヽってやっと三重に張る事が出来た。
四月四日　水　曇　　男十一　女三十四
今日も象張りの手伝。
四月五日　木　晴　　男十一　女三十四
花祭りの花作りをさせる。何でもない事のやうに思はれるのに、又やり直しをしなければならないやうなのもあり夜つけ直し。
四月六日　金　曇　　男十一　女三十四
共同募金の配分あり。今度は入園の数に比例して配分されたとやらで昨年より約十万円減。
請求書提出。
四月七日　土　雨　　男十一　女三十四
明日の出席者をしらべたところ、三十八名出席希望者あり。お天気が悪いのでどうかと思ったが午後は雨も止み京都仏教会から青い鳥が慰問に来て下さった。可愛らしい歌や紙芝居に老人達大よろこび。
四月八日　日　晴　　男十一　女三十四
心配してお天気もからりと晴れて足もともよく、先ず大覚寺から象の背にお祭りしたお釈迦様の行列を拝んで三々五々会場の天龍寺に参集、午前中は法要、おすしとようかんを頂き、午後は舞踊、万才、等に楽しい半日を過させて頂き四時過帰園。
四月九日　月　曇　　男十一　女三十四
吉田氏来園、御近所の方七名さん御一しょに園内を視て一千円御寄附下さる。
小泉さんが信用組合にお仕事が見つかったとの事でお別れの御挨拶に来らる、園からお祝として五〇〇円、小国横川も五〇〇円。
四月十日　火　晴　　男十一　女三十四
ラヽの靴の配給あり、小国、横川、千本倉庫に頂きに行く。午後は林さんのお宅に畑の菜葉頂きに車を持って行く。途中三浦の御世話になった民生委員さんにお目にかヽり、キャラメルを頂き池のそばに一休みして頂く。
瀬古さんに成人部会の連絡をなす。
四月十一日　水　晴　　男十一　女三十四
四月十二日　木　晴　　男十一　女三十四

四月十三日　金　晴　男十一　女三十四
明日成人部会、大覚寺と打合せをなし明日の準備、園の清掃。
四月十四日　土　晴　男十一　女三十四
財団設立後初の成人部会。集会室で会合をなし、大沢池の天神島で中食。丁度大覚寺のお花の会があるのでそれを見て頂き後、望雲亭でお茶をさし上げて散会。
四月十八日　水　晴　男十一　女三十四
今日は御室に園生のお花見。バスで宇多野まで行き、仁和寺の中を拝観させて頂き、それから八十八ヶ所のお山めぐりをなし、札どめのお寺でお茶を頂いて帰宅。
園長、府市出頭。
園の井戸替をなす、当園の水は最良とされてゐたのに先達の試験で不良となったのでどこかいたんでゐるのだらうと思ってゐたが、底のおけが腐って上のコンクリートわくがずり落ち、途中から悪水がもれてゐた事がわかり、修理をしてもらったが、二本の井戸で一万六千余円もかゝり驚く。
四月十九日　木　雨　男十一　女三十四
園と小国との取かわす文書について谷口に相談して置いたので、財産の分割其他につき、小国、横川谷口訪問。
四月二十日　金　曇　男十一　女三十四
朝早く、河野氏来園、園長会見。園長理事長に会見。予算書、規約、等につき説明。
四月二十一日　土　晴　男十一　女三十四
石けんの配給をなす。主事味岡理事に予算其他につき談合。保健所ＤＤＴ撒布。
四月二十二日　日　晴　男十一　女三十四
明日来て頂けない理事は仁和寺のお二人、他は御出席のよし。明日の書類の準備をなす。
四月二十三日　月　晴　男十一　女三十四
本日市会議員の選挙日、幸い天気もよく、園生殆んど投票に行く。
午前十時より理事会開催。
四月二十四日　火　晴　男十一　女三十四
午後より主事府へ出頭、坂根さんお留守。石田さんに質問の要点説明して聞いといて頂く様御願して帰る。
四月二十五日　水　晴　男十一　女三十四
改正された税制についての説明会が税務所で行はれ主事出席。園長ハワイ観光団出迎えの為東上。
四月二十六日　木　曇　男十一　女三十四
カロリーの計算出来上り。二十五年度後半期の成績表作成。保健所カルキ持参して下さる。
四月二十七日　金　晴　男十一　女三十四
府に成績表提出。
四月二十八日　土　曇　男十一　女三十四

財産目録作成の為道具やさんに値入をしてもらう。

四月二十九日　日　雨　男十一　女三十四

四月三十日　月　晴　男十一　女三十四

府会議員選挙投票日。お天気だったので園生も殆んど投票に行った。夕方園長帰園。

市に保護施設認可申請願再提出。

五月一日　火　晴　男十一　女三十四

午後横川謄写印刷の講習に出席。

保健所からＤＤＴを御持参下さる。四月は無料でＤＤＴやケロシンの撒布に来て下さったが今月からは来て頂けないよし。

五月二日　水　晴　男十一　女三十四

区役所に市民税の申告書提出。寡婦申請の件につき税務所に問合せをなす。

相互で一万円を頂き、銀行で現金にする。

生長の家教化部に行き、白鳩は四月、五月、生長の家は三、四、五の三ヶ月分を頂き一年分申し込む。

府へ行ったが石田さん丈で、その内聞いて置くとの事。

五月三日　木　晴　男十一　女三十四

春の大掃除で半分丈掃除をなす。

事務費、保護費の請求書作成。

五月四日　金　晴　男十一　女三十四

園内大掃除。保健所から持って来て頂いたＤＤＴと前からの分とで床下にも畳の下にも充分にＤＤＴを撒布、これでのみに苦しめられる心配なし。昨日も今日も天気は上々。

五月五日　土　曇　男十一　女三十四

苗物が来るというので男子総出で畑の手入、今日はお節句で鶏を一羽つぶして夕飯の御馳走にし、夜は三味線を出して大はしゃぎ、園長郷里の知人から酒の粕がとゞいて園生に配分。

五月六日　日　晴　男十一　女三十四

府市月報作成。園生の散髪をなす。

河野さんは十一日頃から来て下さるよし。

五月七日　月　曇　男十一　女三十四

市役所に請求書提出。

五月八日　火　曇　男十一　女三十四

五時過てゐたけれど、月報を府へ提出、坂根さんに経理報告の事につき教へて頂く。負債の処理は理事会の承認を得て、二十六年度で処理する形式にせよとの事。既に理事会ではこの処理は府の指示通りする事として了解済なのであるからその由報告。

五月九日　水　晴　男十一　女三十四

昨日電話で市保護課から寄附金があるからとりに来る様との事であったので頂きに行く、金二千円也。保護施設認可申請書を市から府へことずかる。河野さん採用の事決定したのなら履歴書を添えて出す様との事であった。

五月十日　木　晴　　男十一　女三十四

朝十時頃智恩院社会事業部から十人程御一しょに参観に来られた。明るくて健康な感じがすると云って居られた。

五月十一日　金　晴　　男十一　女三十四

本日より河野さん来て下さる。

夕方小鴨さんとお友達と二人づれで来園、園生の御詠歌聞いて帰らる。

五月十二日　土　晴　　男十一　女三十四

京都新聞の記者来園。園内を観て帰らる。

午後より大覚寺で芸能大会あり、園生一同見物に出かける。

五月十三日　日　晴　　男十一　女三十四

今日は母の日。贈りものや、やさしいおもいを運んでくれる子を持たない淋しい園生達に、ミルク、砂糖、干桃、石けん等の配分をなす。午後松田先生来園。職員園生健康診断。

五月十四日　月　晴　　男十一　女三十四

四月分事務費扶助費受取の為、会計、市役所に出頭。

醍醐同和園より二十一日開園三十周年記念式の案内状が来たので園長出席の返信発送。

曇華院より電話あり、ねまきゆかた九枚十七日中に出来まいかとの事、丁度たとうが一きりになってゐたので皆で手わけしてさせてもらうと云ふので、受取りに行かせる。

五月十五日　火　雨　　男十一　女三十四

市役所より電話あり、一人何とかならぬかとの事であったが、今のところ都合つきかねるよし返事す。

共同募金局へ提出の月報作成。午後より主事講習出席。

五月十六日　水　曇後晴　　男十一　女三十四

相互寄附金配分。上京民生安定所より電話あり、十九日午後二時頃、上京民生委員三、四十名参観に行くからよろしくたのむとの事。

日赤京都支部からも電話あり。看護婦さん達が劇団を組織してゐるので慰問に行き度いから打合せし度いが出られるついではないかとの事なので、明日府庁に行く時よせて頂く旨返事す。

五月十七日　木　晴　　男十一　女三十四

上嶋先生から断食の本をさし上げたお礼に手作りのいちごを頂き園生に分配。

主事日赤に行ったが、具体的な事が決定して居らず、その内決定次第又連絡するとの事、人数は十四五名のよし、府庁に共同募金局提出分の月報持参、夜講習に出席。

本日夕四時十分皇太后陛下崩御のニュースに園長以下職員園生一同御冥福を御祈りして心経読誦をなす。

五月十八日　金　晴　　男十一　女三十四

中央保護所の瀬古さんから共同募金感謝の日に受配施設から感謝の記念品贈呈費として当日一施設百円づゝ持寄る

様との御通知あり、又府社会課からも感謝の日の催しの案内あり。
午後瀬古さんから電話あり、明午前中福祉協議会でコンペイ糖の配給をするから受取に行く様との事、百目六十円。
五月十九日　土　晴　男十一　女三十四
早朝協議会に行くと、前の協会の方が居られた。コンペイ糖は連絡の間違で、先に申込を受けてそれからまとめて注文をするので、品物はまだ来て居らずお祭用に配給しようと思っていたが間に合はないかも知れない。
夜職員懇談会開催、職務分担を定める。上京区民生委員約四〇名来園。
五月二十日　日　晴　男十一　女三十四
今日は車折神社祭礼と青葉祭で、稚児行列等もあり舟祭もあるので午後から園生も自由に参拝。
五月二十一日　月　晴後雨　男十一　女三十四
醍醐同和園三十周年記念祝賀会に園長出席。
主食六月分申請書作成。
五月二十二日　火　晴　男十一　女三十四
東京遠藤氏来園二千円後援会に御寄附頂く。
ラ、感謝会が東本願寺で開催され、園長、小国、亀山（注=夫人）三名出席、横川区役所に主食申請書提出、講習出席。
五月二十三日　水　晴　男十一　女三十四
民生会館に於て海外社会事業の現状について講演会あり、園長、以下職員四名参加聴講。
五月二十四日　木　晴　男十一　女三十四
市より電話あり、二十六日龍池婦人会の参観あるよし。
五月二十五日　金　晴　男十一　女三十四
朝のおつとめの後世話係の選挙あり。男は八田保太郎、女は井狩と後藤。その後殆んど全部の部屋替をなす。
五月二十六日　土　晴　男十一　女三十四
午前中横川市役所に保護施設認可の申請書提出、午後龍池婦人会から百余名参観に来られ、三百円の寄附を頂く。
夕刻紫野保育園から二人来られ、財団認可の申請書の書式を以前府の坂根さんが寿楽園に行って見せてもらへとの事であったからとの事で写を御貸しする。
五月二十七日　日　雨　男十一　女三十四
五月二十八日　月　晴　男十一　女三十四
午後朱雀婦人会から慰問団来園、万才、舞踏、等とても面白い余興あり、あめ二包づゝ頂き今日迄の演芸の中で一番よかったと一同大よろこび。
五月二十九日　火　晴　男十一　女三十四
午後二時より中央保護所で成人部会あり、横川、小国、施設を一度見せて頂き度かったので、一しょに出席、成人部会々長を亀山園長と決定。横川、夜講習出席。
五月三十日　水　晴後曇　男十一　女三十四
朝紫野保育園からお貸しゝた書類返しに来らる。

午後横川区役所に主食申請量の証明をもらい、市に医療券をもらいに行く。

五月三十一日　木　雨　男十一　女三十四

朝府の坂根さんから電話あり、書類書き直しのヶ所があるから、用紙を持って明日午前中に府に来る様との事。主事講習出席。

六月一日　金　晴　男十一　女三十四

午前中府に行き保護施設認可申請書の訂正ヶ所を訂正、府の食堂でうどんを御馳走になり、三時半出来上り、それから市に行き医療券をもらう。嶋田さんも沢井さんも御留守なので書類はそのまゝ持帰る。

六月二日　土　晴　男十一　女三十四

本月の職員懇談会開催。

六月三日　日　晴　男十一　女三十四

六月四日　月　晴　男十一　女三十四

伏見婦人会より百名参観に来られ飴を頂き一同に分配。

六月五日　火　晴　男十一　女三十四

午後謄写版の講習に主事出席。

六月六日　水　晴後曇　男十一　女三十四

社会保障制度の実際についてと云う演題のもとに同大教授嶋田啓一郎氏の講演あり、横川、小国出席。

六月七日　木　曇　男十一　女三十四

午後謄写版講習に主事出席。

六月八日　金　晴　男十一　女三十四

児童会館に於て共同募金地区代表者に感謝状の贈呈式あり、園長参加。主事区役所、安定所（看護人の件）市役所（請求書提出）市役所で初診券を嘱託医が使うのは変だからとの事。但し当園では嘱託給として年二千円しか見てなく殆んど無給に等しいので、今後は嘱託給をも少し何とかして初診券はなしにする方がよくはないかとのお話であった。相互に立より寄附金頂く。

六月九日　土　晴　男十一　女三十四

夜前理事石川氏来訪。

六月十日　日　晴　男十一　女三十四

松田先生来園、松井も谷村も共に大分よくなった。弓削の所へストレプトマイシンの問合せに対し返事をかく。

六月十一日　月　晴　男十一　女三十四

保健所の方二名来られ、便所のふたしてほしい様なお話だったが、此処では、只さへ待ったなしの状態なのでとてもふた等出来ないからせいぜい乳剤でも撒きますと返事して置いた。

六月十二日　火　晴　男十一　女三十四

今日も保健所から三名来園、水質験査の件につき。午後主事講習出席、特殊科は先生の都合上来月初めからとの事。木村さんに見積りの件につき来て頂く様御願います。

六月十三日　水　晴　男十一　女三十四

市役所に保護費、事務費受取に行き、府保険課に健保の件調べに行く、昨日あたり証書及び保険証送ったとの事、市島田さんが、寿楽園の保護施設の認可が来たが今決裁にまわってゐるから何れ文書で送りますとの事、尚、福祉協議会の施設副部長が一両日中に寿楽園に行くとの事であった。

成人施設委員会を組織し、委員長副委員長を互選するとの事だが、それは先達成人部会で会長副会長を選挙決定しているのでそのまゝでよいとの事、委員は三十名位との事だが成人部会は全部で十三か四位だから全部が委員になる事になる。

農繁期中はあまりのん気そうに見えても悪いというので朝の歌も御詠歌も中止という事に決めたよし、あまり之もどうかとも思うが（園生が決定したのだそうな）。

六月十四日　木　晴　男十一　女三十四

共同募金会提出の調書作成、福祉協議会施設副部長の石川氏来園、園長と成人部会入会につき種々打合せ。

夜木村さんに来て頂き池を水槽にする事、洗濯場、床根《ね》太《だ》修理等について相談す。

六月十五日　金　雨　男十一　女三十四

弘法大師のお誕生日の青葉祭り、生憎の雨だが園では職員園生一同朝のおつとめ、午後おせんべ、コーヒーのお供養。

主事、共同募金局に書類提出、帰途協議会にコンペイ糖の配給を受取に行く。

六月十六日　土　曇　男十一　女三十四

六月十七日　日　晴　男十一　女三十四

先日の大覚寺の青葉祭りが、雨の為中止になったのを本日挙行するから園生も皆見に来る様と朝お寺から御知らせがあったので一同参拝、余興等見せて頂く。

六月十八日　月　晴　男十一　女三十四

六月十九日　火　晴　男十一　女三十四

共同募金局に臨時費の申請書提出。来週火曜位に多分出ると思ふとの事であった。

区役所から税金の為の調査の為の統計しらべとかでアルバイトの学生さん来園。

六月二十日　水　晴　男十一　女三十四

園長民生会館に京都市社会福祉協議会の件につき出席、午後右京民間社会事業振興会、右京民生児童委員会連合で百名余の来園者あり、五百円御寄附頂き、同行の横田氏よりは特に一千円也の御寄附頂く。

衆議員議員刈田あさの女史来園。家庭的で大変感じがよいと感心して帰らる。

六月二十一日　木　曇後雨　男十一　女三十四

横川、小国、すわらじ劇見物（職員の慰労として）。

園長の弓の友人数名来園、園生にキャラメルおみやげ。

六月二十二日　金　曇　男十一　女三十四
貞明皇后様の御葬儀、十時より一同おつとめをなす。金平糖供養。
六月二十三日　土　晴　男十一　女三十四
区役所に主食申請書提出。
六月二十四日　日　晴　男十一　女三十四
加納満寿郎の一周忌に当るので朝一同おつとめ、午後西念寺婦人会の方四十名程来園、西念寺は市庶務課長さんのお寺のよし、課長さんも御一しょに来て下さる。五百円御寄附頂く。
六月二十五日　月　雨　男十一　女三十四
園長成人保護委員会出席、午後府庁より電話あり、予備費から出した立面図、青写真は事務の消耗費から出す様との事。通院交通費は雑収入とする事。書改めてもう一通提出してほしいとの事であった。
六月二十六日　火　晴　男十一　女三十四
府の指示通り経理報告書を改めて提出。
六月二十七日　水　晴　男十一　女三十四
日本クロスの森田氏来園、会社に使っていた人でリョーマチで働けなくなった人だが入園させてほしいのでと手続等聞きに来られた。
六月二十八日　木　雨　男十一　女三十四
小国市役所に医療券受取に行く。
夕方リヤカー、自転車持って来て下さる。丁度募金局から電話あり、お金が出たから取りに来る様との事、有難き事なり。
六月二十九日　金　晴　男十一　女三十四
主事募金局に臨時費二万五千円受取に行く。市にリヤカーと自転車の課税外鑑札の用紙もらって帰る。
六月三十日　土　曇　男十一　女三十四
主事、市役所に鑑札もらひに行く。
七月一日　日　曇　男十一　女三十四
寿楽園寄附土地の分割登記を谷口に出来たかどうか聞きに行ったが、主人不在であったが、もしまだなら急いでやりますとの事であった。
七月二日　月　雨　男十一　女三十四
社会課施設課より電話あり、蚊帳の配給申込今明日中にせよとの事であったが、今余ゆうもなし、間に合っているので申込みはしなかった。
七月三日　火　曇　男十一　女三十四
台風ケートが来ると云うので色々準備をしたが幸い、風もおとろえて何事もなく済んだ。
七月四日　水　晴　男十一　女三十四
園長、東寺、御室等の本山訪問、監事会につき打合せ。
七月五日　木　晴　男十一　女三十四
主事市役所に書類提出、（請求書、事業成績表）沢井さ

んから台帳の整理をし度いと思うので、園でわかっている事丈記入してほしいとの事なので用紙もらって帰る。帰途醍醐の同和園長石井さんにお目にかゝった時、近々の内に養老事業従事の職員懇談会のやうなものを催し度いと思うて前に坂根さんにも話して置いたのであるが、との事であった。大覚寺黒田さんに明日の事連絡。

七月六日　金　晴　男十一　女三十四

午前十時より監事の方に来て頂き監査して頂く。土地の分割登記や契約書を公正証書にする手続が出来ていないのでのびのびになっていたのである。

七月七日　土　曇　男十一　女三十四

午前十時より職員会議。

午後主事相互に前月分の寄附金頂きに行く。帰途谷口に立寄り印鑑其他の必要書類もらって帰る。

今日は七夕祭りで、御詠歌大会開催。コーヒサービス。

七月八日　日　雨　男十一　女三十四

夜半からの雨降り止まず、近頃内職が無いので一同手持無沙汰なり。何かよい内職が無いものか。

一日中雨に降り込められているのでおかしを作って分配。

七月九日　月　晴　男十一　女三十四

七月十日　火　曇後雨

小国府庁に経理状況報告書持参。

七月十一日　水　大雨　男十一　女三十四

夜半からの雨が益々降りつのり、九時過から観空寺谷の神池がきれ、アッという間に大水になったが、幸い当園は表の一棟と離れが少し床上浸水した丈で他は事無きを得た。夜半一時半頃市の林様よりお見舞のお電話を頂く。

七月十二日　木　雨　男十一　女三十四

今日も一日中雨、大覚寺は水害甚だしく、朝の内園生を瓦運び等の御手伝に行かす。市と府に電話で状況報告。日赤奉仕団から乾パンを頂く。市消防署から飲料水の配給あり。午後市嶋田係長、福利課長御見舞に来て下さる。

七月十三日　金　曇　男十一　女三十四

主事共同募金局で経常費第二回配分金受領、市で六月分保護費、事務費受取、小切手を現金に換へて帰園。水で荒れた園内の道其他を修理す。大覚寺へ水運び、瓦運び等さす。

日本クロスの森田様、監事の佐藤様等お見舞に来らる。お天気がはっきりしないので、水の後始末らち明かず。井戸にカルキを入れて消毒す。

七月十四日　土　雨　男十一　女三十四

園生全部にクレオソート服用さす。

相互の配分金分配。午後園生の健康診断して頂く。

七月十五日　日　雨　男十一　女三十四

今日は菖蒲谷池が切れそうだとか、夕方からは大沢が危いとか、たいまつを灯して町内の人達が警戒に出られ不安なので園生には大事なものは身につけさせ、万一水がついても園が流れる事は絶対にないからかへってうろうろしては危いから西棟に集って動かない様云いきかせ等し、重要書類等まとめたりしたがおそくにもう大丈夫との事だったので、一同やっと安心して寝につく。

七月十六日　月　晴後雨　男十一　女三十四

久々に陽の目を見たので、浸水した所の床板を洗って干したり床下のあんどろをすくい出したり畳を干したりしたが、ぬれ畳は駄目だそうだ。それにあれ以来毎日の雨でもう腐って来ている。

日赤エンゼル号が来たのでひどく疲れている人達は（ビタミン）Bの注射をしてもらった。

主事、六字洞、多田様宅等にお見舞に行く。

七月十七日　火　雨　男十一　女三十四

朝婦人会より会長様御見舞に来られマッチ大十箱頂く。

保健所から二十人程来られこゝを足場にしてこの附近の消毒に行かれ園内も丁寧に消毒して頂き集会室で十三人程昼食して雨の中を帰られた。四時過、広沢虎造氏来園慰問の為浪曲一時間余りして、夕食後帰らる。とても面白くて園生一同大よろこび。

前尾繁三郎氏、田中いねさん、吉田さんお見舞に来られお見舞金頂く。

七月十八日　水　晴　男十一　女三十四

お昼前からお天気がよくなったのでみぞの砂利を引揚げて園内の整理をす。畳や床板を干したり皆それぞれ手に合う仕事に精出して、今日は大分片づいた。

松尾神社からお使あり、二十四日に又お供へのお下りをとりに来てくれとの事、お礼をのべてよせて頂く様御返事す。

社会福祉協議会より二十一日に「最近の社会事業について」懇談会あるよし通知あり。

七月十九日　木　晴　男十一　女三十四

今日も引続きお天気なので園内整理。

主事区役所に砂糖のチケット受取に行く。

七月二十日　金　晴　男十一　女三十四

弓削さんから来信あり、病気もよくなってもう退院してもよいから園の方に手続せよとの事だからとの事。

小国市役所に初診券受取に行く。

社会福祉協議会より電話あり、成人部会二十六日と決定、連絡は協議会の方でして下さるよし。

七月二十一日　土　晴　男十一　女三十四

午後二時より民生会館で「最近の社会事業」懇談会あり、横川、小国出席。

午後四時過、高山市長一行水害地視察に来られ園にもお見舞に来て下さる。

佐藤さんから御聞きしましたと嵯峨野の武内畳店主来園、お金は這入った時でよろしいからこのまゝではお困りでしょうから何時でも御都合のよろしい時電話して頂けば持って来ますからと云って帰られた。

七月二十二日　日　晴　男十一　女三十四

離れの南側の畳あげて床下の泥さらへをなす。

七月二十三日　月　晴　男十一　女三十四

園長早朝高野行。

七月二十四日　火　晴　男十一　女三十四

南、北各三、四、五の六室の畳、床板をあげて大掃除をなす。

園長午後帰園。

午後四時より主事と園生三名リヤカー持参で松尾神社にお供物の野菜のおさがりを頂に行く。トマトが随分沢山あった。

七月二十五日　水　晴　男十一　女三十四

明二十六日の成人保護委員会に提出の共同募金への水害の被害復旧修理費支給方依頼の書類作成。

七月二十六日　木　晴　男十一　女三十四

成人保護委員会に園長病気の為主事出席、畳やさん来てくれて畳が這入った。

七月二十七日　金　晴　男十一　女三十四

集会室大そうじ。

七月二十八日　土　晴　男十一　女三十四

共同募金あての書類を協会あてに書直して提出。

園長来月二十日頃迄留守の為、来月はじめ鉄道弘済会視察の件は副委員長におまかせする様連絡。

七月二十九日　日　晴　男十一　女三十四

南と北一号室掃除、醍醐同和園石井氏に中央福祉協議会専門委員になって頂く様園長より電話す。

七月三十日　月　晴　男十一　女三十四

早朝園長帰国、福祉協議会より来園、提出書類につき実状調査、せいぜい早く協会から募金局の方に手を打ちますからとの事であった。

七月三十一日　火　晴　男十一　女三十四

朝保健所から沢山来て下さってケロシンや石灰撒布して下さる、畳に家だにがついて来たらしく、畳の新らしくなった所の者丈あちこちかまれてゐたので充分消毒して頂く。

朝から倉庫の大そうじ。

八月一日　水　晴　男十一　女三十四

府より電話あり、宮津の講習に是非参加する様との事で、園長も留守なので出られない、からと云ったら二部に分けてあるのだから別々にしてゞもとの事であったので一応考へますと御返事す。

京都病院から電話あり、弓削さんが全快したから一日も早く引取ってほしいとの事なので両三日待ってもらう様返事。

八月二日　木　晴、夕立　男十一　女三十四

横川、小国、府市と谷山、市田氏訪問の予定で出たが、時間の都合で市田さんにはよれなかった。府で講習の事、事情話したら、坂根さんも二、三日の事どうという事もなからうから行ったらよからうとの事で、八、九、十の三日間参加と決定、保険課に書類提出。

福田、浮揚のお供養にお菓子配給。

八月三日　金　晴、夕立　男十一　女三十四

横川相互に行ったが、前田様お留守で広瀬様も来客中との事でそのまゝ帰った。国立病院に弓削さんの事連絡に行く。すっかりきず口もよくなってよく肥っていた。月曜日の朝むかへに行く様話しを決めて帰る。

朝の内に曇華院に行き、お厨子を頂いて帰る、帰途六字洞で花の苗を沢山に頂く。

大覚寺からお風呂に這入れと云って頂いたので園生も頂く。

八月四日　土　晴　男十一　女三十四

朝福祉協議会より電話あり。どの位自己負担出来るかとの事なので、出来れば全額頂き度く、さもなくば不足分は借入にでもして頂き度いと申し入れ。自己負担はせいぜい一万円位相互の分をあてる旨返事。

お観音様をお厨子に収めたら、とてもよくなった。お盆には御前様がお詣りさせて頂くとの事であった。

大覚寺に土地の登記の件につき門跡の判を頂きに行ったが十二日迄お留守のよし。

事務費、保護費の請求書作成。

相互で一万円頂き、日本クロス森田様を御尋ねしたが土曜日で御帰りの後だった。

八月五日　日　晴　男十一　女三十四

午後府の石田様来園。税務の方に変られたよし。

八月六日　月　晴　男十二　女三十四

主事と八田さんとで弓削さんの退院のむかへに行く。市に請求書提出、相互の小切手を現金にす。府より電話あり、汽車の切符受取に行く。

八月七日　火　晴　男十二　女三十四

西陣病院から中沢医療券の請求あり、市に申請書提出。

八月八日　水　晴　男十二　女三十四

横川、小国、橋立の講習会に参加、八、九、十、三日の予定。

八月九日　木　晴　男十二　女三十四

共同募金局より宣伝部長衣川氏水害実状調査の為来園、同和園より、老人の日の計画書到着。

八月十日　金　晴　男十二　女三十四

八月十一日　土　晴　男十一　女三十四

横川、小国、盆用品買入の為、京都へ行く。帰途坂根さんのお宅へ御挨拶に行く。

八月十二日　日　晴　男十一　女三十四
連日の酷暑にもかゝわらず一人の病人も出ず。
盆の灯籠流しの灯籠の申込寿楽園丈で三十ヶ、とうば別に六ヶ。とうば丈先にとゞけて頂いたので仏前におそなへす。

八月十三日　月　晴　男十二　女三十四
今年は寿楽園舟が出来なかったので、園の仏様各々霊位と福田、前山の二つの新仏様と三ヶ灯籠を追加す。
保護費、事務費受取。

八月十四日　火　晴一時曇　男十二　女三十四
府、共募、市に月報提出、府で福嶋さんにお目にかゝり老人の日について三施設で相談する事にし福嶋さんから石井さんへ連絡して下さる事となる。

八月十五日　水　晴　男十二　女三十四
大覚寺からパン百ヶお供へを頂き園生に配分、朝の内に園生にお風呂に這入る様との御通知を頂き一同大よろこびで入れて頂く。午後より横川、小国、市田前理事さん宅訪問。

八月十六日　木　晴　男十二　女三十四
曇華院の御前様が御厨子の様子も見度いから朝早くお詣りするとの連絡あり、十時頃来て下さり、久邇宮様のお召物の布とかでちりめんに縫取のある切地を打敷に頂く。園生にはお菓子をおみやげに御持参下さる、藤田さんから御供へのお菓子も配分、御前様の導師で一同観音経と、心経をあげさして頂く。
午後七時頃より嵐山で灯籠流し、リヤカーで灯籠を運び一般の分を上の流し場迄運ぶお手伝を三浦、人見等奉仕す。

八月十七日　金　晴　男十二　女三十四
ラヽのラード受取の為、主事、上田と共に藤和ＫＫに行く。

八月十八日　土　晴　男十二　女三十四
福嶋さんから電話あり、二十七日は都合が悪いので、二十四日に老人の日の打合せ会をする由連絡あり。

八月十九日　日　晴　男十二　女三十四

八月二十日　月　晴しぐれ　男十二　女三十四
府の坂根さんから宮津の講習の時の写真送って下さる。
マ台風の余波で涼風立つ。大覚寺二十日盆、一同参詣す。

八月二十一日　火　晴　男十二　女三十四

八月二十二日　水　曇　男十二　女三十四
園長十二指腸で入院の由来信あり。
物入れの整理。
石井様より電話あり、老人の日についての打合せ会は、二十四日の九時からの由、電話聞取りにくし。

八月二十三日　木　晴　男十二　女三十四
共同募金局より水害復旧費の一部見舞金を本日受取に来る様との来信あり、小国受取に行く。一万五千円也。

八月二十四日　金　晴　男十二　女三十四

老人の日について三施設の打合せ会同和園で開催さる。三十一日近畿養老事業施設大会に京都府からの提出議題の審議、老人の日について各施設の行事予定等。

八月二十五日　土　晴　男十二　女三十四

市より電話あり、主食の値上り分として八月一日より、千四百二十円を九十追増に計算する様との事。

八月二十六日　日　晴　男十二　女三十四

主事、共同募金右京支部の招待で大阪の施設見学。

八月二十七日　月　晴　男十二　女三十四

クーポン券受取の為、井上を区役所に使に出す。小鴨、吹田両氏来園、人形製作の件につき依頼す。

八月二十八日　火　曇　男十二　女三十四

八月二十九日　水　晴　男十二　女三十四

主事授産場に小鴨氏を訪ひ、人形製作講習の件打合せ。市に医療券の申請書提出。午後成人保護委員会。市児童課より帽子七ヶ頂く。

八月三十日　木　晴　男十二　女三十四

朝大覚寺に行き共募借入金の書替に関する書類に理事長の印をもらう。社会福祉協議会に書類提出。府と市に水蓮持参。

市で医療券もらう。

市田前理事来園。

八月三十一日　金　晴　男十二　女三十四

神戸社会事業会館で近畿養老事業打合せ懇談会あり、横川、小国出席、午後神戸救護院参観、入院者の表情くらく言葉もかけられない様であった。畳一枚に約一人の割。

九月一日　土　晴　男十三　女三十四　入園　男一

安田道唯入園。

九月二日　日　晴　男十三　女三十四

内職の件につき岡田氏来園。貿易物の広巾反物の緯経糸を抜く仕事、兎に角出来るかどうか一組丈道具を持参してもらう様に御願いす。

九月三日　月　晴　男十三　女三十四

畔柳《くろやなぎ》さん来園。

九月四日　火　晴　男十三　女三十四

ラゝの衣料配分受領の為、三浦、河田二名と横川と千本倉庫に行く。厚生省からの指示により運搬費節約の為今迄のように配給して頂かれない由。

来園者／岡田氏仕事持参。

九月五日　水　晴　男十三　女三十四

本日園長帰園。

市に保護費事務費の請求書提出。

授産場で人形の作り方教えて頂く。

九月六日　木　晴　男十三　女三十四

西口の歯科の医療券の件につき横川市保護課と打合せ。

来園／京都新聞記者――としよりの日について。

九月七日　金　晴　男十三　女三十四

園長協議会、府庁等訪問。

横川授産場に人形作りの為出向く。帰途相互に寄附金頂きに立寄る。

大阪社会事業聯盟より保護費、事務費の値上げ申請について資料とする為の四～八月入用費内訳書の書式送附さる。

九月八日　土　晴　男十三　女三十四
加藤アイの医療券の申請書提出。帰途銀行行。
本日朝、講和調印の感謝祈願の為心経五巻読誦。

九月九日　日　雨　男十三　女三十四
久々の雨で心静かな一日、マスコット人形作りをなす。

九月十日　月　曇　男十三　女三十四
紫草苑より電話あり、十七日洗濯、つゞくり等の慰問に来て下さるよし。

園長東京行。

丹羽、西口の医療券八月分丈送って来たので九月分もらいに行く。

経理報告書提出。

来園／消防署の人二名――十八日映画の会場其他について調査の為。水槽、馬けつ等よく整備してあるとほめて帰る。保健所――水質検査の為。

九月十一日　火　曇　男十三　女三十四
市に保護費、事務費受取に行く（横川）。
夜学校で共同募金局主催のえん芸大会あり、園生も多数見に行った。

九月十二日　水　晴　男十三　女三十四
としよりの日行事多き為、とり越してラヽの衣料の配分をなす。中京安定所より小田の件、電話あり。一度本人よこすとの事。
富貴亭《ふうき》行は十六日、二十五名迄と連絡あり。
来園／都新聞記者――としよりの日について。

九月十三日　木　晴　男十二　女三十四
朝、嵯峨少年赤十字団と京都新聞社の人二名来られ、十五日の新聞にのせる写真をうつさる。

午後一時から市で看護費の件につき三施設より陳情、寿楽園は診療所が無いのでそれに目下手のかゝる病人は無いので、関係無いが、以後あまり手のかゝるのは同和園並に洛北へ送ったらよいとの事。

来園／嵯峨少赤。京都新聞記者。浅沼おらい様、二十三日慰問の件につき何れ打合せに係の人をよこすからとの事。

小田武次郎、入園懇願の為。

九月十四日　金　曇後雨　男十三　女三十四
祖谷きく家庭の事情で退園する為、区役所に転出証明書をもらいに行く。協議会より電話あり、お餅の特配希望なら取りに来る様との事なのでもらいに行く。市にとしよりの日の週間行事提出。小田の件沢井さんに事情を話し了解を得。明日は年よりの日なのに夕方から雨が降り出した。
来園者／小田武次郎氏ふとんを持参す。市へ安定所から申請書出して頂く様話して帰らす。谷中弥一郎氏、二十三日お芝居の件につき。

九月十五日　土　雨　　男十四　女三十三
入園男一、退園女一

はじめての「としよりの日」朝職員園生一同で後援者へ感謝の心経読誦をなす。七十七才以上の高齢者に寿楽袋贈呈、左記十一名。

白谷熊吉、藤原熊太郎、安田道唯、藤田暦尾、阪本ヨネ、松井カネ、鈴木うの、安田栄、加藤里枝、加藤アイ、古川ちえ、タオルとグリコ。

成人部会からとして京都保護育成会、感化保護院の二施設からとしよりの日の慰問として飴御持参、来園。

園は昼昨日のお餅でおぜんざい、夜はお赤飯。

午後は嵯峨小学校の可愛らしい生徒さんが沢山来て下さって唱歌や舞踊等見せて頂き慰問文や、絵を沢山に頂いて一同涙を流して大よろこび。

中京龍池小学校四年、西院小学校六年二組の皆様等から沢山に慰問の作文や絵を頂く。

来園／京都保護育成会の佐々木氏、感化保護院土屋氏、毎日新聞記者、嵯峨小学校慰問団。

九月十六日　日　曇　　男十四　女三十三

今日は富貴亭に招待されて十八名職員二名計二十名富貴亭に落語万才を聞きに行く。とても面白かったと一同大よろこび。後援者に感謝状発送。

園長帰園。

来園／上京、中紙屋川演芸部の方二名、二十三日の打合せ。

九月十七日　月　晴　　男十四　女三十三

警察に集会届をなし、ビラの許可を受く。

寿楽園一同の選挙人名簿を役場に提出、慰問文絵画等の受取発送。

洛北紫草苑から洗濯、つゞくり等に来て下さり、大助かり。老人の反物ほぐしを見てさすがお年寄丈あって仕事が丁寧で、ロスを出されないのに感心した。若い人なら引かゝるとエイとばかりに切ってしまいますけどとの事。午後府社会課から来園、としよりの日の行事表まだとゞいていないとの事で御渡しする。

来園／洛北紫草苑三浦様、園生二人。府社会課。

九月十八日　火　曇後雨　　男十四　女三十三

夕方迄マスコット人形を作る。

福祉協議会より映画の慰問あり、桜園施設部長の御挨拶あり、慰問品も頂く。とてもとても面白くて園生も来会者も大よろこび、会場一ぱいの入場者で大盛会であった。

来園／桜園施設部長外五名。共同募金局。今泉氏、糸わく持参。石川前監事。淑女高女の先生、慰問文持参。

九月十九日　水　晴　　男十四　女三十三

婦人会の班長会でとしよりの日の行事として寿楽園慰問と決定、手拭、キャラメル等頂くよし。二十三日夕の芝居慰問団の事連絡を各班長さんに御願いす。

共同募金のバッチ嵯峨で六千箇消化するに決定のよし。

本日福祉協議会で成人保護委員会、園長出席。

九月二十日　木　晴　　男十四　女三十三

毎日新聞に寿楽園から相互タクシーにマスコット人形を作って日頃の御礼にむくゆる事として製作にせい出している事が出てゐた。

九月二十一日　金　晴　　男十四　女三十三

午前十時から園長に引率されて職員二名園生代表三名で相互タクシーの社運隆盛、無事故を祈って製作したマスコット人形二十三ヶと千巻心経御祈とうのお礼と感謝状を持参して相互に行く。都合よく社長も居られ、一同お目にかゝって御礼を申し上げた。社長も大変よろこんで人形を受取って下さり、お返しに反物だのシャツタオル等沢山におみやげを頂いて帰った。午後毎日新聞社から電話あり、写真をとりそこなったので、も一度おばあちゃん達をつれて相互タクシー迄来てほしいとの事で車をまわして頂き相互に行く。おばあちゃん三人が車に乗ってお人形をつるしている所を写す。

午後一時半嵯峨婦人会役員班長さん等、会長さんと御一しょに手拭、キャラメル等持って慰問に来て下さる。園生のかくし芸等も出て和やかな半日を過す。

社会福祉協議会から石川さんが来られ園長に二十八日の大会の当日第四部会の副部会長になってほしいとの事。

二十三日のお芝居の時のマイクの試験に中紙屋川演劇団の方が来られた。調子よし。

来園／嵯峨婦人会役員。福祉協議会石川氏。紙屋川演劇団の方。

九月二十二日　土　晴　　男十四　女三十三

午前中に区役所に主食申請書提出。

協議会に金庫資金に関する資料の書類提出。園生に昨日の相互のお土産分配。

毎日の朝刊に昨日の写真が出ていて一同大よろこび。もっともっと沢山お人形をつくりましょうと大張切り。

区役所の帰途多田様のお宅に立より奥様にも御礼を申し上げたら、昨夜は社長も大変よろこんでいられた由。

九月二十三日　日　晴　　男十四　女三十三

午後二時半頃から中紙屋川町演劇団の方達が来られ会場の準備、園生は本日町内の道路清掃の為五名を出す。その為働ける程の者がなくて会場準備の為の御手伝が出来なかった。

六時頃からお芝居開幕されたが、御近所の御老人も沢山に来られよろこんで頂く。素人芝居だが中々に上手でくろうとはだし。緊急停電の為何れともなし難く停電が長くて閉幕がおくれ一部の方は遠路歩いて帰られ御気の毒だった。
来園／中紙屋川町演劇団。
九月二十四日　月　曇後雨　　男十四　女三十三
道家《どうけ》先生から先日老人の日の毎日新聞社の写真を頂く。
来園／中紙屋川町演劇団、道具取りに来らる。
九月二十五日　火　晴　　男十四　女三十三
主事午後市役所に白谷の医療券申請書提出。
九月二十六日　水　曇後雨　　男十四　女三十三
右京留守家族連盟から、比島へ贈る人形提出方依頼さる。
九月二十七日　木　晴　　男十四　女三十三
区役所に主食配給証明もらいに行く。
九月二十八日　金　晴　　男十四　女三十三
京都社会福祉事業大会が東本願寺で開催され、園長、横川、小国出席、園長は第四部会副部会長となる。
来園／日本クロス森田専務。
九月二十九日　土　曇しぐれ　　男十四　女三十三
伝票印刷。比島へ留守家族会から送る人形製作。
来園／糸やさん。
九月三十日　日　雨後曇　　男十四　女三十三
右京仏教会主催の地蔵流しが嵐山で催され、園生も楽しみにしていたが雨の為出られず。講和報告英霊供養の法要が天龍寺で催され、会場で校長先生にお目にかゝり、七日の運動会には是非園生の方に来て下さる様との事。
スクラップブックに先日来の新聞記事を整理す。
十月一日　月　曇後晴　　男十四　女三十三
本日より共同募金期間に入る。横川、小国午後より嵐山に婦人会の街頭募金に協力、二千六百余円。渡月橋上で相互タクシーにつるされたお人形をはじめて見る。小さいお人形の胸に赤い羽根がさゝれていた。涙が出る程うれしかった。私達を御存じの運転手さんだったと見えて私達にお人形を示しながら前を走って行かれた。
朝南船井郡の方が四名来られ、郡内百五十余ヶ寺で今度養老院をはじめ度いと思うので、色々お話を聞いたり、園内も見せてもらい度いと云って来られ、園長もいろいろお話をし、兎も角何も彼も府の坂根主事にすがってやってもらいなさいとすゝめ、十一時過帰られた。
来園／船井郡民生、宗教団、養老院設立の為。
十月二日　火　晴　　男十四　女三十三
朝府社会課より電話あり、午後課長、坂根主事、向井さんの三名来園、園内視察。夜岡本ナカ腹痛、松田先生に来診を乞う。胆石症。
来園／府社会課長、坂根主事、向井さん。松田若先生。
十月三日　水　晴　　男十四　女三十三　死亡女一
主事午前中、右京共募運動参加。

午後零時、岡本ナカ死亡、昨日は炊事番で何の事もなく働いていて今日はもう仏様になっている。楽な往生であった。弟のところへ打電。葬儀屋に電話す、明日午後三時出棺。来園／市営葬儀。

十月四日　木　晴　男十四　女三十三　入園女一

西陣病院に電話、中沢トラ九月分医療券の件、その節岩崎まさ入園、本日午後との連絡あり。

主事朝、市保護課に継続医療券申請書、葬祭費申請書、岡本、和知医療券申請書提出。

岡本の葬儀、午後三時出棺、横川、小国、園生二名、岡本の弟夫婦蓮華谷に行く。

園長本日共同募金に施設として如何に協力するかについての相談会が太秦小学校で催されるので出席。

先日の中紙屋川町演芸部に先日の謝礼に行き池の裏のお祭芝居に出てほしいとの希望を伝える。

来園／市営葬儀、岡本ナカの弟夫婦、池内善太郎氏。岡村丑之助氏他一名。右京保健所井口良造氏。

十月五日　金　晴　男十四　女三十三

葬祭費申請書、医療券継続申請書、等市に提出。

十月六日　土　晴　男十四　女三十三

午前中職員懇談会。

上嶋先生の所から園生を栗拾いに御招待頂く。九日の予定。

明七日学校の運動会に園生一同へ招待状頂く、二十九名希望者あり。

十月七日　日　晴　男十四　女三十三

嵯峨校の運動会見物寿楽園の席は木かげの特等席を用意して頂きお茶のサービスをして頂いたり、鳥井さんからは園生にと云って飴を頂く。

共同募金協力の為、ビラを作って交番で許可を得ようと思ったら、府の方の認可印が無いと困るとの事。横川、小国地域の街頭募金に参加、ビラは標語を二つづゝ取合せ感謝の意をも表はす。

例）

御仏の慈悲を地でゆく赤い羽根
赤い羽根拝んで老いの目に涙
世の福祉守る情けの赤い羽根
御情の羽根をお□がむ私達
助け合う情けのしるし赤い羽根
皆様の情けに燃ゆる赤い羽根
有り余る金は無けれど赤い羽根
赤い羽根拝んで老の眼に涙
一切のパンを分け合う赤い羽根
温いなさけの羽根でよみがへる
母ちゃんも坊やも胸に赤い羽根
赤い羽根勿体なさに拝みけり

母ちゃんも坊やも胸に赤い羽根
　世の不幸救う情けの赤い羽根

十月八日　月　曇　男十四　女三十三
　毛糸の染る時にひっゝいたのを離す内職が三十ポンド程あるのでしてもらへないかとの事で、園生に出来そうなので引受けた。後又くつ下ほどき等もあるよし、持って来ますとの事。夜岡本の一七日でお供養す。
来園／毛糸やさん。婦人会園内参観、五百円御寄附頂く。

十月九日　火　晴　男十四　女三十三
　今日は楽しみにしていた馬堀の栗拾い。園生三十名、園長、寮母に引率されて行く。昼食、おやつ等色々おもてなしを頂き、栗拾いや柿ぼり等させて頂いて、沢山おみやげを頂き一同大よろこびであった。帰って早速に栗をゆでゝ一同に分配。
　夕方中外日報の記者来園、断食の事で来られたが丁度園長も帰園、色々としよりの日や共同募金協力の件につき話し合い、としよりの日の事では中外でも寿楽園の事三回程のせましたとの事なので、記事ののっている新聞御送り下さいと依頼す。
来園／糸やさん。松田先生、和知の診察。中外日報記者。

十月十日　水　晴　男十四　女三十三
　洛北寮で京都養老事業連盟第一回の会が開催され横川、小国出席。帰途同和園の石井園長に映画をおごって頂く。行きしなに福祉協議会に立寄りお菓子の缶を返し、東京大会の参加費二百円也納附。

十月十一日　木　晴　男十四　女三十三
　市広報課より共募運動の白鳩号が右京をまわるので主事参加。

十月十二日　金　晴　男十四　女三十三
　福祉協議会で成人保護委員会があり園長出席、主事市役所で事務費受取、保護費は両三日遅れる由。施設側からの共募協力の為のビラに認可印を受ける為、府の都市計画課に行く。
　人形を教えて頂いたお礼に中央授産場に行く。

十月十三日　土　曇　男十四　女三十三
　朱雀高校から運動会に御招待を受け、園生二十二名横川、小国計二十四名出席。お赤飯、おまんじう等の御もてなしを受け、来賓席で参観させて頂き一同大よろこび、雨が降りそうになったので三時過帰途につく。雨にあうと困ると思って帰途は千丸から石門までバスで帰った。

十月十四日　日　雨　男十四　女三十三
　今日は蜂ヶ岡中学の運動会で皆楽しんでいたが、雨で中止。としよりの日のお礼状おそまきながら今日出来上り。
　夜半から台風が来るとラヂオで報じたので南側と東側のガラス戸全部畳をあげておさへ、支えをする等大さわぎしたが、幸い進路を変更したので京都は災害をまぬかれた。

十月十五日　月　曇　男十四　女三十三

朝食前に昨夜の後片附をなす。六大（新報）より電話あり、本日午後三時頃、高橋氏大覚寺を訪ね、園にも来られるよし、連絡あり。

主事児童会館で福祉法人に切替の事務講習会に出席。

高橋氏夕方六時頃来園、園生と共に心経を誦し、おせんべで茶話会をなす。日本語で世話になれる有難さ、我々にとっては当然の事の有難さを話された。あちらの収容所ではなる程そうした悲しみもある道理。何処にも有難さは満ちあふれているものを。

暁の星只深々と澄みてあり

言あげ多きわれをはじらう

来園／ロサンゼルス高橋権大僧正。

十月十六日　火　晴　男十四　女三十三

蜂ヶ岡中学の運動会で、園生の希望者三十三名を引率して横川出席、テントの中の来賓席に席を頂き、財務委員長の青木氏よりキャラメル一ヶづゝ贈らる。午後ザル引きに出させて頂き、女十四、男八名参加、えん筆を御ほうびに頂く。もっと走り度いという元気者もあり、皆昔にかへって面白かったと大よろこび。

十月十七日　水　晴　男十四　女三十三

夕方より市田先生来園。

伏見の戸倉氏来園、百円御寄附頂く、その内宇治伏見方面の同志に呼かけて又御慰問に参りますとの事。

来園／市田博士。戸倉氏。

十月十八日　木　晴　男十四　女三十三

園長夫妻、早朝帰国。

仕事に関する一貫した帳簿を作る。

夕刻大阪吹田市から三人来られ、二十五日に吹田市の民生委員八十名位慰問に来られる由。

十月十九日　金　晴　男十四　女三十四　入園女一

船越ふく入園、上京安定所より三人で送って来られた。

感謝のビラを曇華院にとゞけ、下の方に張って頂く様御願す。

来園／上京安定所三名。

十月二十日　土　晴後雨　男十四　女三十四

寿楽園概要作成、主事共同募金運動に参加。

十月二十一日　日　曇後晴　男十四　女三十四

吹田市役所に概要送附。

来園／糸やさん。

十月二十二日　月　晴　男十四　女三十四

朝市保護課に電話したら保護費が出ているとの事で主事受取に行き、園概要提出。

区役所に主食申請書提出。帰途蜂ヶ岡中学に立寄り、運動会の御礼をのべビラを御願いす。八田さん、桜井さんにもビラ御願いす。

十月二十三日　火　雨　　男十四　女三十四
中村久子女史来園、夕食後集会室で園生一同と懇談会、中村妻五郎氏も雨中を来園、おそく迄先生と話して帰らる。
来園／中村久子女史、中村妻五郎氏。

十月二十四日　水　晴　　男十四　女三十四
中村先生を御送りして京都駅迄行く。
吹田市役所より堀野氏来園、夕刻迄種々話して帰らる。
来園／吹田市福祉事務所次長、堀野丑松氏。

十月二十五日　木　晴　　男十四　女三十四
市に藤田の医療券申請書提出、帰途谷山前理事宅訪問。

十月二十六日　金　晴　　男十四　女三十四
十一時頃吹田市民生委員さんの一行八十余名来園、園概要御渡しして説明をなし、新民生委員さんも半数は居られる由で施設側からの希望とか、委員側からの質問等懇談の後園内を見て帰らる。千円寄附頂く。
来園／吹田市民生委員団。

十月二十七日　土　晴　　男十四　女三十四
主事午前中は右京の共募に、午後は嵯峨の募金に参加。

十月二十八日　日　晴　　男十四　女三十四
横川、小国、嵐山に嵯峨の街頭募金に参加。

十月二十九日　月　晴　　男十四　女三十四
共募の山下氏来園、園の南側のえん先で伊藤、井狩、中尾、鈴木の四人、及び、うさぎ小屋、それから八田さんの前と天龍寺の門のビラ等写真にうつして帰らる。
園長帰園。
来園／共同募金の山下氏。

十月三十日　火　晴　　男十四　女三十四
安田の奥さんが同和園に入園しているので安田は同和園にうつすとの連絡あり、明朝移送の連絡を同和園にする。
午後牧野先生と大阪新聞社の秋庭氏来園。先生は大覚寺もはじめてとの事なので御案内す。
来園／牧野先生、秋庭氏、寺本氏。

十月三十一日　水　晴　　男十四　女三十四
安田を同和園に送る、帰途市役所に通院費立替払の請求書提出、今後は立替払請求とせず園から直接市へ請求書出してもらったらよろしいとの事、園生の健康診断をして頂く。

十一月一日　木　曇後雨　　男十三　女三十四
園生の世話役改選、此度は全員で男女の世話人を選挙（今迄は男は男、女は女の役員選挙だった）。
男、三浦勇男。女、伊藤えん、中西たな。
主事午後区役所に安田の転出証明書をもらいに行きクーポン券も受取って、八枚づゝ同封送附。
園長午後一時半より福祉協議会で開催の東京全国大会出席者打合せ会に出席。
この秋は水か嵐かしらねども

今日の勉めに田草とるなり
尊徳翁の歌だったかしら。雑念を去って、今、今、今を生き抜く事こそ何より大切な心がけと思う。

十一月二日　金　雨　男十三　女三十四
主事市役所に保護費、事務費の請求書、十月分事業成績、移送費請求書提出。
今度入園するという長嶋来園、確定的な返事は後程する事にして市役所と相談したが、兎に角月曜に一応市に電話して決定する事となる。帰途銀行立寄り、園用のアルバムを求めて帰る。
来園／長嶋

十一月三日　土　曇後雨　男十三　女三十四
嵐山もみぢ祭だったが朝は晴天だったが丁度お祭のはじまる頃から時雨れ模様になり、園生も楽しんでゐたが出かけた者少数。
行列の稚児にしぐるゝ嵯峨の雨

十一月四日　日　晴　男十三　女三十四
園長東京の全国養老事業大会出席の為本日早朝出立。

十一月五日　月　晴　男十三　女三十四
長嶋の事につき市役所に電話す。本人の病気は大した事は無く、万一悪いようならば又病院なり他の施設なりにまわすから、兎に角入れて呉れとの事なので、本人の方に電話す。明日入園させてもらうとの事であった。

十一月六日　火　晴　男十三　女三十四
主事相互で寄附金一万円小切手受取り、銀行へ現金に換える。
長嶋来園、荷物の製理がつかないので二、三日先に入園させて頂き度いと云って転出証明書、砂糖の切符等持参。
来園／長嶋稔

十一月七日　水　曇　男十三　女三十四
早朝大覚寺より電話あり。アメリカ十三市長一行が九時から九時四十分の間に石門の所を通過し、こゝで一寸とまられるから寿楽園でも歓迎に出られてはとの事で、急に歓迎の旗を三つ作って園生職員一同出迎えをなす。
午後谷口に又土地の分割登記の件急がす。十日以内に完了するとの事。郵便局で電話の名儀の事も福祉法人になってから手続する事に了解を求む。

十一月八日　木　晴　男十四（入園一）　女三十四
浪曲慰安の件につき問合せがあったが農閑期にでもして頂けたら又改めてして頂く事にして一応御断りす。
長嶋の荷物を持参さる。
来園／保健所員二名。長嶋の下宿先の人。
入園／長嶋稔

十一月九日　金　晴　男十四　女三十四
主事、市と府に経理状況報告書提出。府で福祉法人に切替の件につき質問し度い事があったが東さんは出張中、坂根さんは来客中だったので、十八日頃迄は陛下の行幸で御忙しいよしそれが済んでからよせて頂く事にして帰園。

十一月十日　土　晴しぐれ　男十四　女三十四

午後小鴨さんが所員四名つれて園を見せてほしいと云って来られ、園と大覚寺と御案内す。

来園／中央授産場五名。

十一月十一日　日　晴　男十四　女三十四

京都府船井郡世木村殿田成就院、向井義脩氏来園。

十一月十二日　月　曇小雨　男十四　女三十四

一時より京都御所での市民奉迎大会に横川、小国出席、帰途市役所に立寄り保護費と、通院費受取。

九州養老院の主事さん来園、東京大会のお帰りの由、園の事情等種々説明。

十一月十三日　火　曇後晴　男十四　女三十四

天皇陛下が嵯峨駅御通過になるので、今日か明日園生も駅頭で奉迎させたらと思ったが今日は雨模様だったし朝だったので明日御帰りの時にする事にした。

園生に相互の寄附金配分。

十一月十四日　水　晴　男十四　女三十四

午後三時園生一同を連れて陛下を嵯峨駅で御見送り申し上げる。近々と拝めて皆とても感激していた。

十一月十五日　木　晴　男十四　女三十四

鹿王院に年一度の仏舎利御開帳会に参拝したら、寿楽園の方々も十七日迄はお詣りに来て頂いても御開帳してゐますからとの事であった。

嵯峨幼稚園から二十一、二十二両日の内園児を連れて慰問に行くから、どちらがよいか知らせてほしいとの事。

主事市役所に事務費受取に行き、初診券十五枚受取、大内の初診券提出。

園長帰園。

十一月十六日　金　晴一時しぐれ　男十四　女三十四

幼稚園に二十一日お大師様の日に来て頂く様連絡す。十一時頃百五十名位の園児来園、紙芝居やお話等して頂いて、それから池の畔で園生も一しょにお昼食、午後お遊ぎを見せて頂いて散会、という事に話合います。

来園／朱雀高校から十九日にホームプロゼクト研究発表会に出席してほしいとの通知あり。

十一月十七日　土　晴、しぐれ　男十四　女三十四

朱雀高校より電話あり、十九日によせて頂く旨返事す。

鹿王院と曇華院にお詣り、御詠歌奉納させて頂く。鹿王院ではおさつを、曇華院ではういろをそれぞれ一同に頂き大よろこびで帰園す。

特別行事／鹿王院、曇華院参詣、御詠歌奉納。

十一月十八日　日　晴　男十四　女三十四

来園／糸やさん、糸受取の為。

十一月十九日　月　晴　男十四　女三十四

園長社会事業金庫資金借入の件につき早朝より福祉協議会、府市に出張。

主事朱雀高校のホームプロゼクト発表会に出席、慰問につき園側の希望をのべ、又度々の御協力に対し感謝の辞をのべた。十二月の二十四、五日頃慰問に来て下さるよし。

十一月二十日　火　晴　男十四　女三十四

来園／入園希望の為松山キヨ氏来園。

十一月二十一日　水　晴　男十四　女三十四

十時半頃嵯峨幼稚園の可愛らしい坊ちゃん嬢ちゃん達約百五十名が慰問の為来園。おみやげにあんパン百ヶ頂く。先ず集会室で仏様の前に可愛い合掌をし、仏様に感謝のお歌を唄って、それから園内一巡の後、池の畔で園生と一しょに紙芝居を見せて頂いたりお昼食を頂いたりお遊ぎを見せて頂いたりして二時頃迄楽しい半日を過した。

慰問／嵯峨幼稚園々児百五十名。

十一月二十二日　木　晴　男十四　女三十四

京都養老事業連盟、洛北三名、同和園四名、寿楽園四名計十一名参加、清滝へ行く。東京大会報告、洛北より連盟規約御持参下さる。来月は同和園で二十日頃と決定。

特別行事／京都養老事業連盟開催（第二回）。

来園／刈分《かりわけ》の多田様。

十一月二十三日　金　雨　男十四　女三十四

来園／夕刻北海道旭川市立養老院々長来園。

十一月二十四日　土　晴　男十四　女三十四

朝のおつとめの後、旭川養老院長より北海道のお話を色々と聞かせて頂く。

ミルク、石鹸、紙等配給。

主食の申請書作成。

十一月二十五日　日　晴　男十四　女三十四

秋晴れのよいお天気で外出者多し。和知も病気全快して今日は外出させてほしいと云って出かけた。

同和園より安田導唯の砂糖の購入券が残っていないかとの問合せあり、調査の結果、藤本に残っているらしいとの事、早速取りよせて発送す。

十一月二十六日　月　晴　男十四　女三十四

来園／朝、早田氏来園、園に呉服物の巻芯製作の内職の件につきお話あり。出来る事か出来ない事か一応実物を見せて頂き、作業方法等教えて頂いての上の事とし、出来ればよろこんでさせて頂く旨御返事す。

出張／横川午後、多田様の御宅に先日の御礼に行き入園希望者の件につき御話す。区役所に主食申請書提出。

十一月二十七日　火　晴　男十四　女三十四

来園／右京保健所より三名来園、ＤＤＴ撒布の件、当方より希望すれば薬代は園負担、先方より来られゝば無料との事。今しらみは居ないし、なるべくそちらから来て頂く方にして頂き度いと申し入れ。

谷口より寄付土地の測量の為四名来園。

出張／園長成人保護委員会出席。

十一月二十八日　水　晴　男十四　女三十四
来園／右京共同募金委員会より右京の学校長、婦人会、民生委員等二十名程来園。園長より種々説明五百円也御寄附頂く。

午後厚生省施設課長熊崎氏、京都府社会課長来園。

出張／横川、小国、右京共同募金委員会の一行と共に施設参観に参加。平安徳義会、同和園指月寮参観、同和園で社会福祉法人の書類の事につき御伺いし度いと思っていたが、あちらではまだこれからとの事。

来園／谷口の若い人登記の為家屋測量。

十一月二十九日　木　曇　男十四　女三十四
急に寒さが加はったので昨夜から全部におこたを入れる事にしたので、一同大よろこび。又もみがら炭作りをはじめた。今年はうんともみがらを集める様にしなければならない。

十一月三十日　金　晴　男十四　女三十四
出張／朝市役所から電話あり、映画の券があるから来るついでがあったら立寄る様との事で、医療券提出して券受取って来た。「羅生門」。

午後府から先日の調査急を要するのでと電話で問合せがあったが、主事不在で明朝提出するからと返事す。

調査事項左の通り。

昭和二十六年度保護施設上半期カロリー調

区分	4月	5月	6月	7月	8月	9月	平均
カロリー	1947	1796	1723	1798	1865	1912	1840

上半期延人員調

区分	4月	5月	6月	7月	8月	9月
生活保護法	1350	1395	1350	1395	1421	1411

上半期実人員調

区分	4月	5月	6月	7月	8月	9月
生活保護法	45	45	45	45	46	48

上半期保健状況調

区分	4月	5月	6月	7月	8月	9月	平均
入院者延人員	60	62	60	62	37	30	52
診療者延人員	54	25	72	68	43	63	54
計	114	87	132	130	80	93	106
罹患率	7.9%	5.97%	9.35%	8.57%	5.49%	6.45%	7.37%

上半期稼働状況調

区分	4月	5月	6月	7月	8月	9月	平均
施設内稼　働	180	155	120	168	160	220	167
施設外稼　働	15	35	24	3	6	12	16
計	195	190	144	171	166	340	183
稼働率	1.4%	1.4%	1.1%	1.2%	1.1%	2.4%	1.43%

十二月一日　土　晴　　男十四　女三十四

入園者の諸調書、石川さんにことずけて府に提出。

夕刻隣の北川さんからお稲荷様のお火たきのお供との事で、パン、餅、みかん、等五十五袋頂き園生職員一同に配分。

松尾神社より電話あり。本日秋季大祭で又お大根等お野菜のお供があるので入用なら明日取りに来てほしいとの事なのでよろこんで頂戴に上る旨御返事す。

来園／寺本かね子さん来園、御詠歌おどり等園生に教へて下さった。

十二月二日　日　晴　　男十四　女三十四

出張／午後松尾神社へ主事三浦、船渡、上田の四名でリヤカーを持ってお野菜を頂きに行き、大根、ねぎ、しゃくし菜等約三十貫頂いて帰る。御自慢で神前に捧げられたもの丈に誠に見事なものばかりである。

来園／黒畔さん来園、安定所等も監査で大さわぎしたとのお話、夕刻帰られた。

十二月三日　月　晴　　男十四　女三十四

カロリーの月々の一覧表を作成。朝会の時、先日平安徳義会参観の際の見聞した事を話し、その内抱き人形を作って園児の慰問をして、可愛い孫のお守のつもりで一日お守に行き度いと思っている旨話したらよろこんでいた。

来園／西院第一前民生委員会代表池上氏。

午後西院第一の前民生委員会から代表として池上重恵氏来園、年末も迫ったので何か園の為に使って下さいと三千円御寄附頂いた。

十二月四日　火　曇　　男十四　女三十四

来園／フック氏夫妻、スラタリー夫人。

園長が京城時代に心安くしていられたフック氏夫妻とその友人と三人来園、友人の奥さんが木曜日に園の人をのせて京都の方をドライブしようとの申し出あり。おみやげに果物を頂く。

本日請求書作成、松田先生から十一月分の医療券早くほしいとの事、浅見さんに電話して医療券提出の日も迫っているので藤田暦尾の医療券十一月分を十二月にまわして頂く様連絡す。

十二月五日　水　曇しぐれ　男十四　女三十四
配給／昨日の頂いた果物園生一同に配分。
出張／園長昨日の御礼の為スラタリー氏宅訪問、主事市役所に医療券もらいに行き、十一月分保護費事務費の請求書提出。小国寄附土地登記の件につき谷口事務所に行ったら明日渡辺氏の宅へ行き農地分割寄附の事について話しての上園の方へまわる由。

十二月六日　木　晴　男十四　女三十四
来園／園長が昨日スラタリー氏宅を訪問された時明朝電話した上で行くからとの事、一時半頃通訳一人つれて来られ園生一同に板チョコ一枚づゝ御土産頂く。
配給／板チョコ。夫人から一同に手渡して頂いたら皆大よろこび。
特別行事／ドライブ。第一回は前役員が連れて行って頂く事になり、八田、井狩、後藤の三名と園長同乗、スラタリー氏にも御挨拶し、東山から南禅寺植物園の方までドライブして夢の様でしたとよろこんでいた。この次には又若く美しいお友達同伴で来るからとの事で一同楽しんでいる。

十二月七日　金　晴後小雨　男十四　女三十四
出張／朝園長主事府の社会課訪問、社会福祉法人に切替の件につき疑問の点聞き度かったのだが、東氏不在。それに少し手続の形式が変る処があるやも知れないので年内には駄目だらうとの事であった。
　主事共同募金局へ行き第三回経常費配分金頂いて帰る。園長午後一時半より右京区役所で右京社会福祉協議会発会準備委員会に出席。
　糸屋さんから糸の手間賃と一しょに一千五百円也色々御世話になるからとの事で送って来られたので寄附金として御受けした。
　府社会課から事務費に関する調査書到着。
　経理状況、ラ、月報と共に明朝石川の子供にことずけて頂く。

十二月八日　土　晴しぐれ　男十四　女三十四
出張／園長市役所に行き入園依頼者の件問合せ。その時事務費差額請求書提出する様との事であった。尚十二月前半の前渡金は保護費丈しか出ないかも知れないとの事であるが兎に角両方とも提出して置く様との事。主事相互に行き寄附金頂く。銀行で現金に変え、襖紙買求め谷山前理事宅訪問。
　中沢トラさん死亡しましたと西陣病院より通知あり。

十二月九日　日　晴　男十四　女三十四
来園／祐信会青山氏。昨年八月お小遣やパン飴等持って御慰問下さった祐信会の代表者青山氏来園、この十三日に又一行五、六名で来て下さるよし。

木村さん電話室の棚作りに来て下さる。夜業にかけて仕上げて下さった。

十二月十日　月　晴　男十四　女三十四
西陣病院に中沢の十一、十二月分医療券発送。中沢のお骨は千代の御所に引取って下さるよし。中沢の本籍地がわからないので知らせてほしいとの事であったが当方にも不明。前に上京区役所から戸籍謄本取よせようと思ったが不明である旨返事す。市役所に電話して見たが今月は今のところ二、三日先でないと事務費保護費ともに出ないらしい。出次第電話するからとの事。
福祉協議会から電話あり。十四日成人保護委員会開催し度いから都合如何との事。

十二月十一日　火　晴　男十四　女三十四
本日来園の筈であった右京婦人会の見学は都合で十三日に延期のよし。
出張／園長民生会館で保護法の改正に伴う事務の講習会に出席。主事年末調製の説明会（日本クロスに於て）に出席、帰途多田様のお宅を訪問。

十二月十二日　水　晴　男十四　女三十四
出張／主事区役所に行き区長さんに大覚寺門跡の書を御渡しす。それから民生安定所に杉本所長さんを御尋ねしたが所長会議に出席されて御留守、衣料配分の件だらうと思うとの事であった。園の方の希望をのべて帰る。

明日木曜でスラタリー婦人が来てくださる日なので自動車にのせて頂く者の順位を決める為くぢ引す。前役員をした事のある者を先にし後の順、左の通り。

井上、佐治、鈴木、小田、加藤里枝、船渡、柴田、永嶋、西村、河田、高田、人見、高橋タキ、白谷、桝谷、大内、石井、野崎、渡井、高橋ユキ、田中、谷村、藤田、加藤アイ。

配給／お供養のおせんべ。横川の母の命日が明日なので、明日は色々行事が重なるので今日にくり上げておせんべのお供養をし園生一同御詠歌のお供養をなす。

園長が夜スラタリー夫人の処へお電話したところ、明日は教会で自動車が三台位になるやも知れぬが、明日にならないと判明しないとの事なので、明日正午頃も一度お電話する事となる。

十二月十三日　木　晴　男十四　女三十四
来園／右京民間社会事業振興会。朝十時民間社会事業振興会主催、右京婦人会の方約五十名、石川照吉氏、右京民生安定所長杉本氏等引率のもとに来園。園長より園の事情説明、園内視察して帰られた。おみやげ五百円頂く。
祐信会。引続いて祐信会の方十名程来園今年も又園生一同にお小遣とパンを頂き、園の方にも九百円御寄附頂く。
スラタリー夫人一行。午後一時半、スラタリー夫人一行来園。此度はお友達が二人参加され自動車三台。先ず園内行事のおつとめ、園歌合唱、御詠歌、御詠歌おどり等見て頂き、それから園生九名、職員三名、天野さんにも来て頂き、三台の自動車に分乗して市内見物に出かけ、園生は大よろこび。暮のにぎやかな河原町通りや四条通りを走り、京都駅から都ホテル、平安神宮等通って嵐山の秋のなごりの残りのもみじを見て帰園。

配給／おみやげのパン、小遣、ビスケット、たばこ。

夜頂いたビスケット、たばこ等配分。今日は園生にとっては随分すばらしい日だった。

朝市の沢井さんから前月分事務費扶助費が出たからと御通知頂いたが、こんな事でごたごたして行けなかった。

府から電話あり。先日の報告、合計額に間違あり訂正して出してほしいとの事であった。炊婦給料が抜けていたので（三表）一、二表と合はなかったのだ。

十二月十四日　金　晴　男十四　女三十四

出張／園長成人保護委員会に出席。主事市に十一月分事務費、保護費受取に行く。

昨日のことが、京都新聞に出ていた。

来園／新聞の記事を見たと云って、園長の京城時代の知人中川氏来園。園長不在の為、園長の出先へ会いに行かれた。

園長スラタリー夫人宅訪問。夫人厳父御死去の報に接し弔問の為。二十一日には園生一同で厳父の御冥福を祈り御つとめさせて頂く約束して帰らる。

十二月十五日　土　晴　男十四　女三十四

朝の内に事務費差額と、半月分事務費保護費の請求書作成郵送。同和園より電話あり、京都養老事業連盟の会合は二十一日にするからとの事なので二名参加と御返事して置いた。

二十一日に慰問に来て下さるＣＩＣの子供さん達に何か贈物をと思っていたら園長が鳩居堂から京絵馬を寄贈してもらって来られたので、之を贈る事にする。夜に井狩、伊藤のおばあちゃん達に手伝ってもらってお人形作り。

十二月十六日　日　晴、小雪　男十四　女三十四

横川、小国嵯峨仏徒連盟の年末義捐金募集の托鉢に参加。一行に園で一服して頂いてお茶、ビスケットのお供養す。園長より感謝の御挨拶をなす。園生からもお小遣を割いて供養にさし出す者あり。お金とお米が集まったのでその内寿楽園にとお米を頂く。夜は又お人形作りをなす。

十二月十七日　月　晴　男十四　女三十四

河野さん風邪でお休み。カロリーの計算をなす。

松田先生が寿楽園にも共募から年末資金として二万円出る筈で前の借入金はそれで消える筈だとの事であったが、まだ何の通知もなし。そうして頂ければ肩の荷が下りるというもので有難いのだが。

十二月十八日　火　晴　男十四　女三十四

朝同和園に行った安田のおぢいちゃんが相変らず赤い顔して、何か忘れものしたからと云って来た。あちらでは酒は自由に飲ましてもらうし酒呑んで赤い顔してお説教さしてもらへて、わたしには幸ですとの事。

来園／太秦署より二名チョッキ持参。夕方太秦署から二人来られて林覚太郎氏委託の真綿チョッキ十八枚頂く。厳冬に何より有難い贈物で、園生もさぞかしよろこぶ事だらう。

木村さんクリスマスツリー作り。夜木村さんの兄ちゃんが来て集会室にクリスマスツリーを上手に作って下さって、万国旗やテープ等で室内を飾り、ツリーも美しく飾りつけが出来た。

十二月十九日　水　晴　　男十四　女三十五

入園／前田よし入園。

朝、市保護課より電話あり。入園させるが何時からでもよいかとの事なので、当方は何時でもよい旨返事す。市としては今後なるべく施設と本人との直接取引はせぬ様にしてもらわないと、市の方へも止むを得ぬ事情の者ばかり次々とつめかけているのを色々苦労して待たせてある実情なのだからとの事であった。

午後入園す。村上先生が夜お花入れに来て下さる筈だったが来て下さらなかった。

十二月二十日　木　晴　　男十四　女三十五

園の年賀状を作る。

来園／村上先生、お花を入れに来て下さる。午後、前理事中村勝造氏来園。

十二月二十一日　金　晴　　男十四　女三十五

出張／京都養老事業連盟の会合が同和園で開催されたので横川、河野出席。ストの為、市電市バスが動かないので止むを得ず汽車と京阪バスで行った。

嶋田さんから明日朝五百円寄附金渡すから領収書持参せよとの事。そして後で直接本人さんの方へ礼状出してほしいとの事であった。

午後スラタリー夫人来園。仏式による厳父の御供養をしたところ米国で死亡したので日本ではお葬式をしていないのだが、こゝでこうしておつとめしてもらって大変うれしいとよろこんで頂いた。

配給／先日スラタリー夫人のお友達に頂いた千円でおみかんとお菓子を買って一同に分配。その後河田と西村と園長同乗。東寺に参拝、東寺を案内して帰園。

寄附／東寺で下京区松原大宮新町上ル歓喜会より寄附の一千円頂いて帰る。

明日午後二時半頃に朱雀高校の生徒さん達慰問に来て下さるよし。丁度スラタリー夫人の一行と一しょになるけれど学校の方も日のやりくりがつかないとの事なので、一しょになるのも又止むを得ないだらう。かえってよいかも知れない。

十二月二十二日　土　晴　男十四　女三十五
出張／主事朝市役所に行き十、十一月事務費差額、十二月前半保護費、通院費受取る。

寄附／市役所で乙訓郡久世村の清水たつよ氏より亡夫供養の寄附金五百円也頂く。

慰問／午後スラタリー夫人一行二十五名程、タオル、石鹸、ちり紙、キャンデー、ビスケット等沢山の慰問品を持って来て下さり可愛らしい子供さんのクリスマスの歌、日本語のお手々つないで等聞かせて頂き、園の方でも老人達の園歌、いろは唄、御詠歌おどり等で楽しい一刻を過し、二時過には朱雀高校の家庭クラブのお嬢さん達もお手製のおいしい落がんやおみかん、古着等御持参頂いて、舞踊、謡曲、合唱、紙芝居等見せて頂いて大よろこび。

夕食後頂いたものを一同に分配して、園長職員一同もいっしょににぎやかな茶話会を開いた。

十二月二十三日　日　晴しぐれ　男十四　女三十五
出張／園長、園の役員をつれて相互にお礼に行き、小布をつぎ合せたクッションを持参。日曜なので社長も広瀬課長もお留守。前田専務さんがいられ、大変よろこんで頂いた。

午後キリスト教青年団から電話があり、明日午後二時頃十人程で慰問に行くからとの事であった。

十二月二十四日　月　晴　男十四　女三十五
園長早朝帰郷。

慰問／午後京都ＹＷＣＡの子羊クラブの方四名で、あちらから送って頂いたのをおすそ分けしますと云って板チョコ四十枚御持参下さった。

寄附／石川さんが右京民間社会事業振興会からと云って木炭五俵御寄附下さった。暖いお正月がさせて頂けるわけだ。

鳥井さんから園生と職員に飴玉の袋入人数丈御寄附下さった。明日幼児園に行く時のおやつに持たせてやる事にする。

木村さんの若い衆二人来て下さって事務所の根太《ねだ》修理。

十二月二十五日　火　晴　男十四　女三十五
十時半からお向いの幼児園のクリスマスにまねかれて園生一同よせて頂く。可愛らしいお遊ぎを見せて頂いておみかんを頂く。

寄附金／民生安定所から電話あり、嵯峨豆区役所で、仏徒連盟からの年末義捐金配分するから取りに来る様との事で、困窮家庭に配分した残金一千一百六十九円五十銭也、寿楽園に頂く。

出張／主事、市に餅代受取に行く。

十二月二十六日　水　晴後小雨　男十四　女三十五
年賀状書き、後援会員名簿の整理。

十二月二十七日　木　晴しぐれ　男十四　女三十五
今日もスラタリー夫人来園。今日は夫人の家に連れて行って頂いて、お茶やお菓子を御馳走になり五時前帰園。

寄附／上京安定所から紙チョッキをやるから取りに来てほ

しいとの事で主事が受取に行ったが重くて全部持てないので、持てる丈持って帰った。
午後市役所から衣料を四十九点持って来て下さった。
十二月二十八日　金　晴しぐれ　男十四　女三十五
三浦に残りのチョッキ受取に行ってもらう。壱百十枚。配給／午後毛布、紙チョッキ衣料等配分。
十二月二十九日　土　晴　男十四　女三十五
寄附／暦、四十八部。
園長帰園。
十二月三十日　日　晴　男十四　女三十五
園内のすゝ払いをなす。おもちが出来て来た。
十二月三十一日　月　晴　男十四　女三十五
今年の最後のお風呂をたてゝ一年中のあかを落す。配給／朱雀高校から頂いた足袋其他の品配分。
一月一日　火
職員園生一同集会室で朝のおつとめの後新年祝賀式をなし、おとそを祝う。午後はのど自慢かくし芸等して終日楽しむ。
一月二日　水　曇後雨　男十四　女三十五
来園／森、石川春之助、渡辺、小畑の諸氏。
北サガの森さん来園、石川春之助も来園。そこへ農会委員長の渡辺氏来園、寄附土地の件につき実地調査の為なり。雑談の折すきやきは園生には中々食べさせられないと話したところ、森氏の発案でそれでは我々有志で気の毒な老人を慰める為、是非一しょにすきやきを食べる会をやらうという事になった。夜小畑常次郎氏来園。
本日初風呂をわかす。
一月三日　木　曇　男十四　女三十五
来園／朝森氏来園。昨日のすきやき会の件につき種々具体的のお話あり。
午後はかるた会をなす。
一月四日　金　曇　男十四　女三十五
午前中初職員会開催。
来園慰問／スラタリー夫人一行。
午後スラタリー夫人一行来園。スラタリー氏に家を提供していられる夫人も来られ、園生一同にキャラメルを頂いた。市内をドライブしてそれから植物園内の夫人宅に招かれ、おいしいお茶やお菓子を頂いて園生一同大よろこび。次の木曜には曇華院の初釜に御招きの約束をなす。
一月五日　土　曇　男十四　女三十五
長嶋が入院を希望し、脳症を起した様な様子なので夜主事が松田先生のお宅へ御伺いして入院必要の診断書を御願いの為相談に行く。
出張／横川、小国、曇華院に十日の件御願に行き、市田氏訪問。
一月六日　日　晴　男十四　女三十五

来園／松田二三人《ふみんど》氏。夕刻松田先生来園、長嶋を診察し入院の診断書を頂く。

一月七日　月　晴　男十四　女三十五

一月八日　火　曇後雪　男十四　女三十五

大内フカ府立医大で眼の手術を受く。

市に医療券の申請書郵送す。

一月九日　水　晴　男十四　女三十五

出張／河野さん税務所に過納税金の処理の件と、年末調整用紙もらいに行かる、横川、長嶋入院の件につき市の沢井さんに御願に行く。今日午後済生会に行くから話して置くとの事であった。

園の兎がけんかをしたのがもとで弱って死んだので、つぶしてかす汁を作る。

来園／夜、森氏来園。すきやき会案内の件。

区役所より電話あり。主食申請書今日明日中に出してほしいとの事。

一月十日　木　晴後雨　男十四　女三十五

出張／主事右京区役所に主食申請書提出。相互に立寄り例月の寄附金を頂き、銀行で現金にして帰る。

来園／スラタリー夫人一行の来られる日だったが夫人は止むを得ぬ事情の為、不参、四名来園。今日は自動車の検査があるとかで園生のドライブは出来ず直に曇華院に案内し、貝合せや宮中よりお下りの縫取の着物等見せて頂き、お茶席でお抹茶とおせん茶の御馳走になり、そのまゝ帰られた。

一月十一日　金　晴後雨　男十四　女三十五

谷口に電話したら小国の印鑑証明書一通と印を理事長印持参して来てほしいとの事で主事、豆区役所で証明書をもらい谷口に行く、書類出来次第電話して頂く事にして帰園。市に電話して見たが事務費はまだ出ていず、これも半分の保護費と共に出次第電話するとの事。

寄附、配給／日赤の心持（餅）を御持参下さったので、昨日のスラタリー夫人一行から頂いたビスケットと共に一つづゝ配分。後は又明日明後日おぞうにを作る事にする。当園に頂いたのは二四k、頂いた先は明倹小学校、加悦小学校、朱雀第一小学校の三校からであった。

午後太秦警察署からお使が来られ、神田龍之助氏よりの寄附金を頂く。五百円也。

北桑地方事務所から管内平屋村、知井村、宮島村、鶴ヶ岡村、大野村の婦人会長、副会長が心餅を持参して慰問し園内を見学し度いとの申し入れがあった。十六日午後三時頃の予定のよし。

一月十二日　土　曇　男十四　女三十五

一月十三日　日　晴後曇　男十四　女三十五

園内清掃日。

一月十四日　月　雨　男十四　女三十五

出張／成人保護委員会に園長出席。主事市役所に保護費十二月分後半、事務費受取に行く。

一月十五日　火　小雪　男十四　女三十五

出張／主事、右京警察署に行き、署長、教養主任に面会先日の御礼をのべ、寄付者へは園長の書並に感謝状持参の上御礼を申しのべる事にする旨御話し、先日来の御礼を申しのべて辞去。鳩居堂で色紙を求めて帰る。

一月十六日　水　晴　男十四　女三十五

来園／朝森さん来園。案内の件につき下嵯峨の川村氏丈はまだ連絡して無いとの事なので、園より御伝へする事にする。

慰問／北桑田郡平屋村□の婦人会から御心餅御持参下さり園生を御慰問頂く。

洛北寮福島氏より御電話あり、本荘幽蘭女史来演のよし連絡あり。婦人会の方より一足先に来られた。婦人会の方はまだこれから洛北寮に行かれるとの事であったので一しょに御話聞いて頂かれず、婦人会の方と入れ替って幽蘭女史の講談一席。七十四才とも思えぬ元気一ぱいに園生大いに奮起、わし達も一つ元気を出してまけない様になろうぜと大張り切り。

一月十七日　木　曇　男十四　女三十五

来園／朝会社の出かけに森さん来園。具体的な方法につき園長が一度お目にかゝり度いと希望しているからと云ったが、そこはよい様にとの事であった。

スラタリー夫人今週は来られず。又来週との事であった。

午後岡村さんとこからねぎ三貫匁とゞけて下さる。松田先生来園。

出張／主事午後より下嵯峨川村氏（不参のよし）、太秦の林覚太郎氏、西院横井氏、桂神田龍之助氏を訪問。御礼を申し上げ園長の書をさし上げて帰る。

一月十八日　金　みぞれ　男十四　女三十五

スキヤキパーティー／本日待望のスキヤキパーティー。午前中スキヤキ台や鍋、其他の準備、森さん朝から来て何彼と御世話して下さる。

来園／森多一氏、岡村丑之助氏、石川照吉氏、渡辺猪之助氏、新聞社四名。

午後四時前に岡村氏も来園。京都新聞、毎日新聞の両者来園。味岡氏、黒田氏、坂口氏、松田氏、石川氏不参。五時から園生一同集会室で当園創業以来三年にして初めてスキヤキを口にして、一同大はしゃぎ。お酒も頂いたので、お正月が又来た様な大さわぎ。石川照吉氏も来て下さり一千円也御寄付頂く。森氏より牛肉二貫匁、酒二升、坂口氏本直し二升、渡辺氏米五升、岡村氏ねぎ三貫、石川氏千円、森氏よりは牛肉の食べられない者には別にぐじの塩焼三人分、以上御寄付頂く。今後園の為、何彼と出来る丈の事は応援するとの事であった。

一月十九日　土　晴　　男十四　女三十五

本日早朝園長帰国。

来園／森氏来園、引続いて森夫人来園。園生が次々と事務所に来て昨夜の御礼を云って合掌するので恐縮してゐられた。

寒行／本日より寒行に出た。

一月二十日　日　晴　　男十四　女三十五

来園／幽蘭女史再度来園。同和園の誰やらを阿部氏に紹介する為、こゝで落合う約束をして来たとの事であったが、同和園より朝電話あり。本人不参のよしだったので昼食後帰られた。

寒行／本日も寒行に出た。

一月二十一日　月　晴後雨　　男十四　女三十五

お心餅のお礼がおくれたがやっと出そろったので本日発送。

まんまるいお月様のやうな心餅
うけてよろこぶ今日のうれしさ　井狩春

寒行／本日下サガ方面、曇華院百円、福山さん二百円下さった。

一月二十二日　火　晴　　男十四　女三十五

寒行／本日は太秦方面。

一月二十三日　水　晴　　男十四　女三十五

出張／主事福祉協議会に書類提出。何れ調べた上で園に来て下さるよし。京都新聞、毎日新聞とも写真の係の方が居られず、改めて頂きに行く事にす。川井氏方もお留守だった。

来園／東寺大師講の方来園。来月十四五名で御詠歌の慰問に来て下さるよし。今日は一人で園生に聞かせて下さった。園生も札打と御詠歌おどりを見て頂く。

寄附／園長よりお供養に園生にパン一ヶづゝ配分。

役員改選／本日のびていた役員の改選をなす。男、八田保太郎。女、井狩はる、丹羽キクの両名。

一月二十四日　木　晴後曇　　男十四　女三十五

ドライブ／スラタリー夫人今夜東京へ行かれるさうなのに忙しい中を今日も来て下さり、ドライブに園生三名、つれて行って頂く。今日は大津のびわ湖まで。

出張／主事、市役所、銀行行。

一月二十五日　金　雪しぐれ　　男十四　女三十五

昨日離れに三浦のぢいちゃんが手すりを作ってくれたので離れの一同は大よろこび。よろこんで御礼を云ったら今日は又雪が吹込むので古ござで覆いをしてくれた。一見誠にむさ苦しいが、風を防ぎ雪を防ぎ、むき出しの縁を通う者には此上なく有難く、「あんじょうしてもろて」と皆から感謝の言葉をあびせられている。

明日身体障害者の件につき打合せ会があるから九時半に市役所まで来る様の連絡あり。

一月二十六日　土　晴雪しぐれ　男十四　女三十五
出張／九時半から市役所民生局長室で身体障害者調査打合せ会あり。主事出席、老衰による難聴、神経痛、リウマチ、中風等は調査の内には這入らずとの事なので、傷痍軍人についてのみなので当園には該当者なし。
新聞社に連絡したところ写真まだ出来ていないとの事。河井氏宅に立寄り御願したところ、出来たら送らせる様にしますとの事であった。午後京都新聞社から取りに来て呉れとの電話あり。
一月二十七日　日　晴雪しぐれ　男十四　女三十五
来園／松田先生、榊原隆真氏。
午後松田先生来診。引続き右京区樫原町高円寺住職、榊原隆真氏（司法保護司）が兵庫県の尼寺で近く養老院をはじめ度いので園の事情を聞いたり見度りし度いと云う尼さんを一人連れて来られ、園生にお話をして下さった。
一月二十八日　月　曇後雨　男十四　女三十五
出張／横川、小国、高尾病院参観。帰途京都新聞社にスキヤキパーティーの時の写真頂きに行く。
来園／池井、中村氏。午後池井、中村両氏来園。遺家族にお線香代として百円づゝ御持参下さる。
河田、伊藤、山口の三人だが、伊藤は事実上養子で小さい時から育てゝ来ているのだが、籍が這入っていないので手続がやゝこしいかも知れないのだが、安定所でよく事情を聞いて見なければなるまいと思う。
一月二十九日　火　曇　男十四　女三十五
死亡／長嶋が一昨日松田先生御来診の時も下痢も止り集会所にも出たり大分よくなり、三月にもなればよくなるだらうとの事であったのに夜半から呼吸が苦しくなり六時二十分死亡。午後市営葬儀が祭だんをもうけてちゃんとお祭をしてくれたので、心経読誦をなし、御詠歌のお供養をなす。明日午後二時出棺。
共同募金局より電話あり。お年玉つき年賀郵便の石けんが余っているので施設に配分するから都合のいゝ時に印と風呂敷持参取りに来る様との事、当園の配分量は三ヶ入の箱二十箱とか。
配給／おとし紙と洗濯石けん配給。
一月三十日　水　晴　男十三　女三十五
事務監査／九時半府の藤嶋氏来園、事務監査あり。災害時の訓練を少し暖くでもなったらして置く事。提出書類一覧表作成の事。他は皆よく出来ているし、寿楽園に就いては大変よい感じを持って帰るとの事であった。
葬儀／午後二時出棺なのでそれ迄におつとめをする。横川、小国、小田、高田の四名火葬場迄送る。
出張／横川、小国共募に石鹸もらいに行く。
一月三十一日　木　小雨　男十三　女三十五
スラタリー夫人今日は雨の為来られず。三浦、小田の両名、長嶋の荷物製理に出向く。
配給／昨日の石鹸と横川よりお供養のパン配給。
二月一日　金　曇後晴　男十三　女三十五
出張／市役所に医療券申請書提出。日が迫っているので、決裁はあとで取るからと云って医療券を出して下さった。
ドライブ／スラタリー夫人、友人と二台の自動車で今日は宇治方面にドライブ。たばこ、パンのおみやげを頂く。
　高野山宗務支所より二十五年度社会事業助成金千五百円送附するから口座番号至急知らせよとの通知あり。
二月二日　土　曇　男十三　女三十五
出張／相互に行き例月の寄附金を頂く。銀行に行き帰途区役所に主食申請書提出。区役所前の労働基準局出張所で加配米の件につき問合せをなす。園では炊婦にも無い由。谷口事務所に立寄ったら書類は月曜に出来上るから取りに来てほしいとの事であった。
配給／朝のおつとめの後で昨日のパン等配給。
二月三日　日　曇雪しぐれ　男十三　女三十五
来園／杉本一九氏来園。
二月四日　月　雪　男十三　女三十五
節分会／夕食後職員園生一同仏前に心経を読詠し、終って園長、園内に福豆を撒く。夜大雪となる。
二月五日　火　雪しぐれ　男十三　女三十五
出張／主事、市役所に事務費保護費の請求書、長嶋の葬祭扶助費請求書、寿楽園概要、西口ぬい、高橋たきの初診券提出。
二月六日　水　雪　男十三　女三十五
二月七日　木　雪
　スラタリー夫人は雪の為来られず。
二月八日　金　雨　男十三　女三十五
出張／園長、成人保護委員会出席。
二月九日　土　曇、しぐれ　男十三　女三十五
出張／河野さん、税務所区役所出張。
二月十日　日　晴　男十三　女三十五
出張／小国、宇治の高野山真言宗京都支所へ助成金受取の為出張。千五百円とレコード（いろは歌）一枚とを頂く。
　北海道の静和園から園の事情調査書が来た。早速返送。
二月十一日　月　晴　男十三　女三十五
　園長早朝帰国。市保護課に電話したところ事務費保護費は明日でるよし。
出張／府社会課より四時過電話あり。奥丹三郡婦人会からお心餅の寄贈あり、六時迄に児童課迄取りに来る様との事であったので小国上田人見の三名、府に受取に行く。
配給／早速二ヶづヽを自由に焼いて食べられる様配分する。
来園／夜遺族の実態調査の為田中さんの息子さん来園、河田の分調査して帰られた。他の人の分も早く世話課で聞い

て来なければならない。
二月十二日　火　曇　男十三　女三十五
出張／小国、市役所に扶助費受取に行く。
　奥丹三郡連合婦人会へ御心餅のお礼状を園生にも書いてもらって出す。
　寄附土地の分割登記がやっと出来た。
二月十三日　水　曇　男十三　女三十五
　大橋さんからお電話あり。明日お天気ならば二台で行きますとの事であった。
二月十四日　木　晴　男十三　女三十五
来園／朝共同募金局よりお電話あり。今から行ってもよろしいかとの事で十時半頃、佐々木さんとも一人来られ園の事情色々説明、園内を見て頂いたら便所と井戸はなる程是非何とかしなければなりませんね、と云って帰られた。
ドライブ／一時半スラタリー夫人来園。今日も大津迄連れて行って頂いて、おみやげにビスケットと衣類を頂く。
来園／夕方文化事報社の白庄司氏来園。
出張／河野さん税務所行。
二月十五日　金　雨　男十三　女三十五
来園／右京共同募金委員会から視察に来られた。区長と課長は急用で来られなかった。
　夕方朱雀第一婦人会（電話の調子悪く不明りょう）から電話あり。近日慰問に来て下さるよし。
二月十六日　土　曇後晴　男十三　女三十五
出張／府社会課から電話で雑巾が奥丹婦人会から贈られたから取りに来る様との事なので受取に行く。社会福祉事業法の小冊子頂いて帰る。
　園長帰園。
二月十七日　日　曇　男十三　女三十五
二月十八日　月　晴　男十三　女三十五
　福祉協議会より電話あり。二十五日成人保護委員会開催し度いと思うがもし都合悪ければ明日午前中に知らせてほしいとの事であった。
　明日市民生局長外二名程、園を見度いから行くとの連絡あり。
　大橋さんから電話あり。お友達が幻燈機を持っていられるので、明日来られるからもし夜分に行ってもよければと奥さんが云って居られるがとの事であったので、こちらは何時でも来て頂いたら結構ですからと返事して置く。
二月十九日　火　曇　男十三　女三十五
　洛北寮から明二十日養老事業連盟の研究会開催の通知あり。大橋さんから二十二日の夜行くとのお電話あり。
二月二十日　水　晴　男十三　女三十五
出張／横川、小国洛北寮に行く。他施設の収容者の色々なお話を聞いて見ると寿楽園の入園者は皆割合におとなしくて我々は有難い事だと思った。

来園／市の嶋田さん、沢井さん来園、松田先生が丁度来診に来て居られて園の拡張計画等色々話して、市も大いに協力するからとの事であった。
慰問／中村□之助氏外一名、万才、落語慰問。
二月二十一日　木　晴　男十三　女三十五
出張／共同募金配分委員会用の書類六十部募金局に提出。途上協議会の中川さんにお目にかゝったので、本年度は近畿養老事業大会が京都が当番に当っているので、京都は時候のよい時にしたらという様な話が出ていたと話していたら予算をとらなければならないから二十五日の成人委員会にでも出して府、市、協議会等に連絡する様にしてもらった方が、都合がよいとの事であった。
二月二十二日　金　晴　男十三　女三十五
来園／スラタリー中佐夫妻外、夜七時半から映画の道具一切御持参で来て下さり、天然色映画を見せて頂く。
二月二十三日　土　小雪　男十三　女三十五
　府へ提出の施設調査書出来上り。
二月二十四日　日　曇　男十三　女三十五
二月二十五日　月　曇後雨　男十三　女三十五
出張／園長、成人保護委員会出席。横川、小国、谷山訪問。
　朱雀第一婦人会から電話あり。来月三日は都合が悪くなったので二十四日に行くからとの事であった。
二月二十六日　火　晴　男十三　女三十五
来園／吉田さん来園。園の事について色々心配して下さる。
　松田先生来診。その節、市の方で二十七年度に養老施設の新設又は増設の予算が通過したよし、こゝもこの際増設の計画を立ててはどうかとの御話であった。
二月二十七日　水　晴　男十三　女三十五
　夕方から横川、小国、石川氏宅訪問。
二月二十八日　木　晴　男十三　女三十五
ドライブ／午後スラタリー夫人、お友達の自動車一台と共に来て下さり、醍醐の三宝院へ行く。
来園／京都新聞社企画部長の矢守氏来園。
寄附／千本今出川西入、勝山秀一氏より三千円の寄附金を御持参下さる。
健康診断／午後園生の健康診断をなす。
二月二十九日　金　晴　男十三　女三十五
出張／園長夫妻「夜はわがもの」の招待試写会出席。
三月一日　土　晴　男十三　女三十五
来園／嵯峨婦人会長及役員五名来園。
　園長午後神戸行。
三月二日　日　晴　男十三　女三十五
三月三日　月　晴　男十三　女三十五
慰問／覚勝院でおひな祭をされるので園のぢいちゃんばあちゃんにも来て見て下さいとの御案内を頂いたので、可愛いお遊ぎやお歌を見せて頂いたり聞かせて頂いたり、一同大よろこび。

出張／勝山秀一氏方へ御寄附の御礼に行く。千本今出川西入のお魚やさんだった。相互へ例月の寄附金頂きに行ったら広瀬さんが入院との事だったが、帰途のバスで園長に会ったので、園長直に御見舞に参上。

三月四日　火　晴　男十三　女三十六
入園／下京安定所から電話あり。市から今日中に寿楽園に入園せよとの連絡があったからとの事であったが、こちらには何の話もないので市に電話したら、間違だとの事であったが間もなく委託書が来たので、電話では話がわからないので市へ行ったら、市の間違だったが何とかしてほしいとの事で入園と決定。午後入園、岡本。

区役所に主食申請書提出。

部屋替／入園者のあったのを機会に部屋替をなす。

三月五日　水　晴　男十三　女三十六
来園／朝婦人会長来園。

出張／午後主事市役所に請求書提出。それから伏見藤の森の世話課に行き遺族の件につき問合せ。山口ハルの分は現住所変更してもらう。伊藤はたぶん大丈夫と思うけれど、一度大阪の世話課に問合せて見る様との事であった。

三月六日　木　晴　男十三　女三十六
慰問／朝まこと幼児園の可愛らしい園児二十七名が角川《つのかわ》さんに引率されて来園。先日来られなかったぢいちゃんばあちゃんに見てもらいたいと、可愛らしいお遊ぎを見せて下さった。

ドライブ／午後スラタリー夫人他一台、都合二台の自動車が来て下さり大石順教さんの所を問うて色紙やたんざく等画いてもらって大変よろこんで下さった由。

学校より明日の学芸会について連絡あり。二十五名位よせて頂く事となる。

三月七日　金　曇後雨　男十三　女三十六
午前八時半二十五名学校の学芸会を見に行く。園長、主事引率。

三月八日　土　晴　男十三　女三十六
出張／主事、福祉協議会に成人保護委員会から福祉協議会の評議員推薦状提出。その際中村さんから今度東福寺で養老院をはじめ度いと思っているのでと色々説明を求められた。

配給／酒粕配給。

三月九日　日　晴後雨　男十四　女三十六
入園／午後入園。

出張／横川、小国共同募金局主催の寄附書画、陶器等の展覧会を見に行く。

午後一時から嵯峨校で蜂中の学芸会があり、園生二十五名程引率して見せて頂きに行く。

三月十日　月　小雨後晴　男十四　女三十六

園長帰国、信徒総代さん処のお父さん御死去葬式の為。

三月十一日　火　雪　男十四　女三十六

夕方から春には珍らしい大雪となる。

三月十二日　水　晴　男十四　女三十六

出張／主事市役所に保護費、事務費の受取に行く。市役所で香典返しの代りに寄附し度いと思うが香典をもらった先方へ園から挨拶状を出してもらえるかとの事であったので、寄附者の御希望ならさせて頂く旨御返事す。帰途区役所でクーポン券もらって帰る。

三月十三日　木　晴　男十四　女三十六

今日は木曜日だがスラタリー夫人は来られなかった。

来園／来られるものと思って京都新聞の記者が二人来園。万一明日にも来られる様なら連絡してほしいとの事であった。

出張／園長帰園。福祉法人に切替の事務講習があり園長出席。

三月十四日　金　雨　男十四　女三十六

今月中には是が非でも書類をまとめてしまはねばならないので大至急、未完成のものにとりかゝる。

三月十五日　土　晴　男十四　女三十六

お釈迦様のお涅槃で午後園生参拝。

出張／園長午後、府に東さんに種々御相談に行く。

三月十六日　日　晴　男十四　女三十六

身分証明書の依頼状発送。

三月十七日　月　晴　男十四　女三十六

弓削がしらみをわかしているというので大さわぎ。すっかり根絶したものと思っていたのに、やはり絶えずしらべる必要がある。

出張／園長、成人保護委員会出席。

三月十八日　火　晴　男十四　女三十六

右京保健所へ電話してＤＤＴ、ケロシン等の撒布を依頼す。

三月十九日　水　雨　男十四　女三十六

三月二十日　木　曇　男十四　女三十六

来園／保健所より消毒に来て下さった。園内全部してもらう筈のところＤＤＴが不足したから又来るとの事であった。

三月二十一日　金　雨　男十四　女三十六

来園／雨の中を府の共同募金配分委員さん一行来園。

寄附／一千円也御寄附頂く。

三月二十二日　土　晴後雨　男十四　女三十六

二十四日に慰問にも来て下さる事ではあり、清掃日なので今日はガラス拭き。

出張／園長、大覚寺、三宝院、観修寺、等理事訪問。

三月二十三日　日　曇小雨　男十四　女三十六

出張／園長東寺、泉涌寺訪問。

三月二十四日　月　雪　　男十四　女三十六
慰問／午後朱雀婦人会よりの慰問団が大雪の中を来て下さり、面白い演芸を見せて下さり、沢山おみやげ頂く。
来園／丁度保健所からも先日の残りのところへ消毒に来て下さり、慰問演芸を見て帰られた。
出張／横川登記の件につき谷口事務所へ行き、嶋貫に電報して小国の謄本を依頼。園長、平安徳義会へハワイからラ、使節団一行が来られ懇談会に出席。その節、寿楽園本年度配分金は二十五万円のよし聞いて帰らる。
三月二十五日　火　雨　　男十四　女三十六
来園／松田先生来診。
　午後大覚寺の卒業式に園生一同おまねき頂く。
出張／横川、菊入氏の印を頂きに行く。
三月二十六日　水　曇　　男十四　女三十六
　謄本が来たので谷口に持参したが今日中に登記は出来ないだらうとの事であった。
三月二十七日　木　晴　　男十四　女三十六
来園／松田先生来診。園生風邪引多し。
　組織変更申請書必要のよしで書類作成。
三月二十八日　金　曇　　男十四　女三十六
出張／園長福祉協議会に行き、寄付行為と新定款との比較対照表の件につき問合せ。
三月二十九日　土　雨　　男十四　女三十六
出張／園長福祉協議会に財産の評価認定申請書提出。
　小国母、午後九時五十五分死亡、園生一同お通夜。
三月三十日　日　晴　　男十四　女三十六
　集会室で小国母告別式挙行。
来園／谷口、炊事場の測量の為来園。
三月三十一日　月　雨　　男十四　女三十六
　浅沼おらいさんより入園希望の電話あり。市へ話して頂く様、園直接には御受け出来ない旨返事す。
　本年度も今日で終り。寿楽園も満三年を経過した。思へば波風□い三年であった様にもあるけれど、どうやら基礎も確立。本年度は死亡者も少なく、園生の生活自体としては次第に各方面からの慰問等も多く、平穏な幸福な一年であったと云えよう。

昭和二十七年度

昭和二十七年四月一日〜昭和二十八年三月三十一日

昭和27年（1952）スラタリー夫人と亀山園長

四月一日　火　晴　　男十四　女三十六
死亡／加藤アイ、谷村かめの二人死亡。
出張／横川市に葬祭券をもらいに行く。
　午後福祉協議会より電話あり、パスを取りに来る様との事で受取に行く。定款の変更申請書は不用になったからとの事であった。
ドライブ／スラタリー夫人一行来園、ドライブ。
四月二日　水　曇小雨　　男十四　女三十四
葬儀／加藤、谷村の葬儀執行。
来園／内職の件につき□□氏来園。園には不向きの様に思はれる。
　左京安定所より入園希望者の件につき問合せの電話あり。
四月三日　木　晴　　男十四　女三十四
　園長ハワイよりの観光団の出迎えの為、横浜行。
四月四日　金　曇　　男十四　女三十四
四月五日　土　晴　　男十四　女三十四
　区役所より主食申請書の件電話あり。
出張／市に請求書提出。
四月六日　日　晴　　男十四　女三十四
　谷村、加藤の初七日。
来園／嵯峨仏徒連盟の花祭り托鉢あり。園でパンのお供養をさし上ぐ。

四月七日　月　晴　　男十四　女三十五
　主食申請書提出。

入園／山内ユキ入園。

寄付、出張／藤井亨氏より電話あり。北野の関西相互銀行に来てほしいとの事なので早速御伺いしたら、一万円の御寄附頂く。帰途相互で先月分の寄附金頂く。

四月八日　火　雨　　男十四　女三十五
　雨の為、切角の花祭りの行列なし。午後大覚寺で子供会あり、園生御招待頂き、おまんじう頂く。

　今日は雨でスラタリー夫人は来られず。

　園長夜帰園。

四月九日　水　晴　　男十四　女三十五
　園長早朝帰国。

来園／松田先生来診。
ラ、／ラ、物資の配分あり。衣料。
出張／民生会館で共同募金第一回の配分を頂く。
四月十日　木　晴　　男十四　女三十五
出張／市より電話あり、先年来の残品の配分があるから中央保護所迄受取に来る様との事なので頂きに行く。福祉法人への変更申請書の下見をして頂く為、一部府へ持参、坂根さんに見せたら、うちの様な施設では評議員会の条項を入れて置く様との事であった。嵯峨の桜を藤井亨氏、共募局、府へ持参したところ大変よろこばれた。

四月十一日　金　晴　　男十四　女三十五

出張／市へ八田入院の件、医療券提出。

夜、園長帰園。

四月十二日　土　晴　　男十四　女三十五

園長ハワイから来られた人を出むかへ、園で昼食。大沢池畔の桜を眺めながらの食事で大変よろこばれた。

出張／府へ評議員会の件、此度は日も少なく、このまゝにして頂く様横川が出かけたが坂根さんはお留守、東さんに授産場でお目にかゝりその由話したところ、それでよからうとの事で坂根さんにはよく話して頂く様御願して帰園。協議会の石川さんから財産の価格評価の件は昨日済んだとの事であった。

四月十三日　日　雨　　男十四　女三十五

雨でも花の嵯峨はものすごい人出、居ながらにしてすばらしい花を眺め、風光を愛でられる寿楽園の人達はほんとに幸福だと思う。

出張／横川、小国、吉田氏宅訪問、園の為、種々御世話になった御礼を述べた。

四月十四日　月　雨　　男十四　女三十五

府の大手さんから電話あり、評議員会の条項丈は是非入れて置く様、人は今はかまわないからとのことであった。

婦人会主催の敬老会に寿楽園は年令を問はず招待して頂く事となる。入園者も一人承諾の件につき市へ電話、沢井さんお留守で嶋田さんにお話して置いた。

四月十五日　火　雨　　男十四　女三十五

福祉協議会より価格評価の証明書到着、早速に財産目録作成。

前田よね入園依頼の件につき盲人収容所より電話あり、市と連絡済みのよし。市へ電話したところ間違いないとの返事、お金は尚一両日待ってほしいとの事である。

八田入院の件につき京都病院の安井さんに電話したところ主治医の診断書持参して一度来てほしいとの事であった。

来園／未亡人会の人三名、来園、梅津の岡野氏来園、小川氏より干かまぼこ一箱頂く。

夜、園長高野より帰園。

四月十六日　水　晴　　男十四　女三十五

出張／園長坂根氏に面会、評議員会の件につき此度丈はこのまゝにして頂く様、話を決めて帰らる。

四月十七日　木　晴　　男十四　女三十五

出張／横川府に書類提出。

四月十八日　金　晴　　男十四　女三十六

入園／前田よね入園。

出張／市より電話あり、保護費、事務費が出るとの事なので横川受取に行く。小切手なので銀行で現金にして帰る。

四月十九日　土　曇　　男十四　女三十六
来園／花園南部民生委員長川村年一氏来園。明日一行十五名程園を参観に来るからとの事。
　竹波氏の身分証明書は本籍がちがうので返送して来たので早速本籍地へ願書提出。
四月二十日　日　雨　　男十四　女三十六
寄附／花園南部民生委員一行来園、五〇〇円御寄附頂く。
四月二十一日　月　晴　　男十四　女三十六
　竹波氏の身分証明書到着、二重になったわけ。
四月二十二日　火　晴　　男十四　女三十六
出張／伏見の国立病院に入院の件相談したが満員で都合がつかないよし。西陣病院にまわったところ入院させるとの事。
四月二十三日　水　晴　　男十四　女三十六
　園長横浜行。
来園／右京保健所より普通なら今日が大掃除なので様子を聞きに来園、何れ園の大掃除の日には来て薬剤を撒布に来るからとの事であった。
　事務費の値上につき一、二、三月の事務費調べあり。
四月二十四日　木　晴　　男十四　女三十六
入院／八田保太郎を西陣病院に入院さす。初診券は何れ診断の後郵送するとの事であった。
出張／相互の広瀬様を大学病院にお見舞す。
来園／松田先生来園、初診券必要な人名記入。
　事務費調書発送後、府より早く出してほしい旨電話あり。
四月二十五日　金　雨　　男十三　女三十六
　朝、覚勝院から電話あり、合同運動会の件に打合せし度いが風邪で臥床しているので来てほしいとの事で出かけ、種々相談したが、決定的な事は園長帰園後にして頂く様御願す。
出張／午後成人保護委員会に横川出席、
〇福祉法人の認可あり次第、保護施設の認可申請書を出さねばならないが、早急に用意して置いてほしい。
〇事務費、保護費の基準額引上について説明あり、事務費は四月から、保護費は五月一日から値上の由。
　帰途市役所に立寄り初診券の用紙をもらう。
四月二十六日　土　晴　　男十三　女三十七
入園／池内タイ入園。
　新聞社が運動会の予行演習の写真をとりに来るからとの事で午後一同引率、綱引きのところを写真にとる。
四月二十七日　日　晴　　男十三　女三十七
来園／谷村かめの友人来園、死亡の事を知らず、もう一月早かったらよかったのにと残念がって帰られた。
四月二十八日　月　晴　　男十三　女三十七
　朝園生の散髪をなす。
出張／ラヽの綿五貫匁もらいに行く。

夜、園長帰園。小国の母の忌明で園生一同御詠歌の供養をなす。

四月二十九日　火　雨　　男十三　女三十七

覚勝院に電話して園長と運動会につき打合せ。竹波氏本籍訂正ヶ所の園長の印をもらい、書類の整理をなす。来園／加藤アイの友人三名来園、死亡の事を知らず、残念がって帰らる。

四月三十日　水　曇　　男十三　女三十七

出張／園長府庁の東さんに面会、書類は休の間にしらべて置くとの事。

小国、府庁へ書類持参。

五月一日　木　曇　　男十三　女三十七

五月二日　金　晴　　男十三　女三十七

敬老会／嵯峨婦人会主催の敬老会に招待されて園生三十七名出席、お昼食のおすし、おまんじうを頂き、午後は種々余興を見せて頂き、一同大よろこび、五時散会。

五月三日　土　晴後曇　　男十三　女三十七

明日運動会の筈だがどうやらお天気があやしい。

五月四日　日　雨　　男十三　女三十七

今日は雨で運動会はとりやめになったが、来園／福祉協議会の石川さん、中川さん来園。

五月五日　月　曇　　男十三　女三十七

運動会／お向いのまこと幼児園と寿楽園の合同大運動会が大覚寺主催で寝殿前の広場で催された。綱引き、ざる引き、玉入れ、孫さがし、壺阪霊験記等、園児達と一しょに一日童心に立かえって楽しく過す。

五月六日　火　晴　　男十三　女三十七

醍醐に電話して養老施設の会合を十二日頃にしてはと御相談したところ、九日に何れ会うからその時に決定しようとの事。

五月七日　水　晴　　男十三　女三十七

出張／園長府庁に行かれたところ、書類の一部書直しの必要あり、定款は印刷し直す事とす。

横川相互で例月の寄付金を頂き、市で請求書、初診券等もらって帰る。

五月八日　木　晴　　男十三　女三十七

定款の書き直しをなす。

出張／園長中央保護所で成人委員会の会合に出席、成人委員会としての福祉協議会への態度相談の為。

五月九日　金　晴　　男十三　女三十七

出張／園長福祉協議会に出席。

横川、府庁へ書類持参するつもりのところ市役所から電話あり、神戸葺合の民生委員さん一行四十名程、島田さんの御案内で参観に来られる由連絡があったので待っていたが遂に来られず、一日待ちぼうけ。

区役所に主食申請書提出。

五月十日　土　雨　男十三　女三十七
出張／河野さん税務所へ過納税金返戻手続につき出張。
園長、横川、府社会課で書類の訂正に夕方までかゝる。今夜か明朝厚生省へ東さんか坂根さんが持って行って下さるよし。一先ずやれやれ。
五月十一日　日　晴　男十三　女三十七
嵯峨町の慰霊祭が釈迦堂で開催され、園生中河田、山口、伊藤の三名の遺族も参詣。
寄附／お供養のあめが残ったからとの事で池井さんから園生一同に頂く。
来園／久世郡淀御牧村字沖の内の大森宇三郎氏の娘さん来園、父の茶のみ友達に来て頂ける六十才位の人は居られないかとの申し込みあり。現在若いのはいないので、その内又適当な人があったら御知らせしますと云う事にして帰って頂く。お店は河原町五条上ル大森、電、下―六七〇五のよし。
五月十二日　月　晴　男十三　女三十七
慰問／京都友の会々員二名、茢分の鈴木さんの御紹介でドウナツとキャラメルを持って慰問に来て下さり、鈴木さんのお説教と堂に入った紙芝居で一同大よろこび。
来園／花園の石川照吉氏来園。
五月十三日　火　晴　男十三　女三十七
来園／共同募金局の有本会長来園、園長共募に協力のお礼と、心経の御礼の為。園内を見て大変明るく、園生も和やかな感じがして他施設とはちがった感じを受けたと云ってゐられた。入れちがいに火災保険の事で本阿弥さんと社員の方来られ百万円の契約をなす、保険金六千七百円。二回に分割払として頂く様話を決める。
市の保護課に電話したところ明日出すとの事。府社会課から電話あり。用紙が旧用紙だったから新しい用紙石川さんにことずけるから書直してほしいとの事であった。
五月十四日　水　晴　男十三　女三十七
出張／横川、市役所に扶助費受取に行ったところ、事務費はまだ出ず、保護費と、葬祭費丈出た。尚、移送費の請求書に申請書が、ついていないから今後必ずつける様との事であった。
五月十五日　木　晴　男十三　女三十七
府社会課より電話あり、福祉法人認可になったよし、横川大阪の長生園に行く、園生を三段に分け、入園前の生活状態によって分けるとの事、中々さっぱりときれいに片づいていた。然し職員へのつけとゞけ等にお小遣が入用のよし、人数が多いとそうした事になるのかしら。
五月十六日　金　晴　男十三　女三十七
園長高野行。
出張／本日右京社会福祉協議会の評議員会、午後は保健所で成人委員会あり、園長不在の為横川出席。

五月十七日　土　晴　　男十三　女三十七
　園長、夜高野より帰園。
出張／横川事務費受取の為市え行く、府庁で実印もらうつもりのところ既に石川にとゞけたとの事であった。　月報の数字の位取の点を打つ事、点の位置をそろえる事等注意さる。帰途保険会社で半金支払をなす。
五月十八日　日　晴　　男十三　女三十七
　保護施設認可申請書作成。
五月十九日　月　晴　　男十三　女三十七
　保護施設認可申請書作成。
五月二十日　火　晴　　男十三　女三十七
出張／府庁へ財団より福祉法人への変更認可申請書を受取に行く。認可書も来てゐた。帰途谷口事務所に立より登記を依頼す。
五月二十一日　水　晴　　男十三　女三十七
　保健所からケロシンやＤＤＴを撒布しに来て下さったがお薬が足らず、明日引つゞいて来ると云って半分で帰られた。河田の部屋迄出来た。
五月二十二日　木　曇　　男十三　女三十七
　九時過保健所から来て昨日の引つゞきに薬を撒布して頂いた。
五月二十三日　金　曇　　男十三　女三十七
　今日はお祭なので御馳走をした。みこしが出ず居祭なので淋しいお祭だった。
五月二十四日　土　曇小雨　　男十三　女三十七
　下京安定所の山崎さん一行十八名来園、雨の為舟にものれず、園でおべん当を食べ、大覚寺を案内し、園内も見て頂く。大変家族的で明るい感じがすると云って居られた。
五月二十五日　日　晴　　男十三　女三十七
出張／児童施設の合同大運動会が、催され、案内を頂いたので主事出席、今度は母子寮と養老施設の運動会をし度い等話して居られた。先達園とまこと幼稚園の運動会、大変好結果だった様に思うので、老人も屹度よろこぶと思うから是非実現してほしいと御願して置いた。
五月二十六日　月　晴　　男十三　女三十七
出張／朝谷口に必要書類を聞きに行ったところ理事全部の委任状が入用との事なので、午後森岡、木村、菊入、小川の諸師を訪問したが森岡氏丈は不在で頂けず、明日十時頃よせて頂く様約束して帰宅、菊入師は自坊へ行ってほしいとの事なので、ついでに西陣病院へ立寄る。八田の病勢は段々弱り、おうだんも併発してひどく衰弱していた。
五月二十七日　火　雨　　男十三　女三十七
出張／森岡、岡田、竹波三師の印を頂き、大覚寺へ行ったが、お留守、明日帰られる由、岡沢さんに御願して帰園。
五月二十八日　水　晴　　男十三　女三十七
　朝大覚寺で印を頂き、直に谷口に持参、これで登記の手続は完了。引続き保護施設の書類不備の点しらべてまとめる。

坂根氏より係変更、後任は清水氏のよし通知あり。

五月二十九日　木　晴　男十三　女三十七

出張／園長保護施設認可申請書を市役所に提出、河野さん税務所。

午後、成人保護委員会に出席、事務費調、事業成績、カロリー、等の調査の件、六月二十日迄に厚生省に提出しなければならないので早くしてほしいとの事であった。

来園／午後スラタリー夫人、大石順教師来園、曇華院のおひな様を見せて頂きに行く、丁度お稽古日だったのでお茶席が用意してあったのでゆっくりして頂く。来月一日、スラタリー氏やお嬢さんにも見せてやってほしいとの事で幸い当日は青葉祭りなのでその行列を見て、その後でおひなさまを見て頂く様話が決まった。

五月三十日　金　晴　男十三　女三十七

来園／午後近畿養老事業協議会の準備打合せの為、同和園、洛北寮、府、市、福祉協議会等十名来園、幸い好天だったので会場は池の屋形船にしたところ皆大変よろこばれた。大会は大体九月二十日頃と決定、第二回打合会には府市とも課長さんにも出て頂いて充分協力して頂く様御願する事となる、来月五日頃となる予定。

出張／八田が、大変悪いらしいので小国、稲葉、渋谷等見舞の為西陣病院に行く。今日明日がむつかしい様子。

五月三十一日　土　晴　男　十三　女三十七

府社会課より電話あり、厚生省から指令が来て、保護施設として前から継続してやっているところは今度福祉法人として保護施設の認可申請はしなくともよいという事になったからとの事であった。もっと早く知らせてくればいらぬ費用と労力を使はなくともよいものを。

出張／横川、小国、西陣病院に八田のお通夜に行く。

六月一日　日　晴　男十三　女三十七

嵐山青葉まつり、園生も自由に見物に出す。スラタリー夫妻祭りの行列と曇華院のおひな様を見る為に来られ横川、小国、曇華院に行く。

六月二日　月　晴　男十三　女三十七

出張／横川、相互に行ったが、五日以後にしてほしいとの事であった。広瀬さんまだ入院していられる由。

谷口から電話あり、登記謄本二部依頼す。園長解剖の件につき市で問合せをなす。

六月三日　火　晴　男十三　女三十七

出張／横川西陣病院に荷物の受取に行き、同和園で解剖手続教えて頂き、府立病院に八田のお骨受取り帰園。

一同お通夜をなす。

六月四日　水　晴　男十三　女三十七

出張／横川区役所に主食申請書提出し、保険料、税金納入す。

六月五日　木　晴　男十三　女三十七

出張／横川市に請求書提出、府保険課に行き、変更手続用紙買求めて帰園。

　府より電話あり、二十六年度下半期事業成績カロリー等の調査を今明日中に提出してほしいとの事。

　小田が退園して鹿王院の寺男になり度いとの事なので、手続の点等しらべて希望通り退園させる事とする。

六月六日　金　晴　男十三　女三十七

出張／小国、市で退園手続を聞き、府に書類提出。

六月七日　土　晴　男十二　女三十七

出張／横川、相互に寄附金受取に行き、銀行で現金に換えて帰る。

来園／西京大学の学生二名、園の事情を聞きに来園。

退園／小田武次郎退園。

六月八日　日　晴　男十二　女三十七

六月九日　月　雨　男十二　女三十七

出張／小田の退園の為転出証明書を区役所にもらいに行く。

来園／午後入園の希望者が園の事情を聞きに二名来園。

六月十日　火　晴　男十二　女三十七

出張／府に書類提出、基準額のところへ支出総額を書いてあるから間違いを直して来てほしいとの事で持帰ったが、前の会合の時の説明ではあの欄には支出総額を記入せよとの事であったのだが、明日も一度聞いて見る事とする。保険課で保険証のしらべがあり、死亡者の分は死亡通知を出してくれとの事であった。

六月十一日　水　曇　男十二　女三十七

出張／府への提出書類訂正して提出。市役所は沢井さんのお父さん死去のよしで係の方皆留守で事務費保護費は出ず。

六月十二日　木　晴　男十二　女三十七

出張／園長午後としよりの日についての打合せ会に出席。

六月十三日　金　曇　男十二　女三十七

　市に電話したが係の人皆お休で何もわからぬとの返事。

六月十四日　土　曇　男十二　女三十七

出張／市に扶助費受取に行く。三浦の歯科医療券に認定の印をもらって帰る。

来園／東福寺で今度養老院を開設されるについて協議会の中村さんが園長になられる方と住職さんと御同伴で来園、園長より種々御説明申し上げ、お一人丈三時半頃迄残られて色々書類の事等しらべて帰られた。

六月十五日　日　晴　男十二　女三十七

慰問／乙訓郡向陽小学校より可愛らしい子供さん達二十名、先生二人に引率されて慰問の為来園、丁度この日は弘法大師御降誕会のあおば祭りが大覚寺で催されたので、この方からも招待して頂いたので、会場も広いし、舞台も出来ているしというので合流して頂いて色々見せて頂いて園生一同は大よろこび。パンのお供養を出した。学校からは子供さん達のお手製のかべかけ、お人形、おもちゃ等持って来て下さった。

六月十六日　月　曇　男十二　女三十七
来園／府の大手さん来園。

六月十七日　火　曇小雨　男十二　女三十七
出張／市に三浦の歯科医療申請書提出、保険会社に行き保険金の残額支払をなす。

スラタリー夫人この二十六日京都を出発されるよし、明日は都合がついたら行くとの事である。
共同募金局へ提出の書類作成。
六月十八日　水　晴　男十二　女三十八
スラタリー夫人は来られない由連絡があった。婦人に贈る花籠を石川より買求む。
入園／古谷入園、浅沼さんが此間話していられたおばあちゃん。

六月十九日　木　曇　男十二　女三十八
出張／共同募金事務局に書類を提出す。

六月二十日　金　曇　男十三　女三十八
職員慰労の為、すわらじ劇団の劇を見る事となり、本日夜の部に横川行く。

出張／洛北寮の五周年記念祝賀式に園長参列。

六月二十一日　土　晴　男十二　女三十八
出張／園長福祉協議会に近畿養老事業協議会についての相談会に出席、その後、高野行。

六月二十二日　日　曇　男十二　女三十八
来園／北サガの森さん、木村さん来園。
寄附／婦人会副会長の永井八重さんからキャラメル一箱、御寄附頂く。

六月二十三日　月　雨　男十二　女三十八
出張／住民登録の件につき右京区役所に横川出席、園内居住の職員の登録は園の方から出す事となる。

六月二十四日　火　曇　男十二　女三十八
大内フカが退園し度いとの事申出あり。許可す。

六月二十五日　水　曇　男十二　女三十八
退園／大内フカ退園。
出張／大内の転出証明書受取の為、横川右京区役所に行き、証明書受取、住民登録の準備調査書二十五日提出との事だったので戸籍係に提出したが、これで結構だから戸別の調書に添えて提出してくれとの事であった。
慰問／午後嵯峨野高校から家庭クラブの生徒さん三十名程で慰問に来て下さり、演芸を見せて頂いたり、おみやげには各人に一本づゝ生徒の手でかゝれた絵うちわとわらび餅を頂き一同大よろこび。

六月二十六日　木　曇　　男十二　女三十七
スラタリー氏見送り／今夜スラタリー夫妻が京都を立って帰国の途につかれる事になったので、園生、十五名、職員も一しょに京都駅頭まで御見送りをした。花籠を記念品として園から御贈りし、花たばをさし上げて、別れの御詠歌、園歌等歌って涙の内に御見送りす。人情に洋の東西はなく、園としてはほんとに淋しい心持がする。石けんを頂く。
六月二十七日　金　曇一時晴　　男十二　女三十七
出張／右京の社会福祉協議会の施設協議会あり。横川出席、社会福祉協議会では、近畿養老事業協議会へ案内状発送其他、事務上の御手伝の為河野さん出席。
六月二十八日　土　晴　　男十二　女三十七
　電話では中々らちが明かないので谷口へ行って、兎も角も登記の謄本丈先にもらって帰る。
六月二十九日　日　小雨　　男十二　女三十七
　市役所から、保護施設認可書が来た。医療券も一しょに送附して来た。
六月三十日　月　曇　　男十二　女三十七
　府より電話あり、登記完了の届を早く出すようとの事であった。谷口事務所に貸借登記の件急がして置いた。
来園／小鴨、吹田両氏来園。
七月一日　火　小雨　　男十二　女三十七
出張／横川府社会課で登記完了の手続きの件につき問合せ。書式はどうでもよいから謄本を添えて提出してほしい、貸借関係の登記の分は後になってもよいとの事であった。
　市役所に小田、大内の退園届提出。
七月二日　水　雨　　男十二　女三十七
七月三日　木　曇　　男十二　女三十七
出張／相互で寄附金を頂く。『それいゆ』に縫ぐるみの熊公やわん公が出ていたので一冊もとめて帰る。ラヽの端布で作らせてみたら面白いと思う。
七月四日　金　晴　　男十二　女三十七
出張／府に登記完了の報告書提出、府の公報に出す手続聞かうと思ったが誰も留守で、清水さんはお客様だったのでそのまゝ帰る。市へ請求書提出。
　八田の五七日、加藤、谷村の百ヶ日と一しょにお供養をなす。
七月五日　土　晴　　男十二　女三十七
　主食申請書を井上に持参させたが、土曜で時間が間に合はなかったよし。
　小国母の百ヶ日。住民登録提出。
七月六日　日　晴　　男十二　女三十七
七月七日　月　晴　　男十二　女三十七
　主食申請書提出。
　七夕様なので大きな竹に色々の色紙やたんざくを飾って七夕祭をなす。

七月八日　火　曇　　男十二　女三十七
　嵯峨社会福祉協議会発起人会の案内状を発送。
七月九日　水　曇　　男十二　女三十七
　嵯峨福祉協議会規約のガリ判を切る。
　十二日に黒田氏来訪の由連絡あり。
来園／谷口より園の建物の実測の為来園。
七月十日　木　雨　　男十二　女三十七
　福祉協議会より本月二十四、五、六の三日間大津で民生委員大会あり、その際後援者の表彰をし度いので申請用紙を明日取りに来る様との事であった。
七月十一日　金　曇　　男十二　女三十七
出張／谷口より電話あり、坪数、室の名称等につき聞き度いので直来てほしいとの事なので、横川が谷口へ行く。
　市へ保護費、事務費の受取に行き、協議会で表彰用紙をもらう。
七月十二日　土　雨後晴　　男十二　女三十七
出張／園長相互に行き表彰の件につき相談、前田さんも広瀬さんもお留守であったので、十四日迄に提出しなければならないのでそれ迄に間に合うよう記入して頂く事に御願して帰園。
来園／午後黒田氏一行の浄るり慰問あり。一同大よろこび。
七月十三日　日　曇　　男十二　女三十七
出張／午後二時から旧嵯峨役場で嵯峨社会福祉協議会、発起人会あり、横川出席。
七月十四日　月　曇　　男十二　女三十七
出張／相互で表彰の申請書を受取り、福祉協議会に提出。
七月十五日　火　曇小雨　　男十二　女三十七
来園／京都新聞図司大二郎記者来園、福祉施設めぐりに出し度いからとの事で。
七月十六日　水　曇　　男十二　女三十七
　毎日ものすごくむし暑い日が続いていたが、昨夜大分ひどい地震あり、然し何事もなかった。
　遺家族の恩給等に関し大阪世話課へ問合せの手紙出す。
七月十七日　木　晴　　男十二　女三十七
　曇華院に前尾繁三郎氏来られ、先年の水害の時の御礼の挨拶をなす。
七月十八日　金　晴　　男十二　女三十七
　年よりの日も又近づくので、去年クリスマスにするつもりであった児童施設訪問を今年は年よりの日の週間行事にとり入れ度いと思って縫ぐるみの熊の試作をなす。
七月十九日　土　晴　　男十二　女三十七
　谷口から電話あり、小国の印鑑を持って来てほしいとの事で持参す。
出張／園長成人保護委員会に出席、大阪の研究会には京都からは不参加の由、嘱託医の場合初診券は出さない様との注意があったが当園では出してはいない。

来園／夕方木村氏来園、便所の予算見積書を依頼す。

七月二十日　日　晴　男十二　女三十七

嵐山で角倉了以を祭る長者祭りあり。

七月二十一日　月　晴　男十二　女三十七

出張／月末に開催される由良に於ける講習会に二名申込をなす。総裁印注文す。

七月二十二日　火　晴　男十二　女三十七

来園／嶋田氏来園、河田、藤田等に話して頂く。

本日清掃日、暑い時なので朝のおつとめの前にさせる事とす。

松尾神社から本年もおさがりの青果類希望なら二十四日に取りに来る様との事通知あり、早速頂きに出ますと返事出す。

七月二十三日　水　晴　男十二　女三十七

出張／市役所に河田の年金の証書持参、いろいろ話しても中々受入れないで色々と理屈を云うので、それも無理からぬ点もあり困る。甥の所で引取ってくれると助かるのだが。

七月二十四日　木　晴　男十二　女三十七

出張／松尾神社におさがりのお野菜を頂く為、園生四名と横川と行く。じゃが芋、きうり、とうがらし、キャベツ等、今年は厚生園からも行って居られた。

七月二十五日　金　晴　男十二　女三十七

府より電話あり、汽車の切符明日取りに来る様との事。

七月二十六日　土　晴　男十二　女三十七

出張／府へ切符受取りに行き、古谷氏宅を訪ねてお盆にやる下駄の花緒御願いす。

七月二十七日　日　曇　男十二　女三十七

明二十八日共同募金第二回経常費の配分通知来る。

七月二十八日　月　曇後雨　男十二　女三十七

出張／横川、小国、由良浜に於ける府主催の講習会に参加の為出発。

園長共募配分金受領、借入金元利計二一、三六四円返済。

七月二十九日　火　雨　男十二　女三十七

共同募金の印刷に必要だから写真があればとの事で、辻井氏に御願し写して頂く。

七月三十日　水　曇、小雨　男十二　女三十七

横川、小国、夜帰園。

七月三十一日　木　曇　男十二　女三十七

府社会課より電話あり、四、五、六三ヶ月の事務費調べが出してほしいとの事であったが、当方からはすでに出したと思うが、明日河野さんにも一度たしかめてから返事する事にする。

八月一日　金　晴　男十二　女三十七

出張／朝河野さんを御見舞して、事務費調べの事聞いたらやはり出したとの事、社会課でその由云ったら、大手さんの隣の方が机の中に保管して居られた。保険課で月額変更

届用紙買って帰る。
八月二日　土　晴　　男十二　女三十七
　昨日も今日もものすごい暑さで老人達も一日ごろごろしている。
出張／医療券をもらいにやっと時間ぎりぎりに行ってもらって来て早速松田先生に御とゞけする。
八月三日　日　晴　　男十二　女三十七
南座行／南座の文楽に昼と夜と三名づゝ招待を受け、昼の部には伊藤、井狩、西村の三名を寮母引率、夜の部は三浦、井上、中西の三名を園長が引率。
八月四日　月　晴夕立　　男十二　女三十七
　河野さん今日から来られる筈のところ又はれたとかでお休み。としよりの日の為のお人形見本造りをなす。
八月五日　火　晴夕立　　男十二　女三十七
　昨夜の大夕立で今日は久しぶりに涼しい。
出張／横川府の社会課と保険課に行く、保険課では給料下げた場合は具体的にくわしく説明を書いてほしいとの事で書類は持帰る。園長年よりの日実施委員会出席。
八月六日　水　晴　　男十二　女三十七
出張／保険課に書類持参したところ、昨日とは別の人が、給料引下げの時は別紙添附して説明をしなければいけないからと用紙を出されたので又持帰る。
来園／七条署の中郁安栄子さん来園、十七日に太秦の方の少年達が慰問に来て下さる由。
　ラヽの食糧来る。
八月七日　木　晴　　男十二　女三十七
出張／八月一日現在というのは、五六七三ヶ月の平均額が、新基準になるのだそうで、も一度やり直し、その都度人が変るし、この手続は今度がはじめてなので、このところ保険課に日参している。
　区役所に主食申請書提出。
　市役所に請求書提出。
八月八日　金　晴　　男十二　女三十七
出張／相互に行き寄附金頂く。保険課でやっと書類が納まった。社会課で鞍岡さんに色々聞いたが、不明の点、後日しらべて御知らせするとの事であった。
八月九日　土　晴　　男十二　女三十七
出張／市役所に高橋ゆきの医療券をもらいに行ったが、場所替などでごった返していられたので、送って頂く事にして来る。
　お盆か、としよりの日に配給してやるのに安いはなをを古谷氏が世話して下さったので頂きに行く。
八月十日　日　晴　　男十二　女三十七
来園／加藤里枝の孫が里子にもらわれる事になっている先方のお父さんが来られ、色々と母親の気持やおばあちゃんの気持を聞き度いとの事で明日丁度東本願寺に一しょにお詣りの約束が出来ている由なので、その時お父さんも行って万事お話されてはという事になって帰られた。
八月十一日　月　晴　男十二　女三十七
出張／園長協議会に出かけられたが、中止になっていたよし、留守中中川氏より電話あり。
来園／夜木村さん便所の見積り書持参して下さる。
園長、覚勝院から水塔婆《みずとうば》を分けてもらって帰らる。
八月十二日　火　晴　男十二　女三十七
水塔婆の希望者に十円で供養する事にしてそれでお盆にお供養する事にする。
市より恩給年金等ある者の調書来る。
八月十三日　水　晴　男十二　女三十七
出張／市に事務費、保護費受取りに行く。
徳林寺で遺族年金や弔慰金受領の手続をして下さるとの事で、河田、山口、伊藤の三名を連れて行ったが、伊藤は駄目らしい。養子縁組の手続が出来ていないので、戸籍上は叔母になっている。
盆供養／お盆の御供養をなす。
八月十四日　木　晴　男十二　女三十七
おはぎを作ってお供養にしたら園生一同大よろこび。
八月十五日　金　晴　男十二　女三十七
出張／府に月報提出、ラヽ月報用紙が無くなったのでもらいに行ったのだが、もう無い由。
市は嶋田さんも沢井さんも御留守、藤田の恩給証書は持って帰れなかった。
石鹸、ちり紙等配給、今日は渡井ミツの亡父の年忌で園生にパンのお供養あり。
八月十六日　土　晴　男十二　女三十七
御精霊《おしょらい》送りのおつとめをしてお供への西瓜を配分す。夜嵐山で灯籠流しがあるので、園生も元気なものは見物に出かけ、灯籠流しの御手伝す。
八月十七日　日　晴　男十二　女三十七
慰問／右京太秦垣園町子供会の慰問あり。劇や舞踊、等中々堂に入ったもの。お花やあめを頂く。
酒井先生のお嬢さんと、松居さんのお嬢さんが、学校の宿題で園の事情を聞きに来られ、お菓子を頂き、これも一しょに配分。
八月十八日　月　曇　男十二　女三十七
右京保健所からの環境調査書発送。
八月十九日　火　晴　男十二　女三十七
出張／園長成人保護委員会出席。横川府へレコードの下相談に行く。登記提出（土地建物賃借権設定）。
八月二十日　水　晴　男十二　女三十七
出張／園長電蓄贈呈式に出席、毎日新聞、大映両社より社会福祉の面へ十万円の寄贈あり、養老施設に電蓄とレコードを下さる事になった由。慰問団のあった時等これで大助かり。レコードはお金で頂いて園で希望のものを自由に買うこと ゝ なる。
大覚寺の二十日盆で夜はにぎやかだった。

八月二十一日　木　晴　男十二　女三十七

福祉協議会に相互社長多田清氏表彰の件、通知がまだ来ないので電話したところ、明日でないと係の人不在の為わからないよし返事あり。

八月二十二日　金　晴　男十二　女三十七

本日清掃日。協議会へ朝電話したところ今朝発送する事になっているとの事であった。もらいに行かうかと思ったが、明日又市に富井さんの医療券もらいに行かねばならないので、送って頂く事にした。

寄附／大覚寺から、お盆に持って来る筈でしたが、と云っておそうめんを沢山に頂く。そして水が不自由のよし今日お昼過からお風呂をわかすから園生にはいってもらってほしいとの事であったのでこちらからたきに行くつもりだったら、ちゃんとおぢいさんがわかして下さって一同入れて頂き大よろこび。

八月二十三日　土　夕立後晴　男十二　女三十七

ゆうべ大雨だったので朝は大変涼しく秋を思はせる様だった。地蔵盆で、園からも伊藤のおばあちゃんがお手伝に行く、夜一同にお供養を頂く。

出張／市役所に恩給年金等受けている者の調書提出、河田の眼の医療券もらって帰る。

滋賀大学よりの調書発送。

八月二十四日　日　晴　男十二　女三十七

今日はものすごく暑かったが、ラヂオで暑さも今日が峠だとの事でホッとする。植木やさんが来て庭木の散髪をしてもらったので見た眼にも大変涼しく、風通しもとてもよくなった。

八月二十五日　月　晴　男十二　女三十七

相変らず暑い、事務所で（華氏）九十五度。

八月二十六日　火　晴　男十二　女三十七

出張／全国民生児童委員大会が滋賀県膳所で開催され、その際社会事業功労者の表彰が行はれる事になり、当園からも相互社長多田清氏が表彰される様申請して置いたので、相互からも行って頂く事になり、広瀬人事課長と共に横川出席。高松宮様も御来臨の上、開会、三千名の出席者で盛会であった。

八月二十七日　水　晴　男十二　女三十七

出張／山口ハルの戸籍謄本が来たので、年金、弔慰等の請求書を区役所に出張の右京民生安定所に提出。

曇華院で年よりの日の下駄の台の製造元を聞いたら、婦人会から何かしようと思っているから、それらはこちらで段取りをするからとの事であった。

八月二十八日　木　晴　男十二　女三十七

八月二十九日　金　晴　男十二　女三十七
昨日も今日も相変らずの暑さ、園内変りなし。
八月三十日　土　晴　男十二　女三十七
大覚寺からお風呂にはいる様云うて来て下さったので又一同お風呂を頂く。これから週一回づゝ位入れて下さるよし有難いことである。
八月三十一日　日　晴　男十二　女三十七
相変らず真夏のように暑いが幸い園生一同無事、内職する者は昼寝もせずにきばっている。
九月一日　月　晴　男十二　女三十七
朝は大分涼しかったが相変らず暑い二百十日。
出張／園長、成人保護対策委員会に老人の日並に近畿養老事業協議会の打合せに出席。
九月二日　火　晴　男十二　女三十七
清掃／本日清掃日。
出張／園長、府市へ近畿養老事業協議の費用其他、協力を御願いの為出張。
寿楽園概要を作らなければならないので、園の附近の名所旧蹟等を入れた図面の下図を書く。健光園案内の写真版を少し簡単にしたもの。
九月三日　水　晴　男十二　女三十七
出張／市へ請求書提出、区役所へ主食申請書提出。
寿楽園概要の中に園の沿革其他について原稿作成。
九月四日　木　晴　男十二　女三十七
寄贈／夕方、市役所から干うどん三箱頂く。
九月五日　金　晴　男十二　女三十七
朝協議会より電話あり、十五、十六、十七の三日間の内、何か園で予定している行事があるかとの問合せあり、十六日義太夫の慰問の際、近所の御老人も招待して一しょに楽しむ会を催す旨返事す。朝夕よほど涼しくなりしのぎよくなった。
九月六日　土　曇　男十二　女三十七
太秦局より電話あり、太秦郵便友の会の子供さん達が明日慰問に行き度いとの連絡あり。
老人の日の園の行事、十日の映画（府公報課より）十六日の浄瑠璃の二つのビラ作製、下は曇華院に御願し、上は今日の内に配布。
九月七日　日　雨後曇　男十二　女三十七
園長、高野山行。
慰問／午後太秦郵便友の会から慰問に来て下さって、舞踊、仕舞、合唱等、嵯峨野高校、□□［空白］高校、京都商業、双ヶ岡、蜂ヶ岡中学の五つの学校の生徒さん達約二十名が郵便課長さん引率で来園、慰問して下さる。若い人達の美しい志は又なくうれしい。
九月八日　月　曇小雨　男十二　女三十七
出張／朝、曇華院でビラを御願し、相互によって寄附金頂いて市へ行く。今日はまだ保護費丈しか出ていず。来園／人形芝居の松本氏来園、十四日に慰問に来たいとのこと。

九月九日　火　曇　男十二　女三十七

出張／園長、成人委員会出席。

来園／西院の子供会が十四日の午前中に慰問に来て下さるよし元嵯峨派出所に居られたお巡りさんが連絡に来て下さる。

レコードが来た。二十八枚。電蓄の方は十二日頃迄には来る筈と大手さんのお話。

市役所から電話あり。十七日午前中に市教育委員会からの招待で京都座の映画を見せて下さるとの事、もう殆んど一週間行事がつまってしまった。施設の老人達には正に盆と正月とお祭とが一しょに来た様だ。

九月十日　水　曇　男十二　女三十七

福祉協議会より電話で、十九日に仏眼更生学園の生徒さん達二十名程でマッサージ、鍼灸等の慰問に来て下さるよし連絡あり。

御室小学校から来週の午後行き度いが都合知らせてほしいとの事で、十九日午後来て下さる事となる。嵯峨校からも十五日に来て下さる由、河野さんから連絡あり。

来園／右京消防署から防火設備状況調査の為来られ、管理状況はよろしいとの事。風呂の煙突の屋根との接触点にブリキを当てる事と、漏電ヶ所をしらべる為の絶縁験査をしてもらって置く様との注意があった。

慰問／府公報課からの映画の慰問があった、大覚寺の華道会館を借りて開催、満員の盛況であった。

九月十一日　木　曇小雨　男十二　女三十七

出張／ラ、物資今後の取扱について民生会館で打合会あり、小国出席。

協議会から電話あり、学生同盟から十七日午後五人来て下さって、一日息子、一日娘の趣旨でお手伝やお慰めし度いとの事。

相互が全国民生児童委員大会で表彰された時、表彰状丈で記念品がなかったので、今度福祉協議会から記念品を作って下さったよし、園長記念品を持参。

九月十二日　金　曇小雨　男十二　女三十七

市役所から電話あり､市長が十五日に老人達の慰問の為､来て下さるよし。事務費は明日午前。大手さんから電話あり、電蓄は今日明日に来るとの事。

園概要の表紙三百枚出来上り。

九月十三日　土　曇　男十二　女三十七

ラ､の最後の衣料の配給があった。

出張／市役所に事務費受取に行ったら､高岡氏（市主税課）夫人から千円寄附金を頂く。中川のおぢいちゃんの勤めていた学校の校長先生であったよし。

九月十四日　日　雨　　男十二　女三十七

慰問／どしゃ降りの雨の中を西院校の子供さんの慰問あり。人形芝居、劇、舞踊等、雨でぬれた服をぬがせて昨日着いたばかりのラヽの衣料の中からドレスを抜き出して着せ、慰問して頂いてる間にぬれた服にアイロンをかけるやら大さわぎ。

慰問／午後は松本民三氏の人形芝居、西京極子供会の皆さんの舞踊、絵画等で慰問して頂く。

寄贈／大毎、大映より寄贈の電蓄到着。

九月十五日　月　雨後曇　　男十二　女三十七

慰問／今日は老人の日、早朝から中川氏一家三人で来園、散髪の無料サービスをして下さる。

慰問、寄贈／十時頃から眼鏡やさんの〇〇〇氏夫妻来園お母さんの三十七年とかで園生全部に眼鏡を寄附して下さる。全部度を合せるので大変、京都新聞が来て写真うつして帰った。

慰問／嵯峨小学校、たんぽヽ学級並に一般学級の子供さん達約三十名来園、慰問文や絵を持参、劇やお遊戯で慰問して下さる。

慰問／午後二時、丁度嵯峨校生徒さんの慰問の最中に高山市長さんの慰問あり、ドロップ一缶づヽお土産頂いて、市長さんの御挨拶あり、一同感激す。毎日新聞が電蓄を中心に子供さんがおどっている所をうつして帰った。

出張、寄附／右京民間社会事業振興会から五千円の寄附あり、民生安定所に頂きに行く。

今日は老人の日のお祝で特別献立、お赤飯でお祝。

配給／ラヽの衣料、褌、真綿チョッキ、下駄はなを、ちり紙石鹸等配給。

九月十六日　火

慰問／午前十時ベレー会の慰問あり。京都録音協会も一しょで、ラッキー氏の司会で、氏の挨拶や、園生との話、園長の挨拶、園生の歌、園歌等録音し、即座にその声を聞かせて一同びっくりするやらよろこぶやら。自分の声が之な風にして聞かれるとは夢にも思はなかったと大よろこび。あめ玉やおとし焼、お茶、天ぷらだんご等のおみやげを頂く。

としよりの日にちなみ園の行事、浄るり会／午後は黒田氏一行による浄瑠璃大会。これは寿楽園の主催なので、早くからビラを張って嵯峨全町に呼びかけて皆様に来て頂いて一しょに楽しんで頂く事にした。然し昼間の行事なのであまり沢山は来られなかった。夜であったら満員になるであらうに惜しい事であった。これによって見ても一般家庭にあっては老人も中々昼間は暇が無いと云う事が出来ると思う。

九月十七日　水　晴　　男十二　女三十七

出張／昨日府社会課から電話あり、電蓄の受領書を早く出してほしいとの事だったので早速持参す。夕刊京都を通して園に寄附された金弐千円也を頂いて帰る。

寄附／市教育委員会より京劇の「原爆の子」に招待されているので学生同盟の慰問もあるので、園生を分けて、全員で二十二名参加。

慰問／園の方には学生同盟、NHKの慰問あり。一日娘、一日息子の趣旨により、半日を送らうとの事で茶話会を開き、その模様をNHKの録音によって記録された。これは十九日の午後六時四五分から十五分間京都第一放送で放送される予定の由。おみやげに、おとし焼、ビスケット等頂く。

九月十八日　木　曇小雨　男十二　女三十七
来園／綾部民生委員団一行来園。

　園概要二百部出来上り。

慰問／仏眼更生学園より慰問あり。マッサージ、鍼、灸等の慰問。

九月十九日　金　曇　男十二　女三十七
出張／園長夫妻、明日の準備打合会に出席。

　木村さんが事務所電話室の根太修理の為、来て下さった。

慰問／嵯峨婦人会から、下駄五十五足、あめ五十五袋の慰問品を頂く。永井さん、福山さんがお使として来て下さった。

九月二十日　土　晴　男十二　女三十七
　夜、先日のNHKの放送を聞く。

出張／近畿養老事業連絡協議会が民生会館で開催され、園長、主事出席。午後は二条城、三宝院、同和園を見学。
九月二十一日　日　晴　男十二　女三十七
慰問／平安徳義会より慰問。園児のブラスバンド、人形芝居、音楽等、老と若きとの差こそあれ、同じく悲しい運命のもとにある者同志の事とて、園生も一入感慨深いものがあった様だ。園から園生の作った日本の振袖人形と西洋人形をおみやげに贈る。午後身体障害者右京婦人部長の松井氏来訪、おせんべ雑誌等頂く。
挨拶状／開園当初より今日迄の園の後援者に挨拶状発送。
九月二十二日　月　晴　男十二　女三十七
　御室小学校より慰問あり。人形芝居、劇、舞踊等。
九月二十三日　火　晴　男十二　女三十七
慰問／心学修正会、田口富之助氏の慰問あり、百十一才の老翁の扇面を頂く。
寄贈／アメリカに在住の方で目下大覚寺に居られる□□さんからおせんべ、おとし焼等頂く。
九月二十四日　水　晴　男十二　女三十七
九月二十五日　木　晴　男十二　女三十七
　松田先生に嘱託費持参。谷口に書類あったか聞いたが見当らぬよし困った事だ。
慰問／京都社会福祉協議会より映画の慰問あり。
映画／大覚寺華道会館を借りて会場にした。

九月二十六日　金　晴　　男十二　女三十七
出張／市の笠岡氏へ奥様への感謝状御渡しす。河田の医療券をもらいに保護課へ立寄ったが皆御留守なので郵送して頂く様御願す。
九月二十七日　土　晴　　男十二　女三十七
出張／太秦署へ行って西院子供会への御礼状御願す。ぎをん一こと井口芳枝氏に御礼に行く。午後二時より嵯峨社会福祉協議会あり。横川出席、共同募金の件なり。
九月二十八日　日　曇後雨　　男十二　女三十七
運動会／嵯峨校の運動会で招待を受けていたので、おべん当をこしらえて一同楽しんで行ったが、間もなく雨になり中止。
慰問／花園北部婦人会より慰問あり。金五百円也頂く。
九月二十九日　月　晴　　男十二　女三十七
慰問／西院小学校から慰問あり。前嵯峨校にいられた葛西先生引率。舞踊、劇等。
九月三十日　火　晴　　男十二　女三十七
運動会／嵯峨校の運動会。今日はすばらしい快晴、楽しい一日を過させて頂く。
十月一日　水　晴　　男十二　女三十七
選挙／衆議員議員の選挙当日なので、園生を全部連れて嵯峨校に行く。足のおぼつかない者はリヤカーにのせて、京都新聞から写真を写しに来た。坂本に新聞記者がどんな人を入れますかと聞いたら「民生委員さんの長谷川さんに入れます」と返事したので困ったけれど、耳が遠くて字のよめない人にはラヂオも新聞も用をなさず、さりとてうっかり指導も出来ず、手は無し。
先日の録音のレコード板が出来てきたので、園生一同を集めて聞かす。
十月二日　木　晴　　男十二　女三十七
出張／歯科の医療券の件につき市へ行ったところ、大内が事情をいつわって又他への入園手続をしているとの事。出て見て園生活の有難さがわかったのだらう。
十月三日　金　晴　　男十二　女三十七
今日は中秋の明月、夜おつとめ後、レコードをかけておどる。
十月四日　土　晴　　男十二　女三十七
出張／主食申請書提出の為区役所へ行く。
木村さんに井戸の件につき来て頂く様御願す。明五日蜂中（注＝蜂ヶ岡中学校）の運動会。出席者をしらべる。明後六日全国仏教徒大会一行来園のよし連絡あり。
十月五日　日　晴　　男十二　女三十七
運動会／蜂中の運動会だが、教育委員選挙があるので、運動会に出席する者は出かけに嵯峨校に立寄り選挙を済ます。
十月六日　月　晴後小雨　　男十二　女三十七

仏教徒大会の一行が来られるというので朝から大掃除をして待っていたが折悪しく降り出した雨で、大覚寺から帰ってしまはれた。

市から電話あり。恩給、年金の人は九月分から徴収する事になる。

十月七日　火　曇小雨　男十二　女三十七

出張／市に請求書提出、歯科医療券はどの歯を直すのかそれも書く様との事で、又医療券を持ち帰った。

十月八日　水　曇　男十二　女三十七

出張／園長成人委員会出席。

十月九日　木　晴後曇　男十二　女三十七

来園／夜木村さん来園、井戸の深さ、ポンプの管の事等しらべて頂く様御願す。

十月十日　金　晴　男十二　女三十七

来園／尚徳学区の募金委員、各種団体長等、来園。

木村さん、井戸をしらべに来て下さって、兎に角まだ管を入れられる余地がある様に思はれるので足して頂く事に御願す。割合面倒な仕事で相当高くつくらし。

高野山三宝院からの紹介で七十八才の老婆と娘さんが来て、老婆を入園させてほしいとの事であったが、勝手に入園させるわけに行かないからとよく事情を話して明日中央保護所に送る事とす。

全国養老事業大会、及京都福祉協議会出席者届を出す。今年も全国大会には園長出席の予定。

十月十一日　土　雨　男十二　女三十七

出張／中央保護所へ電話で連絡し、園長二人を同導。

河田、藤田、中川の三人に九月から恩給、年金等収入のある者の保護費、事務費等、計算して、本人としては月額五〇〇円を認める事を申し渡す。お金は郵便貯金として、通帳は園で保管する事とした。

十月十二日　日　晴　男十二　女三十七

十月十三日　月　晴　男十二　女三十七

出張／市に電話したら今日午後事務費保護費が出るとの事なので、小国が受取に行く。

慰問／北村さん一行が御詠歌の慰問に来て下さる。パン二百ヶ、電球、肌着等頂く。園生の御詠歌、御詠歌おどり等も聞いたり見たりして頂く。大覚寺御案内す。

十月十四日　火　晴　男十二　女三十七

出張／昨日の小切手を現金に変え、市に伊藤の医療券の件で小国出張。

十月十五日　水　雨　男十二　女三十七

出張／園長相互に材木の件御願いに行かれたところ何分の応援しようとの事、寄附金頂く。

横川、弓削の診察の為、右京保健所へ行く。中枢神経に故障があるか、以前の病気もあること故、その方の専門の医師の診察を受けた方がよいとの事。

十月十六日　木　晴　　男十二　女三十七
出張／京都社会福祉大会に園長、主事出席。会場で右京社会福祉協議会成人部会長の武田さんにお目にかゝったところ、成人部に割当られた本年度分の一万五千円は老人施設の方へ今年はまわすとして何かプランを立て、頂き度い、何れ部会を開く筈故との事であった。
十月十七日　金　晴　　男十二　女三十七
恩給、年金等受けている者の預金通帳を作る。
十月十八日　土　晴　　男十二　女三十七
小鴨さんより電話あり。先日御願した二人の内、若い方を園で使ってもらへぬかとの事で園長本人とよく話して見ると中央保護所へ行かれた。
十月十九日　日　晴　　男十二　女三十七
府社会課より電話あり。アメリカでラヽの事、色々御世話になっている方が御夫妻で入京されたので、養老施設では同和園に行かれる事になったので、明日十時頃園長に来てもらう様との事であった。
天気はよし、街頭募金も今日の日曜が山と思はれるので、園生にも一度立たせて見たら募金のむつかしさも有難さもわかる事だしと思ったが、施設の収容者を出すのはどうかしらとの意見も出て中止となる。
十月二十日　月　晴　　男十二　女三十七
出張／園長、同和園にラヽの関係の方の歓迎やら現状報告の会合に出席。園開設以来、今日迄の受配状況等まとめて持参。
来園／保健所から水質検査の再調査で来園。
十月二十一日　火　晴　　男十二　女三十七
出張／市保護課から来た調書につき、わからぬ点があるので問合せの為横川、市に出張。
洛北寮生が大覚寺に来られた。
二十五日に老人グループの方四十名程大覚寺のお座敷を借り度いと協議会から電話あり。
酒井さん今日から炊婦助手として来園。
十月二十二日　水　曇小雨　　男十二　女三十七
十月二十三日　木　晴　　男十二　女三十七
今日から炊事は園生を使はず、炊婦二人と藤田の三人でする事となる。
共同募金局に臨時費の使途変更願を出す。
十月二十四日　金　晴　　男十二　女三十七
来園／共同募金局からお使が来られ、園生の感謝文を中西た祢の名にして出す。臨時費の申請書を御ことずけして提出。
十月二十五日　土　晴　　男十二　女三十七
寄贈／亀山恒子さんから柿二貫五百頂く。
十月二十六日　日　晴　　男十二　女三十七
野崎ゆきの歯科医療券、人見の歯科、高橋の富井の医療券申請書提出。
十月二十七日　月　曇小雨　男十二　女三十七
十月二十八日　火　晴　男十二　女三十七
十月二十九日　水　晴　男十二　女三十七
十月三十日　木　曇　男十二　女三十七
十月三十一日　金　晴　男十二　女三十七
出張／医療券を松田先生から急いで来られたので市へもらいに行ったら丁度前に提出しておいたのが、決裁になったので一しょにもらって帰り早速松田（内科）、八田（歯科）両先生にとゞけさす。
十一月一日　土　晴　男十二　女三十七
出張／区役所に主食の申請書を提出、石川照吉氏に民間社会事業振興会からの五千円の寄附金に対する感謝状持参。
十一月二日　日　晴　男十二　女三十七
十一月三日　月　晴　男十二　女三十七
すばらしい秋晴れ、嵐山ではもみじ祭があるので園生も希望者三々五五打連れて見物に出かける。
十一月四日　火　雨後晴　男十二　女三十七
出張／酒井さんの印を買い、市へ医療券もらいに行く。
十一月五日　水　雨　男十二　女三十七
共同募金臨時費十七万円配分を受く。
十一月六日　木　晴　男十二　女三十七
出張／嵯峨校創立八十周年記念行事の敬老会にまねかれて園生三十名出席、おまんじうを頂き、各町内からの演芸を見せて頂く。
同和園で京都養老事業連盟が開催され、新たに出来た舞鶴の若宮寮の方も来て居られた。洛東園と共に、これで京都は五施設となる。
十一月七日　金　晴　男十二　女三十七
出張／市へ請求書提出、行きかけに野崎を八田さんへ連れて行く。洛東園に酒井さんの転出証明書持参、中々静かない、施設である。台所と食堂が隣接していてい、と思った。
園長広島の講習に行く旨、協議会に申込む。
十一月八日　土　晴　男十二　女三十七
園長朝、東京大会出席の為上京。
十一月九日　日　晴　男十二　女三十七
明日午前中に右京理髪組合の青年部の人達が散髪の奉仕に来て下さる旨、中川さんより連絡あり。
来園／中央児童相談所長の岩波先生来園。
十一月十日　月　晴　男十二　女三十七
今日は皇太子殿下の御成年式並に立太子式が挙行されるお祝日なので、園でもお餅をついてもらっておぜんざいをし、おみかんを配給す。
散髪やさんの奉仕作業は都合で来週になった由連絡あり。
寄附／夕方大宮四条の辺の者だ、親類の者にたのまれたからと云って処も名もどうしても云はずにドロップを二貫目御寄附下さった。お供して夜のおつとめの後配分す。

十一月十一日　火　晴　男十二　女三十七

寄附／嵯峨野高校の女生徒さんが二十二日西京高校へ招待して頂いた時の旅費として一千円也御持参下さった。

十一月十二日　水　晴後雨　男十二　女三十七

出張／洛東園の開園式の為、横川出張、知事（代理）市長はじめ約二百名位の出席者あり盛会、百二十五万円の市の補助金をもらわれた由。

十一月十三日　木　曇　男十二　女三十七

慰問、演芸／先日一応断ったのだが浪曲慰問団が万才まで連れて来園、園生は大よろこびだが園としては迷惑に感じた。

出張／府市に月報提出、市で高橋ゆき、井狩はるの医療券もらって来る。

十一月十四日　金　曇後雨　男十二　女三十七

十一月十五日　土　曇　男十二　女三十七

出張／柴田巳之助の転出証明書もらいに区役所に行く。

夜園長、東京大会より帰園。

十一月十六日　日　晴　男十二　女三十七

来園／鈴鹿野風呂先生の「嵯峨の虫いにしえ人になりて聞く」というのを句碑にして大沢池畔に立てられ、その除幕式が行はれ、参列の数氏が園で昼食をされた。園でも句会でもするなら何時でも奉仕に来るからとの事であった。

十一月十七日　月　曇　男十二　女三十七

散髪奉仕団慰問／右京理髪業組合の青年部員八名が早朝から来園され、園生一同きれいに散髪してもらい、女の人も顔をそってもらった。

下京民生安定所長の林さんから電話あり。来週水曜か木曜に婦人会の方が慰問に来られ、大覚寺で中食をとり度いので連絡してほしいとの事で、大覚寺に聞いたら十九日ならい丶との事だったので安定所に電話す。

十一月十八日　火　晴　男十二　女三十七　退　男一

出張／園長相互に便所新設につき、材木を安くわけて頂く様、相談に行かる。

来園／夜木村さん来園、十七万円で設計通りのものを作って頂く事となる。

横川、市役所に柴田巳之助の退園届提出、後なるべく元気な男の人入れて頂く様御願す。

十一月十九日　水　晴　男十一　女三十七

来園／同和園の園生が高尾に来られ、当園にも立ちよられ、御詠歌おどり等見て頂いて茶話会を開催。コーヒー等サービスす。

十一月二十日　木　晴　男十一　女三十七

十一月二十一日　金　曇　男十一　女三十七

前山のおぢいちゃんの三年でお供養をする。

十一月二十二日　土　晴　　男十一　女三十七
高校招待／京都高校家庭クラブ連合会主催で慰安会が催されて、当園生と積慶園の子供さんとが西京高校に御招待を頂き、午後一時半から、人形芝居や舞踊、可愛らしい洛西幼稚園児のリズムバンド等見せて頂き、お菓子やおみかん等頂いて、それが済んでから今度はお茶室で若峡屋のお菓子でおいしいお薄茶を頂いて一同御大家の御隠居さんみたいだと大よろこび、帰りに行けぬ人にもおみやげ頂く。
出張／園長本朝、広島へ出発。
十一月二十三日　日　晴　　男十一　女三十七
慰問／勤労感謝の日。洛西幼稚園から慰問にお越し下さり、沢山くだもの、おみやげを頂く。可愛いらしいリズムバンドやお唄、お遊戯等見せて頂く。
　嵯峨の日曜学校からもおやさいを持よって頂いた。
来園／西院第二の朝倉染工場主来園、歌舞技で慰問し度いとの事、その内又何かの折に御願いする事に御願す。
十一月二十四日　月　小雨後晴　　男十一　女三十七
来園／植柳未亡人会員十二三名来園。大覚寺で昼食。
出張／相互に四万円持参す。便所の材木を相互木材から安くして分けて頂く事となり、相互タクシーの方から二万円御寄附頂いて、材木代、運賃として六万円を相互木材に支払う。
寄附／帰途亀山さんで足袋のぼろ等頂いて帰る。
十一月二十五日　火　小雨後晴　　男十一　女三十七
　朝早く相互から材木がとゞいたので木村さんとこへ置かして頂く。山の内の西村さんより電話あり、二十八日に婦人会員の方慰問に来られる由。
出張／市役所で初診券用紙と高橋ゆきの医療券もらって来る。
十一月二十六日　水　晴　　男十一　女三十七
　亀山さんから頂いた肌着、足袋等配る。
十一月二十七日　木　晴　　男十一　女三十七
十一月二十八日　金　小雨　　男十一　女三十七
慰問／小雨が降っていたけれど、山の内婦人会の方約三十名来園。あめを一箱づゝ頂きお心持で持ちよられたお金七百四十円也も併せて頂く。大覚寺をご案内す。
十一月二十九日　土　晴　　男十一　女三十七
　セメント二十袋着、離れの玄関に置く。
出張／区役所の帰途、小菅さん、西さん、永井さんに肌着、ぼろ等の事御願して置いた。両三日中に出して置くからとの事である。
十一月三十日　日　晴　　男十一　女三十七
出張／嵯峨日曜学校、洛西幼稚園に先日慰問に来て下さったお礼に行く。
　夜、園長帰園。
来園／八木先生と塚本氏来園、入園希望者の件。

十二月一日　月　曇、小雨　男十一　女三十七
出張／洛東園から電話があり、市の島田さんのお父様御死去のよし。同和園も洛北も、もうすでにお葬式に行かれたとの事なので、相談して香典を持っておくやみに行く。
十二月二日　火　晴　男十一　女三十七
園長東京へ出発。木村さん来られ明日、日がよいから杭立てをしますとの事であった。
十二月三日　水　晴後雨　男十一　女三十七
主食申請書提出書類作成。
十二月四日　木　晴　男十一　女三十七
出張／市に田中の医療券もらいに行く、嶋田さんまだお休み、沢井さんは嶋田さんとこへ事務打合せの為行かれて留守、それで塚本氏の件聞けなかった。
区役所に主食申請書提出。
十二月五日　金　晴　男十一　女三十七
洛西幼稚園から写真を送って下さった。
十二月六日　土　晴　男十一　女三十七
寄附／北川のたばこやのおぢいさんが、便所のかべに入用だらうからすさのわらを寄附しますから取りによこして下さいとの事で、十束程頂く。
十二月七日　日　晴　男十一　女三十七
寄附／お隣の北川さんからお火たきさんのお供養のおかしやおみかんを頂く。

十二月八日　月　曇　男十一　女三十七
今日は日がよいとの事で、今日から便所の工事に着手。
出張／区役所の帰りに小菅さん、永井さんでぼろを頂く。
寄附／中々上等のを沢山下さった。永井さんはその他あめもとゞけるとの事であった。小菅さんはぼろと五百円と頂く。
十二月九日　火　曇、小雨　男十一　女三十七
出張／越年資金借入の件につき、協議会へ横川出張、各部の委員長副委員長出席、一しょに募金局を尋ね、借入方を依頼、毎年こうして困るのだからもっと事務費の出る様、運動すべきだと思うと会長の御意見であった。今年は銀行の方から借入て頂く事になるらしい。
十二月十日　水　曇　男十一　女三十七
協議会から電話あり、越年資金五十万円丈何とか借りられるらしいとの事、成人委員会の忘年会の事は園長帰園後御返事する事とす。
十二月十一日　木　曇、小雨　男十一　女三十七
園長早朝帰園。
十二月十二日　金　晴　男十一　女三十七
出張／納税事務打合せの為、河野さん出張。
お供養／横川より七年の法事のお供養あり。
十二月十三日　土　晴　男十一　女三十七
寄贈／京都青果組合よりリンゴ、ミカンの寄贈あり。

十二月十四日　日　晴　男十一　女三十七
年末感謝／本日より向う一週間を園の年末感謝週間となし、園生職員一同で後援者十方各位の御多幸を祈って千巻心経をあげる事とす。

托鉢／本日仏徒連盟の托鉢行事あり、園で休んで行かれ、パンのお供養をなす。

　昨日の果物配分。

十二月十五日　月　曇小雨　男十一　女三十七
出張／保護費、事務費受取に小国出張。

第三回共同募金経常費の配分あり。

十二月十六日　火　雨　男十一　女三十七
出張／園長養老事業連盟に出席。

寄附／府庁民生部長室でおでんち十枚寄贈あり、無名の老人からとの事。

来園／午後右京区長さん来園。嵯峨野の婦人会の方が衣料をお集め下さったのを御持参下さる。婦人会の方三名御一しょだった。

来園／右京保健所から、ねずみとり薬持参下さる。

十二月十七日　水　曇　男十一　女三十七
来園／保健所からＤＤＴ撒布の為来園。

来園／京都新聞社から年末感謝祭の記事と写真をとりに来園。

十二月十八日　木　晴　男十一　女三十七
上棟式／本日共同募金の臨時費で出来た便所の上棟式挙行。感謝箱、寒行等のお金も出して夕食は園長職員園生一同集会室で会食。

出張／園長成人委員会に出席。

配分金／右京社会福祉協議会施設部への割当金の内五千円也を当園に頂く。

来園／亀山氏明日の嵯峨福祉協議会の印刷をたのみに来らる。園の挨拶状と共に刷る。

　謹んで年末年始の御挨拶を申上げます
京都府市御当局を始め十方各位の御支援により園務も円滑に老人達も大変楽しく余生を送らして頂いて居ります。つきましては十二月十四日より一週間を園の恒例感謝祈願祭と定め千巻心経を唱えて国家並に各位の御隆昌を御祈りして感謝の意を捧げます何卒良き新年を御迎え下さい。
　昭和二十七年十二月二十日
　　　　寿楽園役職員並園生一同

十二月十九日　金　晴　男十一　女三十七
　人形作り。
寄贈／嵯峨仏徒連盟より頂く。
十二月二十日　土　晴　男十一　女三十七

感謝祭結願／覚勝院からお遊戯会に園生一同招待され、おさつの揚物頂く。

寄贈／花園婦人会より衣料、ビスケット等沢山頂く。

十二月二十一日　日　曇　男十一　女三十七
寄贈／西田さんから何もぼろが無いので何かに間に合せて頂き度いと、金五千円とパンヤのおふとん頂く。

十二月二十二日　月　晴　男十一　女三十七
出張／弓削入院の件につき園長市役所へ、西陣病院に入院させて頂ける由。

糯米《もちごめ》の請求書を右京区役所に提出、その帰途多田さんの奥さんにお人形見て頂きにお宅へ行く。昨年は見られなくて残念だったからとの事だったので、今年は会社へ持参の前に御目にかけたわけ。

十二月二十三日　火　晴　男十一　女三十七
出張／園長、福祉協議会出席。

入院／弓削俊吾を西陣病院に入院させる為、松田先生に要入院の診断書を頂きに行き、午後西陣病院に入院さす。

十二月二十四日　水　晴　男十　女三十七
出張／区役所に弓削の転出証明書もらいに行く。市で医療券をもらい西陣病院にとどける。

寄贈／心もち運動の内の一部である、糯米で作った出来立てのお餅を頂く（二百五十ケ）。

十二月二十五日　木　曇　男十　女三十七
出張／園長成人委員会忘年会出席。

相互へお礼の振袖人形持参。府へも一つ持参、市へ行き十二月分前半期分の保護費ともち代を頂く。

来園／朝日新聞記者来園、人形は全部持って行った後だったが感謝祭の事を話し、相互にまだ人形はそのまゝあると思うと話して置いた。

十二月二十六日　金　晴　男十　女三十七
出張／京都新聞から電話があり、衣料等配分するからとの事で横川、人見を連れて新聞社に行き衣類十点、雑誌等頂いて帰る。

午後、府社会課より電話あり、佃煮の寄贈があったから受取に来る様との事だったので三浦を使に出す。一貫匁ごまめの佃煮頂く。

来園／午後右京区長、桜井右京社福副会長、民生安定所長等来園。

寄贈／炭五俵頂く。

十二月二十七日　土　晴　男十　女三十七
出張／福祉協議会の事業金庫より越年資金二万五千円借入の為、横川出張。

寄贈／永井さんからおみかん三箱御寄贈頂く。

十二月二十八日　日　晴　男十　女三十七
寄附／大覚寺から竹を二十本切らして頂く。

積慶園古村さんからお電話あり、明日ＮＨＫの歳末義捐金の伝達式がある筈だが、その時施設代表として挨拶してほしいとの事。
十二月二十九日　月　晴　　男十　女三十七
出張／NHKで歳末義捐金の伝達式あり、園長三浦を園生代表として出席、園長施設側代表として挨拶。
寄贈／一人百円づゝ、計四千八百円頂く。
来園／相互タクシーより前田専務と広瀬人事課長来園。
寄贈／タオル五十枚を先日の人形のお返しとして頂く。園生を集めて御挨拶さす。
出張／河田、山口の二人の遺族年金弔慰金の受領の為、右京安定所に行く。
寄附／小山初音町高世武氏より一万円御寄附頂く。
十二月三十日　火　曇　　男十　女三十七
本年最後のお風呂をしたが途中で水が不足し、行ける者にはお金渡して銭湯に行かす。
十二月三十一日　水　曇　　男十　女三十七
松田先生のお宅に嘱托料持参、谷口に残額支払。
寄贈／大覚寺より年越そば（うどん）百二十頂く。
明日のこしらへにてんてこ舞。夜園長を尋ねておへん路さん来園、一夜の宿を借す。
昭和二十八年
一月一日　木　晴　　男十　女三十七
天気よい温い日でよいお正月。朝のおつとめ全員揃ってなし、その後集会室で一同朝食を共にす。
寄贈／園長の信徒の方よりお酒を頂く。
一同よい御きげんで、のど自慢等に楽しい時を過す。
一月二日　金　晴時々曇　　男十　女三十七
園生達、今日も一日おどったり、かるたをしたり楽しいお正月を過す。
一月三日　土　晴　　男十　女三十七
お正月も今日でおしまいなので、今夜もかるた等して楽しく過す。
一月四日　日　晴　　男十　女三十七
秩父宮様御逝去遊ばされ、一同御冥福を御祈りして心経読誦をなす。
一月五日　月　曇　　男十　女三十七
来園／木村さん仕事の打合せに来園、裏の垣の材料を木村さん取りに行って下さる。
一月六日　火　晴　　男十　女三十七
一月七日　水　曇　　男十　女三十七
主食申請書作成、府の大手さんから先日のおでんちの写真のさい促あり。新聞社に電話。明日頂きに行く事とす。
一月八日　木　晴　　男十　女三十七
出張／区役所に主食申請書持参、帰途新聞社に写真もらいに行く。
来園／京都新聞記者来園。

一月九日　金　晴　　男十　女三十七
出張／園長府社会課へ写真持参、先に届を出した知事あての登記完了報告書は、厚生大臣宛とする様との事で前の書類園長持帰らる。高世武氏（一万円寄附して下さった方）宅へ園長御礼に行かる。
寒行／第一回の寒行に出る。
一月十日　土　晴　　男十　女三十七
出張／園長、成人保護委員会に出席。
　昨日の訂正書類府へ持参。
心餅*／日赤心餅、二十五kg頂く。
寄贈／園生に早速二ヶづゝ配分し、後は又お雑煮にする事とす。
一月十一日　日　晴後雨　　男十　女三十七
出張／民生会館で施設児童の学芸大会があり、横川出席。
一月十二日　月　晴　　男十　女三十七
　市保護課より下京から一人入園させる様、連絡あり。
出張／小国、市へ年末餅代受領書持参。
一月十三日　火　晴　　男十　女三十七
出張／福祉協議会に京都放送局廃止反対の請願書持参（成人委員会で話あり）。
一月十四日　水　晴　　男十　女三十八　（入園一）
入園／安田久入園。
　松田先生のお宅から古着を沢山頂く。
一月十五日　木　晴　　男十　女三十八
　覚勝院の護摩供養あり、午後は余興もあり園生もおまいりす。
一月十六日　金　晴　　男十　女三十八
来園／明日すき焼会があるので、準備打合せの為、森氏来園、台や七輪等の準備をなす。夜渡辺伊之助氏お米を御持参下さる。明日は和歌山方面へ行かれるので御出席になれない由。徳永氏来園。
一月十七日　土　晴　　男十　女三十八
すき焼会／園生待望のすき焼会、寄贈者左の通り。

味岡事務長殿	酒二升
坂口密翁殿	酒一升
森井庄太郎殿	とうふ七〇
井上光太郎殿	酒一升
松井宇一郎殿	米二升五合
池田新太郎殿	米二升五合
渡辺伊之助殿	米三升
古川四郎兵衛殿	ねぎ五〆
岡村丑之助殿	金五百円也
吉野孝殿	金三百円也
梅本末吉殿	金五百円也
岩見恒太郎殿	肴六人分（さしみ）
森多一殿	四千円也（牛肉代）

京都新聞から二人来園。来客は主催者側から森、味岡、坂口、松井、池田、古川、岡村、吉野の諸氏来園。園生大よろこびで年に一度のすき焼に舌つゞみを打つ。

一月十八日　日　晴　男十　女三十八

来園／森氏夫妻、岡村氏来園。

寄贈／昨年半紙を沢山頂いた方から今年はちり紙十九〆頂き、園生一同に配分。

夜園長、若宮寮へ持参の京都養老事業連盟規約案、並に近畿養老事業連絡会規約案の原紙を切る。

一月十九日　月　曇　男十　女三十八

すき焼会の記事が今日の新聞にのっていた。

出張／小国市役所に請求書持参。

寄贈／日赤の心餅二十kgの追加分を頂く。

一月二十日　火　晴　男十　女三十八

出張／園長舞鶴の若宮寮に出張。

来園／馬堀の大橋成光氏来園、栗を沢山に頂き園生に配分。

一月二十一日　水　晴　男十　女三十八

初弘法、園長夜帰園。

一月二十二日　木　晴　男十　女三十八

寄贈、出張／府社会課より電話あり。周山の北桑婦人会から糯米と、京都商工倶楽部から将棋盤並に駒一組の寄贈があったから午前中に受取に来る様との事で、横川、人見と上田を連れて頂きに行く。

寄贈／昨日嵯峨婦人会総会で残ったおまんじゆを頂いたので、今日頂きに行き、園生に配分。

一月二十三日　金　雪　男十　女三十八

府社会課より電話あり。基本財産の登記変更がまだなら早くする様、税金は免除になるから免除の申請をする様との事で早速しらべたところ、土地は出来ているが台所の方が出来ていないので、早速谷口に依頼す。

一月二十四日　土　晴　男十　女三十八

出張／市に電話したら今日保護費、事務費が出るとの事で横川受取に行く。

来園／右京保健所。

一月二十五日　日　晴　男十　女三十八

慰安会／少年防犯主催天龍寺の演芸会に皆来る様との招待を頂き、園生もお天気がよかったので、元気な者は出かける。

市保護課からはがきあり、市社会福祉協議会から薪炭を配給するから希望の品を電話せよとの事。

一月二十六日　月　晴　男十　女三十八

市役所保護課児童係に電話して当園としては薪がほしい旨返事す。

一月二十七日　火　曇　男十　女三十八

来園／右京保健所よりねずみ取薬持参下さる。

出張／市に弓削の医療券もらいに行き、河田の保護停止の手続等につき問合す。府保険課に酒井さんの健保の申込をなし、給料引上につき変更届の用紙買って帰る。社会課では鞍岡さんお留守でくわしい事わからず。その内知らすとの事であった。

一月二十八日　水　曇　　男十　女三十八

出張／高橋ゆきを右京保健所につれて行ったところ停電でレントゲン写真とれず。金曜日に出直す事とし血沈、ツベルクリン反応の試験丈して頂く。

寄贈／共募局より二千三百円の追加配分あり（年末NHKのたすけ合運動）。右京区役所配給課より来月は米十四日分のよし連絡あり。

一月二十九日　木　曇後雪　　男十　女三十八

NHKの配分金はパチンコを買う事にし度いと園長の希望。同和園でも設備されたよし。

一月三十日　金　曇雪　　男十　女三十八

朝の内空はカラリと晴れていたが昨夜の大雪で足もと悪く、保健所へつれて行くのは中止す。

出張／午後市役所へ行く。市でも予算の事で大変らしい。医療券の請求はなるべくその都度してほしいとの事。

移送費（弓削）交通費（高橋ゆき）請求書提出。

来園／DDT撒布の為、保健所来園。

一月三十一日　土　曇小雪　　男十　女三十八

役員選挙／役員の選挙をしたら、男は井上と中川、女は井狩と丹羽。

山口の予金を出して一月分の計算をなし、五百円の小遣を渡す。

予算の都合があるので畳屋さんで聞いたら、床も全部変えたら一畳七百円以上千円位、表かへで四百円から六百五十円位のよし。

谷口はまだ府庁へは行ってくれていない由、やはりこちらが行ってはっきり聞いてきた方が早いらしい。

二月一日　日　晴、一時曇、小雪　　男十　女三十八

心餅運動の感謝文を整理して発送、左の四ヶ所。

日赤京都支部、京都市立命館中学校、船井郡園部高等学校、相楽郡東和東小学校　以上。

二月二日　月　晴　　男十　女三十八　死亡一

安田久の容態が悪いので松田先生に来て頂く。注射をして頂いて先生が事務所にいられる内に死亡。入園後半月、この様な人は病院へ送るべきだったものを、民生委員さんも老人であれば養老院に入れるものと思っていられるらしい。

出張／横川市役所に委託書もらいに行き謄本ももらって帰る。市営葬儀に電話したところ、明日一時出棺。

夕方納棺に来て下さり、夜お通夜をなす。

むつみ商会の方、夜来園。丁寧におまつりをしたり皆が御詠歌のお供養をしているので、本人もさぞよろこんでい

るだらうとよろこんで帰らる。
二月三日　火　曇　男十　女三十七
葬式／安田久の葬式、名古屋の以前の御主人夫婦という人と妹夫婦というのと、むつみ商会の主人夫婦とが来られ、妹夫婦が現金がある筈との事であるが、古い通帳は出てきたが新通帳も無く印もなく、問合せた時は何も持っていないと云っていたし困ったものだ。
二月四日　水　晴一時曇　男十　女三十七
出張／相互に寄附金頂きに行く。銀行に行く時間なし。
二月五日　木　曇　男十　女三十七
二月六日　金　晴　男十　女三十七
出張／高橋ゆきのレントゲン写真とって頂く為、右京保健所へ行く。月曜日に結果を聞きに来てほしいとの事。民生安定所に安田の件話合に行ったが係の人が留守で駄目。銀行に行って昨日のお金現金にして来る。
来園／夜木村さん来園。廊下を板敷にする事や風呂場便所の改造等につき見積出してもらう様依頼す。
二月七日　土　晴　男十　女三十七
出張／市に請求書提出。
　安田久の初七日で夜、御詠歌をあげ、おさつをふかしてお供養にす。
二月八日　日　晴　男十　女三十七
　共同募金提出書類作成、大体老人の日の頃に作った概要で間に合いそう。少し追加すれば大体は統計も変化なし。
二月九日　月　晴　男十　女三十七
出張／園長、社福総合委員会に出席。河野さん、午後右京区役所に税調査書の件につき出張。横川、保健所に高橋の結果聞きに行ったところ、も一度かくたんの倍養して見ないと入院の要否はわからぬとの事、初めからそれもしてくれゝばよいものを。
来園／午後京都新聞の小笠原氏と写真班来園、あれこれ見聞に若い人と老人との「春」二題で写さしてほしいとて、それとパチンコの話したらそれは面白いニュースになるから又の日に出す事にすると両方の写真をとって行かれた。
二月十日　火　晴曇　男十　女三十七
出張／共同募金局に書類提出、福祉協議会に園長の福協理事承諾書提出。
　知恩院より十六日に十五名程見学に来られる由通知あり。
二月十一日　水　晴　男十　女三十七
　社会福祉法人に切替後の役員改選の件につき書類を作る。日附の件府へ問合せたが、此松さん出張中でわからず。
二月十二日　木　晴曇　男十　女三十七
　園長早朝帰国。河田に小遣は全収入を合計した中から五百円丈が小遣になる旨なっとくさすのに骨の折れる事。何も彼も取上げられる様に思うらし、無理からぬ面もあるが、現に生活させてもらっている事の有難さは忘れて不足ばかりならべている。
二月十三日　金　晴　男十　女三十七
出張／保健所に高橋ゆきの検たん依頼、福祉協議会に副会長三名にする様との意見書提出（総合委員会委員長亀山弘應の名で）。市に電話したら明日出すとの事。
二月十四日　土　晴曇　男十　女三十七
出張／午前中、市に事務費保護費受取に行く。小切手だったので銀行で現金にして来る。
パチンコの記事が京都新聞に出た。
二月十五日　日　晴曇　男十　女三十七
午後岡本さんの一行の舞踊慰問あり、との事で楽しんでいたが中止。
二月十六日　月　曇　男十　女三十七
府から電話あり。十九日に事務監査に来られる由。
慰問／午後知恩院から秦さんに引率されて仏教の高校の生徒さん十五名程来園。園内を参観し、その後人形芝居を見せて下さる。
共募提出の二十八年度予算見込書の原紙切る。
夜、園長帰園。
二月十七日　火　晴曇　男十　女三十七
共同募金局からはがきで十八日に調査に来るとの事であったが、その日は成人委員会で園長留守なので日を変えて頂く様電話したところ、二十日との事、二十日も園長留守だが、留守でも説明してもらえればよいからとの事。
二月十八日　水　晴小雪　男十　女三十七
出張／園長成人委員会に出席。
明日府から事務監査があるので何彼と心せわしい。
二月十九日　木　晴　男十　女三十七
事務監査／事務監査で府から清水さん、鞍岡さん、大手さん来園、監査という様な堅苦しい意味でなく、お互によく懇談し度いというつもりでいるとの事であったが、やはり学校の試験のようなもので、これを機会に日頃の手落を調べたり訂正したり出来るのでよい事だと思う。帳簿等も何彼にお役所仕事として見れば、不備の点もあるけれど、大体良心的に出来ているとの事であった。
二月二十日　金　晴　男十　女三十七
共募監査／共同募金局から安西さん来園。昨日府から見えているのですしと云って時間もおそかったし、帳簿の方は一寸目を通して結構ですとの事であった。園内の様子を見て頂いて種々説明し、なるべく配分の点考慮して頂く様御願す。倉庫は今のに手を加えるのは大変だから、それより現在の倉の南側に一つ作った方がよいのではないかとの事であった。
二月二十一日　土　雪　男十　女三十七
春には珍らしい大雪、終日降り続く。園長の知合の寺からお餅とあづきを送って来て下さったので、おぜんざいを作って食べさす。

二月二十二日　日　雪　男十　女三十七

園長夜、高野から帰園。

二月二十三日　月　曇　男十　女三十七

社会課の大手さんから御電話あり。二十五日に来て頂く筈だった紙芝居慰問は中止になった由。

来園／保健所から二十五、六日頃又ＤＤＴを撒布に来て下さるよし連絡に来て下さった。

二月二十四日　火　晴曇　男十　女三十七

昨日園長が中野さん（茨城の）に会はれたら、園生を高野山へ連れて行って下さるとの事、園生大よろこび。

二月二十五日　水　雨　男十　女三十七

出張／市で河田のお金の件、安田久の件、丹羽の歯科医療券の件等を済ます。五千円は二ヶ月目も五百円はみとめるとの事。

明日、女の入園者一人頼むとの事であった。

右京安定所に連絡し、前田よしを園から籍を抜く件、先方へ連絡してからにしてほしいとの事で万事御願す。

二月二十六日　木　晴　男十　女三十八

入園／昨日、市で話のあった松本あさ入園。

来園／早朝、大覚寺の宗会出席の方達来園、中に徳島の養老院経営していられる方も来らる。

出張／保健所で高橋の検啖の結果聞きに行ったら塗抹検査の方は陰性だった由。

二月二十七日　金　晴　男十　女三十八

来園／午後保健所からＤＤＴを撒きに来て下さった。

安田久の遺留金の処分について、市の方へ届書提出。

二月二十八日　土　晴後雨　男十　女三十八

出張／市役所に丹羽の医療券の件（歯科）と安田の遺留金持参。

転出入時における米穀配給について区役所より指示あり。

三月一日　日　曇後晴　男十　女三十八

来園／糸屋さんが新しい内職を持って来て下さった。割合楽な仕事らしいので園生もよろこんでいる。

三月二日　月　雨後晴　男十　女三十八

早朝、園長夫妻広島帰国。安田久の月忌で夜園生一同御詠歌供養。

三月三日　火　晴　男十　女三十八

出張／市役所に医療券もらいに行く。相互に行ったら先月二十八日だったので、手続がおくれているから五日頃来てほしいとの事。

来園／保健所から来園。水曜日は丁度成人相談日だから都合がよいから明日来られたらよいとの事。

おひな祭りなので、きれいな立びなのお菓子配給。ちり紙、石鹸等も配給。特別献立で御馳走。

三月四日　水　晴　男十　女三十八

出張／保健所に松本を連れて行く。血液を検査してもらう為。来週木曜位に結果がわかるよし。

　途中松本のおばあちゃんが園に馴れないのに、高田にがみがみ云はれてびっくりしているらしい。誠に困ったもの。いくら云って聞かせても直らない。もっとも自分を反省して見ても、読めども聞けども何時迄たっても同じところをどうどうまわりしているんだし、大きな事は云えないが。

　安田の遺留金の処分の件につき一応市への提出書類に目を通して置いてもらった方がいゝと思うので、むつみ商会に行く。寄附させておいて頂けばよいと思うのですがと云って居られた。

三月五日　木　曇後雨　男十　女三十八

出張／牧野先生の送別会で横川出席。協議会に健康保険歓奨金の受取方依頼の書類提出。相互に行き、寄附金を頂き、銀行で現金にして帰る。

三月六日　金　晴　男十　女三十八

共募配分委員来園／共同募金配分委員の方が施設の実状視察に来られ、色々見て頂いて実状を説明し、本年度の希望をのべ、善処方御依頼す。物置は坪二万五千円位で出来るのだから新築した方がよからうとの御意見だった。当方の希望は皆もっともと思うと云ってなるべく考へるが、全部は無理だからとの事であった。新築便所の共同募金ありがたうの「かんばん」は大変結構とよろこんで頂いた。園生としてもその都度目につくので感謝を忘れず、そのつもりでかゝげてある旨説明。

　昨日に引かえ、今日は天気もよく好都合だった。

三月七日　土　曇後雨　男十　女三十八

　園長帰園。明日慰問に来て下さる由平安女学院から連絡あり。雨でも行くとの事。

三月八日　日　晴　男十　女三十八

慰問／平安女学院から三十人程慰問に来て下さり、おすし（手製の）やおかし等おみやげを沢山頂く。紙芝居や、舞踊等見せて頂き、一同大よろこび。

　今日は嵯峨校で蜂中の学芸会があり、園生も招待して頂いたが、慰問と一しょになったので園生は行けなかった。

三月九日　月　晴　男十　女三十八

出張／区役所に主食申請書提出。保健所で高橋ゆきの結果聞きに行ったところ、陰性との事で安心した。

来園／松田先生来診、中西大分よい。

　京都新聞の小笠原氏来園。ぬいぐるみ人形等作って平安徳義会に昨年の老人の日に慰められたうれしさを少しでも御恩返しし度いと老人達が作っている事話したら、是非作っている所写真にとらしてほしいとの事で、写真をとって帰られた。

三月十日　火　晴　男十　女三十八

講習／洛東園で京都養老事業連盟の会合あり。料理の講習あり、園長、小国、渋谷出席。

和知が色々無理を云って困る。これは若宮寮でなく和光寮行だと思う。

三月十一日　水　曇後雨　男十　女三十八

出張／市役所に和知の件につき、沢井さんに御願す。嶋田さんは留守だったが、兎も角園ではお守が出来ないのだから何処かへ入れてもらはないと困る。保護費、事務費受取って帰る。

高橋ゆきの交通費、移送費入金。

三月十二日　木　曇　男十　女三十八（退一）

出張／松本が今日血液検査の結果がわかるので保健所に行ったところ、集団生活でも何等危険性は無いとの事で安心した。

前田よねの籍を園からのける事に安定所と話し合ひ、転出証明書をもらって安定所にとゞける。

三月十三日　金　晴　男十　女三十七

新聞に徳義会行の記事も出た事なので、あまりおそくならない方がよからうとの事で、大体お彼岸中に行く事に決定。予算承認の為の理事会は二十七日頃の予定にし、その準備をなす。

三月十四日　土　晴　男十　女三十七

出張／市役所に医療券もらいに行く。前田の退園届提出。嶋田さんも沢井さんも御留守で和知の件聞けなかった。

午後和知が一寸出たま丶帰らず心配していたら交番から電話がか丶り、相互タクシーで送りとゞけるからとの事で、聞けば嵐山で中風が起きて歩けぬと云って居るのを、巡査さんや吉兆の河原さんの御世話で送りとゞけて下さったよし。明日は日曜だが月曜日には是非市に頼んで、早く和光寮に入れて頂かなくては困る。

三月十五日　日　晴　男十　女三十七

朝早速、嵐山の交番と吉兆の河原さんの所へお礼に行く。朝のおつとめに園生全部が、和知さんの様なのが居ると園生全部の迷惑だから何とかしてほしいと申し出た。

三月十六日　月　晴　男十　女三十七

出張／和知を和光寮に入寮させて頂く件につき、市に行って沢井さん、嶋田さんに御願す。

寄贈／共同募金会からタオル三十一枚配分するから、との事で頂きに行く。此間の学校の八枚を合せても数に不足するので園生への配分はしばらく見合す。

三月十七日　火　晴　男十　女三十七

理事会を二十六日開催の予定なので書類作成。

三月十八日　水　晴　男十　女三十七

各理事さんに理事会の案内状発送。

寄贈／市の社会福祉協議会から薪六十四束届けて下さっ

た。
三月十九日　木　曇　男十　女三十七
平安徳義会に人形を持っての慰問は三十日頃の予定とす。
三月二十日　金　晴　男十　女三十七
出張／医療券もらいに市役所へ行く。
三月二十一日　土　曇　男十　女三十七
慰問／京都のお菓子屋さんの組合のみどり会から研究の為作られたお菓子を沢山に御持参下さり、一同大よろこび、美しい桜の花や、も中や、うぐいす餅等。
三月二十二日　日　雨　男十　女三十七
みどり会の皆様に御礼のはがき発送。
三月二十三日　月　晴　男十　女　三十七
来園／松田先生来園、介護費の申請をするについて、先生の診断と意見書を頂く。
藤原、藤田、和知、小池、安田栄、河原の六名、人形作りをなす。
三月二十四日　火　晴　男十　女三十七
出張／医療券の件につき市役所に行く。
人形作りをなす。
三月二十五日　水　晴　男十一　女三十七　入園一
来園／市より嶋田、沢井両氏来園。介護必要者の調査の為。
明日の理事会の為、書類製作。
入園／野田九一郎入園。
三月二十六日　木　晴　男十一　女三十七
理事会／本日理事会開催。新監事は吉田戒雲師に決定。議案は全部原案通り可決。
寄贈／奥熊野婦人会より豆雑布等下さった由で、児童相談所より連絡あり、人見と中川の両名受取に行く。
三月二十七日　金　曇　男十一　女三十七
来園／保健所よりＤＤＴ撒布に来らる。
園長、吉田氏に監事の件依頼されたところ受諾して下さった由、谷口に電話して監事変更手続の事、問合す。
三月二十八日　土　晴　男十一　女三十七
寄附／小国家の法事でお供養にパン一ケづゝ。
来園／保健所、先日の薬品の受領書持参。府庁の此松さんに電話して監事変更の手続につき問合す。
三月二十九日　日　曇　男十一　女三十七
平安徳義会に慰問の打合せをしたところ来月の三日か六日か十六日との事なので、三日が大雨で無い限りよせて頂く事に決定。
三月三十日　月　曇　男十一　女三十七
慰問／平安徳義会に何年か散髪奉仕をしている人のお父さんが、今度は寿楽園に奉仕に来て下さる事になり、今日は朝から散髪やひげそりをして下さった。全部済まなくて又明日も来てくださるとの事。

出張／選挙の有権者人名簿を作って区役所に提出。市役所に医療券もらいに行き、朝日（中断）。

三月三十一日　火　晴　男十一　女三十七

慰問／昨日で散髪が全部出来なかったので、又今日も引続き奉仕に来て下さった。

法事／加藤、谷村両名の一年忌の法事をなす。

来園／荷札作りの内職の人来園。

昭和二十八年度

昭和二十八年四月一日〜昭和二十九年三月三十一日

横顔

〝老人に仕える〟

横川八重さん

◇…「人生は五十から」を身を以て実践しているのが彼女。といつて別段欲得はなく、ただ〝お年寄に喜んでもらえれば結構です〟と虚心坦懐〝子供も両親もなく何の望みとてない私に残された将来は養老院だけです。同じ境遇にあるご老人に仕えるのが私によつて極く自然な仕事じやないでしょうか〟

◇…元亮光閣といえば記憶に古いが嵯峨の有名な断食道場。そこに生れ京都女子師範を出た彼女は主人に死別後二十二年廃業、二十四年奮起一番、伝統の道場を何かのお役にと養老院に切換え、そこから「第二の人生」が始つた。十一年前に脊椎カリエスを病み、九死に一生を得た感激をいまも持続、余生を老人ホームに打込むという。

◇…多くを語らぬが人間、虚飾がなく素直に人の心を打つ生地の魅力が大きい。老人の世話に明け暮れるかわりに年より若く見えるのは美人に加えて気が若いから(?)ご老人いわく〝ほんとに娘のようにいい人じや〟五十一歳

（右京区嵯峨大覚寺前門）

昭和28年（1953）9月、京都新聞コラムより

四月一日　水　晴　男十一　女三十七
開園式／寿楽園の開園記念日なので特別に御馳走をなし、感謝箱から一千円出して之でお酒も買って祝賀会を開催す。本日を以て満四年也。
来園／小笠原氏来園、和知夕方から出たまゝ帰らず。困ったもの也。
出張／福祉協議会に園長の理事承認承諾書持参す。吉田氏の監事就任承諾書其他必要書類に印を頂きに行く。協議会より市電パス受取。
四月二日　木　晴　男十一　女三十七
出張／和知の件につき市に相談に行く。医療券頂く。吉田氏より電話あり。昨日の印は実印と違っていた旨の電話。
寄贈／生駒氏よりあかざの杖（中風のまじないの由）三十本御寄贈あり。
出張／園長総合委員会に出席。
四月三日　金　晴　男十一　女三十七
平安徳義会行／平安徳義会に人形やハワイからの小布つぎ合せの座蒲団等を持って昨年老人の日に慰問に来て頂いたお礼に園生九名連れて行く。帰途吉田監事を訪問印鑑の訂正をして頂く。
四月四日　土　曇小雨　男十一　女三十七
出張／市に和知の件と医療券もらいに行く。
来園／瀬古氏より依頼された明日の大覚寺のお茶席の件につき二名来園、大覚寺で打合せをなす。
四月五日　日　晴　男十一　女三十七
花祭、托鉢／花祭りの托鉢の一行二十名程来園、園生も御供養をした者もあり。園からも、お供養を出す。
四月六日　月　晴　男十一　女三十七
慰問、来園／府の仏教会上京副支部長山家氏来園、おだんごを持参下さり法話をして下さる。
出張／相互で寄附金を頂く。市に請求書提出。
四月七日　火　晴　男十一　女三十七
出張／区役所に主食申請書提出。府庁に役員変更の届書提出。
四月八日　水　晴　男十一　女三十七
花祭／本日花祭り。園生も行列を見たり、お詣り等す。
　先日頂いたあかざの杖配給。
　明日大和入園の通知あり。
来園／帝大より来園。死体を解剖にまわしてほしい由。
四月九日　木　晴　男十二（入園一）　女三十七
出張／和知を若宮寮に転寮の件につき市の嶋田係長と相談し、被救護者の割引切符をもらいに府庁に行き十枚もらって帰る。
　共同募金会から石鹸を配分するからとの事で受取に行く。第一回経常費の配分は十一日の由通知あり。
入園／大和三千太入園。

四月十日　金　曇　男十二　女三十七
出張／成人委員会に横川出席。
和知を若宮に送る事に決定。園長帰園。
健康診断／職員園生一同の健康診断実施。
四月十一日　土　晴　男十二　女三十七
出張／共募受取の為園長民生会館に出席、昨年末の越年資金に借入金二万五千円あるので配分の二万円は返済に充当。
横川区役所で和知の転出証明書もらいに行く。
四月十二日　日　小雨後曇　男十二　女三十七
和知を送る筈であったが、朝雨が降っていたので中止す。
四月十三日　月　晴　男十二　女三十七
退園／和知を若宮寮に送る為横川、小国出張。
四月十四日　火　晴　男十一　女三十七
出張／事務費、保護費受取の為市へ出張。協議会に借入金の利息支払う。
府より電話あり。先日の書類に不備の点ある由。
来園／福岡養老院書記松尾久枝氏外二名来園、園内視察の後大沢池畔の花を見て帰らる。
四月十五日　水　晴　男十一　女三十七
出張／府に書類受取に行く。何れ厚生省からの話は（財産目録等につき）打合会を開くが、理事会議事録は役員変更の事丈についての理事会開催の形式にする様との事であった。
四月十六日　木　晴　男十一　女三十七
寄附／雑誌を沢山に持って西木氏来園。
来園／木村さんに見積の依頼をなす。
四月十七日　金　晴　男十一　女三十七
出張／府に書類持参したところ、議事録の原本に相違ない旨の理事長の証明が無かったので持帰る。園長午後財産目録其他についての打合会出席。
四月十八日　土　晴　男十一　女三十七
府より保護台帳記入の用紙が来た。
谷口より書類出来上りの通知あり。
四月十九日　日　晴　男十一　女三十七
福岡養老院の松尾氏より先日のお礼に博多人形を送って来た。
選挙／衆院選挙の為嵯峨小学校に行く。新聞社から写真班も来て夕刊に出た。
四月二十日　月　晴　男十一　女三十七
出張／府に書類を訂正して提出（役員変更届）。市に弓削の継続医療券をもらいに行く。
来園／松田先生来園、荷札作りの人来園、前田親子。
又府より電話あり、やはり役員変更の登記完了の書類を添附してほしいとの事であった。
四月二十一日　火　晴一時曇　男十一　女三十七

出張／園長ラ、物資に関する打合せ会に出席。
谷口から役員変更登記の謄本が出来ているとの事なので受取に行く。
四月二十二日　水　晴　男十一　女三十七
出張／同和園で御製下賜の記念碑除幕式が挙行され園長出席、午後福協理事会に引続き出席、ラ、物資を受ける為の予算の件につき府に陳情。
府へ提出の施設台帳記入、二十四日は選挙の日なので監事会は日を変えてもらえないものかと連絡して見たが都合が悪いらしいので、やはり二十四日と決定。
四月二十三日　木　晴　男十一　女三十七
明日の監査を受くる為の準備をなす。
四月二十四日　金　晴　男十一　女三十七
選挙／参議院議員の選挙の為嵯峨小学校に行く。今日は各自自由に行かせて見た。大した間違もなく済ませた様だった。
監査／今日監事の方に集って頂き、帳簿、決算等の監査を受く。
四月二十五日　土　晴　男十一　女三十七
出張／府に本日中に提出すべき施設台帳持参提出。
配給／郵政局のタオル、共募の愛の石鹸配給。
四月二十六日　日　晴　男十一　女三十七
監事会の議事録作り、味岡氏の署名をたのみに行ったが御留守なので、岡沢氏に依頼して置いた。
四月二十七日　月　晴　男十一　女三十七
朝大覚寺へ行き味岡氏の印をもらい、谷口に書類持参。
来園／杉本一九来園。
府社会課より男子一名はいれぬかとの電話あり後、周山地方事務所から電話あり、明日午前中に連れて行くからとの事であった。
四月二十八日　火　晴　男十二　女三十七　（入園一）
入園／午前十時頃、周山事務所から、角田久吉を連れて来られた。
養連／京都養老事業連盟を開催、各施設長、府社会課長、清水係長、市嶋田係長出席、洛北寮の保護台帳参考に一部頂く。
四月二十九日　水　曇　男十二　女三十七
天皇誕生日で御祝の御馳走をする。
四月三十日　木　曇　男十二　女三十七
出張／区役所に園の固定資産税につき問合せに行く。やはり免除を申請を出さねばならぬらしいが係の人が居なくてくわしい事はわからなかった。外食券の証明を受く。
園長、福祉協議会理事会に出席。引続きハワイから来る人をむかへに横浜へ行かる。
五月一日　金　晴　男十二　女三十七
お祭り／今日は愛宕神社のおいで祭りなので、おすしを作る。朝園内清掃。

五月二日　土　晴　　男十二　女三十七

役員選挙／朝のおつとめの後で役員の選挙をなす。男三浦、河田、女伊藤、後藤の二名。

園長帰園。

五月三日　日　曇　　男十二　女三十七

五月四日　月　晴後雨　　男十二　女三十七

出張／市に医療券もらいに行く。

五月五日　火　曇後雨　　男十二　女三十七

五月六日　水　雨　　男十二　女三十七

出張／相互に行ったがまだ決裁が出ていないとの事であった。

五月七日　木　雨　　男十二　女三十七

出張／市に請求書提出、福祉協議会で健康保険料の補助費受取に行く。

相互よりお金取りに来る様電話あり。

五月八日　金　晴　　男十二　女三十七

出張、寄贈／パチンコを寄附して頂いたから取りに来る様との事なので、左京民生安定所まで大和と中川をつれて行く。寄贈者は左京区百万遍西入、日の丸パチンコ店梶井秀次郎氏。

五月九日　土　曇　　男十二　女三十七

相互で寄附金を頂き銀行で現金にかへる。

五月十日　日　晴　　男十二　女三十七

報徳寺の鈴木さんから、浄瑠璃を聞いてほしいので、十七日迄の何時かよせて頂き度いけれど都合はどうかとの連絡あり。日は何れ後より知らすとの事。

来園／保健所より台所の検査の為来園。

五月十一日　月　晴　　男十二　女三十七

寄贈／園長のハワイ時代の信者さんが来られ園生に小布パン等頂く。

園長高野行。

四条大宮の村川さんと云う方、昨年は名も聞かせて頂けなかったが、今度は村川と丈はわかったが又お菓子を二缶御寄贈頂く。

共募主催映画人カーニバルに職員出席。

五月十二日　火　雨　　男十二　女三十七

出張／右京区役所に主食申請書提出、右京社会福祉協議会の評議員会あり、横川出席。

夜園長高野より帰園、高野山より二十六年度分助成金二千円下さるよし。

五月十三日　水　晴　　男十二　女三十八　（入園一）

入園／金谷まつ入園。民生委員さん外町内の人達十人余りが送って来られ園内を見てよろこんで帰られた。こんなに沢山で送って来られたのは初めて。

月報石川さんにたのんで提出。

五月十四日　木　晴　　男十二　女三十八
出張／府立医大の解剖体慰霊祭が行はれ八田保太郎が昨年解剖されたので案内が来たので横川出席、秋は西本願寺で十月一日行はれるよし。
　成人委員会が同和園で開かれ園長出席、来月十一、二日頃本省より市に会計監査に来られ、その際施設にも来られるかも知れないから準備して置く様との事であった。
慰問／八十二才のお婆さんが慰問に来られ午後は楽しく一しょに過し、お菓子を頂いた。
来園／午後吉田氏来園。
五月十五日　金　晴　　男十二　女三十八
　北村電気商会に村川さんの事問合せて見た。乾物問屋さんで村川さんと云うのが御主人が戦死されよく困った人にほどこし等される由だからたぶんその村川さんでしょうとの事であった。
　市から事務費保護費が午後出るからとの事で、出かけたら又今日は出ないとの事で中止す。
五月十六日　土　晴　　男十二　女三十八
出張／市役所で保護費、介護料受取、朝日新聞社に、二十三日の連絡をなし、日新火災で三千円保険料の内払をなす。
　保健所で便所のうじ虫退治の良薬無いか聞きに行ったところ、京都乳剤がよいとの事、月曜日にも一度電話する事とす。
　京都新聞右京支所に小笠原さんをたずね、二十三日の事連絡、後電話あり、当日朝早いので、二十二日に門の所で出発の写真とり度いとの事。
五月十七日　日　晴　　男十二　女三十八
慰問／園長の弓友岡本氏の御世話で、畑下吉基氏が何彼と御骨折り下さり若柳佳佑社中のお嬢さん達の舞踊慰問あり、おみやげに紅白のおまんじゅうを頂き重ね重ねの御心尽しに園生一同大よろこび。半日を楽しく過させて頂く。
五月十八日　月　晴　　男十二　女三十八
死亡／四五日前から胃が悪いと云っていた船越ふくが昼頃から急に様子が変り、松田先生に来て頂いたら、心臓が大変弱っているからとて注射をして頂いたが夕五時二十分死去、眠る様に楽な往生をなす。大した人の世話にもならず両便の不始末もなく、皆こんな風にお参りする様あやかり度いと云っていた。葬儀は明朝電話してもらはないとわからぬとの事。夜一同でお通夜をなす。
出張／市で事務費受取、小切手が銀行渡になっていたのをうっかりもらってそのまゝ三和銀行に行ったら現金にならず又市に引返し現金にして頂く。吉田さんで予算書に印を頂き府社会課に二部提出。社会課で割引券を頂いて帰る。上田さんは行かれない由。
五月十九日　火　晴　　男十二　女三十七
　市営葬儀社に電話したら明日一番で、九時出棺と決る。

死亡診断書、其他の手続を済ます。
慰問／みどり会の第二回目の慰問あり。ようかんを一本づゝ頂く。丁度高野行のお菓子が出来たので皆残して持って行くのだと大よろこび。
五月二十日　水　晴　男十二　女三十七
葬儀／九時出棺なので、それ迄に一同お別れのおつとめ。横川、小国、園生は高田が生前心安くしていたので、三人で蓮華谷まで行く。
慰問／散髪の奉仕に来て下さる。中川さんからも新聞で見たら高野へ行かれるそうだから、それ迄に来て下さいとの事、有難い事である。
五月二十一日　木　晴　男十二　女三十七
慰問／昨日に引続いて今日も散髪の奉仕に来て下さる。
来園／午後、京都新聞の小笠原さんと写真班のこうちゃんと来園、高野行の準備を楽しくしている所を写して帰らる。
五月二十二日　金　曇小雨　男十二　女三十七
　駅に切符の事依頼に行く。
寄贈／永井八重さんから高野参りのおやつにとてキャラメル一箱づゝ頂く。
来園、寄贈／船越の前お世話になっていた人が姉妹づれで来られ、園生にパン六十ケ、一千円をお供へして、帰られた。
　夜から雨になった。明日は雨があがってくれるとよいのに。
五月二十三日　土　雨　男十二　女三十七
高野詣り／午前八時二十五分嵯峨駅発の汽車で園長引率のもとに一行二十七名高野詣りをなす。雨が降っていたが車中かえって涼しく午後三時頃普門院着。小雨の中を本部にお詣りして秘密血脈を頂き、その後、御詠歌舞踊を見せて頂き茶菓のおもてなしを頂いて、園からも池田のおばあちゃんの舞踊を見て頂いて帰り、お風呂に這入って早く床につく。夜は雨しとゞ。
五月二十四日　日　雨後晴　男十二　女三十七
　朝の内小雨の中を大塔其他宝物館拝観し、午後金剛峯寺へ参り金山管長様の御説教を聞かせて頂き、寺族婦人会が歓迎会をして下さりお茶菓子を頂いて園生一同涙を流してよろこぶ。午後奥の院に参拝、中野家の御墓前に感謝の御詠歌を御供養して七時前普門院に帰る。午後はからりと日本晴。
五月二十五日　月　晴　男十二　女三十七
来園／周山の役場から角田の事務費保護費を持って来て下さる。
　夕方六時過、高野より園生無事帰園。
五月二十六日　火　晴　男十二　女三十七
五月二十七日　水　晴　男十二　女三十七
出張／市役所に医療券提出（弓削の継続の分も）、船越の死亡届提出したところ、死亡診断書添附してほしいとの事であった。葬祭雑費の請求書も提出。
　園長高野より帰園。
五月二十八日　木　晴　　男十二　女三十七
出張／園長寮母、同和園の京都養老事業連盟に出席。
五月二十九日　金　晴一時曇　　男十二　女三十七
　角田が周山に行ったが事務所に云はずに行ったので、書類に印が入用だったのに書類を持たずに行ったので周山の役場から電話がかゝった。角田が帰ってから書類速達で送る様返事す。
五月三十日　土　曇　　男十二　女三十七
　八田保太郎一周忌と船越ふくの二七日のおたいやなので夜、園長導師となりお供養をなす。
五月三十一日　日　雨　　男十二　女三十七
お供養／お供養にパン一ケづゝ配給す。
六月一日　月　雨　　男十二　女三十七
出張／安定所に河田山口等の遺族への弔慰金の一時買上につき問合せをなす。当分は駄目らしいとの事。前田の件については盲目とお婆さんなのに手紙で連絡をしたので、くいちがいが出来て遅くなったが、転出証明書等も渡してちゃんとしたからとの事であった。保健所では乳剤一升三百五十円でわけて頂ける由、その内保健所からも来て下さるとの事であった。
六月二日　火　小雨　　男十二　女三十七
来園／保健所から便所の消毒、大掃除等の打合せに来て下さる。
六月三日　水　晴　　男十二　女三十七
　角田久吉がも少しまだ働けるから園から出て薬の行商をしてやって行き度いというので北桑地方事務所へ手紙を出す。
来園／岐阜県の民生委員さん達三十五名、市の保護課の方と共に来園、園長の概要説明の後園内を見学して帰らる。
　保健所から三名来園、便所、部屋等に乳剤、ケロシンの撒布をして頂く。
　主食申請書提出する様電話がかゝったが、おそくなって行けなかった。
六月四日　木　曇　　男十二　女三十七
出張／区役所に主食申請書提出。
　谷口に行ったら資産総額変更の登記が出来ていた。
六月五日　金　雨　　男十二　女三十七
来園／雨の中を女の方が七日の慰問の件につき連絡に来られた。七日の午後一時、雨が降ってもとの事であった。五名位で四時頃迄の予定のよし。
六月六日　土　曇、小雨　　男十二　女三十七
出張／市に請求書提出、園長相互に寄附金頂きに行き、種々園内事情等説明。
　府で登記変更届の書式等教えて頂きに行く。保護台帳は

まだ出来ていない、出来たら連絡するからとの事であった。
六月七日　日　雨　　男十二　女三十七
一日中大変な雨、台風が来るかも知れないとの予報なので心配したが兵庫県を抜けたとかで何事もなし、あまり雨がひどいので慰問は中止。
厚生大臣あての資産の総額変更の書類、共同募金局へ借入金残額五千円也の書換え書類等作る。
六月八日　月　雨　　男十二　女三十七
東山民生安定所より連絡あり、十一日に女一人入園するからとの事、既に市からも依託書が来ているので承知の旨返事す。
出張／府庁に資産総額変更届書提出。
福祉協議会へ共同募金丶庫の借入金残金五千円也の書換書提出。
六月九日　火　曇　　男十二　女三十七
寿楽園に対する固定資産税の免除申請書作成。
六月十日　水　曇　　男十二　女三十七
出張／区役所に免除申請書提出。帰途相互社長多田さんのお宅を訪問奥様に御礼を申しのべる。
来園／消防所から調査に来られ、一二不備の点注意さる。
感謝日／毎月十日を感謝日とし、園長以下全員感謝の心経読誦をなす。
六月十一日　木　晴　　男十二　女三十七　入園一
入園／小嶋エイ入園。
来園、寄附／午後加藤孝子さんがお友達四人と共に来園、お友達が一千円寄附して下さり、お菓子でも買ってあげて下さいとの事なので青葉祭りのお菓子にする事とす。
六月十二日　金　曇、小雨　　男十二　女三十八
出張／市に保護費、事務費受取に行く。
六月十三日　土　晴　　男十二　女三十八
大覚寺から青葉祭りに園生を招待して頂く。
六月十四日　日　曇　　男十二　女三十八
青葉祭／弘法大師御降誕の青葉祭りが大覚寺で行はれ、まこと幼児園の子供さんが可愛いお遊ぎ等、園生も招待されて華道会館に行く。加藤さんのお友達から頂いたお金でお菓子を買って分配す。
六月十五日　月　曇　　男十二　女三十八
青葉祭／弘法様の御降誕会を園で催し、お昼はおぜんざい、夜も御馳走をし、お供養にキャラメル、フライビンズ等配給す。
六月十六日　火　晴　　男十二　女三十八
福嶋さんより十九日頃散髪奉仕に行くからとの事。
出張／市に医療券もらいに行く。
六月十七日　水　曇　　男十二　女三十八
来園／河田を尋ねて、刑事が二人来られ何事かと思ったら、老婆殺人事件に関して遺族関係を洗っているのでとの

事で、色々話して帰られた。
下駄組合の人が近日中に慰問に来度いからと、色々園の様子聞きに来られた。
六月十八日　木　雨　男十二　女三十八
慰問／散髪の奉仕に福嶋さん来て下さる。
六月十九日　金　晴　男十二　女三十八
出張／洛東園より電話あり、園生の姓名年令を書いて専売局へとゞけて置く様、安いたばこを配給してもらう話を販売課長にしてあるからとの事で、早速とどける。去年と今年と二度も沢山にお菓子を頂いた村川さんを電話帳でしらべ、御伺ひしたところやはりそうであった。御主人は戦死され子供さんがあるので、少しでも世のお役に立つ事して置けば又子供によい報いもあるかと思って、との事であった。
六月二十日　土　雨　男十二　女三十八
慰問／今日も昨日に引続いて散髪の慰問に来て下さる。
出張／午後民生会館に於て老人心理学、犯罪心理学等のお話あり、園長以下職員四名聴講に行く。
六月二十一日　日　晴後雨　男十二　女三十八
慰問／下駄の組合の中の青年十二名で結成されている明友会の慰問あり、下駄五十足頂く。若い人達が今の世の中あまりに暗くみじめなニュースばかりなので少しでも明るくよい事がし度いというのが、この会の趣旨のよし、一同涙を流してよろこんでいた。
午後は新内吉三会の慰問でしぶいところを聞かせて頂いて大よろこびだった。
六月二十二日　月　曇　男十二　女三十八
出張／共同募金会に臨時費申請書を提出。朝日新聞社の方が下駄やさんの来られる時知らせてほしいとたのんでいられたのだが、連絡がつかなかったので、事情報告して置いた。市で医療券もらう。
六月二十三日　火　雨　男十二　女三十八
来園／新聞社（京都新聞）から写真班が来て、下駄もらってよろこんでいる所写して帰らる。
六月二十四日　水　曇　男十二　女三十八
太秦署の刑事さん来園。
六月二十五日　木　曇小雨　男十二　女三十八
六月二十六日　金　曇後雨　男十二　女三十八
養老事業／洛北寮で京都養老事業連盟あり、園長、横川亀山三名参加。寮母の職務内容、特殊ケース等につき。
六月二十七日　土　曇小雨　男十二　女三十八
寄贈、出張／京都菓子食品株式会社（中京区油小路二条下ル）からレモン入紅茶五十九ケの寄贈ありたる由市保護課より通知あり、同課に受取に行く。
九州の大雨で熊本市弘済寮（養老施設）で死者五十一名とか、早速御見舞状を出す。

夜頂いた紅茶を園生一同に飲ます。
六月二十八日　日　曇小雨　男十二　女三十八
六月二十九日　月　曇小雨　男十二　女三十八
出張／市に医療券もらいに行く。船越の葬祭費が出ていたので受取て帰る。
来園／北桑事務所より角田の委託費持参さる。
六月三十日　火　雨　男十二　女三十八
出張／共同募金会に二十八年度分募金の配分申請書持参。臨時費二十万円也頂いて帰る。
福祉協議会に市電パス受取に行ったが明日午後との事であった。
府社会課に寄り、前課長渡辺氏への見舞金三百円此松さんに渡して置く。
七月一日　水　雨　男十二　女三十八
本年も由良で講習会のあるよし、福祉協議会より通知あり。園からは一名位参加の予定。
七月二日　木　雨　男十二　女三十八
亀山さんに野崎の様子聞きに行く。「こぶ」が化膿したので組織が残るとなおりにくいので少しひまが要るとの事、然しもう少しでよい由。河野さんにも御見舞に行ったところもう殆んどよいとの事。
七月三日　金　雨　男十二　女三十八
出張／大和の年齢が何処で間違ったか主食の基準量が変っている事に気がついたので処理の方法聞きに区役所配給課に行く。転出証明書の間違いからであった事がわかる。浅見医院に大和の医療券持参。多田様の御宅へ帰途立寄る。
来園／前市保護課の黒畔氏が右京安定所勤務となり、もう一人の人と一しょに久々に来園。
七月四日　土　雨　男十二　女三十八
船越百ヶ日／船越の百ヶ日でビスケットの供養をなす。
出張／区役所に主食申請書提出。
七月五日　日　雨　男十二　女三十八
府より八月初旬に厚生省からの調査書に基いて園の状況調査に行くからとの通知あり。
来園／嵯峨仏徒連盟の九州水害見舞の托鉢あり、一行二十数名園で休けい。園の感謝箱からも三百円出さして頂く。
松寿園に八日に二名参加の返事出す。
七月六日　月　雨　男十二　女三十八
七月七日　火　雨　男十二　女三十八
事務費保護費の請求書出来上り。
今日は七夕で昨夜から色紙等笹につるしてお祭す、但し雨で一年振りの遇ふ瀬もフイらし。
七月八日　水　曇雨　男十二　女三十八
出張／綾部松寿園で養老事業連盟があり小国出席。市で五月分介護料受取。府保険課で新しい健康保険用紙と旧用紙と交換。事務費の差額は出してもらってもいゝとの事。複式簿記は来年から位実施の予定故それ迄に準備して置く様との事で今年度は今迄通りでよいとの事。

七月九日　木　曇　男十二　女三十八

出張／相互に寄附金頂きに行く。

福祉協議会より電話あり。由良の講習切角計画した事故協力され度いという事で、園からも一名丈参加する事となる。

七月十日　金　晴　男十二　女三十八

来園／内藤清三郎氏来園、水道の件につき御協力下さるよし。

出張／書類が雨で測量がおくれて提出出来なかったので、本日市の民生局長に提出。事務費の差額請求書も提出。

夕七時から府民生部長増子正宏氏の講演あり（楽友会館）（社会福祉研究会主催）横川出席。

園長ラ、物資に代る援助物資配分委員会に出席。

感謝日／相互のお金配分。

七月十一日　土　晴　男十二　女三十八

七月十二日　日　晴　男十二　女三十八

本日清掃日、外出日。

七月十三日　月　晴　男十二　女三十八

出張／共同募金経常費第二回配分金受取に行く。二万円の内五千円を返済、利息七十五円也。

市で松本あさの医療券受取。保護費、事務費は二三日待ってほしいとの事。

由良の講習会は希望者少ない為中止、その内別の方法を考へるとの事。

七月十四日　火　晴　男十二　女三十八

配給／新のお盆なのでお菓子を園生一同に配分。

七月十五日　水　晴　男十二　女三十八

出張／園長福祉協議会出席。

周山の北桑地方事務所へ角田久吉の事務費請求書並びに事務費差額の請求書提出。

七月十六日　木　晴　男十二　女三十八

来園／水尾の山本氏来園、お寺に隣接する別荘を買受けて、養老施設を作り度いが、三十名以下では許可されないので寿楽園の分院にしてもらえないかとの御相談の為。充分に検とうして見ないと後で困る様な事になってもいけないから（事務費、配分品等、種々問題もあると思はれるので）と色々話して帰られた。吉田さんからのお話で中村氏も来園。

夜園長、石川春之助氏訪問。

月報、知事宛の事務費調書出来上り。

C・A・C配分／本日初のC・A・Cの配分あり、衣類七二点。

七月十七日　金　曇小雨　男十二　女三十八

出張／市役所より電話あり。保護費、事務費、受取に来る様との事なので、受取に行く。介護料、保護費、事務費受領。事務費の請求書は、人名簿と、一括した延人員（男女別に）、請求金額を付する様今迄の事務費支出内訳書は不要との事であった。

七月十八日　土　晴　男十二　女三十八

来園、寄附／高野山の金山管長様来園、園生一同に集会室で御挨拶頂き、お菓子料として一千円頂いたので早速御菓子を買って一同に分配。

七月十九日　日　曇　男十二　女三十八

七月二十日　月　晴　男十二　女三十八

土用入／今日は土用の入なのであんころ餅を一同に配る。

寄贈／午後女の人が松露百ケとあめ二箱を持って仏の供養にするのですからといい、聞いても名もつげず帰られた。

七月二十一日　火　曇小雨　男十二　女三十八

配分／今日はお大師様の日なので丁度昨日頂いたお菓子を一同に配分。その他化粧石鹸、洗濯石鹸も配分。

来園／水尾の山本氏来園、兎に角園長も行って見る事になったが、道が悪く自動車が行かないので引返して来られた。

七月二十二日　水　曇小雨　男十二　女三十八

出張／園長社会福祉振興法に関して協議あり。出席。

来園／入園希望者があるが一度園の様子を見せてほしいと云って来園。

七月二十三日　木　曇小雨　男十二　女三十八

出張／保険会社に保険金の残額支払に行き、谷口にも支払をなす。上田を中央病院につれて行く。トラホームの由手術をしたら三ヶ月位毎日でなくても通院したらよいとの事。

七月二十四日　金　晴　男十二　女三十八

久し振りのお天気になったが暑さも又厳し。夜は久々に月を見る。下駄箱が美しくなった。厚生省の調査表にもとずき種々の表を作成、平均年令はやはり七十三才強、男七十三才強、女七十三才弱。やはり七十才から八十才の間が男女共一番多い。扶養義務者は無い者の方が少なく、現代世相が明らかに反映していると思はれる。義務者無い者二十一、有るもの二十九となっている。

七月二十五日　土　晴　男十二　女三十八

七月二十六日　日　晴　男十二　女三十八

水尾の山本様より電話あり、月曜日に園長をむかへに行くとの事であった。

七月二十七日　月　晴　男十二　女三十八

出張／中央病院は医療券がはじめてなので急がれるので、古谷のと共に市に提出、尚通院費の請求書も出す。申請書も送ってほしいとの事であった。

来園／午後洛北より琵琶師を紹介して来られ夜演奏してもらう。

七月二十八日　火　晴　　男十二　女三十八

交通費の申請書発送。

七月二十九日　水　晴　　男十二　女三十八

昭和二十六年に行はれた国勢調査に調べた内の必要事項を抜き出して在園者諸調査表を作成、次々と書き足して行ける様に方眼紙を継ぎ足して行く事とす。

七月三十日　木　晴　　男十二　女三十八

来園／園長、水尾の山本様むかへに来られ府の清水様、市の嶋田様等も行かれるとかで水尾へ行かれた後、吉田氏来園。夕方より中村氏も来園、一日から来られるよし。

周山地方事務所より、電話あり、領収書か、請求書か電話がはっきりせず、早く送ってほしいとの事だが、当方にはその書類は未着。

年令別、学歴、本籍地、前住地、子供の有無、扶養義務者の有無等につき、表を作成す。

七月三十一日　金　晴　　男十二　女三十八

引続き表作成。

来園／教育青少年防犯演芸会の中村春之助氏来園慰問の件は又折があったら御願する事にして御断りす。

寄贈／天龍寺前の貸本屋さんから古雑誌二十五冊御寄贈あり。

八月一日　土　晴　　男十二　女三十八

府庁に電話をしたら保護台帳は表紙がまだとゞいていないよし、月曜日にも一度電話して見る事に約束す。

中村さん本日より園に来て下さる。

八月二日　日　晴　　男十二　女三十八

園内清掃日。

主食申請書作成。

八月三日　月　晴　　男十二　女三十八

出張／園長、寮母、炊婦の三名若宮寮で開催の京都養老事業連盟の月例会に出席。

事務費、保護費の請求書作成。

八月四日　火　晴　　男十二　女三十八

出張／福祉協議会へ市電のパス受取に行く。市に請求書提出。帰途区役所配給課に主食申請書提出。市役所に行ったら今年も亦南座の文楽に二十五名御招待して頂く由、明朝昼の部と夜の部の人数知らせてほしいとの事であった。

来園／松田若先生来診。

八月五日　水　晴　　男十二　女三十八

寄贈／嵐山本町の角屋さんからパン五十ケ御寄附頂く。

七日の文楽には昼十三名、夜十二名参加と電話す。

水尾の山本氏より電話あり、やっと思う程の値で家が買える事になり、種々手続を進めているとの御報告。

八月六日　木　晴　　男十二　女三十八

出張／市に医療券申請書提出、初診券二十枚受取って帰る。

人見が耳が悪くて浅見さんに行くのに、朝初診券が無かったので、帰途浅見さんに立寄り御渡しす。相互より電話あり、寄附金受取りに来る様との事なので又受取りに行き帰途、かどやに昨日のパンの御礼と、本屋さんに先日の古本の御礼をのべに行く。

市から電話あり、明日朝の分は十時半に午後の部は三時半に南座まで行く様、との連絡あり。

八月七日　金　晴後雨　男十二　女三十八
文楽行／今日は南座の文楽に二十五名御招待頂き昼十三名夜十二名、に分けて行く。全館冷房の南座に思ひもかけぬ楽しい半日を過して一同大よろこび、生まれてはじめてゞ御座いますと云う者もあった。

八月八日　土　晴　男十二　女三十八
出張／園長、中村さん市役所行。

府市月報、出来上り。

八月九日　日　晴　男十二　女三十八
暦の上ではもう秋なのにものすごい暑さ。園長のところへハワイより来客あり。

八月十日　月　晴　男十二　女三十八
感謝日／今日は感謝日、一同感謝の心経読誦、その後相互の寄附金配分。

寄贈／先日の名を告げず御菓子を御寄附頂いた方が又おまんじゅ二百ケ御寄附頂く。井上家の仏の日ですのでとの事。紫竹の方とか、おとめさんの話。

水尾の学校火災のよし御見舞電報を打つ、夕方御電話あり、幸寺は無事との事。

出張／感謝箱からおこしと、まわし、枕カバー等求める事になり、小国買出しに行く。

八月十一日　火　晴　男十二　女三十八
府社会課より電話あり、保護台帳が出来たから、取りに来る様、代金は二千九百七十円との事。

C・A・C配分／第一回C・A・C配分、各自一点づゝ。

北桑田郡地方事務所に角田久吉分七、八月の保護費、事務費の請求書発送す、四、五、六月分は当方の計算と先方の分と少し違うのでお金を持って来てもらう時先方から書類持って来てもらう様手紙を書いて同封。

八月十二日　水　晴　男十二　女三十八
出張／中村さん、府社会課に保護台帳受取に出張。

配分／感謝箱からさらし、キャラコ等買求めて、おこしとまわしを作って配給。

来園／河野さんの奥さん挨拶に来らる。

八月十三日　木　晴　男十二　女三十八
出張／市に交付金受取に行く。銀行で現金に換える。

感謝箱の内からキャラコ十一ヤール買足す。

灯籠流しの灯籠、園生の希望者にも分つ。

来園、寄贈／朱雀高校から同志社の女専に行った生徒さんが、園の調査に来られお菓子のおみやげ頂く。

八月十四日　金　曇小雨　男十二　女三十八
お盆／お盆の御馳走におはぎを特別サービス。夜は大師音頭を踊って楽しむ。
八月十五日　土　曇雨　男十二　女三十八
お盆／職員園生一同集ってお盆のおつとめをなす。
供養／午後おそうめんのおやつ。
八月十六日　日　晴　男十二　女三十八
出張／上田を中央病院に入院さす。眼科手術の為。
　夜嵐山で灯籠流しあり、園の灯籠もリヤカーで運んで流す。園生に西瓜のおやつ。
八月十七日　月　晴　男十二　女三十八
出張／中村先生府庁と福祉協議会に出張、横川区役所に上田の転出証明書を取りに行き、保健所で水質検査等依頼。市で医療券受取り。
来園／保健所の方二人来園、松田先生も午後来園。保健所からは近々にレントゲンを車で持って来て検診して下さるとの事。
八月十八日　火　晴　男十二　女三十八
　周山の北桑地方事務所に先方よりの伝票通りにして請求書を作り送附す。
　西陣病院に弓削の医療券送附。今日も又残暑厳し。
来園／保健所から水質検査の為来て下さる。
八月十九日　水　晴　男十二　女三十八
出張／園長府、市出張、安田を入院させる様市と交渉。府の実態調査は来月初になった由。
来園／松田先生来園、安田入院の為の診断書、初診券を書いて頂く。
八月二十日　木　晴　男十二　女三十八
出張／同志社大学講堂に於て、社会福祉協議会主催の社会福祉事業指導者研修会あり、横川、中村出席、横川、市役所に安田入院の件相談に行く。なるべく園に置いてもらい度い由。
八月二十一日　金　晴　男十二　女三十八
　共同募金にて作られた物置出来上り、本日荷物の移転をなす。
出張／夜七時より近衛町学友会館に福祉事業研究会あり、中村さん出席。
　明土曜午前中にたばこ富貴煙配給するから取りに来る様との電話連絡あり。
八月二十二日　土　晴　男十二　女三十八
出張／たばこ受取の為横川七条千本北入専売局に行き富貴煙五十ケ配分を受く。はじめての事とて分量もわからず普通市販のきざみ程度の大きさと思っていたのが、意外に百瓦（グラム）入でかさ高く、面食う。これが一ケ十五円とは、園生さぞかしよろこぶ事だらう。
　午後福祉協議会総合委員会が福祉協議会で開かれ中村さ

ん出席、九月の全国養老事業大会に出席申込をなす。園長出席の予定、本日朝園長広島帰郷。

八月二十三日　日　晴　　男十二　女三十八

連日ものすごい暑さが続くが、老人達皆元気。

寄附／西田様よりお盆までにと思っていたのにおそくなってと金五千円也御寄附頂く。

地蔵盆で表のお地蔵様をお祭りして幻灯等あり夕方から園生も見に行く者もあり、お供えのお下りに、おさつや南瓜を頂く。

八月二十四日　月　晴　　男十二　女三十八

出張／としよりの日の打合せ、全国養老事業大会に関する打合せ等の為、施設長会議あり、園長不在の為、横川出席、来月四日に成人委員会並に京都養老事業連盟の会合をする事に決定。

八月二十五日　火　雨　　男十二　女三十八

明二十六日午前十時より、西井頭町の子供会（世話人山田源三郎氏）より慰問に来て下さるよし連絡あり。

出張／右京区役所に選挙人名簿提出。市役所に医療券申請書提出。

八月二十六日　水　晴　　男十二　女三十八

出張／中央病院に上田入院の為の医療券持参。

来園／松田先生来園、高田は一週間位の内にも一度発作が出なければこのままよくなるだらうけれど体が相当ガタガタだからしばらく様子を見なければ何とも云えない由。

消防署から来園。

慰問／井頭町子供会から五十名来園、舞踊、劇、狂言等盛沢山に、半日を楽しく過させて頂く。

昨日の雨で急に涼しく、朝夕の風はすでに秋の様な肌さわり。

八月二十七日　木　晴　　男十二　女三十八

出張／松本あさの医療券もらいに行ったが係の人留守。

八月二十八日　金　晴　　男十二　女三十八

出張／市に松本の医療券もらいに行く。継続医療券必要の場合は医療機関に於て証明してもらう事となり、用紙もらって帰る。

高田の様子悪く、意識なし、洛北の姉さんに電話で連絡して置いた。

ラヽ配給／ラヽの砂糖、ミルク配分あり二七・五ｌｂｓ（ポンド表記、十二・五キロにあたる）づヽ。

来園／周山の事務所から角田の事務費、保護費持参。

園長、夜帰園。

八月二十九日　土　雨後晴　　男十二　女三十八

死亡／高田ゆき、藤原熊太郎死亡。どちらも眠ったまヽで静かな往生だった。高田の方は早速洛北寮に連絡す。

慰問、来園／午前九時より朱雀第一学区のみどり会の子供会から慰問に来て下さる。おみやげに衛生ボーロ一袋とミルキー一箱づゝ頂く。

市営葬儀に連絡したところ明日午前十一時出棺との事で納棺に丈は早速来て頂く。

夜お通夜、園生一同御詠歌供養。

八月三十日　日　曇　男十一　女三十七
葬儀／二人供一しょにお葬式だが、藤原のおぢいちゃんの方は納棺が朝になったので、気がもめたが、お経の中途に丁度納棺に来て下さった。高田のおばあちゃんは随分藤原のおぢいちゃんの面倒を見てあげたものだが、一しょに蓮華谷行とは思っても居なかった事だらう。

来園／高田の姉さんがお葬式に来られた。水尾の山本氏来園。

退院／上田が本日退院するのでむかへに行く。大変楽になったとよろこんでいる。

八月三十一日　月　晴　男十一　女三十七
高田、藤原両名死亡届、葬祭費請求書等作る。保護台帳の新しいのを綴り込む。

九月一日　火　雨　男十一　女三十七
来園／左京の民生委員さんが一人の婦人と共に来園。寿楽園には有料で入園出来るとケースワーカーから聞いたのでとの事であったが水尾の分院の事が誤り伝ったものらしい。

午後中央保護所より電話あり。男女一名づゝ、すでに市の沢井さんとは連絡済のよし、入園たのむとの事であった。

富貴煙を希望者に分ける。

九月二日　水　晴　男十一　女三十七
出張／市役所に医療券、死亡届、葬祭券申請等の為出張。

九月三日　木　晴　男十一　女三十六
出張／西口ぬい、松本あさの両名眼科の診察受ける為、中央病院に連れて行った所、松本は一両日中にベッドがあくからそしたら入院してそこひの手術をするとの事、西口は右目を早速治療しないと失明するとの事で毎日通院の要ありとの事だったが、とても歩けないので入院させて頂く。

来園／吉田監事午後来園。

同志社大学の学生さん三名来園、おみやげを頂く。

初七日／本日高田藤原両名の初七日。

九月四日　金　晴後雨　男十一　女三十六
出張／市に継続医療券をもらいに行く、高田の初診券提出、区役所に主食申請書提出。

園長、洛東園の養老事業連盟、午後福協で施設長会議に出席。

夜松田先生来診、安田ももう長くはなかろうとの事。

九月五日　土　晴　男十一　女三十六
出張／市に請求書提出。相互に寄附金頂きに行く。

来園／水尾の山本氏、信徒総代さん二人と共に来園、分院の件についてなり。上田が病院から、ベッドがあいたから日曜日でも明日松本に入院する様とのことずけを聞いて来た。
嵯峨婦人会から十二、三日頃、としよりの日の行事として寿楽園に慰問に行くとの事横川に連絡あり。お彼岸頃には仏徒連盟と婦人会共催で敬老会を開催し、園生も御招待頂くよし、確定次第通知するとの事。
九月六日　日　晴　男十一　女三十六
出張、入院／松本あさを中央病院に入院さす。西口とお隣の部屋で好都合なり。
寄附／夕方山の内の西村さんより電話あり、お世話していた人があめやさんに嫁して、お礼にあめ玉を頂いたが私すべきでないので持参したが遅くなったから釈迦堂前の交番にあづけて置くから老人にわけてあげてほしいとの事。四百五十匁。老人の日のお楽しみにする事とす。
老人の日のプランも色々立てる。西田様より頂いた五千円は老人の日の費用に充てる事とす。
九月七日　月　晴　男十一　女三十五
死亡／安田栄死亡、昨夜西瓜の汁とおさかなを、美味しい美味しいと云って食べたのが最後だった。誰も知らぬ間に朝気がついた時は眠った様な顔をして往生していた。葬儀は明日十時出棺と決定。
九月八日　火　晴　男十二　女三十四
入園／鶴井勝之助入園、以前若宮寮に居たが何か事件の巻ぞえを食って中央保護所に送られ五十日をこゝに過して来たとか。
葬儀／安田栄の葬儀執行、十時出棺。
出張／日赤京都支部に山田支部長を御尋ねしたが南山城に出張中でお留守だったが、事務の方と打合せは出来た。
十八日午前九時寿楽園着でエンゼル号を廻す。二十二、三名乗れるらしい、ござの上に座布団を敷いて座る様にする。
東西本願寺、東寺、泉涌寺、三宝院、歓修寺、知恩院等見せて頂いて夕方帰園。運転手、助手に園生と同じおべん当を出す。以上
九月九日　水　晴　男十二　女三十四
出張／松本あさの転出証明書を中央病院に上田に持参さす。
園長、大阪の全国養老事業大会出席。
九月十日　木　晴　男十二　女三十四
園長帰園、本日例月ならば感謝日で、相互の寄附金を配分する筈のところ、本月は老人の日の週間行事中十五日感謝祭を執行の予定なのでその日にまわす。
九月十一日　金　曇　男十二　女三十四
来園／右京保健所来園。
としよりの日の行事につき職員懇談会をなす。十三日の浄瑠璃会には園として地域の御老人を御招待し、紅白の小

餅を作ってさし上げる事とす。

九月十二日　土　曇　男十二　女三十四

慰問／上京婦人会（責任者福原盛子さん）会長副会長約四十名お昼頃来園、大沢池畔で昼食の後、集会室で舞踊、ものまね等の慰問あり、三千円おみやげ持参。午後一時半嵯峨婦人会から（北脇満喜子さん代表）あめ六十袋をおみやげに御慰問を頂く。

九月十三日　日　晴　男十二　女三十四

来園／京都新聞社から記者と写真班と来園。園生が慰安会を開いている所の写真をうつして帰らる。

　紫竹の井上さんについてくわしく知り度いと思って色々しらべたがわからず、斎藤寿美子さんから御知らせ頂く筈。

　老人の日の案内状を作る。ビラを交番に持参したところ府の方の都市計画課で判をもらへとの事。水尾の山本氏来園。書類を早く出し度いので、履歴書をたのむとの事。

九月十四日　月　晴　男十二　女三十四

出張／府庁都市計画課へ行ってビラに検印をもらい、市の課税課で免税の印をもらい、保護費事務費を受取り、銀行で現金にかえて帰途ビラをはりながら帰る。

　暑さが又ぶり返してものすごく暑い。園長明日のとしよりの日の為の録音に京都新聞に出張。

九月十五日　火　雨後晴　男十二　女三十四

としよりの日／朝九時よりとしよりの日の祭典。感謝祭をなし、七十五才以上の老人にお祝ひ袋を出す（現金三十円在中）十五名あり。全員にタオル一枚と相互のお金を渡す。

慰問／午後一時より嵯峨校の生徒さん三十名と先生四名（道家先生）来園、慰問の図画を沢山頂き、それから嵯峨音頭や、腹話術、お遊び等して楽しく笑いころげているところへ、右京社協から内藤会長、浜野区長、桜井源太郎氏、総務課長の四名で箱入の見事な紅白のおまんじう（五ヶ入）を御持参頂く。園生大よろこび。

　夜は、福引、のど自慢等で楽しい一日を終る。

寄贈／鳥井さんにお菓子を注文したところ、御老人にあげて下さいと寄附して下さった。おとし焼き一貫百匁。

九月十六日　水　晴　男十二　女三十四

慰問／浄瑠璃の慰問に来て下さるので、園生と共に地域の御老人達にもよろこんで頂く様、ビラや招待状出してあったので地域のお年寄も多数出席され盛会だった。大覚寺を借りて会場にした。

寄附／浄瑠璃の一行の方から一千五百円おみやげに頂く。

九月十七日　木　小雨　男十二　女三十四

慰問／市の児童院の御骨折りで、壬生、朱雀、楽只、花園各保育園の園児の可愛らしいお遊戯の慰問あり、園児の作った折紙や造花の贈物を頂く。

市長来園慰問／市長さんも御越しになり、お菓子を頂いてお話を聞かせて頂き園生一同大変感激していた。

午後は市庶務課の方から人形芝居の慰問を頂く。

寄附／その時、寺町通鞍馬口上ル東入高丘鈴子氏から一千円頂いた。老人の日の為に使ってほしいとの事であった。粟田婦人会から四十名来園。キャラメルを会から、会員の方から種々頂き夜くじ引で分配す。

九月十八日　金　雨　男十二　女三十四

本山参拝／エンゼル号九時カッキリに寿楽園着、日赤の御厚意により、今日は本山参拝をさせて頂く事となった。園生二十名、希望者が多かったのでくじ引で人を決め、園長引率のもとに先ず東寺に参詣、寺内を拝観させて頂き茶菓のおもてなしを頂き、次はお西、お東にお詣りして、次は泉涌寺に参拝、泉涌寺でも茶菓のおもてなしを受け、本堂で心経を読誦し、小雨の中を伏見街道から東に折れて勧修寺の横に出、三宝院に至る、こゝで昼食をとる。炊事が四時から起きて作ってくれたおすもじは中々おいしく、お寺が御心尽しの豆腐の味噌汁に舌つゞみを打って、しばらく休けいの後、日本三庭園の一つのお庭から国宝の数々拝観す。雨の風情は又一入で、園生も普通の家庭の老人ならとても望めぬ、うれしい一日を過して有難い有難いと大よろこび、帰りは雨が降っていたので、途中何処へも下車せず一直線に帰園。疲れたらうと園では待ちうけのお風呂がわいていた。

九月十九日　土　晴　男十二　女三十四

周山地方事務所に角田の請求書提出。

慰問／午後一時より岡本さんの御世話で、畑下さん達の舞踊慰問、田口富之助氏の御世話で、乾校の先生を会長とする教育舞踊研究所の児童の慰問あり、華道会館を拝借したので、会場も広く好都合だった。

映画／夜は映画。福祉協議会からの御慰問。前以てビラがはってあったので会場にあふれるばかりの盛況。エンタツ、アチャコの新婚お化屋敷というのでみんなキャッキャッと大笑い。福協の中川さん達も、こんなに沢山来られて、こんなによろこんでもらうと張合があるとよろこんでゐられた。

九月二十日　日　曇　男十二　女三十四

慰問／右京身体障害者婦人部の慰問あり。（松井隆子氏引率）舞踊を見せて頂きおみやげにパン百五十ケ頂く。

夜は御詠歌大会で日頃習い覚えた御詠歌を一人、又は二人で高座に坐って唄った。七十、八十になっていてもやはり皆の前に出ると胸がどきどきしたり、ふるえると云う。可愛らしいものだ、出演者十二名にははがき五枚づゝ、園生一同にはおせんべを配った。

九月二十一日　月　晴　男十二　女三十四

彼岸会追悼会／彼岸会並に物故者追悼会、園長導師となり、職員園生一同で心経読誦、御詠歌供養をなす。御供物を沢山お供えして後園生一同に配分す。

九月二十二日　火　曇　男十二　女三十四

中京民生安定所より電話あり、二十五日十時に中京民生委員、並に共募関係者約五十名が参観に行き度いとの事。宮津の地方事務所から電話あり、目下厚生園に入院中の老婆が病気全快したから引取に来る様との事だが子供がまだ入院しているのでそれが退院する迄は京都にいたいと云うので入園させてやってほしいとの事。目下満員の旨答えて置いた。

高桑義生氏より電話あり、明二十三日には一時頃に行くからせいぜい御吹聴をとの事であったので、大きなびらに番附を書いて角屋と表とに張り出して置いた。

府の社会課に老人の福祉週間中の行事概要報告書提出、写真は新聞社に連絡したが、原版が今見当らないので見当り次第焼いてとゞけるとの事であったが、駄目だらう。

九月二十三日　水　雨　男十二　女三十四

死亡／古川ちゑ今暁三時三十分、眠ったまゝで死亡した。発病以来二週間、何等苦しみなく、八十一才の長寿を保って大往生をとげた。葬儀は明日午後一時。

慰問／新内吉三会の慰問、雨の中を高桑義生氏外九名来園。夕方まで熱演して下さった。近所の人達も大分来られて共によろこんで頂いた。パンをおみやげに頂く。

九月二十四日　木　雨　男十二　女三十三

夜お通夜。園生一同御詠歌のお供養をなす。

葬儀／一番で納棺に来て下さり、午後一時出棺、孫が火葬場まで一しょに来て位はいを持って帰った。入園の時ついて来た孫だが、も少しゝたら引取ってもらえると楽しんでいたのに。

出張／帰途市役所に立寄ったところ、今度沢井さんの代りに来られた方は前から顔見知りの櫟さんで、安心した。沢井さんも丁度来て居られた。

九月二十五日　金　雨　男十二　女三十三

今日は中京民生安定所から民生委員、共募関係者等五十名程来園の予定だったけれど、台風が来るとの予報があり朝から雨降りなので中止となる、午後二時頃から八時過まではものすごく荒れて電灯はつかず、ジェーン台風の時の経験があるので園の南側廊下は全部畳をガラス戸に当てゝ支え棒をし、いざと云う時は一番安全な西側の部屋に集る様と云っていたが幸い大した事もなくて済んだ。下嵯峨の方はものすごい事だった。

九月二十六日　土　晴　男十二　女三十三

うらめしいばかりの晴天。園はトタン屋根が飛んだり瓦が少し落ちたり裏の板塀が倒れたり、藤棚が落ちたが、けがもなく先ず先ずというところだが、天龍寺は松の大木が三十本も倒れ嵐山から三条通は一米以上の流れで大変なので、慰霊祭も敬老会も中止となった。

九月二十七日　日　晴　男十二　女三十三

電気はつかずガスは無し、炊事の方は大弱り。市役所から支払金の通知来る。介護料か？

九月二十八日　月　晴　男十二　女三十三

来園／中京民生委員、共募関係者四十名、午後三時半頃来園、市会議員、内藤政一氏引率、他の施設にも行って来たけれど一番感じがよいとの事だった。五百円也御供え頂く。

出張／園長社協理事会出席。京都福祉事業大会は中止との事（水害の為）。

来園／水尾の山本氏来園。

九月二十九日　火　晴後雨　男十二　女三十三

出張／市役所に交附金ありとの通知を受けたので行って見たら介護料だった。交通費は昨日決裁になったとの事、尚立替金は今迄施設側は皆事後承認の形になっているので之をどの様にして事前に申請してもらう様にするか又御相談し度いとの事だった。退院の際の移送費等はタクシーの領収書がなければ本人の領収書でもよいからつけてもらったらよいとの事であった。小さくても出して下さいと云って居られた。

九月三十日　水　雨　男十二　女三十三

来月二日中京民生委員会から、中京区役所福祉課の見学約三十名あるよし連絡あり。

十月一日　木　曇　男十二　女三十三

九月分請求書其他提出書類作成。

周山北桑地方事務所に十月分角田久吉分請求書提出。河田に遺族年金も出さねばならぬと説明したが中々わからず何時迄経っても困ったもの也。年金は使ってしまったと云うので山口はちゃんと出しているのだから使ったら使い得というのでは困るので、十、十一、十二、一月分の五〇〇円の小遣い先渡しという事にした。

出張／園長社協総合委員会出席。

十月二日　金　晴　男十二　女三十三

来園／中京福祉協議会から民生委員、共同募金関係者三十五名程来園、一千円也寄附金頂く。

慰問／おむかいのまこと幼児園の秋季運動会で園でも御招待頂いていたが朝の内は慰問があったのでよう行かず、昼食後園生二十名程見せてもらいに行き、パン食競走等に出場、大よろこび。

寄贈／園生一同にパンを頂く。

十月三日　土　晴　男十二　女三十三

部屋替／嵯峨小学校の運動会で、園も招待受けていたが、朝部屋替等したので午後は疲れてあまり行く者無し。

夜園長室で職員一同に園長より種々話しあり。園長は八日頃帰郷の予定の由。月報出来上り。

十月四日　日　晴一時曇　男十二　女三十三

月報共募に発送、他は明日持参の予定、蜂中の運動会なるも今年はお断りす。

十月五日　月　晴　　男十二　女三十三
出張／府、市に月報提出。介護料、恩給年金額変更届、河田の一時保護停止申請、等も提出。
午後市櫟さんから電話あり。古川の介護料の一ヶ月に満たない件につき、電話の調子が悪く話が出来ないので、何れ明日成人委員会に出席するので其時行って話を聞く事とす。
病院に医療券の件で立寄西口、松本に面会す。
十月六日　火　晴　　男十二　女三十三
昨日区役所から主食の申請書提出する様電話あり。本日提出。相互より寄附金頂く。
成人委員会、出張／午後成人委員会、園長谷内大僧正の本葬の為、出席出来ず、横川出席。
本月二十四日、京都養老事業連盟を午前中に開催、午後施設長と島田、沢井両氏の送別会をする予定のよし。
十月七日　水　晴　　男十二　女三十三
昨日角田のおぢいちゃんが松たけやねずみたけを周山から沢山おみやげに持って帰ったので、今日はそれで五目寿司を作る。園生大よろこび。
十月八日　木　曇　　男十二　女三十三
園長帰国／園長夫妻本朝帰郷。
明日天気なれば知恩院専修学生十五名見学し度しとの申し入れあり。
十月九日　金　雨　　男十二　女三十三
雨の為知恩院の見学は中止。
十月十日　土　晴　　男十二　女三十三
出張／解剖体祭執行するからと京大医学部から通知を頂いていたので中村主事出席。
十月十一日　日　晴　　男十二　女三十三
十月十二日　月　晴　　男十二　女三十三
出張／市役所に介護料の説明するつもりで行ったが係の櫟さん御留守だったけれど、すでに会計の方にまわっていたので、了解して頂けたものと思える。河田の件は係とも相談して決定するからとの事であった。出したもの損で出さねばそれで済むというのでは他の者の気持がおさまるまいし、一応園から出した方がよい様に思う。扶助料は十四日頃迄待ってほしいとの事。
来園／朱雀高校の生徒さん二人来園、老人の日に慰問に来れなかったので、運動会の日に二十人程来てほしい、お昼は用意して置くし午後は一しょに遊び度いとの事であった。老人達さぞよろこぶ事だらう。
十月十三日　火　晴　　男十二　女三十三
税務所から源泉の事につき聞き度い事があるとの事であったが、七月以降収めてなかったので、早速収める事とした。
夜観空寺でお説教があるので希望者は聞きに行った。

十月十四日　水　晴　男十二　女三十三
出張／保護費事務費、介護料、移送費、葬祭扶助費、等受領。
夜園長夫妻帰園。
来園／恩給等の事につき河田が太秦署に色々申し出たとかで、嵯峨派出所の小森さん来園、色々説明したので了解してもらったが、河田は一応園から出して自活させた方がよい様に思はれる。
十月十五日　木　晴　男十二　女三十三
招待／朱雀高校の運動会に招かれて園生十九名、横川引率のもとに出席、汽車で（十時三十分嵯峨発）二条駅に行ったら生徒さんがむかへに来ていて下さった。昼食は栗赤飯を御馳走になり、手芸品等も見せて頂き、午後はざる引をさせて頂いて皆にお菓子一袋づゝ頂いて一同大よろこび、三時二十五分の汽車で帰園。来年ももし生きていたら行き度い等云っていた。
十月十六日　金　晴　男十二　女三十三
出張／河田をつれて市役所に行く。櫟さんは忙しかったので前指導課長をしていられた方が、色々と話して聞かせて下さった。十一時から二時迄三時間も昼食も食べずに話して聞かせて下さったが、例の調子で中々話しがわからず御気の毒だった。「世の中の風は中々荒いのだから自分としてはお爺ちゃんが出すものは出しておとなしく園に置いてもらうのが一番いゝと思うけれども」と云って居られたが今迄も何回かくり返しくり返し話して頂いても直にごたごた云うので、やはり園としても本人がはっきり世の中の状態を知って施設に居られる事の幸を知る為にも一度園から出した方がよいと思う。
夜、遺族扶助料の二千八十円を事務所に持って来て、これは弔慰金だけれどどこれを出しさへすれば出て行けとは云はないんだらうと、まだ文句たらたらの態度で持って来た。
十月十七日　土　晴　男十二　女三十三
藤田暦尾の戸籍謄本が来たけれど、土曜日で時間が間に会はず、月曜日に扶助料もらいに行く事とす。
十月十八日　日　晴　男十二　女三十三
十月十九日　月　晴　男十二　女三十四
入園／中山いし入園、夫は山村薬店に十年から勤務しているのだそうなけれど、色々な事情で、夫とこうして別れて暮さねばならないなんて、さぞ淋しい事だらう。
十月二十日　火　晴　男十二　女三十四
寄附、出張／安田信託に寄附金を頂きに行く。松本はるさんからの御寄附。どういう方か銀行でも云ってくれないので御礼状も出せない。
十月二十一日　水　晴後曇　男十二　女三十四
福祉協議会より電話あり、先日の炭の件。白炭もはいるのでよろしければまわすとの事三十俵御願す。
十月二十二日　木　晴　男十二　女三十四

二十四日の養老連盟には二名参加の返事発送。

十月二十三日　金　晴　男十二　女三十四

早いもので今日は古川のおばあちゃんの命日。一同御詠歌の供養をなす。

十月二十四日　土　晴　男十二　女三十四

養老事業連盟／今日は同和園に於て養老事業連盟開催の為園長、中村主事出席。

十月二十五日　日　晴　男十二　女三十四

寄附／松井さんから大根間引、リヤカー三杯頂く。

十月二十六日　月　晴　男十二　女三十四

来園／監事の吉田氏来園。

十月二十七日　火　晴　男十二　女三十四

来園／福祉協議会より炭三十俵とどけて下さる。

松田先生来園、角田の診察の為。

十月二十八日　水　晴　男十二　女三十四

出張／園長来月六日高雄に於て養老事業連盟開催の為連絡に出張。

十月二十九日　木　雨　男十二　女三十四

請求書作成、角田久吉の請求書発送。

十月三十日　金　曇　男十二　女三十四

散髪奉仕／福嶋さん来園、散髪の奉仕に来て下さる。

上田が病院からの話しでは、松本も西口も来月引続き入院の要あるよし。

十月三十一日　土　晴　男十二　女三十四

来園／水尾の山本氏来園、先日府から申入のあった件の書類作成の為。

奉仕／福嶋さん今日も引つゞき散髪奉仕に来て下さったのでお孫さんへのプレゼントとしてアルバムを一つお礼にさし上げた。

園生の写真出来て来た、皆にこにこと明るい顔をしている。

朝木村さん来園、釈迦堂裏柳町の谷口幸子さん（前日銀副総裁未亡人）が、お爺さんと娘さんの年忌に当るので三日におまんじうを持って来て下さるよし。

十一月一日　日　小雨　男十二　女三十四

主食申請書作成、市から来た第七回全国一斉調査票の記入をはじむ。

十一月二日　月　曇　男十二　女三十四

出張／区役所に主食申請書提出、市役所に請求書提出、全国一斉調査について不明の点を聞く。事務費には全然関係無きよし。

中央病院に継続入院の為の証明書を渡す。西口も松本もまだ大分長らく退院出来そうもないらし。

寄贈／前大蔵次官谷口氏未亡人谷口幸子さんからお爺さんと娘さんの年忌のお供養におまんじう百二十二ケ頂く。夜御詠歌の御供養をなす。

十一月三日　火　晴　　男十二　女三十四
　嵐山もみじ祭、幸いの好天気で園生も元気な者は見物に出かけた。
来園／山本氏園長と共に本山廻り。
十一月四日　水　晴　　男十二　女三十四
　月報、全国一斉調査、出来上り、それぞれ発送す。
来園／山本氏来園、議事録予算其他の書類出来上り。京都新聞より藤掛支局長、井上写真班来園。水尾分園開設の時は写真とりに行くから知らせてほしいとの事。
　園生の写真を台帳に張る。十三名不在の為まだ写せていない。
十一月五日　木　晴　　男十二　女三十四
寄贈／四条大宮の村川様から又お菓子を二缶御寄附下さった。お供へして一同に配分。
十一月六日　金　晴　　男十二　女三十四
養老事業連盟／本日高雄神護寺地蔵院を会場として、京都養老事業連盟開催、今月は当寿楽園の当番で、もみじの頃を選んで特に神護寺に御願したわけだが、霜が降らないのでもみじはまだ緑、それでも少しは紅葉しているのもあって、全部で二十九名、みはらしのよい会場で皆よろこんでいられた。
十一月七日　土　晴　　男十二　女三十四
寄附／相互に寄附金頂きに行く。他施設は全然収入の無い者には互助会の様なところから月五十円とか、盆正月に百円づゝとかもらっているらしいのに当園の人達はほんとに幸福と云はねばなるまい。
十一月八日　日　晴　　男十二　女三十四
十一月九日　月　曇後晴　　男十二　女三十四
出張／園長社会福祉事業大会に出席の為東上。
　市役所に保護費、事務費何時出るか電話したところ、明日来る様との事。
十一月十日　火　晴　　男十二　女三十四
出張／市役所に扶助費受取りに行く。洛東園の主事さんに遇いミルクとホットケーキ御馳走になった。洛東園は随分と病人さんが多いらしく、十五名も介護料をもらって居られる由御世話が大変だらうと思はれる。
十一月十一日　水　曇小雨　　男十二　女三十四
出張／区役所に鶴井勝之助の主食の件につき相談に行ったが、やはりもうどうにもならないらしい。申請書を書きかえて、提出。入園の日の（通帳の）日附によって計算してよいとの事で、中山いしの分も追加す。福祉協議会に炭代支払に行き、会費六〇〇円も支払う。銀行に行き相互会の積立金を領入る。協議会から、四、五、六月分の健保奨励金受取って来る。
十一月十二日　木　晴　　男十二　女三十四
　保険奨れい金を配分す。河野さんの分は十月分の保険料すでに支払済なので、四月から九月、毎月五十円、計三百円を充当する事とす。二十日に、福祉施設を学校の社会科担当教官に見学してもらい、その後で感想の坐談会を福祉協議会の会議室で行う旨通知あり。

十一月十三日　金　曇小雨　男十二　女三十四

寄附／こたつのわら灰を作る。山口さんからわら十束寄附さる。

十一月十四日　土　晴　男十二　女三十四

出張／富貴煙の配給をうけに専売局京都支局に行く。府で殺虫剤二箱配給を受く。

十一月十五日　日　晴　男十二　女三十四

慰問／伏見区深草砂川町々内子供会の慰問あり。内藤十也氏引率。子供さんの絵や、あめ等おみやげに頂く。

十一月十六日　月　雨　男十二　女三十四

十一月十七日　火　曇　男十二　女三十四

　消防署より電話あり。二十八日の土曜日に集会室で幻灯会をし度いからとの事。

来園／今日倉の修理に木村さん来て下さる。水尾の山本さんに府からの調査について御相談し度く来て頂く。

十一月十八日　水　晴　男十二　女三十四

供養／小国家の法事で園生におさつのお供養をなす。

十一月十九日　木　晴　男十二　女三十四

出張／成人保護委員会に園長不在の為横川出席。ＣＡＣ物資が又少量来ているよし、目下配分手配中との事。歳末の資金は早い目に申し込まれ度し。一施設五万円程度。

十一月二十日　金　晴　男十二　女三十四

出張／午前中ＣＡＣ物資に関しての相談会、午後は高校の社会科の先生方が施設を見学しての感想発表会に園長出席。午後角田の扶助費受取の為横川出張。

十一月二十一日　土　晴　男十二　女三十四

寄附／矢野香夫人より園生に何かお菓子でも上げてほしいと園長に千円ことずけられたので、お菓子を買って園生一同に配分す。

　園長名古屋行。

十一月二十二日　日　晴　男十二　女三十四

出張／水尾分園の認可が来たので、今日府、市、福協等に見に来て頂く事となり、園長不在の為横川出席。保津峡で下車五十丁の山道を歩く。山野の秋色殊の外美はし。山紫水明の境とは云え、少し淋し過ぎる感あり。然し老後を静かにおくるには最良の地と云えよう。

洛西幼稚園より慰問／洛西幼稚園より慰問あり。果物沢山頂く。

十一月二十三日　月　晴　男十二　女三十四

　鶴井勝之助が河原の足のよくなったお祝に赤飯たいてあげてほしいと三百円持参したので今日は赤飯をたく。人間は人をよろこばせたよろこびに越すものなしと云うが、河原の足の治療をしてやって思ひがけなくよくなったので私もうれしいとて三百円持参したもの。若宮寮で問題を起してこゝへ転じたのだが、どうぞこゝで最後まで今の調子で過してくれる事を祈る。
　夜園長帰園。

十一月二十四日　火　晴　　男十二　女三十四
寄贈／高雄神護寺の谷内清厳大僧正の遺品として過去帳位牌の寄贈あり。中央病院に電話して西口、松本の様子を聞いたら明日お昼頃むかえに来てほしいとの事。
　夕方府社会課より電話あり。先日の福祉振興会法に対する予算作成の為の報告書早く出してほしいとの事明日提出する旨返事す。
　先日園に亡父の命日だからとておまんじうを寄附して下さった谷口幸子さんのお宅に御礼に行った。一度よせて頂くとの事であった。

十一月二十五日　水　晴　　男十二　女三十六
退院／西口、松本の両名退院。通院せずともよいよし。
出張／府に昨日電話のあった書類提出、来月五日頃監査に行くとの事。
来園／松田先生介護を要する者の診察の為来園。

十一月二十六日　木　晴　　男十二　女三十六
出張／市に移送費請求並に医療券申請書提出。水尾分園には来月一日男五名、女十名入園させるとの事であった。
来園／松田先生、大和、白谷診察の為来園。

十一月二十七日　金　曇小雨　　男十二　女三十六
散髪奉仕／福嶋さん来て下さり男子丈今日済んだ。
　水尾の山本さんに電話したところ明日来られる由。
　曇華院より電話あり。果物の木箱にレッテルを張る内職があるがしてもらえるかとの事、明日にでも園生連れて行く旨返事す。

十一月二十八日　土　晴　　男十二　女三十六
散髪／今日も福嶋さん来て下さり女の散髪奉仕をして下さる。
幻灯／右京消防署より防火宣伝の為幻灯を持って来て下さり、暗幕が無いので黒ラシャ紙（前に防空に使用したもの）を張り、学校から借りてきた暗幕も使って会場を作る。ガリバーやロビンソンクルーソー等のスライドも混ぜて面白く有益に見せて頂く。
来園／午後山本さん来園、差し当っての色々な事務上の打合せ等の為なり。十二月一日に十八名程入園させると市で云っていられたよし。

十一月二十九日　日　晴　　男十二　女三十六
部屋替／介護を要する人が新に出来たので一部の部屋替をなす。

十一月三十日　月　晴　　男十二　女三十六
　保護費事務費の請求書作成。

ＣＡＣ配給さる／夜ＣＡＣ物資の配給持参して下さる。

十二月一日　火　晴　男十二　女三十六

水尾分園入園十七名／本日水尾分園に初の入園者をむかへる事となる。中央保護所に一たん集合し、こゝから荷物はバタバタ二台に積み上げて水尾へ送り、入園者は七条駅から汽車で保津峡まで行きこ、からバタバタで分園に収容す。

出張／横川手伝の為出張。野田がお酒の上で女に傷を負はせたとかで七条署より連絡あり。中村さん連れに行かる。

十二月二日　水　晴　男十二　女三十六

出張／右京区役所配給課に主食申請書提出。

十二月三日　木　曇小雨　男十二　女三十六

来園／水尾の山本氏来園。事務上の打合せをなす。

　園長高山市長母堂の葬儀の為出京。

十二月四日　金　晴　男十二　女三十六

出張／園長民生会館に於ける社協評議員会に出席。中村さん府の保険課に健康保険の件につき出張。

　野田に印を持って出頭する様七条署より連絡あり。野田を出頭さす。

十二月五日　土　曇小雨　男十二　女三十六

　野田帰らず七条署に電話したところ昨夜帰したとの事、然し本人は帰らず。夜帰園。

十二月六日　日　曇　男十二　女三十六

　野田は昨日七条署へは行かず稲荷山をぶらついていたよし。気の小さい男なり。

十二月七日　月　晴　男十二　女三十六

出張／相互に電話したところ取りに来る様との事で、寄附金頂きに行く。銀行で小さいお金にしてもらう。

十二月八日　火　曇　男十二　女三十六

　共同募金局に提出の使途変更の届書を書く。

十二月九日　水　曇小雨　男十二　女三十六

出張／野田に九時に判コを持って七条署に出頭する様との事なので横川つきそひ出頭。調書を作って署名なつ印して帰宅を許さる。検察庁から又呼出しがあるからそしたらも一度出頭する様との事、市によったら明日保護費、事務費が出るとの事。共募に書類提出したところ執行報告書至急提出する様との事であった。

　病院に行って河田の入院の件につき聞くつもりのところ係の医師不在の為明日電話するとの事であった。水尾より割木を御世話して下さり大助かり、大分たばが大きい。

十二月十日　木　小雨後曇　男十二　女三十六

出張／市に保護費、事務費、介護料受取りに行く。帰途病院に立寄ったところ、河田のろくまくは珍らしい病気で十年前なら学会で報告する位のもの、由、然し生命に別条なく大した事はないとの事、一週一回位の通院でよいとの事であった。

感謝日／今日は感謝デーで相互のお金を一同に配分。
十二月十一日　金　曇　男十二　女三十六
来園／水尾山本さん奥さん来園。介護料の申請の事について。
十二月十二日　土　晴　男十二　女三十六
角田十二月分扶助費申請書提出。
十二月十三日　日　晴　男十二　女三十六
十二月十四日　月　晴　男十二　女三十六
出張／野田を検察庁に出頭さす（横川同道）、共同募金局に配分金の使途報告書を提出、福祉協議会で越年資金の借入につき問合せたところ、二十日過には出る由、但し二万五千乃至三万五千円位らしい。中村さん年末調整の説明会に出席。
十二月十五日　火　晴　男十二　女三十六
寄贈／午後区役所庶務課の方と金久保と云うお爺さんと来園、真綿入り紙チョッキ七十枚御恵贈頂く。帰られた直後、京都新聞より電話あり、明日十一時頃写真を写しに行くからとの連絡あり。
配分／チョッキと衣料の配分をなす。
十二月十六日　水　晴　男十二　女三十六
市役所から十二月上半期分の扶助費が出る事になったから至急に請求書送附してほしい旨電話あり。早速書類作成、本月より水尾分園分も一しょで事務上いさゝかやゝこし。
来園／京都新聞社来園、チョッキをもらって大にこにこの所を写して頂く。明日の朝刊に出るらし。
十二月十七日　木　晴　男十二　女三十六
出張／上半期分の請求書市に提出。小嶋エイ眼瞼に細長いいぼが出来たので、中央病院に連れて行き処置してもらう。松本の眼鏡は停電の為、仕上げが出来ていない由、一両日中に出来上るよし。
来園／分園の奥さん来園。色々初めての事とて困っていられるらしいが当園も年末行事等で忙がしく御手伝いにも行けない。
夜クリスマス、新年行事等の打合せをなす。一千円の寄附金を材料に使ってクリスマスケーキを作ってもらう様、みどり会の方に頼んで見てはとの事で当って見る事となる。新年は二日に大覚寺に一同揃ってお参りし、午後福引をする。元日は例年通り職員園生一同集会室に集ってお祝をする。相互には例年年末に何か御礼の印を持って行くので、それぞれ考えて人形や、雑布、園長は仏画等書いて祈願して持参する事となる。
十二月十八日　金　晴　男十二　女三十六
年賀状の受付が二十日中なので今日は新年状の印刷をなす。
来園／山本さんの奥さん来園。昨日チョッキ受取の為。
消毒／午後保健所からケロシン、ＤＤＴ等の撒布に来て下さる。

新年御目出度存じ上げます
貴家乃御幸福を御祈り申上げます
皆様乃御後援を恭ふ致し当園乃
老人等一同幸福に暮させて頂き
感謝至極に存じ上げます
今後共宜敷御願い申上げます
先は新年の御祝詞まで　敬具
昭和二十九年元旦

十二月十九日　土　晴　男十二　女三十六
出張／右京区役所に糯米特配の申請書持参、中央病院にて上田の継続医療券に必要事項記入してもらう。松本のめがねはまだ出来ていないよし。両三日かゝるとの事。
藤田暦尾の妹から手紙が来て、絶対に引取る等の事は出来ない。今後も相談御無用との事。悲しい人生の旅路の果なるかな。市役所から電話あり。明日午後三時缶づめを下さる由。

十二月二十日　日　晴　男十二　女三十六
出張／日曜なのに年末なので市でも特別出勤して下さって今日は缶づめで配給して下さるというので人見と上田を連れて頂きに行く、九十六ケ、分園分は山本さんが来てもらって帰られた。

十二月二十一日　月　晴　男十二　女三十六
共同募金の第三回経常費配分金を受けに行く。社協の越年資金は二十六七日頃になるらしい。四万円に決定のよし。市の扶助費というのは西口、松本の移送費だった。二十三日に餅代が出るとの事。
慰問／午後平安幼稚園から紅白のお餅を沢山持って可愛らしい舞踊の慰問あり。京都新聞の社会部から写真と記事をとりに来られた。

十二月二十二日　火　晴　男十二　女三十六
園内清掃日。
散髪奉仕／福嶋さんが来て下さり今日は男の散髪。

十二月二十三日　水　晴　男十二　女三十六
散髪奉仕／今日も引続き福嶋さん散髪に来て下さる。今日は女。
出張／市でお餅代と半月分の保護費、事務費が出るので横川頂きに行く。
午後市より電話あり、部屋数と人数の調べを報告。
夕方府より電話あり。明朝十時頃に行くとの事。

十二月二十四日　木　晴　男十二　女三十六
実態調査／府から清水、鞍岡、此松の三氏来園。実態調査の為。山本さんも来られ本園分園の在り方について種々協議す。山本さんに分園分の事務費、保護費を御渡しす。
慰問／夕六時より嵐山子供会から舞踊劇等の慰問あり。
寄贈／高山市長よりケーキ寄贈あり。

十二月二十五日　金　晴　男十二　女三十六
クリスマス／高山市長御母堂の忌明に一部屋に一つづゝの美しいクリスマスケーキを頂く。こんな立派なお菓子を頂くのは生れてはじめてとよろこんでいた。
心餅／第一回のお心持運動として二十五キロのつき立てのお餅を頂く。
出張／人形着物ぎれ、買入の為、京都行。
十二月二十六日　土　晴　男十二　女三十六
昨日のお心餅を三つづゝ配給して自由に食べられる様にした。相互へ贈るお人形作り。
慰問／峰ヶ岡保育園から可愛らしい園児、お母さん達が沢山にお越し下さって、舞踊や歌の慰問をして頂き、ビスケット飴等沢山におみやげを頂く。
寄贈／永井八重さんからあめを頂く。
十二月二十七日　日　曇　男十二　女三十六
今日も一日人形作りに忙しい。三年目で今年は園生も大分勝手がわかり、一生懸命作った。
十二月二十八日　月　曇　男十二　女三十六
出張／寄附の黒豆頂きに府社会課に横川出張。帰途帷子の辻の京都新聞に相互へは二十九日に行く旨連絡に立寄る。
午後新聞社から写真班と共に記者来園。お人形造りしている所をパチリ。
中村さん午後福協に越年資金受取に出張。
十二月二十九日　火　曇　男十二　女三十六
相互行／午前十時半相互タクシーに園長筆不動明王と園生手造りの人形三十ヶ、雑布持参。園生代表、三浦、井上、伊藤、内藤の四名、園長、横川の六名が前田専務にお目にかゝり御礼を申し上げて持参の品を御渡しす。社長は大阪のよし。
来園／松田先生診察に来て下さる。
十二月三十日　水　曇小雨　男十二　女三十六
来園／水尾山本氏来園、風呂に入れる柚を沢山に頂く。
十二月三十一日　木　曇　男十二　女三十六
退園／大和三千太が難聴もよくなったし色々複雑な事情もあるので、退園して働くという。
分園収容者水野久男死亡。解剖するとの事で松田先生に連絡があり、病院にも連絡したが、水尾までは行けないので本園まで車がむかへに来る段取になったがバタバタの都合つかず、土葬にする事となる。
本年もいよいよ今日でおしまい。お餅も出来たし、おかざりも出来たし、暖かくはあるし、先ずは大過なく、昭和二十八年も暮れた。
昭和二十九年
一月一日　金　晴　男十一　女三十六
祝賀式／午前六時半より、集会室に園長はじめ職員園生一同集まり、新年祝賀式挙行。おみき、煮〆お雑煮で一同祝膳につく。午後からは一同かくし芸、のど自慢等に楽しく一日を過す。

一月二日　土　晴　男十一　女三十六

朝のおつとめの後園生一同園長引率のもとに大覚寺に参拝。

来園／山本さんの奥さん来園、水野の死亡に関する諸手続の為。

福引／夕六時より集会室に於て福引をなす。

一月三日　日　晴　男十一　女三十六

松尾行／松尾神社より電話あり。お鏡を下げたのを桂母子寮と寿楽園にあげ度いので式に参列する様、との事で横川と園生五名松尾神社にお参りす。千二百五十年の昔からのしきたりのお餅（御覧餅）を頂く。来年からは通知しなくとも三日には来てくれとの事であった。一斗のお重ねなので思いがけなく又沢山頂けるわけで園生一同大よろこび。

一月四日　月　小雨　男十一　女三十六

来園／水尾山本氏来園。お風呂用柚五百貫寄贈はでたらめの由、数量が大過ぎますとの事。

一月五日　火　曇しぐれ　男十一　女三十六

水尾分園々生の住民登録の件につき豆区役所より電話あり。後程用紙持参するから記入して提出してほしいとの事。

一月六日　水　曇　男十一　女三十六

出張／相互に電話したところ来る様にとの事なので、右京区役所に立寄り、主食申請書提出、大和の転出証明書をもらい、（七日）相互で小切手を頂き、銀行で現金に替えて、市役所に行く。分園の死亡に関する届も皆本園でする様との事だった。

一月七日　木　曇小雨　男十一　女三十六

出張／相互、銀行、市役所。

水尾分園の住民登録の用紙を朝取りに来られたので不明の点はそのまゝ御渡しす。

一月八日　金　晴　男十一　女三十六

来園／死亡届に関し分園に手紙を書いていたら丁度山本さん来園。提出書類御渡しゝ死亡診断書を添附して市へ出して頂く様御願す。

一月九日　土　曇　男十一　女三十六

洛東園より電話あり、十八日に養老事業連盟開催のよし、山本さんへも連絡する様との事。

一月十日　日　小雨　男十一　女三十六

感謝日／感謝日で園生に相互のお金を渡す。その後役員の選挙をなす、男井上、女井狩、西村の三名。

一月十一日　月　曇　男十一　女三十六

来園／北嵯峨の森さん来園、今年も又すき焼会をし度いと思うが、十七日の日曜が都合がよいのでその日にし度いと思う、今度は三年目なので、少し余興も入れて、華道会館を借りてにぎやかにやり度いと思う、今日水尾に行ってお寺ですき焼をしたが、来年はあちらの分園でもすき焼会をするつもりとの事、地元の方の御協力は何より力強くうれしい。有難い事だと思う。

一月十二日　火　晴　男十一　女三十六

出張／十二月分後半期の扶助費を受取りに市へ行き府庁に施設実態調査の訂正分を提出。

一月十三日　水　雨　男十一　女三十六

市より電話あり、誰か死ぬ迄面倒見るから手伝に来てくれるお婆さんは無いかとの事であったが今の所そんなしゃんとしたのは無いのでその由、返事す。府社会課より電話あり、午前中に実態調査について聞き度い事があるので一度電話した上で、なるべく午前中に来てほしいとの事であった。

一月十四日　木　曇　男十一　女三十六

出張／銀行に相互会のお金入金。市の櫟さんからお爺さん少し中風の気味だが一人入れてもらえぬか?との事、園長に相談する旨返事す。

寄贈／日赤心餅第二回分配分を受く。

一月十五日　金　晴　男十一　女三十六

今日は成人の日、小正月で昼はおぜんざい。覚勝院でとんどあり、園生もおまいりす。京都新聞の写真班の井上さんが来られたので十七日の事連絡す。

来園／夜森さん、岡村さん来園、朝日も毎日も、京都新聞の右京支部にも連絡してほしいとの事。

一月十六日　土　晴　男十一　女三十六

出張／府で先日の調査の内、部屋の向、記入の事、二十八年予算で事務費の収入が少なくなっているのは何故か計算ちがいでは無いかとの事で一度調べて見る事にして調書持ち帰る。市に分園の水野の葬祭費の請求書提出。

先日お話のお爺さんの入園承知の旨櫟さんに返事す。朝日新聞社に立寄り明日の事連絡、帷子の辻の京都新聞にも明日の連絡をなす。

一月十七日　日　晴　男十一　女三十六

スキヤキパーティー／地元有志の御寄附による年一回の楽しいスキヤキパーティー。今年は三回目なので少しにぎやかにという事で、万才、落語浪曲等の余興もあり、華道会館を会場にお借りして二時頃からはじまり、五時過からスキヤキにうつる。お酒もあって楽しい一日を過させて頂く。

一月十八日　月　晴、曇、小雨　男十一　女三十六

養老事業連盟／京都養老事業連盟の会合が洛東園で開催され、園長夫妻、横川出席、分園の山本さんも来られ、園長より紹介あり。

老人の実態調査につき市、社協等より説明あり、種々質疑応答あり、用紙頂いて帰る。今月中に調査して、来月末日迄に提出してほしいとの事。

一月十九日　火　曇　男十一　女三十六

出張／京社協理事会で園長出席。中川源七の年金受取りに行く。夜森さんのお宅にスキ焼会の寄附者名、金品等聞きに行く。

一月二十日　水　晴　男十一　女三十六

来園／午後保健所から消毒薬散布に来園。

スキ焼パーティーして下さった方のお宅へ横川お礼に行く。中川に小遣渡す。

一月二十一日　木　晴　男十一　女三十六

来園／山本さんの奥さん来園、調査書持参さる。松田先生来園。中川今度はむつかしいらしい。

一月二十二日　金　晴　男十一　女三十六

一月二十三日　土　曇小雨　男十一　女三十六

若宮寮より電話あり、和知が寿楽園に帰り度い帰り度いと云うので引取ってほしいとの事であったが当方はもう余地が無いので、市の方へ連絡するからと返事して置く。

来園／山本さん来園、糯米の受領書に判をして頂く。松田先生来診、中川は大変心臓が弱っているよし。

一月二十四日　日　小雨　男十一　女三十六

嵯峨少年防犯主催で例年の通り天龍寺で万才、浪曲等あり、園生三名下足番に行き、他の園生も聞きに来る様と御案内頂く。

一月二十五日　月　曇後雪　男十二　女三十六

入園／先日櫟さんからお話のあった田井入園。お便所には一人で行けるが全くいざりだ。静養室に入れる。

来園／山本氏来園、分園に倉庫を新築し度い由。

出張／本園も兎に角国庫補助の申請の書式等もらって一棟増築の計画立て、はとの事で府社会課で書類頂く。もう寿楽園の巡番だと思はれるしもう二十乃至三十名増員しなければやりにくいと思うから府としても極力応援するからやれる丈やって見てはと鞍岡主事もしきりにすゝめられるので、市にも行って貸附金に関する書類ももらって来る。共同募金局にもより、提出書類は本園分園と別々に出してもよい事にしてもらう。配分の際ははっきり指示して頂く様依頼す。横川分園に行く。夕方より大雪となる。市で分園の介護料、水野の葬祭費受取り、山本さんに渡す。

一月二十六日　火　曇吹雪　男十二　女三十六

七十五年振りとかの大雪で、園でも雪見の宴を張る。中川が高丘氏に遇い度いと云うので速達を出す。

一月二十七日　水　晴　男十二　女三十六

中川の様子が悪いので松田先生の来診を乞う。高丘氏には電報を打つ。午後二時十五分眠るが如く安らかに死去。ほんとによいお爺ちゃんであった。葬儀は明日午後三時となる。

横川分園より帰園。

一月二十八日　木　曇　男十一　女三十六

葬儀／速達が来たので見舞に行ってやらうと思うからと高

丘氏から電話があったのでとの事で、中川の以前勤めていた所の課長さんが来られ続いて高丘氏も、それから以前の近所の方も来られ、丁度葬儀に間に合った。

一月二十九日　金　晴、雪しぐれ　男十一　女三十六

出張／雪をなで、吹く風の冷たい事。山口ハルの遺族年金の手続の件で右京民安へ行く。河田には民安でも手を焼いていられるよし、困ったものだ。福祉協議会で健保の勧奨交附金受領。

一月三十日　土　晴雪しぐれ　男十一　女三十六

CAC配分あり／CAC配分持参さる。今度は本園分園と分けてないので一寸困ると思う。山本さんに連絡す。

一月三十一日　日　晴　男十一　女三十六

かま風呂行は園生の方から辞退したよし、その代り割木を買って風呂の回数をふやしてやる事とす。分園に割木の件依頼しようと思ったが電話不通。

二月一日　月　晴雪しぐれ　男十一　女三十六

来園／山本さん来園。CACを園長山本さんも立合の上で安分比例で割り出し、余分は分園に差し上げる事として配分す。

市櫟さんより電話あり、冬期加算は三十円との事、十一月からの分計算してほしいとの事。

二月二日　火　晴　男十一　女三十六

出張／府社会課に実態調査の訂正をして提出す。老人の実態調査は先月末までとの事で至急出してほしいとの事であったよし、明日早速しらべる事とする、木村さんに共募の見積り依頼す。

二月三日　水　晴　男十一　女三十六

節分／今日は節分であちこちの社寺で色々な催しがあるが、園は覚勝院が近く、園生もぼつぼつお詣りに出かけた、園でも豆まきをする。

二月四日　木　晴　男十一　女三十六

出張／総合委員会に園長不在の為横川出席。

園長帰郷。老人の実態調査表提出。

二月五日　金　晴　男十一　女三十六

出張／相互に電話したら寄附金取りに来る様との事であった。小切手を頂き銀行へ行く。

請求書作成。

二月六日　土　晴　男十一　女三十六

出張／市に請求書提出、お金がないので、今度はおくれるやも知れぬとの事であった。

夜園長帰園。

二月七日　日　曇　男十一　女三十六

来園／夜前理事中村氏来園。

二月八日　月　晴　男十一　女三十六

出張／共同募金局に二十八年度分配分申請書提出。北村電気商会に行き洗濯機を見せてもらい色々話を聞いて来た。

分園から柚をとゞけて下さった由電話あり。

二月九日　火　晴　男十一　女三十六

分園の書庫一応本園迄とゞけてもらったからとの事であったが丸物からとゞけて来た。共募から配分委員会の為のプリントを分園からも出してもらう様連絡してくれとの事だったので、手紙を書いて明日嵯峨から通っていられる先生におことずけする事とす。

来園／増築の件につき木村さん来園。

二月十日　水　晴　男十一　女三十六

早朝水尾分園に手紙を託す。

午後畔柳さんから電話あり、分園の市田とみさんを仁和寺の万霊堂の福嶋さんが死ぬ迄引取って世話するとの事であった。明日バタバタでむかへに行くとの連絡あり、分園にこの由伝えたところ、本人は行き度くない、このまゝこゝに置いてほしいと云って居るとの事なので右京民安に電話して畔柳さんにこの由連絡す。

二月十一日　木　晴　男十一　女三十六

出張／市役所に市田とみさんの件連絡す、本園に委託書の来ているお婆ちゃん一向に来ないのでどうなっているのか聞いたところ、早速下京民安に連絡するとの事であった、洛東園に行き先達の養老事業連盟の時の議事録を持参す。建築の事につき中村さん、主事さん達から色々御話を聞き参考になった。

二月十二日　金　曇　男十一　女三十六

出張／市役所に保護費、事務費介護料中川の葬祭費受取に行く。

分園分計算す、明日同和園で渡す筈。

来園／夜木村さん増築の件につき来園、大体南の空地に八畳六間と、その北に集会室、今の花畑のところに炊事場、浴場改築等出願する事となる。

二月十三日　土　晴　男十一　女三十七

養老事業連盟／同和園で養老事業連盟あり、園長寮母分園山本さん出席、園長より電話あり、収容室の上に集会室を作る様模様がえして出願する様、木村さんに連絡せよとの事で早速行ったが又はじめからやり直さねばならないしもうこのまゝでかんにんしてほしいと云はれるので、園長にその由伝える旨返事す。土地は充分ある筈。

二月十四日　日　晴　男十一　女三十七

入園女一／お昼頃、大戸コマ入園。

共同募金会へ提出の書類の作成。

二月十五日　月　晴　男十一　女三十七

共募提出書類印刷。

二月十六日　火　曇　男十一　女三十七

出張／共同募金局に書類六十部提出、他施設の書類等も見せて頂く。Aプリント又はもっと小さいので、細かく細かく書いたのもあった。もっと細字で要領よく来年からはやらうと思う。

二月十七日　水　晴　　男十一　女三十七

出張／園長増築に関する申請書提出の為府庁行。

来園／市内校長会の内社会福祉研究会の方六名嵯峨校福井校長の案内で来園、園長と種々懇談の後園内一巡し帰らる。

右京保健所より薬品撒布の為来園。

二月十八日　木　晴　　男十一　女三十七

出張／横川医療券の件で市に行き、洛東園に増築に関する出願書拝借していたのを御返しに行く。

二月十九日　金　晴　　男十一　女三十七

園長帰郷。

寄附／校長会より五〇〇円寄附さる。

二月二十日　土　晴　　男十一　女三十七

附近見取図の青写真出来上り、今日は午前中なので府庁へ提出は間に合はず。

二月二十一日　日　晴　　男十一　女三十七

二月二十二日　月　晴　　男十一　女三十七

出張／府に附近見取図提出。鞍岡さんより隣接土地が借入又は買取りが出来ぬかとの事、園の将来の為に何とか話して見る方がよからうと云はれるので、一応当って見る事を約して帰る。提出書類の通りでは集会室のあり場所があまりせ、こまし過ぎると云はれる。

二月二十三日　火　晴　　男十一　女三十七

来園／朝から福嶋氏散髪奉仕の為来園。

夜園長帰園。

二月二十四日　水　晴　　男十一　女三十七

出張／中村さん保険課に出張、園長高野行。

来園／福嶋氏本日も引続き来園。

消防署立入検査の為来園、こゝは水槽の水の管理がよく出来ている、よそでは中々うまくやって呉れないと又ほめて頂いた。

二月二十五日　木　曇　　男十一　女三十七

出張／福祉事業奨励の為の御下賜金に関し推せんの為の調書提出する様、日が無いので速達便で来たが不明の点聞く為府社会課へ行く、分園分も合計しなければならず、市役所で山本さんと好都合に連絡出来たので一しょに水尾分園に行く。市で水道の件につき植松氏に依頼。

二月二十六日　金　晴　　男十一　女三十七

山本さんの奥さんと共に横川帰園。分園には来月二日共募から調査に行かれる由連絡あった由、本園にはまだ何も来ていないので問合せたところ、分園には森さんが行かれる由、本園は山海局長が来られる筈なるも日は未定との事であった。分園がバスが半ば頃でないと開通しないので、その頃にして頂けないか聞いたがもっと早く調査の必要があるのでやはり二日になるだらうが何れ後程電話するとの事。

二月二十七日　土　曇、小雨　　男十一　女三十七
出張／府に御下賜金に関する書類提出、共同募金局に立寄ったところ分園はやはり二日との事。
　夜園長帰園。
二月二十八日　日　晴　　男十一　女三十七
中川五七日／今日中川の五七日の法要をなす。
　来園、寄附／高丘氏と西川氏お詣りに来て下さり、高丘氏より千円西川氏より三百円御供を頂く。
三月一日　月　曇小雨　　男十一　女三十七
出張／共同募金局に設計予定の青写真提出のつもりで途中水道局に立寄ったところ、好都合に梅原給水課長が来て居られ、一しょに現場を見に行くとの事で、事情を話したところ、もう三十米延長して下さる事になった。それで共募には行けず。
三月二日　火　曇　　男十一　女三十七
出張／共募に青写真提出、市に医療券継続分提出したが川上さん留守。銀行により増築準備金に充当の四万円出して来る。
来園／京都新聞から来園、水道工夫さんにお茶のサービスしている所写真とって帰らる。
　夕方水道局から来園、新聞社から何か聞いたのか、工夫さんがサービスを強要した様に心配されたらしいので説明して、感謝をのべる。
　若竹保育園から電話あり、五日に園児の慰問あるよし。
三月三日　水　晴　　男十一　女三十七
年輪クラブ来園／中京の年輪クラブより慰問に来て下さり、大覚寺の五大堂をお借りして午後を楽しく過す、園からも、嵯峨音頭、サヾエサンの寸劇等出して拍手かっさい。
三月四日　木　雨　　男十一　女三十七
出張／右京区役所に主食申請書提出。
　共同募金会より連絡あり、明日行くとの事。
三月五日　金　晴　　男十一　女三十七
慰問、寄贈／若竹保育園より四十名程の可愛らしい園児さんが園長さんにつれられて来園、お遊ぎ、劇等を見せて頂き、おみやげのようかん、最中等頂いて老人一同大よろこび、お行儀のよいのに感心。
　共同募金会からは局長急病のよしで来られなかった。
三月六日　土　晴　　男十一　女三十七
寄附／相互で寄附金を頂き、
出張／市に請求書提出。福祉協議会に年末借入金の内二万円支払う。利息六百八十円也。
三月七日　日　曇　　男　十一女三十七
蜂中学芸会／蜂中学芸会に招待されて二十八名嵯峨校に行く。
三月八日　月　晴　　男十一　女三十七
出張／相互のお金を現金にす。市に行ったら女の人を、一

人入れてほしいとの事で、依託書受取り帰る。帰途八田さんに山内の医療券とゞけたところ日に食いちがいがあるので、具合が悪いとの事なので、も一度聞合せて見る事にして持ち帰る。

三月九日　火　晴　男十一　女三十七

役員選挙／本日役員選挙をしたところ、三浦、伊藤、中西の三名と決定。

夕方府より電話あり、提出書類に数字の誤りあり、其他あちこち訂正ヶ所があるので明日朝早く来てほしいとの事なので九時頃行く旨返事す。

三月十日　水　曇　男十一　女三十七

出張／早朝府へ出頭、訂正ヶ所を聞き書類持帰る。

来園／山本さん来園、薪代と、保険料、負担金等の精算を済ます。

共募より夕方電話あり、明日配分委員さん三名来園のよし。

三月十一日　木　雨　男十一　女三十七

出張／府へ訂正した書類提出、共募に立寄り配分委員会の為に提出した本園分のガリ版が残っていたらと思って聞いたらあったのでもらって帰る。

共募配分委員来園／共募から延原さんと安西さん来園、延原さんははじめてゞ園内を見て頂く。

寄附／妻吉さんの色紙さし上げたところ千円寄附さる。

三月十二日　金　曇　男十一　女三十七

十一、十二月分の冬期加算額の誤払による計算書を作る。

三月十三日　土　小雪　男十一　女三十七

出張／市に保護費事務費受取に行く。小切手なので銀行による。府から電話あり、実地調査は月曜日のよし。

来園／京都新聞の□部さん来園。

三月十四日　日　晴　男十一　女三十七

寄附／神戸市生田区平野氏より一千円、後援会に寄附さる。

園内清掃。

三月十五日　月　晴　男十一　女三十七

来園／松田先生来園。

入園／八尾清次入園。

寄贈／民生委員の佐藤きみさんがおみやげにあめを一缶下さったので一同に分配、桝谷入園の時の民生委員さんの由。

三月十六日　火　晴　男十二　女三十七

出張／右京社会福祉協議会評議員会あり、園長差支えの為横川出席。今度から施設従業員中からも一名づゝ評議員を出す事となり、養老施設は右京で寿楽園丈なので寿楽園（本分園で）で代表者と従業員代表者と各一名の評議員を出さねばならない。

三月十七日　水　晴　男十二　女三十七

寄贈／黒田氏奥さんより袋物の残り布御寄附頂く。どんな風に入用なのか人形を一つほしいとの事。

三月十八日　木　晴　　男十二　女三十七
養老事業連盟／京都養老事業連盟が綾部の松寿園で開催され、園長、横川出席、府より、四月一日現在で財産の変化のあった場合登記して届け出る様との事であった。
来園／水道局より園内に敷設の為の下調べに来園。

三月十九日　金　晴　　男十二　女三十七
出張／市に誤算の扶助費の払もどしに行く。分園に四名入園さす事になったので、（二十三日）連絡等の点たのむとの事であった。福祉協議会に市電パスの料金三千円支払に行く。大丸に立寄り人形用小ぎれ買求む。
来園／山本氏来園、二十三日の入園者の件種々連絡。二十三日には荷物は分園のバタバタで集めて持って行き、人は十二時半京都発の汽車で二条、花園からそれぞれのり込ます事とす。

三月二十日　土　晴　　男十二　女三十八
入園／丸山すて入園。

三月二十一日　日　晴　　男十二　女三十八
　お彼岸のお中日で園生もあちこちお詣りに出かける者多し。人形の下ごしらえをなす。

三月二十二日　月　晴　　男十二　女三十八
出張／分園入園者の件、弓削医療等につき市に出張、帰途帷子の辻の京都新聞西部支局で人形造りしている写真をもらって帰る。園長の写経のはよくしらべてあれば連絡するとの事。
来園／山本氏来園。明日の入園の件につき種々連絡す。

三月二十三日　火　晴　　男十二　女三十八
出張／分園の入園者を引取りに上京の民安に行く。三名のはづのところ、二名になり、水尾から迎えのバスに皆乗れたので、右京から入園のおばあちゃんも一しょにそのまゝ水尾に行く事になった。分園もバスが出来て便利になった。

三月二十四日　水　晴　　男十二　女三十八
　お彼岸のお結願なので園生からもパンお菓子等お供養し、園からはおはぎを供えて、園生の仏様や各家の御先祖のお供養をし、御詠歌の供養をなす。

三月二十五日　木　晴　　男十二　女三十八
出張／丸山すてと古瀬寅之助の転出証明書受取の為上京区役所に行く。古瀬の分は北大路千本の上京支所なので、要保護者の手続料免除の件はじめてとかで暇取る。帰途北村電気商会に立寄る。御詠歌の連中が行かう行かうと思ひつゝ、何彼と東寺の修築で講員も出費がかさみ、出にくいのですが、又その内よせて頂きますとの事であった。

三月二十六日　金　晴　　男十二　女三十八
　釈迦堂の三十年振りとかの五重がつとまるので五百人程来られるから下足に四人来てほしいとの事。今日から三十日迄。

三月二十七日　土　晴　　男十二　女三十八

慰問／朱雀第一婦人会から又慰問に来て下さった。万才、落語舞踊等玄人六人を連れ、あめ、おかし等のおみやげもそえて約四十名来園、園生一同うれしく楽しい半日を過す。

三月二十八日　日　雨　男十二　女三十八

死亡／人見音吉午後一時死亡。明日二時の葬儀という事にしたが、明日は友引との事で、明後日に変更の為市営葬儀にいくら連絡しても電話かゝらず。

三月二十九日　月　雨後晴　男十一　女三十八

朝やっと市営葬儀に電話が通じて明日午後一時出棺と決る。十一時頃納棺に来て下さった。

来園／午後山本さんの奥さん来園。内職持参さる。

三月三十日　火　晴　男十一　女三十八

葬儀／園長社協理事会の為、朝の内に葬式を済ます。お昼頃人見の身寄の女の人三名来園、火葬場まで同道されたが、骨は園に祭ってほしいとの事であった。

寄附／お菓子と三百円を御供えして帰らる。

三月三十一日　水　晴　男十一　女三十八

来園／人見の妹という人来園、昨日夕方人見死亡の連絡があったよし、三十五日にはおはぎでも作って持って参りますと云って、三百円お供えして帰られた。

本年度も今日でおしまい、先ず先ず大過なく寿楽園も五年を経過した。

〈福引き景品用のなぞかけ――おぼえ書〉

1　年寄芸者――梅干（しわが寄ってもすい味が抜けぬ）
2　婚礼前の日――マッチ十箱（待ち遠し）
3　八月十五夜――もち（望月）
4　へたな飛行機――洗濯石けん（すぐ落ちる）
5　二宮尊徳――おこうこ（孝行）
6　道楽息子に渡した財産――たばこ（直に煙になる）
7　御返事は――かいろ灰（ハイ）
8　想い想はれた件――飴（あまいあまい）
9　西洋人の家――ようかん（洋館）
10　妾にも旦那頂戴ナ――するめ（ほしいかほしいか）
11　母の意見――金平糖（角があっても甘い）
12　ほら吹き――たばこ（煙にまく）
13　丸の内――玉子（君がまします）
14　天野屋利兵衛――ふんどし（男で御坐る）
15　夏のお祭――けずり節（だしが出ます）
16　一攫千金の夢――石けん（ぬれ手であわ）
17　水天宮のお守――砂糖（ありがたがる）
18　動物に着物――巻たばこ（着せるに及ばぬ）
19　不老不死の霊薬――梨（そんな薬はなし）
20　春風――ハンケチ（はなを吹く）
21　すいた同志――びんづめ海苔（仲よく見える）

22　風船はれつ――ぱん二ヶ（パンパン）
23　大黒様――ちり紙（ふくの神）
24　にんしん――もち三つ（みもち）
25　京都ホテル――ようかん（洋館）
26　ハイシドードー――のり（馬のり）
27　ロンドンの火事――ビスケット（西洋カシ）
28　千本桜すし屋の段――砂糖（おさとうまいぞ）
29　死んだと思ったお富さん――豆（健全でこの世に居やうとは）
30　秋の樹木――ハガキ（葉が黄）
31　親の意見――するめ（かみしめる程味が出る）
32　れんぺいじゃう――やきいも（兵（へ）を養成する）
33　ヤソの祈り――あめ（アーメン）
34　生意気な学生――たばこ（末はハイカラになる）
35　今はおばあちゃん――梅干（鶯鳴かせた事もある）
36　ろう細工のおかし――ようかん（そんなものよう喰わん）
37　美人のりんき――金平糖（甘い甘い角がある）
38　百万円必ず当るくじ――なし（そんなものはなし）
39　いつゞけの言わけ――けづり節（友だちをだしにする）
40　壺坂霊験記――砂糖（お里さまお里さま）
41　代議士の演説――湯呑（左右（白湯）を呑んでかゝる）
42　似た顔――うり（うりふたつ）
43　西洋人と歩いてる――パン二つ（パンパン）
44　のろけ話――飴（甘たるうてもう結構）
45　はらみ芸者――梅干（粋の果に種やどる）
46　小買好きの人――切手（切って買ふ）
47　二人の仲は――マッチ六つ（むつまし）
48　はらみ女――もち（子もち）
49　面の皮千枚張り――沢あん（おしが強い）
50　好いた同志の二人づれ――飴（あめーあめー）
51　伊勢の国――うちわ（神風がふく）
52　武雄さん早く帰って頂戴ね――ハンケチ（ハンケチをふる）
53　名のり合ひ――耳かき（耳をさらってよっく聞け）
54　沢市つあん――さとう（座頭）
55　床の掛軸――いちゞく（一軸）
56　よく笑うね――お菓子（どうもおかしい）
57　私にも旦那――するめ（ほしいかほしいか）
58　男にかぎる――さらし六尺（六尺褌）
59　死んだ親父のゆづりもの――胃散（遺産）

昭和二十九年度

昭和二十九年四月一日〜昭和三十年三月三十一日

創設時の集会室付近。断食道場以来の建物であった

四月一日　木　晴　　男十一　女三十八
開園記念日／今日は寿楽園の開園五周年記念日。日赤のエンゼルカーを御借りして御所、銀閣寺、宇治、松尾神社等を巡拝す。参加者十九名、職員共二十三名。エンゼルカーに老人作の振袖人形を贈る。くるくるあちら向き、こちら向きして老人と共に一日を過す。

四月二日　金　晴一時しぐれ　　男十一　女三十八
来園／分園の山本さん夕方来園、伝票持参さる。
慰問／午後キリスト教女子青年団ロビンクラブ員八名が美しいお花を持って、劇や合唱で慰問に来て下さり、後で老人も一しょに物まね遊びやジャンケン遊び等して楽しい半日を過す。
　専売公社より電話あり、明日十時頃にたばこを配分するから来てほしいとの事。
四月三日　土　晴　　男十一　女三十八
出張／千本七条のたばこ専売支局に富貴煙（たばこの名称）の配分を受けに行く。五拾ヶで本園分園両方分、案分比例で本園三十六ヶ、分園十四ヶとなる。市で医療券が来ないので調べてもらったところ、転帰報告に治癒となっていたので継続にして医療券を出して頂いた。
　桜の花をおみやげに一枝持参す。街では桜の花はめづらしがられよろこばれる。

四月四日　日　晴　　男十一　女三十八
托鉢／花まつりの為の仏徒連盟の托鉢あり。一行がいつもの様に集会室で一服され、パンやおせんべを御供養に出す。園生からも心あるものが一円二円と御供えしていた。
　市の保護課の方が午後には行くと云っていられたのに来られず。

四月五日　月　曇小雨　　男十一　女三十八
来園／府社会課より清水係長、課長、鞍岡さんの三名来園、増築の為に実地見分に来られたわけ。一両日中に建築課の人を連れて来るとの事。
　明日の寮母会の件を分園に連絡しようと思ったところ電話故障の為不可能。丁度分園に上京から一名入園と聞いていたので、上京民安に連絡し水尾からむかへの人に連絡す。

四月六日　火　晴　　男十一　女三十八
来園／山本奥さん来園。主食の申請に区役所にも行かねばならず、買物もあるし寮母会は行けたら行かしてもらうとの事であった。
出張／相互から寄附金受取に来るようとの事なので頂きに行く。後援会々長は多田さんが京福の石川さんあたり適当と思う、私がそう云ったと云ってもらってもよいとの事、社長は会長に就任してもしなくても出来る丈の応援はするからとの事であった。
　市役所で医療券をもらって帰る。花まつりのさくらを三崎で買い、夜園の老人達に枝につけさす。

四月七日　水　晴　男十一　女三十八
出張／銀行で十日配分のお金を細かくしてもらい、智積院に色紙がまだか聞きに行く。まだ出来ていず、出来次第連絡するとの事。専売局に園長印持参。又出来次第御知らせしますとの事であった。
来園／府の清水係長が建築課の人と一しょに来て下さり、実地を見て頂く。集会室は現在のところを二部屋ぶち抜いたのがよいと思うとの事だった。

四月八日　木　晴　男十一　女三十八
花まつり／今日は花祭り。大覚寺から白象の行列が出発するので園生もお天気はよし、皆表へ出ておがむ。
　共募より配分額決定通知来る。

四月九日　金　晴　男十一　女三十八
　分園は電話が故障なので手紙で連絡す。

四月十日　土　晴　男十一　女三十八
感謝日／日赤から十四日午後六時頃から来て、七時から二時間程映画の慰問をしに来られる連絡あり。本日感謝日でお小遣分配す。
来園／下京民安から山崎さん前所員八名程来園。大沢の池でお花見をして帰りによられたもの。大戸や矢尾の世話をされた人も居られ、皆よろこんでお礼を云っていたのでよろこんで居られた。
　藤田のお金を郵便局にとりに行く。

四月十一日　日　晴　男十一　女三十八
寄附／京都新聞の園長の写経の写真を見てたずねて来られた婦人あり。老人方にとて五〇〇円頂く。
来園／老後を少しなりと人の為に働き度いと思うので働ける間奉仕させてほしいとの申し出あり。後程御返事する事にして一応帰郷さる。

四月十二日　月　雨後晴　男十一　女三十八
出張／十四日の共募配分の日に分園から臨時費の配分申請を持って来られるので、本園分も着手出来るもの丈早くした方がよいと思はれるので、北村電気に実物を見に行き、見積書をもらって来、藤本畳屋にも木村さんにもよって見積書依頼す。
来園／四月から新に介護者の申請をしなければならないので、松田先生に御願いしたところ午後来て下さった。

四月十三日　火　晴しぐれ　男十一　女三十八
出張／市役所で保護費、事務費、人見葬祭扶助費受取る。男一名入園依託さる。
　善長寺に岡部さんの事聞合せに行ったところ、寿楽園開園当時の渡辺課長さんのお寺だってはじめてお目にかゝり、園の今日迄の経過等についてもよく御存知で心配していて下さった。岡部さんとは御主人と仲よくしていられたよし。世話ずきのよい方で御主人の代書業を手伝っていられたとの事。

右京民安の布団の件は買ってもらえたら市としては結構との事であった。山本さんに連絡したら共募の配分金では倉庫に使途変更申請し度いよし。明日、民生会館で御相談する事とす。

四月十四日　水　晴　男十二　女三十八　入園　男一

入園／男子太田徹本日入園。荷物は何も無し。

共同募金配分会が民生会館で催され横川出席。福祉協議会に借入金返済に行ったが石川さん丈で誰も御留守。早い方がいゝが又の日にしてくれとの事であった。帰途右京民安に立寄り布団を見せてもらったが、シーツもかかってゐて上下一枚づゝで四千円、割によい品であった。園長に相談する旨返事して一応帰園。

慰問／夜日赤奉仕団より映画の慰問あり。七時より二時間半程、園生一同大よろこび。あいている時又何時でも来るとの事であった。

四月十五日　木　晴　男十二　女三十八

太田徹の転出証明書本人に取りにやる。

四月十六日　金　晴　男十二　女三十八

出張／知事選挙の為園生嵯峨校に投票に行く。京都新聞社から写真をとりに来た。市役所で弓削の継続医療券をもらい、初診券用紙も貰って帰る。銀行により北村電気商会に行ったところ、今洗濯機を持って行ったとの事で福祉協議会にはよらず帰園す。

来園／山本さんの奥さん来園。共募配分金の使途変更の書式うつして帰らる。

四月十七日　土　晴小雨　男十二　女三十八

来園／京都新聞西部支局から二名来園。大覚寺の花供養に記事と写真とりに来たので、と立寄られた由。

協議会は月曜日に行く事と電話す。

四月十八日　日　雨　男十二　女三十八

来園／久し振りに一日中雨降り。寮母会の件、分園に電話連絡しようと思ったが不通。

四月十九日　月　晴　男十二　女三十八

出張／福祉協議会に二万円借入金支払う。利息二百二十五円也。市の係長は先日借入金の件で紹介して頂いた太田さんが収容係長になられた由。

来園／川上さんと櫟さんが今週中に一度寿楽園に行き度いと云って居られた。本日二十六日の役員会の案内状発送。

福嶋氏来園、散髪奉仕をして下さった。

四月二十日　火　晴　男十二　女三十八

来園／福嶋氏今日も来園、散髪奉仕して下さる。

四月二十一日　水　晴　男十二　女三十八

藤田暦尾の容体が大分悪い様だが、八十幾才迄も生きる人はやはり心臓や肺が丈夫と見えて、殆んど水も通らぬ様になって今日で一週間にもなるのに尚細々と生き続けている。生命の根強さをつくづく思う。

四月二十二日　木　晴　男十二　女三十八　死亡　女一
死亡／藤田暦尾死亡。これがほんとに枯木の様なと云うのだらう。音もなく息を引取ってしまった。生きてわずかばかり金の為にあれこれと心をなやまし、冷たんな親類縁者をうらみ、病を得て身動きも出来ず、人の世の終りに死と云うものゝある事の有難きかな。

四月二十三日　金　晴　男十二　女三十七
寄贈／京都岡崎公園で開催の全国菓子博覧会出品菓子を総裁高松宮様の御思召しにより、一同配分を受ける事となり、分園に連絡して三時半に水尾からバスをまわして頂く事となる。本園七、分園三の割合で配分されたが、バスが来るのがおくれた為、残り福で余分に沢山頂く。本日寮母会あり。園長、寮母出席。

四月二十四日　土　曇　男十二　女三十七
葬儀／藤田の葬儀執行。
　二十六日の理事会の必要書類を作る。

四月二十五日　日　晴　男十二　女三十七
　数字に誤を見出し訂正。

四月二十六日　月　晴　男十二　女三十七
理事会／理事会開催。二十八年度決算、二十九年度予算、増築に関する件等審議可決。

四月二十七日　火　晴　男十二　女三十七
出張／銀行で預金引出し。橋本に裏打、表装等支払をなす。
　夜徳永さんから本咲さんの家を買はれた方が土地もついている事だし、建てられるよりよいのではないかとの事で、なる程考えて見る余地ある話の様に思はれる。共募の提出書類作る。

四月二十八日　水　晴　男十二　女三十七
出張／共募に臨時費の申請書提出。
　夜石川氏来園。

四月二十九日　木　晴後雨　男十二　女三十七
　今日は天皇誕生のお祝日。
来園／花園の民生委員さん来園。お菓子を頂き天長節のお祝に一同配分してもらって大よろこび。
畳替仕上り／本日畳仕上り。園長と本咲さんの家を見に行く。

四月三十日　金　晴　男十二　女三十七
お供養／人見の親類の人から三十五日のお供養にパンを頂く。
　府の清水、鞍岡両氏と共に本咲さんの家を見て頂く。出来ればよい話と思うから、この方向へ話を進めようとの意向である。徳永さんへスクラップブックをとどける。本咲さんへ話を進めて頂くのにあった方が好都合との事であったので。
出張／本咲さんの本宅に青写真頂きに行く。

五月一日　土　晴　男十二　女三十七

来園／厚生省の係の人が来られるので、分園の山本さんも出席の為途中園に立寄られた。西田さんの奥さんの葬儀に曇華院の御前様帰りに立寄らる。

出張／市に死亡届提出。後、入園の件につき出張。

五月二日　日　晴　男十二　女三十七

寄贈／京都仏教婦人連盟より花祭りの時のおかしがおそくなったけれどと御とどけ頂く。

五月三日　月　雨　男十二　女三十七

　財産目録分園の分も合算して提出の要あり。分園に電話連絡す。

五月四日　火　曇　男十二　女三十七

出張／実態調査を府に持参。寿楽園は大変うまく行っていてよい園だから円満にうまく事を運んでほしい、との事であった。右京区役所に主食申請書提出。今度から制度が変ったので、入園退園何れの時も豆区役所で住民登録に手入れをした上で、右京区役所に提出してほしいとの事であった。

配分／おかしとたばこ配分。

五月五日　水　曇　男十二　女三十七

　財産目録作る。市への請求書も作成。

五月六日　木　小雨　男十二　女三十七

出張／高橋ゆきと上田の病状につき、中央病院で主任の先生にあって聞いたところ、上田は後遺症丈でもうよい、高橋はも少し通院してもらったらよくなるとの事であった。

市へ請求書提出。高橋、太田の継続医療券もらう。

寄附／相互で寄附金を頂き、銀行で少額紙幣にしてもらう。十日に配分の為。

五月七日　金　雨後晴　男十二　女三十七

　清水さんより電話あり。国庫補助の件、正式ではないけれど確定の内報あったよし。

出張／谷口に資産総額の変更登記の書類持参したところ、謄本でなく議事録の原本を見せないといけないとの事で、早速御室の小川さんに電話し、署名印頂く。夜受講。

五月八日　土　晴　男十二　女三十七

出張／早朝に谷口に書類提出。右京民生安定所に布団の代金支払に行く。夕方谷口より電話あり。役員の任期満了今月中故いっそ一しょに手続しられてはどうかとの事なので、くわしくは一度府社会課に問合せの上月曜に連絡するとの事。

五月九日　日　曇、小雨　男十二　女三十七

母の日／今日は母の日でお菓子を配分。

出張／理事の重任の承諾を得る為釈迦堂に菊入師を御たづねしたるも御不在で伝言して帰る。

五月十日　月　晴　男十二　女三十七

来園／山本さん右京社福評議員会に出席の途次来園。分園決算につき数字に誤りある為しらべて頂く様御願ひす。

出張／午後一時より右京消防署での右京社協評議員会に横

川出席。役員改選の必要があるので、理事就任承諾書を各役員に発送。
五月十一日　火　晴　男十二　女三十七
出張／北村電気から洗濯機の代金まだかとの請求あり。募金局に電話したところ、何時でも来てくれとの事で早速頂きに行く。仁和寺で小川さんの承諾書を頂き、泉涌寺の森岡さんは奥さんに渡し、菊入さんは印を持っていないから後より送るとの事であった。
　府の清水さんのお話に国庫補助費は四百六万円で認めて頂いた由内示があったが、正式届出を（増築）早くするようとの事で、増築に並行して買収の方も早く話を進める様との事であった。
五月十二日　水　晴　男十二　女三十七
出張／市に扶助費まだか聞いたところ櫟さんが持回りして下さって受取れた。共募の小切手現金にし一応持ち帰り、北村に洗濯機の支払をしに出直し、夜受講。
　下京安定所より電話あり。十七日に下京福協共募関係、民生委員、老人等六十名程来園のよし。
五月十三日　木　晴　男十二　女三十七
五月十四日　金　曇小雨　男十二　女三十七
出張／市に医療券申請書と後の介護料請求書提出。
　夜受講。中村さんに会議所まで給料受取りに来て頂く。
五月十五日　土　曇　男十二　女三十八
入院／池内タイが直腸癌で手術の必要あるよし。土曜なので午前中に来てくれとの事で、横川つきそい入院さす。
入園／午後口野リキ入園。近くに姪がいるよしだが未婚で兄を助けて母と叔母を養い、この人まで手がとどかぬ由。
五月十六日　日　曇　男十二　女三十七
来園／下京民生安定所の山崎さんが民生委員さんと、養護施設で自炊生活をしている老人十七名と計五十名程で来園。園長より園の事情説明。養老院に「はいるなら死んだ方がまし」と云うている人もあるよしだから一度今の養老院の実情を見せて置き度いとの意向でつれて来られたので、さぞびっくりしていられた事だらう、うちの老人達の方がよっぽど明るくて小ざっぱりしている様に思はれた。
寄附／下京民生委員会から金千円也寄附。
　夕方から本咲さんの家の写真うつしに行く。時刻がおそ過てくらかった。うまくとれているのかしら？　岩崎さん来園。大阪中村来園。
五月十七日　月　晴　男十二　女三十七
　中村さんが帰りに本咲さんの家を見て置いて頂く。谷口から登記が出来たからとの事で受取りに行く。
出張／府から来られるのがのびたよし。本日園長会議。
五月十八日　火　晴　男十二　女三十七
五月十九日　水　晴　男十二　女三十七
　登記完了の手続。月報等の書類作る。

御下賜金伝達式／本日天皇陛下よりの御下賜金の伝達式あり。園長列席。
出張／病院が医療券を急がれているので市へもらいに行き病院へ提出。夜受講。
五月二十日　木　晴　男十二　女三十七
来園／府の建築課の人が来られ種々実際に当ってしらべて下さり、四百六万円の予算での再見積をして下さる事となる。
出張／本日右京福祉協議会あり。分園の山本さん出席して下さる。病院から電話あり。手術後当分付添を付けてほしいとの事で、丸山のおばちゃんをたのんで行ってもらう事とし自動車で送る。
本日池内タイ手術。開腹の結果癌が意外にひろがっていた為、全部切り取る事出来ず、中途で止めたので、一応元気になって帰ってもらうけれど､後半年か一年の命との事。手術後は割合本人は元気よし。
五月二十一日　金　曇小雨　男十二　女三十七
出張／病院へ行って見たら手術後の経過よく元気。府へ登記完了報告書提出したところ、財産目録と議事録とを添付する様との事で一応持帰る。市保護課で医療券もらって帰る。入院した者は園からは事務費も保護費も打ち切りになるにも関らず、患者の為に種々の入費があり、今度は差当り丸山の付そいの為の自動車賃等出ないものか聞いたところ、たて前としては出ないが、通院の形にでもして置いてほしいとの事。
来園／洛東園落成式、園長出席。
福嶋氏散髪奉仕。
五月二十二日　土　晴　男十二　女三十七
来園／最初の理事谷山、中村、石川の三氏来園。園長より今日迄の経過報告あり。今後もこの様な会合を半年か一年に一度は持たれたい旨申し出あり。園長も之を了承。
五月二十三日　日　曇　男十二　女三十七
今日は愛宕山の祭礼で園も御馳走。
五月二十四日　月　曇後雨　男十二　女三十七
市の勧奨交付金の申請書を作成。
来園／森多一氏来園。色々建築について心得等話して下さる。予算も立てゝ下さった。朝木村さん来園。廊下の事御願いす。
五月二十五日　火　晴　男十二　女三十七
廊下の改造にとりかゝる。市の交付金申請書出来上り。
五月二十六日　水　晴　男十二　女三十七
出張／同和園の講堂落成式に横川出席。午後右京社会福祉協議会に園長出席。民生安定所を通じて勧奨交付金申請書提出。右京の社協も出来る丈協力して下さるよし。
来園／夜松田先生、角田の診察に来て下さる。
五月二十七日　木　晴　男十二　女三十七

出張／近畿養老事業大会が和歌山県新宮市で開催されるので横川出席。
来園／同和園の江頭主事さん来園。全国社協養老部会長同導。大覚寺等参観して帰らる。右京消防署より立入り検査の為来園。水槽の管理がよろしいとほめて頂く。
五月二十八日　金　晴　　男十二　女三十七
寄附／昨年も御寄附下さった生駒さんが今年も又中風のまじないのあかざの杖を御持参下さった。先日寄附申込のあった八十才のお婆さん花園大薮町篠田ウメさんを園長訪問。二千五百円頂いて帰る。
五月二十九日　土　晴　　男十二　女三十七
五月三十日　日　曇　　男十二　女三十七
来園／下鴨少年補導婦人協会の会長さん来園。二日に八十名程で何かおみやげを持参されるよし。
五月三十一日　月　曇一時雨　　男十二　女三十七
来園／芦谷りきさんの姪の草野さんが傘とぼろを売たお金三百円を持参さる。
　横川帰園。
六月一日　火　曇　　男十二　女三十七
　明日の清掃を一日早めて本日清掃日とす。林さんが本咲さんの家売れたそうなと云われたので、噂とは思ったが一応徳永さんのところに行って聞いて見たところ、やはりまだそのまゝとの事。まだ御主人もあれから来られない由。一度園長さんとあって頂いたらと云って居られた。
六月二日　水　晴後小雨　　男十二　女三十七
来園／西田小太郎氏、御母堂と同導来園。今後毎月一万円づゝ寄附したい、増築についての寄附は又別にさせてもらうとの事であった。全く思いもよらぬ事とてほんとに有難いことゝ思う。奥さんの御命日は毎月御つとめをして御供養する事にする。
出張／府に資産総額の変更の登記完了届提出す。夜横川受講。
寄附／下鴨少年補導婦人会員七十名来園、おかし六〇袋とお志として二九一七円御供へ頂く。下鴨内山ふくさん引率。
六月三日　木　曇　　男十二　女三十七
出張／右京区役所に主食申請書提出。今度から住民登録の変更をしてから転入転出の手続をする事になったので、午前中に住民登録未完了の者の手続をした。役員変更の登記の為の手続書類を谷口にたのむ。病院に池内を見舞い丸山を連れて帰る。
六月四日　金　晴　　男十二　女三十七
来園／山本さんの奥さん来園。五月分の月報持参下さる。本園に対する謝礼はお返しす。本園にも事務の監査に来られるよし。
出張／本日請求書提出のつもりだったが出来なかったので明日出す。夜受講。

六月五日　土　晴　　男十二　女三十七
出張／市に請求書提出。今度から各区別にお金を受取る事になるよしで大変な事だと思う。兎も角各区別、氏名、前住地知らせてほしいとの事。介護料受取る。千四百円也。ときわ寮に御礼のそばぼうろ送る。
六月六日　日　雨　　男十二　女三十七
慰問／右京郵便友の会々員三十名来園。亀甲せんべ六百匁おみやげ頂く。寸劇、舞踊等の慰問をして頂く。
来園／分園の山本さん来園。今度の養老連盟分園で開催の為打合せに来らる。薪代渡す。
五月末に発送した後援者への挨拶状
拝啓尊台の御多祥を御祈り申上げます。御陰様で目出度く開園満五周年を迎え尚且つ天皇陛下より事業奨励の思召による御下賜金を恭ふ致しました事は誠に光栄至極に存じます。此は全く皆様の御同情御支援の賜物と存じ深く御礼申上げると共にこの喜びを記念致し度存じて居ります。何卒今後とも宜敷御願い致します　□□　五月吉祥日
六月七日　月　曇　　男十二　女三十七
出張／相互と銀行に行く。此度は東洞院六角の富士銀行だった。七月から各安定所から扶助金を受取るようになるので、それでは困るので各施設から市の方へ申し入れる事になり、園長出席。
共同募金に事業計画書提出。夜内藤清次郎さんから電話あり。共同募金来年度郵政省のお年玉はがきの分百万円位まわしたらという様な話が出ていたからと御知らせ下さった。夜園長西田さん訪問。
六月八日　火　曇　　男十二　女三十七
伝票整理、月報作成。府より電話あり。建築下図が出来たから、一応見て置いてほしいとの事であった。今日は藤田の四十九日夜園生一同御供養をなす。西田さんの六七日にも当たるので、その御供養もする。いちごを御供養に園生に食べさす筈だったが、夜はいけないので明日の昼にする事にして八百清に注文す。
六月九日　水　曇、小雨　　男十二　女三十七
出張／健康保険者証の検認を受ける為に府保険課へ行く。府の社会課へも立寄る。府の予算面で今度の増築はむつかしいらしく、民生部でも困っていられるよし。建築課の方では出来上り次第電話で知らせて下さるよし。社協では複式簿記の件につき長期の希望者が多いよし。当園としては週二回長期を希望。市電のパス、健保勧奨交付金につきはがき頂いて帰る。
お供養／西田さんのお供養にいちごにミルクをかけて配給、一同大よろこび。御詠歌の御供養をなす。
園長東寺の管長さんから一万円寄附金頂いて帰らる。増築の寄附第一号。心経の表装をして送ってほしいとのハワイ

の希望で四十部はロサンゼルスで表装料支払って下さるので残八部八千円也支払う。
六月十日　木　曇小雨　　男十二　女三十七
感謝日／今日は園感謝日。後援者各位への感謝のおつとめの後相互さんからの寄附金の配分をなす。月報出来上り。
六月十一日　金　晴一時雨　　男十二　女三十七
来園／ハワイへ行かれる上原さん夫妻来園。色紙等荷物として御持参下さる。昼食後御所、大覚寺等園長案内。園より奥さんにせんだんの扇を御贈りする。
　交通費、立替費の請求書作る。藤田の戸籍謄本を本籍地へ請求す。
六月十二日　土　晴　　男十二　女三十七
出張／土曜日なので午前中市役所に行き、保護費、事務費、介護料受取。分園の三浦ツネ来月一日より要保護者としての取扱に切替の委託書受領。
　夜石山寺に電話したところお寺の方は皆お留守との事。
六月十三日　日　曇　　男十二　女三十七
　石山に電話したところすでに先月末、勧修寺にとどけてあるよし。夕方男の連中がいさゝか飲んで下らぬ事に大声あげて閉口。木村さんに請求書持って来て頂く様申し入れす。
六月十四日　月　雨　　男十二　女三十七
出張／病院に池内を見舞う。大分元気だが先生は今月中位は入院していてもらうだらうとの事。付そい食は外食券か現物持参してほしいとの事。府保険課で渋谷幸枝の扶助者認定印をもらう。
　谷口より電話あり。役員重任届出来上りたる由。料金八百円と電話あり。
来園／木村さん来園。支払をなす。
六月十五日　火　曇　　男十二　女三十七
慰問／下鴨の東高木町饗庭もとさん達十五名で御詠歌やら舞踊の慰問に来て下さる。
寄附／その節、ぶどう酒一本おみやげを頂き、園生もにわかや御詠歌、舞踊等をして一ぱい頂いて夕方まで両方楽しく遊ばせて頂き、堀井義政、高木一枝様等より千五百円頂く。
灌仏会／朝灌仏会を行う。特別献立。
六月十六日　水　晴　　男十二　女三十七
京都養老事業連盟／分園で京都養老事業連盟の会合あり。園長と横川出席。
　右京社協第一部会も右京区役所で会合あり。小国出席。渡辺伊之助さんのお宅のおばあさん御死去のよし。夜、園長、横川、小国御通夜に行く。府の建築課より電話あり。図面出来ましたから取りに来て下さいとの事。
六月十七日　木　晴　　男十二　女三十七
浄るり慰問／黒田千糸さん高田タツミ一行の浄瑠璃慰問。

午後□時から集会室で。
先代萩政岡忠義の段　山本　山文
大功記尼ヶ崎の段　宮川　美也川
三十之所壷坂沢市内の段　串本　重幸
三勝半七酒屋の段　西田　沖政
千本桜すしやの段　串本　義京
おしゅん伝兵衛堀川の段　高田タツミ　以上
来園／京都新聞の松井さん来園。芸題が決まったら知らせてほしいとの事で連絡す。
午後三時渡辺さんの葬儀に列席、横川、小国。水道敷設の為、徳丸さんの紹介状持参。明日にも府、市と連絡して費用其他の点連絡しますとの事。敷地建物等の略図うつして帰らる。

六月十八日　金　曇小雨　男十二　女三十七
市へ提出の各区別入園者調書作る。
来園／水道会社より来園、見積書持参下さる。予定より大分高い様に思ったが、これで殆んど主な機械類等は済むわけで、後は掘る工事や鉄管、蛇口等だそうである。共募に洗面所新設分の四五、〇〇〇円の使途変更を申し出る事とす。

六月十九日　土　雨　男十二　女三十七
出張／共同募金局に事情を話して使途変更願い出たところ、書類を出してもらえば考えるとの事。福協でもお金貸しますと云って居られた。市バス三ヶ月分三千円支払い。健保勧奨交付金受取る。府の建築課に行き青写真を受取り代金壱千円支払う。

六月二十日　日　晴　男十二　女三十七
青葉祭り／青葉祭りで大覚寺に御招待頂き園生一同半日を楽しく暮させて頂く。

六月二十一日　月　晴　男十二　女三十七
来園／朝分園の古瀬寅之助来園。遺族年金を園に収めるのが不服らしく、本園の事情を聞きに来たというので、よく説明して帰す。
出張／区役所で外食券をもらい、民生安定所であづけてある布団を受取り、保健所にＤＤＴ撒布方依頼し中央病院で外食券を渡して丸山の食費の支払をなす。池内も大分元気になってもう一人で便所にも行ける様になっていた。然し一応こうして退院出来ても又半年か一年後には死が待っていると思うとくらい気持になる。　市役所に行って各区別調書提出し、弓削の継続医療券もらう。
寄附／夕方一婦人来園。五月十一日主人の母が八十九才で死亡。わずかですが御供養にと云って五千円寄附され、何と云うても名を明かさず。某氏寄附として有難く頂戴す。
園長府・市訪問。他の増改築申請施設長と共に府の補助懇請の為。中々むつかしいらしい様子。然し切角国庫が承認していてくれるものを、何とかして九月の予算の時にでも織り込む様にし度いとの事であったよし。
六月二十二日　火　曇小雨　男十二　女三十七
出張／園長共募に書類持参。福祉協議会で今夏施設従事者のリクリエーションを高野山でやり度いので紹介たのむ由中川さんより来信あり。園長より高野に紹介。
来園／水道会社より来園、申込書を渡す。明日天気ならば工事にとりかゝるとの事。もう二十日もすれば水道の水が使えるとは何とうれしい事だろう。
寄附／立花信夫氏より金二千円也寄附。
　角田の金券京都銀行で現金にす。
六月二十三日　水　雨　男十二　女三十七
　増築の補助申請書類を府で作ってもらった設計に基いて、数字其他訂正して作り直す。
六月二十四日　木　曇　男十二　女三十七
出張／市役所で分園の移送費請求書について相談す。やはり請求書又は受領書をつけないといけないよし。改めて分園より出して頂く事として一応持ち帰る。府社会課に行き鞍岡さんに申請書について不明の点教えて頂く。共同募金会に立寄り使途変更の件まだ決定しないか聞きましたら、まだ書類がまわったばかりのよし、決定次第知らして下さるとの事。
　府から電話あり。明日行政監察庁から二人行くからとの連絡あり。
六月二十五日　金　曇小雨　男十二　女三十七
事務監査／朝十時頃、鞍岡さんと監察庁の方二人と浦谷さんの四人来園。分園からも山本さん達二人帳簿等持参さる。鞍岡さんと浦谷さんは早く帰られて監察庁の方は夕方まで居られ、月曜日に又来るとの事。大覚寺を御案内す。
　夜補助金申請書を作る。
来園／水道敷設の為二人来園。鉄管を入れてメートル計も取りつけ、明日も天気ならばレンガを積んでメートル計の所仕上げるとの事。保健所よりＤＤＴ撒布に来て下さる。
六月二十六日　土　曇小雨　男十二　女三十七
出張／配給課に外食券の残持参、帳簿に記入してもらうつもりの所、印鑑が必要のよし。
　藤田のおばあちゃんの身内の人らしい人からはがきが来たので（京都市伏見区）去る四月死去の旨返事を出す。
六月二十七日　日　晴　男十二　女三十七
六月二十八日　月　晴後雨　男十二　女三十七
事務監査／金曜日に引続いて事務監査あり。監査の結果は皆熱心によくやってもらっていて何も言うことは無いとの事であった。
来園／今日も分園山本さん来園。市役所の嶋田さん櫟さん来園。
六月二十九日　火　曇小雨　男十二　女三十七
出張／区役所に外食券持参。園長の座布団の布等買いに小国出張。
　今日は二十九日で西田さんの奥さんの日なので、今後十日は後援者各位の家運隆盛を願い感謝の日とし、二十九日は後援者各位の御先祖の御冥福を祈る日とする事となり、園生にも御供養のソバボーロ配給。夜御つとめをし御詠歌供養をなす。

六月三十日　水　雨　　男十二　女三十七
出張／増築に関する書類を府へ提出す。市役所で交通費立替費、四、三七〇円受取。共同募金会に使途変更の件、どうなっているのか聞いたところ、昨日承認の手紙出したとの事。
来園／市の水道課から検査に来られた。

七月一日　木　晴　　男十二　女三十七
退院一／病院から電話あり。池内を退院させるからむかえに来てほしいとの事。午後むかえに行く。割合元気だが、何れその内駄目になるから変った事があったら直病院に連絡してほしいと云っておられた。
　監察庁から電話あり。徴収金の事務費と保護費の内訳知り度いとの事で直に調べて報告す。周山の北桑地方事務所に角田久吉の初診券を送ってもらう様依頼す。事務費の差額は相談したところ、府の方から何等変更の通知を受けていないから、従前通りで請求してもらって結構ですとの事。

七月二日　金　雨　　男十二　女三十七
準世帯の主食申請その他についての連絡の通知が来たので分園に連絡したところ、故障で通じずようやく夕方通じた。請求書作るのに分園の新しい入園者の依託書がまだ来て居らず、この点も聞き度かったがはっきり入園の日を覚えていないから、明朝連絡するとの事。共同募金の調書は別々で出す事となったよし。今日も水道のお金取りに来られず。
来園／夕方右京の校長会の方々十人程一寸見せてほしいとて来園されたが、上らずに立話で説明を聞いて帰られた。

七月三日　土　雨　　男十二　女三十七
出張／区役所に申請書提出。次回からは嵯峨の豆区役所でもよいとの事。銀行に後援会のお金出しに行く。
来園／給水工事の市の幹線との接続工事費一万七千円取りに来られ支払をなす。共同募金局に臨時費配分申請書に添付に必要の為、も一つ見積書送ってもらう様依頼す。水道工事仕直しの為二人来園。

七月四日　日　晴後雨　　男十二　女三十七
　共募の提出の申請書を作る。分園から秋本名津の入園日その他連絡の手紙ことづけあり。市へ提出の請求書作成。松田先生に山口と角田の介護料申請の為の診断書書いて頂く。

七月五日　月　雨　　男十二　女三十七
出張／相互の前田様より電話あり。増築の為の寄附金十万円下さるよし。早速芳名簿持参し記入して頂き、例月の二万円も頂いて之は現金にして来る。市へ請求書提出。
成人委員会／午後一時半からの成人保護対策委員会に横川出席す。
共募局に臨時費配分申請書提出。リクリエーションに多数参加され度いよし、福祉協議会より希望あり。（高野行）
七月六日　火　晴　男十二　女三十七
六月分伝票、帳簿の記入、整理をなす。周山の北桑地方事務所に電話して角田の介護料の件について相談し、介護料の申請書発送す。
七月七日　水　晴　男十二　女三十八
転入の手続が面倒になり、配給所でもはじめてでよくわからないとの事。池内の転入手続をなす。今日も帳簿の整理等で月報は出来なかった。
七月八日　木　曇　男十二　女三十八
慰問／真如堂婦人会員五十名程、市会議員の内藤政一氏引率のもとに来園、慰問さる。
寄附／慰問料として金壱千円寄附さる。
七月九日　金　晴　男十二　女三十八　死亡　女一
京都養老事業連盟／洛東園に於て京都養老事業連盟の月例会開催。園長廣嶋へ早朝帰国の為、横川出席。分園から山本さん奥さん出席。保護費、事務費出ている由だったが印が無くて受け取れず。
来園／市水道課より接続工事の為来園。やっと水道がついたわけ。
死亡／山口ハル死亡。お昼にはまだ坐って御飯を食べていたのに、長い持病で弱っていたので最後は眠ったまゝの静かな往生だった。
七月十日　土　曇　男十二　女三十七
葬儀／山口ハル葬儀執行。園長不在の為、覚勝院に来て頂く。
朝市役所に行ったが、洛北が昨日もらったと云はれるのは五月分のよしで、六月分はまだ出ていないとの事。相互寄付金配分をなし、感謝の祈りをさゝぐ。
七月十一日　日　曇　男十二　女三十七
岡本さんから電話あり。十五日頃素人浄瑠璃と万才の慰問に行くとの事であったが、園長不在のよし申し上げたら、それでは二十七日頃になるがどちらがよいか知らせてほしいとの事。
七月十二日　月　曇　男十二　女三十七
出張／市に電話したところ、午後に扶助費出すからとの事で受取に行く。医療券は川上さん留守だったのであづけて置く。銀行に行き現金にして来る。火災保険料三千円支払をなす。後金は来月にしてもらう。
七月十三日　火　晴　男十二　女三十七
出張／日が照り出したら急に暑いこと暑いこと。集会室の東側にすだれをつる。共同募金に電話したところ出来ているとの事で出かけたが、局長の印がまだなので後程との事で午後出直す。四万五千円受取り、銀行で現金受取る。
七月十四日　水　雨晴　男十二　女三十七
月報、経理状況報告書作る。
七月十五日　木　雨晴　男十二　女三十七
二十九年度共同募金配分申請書を作る。
寄贈／夕方園長帰園。前尾繁三郎氏よりドロップ五十五缶寄贈さる。
七月十六日　金　晴　男十二　女三十七
出張寄附／園長福祉振興会法の資金借出し説明会に出席。横川、篠田うたさんの寄附金頂き、共同募金局に申請書提出。
府に月報提出し、市保険課に月報提出、医療券をもらって帰る。女一名二十日頃に入園させてほしいとの事であった。西陣病院退院者のよし。
七月十七日　土　晴　男十二　女三十七
ぎをん祭で園生の内にも見物に出かける者もあった。前尾さん寄贈のドロップ配分す。夜嵐山の花火大会開催さる。園からもよく見えて美しかった。
七月十八日　日　曇　男十二　女三十七
屋根直し／木村さん離れの屋根の修理に来らる。瓦三十五枚程われていた由。昔の煙出し取のぞく。
七月十九日　月　曇　男十二　女三十七
寄附／西田さんのお婆さん例月の寄附金持参下さる。
共募より今年度の写真を一枚借り度いとの事で午後園長持参。福祉振興会法による借入金の申請書の下書を作る。
七月二十日　火　曇一時晴　男十二　女三十七
篠田うたさんの寄附のお金で今日は土用の丑の日でうなぎを食べる日というので、園生にも一切れづつうなぎのかば焼をする。園生は大よろこび。
慰問／嵯峨北部の主婦の会からお昼過慰問に来て下さり、おかし一袋づゝ頂く。
来園／午後府社会課の此松さん来園、九州へ転任の挨拶に来らる。いゝ方だったのに惜しい。
出張／府社会課に借入金申請書について疑問の点聞きに行く。前尾さんへ感謝状と和田大僧正の色紙を持参。
七月二十一日　水　曇　男十二　女三十七
借入金申請書の下書きを作る。
七月二十二日　木　曇　男十二　女三十七
寄附／広島の□□□氏より五千円也増築の為の御寄附頂く。
福祉協議会山岡さんから電話あり。明日午前十時頃、弥栄中学に展示会出品の品及説明書持参する様連絡あり。
七月二十三日　金　晴　男十二　女三十八
入園／橋本かじ入園。

寄附／田中伊雅氏より二万円寄附申込みあり。第一回分として五千円園長受領して帰らる。
出張／園長弥栄中学に出品物持参。明日、明後日の二日間はやはり園からも行っていなくてはいけないよし。本日府へ書類提出のはずの所とうとう行けず。
七月二十四日　土　晴　男十二　女三十八
出張／府へ書類提出し、弥栄中学へ横川出張。
展示会／入場者少なく、会の性質上園の方の分は成績思はしくなし、色紙一点。
小国、谷山へ理事（後援会の）の依頼に行く。松尾神社より御田植祭の御供物頂く。
七月二十五日　日　晴　男十二　女三十八
今日も弥栄中学へ横川出張。刑務所出品の書類整理箱購入す。
七月二十六日　月　曇　男十二　女三十八
府庁社会課から資産総額変更届書の中に決算書が不足しているとの事で、決算書と事務費調書を作る。
七月二十七日　火　曇　十二　女三十八
出張／府庁に昨日の書類提出。
七月二十八日　水　曇　男十二　女三十八
講習／寮母会主催の家庭看護の講習に横川出席。
専売局から電話あり。明日たばこの配給をするから受取りに来る様との事。今度は分園ともに人員の倍百四十箇配給される由。
寄附／金沢市坂井フデ氏より一、〇〇〇円頂く。
七月二十九日　木　晴　男十二　女三十八
講習／昨日に引続き受講。今日は三十年来とやらの暑さのよし。今日迄割合涼しかった丈に一入こたえる。
たばこ配給／たばこ配給受けに寮母太田を連れて出張。
七月三十日　金　曇雨　男十二　女三十八
講習／今日も横川受講。浅沼さん来月七日御来園の由。市保護課より連絡あり。
七月三十一日　土　雨　男十二　女三十八
理事会／寿楽園後援会の発起人会開催。午後一時より。西田小太郎、辻井弘洲、内藤清次郎、谷山敬之の四氏出席さる。
寄附／西田小太郎氏十万円御寄附下さるよし。辻井弘洲氏一万円。西田氏はお金は何時でも取りに来る様との事であった。
出張／市役所で交通費立替費受取り、午後の会の準備の品々買求む。
八月一日　日　曇しぐれ　男十二　女三十八
慰問／池井繁吉氏間外三名慰問に来園。うちわを一本づゝ頂き、舞踊を見せて頂く。八田さんへ医療券の件につき行く。
八月二日　月　曇　男十二　女三十八
来園／山本さん来園。山田で開催の現任訓練に山本さんも出席されるよし。園長と打合せして帰らる。月報持参さる。
園長西田さんから現金で十万円頂いて来らる。
主食申請書を豆区役所に持参したところやはり太秦に出してほしいとの事。請求書を作る。大覚寺から先日の夏期大学の下足の謝金持参さる。

八月三日　火　晴　男十二　女三十八
出張／園長早朝に宇治山田に出発。横川区役所に主食申請書提出。市に七月分請求書提出。

八月四日　水　晴　男十二　女三十八
出張／同和園で養老事業連盟あり。横川出席。老人の日の行事について種々打合せあり。施設側の行事具体的に決定したら通知する様との事。

八月五日　木　晴　男十二　女三十八
出張／相互に寄附金頂きに行き、銀行で現金にする。
寄贈／市で医療券をもらう。四条大宮村河さんより又おそうめん一箱頂く。大覚寺管長からもおそうめんを頂く。

八月六日　金　晴　男十二　女三十八
園長山田より帰園。角田の様子悪し。

八月七日　土　晴　男十二　女三十八
急な暑さで園生一同も毎日うだっている。
角田朝死亡。
来園寄贈／浅沼さん学区の社福結成のよし、一行十名来園。石けん頂く。水道につき御尽力頂いたよし。

八月八日　日　晴　男十一　女三十八
葬儀／午後三時角田の葬儀。横川、河田火葬場まで行く。
夜石川さんに嵐山の船の件につき問合せて頂く様御願いす。

八月九日　月　晴　男十一　女三十八
寄贈／お隣の北川さんからお火たきのお供養を頂く。
講習／本日より洛東園にて第二回の日赤講習あり。小国、亀山参加。お盆にやる下駄の交渉に行く。

八月十日　火　晴　男十一　女三十八
出張／篠田うた氏へ寄附金頂きに行き松尾神社に先日野菜を沢山頂いた御礼に行く。
市へ電話したけれどまだの様だとの事。

八月十一日　水　晴　男十一　女三十八
出張／市で事務費と保護費受取る。介護料はまだである。お金が無いので同和園からも電話がかかっていたが、二、三日おくれる様子。
寄附／奥村様から家を片づけられた後の色々なもの寄贈。

八月十二日　木　晴　男十一　女三十八
山口ハルの三十五日と角田の一七日のお供養をなす。毎日ものすごい暑さで閉口しているが、その為の病人も出ず。
来園寄附／前市会議員比賀江金蔵氏が二十一年頃以来行方不明の知人がひょっと入園していないかとさがしに来られたが当園には居らず。三百円寄附して園内を見て帰らる。

八月十三日　金　晴　男十一　女三十八
配分／お盆の配給に下駄を買ってあったのを一同に配分。
八月十四日　土　晴　男十一　女三十八
盆供養／園物故者、後援者各家御先祖総供養をなす。園生からも塔婆のお金として十円づヽ自発的に集め、これを園からも五百円出して、お供養のお菓子を買って供え、園長導師のもと職員園生一同集って盆のおつとめをなす。
八月十五日　日　晴　男十一　女三十八
健康保険の申請書作成。石川氏より遊船に問合してもらった返事の電話あり。夜出直してくわしく聞いたところ、その様な趣旨なら、お話にのりませうとの事であった由。三十円位でいけるのではないかとの事であった。
八月十六日　月　晴　男十一　女三十八
嵐山でとうろう流し。園も昨年のお盆以後の新仏さんのとうろう、後援者各家御先祖の分等、園生の希望者の等で三十三ヶ嵐山に流しに行く。
池井府会議員に会場でお目にかヽったところ、府の方も大丈夫の様な空気になって来ているので、九月の府会では必ず予算がとれる筈との御話であった。
八月十七日　火　晴　男十一　女三十八
出張／福祉協議会に行き、老人の日の予定表、健保勧奨交付金申請書提出。簿記受講の申し込みをなす。夕方中村久子女史より電話あり。九州講演の途中、京都に立寄り□だつめ所に一泊のよし。横川面会に行く。
八月十八日　水　雨　男十一　女三十八
来園／山本の奥さん来園、七月分の扶助費渡す。
会計講習受講申込をなす。西田さんより電話あり。二十日高野行の予定のところ歯の治療等の都合で一週間ほどのばし度いので先に行って頂いても結構ですとの事であったが又電話あり。切符を買ってしまったのでやはり二十日との事。然し台風来の予報が出ているのでどうなるやらわからない。
八月十九日　木　雨後曇　男十一　女三十八
台風が来るというので心配したが、よいあんばいに来ないで済んでよかった。後援者名簿の整理をす。
八月二十日　金　晴　男十一　女三十八
園長高野／園長西田さんと共に高野行。
来園散髪奉仕／福嶋さん昨日と今日と散髪奉仕に来て下さった。
水道やさんに来てもらってカランの取りかえ、水槽の検査等してもらう。
八月二十一日　土　晴　男十一　女三十八
出張／としよりの日運営委員会が社協で開催されたので横川出席。
今日も福嶋さん来園。
八月二十二日　日　晴　男十一　女三十八

月報がおくれているので今日は一日中かゝって月報を作る。

八月二十三日　月　晴　男十一　女三十八

出張／本日より複式簿記の講習あり。横川出席。

慰問／右京区常盤馬塚子供会の慰問あり。お菓子のおみやげ頂く。

八月二十四日　火　晴　男十一　女三十八

出張／本日も簿記講習に横川出席。

慰問／花園寺の内町南子供会の慰問あり。おかしのおみやげを頂く。

八月二十五日　水　晴　男十一　女三十八

出張／本日も受講。帰途府庁に月報提出。鞍岡さんから知事にもよほどしっかり話して置いてもらわないと中々府会の空気はむつかしいと思はれるとの事であった。

来園／北桑田地方事務所より初川裕信氏と勝山修一氏来園、角田の後始末の相談の為。山口フク氏来園、一千円づゝ二人分二千円の寄附金御持参下さる。

八月二十六日　木　晴　男十一　女三十八

寄附／西田さんのおばあさん来園、例月の寄附金御持参下さる。

八月二十七日　金　晴　男十一　女三十八

出張／火災保険残額支払をなす。市役所に医療券申請書提出。本日介護料受領。山口フクさんから依頼された人は扶養義務者があるので一応書類を送り帰したからとの事であった。

八月二十八日　土　晴　男十一　女三十八

慰問／西院小米町子供会から可愛らしい子供さん十五人程が平井千代さんに引率されて来園。平井さんより壱千円頂く。夜お菓子を買って分配す。

高田藤原一周忌／高田、藤原の一周忌でお供養す。園生はお菓子の大当り。

八月二十九日　日　晴　男十一　女三十八

昨夜の夕立で急に秋らしい風が吹いて来た。この夏もどうやら大した病人も出ず無事に過ぎた。

園長帰園／夜園長帰園。

八月三十日　月　晴　男十一　女三十八

出張／府の保険課に八月一日現在の調書提出。末端事務は上京事務所に移管されたとの事で、上京事務所に行く。浅沼らいさんの所が近くなので御礼に行ったがお留守。

寄附／広島の香川花器社長と大阪廣瀬氏各五千円づゝ寄附あり。

来園／分園山本さん来園。

八月三十一日　火　晴　男十一　女三十八

急に秋らしい冷々とした朝夕の風。昨日提出の山本さん分の等級に誤りあり。訂正の書類作る。府の清水さんより電話あり。二日に増築に関して施設に集まってもらい度いと思っているが決定したら又通知するとの事だった。谷山から色紙とたとうをとどけてほしいと園長に手紙が来た。

九月一日　水　晴後雨　男十一　女三十八
出張／府に（保険課〈上京〉訂正書類提出。谷山に色紙とたとうをとどける。

九月二日　木　曇しぐれ　男十一　女三十八
出張／洛東園に調書とどける。市に請求書提出。

九月三日　金　曇　男十一　女三十八
出張／区役所に主食申請書提出。銀行に行く。
　専売局より電話あり。明四日午前中に富貴煙三月分配給するから受取りに来る様との事。

九月四日　土　晴　男十一　女三十八
出張／たばこ受取の為専売局へ行く。今度は三月分なので随分多い。太田さんが自転車で行ってくれるので大助かりした。

九月五日　日　曇　男十一　女三十八
寄附／西田さんより色紙の分七千五百円御持参下さる。
　嵯峨婦人会から十日に役員が慰問に行くとの連絡あり。
大掃除／本年度の大そうじをなす。

九月六日　月　曇　男十一　女三十八
出張／相互に寄附金頂きに行き、銀行に行く。市で医療券もらう。社協で会費（府社協二十九年会費）支払う。共募に行き郵政局よりのお年玉はがきによる配分金の申請は、当園はすでに提出済なので改めて提出の必要の有無を尋ねたところ、福協を通して一応まとめるからやはり出してほしいとの事であった。

九月七日　火　曇　男十一　女三十八
　右京区役所より電話あり。老人の日の贈物のさらしは一人づゝに分けた方がよいか？　反のまゝがよいか色々説があるのでとの事なので、分けて頂いた方がよいけれど反のまゝなら後で何に何尺と計何程と報告する旨返事して置いた。

九月八日　水　晴　男十一　女三十八
出張／内藤さんに園長と共にお目にかゝり老人クラブ結成の件につき御相談の為、市民生局へ行く。今年は園の行事として取上げ次第に右京全体に及ぼす事となる。十八日の事印刷して北サガ観空寺に配る。

九月九日　木　晴　男十一　女三十八
　小渕、井頭町、大門、中院に十八日の案内状配る。常会長さんに御願いしたが皆こゝろよく引受けて下さった。永井八重さんが行事に使って下さいとて二千円寄附して下さった。

九月十日　金　曇　男十一　女三十八
出張／社協にお年玉はがきの配分金申請書提出。市に行ったがまだ本月分出ていない、十三日には必ず出して置くからとの事であった。

慰問／嵯峨婦人会より慰問に来て下さった。おかし六十袋と舞踏の慰問。今年度老人の日のトップ。

九月十一日　土　晴　男十一　女三十八

慰問／上京婦人会の福原さん一行が午前中に来て下さるというので待っていたが、午後三時頃来られた。金二千円也と舞踊その他。

台風が来るとの予報あり。

九月十二日　日　晴　男十一　女三十八

朝の内に鳥居本に印刷配りに行ったところ、臼井さんが丁度清滝まで行くから持って行ってあげようとの事で好都合だった。中院の御老人達昨年もよろこんで来て下さったよし。今度もよろこんで行かはりまっしゃろとの事。

慰問／午後中院の子供会から慰問に来て下さった。

夕方から災害に備えて畳をあげてガラス戸に当てつっかい棒をするやら大さわぎ。

九月十三日　月　曇　男十一　女三十八

広沢丈が十八日の案内状まだなので午前中に持って行く。市へは行くの中止した。今日も一日中防災手当で大さわぎ。十九日の出演者は市へ電話で報告。

九月十四日　火　晴　男十一　女三十八

出張／市へ扶助費の受取りに行く。銀行に行き福祉協議会へ市電パス代支払う。嵐は何のこともなく済んでいさゝか気合抜けの形ではあったが、マア何事もなくてしあわせ。

寄附／鉄道弘済会よりタオル三十三枚七十才以上の老人に頂く。

九月十五日　水　晴　男十一　女三十八

老人の日／午前十時より祝賀式。一同感謝の心経読誦をなし、八十才以上四名には綿入のおでんち、半ちゃんを、又七十五才以上には各五十円づゝお祝を贈る。七十才以上には昨日鉄道弘済会より贈られたタオルを配分す。又一般にはたばことおかしを、昼食はお赤飯に御魚一ぱいつける筈のところ慰問が午後にあるので夜の楽しみとす。

慰問

- 仏教大学の学生さん参名、人形芝居の慰問に来て下さる。
- 右京社協から内藤会長様はじめ区長、民生委員さん等十名程でさらし木綿を沢山に御持参下さり、会長、区長さんよりお祝いのお言葉あり。一同大よろこび。
- 嵯峨小学校からも吉見先生に引率された三年の子供さん十五、六名来園。お花とおかし一箱頂く。歌合戦等面白く聞かせて頂く。
- 府の民生部長、清水さんと共に慰問の為来園。お話して下さり園生の大師音頭、いろは音頭等見て頂く。
- 洛陽ホテルの支配人□□氏来園。忘れもの等たまった品がもし役に立てばとて沢山御持参下さった。
- 夜は福引をなしお菓子、ちり紙、石けん等配給して後思い出を語る座談会、学校から頂いたお菓子の配給等。園生あまり沢山頂いて、こんなことありかいなァ有難過ぎてほんまかいナと思うと云うていた。

•夜町内会から井上、北川両氏来園。遺族の方を敬老会に招待したいのでとの事。又敬老会は園の方で辞退されたそうだがとの事であったので、それは何かの間違いで園としてはもち論一般御老人と同一にあつかって頂く事を希望する旨御答えしたところ、二十五日迄に名前知らせてほしい是非御招待するからとの事であった。十月三日のよし。ぼつぼつ十八日の申込が集り、今日のところで三十名程、中院、鳥居本、大門がまだ。

九月十六日　木　晴　男十一　女三十八

今日はお昼におぜんざい。十八日の船遊びに参加する人の申込四十八名。皆楽しんでいられるよし。園生職員等すべてで七十名位の旨石川さんに電話し遊船に連絡して頂く様御願いす。さらし(右京社会福祉協議会より頂いたもの)を一同に配分。各人一丈づゝ、残りを布団のえりにする。

九月十七日　金　晴　男十一　女三十八

散髪奉仕／福嶋さん散髪の奉仕に来て下さる。

鳥居本からの申し込みが更に七名増加、鳥井さんにお菓子の注文をなす。又十四号台風がくるらしいと夕方ラヂオ放送あり。来ても明夕刻との事なので釘をのばしたり物干棹を下したり準備をなす。

九月十八日　土　雨　男十一　女三十八

いよいよ十四号の近畿来襲は免れずとの事なので本日の園の催しの船遊び並に浄瑠璃大会は中止とし、この旨各関係先に連絡す。市に連絡して見たところ明日市主催の老人演芸大会は今のところ予定通り開催のよし。嵐は事なく東にそれ大さわぎの準備があだとなったが、あだで幸い。夜は踊とサザエサンのおさらえをする。ゆかたを着る皆中々上手。夕方速達で市役所からプログラムを送って来た。

九月十九日　日　晴　男十一　女三十八

老人演芸大会／今日は京都市、福祉協議会共催の老人演芸大会で、園も大師音頭、いろは音頭をやった。何しろ市の公会堂の金びょう風の前で晴の舞台で一同大張切り。残念なことにマイクの具合悪くサザエサンの寸劇はあまりよく聞えなかった。記念に出演者一同タオル二枚箱入一ヶづゝ頂く。

慰問／和敬学園から朝十時に慰問に来て下さり人形芝居等見せて頂く。おかしのおみやげを頂く。

九月二十日　月　晴　男十一　女三十八

出張／朝市役所で移送費受取る。福祉週間中の行事の一つとして市から園の収容老人を明日奈良に連れて行って下さるというので、打合せをなす。協議会に立寄り施設調書提出す。

映画慰問／本日夕七時より京都府社会福祉協議会から映画

の慰問に来て下さる。青空大名の筈のところ、間に合はなかったよしで、新書太功記と天然色マン画、ニュース等、皆中々面白く大覚寺華道会館を会場にしたが一入満員。府の自動車の部分品を誰かいたづらをして取って行ったものあり。交番からおまわりさんが来られたがわからなかった。来年からは必ず自動車には番人をつけて置かなければいけないと思う。二十三日の連絡し直しをする。

九月二十一日　火　晴　　男十一　女三十八

奈良行／寿楽園の割当は十五名、園生十二名と職員三名参加。九時に園の表までバスがむかへに来てこゝから市の表で一度とまってパンやおかし、市の人等一しょになって洛東園の前で洛北、同和園等のバスと一しょになってこゝから一路奈良え。公園で昼食をとり、午後春日神社、三月堂、二月堂、大仏等奈良市の観光課の方に案内して頂く。洛北のお爺ちゃんが一人はぐれて帰りぎわに皆心配したが早く見つかって事無きを得た。団体行動の訓練が出来ていないので子供を連れて行くより却って気骨が折れる。

六時過帰園す。園では朝物故者及後援者各家先祖の冥福を祈って心経読誦。奈良へ行く者も行く前に焼香を済ませて出発す。

九月二十二日　水　晴　　男十一　女三十八

養老連盟／十時より洛北寮で京都養老事業連盟あり。園長と横川出席。

九月二十三日　木　晴　　男十一　女三十八

船遊び浄瑠璃大会／今日は寿楽園主催の船遊びと浄瑠璃大会。上地区の七十才以上の老人を招待して嵐山で屋形船にのせて嵐峡の秋を満喫し、その後虚空蔵さんを会場にして昼食後(各自持参)高田タツミさん一行の浄瑠璃大会を行った。お彼岸の中日であったのを北サガ、観空寺、小渕等道直しがあったので大分少なくなり、二十八名参加。それでも皆参加した人は大変なよろこび様であった。お菓子を一袋づゝサービスした。

寄附／高田タツミさんの一行からパン二百ケと一千五百円を寄附して下さった。

九月二十四日　金　晴　　男十一　女三十八

石川さんへ昨日のお船の事御世話になった御礼に行く。高野山行は来月五、六、七日頃と決定。高野普門院等に連絡す。右京区役所総務課小林さんから電話あり。三十日に右京の婦人会百名程来園見学し度いとの事。共同募金関係のよし。

九月二十五日　土　晴　　男十一　女三十八

出張／池内の入院が高野から帰ってからではおそ過ぎると思はれるので、中央病院に行き中谷先生にお目にかゝり、様子を話したところ、明日午後行って一度診察の上で入院の事は決めませうとの事であった。

又台風が来るというので準備をしたが今度は竹のさん丈

に止めた。
寄附／南海電鉄の専務さんから五千円増築に対する寄附頂く。

九月二十六日　日　雨後晴　　男十一　女三十八

慰問／今度も台風はそれて北の方は大分荒れたらしいけれど、こちら方面は何事もなく、午後には予定通りに山内瀬戸原町若宮少年団の慰問が来て下さり、引続いて田口凡洋さんに引率されて還童会の会員さん達が飴玉やハブラシ、メンタム等御持参下さった。会員さんや園生達両方から色々演芸を出し合って楽しく夕方まで居られた。
来園／丁度山内子供会の慰問の最中に中央病院の中谷先生が同じ外科の看護婦さん達と一度養老院の見学をし度いと云はれるとかで、一しょに来られ、池内の診察の後園内を見学し大覚寺を拝観して帰らる。池内は当分お薬で痛みをやわらげ、も少し様子を見てから入院してもらいましょうとの事であった。

寄附／西田さんより一万円御寄附頂く。

九月二十七日　月　晴　　男十一　女三十八

　高野山におまいりする為便宜を与えて頂く様、願書を提出す。来月五、六、七の三日間三十名の予定。
出張／病院への出がけに西田さんへ受領書持参。病院で池内のお薬をもらって、吉田さんを病室に見舞い、市役所に初診券を提出す。

九月二十八日　火　雨　　男十一　女三十八

　今日は嵯峨小学校の運動会のはづのところ雨で駄目になった。府社会課より（鞍岡さん）電話あり。医療器具について大体どの様なものがあるか知り度いとの事であった。うちは道場時代が病人対象なのであら方は整備されている。老人週間行事その他で月報がものすごくおくれているのでおわびを云って置いた。一両日中に提出のつもり。北海道の台風による死者の追とうの為、園の感謝箱から千円出してお供養して、御つとめをなす。

九月二十九日　水　晴　　男十一　女三十八

　月報ようやく出来上がり。帳簿の整理をなす。

九月三十日　木　晴　　男十一　女三十八

出張／府、市へ月報提出。古谷の医療券提出。鞍岡さんの話では、これからは医療券の発行が大分むつかしくなるらしく、うちは割合病人が少ないからよいけれど、これからは病人が多いと施設はやりにくゝなるだろうとの事であった。事務費の請求はもう一両日待ってもらう様との事であった。
慰問見学／右京社会福祉協議会主催で右京の婦人会の役員百名ほどに共募の受配施設の見学をしてもらう事にされたとかで、同和園、平安徳義会、和光寮、寿楽園と四ヶ所見学。和光寮で何とも云えずくらい気持になったけれど、こゝへ来て皆元気そうで掃除もゆきとどいてとても明るい感じがして気持がスーとしたと云って居られると桜井さんが話して居られた。
寄附／おみやげ五〇〇円頂く。
十月一日　金　曇　男十一　女三十八
昨日分園から計算書請求されたので英坊の学校友達を通して分園に渡したが、誤算を発見したので渡さず持って帰ってもらう。
十月二日　土　晴　男十一　女三十八
天龍寺で慰霊祭と敬老会あり。河田は遺族なので招待されたが、寿楽園は予算の都合で又別の機会に慰問するからとの事で敬老会には招待なし。
十月三日　日　雨　男十一　女三十八
府の方で増築の件正式に厚生省に提出の段取になるらしく殆んど本決りと思ってよいとの事。事務費は七七円と決定通知あり。高野行は一日のばして六、七、八となり普門院に連絡の電話をなす。
十月四日　月　晴　男十一　女三十八
出張／事務費の改定基準決定に基き請求書を作って氏の保護費のと共に提出。増田という男の人をたのむとの事、六日入園のよし。
寄贈／ぎぼしでふきよせを四十袋寄贈して下さるとの事で大田と頂きに行く。
銀行で相互会のお金参万八千円引出す。
十月五日　火　曇　男十一　女三十八
十日に何時もは相互からのお小遣渡すのだが、今度は高野行の事もあるので高野へ行く者に百五十円づヽ渡し、後に残るものには相互の百五十円と別に百円で計二百五十円渡す事とす。
出張／相互で例月の寄附金頂く。十万円の分は又後でとの事、専務御留守の為。高野宗務所の方等におみやげにふきよせの五百円缶二つ買求む。
寄贈／残りの園生に渡す分追加買求めるつもりのところ、これも寄贈して頂いた。
嵯峨駅に切符の交渉に行く。明朝では二十四枚も往復券を出すのは手間がとれるので今夜のうちに切符は作って置くからとの事。
十月六日　水　雨　男十一　女三十八
今日高野へ出発のところ園長が急に気分が悪いとの事で延期となる。切符は一応発行の手続したので一応買取って、もし明日行かない場合は一人に十円の手数料で買もどすとの事。
十月七日　木　曇小雨　男十二　女三十八
入園／昨日入園する筈だった増田信造、今日入園。中川タキさんの心安い人のよし。
十月八日　金　曇　男十二　女三十八
夕方府から電話あり。月曜日に厚生省の監査があるよし。

医療関係の事資料を提出してほしいとの事。中央病院にお薬をもらいに行き、池内の十月の医療券が出ていないので継続医療券市にもらいに行く。

十月九日　土　晴　男十二　女三十八

出張／医療関係の事は園の方ではくわしく控が無いので市の保護課で二十八年度分の初診券、医療券等の綴を借りて帰り、年間の受療延人員、病名別等の調査をなす。

十月十日　日　曇　男十二　女三十八

帳簿の整理、分園との連絡、十二日京都社協のお手伝の打合せ会に欠席の連絡等。一日中何となく心忙し。本日西本願寺で剖体供養があるので出席の筈であったが之も欠席す。

十月十一日　月　曇　男十二　女三十八

厚生省監査／午後監査との府からの連絡であったけれど、午前中に来られた。台所と風呂場は改良しなければいけないと云はれたが、之は今度の増築の内に含まれている事なり。他はあまり云う事なしとの事。初めて厚生省の監査でびくびくしていたけれど、割合何事もなく済んでやれやれ。明日は気楽に御手伝いが出来るというもの。山本さんも来園。

十月十二日　火　晴　男十二　女三十八

京都社会事業大会／岡崎の市公会堂で京都社会福祉事業大会が開催され、横川、小国出席、園長は尚病臥中につき欠席。

十月十三日　水　晴　男十二　女三十八

出張／寿楽園の団体キショウ出来上り。市で保護費事務費を受領す。九月分より事務費は一人一日七七円の計算。五十名迄は八十円の筈なので今度から分園がある為の差額は三円となる。

選挙管理委員会から有資格者の申請をもれなく出されたいと電話あり。

十月十四日　木　晴　男十二　女三十八

出張／池内のお薬をもらいに中央病院に行く。市に借りていた保護申請書（医療の）綴返す。度々中西まさが入園を依頼に来ているので、出来れば今度池内が入院した後へ入れてあげてほしい旨申し出る。保護の申請書は市に出ていた。

区役所出張所に選挙有資格の届書提出す。

十月十五日　金　晴　男十二　女三十八

来園／朝早くから福嶋さん散髪の奉仕に来て下さる。豆区役所に増田信造の転入届を出す。

十月十六日　土　晴　男十二　女三十八

来園／今日も福嶋氏来園、散髪奉仕をして下さる。

嵯峨社協の集りが豆区役所二階で開かれ横川出席。会長は今度も松田先生。

十月十七日　日　雨　男十二　女三十八

来園／集会室の障子が新しくなって気持がいい。山本さん来園。

十月十八日　月　晴　男十二　女三十八

おくれていた月報の下計算をなす。伝票整理。

十月十九日　火　晴　男十二　女三十八

山本さんから電話あり、明日共同募金に行けないので一しょに受取って置いてほしい由。

十月二十日　水　晴後雨　男十二　女三十八

共募配分／第二回経常費配分金支払を受け、分園分も共にあづかったので、現金にして帰る。帰途納税協会に行き納入用紙を買う。夜徳永さんにも行って頂いて、園長、横川の三名で本咲氏宅を訪ね園の希望申し入れをなす。（嵐山の本咲氏邸を園に買受けたい旨）

十月二十一日　木　曇　男十二　女三十八

税金、保険料等を納入す。

十月二十二日　金　晴　男十二　女三十八

出張／府へ月報提出、市もやはり出してもらった方が都合がよいとの事であった。

府で月報に誤りがあるのを発見したので訂正し度いと思ったが、係の方が変っているのでその内落ちついてからとの事であった。

十月二十三日　金　晴　男十二　女三十八

来園／津の市立の養老園から寮母の松原政枝氏来園。園内を視察して帰らる。津でも市の財政困難の為、医療券は全然発行停止され、その他何も彼もやりにくゝ困って居られるよし。何処も同じと思う。

十月二十四日　日　雨　男十二　女三十八

十月二十五日　月　曇　男十二　女三十八

出張／右京社福協議会の施設部会あり。横川出席したるも他の出席者少なく後日副会長等と相談の上連絡するとの事で園長の委任状提出して置いて市に行き提出書類（一斉調査の）の不明の点について楠さんから説明を聞く。府へ出した書類の内坪数等の相違のヶ処訂正して提出する様との事で訂正の書類を作る。

十月二十六日　火　曇　男十二　女三十八

京都養老事業連盟／府へ書類提出す。綾部松寿園で京都養老事業連盟の月例会あり。横川出席。全国養老事業大会に京都より提出の議題等について協議。

十月二十七日　水　晴　男十二　女三十八

市へ提出の全国一斉調査書の作製。

十月二十八日　木　晴　男十二　女三十八

出張／市へ書類提出。徳永さんから電話あり。本咲さんの買手が諸種の都合上一応話しがのびたとの事。園としては他に話しが決らず、厚生省で増築を買収に変更をみとめてもらえればなるべく買取り度いが、何分にも未定なので確答は出来ないので運を天に任す外なし。医療に関し病名別等九月中の調書提出。

十月二十九日　金　曇　　男十二　女三十八
出張／池内のお薬が無くなったし、高野行が一日と決定したので、医療券が十一月にまたがる事とて、病院でお薬をもらい、一応府の東さんに事情を話し了解を求めて、市へ継続医療券請求書を提出したが、兎に角一寸待ってほしいとの事であった。
十月三十日　土　曇　　男十二　女三十八
来園／大阪の福山さんの奥さんが来られ後援会への寄附金御持参下さる。
　園長清水さんや鞍岡さんの送別会に出席。
十月三十一日　日　曇　　男十二　女三十八
　明日高野行の準備の為一日中多忙。切符の手配をなし、高野へのおみやげを買に行き、十一月分の相互よりの小遣を此度に限り今日前渡しす。
十一月一日　月　晴　　男十二　女三十八
高野行／本日高野行。子供の遠足の様に一同大よろこび。行かれぬ者にも百円づゝ留守番ちんを渡す。九時九分発の汽車で嵯峨をたち、一行二十四名三時迄には無事高野着。バスで普門院の表迄送って頂く。この日は風呂に這入って早寝。もう高野ではおこたを入れてもらった。
十一月二日　火　晴　　男十二　女三十八
　今にも泣き出しそうな空だったが晴れたり曇ったりでとうとう降りもせず、朝の内に奥の院の参詣を済ませ、金剛峰寺で茶菓の接待を受け、寺族婦人会からおみやげまで頂き、次に教会本部では丁度御詠歌講習中で日本一の御詠歌の先生が居られ、わざわざ皆の前で御詠歌を聞かせて下さった。夜はのど自慢等に楽しく過した。
十一月三日　水　晴　　男十二　女三十八
　めづらしい日本晴れ。朝の内に高野にはじめての者丈霊宝館で宝物を拝観し、昼食の後午後二時高野発、途中何事もなく夕七時過無事帰園。今度が今迄の内一番お天気の都合もよく、高野の秋は又すばらしく美しくて一同大よろこびだった。おみやげに高野のタオルを一枚づゝ配分。
　五日の月曜朝十時頃から府社会課から今度の新しい係の方々の立入検査が行はれるよし通知あり。
十一月四日　木　晴　　男十二　女三十八
　府の監査の場合此度の様に立入検査という言葉が使はれたのも初めてだし、通知があってから実施の日迄にこんなに余ゆうの無いのもはじめてである。経理の現況報告だの其他申し入れの書類を作るのに一日中かゝった。
十一月五日　金　晴　　男十二　女三十八
府立入検査／朝九時半府社会課より三上係長外三名来園、細々と調査さる。死亡者の遺留金についてさきに遺留金で葬祭費を支払い残額を市に持参し、市でも其後長く保管され色々手続にもわずらはしい点もあり、遺言で園に寄附してもらった方がよいという様な事であったので、其後その様にして後援会に繰入れたのであるが、今後はやはり葬祭費は出した方がよいとの事であった。市の話では裁判所でもこの様なのははじめてですと研究してから何分の返事をするとの事で未だにお金はそのまゝあづかっていられるよし。分園との関係はあくまで一本の建前にして、収入も一本にし支出も本園の所に分園分として一括記入して一本のものにした方がよいとの注意あり。帰られる時本咲さんの家を一しょに行って見て頂く。

十一月六日　土　晴　男十二　女三十八

出張／住友信託に本咲さんの図面を借りに行き、駅に園長東上の急行券受取りに行き、病院で池内のお薬をもらう。吉田戒雲氏第四回目の手術後経過はやゝ良い由。やいと／尾初氏本日より三日間やいと、針の治療に来て下さる。

十一月七日　日　晴　男十二　女三十八

住友信託で図面を東京に持って行かれては困るのでうつしてほしいとの事であったので敷うつしをする。

十一月八日　月　晴　男十二　女三十八

出張寄附／相互で例月の寄附金頂き、銀行に現金受取に行く。市役所で池内の医療券を出して頂く様重ねて御願したところ、おくりますとの事であった。府より遺留金についての注意事項につき楠さんに話して置いた。やいと／尾初氏本夕帰られるのでお礼として三千円御渡しす。

請求書作る。

十一月九日　火　晴　男十二　女三十八

出張／園長本日東上の筈のところ、気分が悪いので延期さる。住友信託に図面を返しに行く。市に請求書提出。分園の移送費請求書も提出。

十一月十日　水　晴　男十二　女三十八

もぐさ代、だら助代郵送す。常の月なら今日が相互のお小遣渡す日なのだが、此度は高野行の為早く渡してしまったので、今日は楽しみが無かった事だらう。

十一月十一日　木　曇一時晴　男十二　女三十八

来園／四条ホテルの西田さん来園。お父さんの件につき養老園の実態につき色々御話し、有料の方は当園でやっていないので、実情を話し他の方法を考えられる様御すゝめして帰って頂いた。

内職のお話の方より電話あり、十四日に来られるとの事であった。

十一月十二日　金　晴　男十二　女三十八

園長東京へ早朝出立さる。

十一月十三日　土　曇　男十二　女三十八

分園山本さんより電話あり。昨夜東京から帰られたよし。府社会課田中さんより電話で先日帰りに増築に関する提出書類の数字訂正してさしかえた分もらって帰るの忘れたからとの事であったので、月曜日に月報と一しょに持参する旨返事す。

十一月十四日　日　晴　男十二　女三十八

今日は中央病院の中谷先生が池内を見舞いに来て下さるとの事であったが、来られなかった。夕方野田と矢尾がお酒をのんで帰ってけんかをはじめて困った。何処の施設も酒のみには困られるらしいが、すきな者は何とかしてのみ度いのだらうし、こっそりと寝酒位にして置いてくれるとよいのだが、兎角気が荒くなって困る。

来園／内職の福田千代子さん来園。

十一月十五日　月　晴　男十二　女三十八

出張／池内のお薬が無くなったので病院に行ったが、中谷先生御休みのよし。市ではまだ扶助費が出ない。両三日中には必づ出すからとの事であった。矢尾の身もと調査の件重ねて楠さんに御願して置いた。

十一月十六日　火　晴　男十二　女三十八

出張来園／おひる前京都新聞の松井さん来園。丁度昨日から福嶋藤太さんが来て居られるので、中川理髪店と福嶋さんの事話し福嶋さんともあって直接色々話を聞いて頂いた。午後府に増築坪数変更以前の綴を三枚持参（園の分には赤字で旧数字を入れて園で控にしていたのを持参す）。

寄附／永井八重さん、大覚寺の帰りに立ち寄られ、お年寄りにお菓子でもと一千円寄附さる。

十一月十七日　水　晴　男十二　女三十八

昨日の永井さんのお金で鳥居さんからマコロンを買って園生一同に配分す。府の田中さんから管理規定送ってほしいと電話あり。私設社会福祉施設の健康保険勧奨交付金申請書を作る。

十一月十八日　木　晴　男十二　女三十八

出張／社協で四、五、六月の健保勧奨交付金受取る。府へ寿楽園管理規定二部提出。月報提出。市で保護費事務費、分園の移送費受領。分園の入園者につき山本さんに電話す。

十一月十九日　金　雨　男十二　女三十八

出張／久しぶりの雨。午後府社会課法人係より電話あり。今年度の御下賜金の推薦（府下で一つ丈）を寿楽園にしようと思うから直調書を出してもらはねばならないので、来てほしいとの事で書式借りて帰り早速作成。

十一月二十日　土　晴　男十二　女三十八

出張／たばこの配分があるので寮母園生二名と共に受取りに出張。十時半より社協で寮母会あり出席。市から連絡あり。

来園／本日午前中大岩氏より毛布とねまき一枚づゝ寄贈されるから居ってほしいとの事であったが午後来園。

寄附／上等の毛布とねまきと金二千円也を各自に伝達され一同涙を流して感謝感激。寒さに向かって何よりの贈物で誠に有難い極みであった。職員にもねまき一枚づゝ下さるよし。
分園の山本さんにことずけて書類は提出した。
十一月二十一日　日　晴　男十二　女三十八
中川タキさんから下京婦人会からまわたチョッキのまわたと布をつけて二十五枚下さるよし。その内行きますからとの事であった。
来園寄附／永井八重さん大覚寺の帰りに立ち寄られ、お菓子でも買ってあげて下さいと千円頂く。早速鳥居さんに電話してお菓子を注文す。園長に速達を出す（御下賜金について）
十一月二十二日　月　晴　男十二　女三十八
出張／池内の痛みもはげしく衰弱も加はり早く入院させてほしいので小国、病院に中谷先生にお目にかゝりこの由相談しに行ったが先生お休み。お薬丈頂いて帰る。
京都養老連盟月例会／若宮寮で京都養老事業連盟月例会あり。横川出席。府の提出事項は一応保留となる。山本さんに大岩氏よりのお金渡す。
寄贈／分園から柿を一箱送って頂いたので園生に配分。職員にも分つ。
十一月二十三日　火　晴　男十二　女三十八
大岩氏より追加分のねまき十六枚着。園生の礼状出す。
十一月二十四日　水　晴　男十二　女三十八
園長帰園。厚生省も本咲氏の邸を買入れの件大変よいと思うから協力するとの事であった由。
慰問／西京高校と嵯峨野高校と両家庭クラブから慰問あり。西京高校からは色々の慰問品おかし等のおみやげ舞踊、劇等、嵯峨野高校からはおかしのおみやげと舞踊慰問。
分園に片山たけ入園。そのトラックに大岩氏よりの贈物をことずける。
十一月二十五日　木　雨　男十二　女三十八
出張／園長、府、共募、社協へ厚生省の意向を伝えお年玉はがきの配分金の件につき依頼。横川、市へ増田入院の件につき依頼をなし診断書提出。了解を得。病院で池内のお薬をもらって帰る。
十一月二十六日　金　晴　男十二　女三十八
西田さんより明日寄附金取りに来るようとのお電話あり。徳永さん訪問、本咲さんに園長と同道御願の件連絡す。
本日徳永さん宅棟上げのよし。本咲さんは直接信託の方に話してほしいと云って居られるとの事であった。
十一月二十七日　土　雨　男十二　女三十八
出張／西田さんより寄附金頂き銀行に行ったが土曜日で時間に間に合はなかった。ぎぼしへ支払をなす。園長と徳永さんで住友信託へ園の意向を伝え本咲氏へ話をつけてもらう様依頼。お年玉はがきの配分金は国庫補助のある施設には無理のよし。それで普通の配分と市の勧奨交付金とで百万円程になる様尽力される様依頼。

十一月二十八日　日　雨　男十二　女三十八
来園／中央病院の中谷先生が池内の様子を見に来て下さり、増田も診察して頂いたところ、増田の方はたぶん胃癌になっていると思うが、糖尿もあるので手術はむつかしかろうとの事。たぶん入院したらもう最後迄という事になると思うとの事であった。直に内科の方に入院出来る様連絡するからとの事であった。池内は明日午後入院する事と決定。本人はお正月には帰れるつもりでいるが、年内はもつかも知れないが、たぶん来春位は駄目だらうとの事。
十一月二十九日　月　晴　男十二　女三十八
入院／午後早く池内を中央病院に入院さす。増田の方は内科の方で室が無いので今しばらく待ってほしいとの事であった。
　吉田監事を御宅に御見舞す。
十一月三十日　火　晴　男十二　女三十七
出張／朝住友信託の増谷さんから電話があり、園長と横川と信託に行く。大沢係長も一しょに色々支払方法其他種々園の実情をざっくばらんに園長より説明。昨日園長相互に行かれた折り前田事務さんから信託の方に電話して頂く事になった由で、相互さんからも話は聞いて居るので何とか話をうまく運び度いと思っているとの事で、たぶんうまく行きそうに思はれる。生長の家に行き一年分の誌代申し込みをなし、帰途相互タクシーに立ち寄り昨日の領収書もらって帰る。
十二月一日　水　曇　男十二　女三十七
出張／池内の転出証明書をもらい病院へ持参。入院の為の初診券を中谷先生に書いて頂いて市へ提出。市では今度医療に関する書類がものすごく複雑になったとかで閉口していられた。何れはそれ等は施設の方で記入する事になるだらう。何れ連絡会を開かれる事と思う。河辺旅館に十日の京都養老事業連盟の新旧送迎会の事問合せに行く。市に園長と内藤さんとが行かれたがお年玉はがきの百万円は駄目との事。又勧奨交付金も他へ配分済みの由。然し借り入れ金の方なら何とかなるだらうとの事であったよし。先日弥栄クラブで開催の十一日会の演芸会招待の御礼に高野前管長の色紙を佐々木、遠藤両氏宅に持参す。
十二月二日　木　雨　男十二　女三十七
　住友信託より電話あり。本咲さんの方は四百十万円で値段のところは承知されたが、年内にも少し沢山入金してほしい様云って居られた由。洛東園に十日の件連絡したところ今回はあちらで受持って下さるそうで来月寿楽園が持つ様になりかま風呂には断った。
松尾神社野菜寄附／松尾神社より電話あり。野菜のお下りがあるので希望ならばとの事であったので頂きに行く。
十二月三日　金　曇　男十二　女三十七
　主食申請につき三月分に先方訂正の数字につき疑点あ

り。電話したところ小沢さんお休みとの事。
十二月四日　土　曇　男十二　女三十七
出張／区役所に主食申請書持参、数字の話は転出証明書の日付の為とわかる。今後持参した証明書の転出日をひかえ置く必要あり。市に請求書提出。事務費の分もたぶん出ると思うとの事であった。市の帰途後援者依頼の為の前帯材料購入す。
十二月五日　日　曇　男十二　女三十七
後援者依頼の件につき名簿整理をなす。森さん来園、寄附の記帳して下さり嵯峨でのメンバー等御相談す。
十二月六日　月　晴　男十二　女三十七
来園／府の営繕課及社会課長三上係長等本咲氏邸を見に来て下さり、出願変更について改善修理等につき種々打合せをなす。
十二月七日　火　曇　男十二　女三十七
出張／病院へ増田の入院の件につき市へ相談に行き、入院に関して継続医療券出して頂く為には先月の医療券に引続き診療の意見書を書いて頂かねばならないので、市から送って来た書類持参す。病院へ行ったが大手術があるので先生方にはお目にかゝれず看護婦さんにお願して帰る。
十二月八日　水　雨　男十二　女三十七
出張／社会福祉事業振興会法による借入金三十万円決定したよしの通知あり。保証人の納税証明書等につき夕方より府法人課に行き相談す。年末の御下賜金は直接園に通知があるよし。府ではわからぬとの事であった。
十二月九日　木　曇　男十二　女三十七
入院／朝増田信造を中央病院に入院さす。但し退院の節は必ず寿楽園に引取るという約束のもとに。味岡氏へ速達便出す。
来園／周山の民生委員さん来園、角田の件について。市より白谷と池内の入院の為の医療券とどく。八田氏へ持参し後援会の事御願す。
十二月十日　金　曇　男十一　女三十七
出張／相互で寄附金頂く。日本クロスで年末調整の説明会あり。横川出席。帰途伊豆田さんを訪問後援会の件御依頼す。昨日の府会で園の増築に関する予算成立したよし。園長三宝院岡田理事訪問、経過報告。明日信託の増谷氏と共に府庁に行く約束さる。
中京区役所より電話あり。十四日日彰学区婦人会の慰問あるよし。
寄附／村川さんより森永ミルクコ、ア十二缶寄贈。
十二月十一日　土　雨　男十一　女三十七
出張／相互のお小遣を配分す。京都銀行、住友銀行等の預金を引出して住友信託に預金す。谷山に行く。七万円程後援会費が出来ているよし。事情を話して早急にとりまとめて頂く様御願す。

十二月十二日　日　曇　　男十一　女三十八

入園／中溝なを入園。足、頭等にひどい皮膚病あり。不潔から来たもの丶様に思える。

出張／勧募の為長曽、福山、徳丸、谷口能勢氏を訪問。福山より金千円を、能勢先生よりは一万円御記入頂く。是非とも後援会を造る様皆すゝめられる。桜井氏朝の内はたいてい居られるとの事。

十二月十三日　月　曇　　男十一　女三十八

出張／相互より後援会へのお金を頂き信託に持参す。病院へ入院の為の初診券持参。十二月の継続医療券申請書市へ提出。

本日行政監察庁より電話あり。先日の角田の件どうなったかとの事なので、兎も角も差額計千円発送の手続をとる。府庁で清水前係長にお目にかかる。園長本日本咲氏邸で本咲氏と面談、万事了承されたよし。十二月前半分の扶助費請求書作る。

供養／横川亡母命日なのでパンお供養す。

十二月十四日　火　晴　　男十一　女三十八

出張／市で保護費事務費受取、銀行で現金にす。右京の府税事務所で阪根さんに遇い、味岡氏の納税証明書の件について色々調べて頂いたが、郷里のものをこゝで納めているのは無いとの事。右京区役所で小国理事の納税証明書をもらう。市役所に十二月前半期の保護費事務費の請求書提出。

慰問／中京日彰婦人会より慰問、お菓子百袋寄贈、半分配給、後はクリスマス用とす。

十二月十五日　水　晴　　男十一　女三十八

出張／早朝園長と横川、府社会課で社会福祉事業振興会への添付書類について府知事の証明書必要につき依頼す。営繕課で平面図、立面図、配置図の青写真三枚づゝ製作依頼す。横川一応帰園、証明願を作って再度提出。

慰問寄附／花園南部の日赤奉仕団慰問。石川照吉氏引率。園長山川友一氏に保証人になって頂く様依頼し、納税証明書受取り。

十二月十六日　木　晴　　男十一　女三十八

社会福祉事業振興会へ三十万円借入についての正式書類作成。

十二月十七日　金　晴　　男十一　女三十八

出張／添付書類に必要の社会福祉法人の登記謄本を谷口に依頼。園長の公印の印鑑証明も依頼。仁和寺に小川義章氏に議事録の署名人としての署名を御願いし印を頂く。市と病院へは時間が無く行けず。本咲邸で本咲氏、住友信託の増谷氏、園長、横川、徳永氏とで住友で作成された書類を検とうしいよいよ月曜日夕六時住友信託に集り正式に決定する事となる。

府営繕課より徳丸氏他二名、本咲邸の修理の為再度調査に来らる。

朝府社会課より電話あり。本年度の特別優良施設としての御下賜金配受の件本決りとなったよし。今日はお観音様の日である。有難い事なり。

十二月十八日　土　晴　男十一　女三十八

出張／市保護課で増田信造の医療券を受取り病院に持参。池内は大分悪く水もえずいて収まらぬよし。早くお参りがし度いと云っていた。増田も二、三日前心臓がひどく弱って大分苦しんだ由、月曜日にレントゲン写真をとって胃部を診察するとの事。二人とも一人一室で淋しそうであった。手当は行きとどくとは云えずっと居てあげるわけにも行かず可哀そうな気がした。

午後、社会福祉事業振興会への提出書類をまとめて明朝発送の段取をする。西田さんより電話あり。後援会に一万円頂く。

十二月十九日　日　雨　男十一　女三十八

来園／分園山本恵美子さん来園。移動性盲腸とか。振興への書類を太秦局へ投かんして頂く。

事業計画変更についての議事録謄本を作る。本咲氏との売買契約覚書を作る。社協金庫より借入金四万円也の必要書類作る。

十二月二十日　月　曇　男十一　女三十八

出張／市より電話あり。十二月前半分の請求書の印のおし場所がいけないとかで、直園長印持参してほしいとの事なので、市で印をおし直し、福祉協議会で四万円入金の三井銀行通帳受け取る。三井銀行に今後取引開始してほしいとの事なので千円入金して四万円受取り、住友信託に六万円入金。

本咲邸売買契約成立す／午後六時住友信託で園長、本咲氏会合。家屋の手付金四十万円、土地代の内入として五万円、本咲氏に支払をなし、正式に証書を受領して売買契約こゝに成立す。

十二月二十一日　火　晴　男十一　女三十八

出張／園長と横川、府へ行ったが年末攻勢の交渉で課長にも係長にも遭えず。社協、共募に売買契約成立の報告と共募の配慮を依頼す。横川、谷山に行き後援会費八万円受領、信託に入金す。病院に池内、増田を見舞う。池内はもはや死を覚悟している。増田は只有難いばかりと涙を流してよろこんでいた。

十二月二十二日　水　晴　男十一　女三十八

出張／横川府へ行ったが昨日の続きで今日も駄目。

寄附／嵯峨郵便局より布団十三枚寄贈あり。又帷子の辻の天ぷらやさんよりおばあさんがなくなられたので、衣類を寄贈し度いからとの電話あり。永井八重さんからも衣類頂く。

市より電話あり。明日餅代を渡すから午前中に来る様との事。人員を書いて来てほしいとの事なので収容者名簿を作る。

十二月二十三日　木　晴　男十一　女三十八

寄贈／帷子の辻天ぷらやさんより衣類三十点御寄附頂く。出張／市に正月餅代頂きに行く。知事、市長より一人につき各百円づゝなり。大覚寺より金二万円也後援会費頂き住友信託に入金。朝本咲氏の本宅に行き建造物譲渡承諾書になつ印して頂く。

十二月二十四日　金　晴　男十一　女三十八

出張／市会計課より扶助費支払うとの通知あり。横川受取りに行く。川崎加代収容依頼うく。年賀状印刷をなす。社会福祉事業振興会より三十万円送金あり。

十二月二十五日　土　晴　男十一　女三十八

出張／信託に三十万円記帳してもらいに行く。府社会課で三上係長に提出書類につき教えて頂き、営繕課で正式の工事委託申請書の書式を教えてもらいに行き、立面図万一入用の折は作って頂く様御願いす。再度信託に行き本咲邸の平面図青写真を受け取って帰る。付近見取図はあらかたのものにてもよいよし。

夜出願書類の下書作成す。右京社協より年末のお見舞いに炭五俵頂く。

来園／内藤清次郎、大西幹男、桜井源太郎、富井清、大角正一、小竹朔太郎の各氏来園。分園の山本氏と来られ分園はお金で頂かれた。

十二月二十六日　日　晴　男十一　女三十八

付近見取図を作る。提出書類出来上り。年賀状発送。

十二月二十七日　月　晴後雨　男十一　女三十八

出張／府庁に書類提出す。これでよいとの事。営繕課へも挨拶に行く。明日御下賜金の伝達式が民生部長室で行はれるよし。市に医療券がどうなっているか聞きに行ったところ、今日明日中に整理して発送するとの事であった。病院に池内、増田を見舞う。

十二月二十八日　火　晴　男十一　女三十八

出張御下賜金拝受／本日御下賜金の伝達式あり。園長、横川出席。十一時より民生局長より伝達あり。山川氏宅に行きそれより市役所で課長、龍池前課長、庶務課長、高橋財務局長、高山市長等に御下賜金拝受の報告をなす。市の勧奨交付金等何等かの形で考慮して頂く様依頼す。

相互タクシーにより報告、社長も前田専務も御るすだった。明日NHKの歳末たすけ合運動のお金を配分して下さるとの事。十一時より伝達式挙行するから出席する様連絡あり。

十二月二十九日　水　晴　男十一　女三十八

出張／NHK歳末たすけ合運動の配分金伝達式あり。横川出席。一人百五十円也づゝの配分あり。お正月にお小遣として配分する様養老施設関係では申し合せをなす。

高野山別院で本山よりの五万円を受取る。横川の一万円と御下賜金二万円と銀行に入金す。御下賜金の分は東京に取立をしなければならないので年内には間に合はないよし。

十二月三十日　木　晴　男十一　女三十八

出張／年内に百万円入金し度いので園長より七万円立替て銀行に入金。本咲氏に支払の手続をなす。

もち代配分／もち代を京都銀行で小さくしてもらって園生に配分。

十二月三十一日　金　曇小雨　男十一　女三十八

出張／はし本で額ぶち購入。送料支払をなす。大覚寺門跡、西田さんに御下賜金拝受の報告をなす。

寄贈／永井八重さんよりキャンデー六〇袋頂く。

昭和三十年

一月一日　土　曇　男十一　女三十八

朝お勤めの後（園長病気の為欠席）職員、園生一同集会室でお祝膳につく。午後はそれぞれののど自慢、かくし芸等して楽しい一日を過す。おさしみ、口取り、煮〆、リンゴ、ミカン、永井さんよりのお菓子、お雑煮等中々大したご馳走で園生大よろこび。朝がおそく沢山御馳走があったのでお昼食はとても頂かれませんから夕食を四時頃にしてほしいと園生より申し出あり。夜も集会室で歌うやらおどるやらの大散財。

一月二日　日　曇　男十一　女三十八

今日も静かなよいお正月。中村夫妻を南寮に案内す。松尾神社より四日にお餅取りに来る様との事。

一月三日　月　曇小雪　男十一　女三十八

晴れたり曇ったりの静かなお正月。夕方小雪あり。南寮の庭の写真をうつしに行く。

一月四日　火　晴　男十一　女三十八

出張寄贈／松尾神社の御覧餅を頂きに横川と河田、太田の三人でお詣りする。夜の間にうす雪が降っていたが割合やわらかな日だった。去年の様に式を行い後でお神酒を頂く。今年はお餅にそえてお酒も一升頂く。「この方がうれしい人もあったでせうに気がつきませんでした」と手塚さん（宮司）の温かい思いやり。七日正月にお鏡のおひらきをしてお神酒も頂く事にする。

一月五日　水　晴　男十一　女三十八

追加の年賀状発送。色紙の小包作る。昨日のお餅の記事と南寮の事が京都新聞にのっていた。

一月六日　木　雪　男十一　女三十八

来園寄贈／福嶋さんが息子さんの十三一さん奥さんお孫さんと四人連れで来園。園生もお孫さんにあめやリンゴやおみかん等あげていた。十三一さんからおみかん一箱頂く。

一月七日　金　曇　男十一　女三十八

来園／森多一さんがすき焼会の下相談の為来園。分園は十一日に本園は十六日にし度いとの事。

寄贈／請求書作成。ＮＨＫの衣料の配分を共募から持って来て下さった。

一月八日　土　晴　男十一　女三十八

出張／相互タクシーで例月のものを頂き信託で小さくして持ち帰り二千五百円は相互会に預金。一万円は住友へ前の一万三千円と共に入金。東京からの御下賜金は取立が済んでいたよし。之も一応入金。

河田を呼んで園長が調べられたが、弔慰金七千円ははいったが後はまだとの事。然し受取っているらしいので、又納得いくまで話すのが大変と思う。病院では池内は少し調子がいいらしいので今月中位はもつかも知れないらしい。増田は癌ではないらしいが心臓の脈管硬化とか。

一月九日　日　雨　男十一　女三十八

来園寄贈／北サガの岡村さんが早朝来園。右京区梅津北浦町五九梅津不動尊のお供のお下りを自転車で持って来て下さる。お餅三貫とパン二ヶ入五十六袋。森さんも丁度来られて分園の肉を食べない人二人本園は三人の旨報告。

寄贈／分園のお寺の総代さんの松尾貞吉さんから柚を一箱頂いたので、早速お風呂をする。お礼状発送。

一月十日　月　曇　男十一　女三十八

慰問寄贈／太秦婦人会よりの慰問あり。お餅を千余人の会員さんから持ち寄られ約八斗のお餅と、衣料、雑品等御寄贈頂く。山と盛られたお餅に園生達もこんな沢山のお餅を見た事無いとびっくりしていた。会員さんは中々芸人さんが多く「野球けん」には園生も一しょにやらせて頂いて大よろこび。夜早速園生各自にもお餅を分配。

出張／朝横川府庁に行き工事の進捗状況報告をどの様に書いたらよいか教えて頂く。尚入札は十七日寿楽園で行う事に決定。正式に営繕課に工事依託申請書提出。市役所に岡田の医療券発行御願いに行ったところ、新しい医療に関する印刷物が出来ていたので頂いて帰る。中々やゝこしい事である。

一月十一日　火　雪　男十一　女三十八

分園すき焼会／本日分園ですき焼会をして下さるので小国出席。大雪だったが嵯峨の皇陵奉賛会員の方二十数名参加され、森さんがこの機会に分園のすき焼会を計画して下さったわけ。

来園寄贈／阪上さん来園。砂糖十斤、あづき二升、餅を御持参下さる。御主人のお母さんの五十年忌のよし。様子がわかったからこれから又ちょくちょく何か盛って来るからとの事であった。古着も残して置くとの事。

一月十二日　水　晴　男十一　女三十八

出張／園長と横川、本咲邸に行き徳永さんにお目にかゝり、入札の為大工さんが行かれる由連絡す。燈籠の事につき話し合う。見解の相違？

信託で増谷さんにもお目にかかり現状のまゝにして置いて頂く様御願いし、都新聞に内藤氏をおたづねし五十万円市の勧奨交付金を頂ける様になった由の昨日の御話のくわしいお話を聞き、申請書等について御相談す。
中央病院に行き中谷先生に太田の件御願している時に園より電話あり。やはり入院し手術して頂き度いと本人が申し出たのでその手続をなし早速入院さす。

一月十三日　木　晴　男十　女三十八
衣料配分／永井さんから頂いたの太秦婦人会、共募、NHK歳末たすけ合運動等、衣料の配分をなす。
来園／右京保健所から二名来園。二十日頃薬剤撒布に来て下さるよし。木村さん入札の為南寮に行っていられるとの事で途中太田の転出証明書をもらい立寄る。府の指名入札らしく木村さんと村上さん来ていられたが、この仕様書では見積りの仕様が無いとの事であった。市に行き増田、池内の継続医療券を御願す。十二月後半の扶助費は今月はも少しおくれるとの事であった。
出張／夕方病院から電話あり。池内の容体が悪いので誰か付そいに来てあげてほしいとの事なので直に丸山を行ってもらう事にして、横川と井狩と一しょに病院へ行く。昨日はまだ笑顔も出たし、よろこんで手を握ったりしたのに今日は殆んどこん睡状態。太田は今日手術は済んだそうだが中々元気。

一月十四日　金　晴　男十　女三十八
来園／早朝から福嶋さん来園。電話がかゝって来て昼前松竹の方へ行かれた。森さんすき焼会の事で来られた。

一月十五日　土　晴　男十　女三十九
池内タイが九時五十五分死亡の由病院より連絡あり。本人の遺志により死体は解剖にするので、松田先生の所へ電話したところ、吉田四一一一に連絡する様との事であったので直に連絡し、病院へ行く。中谷先生御留守で、立川先生が居られたが、府立の方に中谷先生のお友達が居られるのでその方にまわした方がよかった様な様子であったが、知らないまゝにえらい悪かったのでよくおわびして置いた。川崎かよ本日入園。

一月十六日　日　晴みぞれ　男十　女三十九
すき焼会／今日すき焼会。今年は分園と両方なのでして下さるところが二つで御気の毒と思う。集会室で一同御馳走になる。メンバー左の通り。
森多一、岡村丑之助、吉野孝、坂口密翁、平井吉郎、梅本末吉、磯部謙三。
来園／園長の友人で易を見る方が来られ南寮を案内す。

一月十七日　月　晴　男十　女三十九
入札／本日南寮の改造工事入札の為、府の営繕課と社会課の田中さん来園。請負業者三名来園。木村さんはお断りだったので、山本組に落札。三十四万円だったのを二十九万円の予算で結局引受けてもらう。帰途も一度現場に行ってもらって門の修理もしてもらう為下見をしてもらう。

河田の扶助費の件で郵便局に行ってしらべて来たらやはり十一月初めに受取っている。谷口に壱千壱百円支払をなす。和田代書人の所で本咲邸の閲覧云々と増谷さんに聞いていたので立寄って見たが、まだ手続出来ていないのでまだ駄目との事。然しあの屋敷については何等心配の種になる様な事は無いよし。

一月十八日　火　晴　男十　女三十九

出張／藤原文太郎氏の学区葬に横川参列。無私の奉仕の一生は誠にも美はしく、かくも盛大な学区葬となったわけだらう。病院に行ったが中谷先生手術中で診断書は頂けず。太田と増田を見舞う。二人とも大分経過良好。市に行ったがまだ出ていない。中京区役所に行ったら聚楽出張所へ行ってほしいとの事。何の事はない病院からなら直近くなのに、京大は明日の事として帰園。

一月十九日　水　晴　男十　女三十九

出張／病院で診断書頂き、市、区役所、聚楽出張所に行く(昨日後半記事、本日分の誤り)。

すき焼会世話人さんにお礼状出す。

来園／火災保険の白木利根雄氏来園、二百万円の南寮の契約をなす。

一月二十日　木　雨　男十　女三十九

本日より工事着手／早朝徳永さんから電話あり。今日から工事に来られるとの事だが茶菓はどうするかとの事で、何もかまわずに置いてほしいと云って置いた。最初からその約束なので。明日の出席者の通知あり。全部で二十名。本園側も加えて二十四名の予定。

一月二十一日　金　晴　男十　女三十九

京都養老連盟／今月寿楽園が当番で、京都養老事業連盟開催す。市の方から今後請求書の様式を一定するからとの事で、尚園内治療の様子を知る為、其他統計上必要との事で、請求書提出する時、も一つの書類も出す事になった。相当面倒な様に思う。散会後希望の方丈大覚寺へ案内す。出張／皆帰られた後で南寮に園長と横川出かける。手伝いの人が便所を直したり、玄関のひさしを直したりしていた。

一月二十二日　土　晴　男十　女三十九

府庁から南寮の修繕工事設計申請受諾書が来た。七千七百五十円とか。

一月二十三日　日　晴　男十　女三十九

帳簿の整理。饗庭さんから慰問に行き度いので日を知らせてほしいとの事なので、そちらのよい日を電話して頂く様返事す。

一月二十四日　月　晴　男十　女三十九

来園出張／横川税務署源泉係に行く。年末調整は数字を書いて来ればこちらでしてあげるとの事。山本恵美子さん来園。共募に提出する書類が出来たからと見せに来られた。池内タイの遺骨を大学から持参さる。お供として二千円持参さる。夜御供養す。南寮今日は大工左官等四人で働いていたのでお茶菓子を持参す。

一月二十五日　火　晴後雨　男十　女三十九

池内葬儀／池内タイさんの葬儀執行。杵屋佐多弥さんから二百円送って来られ、桂さん其他御詣りに来られてお茶菓子百ヶ御供えを頂く。

一月二十六日　水　晴　男十　女三十九

来園／中山いしの様子が変わって来たので山村さんに電話したところ、主人と主人の妹と二人来園。わかった様なわからない様なたよりない様子だった。

二ヶ月分の月報やっと出来上り。市役所より電話あり。報告、請求書用紙が出来たとの事であったが扶助費の事は何も云はれなかったらしい。まだ出ないとは困った事だ。

一月二十七日　木　雪　男十　女三十九

府営繕課より電話あり。風呂の図面目下製作中なので明後日位来てほしいとの事であった。河田のお金の件につき色々問いただしたところ、やはり受取っているが出すのはいやとの事で、東京の甥の所へ行くと云って電報を打ち運送屋をたのみ切符を買いに行ったりしたが、東京から断りの電報がとどき、京都の甥からも電話で断られいよいよ行く先を失って園に置いてほしいと云ってお金を出したので、今後年金の受領は園に委任することに約束す。

一月二十八日　金　曇　男十　女三十九

出張／月報を府市へ提出。市では保護費は明日午前中にたぶん出るとの事。河田の件は現在状況を報告してもらったら一時保護停止の通知を本人あて発送するとの事であった。帰途南寮に立ち寄る。北側の窓があいたら大変明るくてよい部屋になった。酒井夏さん兄さん病気の為横浜行。

一月二十九日　土　小雨　男十　女三十九

出張／市役所に扶助費受取りに行く。府営繕課に行ったが図面まだ出来ていず東の棟の設計下図が出来ていたのでもらって帰った。

一月三十日　日　晴　男十　女三十九

来園／渡辺さんが植木やさんをつれて来られたので、南寮の庭の手入れをして頂く事になる。御下賜金拝受の御礼状を宮内庁長官あて発送。予算を作る必要上藤本で色々な品物の価格をしらべに行く。

一月三十一日　月　晴　男十　女三十九

寄贈来園／横川のお供養でパンを配給。三井銀行から今後取引してほしいと来園。

二月一日　火　晴　男十　女三十九

出張／ハワイからの送金を住友銀行に入金。三井銀行にタヨタの分を入金。西田さん、田中伊雅さんの分信託に入金。府営繕課で東の棟の改造の予算、西の便所の予算等作って頂く。電車の中で共募の山海さんにお目にかゝり、是非とも配分の件御配慮頂き度い旨御願し南寮へ一度御越し頂く様重ねて御願いして置いた。
病院へ医療券渡す。池内の分は一月分を十二月にして頂く様とり計う事にして持ち帰る。十一月分が外来と入院と二枚出ているので間違ったらしい。

二月二日　水　晴　男十　女三十九
出張／年末調整について右京税務所に行く。千六百円程過納になっていた。

二月三日　木　晴　男十　女三十九
節分／今日はとても温い節分で例年なら雪がよく降るのにまるで春のようだった。夜豆まきをした。
出張／市で池内の医療券を一月を十二月分に訂正。住友に行ったが増谷さん留守でわからず。病院に医療券提出。午後三時山本組ととがさん来られ現場を見て離れと便所の予算を正確に立て丶頂く様御願す。洗面所はよくなっていた。

二月四日　金　晴　男十　女三十九
死亡／午前四時四十分中山いし死去。おとなしい人で入院以来ずっと□い通し、然し皆に可愛がられていた。明日午後二時葬儀。山村さんに連絡す。
出張／福祉協議会で健保勧奨交付金受領。住友信託に火災保険料支払う。
来園／右京民生安定所と市の勧奨交付金の係の方と来園。至急書類を出してもらったら持ちまわりにでもして早く決定する様取計うとの事であった。園長南寮に案内、実物を見てもらう。保健所よりＤＤＴ、ケロシン撒布に来て下さった。
夜、市の勧奨交付金申請に対し先に提出していたもの丶計画変更願の下書作成す。

二月五日　土　晴　男十　女三十八
葬儀／中山いしの葬儀執行、午後二時出棺。身よりの者三名火葬場まで同道。
出張／土曜で半日なので早朝書類を書いて先ず市の勧奨交付金係の杉村さんに見て頂いて、これでよいと云はれたので、右京の杉本安定所長に提出。
向井氏出勤／本日より向井氏出勤、南寮にとまって頂く事となる。

二月六日　日　晴　男十　女三十八
慰問／饗庭氏一行慰問十時より寒行のおさいせんで養老施設を慰問すると云はれたら、青年団や婦人会の方が賛成して参加され、子供さんも一しょで五十人程がバス一台買切りで、おかし、ぶどう、酒等おみやげ御持参で来園。四時頃まで次々と舞踊や青年団の喜劇等楽しい一日を過させて頂いた。京都新聞も来られ園長南寮に案内して写真をうつしてもらう。

二月七日　月　曇後雨　男十　女三十八
厚生省のお金がついたから書類提出せよと三上さんからお電話あり。直に信託の増谷さんに売買契約書の写しと契約書二通を作って頂く様御願い。
寄附／京都新聞社の社会部から電話でお金を寄附された方があるので、配分するから受取に来る様との事で早速頂きに行ったら亡夫の七周忌に当るのでと三万円寄附されたので、同和園、洛東園と本園とに寄附されたので一万円頂く。

二月八日　火　曇　男十　女三十八

出張／早朝住友信託より電話あり。書類出来たとの事なので早速受け取り、府補助費第一回分請求書に山本組来てもらって追加修繕ヶ所相談し予算見積り依頼。丁度岩崎さんも来られた。
右京民生安定所より電話あり。明日早く来てほしいとの事。市の勧奨交付金の事と思う。

二月九日　水　雨　男十　女三十八

園長早朝帰国さる。
出張／安定所に行ったら昨日市の勧奨交付金の決定が来たとの事で指令書受領。工事着工届を出したら三割渡してもらえるよし。
受付／相互に立寄り寄附金を頂き銀行で現金にして一応帰園。早速工事着工届を書いて、留守中に府庁から園長の実印持参せよとの事だったので持参したところ理事長の角印丈でなく、実印もおしてほしいとの事で先に提出した第一回府補助金交付の請求書に押す。
府金庫に工事設計委託料七千七百五十円支払をなす、営繕課で高屋さんにお目にかゝって門に屋根の事御願す。
岩崎氏出勤／本日より岩崎氏出勤。

二月十日　木　晴　男十　女三十八

感謝日／今日は感謝日で相互のお小遣百五十円づゝ渡す。

二月十一日　金　晴　男十　女三十八

慰問／生長の家白鳩会の幹部三十名位が午後一時から慰問に来て下さった。斉藤さんが今は会長さんで、西川さんや其他お顔なじみの方も大分来て下さり、これから毎月各支部で代わる代わる来て下さるよし。有難いことだ。舞踊や劇の慰問もよいけれどこうしてよいお話聞かせて頂くのも誠に結構と思う。園長も涙を流してお話を聞いていた。衣料やお菓子のおみやげも頂いた。今度からはお金を使って頂かなくとも古着等御持ち頂いたら有難いと御話しして置いた。伏見の方は時間を間違えて朝から二人が来られた。お菓子のおみやげ御持参。

二月十二日　土　晴　男十　女三十八

出張／昨夜中野さんから連絡が来て石の切り方を変更してほしい様なお便りなので、早速営繕課の十川さんに御めにかゝり相談したところ、これでよいけれど寸法が合はないから、も一度先の図面を参照してもらう様云ってほしいとの事。施設綜合委員会に横川出席。

二月十三日　日　晴　男十　女三十八

出張／補充選挙人名簿申請書を提出。

二月十四日　月　晴　　男十　女三十八
養老連盟／本日朝十時より洛東園に於て養老事業連盟開催、横川岩崎両名出席。厚生省の監査の結果を府社会課から通達があったが各施設とも介護料に関する問題があり、それによって今後園生を働かす事について色々意見が交された。老人の幸福な生活というものは只遊ばせて食べさせて置く丈では得られないと思う。
園長帰園／夜園長帰園
二月十五日　火　晴　　男十　女三十八
　徳永さんに園長が薄謝を呈するつもりで行ったところ少し話がごたついて一応もの分れとなった。
二月十六日　水　晴　　男十　女三十八
来園／共同募金会事務局長山海氏来園。事情を種々説明して午後南寮を見て頂く。台所は思い切って大きくして置いた方がよいと云って居られた。山本組も来て居られ、屋根の色が浅過ぎて気になるので何とかしてほしいとたのむ。夜植木屋さん来園。門の屋根の件、府とも打合せの上考える事となる。
二月十七日　木　晴　　男十　女三十八
出張／園長と岩崎さん、府と市へ出張。
南寮西通用門のところ少しせばめて奥で園の方へゆずって頂く様な事になる。弓場を畑の所へ作り、やがて町内の青年の希望者等もあれば利用して頂けばよいという事で。
共同募金へ提出の書類六十五部出来上り。
二月十八日　金　晴　　男十　女三十八
来園／昨日横浜の聖母養老院の火災の為九十八名の焼死者を出したので、早朝より右京消防署より五名来園。電灯線等不備の点早速電気屋さんに修理してもらう。植木やさんにたのんで裏の垣の木も二三株抜いて避難口を作る様に依頼す。
　午後六大新報より来園。南寮に行って中嶋写真やに庭からの全景と座敷を写してもらう。
出張／共同募金会に配分委員会用の園概況六十五部とどける。府営繕課に行ったが十川さんお留守。新聞社を通じて一万円寄附して下さったうるしやさんにお礼に行き高野山前管長の色紙を贈呈す。
二月十九日　土　晴　　男十　女三十八
出張／洛東園で聖母養老園へのお見舞の件につき四施設が相談会を開催。京都養老事業連盟から五千円、各施設から園生職員出し合ってまとめて御見舞におくる事に決定。早速分園に連絡す。
　府の営繕課に行って現場に一度来て頂く様御願いしたところ火曜日に来て下さるとの事。山本組に立ち寄り、離れと便所急いでもらう様依頼す。岩崎さん帰阪。
二月二十日　日　雪　男　十　女三十八
園生に話してお見舞を集める。千円程集まった。分園は明日集めるとのこと。
来園／谷山前理事来園。南寮を見に行って頂く。曇華院に行く。
二月二十一日　月　小雪　男十　女三十八
写真出来上り。三十年度のたばこ申請書提出。
二月二十二日　火　晴　男十　女三十八
来園／営繕課の十川さん、山本組現場に来て下さる。台所離れ等の予算作成依頼。台所は南北にかまどを作り板敷をはずしてコンクリにした方がよからうとの事。
出張／高圧釜について生活改善会に行く。市で保護費事務費受取る。勧奨交付金も十五万円受取る。生長の家京都支部に先日の御礼に行く。
来園／夜植木やさん来園。垣をあけてもらう事、南寮の地神様御まつりの事等依頼す。
二月二十三日　水　晴　男十　女三十八
来園／消防署より来園（図面写しに）植木やさん裏の垣の木を移植に来て下さり、西の畑とこの間の垣も抜いて畑の南側に移植す。午後南寮に行き段取りを決定。本咲のおばあさんから水屋其他雑品買受けガス、電話、電気等の支払をなす。
慰問／午後朱八婦人会より八十名程内藤市会議員さん引率のもとに来園。園内を見て帰らる。五百円頂く。
二月二十四日　木　晴　男十　女三十八
南寮地神様祭／南寮の地神様御祭り。並に地下の万霊供養をなす。山本組来園。工事竣工が風呂場の大理石未着の為遅れているが、土蔵屋根修理、置押入等第一期工事以外のものも出来ているので、中川さんに相談の上よいと云はれたら支払する様承諾す。
二月二十五日　金　晴　男十　女三十八
出張／社会課の田中さんより電話あり。工事竣工の証明書を営繕課より受取る。提出してほしいとの事で早速出かけて田中さんに渡す。山本組が丁度営繕課に来て居られて、支払は二十八日という事にす。（戸川さん支払はれてもよいでせうとの事なので）
高圧釜五升と三升を依頼す。
来園／滋賀県安土の養老院から事務長と寮母さん来園。色々話してみるとなやみは皆同じ様なところらしい。
収入、支払伝票作る。
二月二十六日　土　晴　男十　女三十八
岩崎さん本日大阪より引越し。
二月二十七日　日　雨　男十　女三十八
選挙／衆院選挙、小学校に出かける。
慰問／午後桂文吾氏弟子と二人で久方振り慰問。
二月二十八日　月　晴　男十一　女三十八
出張／山本組に支払をなす。府の営繕課で設計委託書の件相談したところ今度のは必要なしとの事。医療券につき三上さん、東さんに御相談したところ、治療に当った医師の証明でよいとの事。倉庫には収容しない方がよいとの事であった。倉庫は事務所応接室とし、洋館は収容室とする事とす。
退院／太田徹本日退院。
三月一日　火　曇　男十一　女三十八
　請求書、収容者状況報告書等作る。
三月二日　水　晴　男十一　女三十八
出張／国庫補助金まだか聞きに府庁へ行ったが皆留守。黒川さんも居られなくて振興会の事も聞けず。病院も中谷先生留守で医療券の訂正して頂けなかった。
三月三日　木　晴　男十一　女三十八
ひな祭／今日はひな祭で園生は特別献立の御馳走。
出張／病院で太田の二月の医療券一部訂正して頂いて市に提出。市へ二十日頃から十名程入園開始も段取して頂く様依頼。市へ請求書提出。三井銀行から預金引出して藤本、写真代等支払う。増谷氏に不動産売買契約書の件の登記の日を五月三十一日としてあるのを、代金決済の日と変更して頂く様（府社会課よりの申し入れの為）電話したところ、原稿がほしいと云はれるので再度信託まで出かけて原稿渡す。
来園／府社会課より田中氏来園（南寮）。
三月四日　金　晴　男十二　女三十八
入園／増田亀太郎入園。
出張／銀行で売買契約書受取り之を府に提出。法人課の黒川さんにあって御下賜金の調書提出す。曇華院に岩崎氏と共に行き一度南寮に来て頂く様御願いす。
三月五日　土　曇　男十二　女三十八
　松山さん来園。便所の所其他邪魔になる樹木移植して頂く様依頼。倉庫の北側にも少し植えてもらう。亀山医院に行き初診券に意見記入の件依頼（高橋ゆきの件）。
来園／大住法衣店山川氏南寮に来られ、仏前荘厳の寸法等打合す。
三月六日　日　晴　男十二　女三十八
来園／山本組来園、門丈は修繕する事とする。蜂中の学芸会に招待され希望の者丈行く。寒かったのでお天気が悪かったので少なかった。主食申請書作る。
三月七日　月　晴　男十二　女三十八
　主食申請書提出。増田亀太郎住民登録。曇華院の御前様と南寮に行く。いてうの木の所に地神を御祭りしたらよいとの事。
三月八日　火　晴　男十二　女三十八
出張／園長と中央病院に行く。増田は退院出来るらしいが今度は家に帰り度いという。それが出来ればその方が当り前なのだから居宅の扶助をしてもらえる様手続をする様約束する。饗庭もとさんのお宅に先日忘れて行かれたレコードを御とどけしたところ小布を沢山に下さった。御近所の福山さんのお宅からももらって下さった。南寮が出来たら又慰問に来るとの事。

夕方三上さんより電話あり。明日午後厚生省からの分のお金が出るよし。

共同募金から明日南寮に配分委員さんが来られるとの連絡あり。その後又中止になったよし電話があった。

三月九日　水　曇　男十二　女三十八
出張／園長夫妻本日より横浜行。

来園／共同募金より昨日は中止と行ったけどやはり予定通り行くとの事で十二時過三名来園。市の木村係長も御一しょに来園さる。二時過帰られたので直に府に行く。

府金庫で厚生省の分の金券頂き直に住友信託に預金す。

三月十日　木　晴　男十二　女三十八
慰問／午前十時成逸学区の婦人会より五十名慰問の為来園。園の概況説明の為園内見学、大覚寺を拝観して園で昼食の後帰られ、おみやげとして会より千円、おみやげ代りに会員の方々より二千壱百円頂き早速園生にはパンを買って配る事とす。

出張／相互タクシーより後援会費を頂き銀行で現金とし相互会に二ヶ月分五千円預金す。伏見民生安定所に行き増田信造が家に帰り度いが民生の保護を受けたい希望の由伝えたところ、先方によく相談して受入れると云ったら後保護の事其他よろしく取計うからとの事だった。

三月十一日　金　晴　男十二　女三十八
出張／和田事務所に理事長印持参。手続依頼。印紙税免除の件は厚生省の認可が必要の由府庁へ行って一応聞いて来てほしいとの事。社会福祉法人が出来てから日も浅く、登記所でもはじめてなのでよくわからない由。

医療器具等のねだんを調べる為寺町三条のいわしやへ行く。市役所に医療券の継続発行を依頼。扶助費は十五日以後まで待ってほしいとの事。寿楽園の表示板の件で市の土木課へ行ったが、右京区役所へ行って管理課に話してもらえば区を通して市へ来るからとの事であった。太田徹の住民登録をなす。

感謝日／昨日配分出来なかったので本日感謝のおつとめをして後相互のお金を配分、その後昨日のおみやげのパンとお砂糖を配分す。

三月十二日　土　晴後小雨　男十二　女三十八
出張／府法人係の黒川さんに登記料免除申請書の様式教えて頂き、先日の社会福祉事業振興会へ提出の事業計画変更認可願の添付書類の知事の証明書をもらって、帰途営繕課の前で山本さんに遇い一しょに営繕課に行って見積の検討をして頂く。山本組の弟さんと一しょに南寮に行く。今日から門の屋根張りが始まった。

来園／夜梅本氏来園。せとものを注文す。

午後永井さんから話のあった山の内の森さん来園。テラゾ本日着。十四、五日頃から張りにかゝる由。

三月十三日　日　晴　男十二　女三十八

福祉事業振興会への事業計画変更承認願発送。府から問合せのあった発病状況調べの件分園に連絡。調査書作る。来園／山本組来園。一しょに南寮に行き便所の便槽を直角に変更してもらう。中二階の上り口を廊下からにしてもらう為現場を見てもらう。壁を落す丈で簡単に出来るらしい。

三月十四日　月　晴　男十二　女三十八

養老連盟／京都養老連盟例会が洛北養老園で開催され横川、岩崎両名出席。火災予防、給食、遺留金品等につき懇談、来月例会は綾部松寿園で開催十日前後との事。本日会場で此間の聖母養老院のお見舞金、寿楽園分二六五〇円支払をなす。

行きしな住友信託に行って売買契約写しの作成依頼す。夕方園長より連絡あり。テラゾは張る人をよこすとの事で山本組に連絡す。

三月十五日　火　晴　男十二　女三十八

出張／市役所で杉浦さんに勧奨交付金の第二回分の配分申請の為事業進捗状況報告書の書式を教はる。扶助費は今月も大分おくれるらしい。社会福祉協議会に行き市電パス代支払いをなす。白鳩大会に行き斉藤さん達にお礼を云う。来月は何時にしようとの事なのでなるべくなら十三日以後一週間以内なら大覚寺のお花の大会があるので、その頃の方がよくないかと云って置いた。

夜園長より電話あり。テラゾ張る人と一しょに明日夜帰京のよし。山本組より電話あり。門が出来て壁を塗りかえるとよごれが目立つのであと洗いした方がよいと思うが（費用二千円）との事なので何れ園長帰園の上返事する事とす。本日釈迦堂の御たいまつ会。

三月十六日　水　晴　男十二　女三十八

出張／岩崎さん銀行に契約書の写し受取。電話、水道、ガス等の名義書かえの手続の為出張。進捗状況報告書作成。

市保護課より電話あり。中山いしの葬祭費請求書が五百五十円丈なのはどういう理由かとの事で、葬祭券を前以てあづかってあるので葬儀屋に渡すので園としては五百五十円の雑費丈請求する旨返事す。遺留金品についての報告くわしくしてほしいとの事であった。

来園／夕方山本組寺務来園。本日机をとゞけるとの事。夜園長帰園。タラゾの技師は一人の由、南寮にとまってもらう。

三月十七日　木　晴　男十二　女三十八

園長夫妻横川南寮行き。山本組来園。中野組の人と打合せをしてもらう。

慰問／曇華院のわかたけ保育園から卒園される子供さん二十七名来園。おみやげのおかし袋を頂き、可愛らしいお遊戯を見せて頂き老人達涙を流して感激。
出張／横川、小国、台所用具買求めの為中川金物店に行く。岩崎さん明日すゝはき、庭そうじ等に職安から来てもらう様連絡。

三月十八日　金　雨後曇　男十二　女三十八

岩崎さん金庫の二階から落ちかけて胸を強打し亀山先生に来て頂く。骨は折れていない由。
来園／三法堂の御主人来園。南寮に案内す。市役所より電話あり。明日午前十時迄に園長に来てほしいとの事。

三月十九日　土　晴　男十二　女三十八

出張／園長、横川市役所保護課長に面会、市の勧奨交付金、貸付金依頼の件。中山いし遺留金品状況報告書提出。工事進捗状況報告書提出。扶助費は二十二日頃出るよし。
慰問／市議内藤清一氏先日電話連絡のあった築紫宗治郎氏と御一しょに来園。亡母八十八才で他界したので供養にとてお菓子六十箱、金三千円とを頂く。生長の家の誌友の方三名来園。おかし、古着等頂きお菓子は早速分配す。

三月二十日　日　雨　男十二　女三十八

来園／山本組南寮に来園。園長と種々打合せ。園長ハワイ第一世観光団出むかへ、二十二日寿楽園南寮に来て頂くにつき時間等打合せ。

三月二十一日　雨　男十二　女三十八

迎さんの奥さん水尾から来られ当分働き度いと云はれるので種々事情を聞けばお気の毒なので働いて頂く事とす。
笹井さん南寮にお花を入れに来て下さる。明日ハワイのお客様の接待の準備に何彼と忙し。おでん、焼肉等作る。

三月二十二日　火　曇小雨　男十二　女三十八

ハワイ観光団来園／午前十時半ハワイ観光団一行四十名南寮に来園。広間でおでん、ぜんざい、あま酒等でもてなす。
出張／市役所で扶助費受取り勧奨交付金の件につき書式等教えて頂く。徳永さん、洋館明渡しがおくれていて心苦しいが事情がこの様なのでと了解求めらる。
夜書類作成。

三月二十三日　水　雨　男十二　女三十八

出張／和田事務所に電話したところ明日午前中には出来るとの返事だった。住友信託に藤田三法堂扱の小切手入金、五千円引出す。福祉事業振興会借入金の利子は信託では先方の指定銀行にはどれも取引がないので住友銀行に行ってもらった方が早いとの事なので、住友銀行で支払をなし副報告書を受取り発送す。
市役所で医療券受取る。杉村さんお留守で一応帰宅。書類持参して再度市役所に杉村さんをたづね、書類を見て頂いたところ、追加事業の分の内訳を簡単でよいから書いて、青写真があればつけてもらえばこれでよいとの事であった。見積書から必要部分整理して書類作る。

三月二十四日　木　晴　男十二　女三十八

南寮にこゝから元気な者十名程つれて行く事になり園長より園生に報告。
慰問／生長の家大将軍支部の婦人部より慰問の為来園。ぶどう酒を御馳走になり園生からも舞うやらうたうやら演芸の交換会で半日を楽しく過させて頂く。
三月二十五日　金　晴　男十二　女三十八
出張／市役所に行ったが杉村さんも係長もお留守。
来園／楠さん南寮に実情調査にこれから行かうと思っていた所との事だったので一しょに帰園。両三日中に十名程入園させて頂く事となる。
再度安定所に行き所長に勧奨交付金追加申請書提出。
慰問／午後一時より蜂ヶ岡保育園より慰問に来て下さり、可愛らしいお唄やおゆうぎ見せて頂く。
三月二十六日　土　晴　男十二　女三十八
来園／谷口さんボールドを取つけの為来て下さる。倉の扉をはづして取つけて頂く。山本専務来園。
出張／園長と横川、山本分園長の御知合の家具店につれて行って頂き、事務机、応接セット、ご盤、ご石等買求む。
南寮開始／本日北寮より河田、太田（太田は数日前より）増田の三名、女は伊藤、野崎、小嶋の三名南寮へ移す。井狩、山内も二十八日園長等と共に移転の予定。炊婦は酒井さんに行ってもらう事となる。
三月二十七日　日　晴　男十二　女三十八
来園／嵯峨仏徒連盟の托鉢あり。一行例年の通り園で休んで頂く。
三月二十八日　月　雨　男十二　女三十八
出張／和田事務所で前所有者の登記の謄本が出来たので、府社会課法人係に提出。中央病院に増田を見舞い、退院後帰宅の件につき話す。銀行でお金を引出す。増谷さん本月中にお金を御願いし度いとの事であった。
園長引越し／園長本日引越し。岩崎さん夕方北寮に引越し。
社会福祉事業振興会に償還財源金額等の計画書発送。
三月二十九日　火　曇　男十二　女三十八
出張／市役所に勧奨交付金の申請書まわっているか聞きに行った所杉浦さんお留守、係長があれで書類はよい様だったとの事。帰途ぎぼしで吹よせを求む。近所の挨拶廻りをなす。
三月三十日　水　晴　男十二　女三十八
出張／南寮に事務机、応接セット等が来るので、銀行に預金引出しに行く。市に立寄り入園者の件につき問合せをなす。一日に五人入園のよし。
三月三十一日　木　曇小雨　男十二　女三十八
中村氏来園／洛東園の中村氏に来て頂き色々経理の面につき御指導頂く。
出張／園長、府、市、共募、福協に挨拶。

昭和三十年度

昭和三十年四月一日〜昭和三十一年三月三十一日

横川（右）、小國（左）、中央は友人夫妻。前が嵯峨野高１年時の小國英夫。昭和30年（1955）渡月橋畔にて

四月一日　金　雨　男十二　女四十
開園記念／今日は寿楽園の開園記念日。あいにくの雨。丁度南寮開園間もなく何彼と忙しいので大した事も出来ず。但し南寮の風呂びらきをしたので、大覚寺門跡に来て頂き一番にはいって頂き、園の最高齢者阪本よね、男子代表の白谷熊吉に先にはいってもらい、北寮からも特別に自動車にのせて希望者を入浴さす。紅白のまんじう配給。

入園／木田トミ、長野さだ両名入園。

来園／夜徳永氏来園。

四月二日　土　曇　男十三　女四十一
入園／山野キク、上田春太郎入園。

来園／増田信造の身よりの人が荷物を受取りに来られたが、出来ればも少しよく事情しらべてからにしたいとの事で、伏見の家の意向を聞きに行ってもらった上の事とする事となる。伏見安定所の方は係の人が留守でわからないが、月曜日には連絡するとの事であった。

四月三日　日　晴　男十二　女四十一
慰問／五番町の白菊会より慰問、施設を慰問する為に組織された子供さんの会のよし。サインブック、お花等頂き舞踊、劇等見せて頂く。

棟上げ／南寮便所棟上げ式。

四月四日　月　晴　男十三　女四十一
来園／役員選挙。市から収容委託のあった安田定五郎が様子を聞きに来園、十日頃入園させてほしいとの事。

山本さん月報持参さる。伏見安定所より電話あり。増田信造の家の方まだ忙しくて行っていないので今しばらく待たれ度いとの事であったが、本人はどうしても帰り度いと云っているので居宅保護を願い出た場合、保護を受けられる様取計い方依頼す。

午後増田の預りの荷物を甥が受取りに来て、今度は家内が一しょに暮さぬと云えば出てもらうからと大変強気のよし。兎も角帰るらしい。主食申請書作成。大覚寺から棹竹を頂く。

役員選挙をしたところ、井上、中西、後藤の三名。

四月五日　火　晴　男十三　女四十一
伏見の安定所から電話連絡あり。増田信造の伏見の帰る家は、奥さんが一、二ヶ月内に尼寺にはいるので、色々な事情で帰れないからやはり寿楽園に帰らしてほしいとの事なので、本人はどこ迄も帰ると云っているので尚よく事情をたしかめて連絡して頂く事とする。

出張／右京区役所に主食申請書提出。中央病院に行ったが本人は伏見に行ったとかで留守。夕方園に電話で六日に退院するからと増田から云って来た。

夜職員の事務分担相談。

四月六日　水　晴　男十三　女四十一
昨日と今日と園の庭まわり畑等草とりをして大そうじ。

何時もの清掃とちがい午後もやらせたのでおやつを出す。
南寮に天野さんお別れの挨拶に来園。（五日）
園長東上／園長夫妻中野さんの結婚式の為東上。留守の間に必ず事務を南寮にうつす様との事。

四月七日　木　晴　男十四　女四十一（退院一）

お花見／本日お花見を催す。大沢池畔の桜今が丁度見頃。今日は暖かく絶好の花見日より。然も普通の日なので花見客は少なく心ゆく迄お花見をする。五目ずしにお菓子、ちう二本、本直し一本で一同とても御きげんで大よろこび。

来園／南寮に本咲さんと増谷さん来園。

本日南寮明渡さる／色々相談の上、徳永さん応接間を明け、本咲さんと徳永さんの表札をはずしていよいよ家を明け渡して頂いたので明日二百万円御渡しする事となる。

出張寄附／京都新聞より電話あり。寄附金があるので受取りに来る様との事で夕方頂きに行く。

退院／増田信造午後退院、静養室に入れた。

四月八日　金　晴　男十四　女四十一

今日は花祭りだが嵯峨では五月八日にお祭をする事になったので園もその日にのばす。

出張寄附金／相互で例月のものを頂き、市へ行ったところ勧奨交付金の追加十五万円頂く。

入金／住友信託に行き二百万円本咲氏に渡す。電話の分は今日忘れて行かれたと見えて本咲さんがとどけて下さらないので、直に連絡して置きますからとの事。

来園／黒田千糸さん、奥さんお孫さん二人と来園。

四月九日　土　晴　男十四　女四十一

三月分請求書作成。

四月十日　日　曇　男十五　女四十一

入園／安田定五郎入園。

感謝日／本日感謝日で朝心経三巻を読誦し、相互の寄附金を配分す。

来園／南寮に鞍岡さん来園。

共同募金会から本年度の割当決定通知あり。本年度は十万円。

四月十一日　月　晴　男十五　女四十一

来園／南寮に藤原さん来られおみやげにおとし焼を頂く。

白十字社の藹川宏氏来園、五月半頃催物をしてその純益金を御寄附下さるよし。有難いことだ。十三日に再度来園下さるよし。

市役所には行けなかった。共募に電話で十万円を一時に頂けないか聞いたところ、経常費を臨時費に使途転換の申請書を出してくれゝば早く出すからとの事であった。十四日に民生会議で第一回経常費配分金があるのでその時でもお話しますとの事。

四月十二日　火　晴　男十五　女四十一

出張／市に増田の医療券提出。口野里きの状態話したところ一度精神鑑定をしてもらってほしいとの事で用紙を頂く。杉村氏に交付金の申請書式教えて頂く。後の追加分はすでに出ているとの事。

園長帰園／夕方園長帰園。

四月十三日　水　晴　男十五　女四十一
出張／民安所長より五十万円追加の決定書が来たとの事なので頂きに行く。

来園／夜白十字社の藹川氏来園。色々書類になつ印して帰らる。二日間の浪曲大会を開催するのでうまく行けば十万円、最低五万円は出来ると思うとの事であった。

四月十四日　木　晴　男十五　女四十一
共募配分／共募第一回配分会が民生会館で開催され、経常費配分受く。一万五千円也。

府庁社会課に行ったが黒川さんはまだ出張中。園長が厚生省からことずかられた登記税免除の為の証明書を渡して出来る丈早く回して頂く様御願す。田中さんに定員変更の手続聞く。

来園／小笠原さん来園。おばあさんを入園させてもらえないかとの事。手続話して置く。南寮に広島の光本氏来園。

四月十五日　金　雨　男十五　女四十一
久々雨で連日の暑さやわらぐ。

来園／福嶋氏来園、散髪奉仕。永井八重さん来園、大覚寺に一しょに行く。京都新聞の松井、井上両氏に会場であい、帰りによるとの事だったがよられなかった。

増田信造入院の件につき中央病院の立川先生に連絡したところ、病室をたのんであるので部屋があき次第知らせるとの事であった。

四月十六日　土　雨　男十五　女四十一
来園／府会計課長、社協山岡氏南寮に来園。

出張／ホームセット、茶器、コーヒ茶碗等丸物に買に行く。共同募金会に提出の使途変更願、繰上配給申請書を作る。

来園／住友信託の増谷氏来園。（南寮）園長留守中に二百万円受領の挨拶と徳永さんの方考えてほしいと依頼の為。

四月十七日　日　雨　男十五　女四十一
今日も終日雨。

四月十八日　月　曇　男十五　女四十一
部屋替／一部部屋替をなす。

出張／共同募金局に書類提出。受配施設の看板頂いて帰る。府の黒川さんにお目にかゝり先日の厚生大臣の認可証を頂いて帰る。

市からの扶助費はまだ出ない。明日わくが決まるからとの事であった。二十八日頃理事会開催の予定、種々手配す。

四月十九日　火　曇　男十五　女四十一
八十名に定員変更の届書を作る。市へ行く筈がそれで行けなくなった。南寮洋館のはめ込み戸棚の修理をして事務所に持って来る。

四月二十日　水　曇　　男十五　女四十一

出張／昨年三月三十一日現在で園の状況調査報告を二十日に出さねばならないので、之を作り、一、二、三月分の健康保険勧奨交付金申請書を作り、共募臨時費配分申請書と各々提出す。市へ工事完了届を出したが杉村さん留守。白十字に税務署よりの書類持参す。園長岩崎さん各理事訪問。

四月二十一日　木　晴　　男十五　女四十一

園長帰国／園長夫妻帰国。

上田春太郎の転出証明書は発行した区役所まで行かなければ駄目との事。府の第二回扶助金請求書を提出する様との事で早速書類を作る。市の杉村さんから電話あり。工事完了届と指令書の写し、先の五十万円と後の五十万円の両方を各一部づゝとの事。

四月二十二日　金　晴　　男十五　女四十一

出張／市に書類提出。三月分扶助費、事務費受取る。府は田中さんも三上さんもお留守。営繕課の高屋さんに書類あづけて帰る。

太秦署より明日美空ひばりの一行が慰問に来て下さるよし連絡あり。

四月二十三日　土　晴　　男十五　女四十一

入院／増田信造ろくまくの為中央病院に入院さす。

慰問／美空ひばり、トニー谷の一行斉藤監督引率のもとに慰問の為来園。会場がせまくて誠に残念ながら大覚寺の前殿を使ったらという事であったが、行けない人も多くなるのでやはり園でという事になり大入り満員で、にぎやかに夕方五時迄面白く過させて頂く。

選挙／本日府市会議員選挙、嵯峨小学校で一同投票。南寮の者も皆投票を済ませて来園、夕食をこちらで済ませて帰った。

府社会課医療係の奥野さんより電話あり。月曜日中に六月から十二月迄の保護治療を受けた件数と金額、医師の治療以前の件数と金額、目下申請中のものについて右調査して提出してほしいとの事なので、金額については市で調査しなければ判らないので、月曜日に市に行ってしらべて早速通知する旨返事して置いた。

四月二十四日　日　雨　　男十四　女四十一

岩崎さん夫妻の健康保険加入の資格申請書提出す。分園にいくら電話しても通じないので府からの申出のあった医療に関する件が困る。

四月二十五日　月　晴　　男十四　女四十一

出張／市へ増田信造入院の件、増田亀太郎義歯の件、杉村さんに交付金の件、肥料汲取の件等で出張。増田は二人とも申請書出して置く様との事。杉村さん第一回第二回交付金の受領の日を知らせてほしいとの事で帰宅後直に電話す。肥は係の人不在。府社会課で田中さんにあい定員変更の事は三月三十一日付にして市に提出する様との事であった。府の交付金申請書は先日の分に尚追加の書類あり。早速そろえて提出する様との事であった。
園長帰園／夜園長帰園。
府に二十九年六月から十二月迄の医療調査書提出。

四月二十六日　火　晴　男十四　女四十一
出張／中央病院で立川先生から増田の初診券と意見書を頂く。丁度ろくまくの水を取られるので立会う。四百cc取られたが尚二、三倍の水がたまっているよし。健康の有難さをしみじみと感じ働ける体の有難さをつくづく思う。市で申請書用紙を提出、医療券の追加をもらう。交付金は資金繰りが今のところむつかしいが、来月はなるべく早く出したいと思っているとの事。汲取の件につき西大路松原西入下京下溝出張所に行き南寮の件依頼す。四、五日内に行くとの事。一荷二五円の由。

四月二十七日　水　晴　男十五　女四十二
入園／午前中に石橋才吉入園、午後野瀬チカ入園。
寄附／西田小太郎氏より寄附金持参下さる。

四月二十八日　木　晴　男十五　女四十三
入園／奥田ハル入園。

四月二十九日　金　晴　男十五　女四十三
園長西田小太郎氏の奥さんの一周忌のおまいり。府費補助金の申請書の添付書類作成。

四月三十日　土　晴　男十五　女四十三
出張／銀行で売買契約書作成してもらったのを(写)もらって府社会課へ他の書類と共に提出。田中さん留守で他の人に渡して置く。社会福祉事業振興会への提出書類見せたところ、これでは寿楽園が勝手に事を運んでおいて後でごりおしに事後承諾を求めているみたいだから、府も厚生省も事業変更については内諾を与えた旨書いた方がよいとの事なので、当方では遠慮していたのだがその方がよいのなればそうさして頂く事にして書類持帰る。
理事会／本日理事会開催。予算、決算、此度買収した物件の基本財産への繰入れ等に関し承認を得。

五月一日　日　晴　男十五　女四十三
雨は夜の内に降って朝はすがすがしい新緑。帳簿の整理をなす。

五月二日　月　晴　男十五　女四十三
出張／岩崎さん六大（新報）に封筒受取に行かる。桂の区役所出張所で上田春太郎の転出証明書の件相談したところ、区役所で理由書出して再発行してもらう様との事。四月分は現物で受取しかないらしい。
府社会課から山本組の工事竣工届の写しを見せてほしい、当初度調弁費の領収書の写しなり見積りなりを添付する様との事なので書類作成。
南寮／南寮に小林さん来園、雑草を取る薬を下さる。

五月三日　火　晴　　男十五　女四十三

来園／白十字社の藹川さん来園、明日の招待券持参下さる。

五月四日　水　晴　　男十五　女四十三

浪曲大会／今日明日新聞会館で浪曲大会。お天気もよく昼夜とも大入満員。午後〇時からの分に園生をつれて行く。こんなよい顔ぶれのをラヂオでなく実際のを聞かせてもらう等、おそらくこれが最後と思います、よい死にみやげでしたと園生一同大よろこび。

横川、府庁社会課へ見積書、領収書写し提出。山本組へ行って工事請負い年月日しらべて社会課に報告。

五月五日　木　晴　　男十五　女四十三

浪曲大会／昨日は学生さん達朝の八時から色々と会場の準備された由なので、今日は少し早目に出かけ楽屋のそうじ等手伝う。今日も昼夜とも大入満員。

五月六日　金　晴　　男十五　女四十三

出張／住友信託に十万円持参す。

交付金受領／市役所に行って会計で聞いて見たら交付金二十万円出ていたので受取り、後の分も早くして頂く様御願す。これで市の勧奨交付金五十万円は領収済み。社協に四万円返済す。

市の係長と楠さん九日頃一度南寮に行くとの事。男子七人程入れてほしいとの事であった。洛北寮の男を一人転寮させてほしいのだがとの事なので、よく相談してから返事させてもらう由返事す。本日主食申請書提出。転出証明はやはり嵯峨の豆区役所でとる事になっているよし。

五月七日　土　曇　　男十五　女四十三

出張／病院へ増田の転出証明書を提出。ベッドを売っている店へ見に行ったところ必要ならば集めるとの事なので、寸法等よく当って何れ電話する事とす。山本組へ行ったが留守。

園生の可愛がっていた黒ちゃん今朝死亡。花畑に埋めてやる。

五月八日　日　晴　　男十五　女四十三

今日は嵯峨仏徒連盟の花祭り。大覚寺から白象のおねりがあり園生も行列を見に行く。請求書作る。

五月九日　月　晴　　男十五　女四十三

出張／明日は感謝日なので相互から寄附金を頂きに行き銀行で小さくしてもらう。今月は従来通り百五十円づつ配分出来るが人がふえると減額しなければならない。

五月十日　火　晴　　男十五　女四十三

御下賜金／本日天皇陛下からの優良施設への御下賜金拝受。金壱千円也。

来園／府社会課三上係長、田中さん来園、経理の点色々教えて頂く。

出張／市に請求書提出。市の交付金はも少しおくれるよし。府のは今日出ているそうなけれど三時半までなので間に合はず。

五月十一日　水　晴　男十五　女四十三

府の補助金受領。直に住友信託に入金。土地の登記の件急いでもらう様増谷さんに依頼す。火災保険の馬淵さんにお目にかゝり明日一度来て頂く様依頼。

五月十二日　木　雨　男十五　女四十三

来園／日新火災の馬淵さん来園。新築した便所、物置等実測してもらって、保険料の件等よくよく話し合う。南寮に尾羽瀬、松本両氏来園。

五月十三日　金　曇　男十五　女四十三

市より連絡あり、十七日に北寮に女二、男三を南寮に送るとの事。免税申請書を作って府へ提出の筈のところ土地の登記が明日完了するので、銀行に支払にいかねばならないので、明日にのばす。信託に百万円の領収書内訳を土地と建物に分ける為六十五万円と三十五万円に分けてもらう様増谷さんに依頼す。

五月十四日　土　晴　男十五　女四十三

出張／住友信託で壱百万円支払をなす。分割領収書は後日御礼がてらとどけるとの事。府社会課法人係に免除申請書提出。市から定員変更の届がまわって来たから来週中位には承認書を出せると思うとの事であった。市の保護課に増田亀太郎の歯科の医療申請書提出。

五月十五日　日　晴　男十五　女四十三

来診／朝松田先生来診。古谷キク、奥田ハル二名、お薬、入用な医療器具等相談す。

五月十六日　月　曇小雨　男十五　女四十四

入園一／石本すず入園。足腰立たず。一週間くらい前から動けないとの事だが、相当以前から寝込んでいるらしく一年程も入浴していないよし。床ずれも出来ている。

出張／奥田のおばあちゃんは大変よくなり発作も起きず。今日は入園後はじめてどうしても前に居た所に行き度いというので細井さんの宅まで送りとどける。

寄附／京都新聞社に行き、ぽんと町、加茂川踊のげいこはん達があゝしんど罰金のつもりつもって五千二百四十円になったのを養老院に寄附してほしいと云う事の由。皆寿楽園にあげるとの事だったので頂きに行く。之は何かまとまった品物にして記念とするつもり。

勧奨交付金／市役所に行ったら後の交付金の追加分五十万円が出ていた。補助費はまだのよし。京都銀行に預け入れ。

寄贈／白十字社より後援会に七万五千八百九十円寄贈（後援会）。

五月十七日　火　晴　男十七　女四十五

入園／南寮に増田熊吉と中嶋信一、中西シゲの三名入園。和田より土地の登記の謄本（所有権移転）受領。手数料支払をなす。

五月十八日　水　晴　男十七　女四十五

出張／病院で増田の退院後の外来内科の医療券申請書の必要事項を立川先生に記入して頂き市に提出。先斗町歌舞会に行ったが昨日今日は休みで誰も居られずそのまゝ帰る。

寄贈／仁和寺で死んだお爺さんの衣類を寄贈さる。

五月十九日　木　晴　　男十七　女四十五

来園／午後府営繕課長、高屋、十川の三名来園。夕方共募の山海事務局長、積慶園の古村の両氏来園（南寮）。

消防訓練／寿楽園（北寮）出火の想定のもとに消防署の訓練あり。昨年水道が引けて後はじめての事とて水道の防火栓の試験も出来、又大覚寺の貯水槽も使用して之も利用出来得る事を確認さる。

　右京社会福祉協議会評議委員会あり、園長出席。調理師の試験の為の講習の申込みをなす。

五月二十日　金　雨　　男十八　女四十五

入園／南寮に男子一名（前田信二郎）入園。

来園／増谷さん来園、領収書持参。お祝いを何かして下さるよし。松田先生南寮に来診。

出張／先斗町歌舞会にお礼に行く。市役所に行ったが扶助費まだ出ず。もう四、五日待ってほしいとの事。

五月二十一日　土　曇　　男十八　女四十五

慰問／朱雀第二婦人会の方約九十名北寮に来園。おみやげに壱千円いただく。

　お大師様の日なので石鹸、紙等を配分す。

五月二十二日　日　晴　　男十八　女四十五

来園／小林氏、小川氏来園。（南寮）除草用の薬頂く。

五月二十三日　月　曇雨　　男十八　女四十五

お祭／今日は愛宕、野々宮両社のお祭で園も特別献立で御馳走。朱二婦人会よりおみやげの壱千円でいちごと砂糖ミルクを買って頒つ。

来園／吉田戒雲氏南寮に来園。

　市の楠さんから電話あり。保護費事務費が出たよし、明日朝来て下さいとの事。南寮にベッド五台到着。病室にすえて見たがちときうくつの感あり。

五月二十四日　火　晴　　男十八　女四十五

出張／市へ扶助費受取りに行く。同和園の武田さんにバスで一しょになる。道具屋で診察室用の椅子二脚注文す。大丸で病人用ナイロン布買う。三和で現金にして帰園。

五月二十五日　水　晴後雨　　男十八　女四十五

　診察室殆ど出来上り。

五月二十六日　木　曇　　男十八　女四十五

出張／調理師受験願を府へ提出。受かったら又免許証下付願を出すのだそうでその手数料が又三百円入用。一人約壱千円かゝる。

　右京社会福祉協議会施設部会に園長出席。

寄附／西田小太郎氏より一万円也寄附頂く。夜松田先生を御たづねしぜんそくの薬その他の件につき種々御相談す。

五月二十七日　金　曇　男十八　女四十五
出張／右京社会福祉協議会第一部会開催、横川出席。分園の山本有綱氏部会長と決定。
来園／京社協の山岡氏南寮に来園。健康保険の市の勧奨交付金、第三、第四四半期分受領。
五月二十八日　土　曇後雨　男十八　女四十五
寄贈／住友信託からお祝いとして事務所に掛時計を頂く。
今度入園した中嶋信一退園し度いというので民生委員さんか安定所の係の人に来てもらって話しする様云ったら朝五時頃出かけたまゝ帰らず。画工で変人なので集団生活にはたえられぬものらし。
五月二十九日　日　曇　男十八　女四十五
五月三十日　月　晴　男十八　女四十五
講習／今日から調理師試験のための講習あり。女は全員受講するので後の食事はなるべく簡単にして園のおばあちゃんにたのんで出かける。民生会館が会場。
五月三十一日　火　曇　男十八　女四十五
講習／昨日に引続いて今日も午前中受講の為出席。
シーツ用布、来客用ねまき等買求めの為大丸による。南寮で職員打合せ会。
退園／中嶋はやはり退園することとなる。
六月一日　水　晴　男十七　女四十五
来園／ロサンゼルスの曽我部氏が観光団を引率して内地に来られ南寮に立寄られたので六大の松本氏、仁和寺の事務長、高野副議長の阿部野氏等来園さる。曽我部氏丈一泊。
六月二日　木　曇小雨　男十七　女四十五
中嶋の退園届、転寮者の調査等市へ提出。三日に八名入園の決定書を出してあるからとの事。
六月三日　金　晴　男十九　女四十八
入園男二女三／結城タネ、小西ヤス、寺田清聯、同貞、小林兼次郎の五名南寮に入園。夫婦者は離れの四畳半に入れる。大分にぎやかになった。
出張／主食申請書を提出。
来園／右京保健所から南寮に来園。右京区役所の帰り湯浅さんのところに行って寄附の事御願したら、材木組合というのがあって寄附等は組合からまわって来るからそちらへ話したらとの事で御主人の兄さんが組合長との事でよく御願して置いて頂く様たのんで置いた。
六月四日　土　晴　男二十　女四十九
入園／山本米次郎、大給□□〔空白〕の二名入園。
来園／午後南寮に府社会課長と厚生省の厚生課長と鞍岡さんの三名来園。それから園長大覚寺を案内して園長丈北寮によって南寮に帰園。入園者数が今度の様に一時に多い場合、来月迄計算が出来ないと困るので、追加申請してよいか配給課に聞いたところしてもらってよいとの事。転出証明書が出揃はないので全部揃ってから申請する事とする。

六月五日　日　晴　　男二十　女四十九
　白十字会の藹川さんより電話あり。十日に天龍氏一行三名で老人を慰問し度いとの事。なるべく一人でも多く御老人を慰め度いとの趣旨のよし。会場としては南寮がよいけれど収容者は北寮の方が多いので、何れ相談の上御返事する事とす。
六月六日　月　曇　　男二十　女四十九
　白十字より電話あり。十日午後三時より一時間北寮に天龍三郎氏の慰問決定。
出張／園長、岩崎両名相互に挨拶の為出張。
六月七日　火　曇小雨　　男二十　女四十九
出張来園／園長、岩崎相互に挨拶。例月の寄附金もらって帰らる。
　右京消防署より来園、避雷針をしらべに来て下さったよし。高い木もあるし取って置いた方が却って安全との事で導線を掘り返してもらったところ、随分長くて小林電気屋さん兄弟に園生もお手伝して大さわぎ。固定資産税免除申請は税務署の方では本咲さん名で出ているから、本咲さん名で寿楽園に売り渡したと云う書類出す必要あるよし。
六月八日　水　雨　　男二十　女五十
入園／西京極から安井ヒデ入園。
出張／市保護課から電話あり。請求書早く出してほしいとの事。岩崎さん持参。市としては三十名しか入園させない方針らしいよし。四十名に増員の変更申請書出す必要あるらし。
六月九日　木　曇　　男二十　女五十
南寮で経理の引継ぎ等につき打合せを行う。
六月十日　金　晴　　男二十　女五十
浪曲会／天龍三郎、日吉川斉誠、天龍若桜三氏老人慰問の為午後三時より来園。南寮からも園生が来られる者は来て、近所の人もビラを見て来られ、夕方まで熱演に聞きほれて楽しい半日を過す。
六月十一日　土　雨　男二十　女五十
出張／薬品注文の為現金書留を太秦より送る。今日は雨だが昨日でなくてよかった。医療券の件で中央病院に行く。
六月十二日　日　晴　　男二十　女五十
調理師試験／東山七条女子大で本日調理師試験あり。職員、炊婦計八名受験。
来園／山本組より二十九万円の第一期工事の十、一の整理書類持参。
六月十三日　月　晴　　男二十　女五十
試算取得税に関し岩崎さんが府税事務所に出張、結局収めなくてもよいけれど、府の証明を必要とするよし。
厚生省関係の増築に関する書類を全部一まとめにして整理す。
六月十四日　火　曇　　男二十　女五十

出張／増田の四月七日迄の医療券の件あまりおくれている し、市保護課で再発行してもらって病院に送る。銀行で預金を引出し、社協にパス代三千円支払う。

六月十五日　水　曇後小雨　男二十　女五十

青葉祭／本日青葉祭。誕生仏が今日のところ一体しかないので、今日北寮でおつとめをし、南寮では明日という事にする。園長北寮に来園。お昼は御馳走をし、お供養のフィンガービスケを一同に配分。

今日入園者の住民登録をなす。

散髪奉仕／福嶋氏散髪奉仕の為来園。

六月十六日　木　曇、雨　男二十　女五十

南寮で青葉祭のおつとめをなす。中尾はるさんの容体悪く、松田先生に来て頂く。

福嶋氏／福嶋氏本日も来園。

六月十七日　金　雨　男二十　女五十

出張（扶助費）／扶助費が出ているとの市会計よりはがきが来たので受取りに行く。後の入園者の委託書受領。

同和園にいる三間というお爺ちゃんが寿楽園に来度いという本人の希望があるとの事だそうで、園長ともよく相談して返事する事とす。綜合委員会に横川出席。五人以上の従業員のあるところでは失業保険に強制加入のよし。

六月十八日　土　曇　男二十二　女五十六

入園／南寮に長谷川伊三郎、同いそ、松尾久栄、山口とめ、岡本吉太郎、梅原幸、三国正江、北寮に矢部あい入園。

養老連盟／二ヶ月抜けたが同和園で養老連盟あり。横川、岩崎両名出席。市より七月以降今日迄市で取扱っていた事務一切を七区の安定所で取扱う事になったよし。相当問題はあると思はれるが、施設側としては又一度集って具体的な面について相談しなければという事であった。

三宝院訪問／帰途三宝院に楠さんも一しょに行き内部拝観させて頂く。岡田宥秀氏は留守。戒玉氏は大分気分もよろしいとの事。

六月十九日　日　曇雨　男二十二　女五十六

大覚寺青葉祭／大覚寺で青葉祭があり寿楽園の老人と近所の子供さんを招いて園児、学童の舞踊、嵯峨野高校演劇部員の劇等あり。園生多数出席。（午後一時より夕方迄）お天気が悪くて南寮からは来なかった。

六月二十日　月　晴　男二十二　女五十六

出張／主食追加申請書を区役所に提出したら転出証明書が出張所からまだまわらないので一応返すとの事。住民登録を区役所出張所に今日出したところなので、それがまわってからとする。

中尾ハルさんの容体大分悪し。今日明日中か？

六月二十一日　火　晴　男二十二　女五十六

葬儀／中尾ハル死亡、午後三時出棺。白梅町で市広報課の映画を作るとかで霊柩車を撮映された。お大師様におむか

へに来て頂く来て頂くと云っていたのに丁度お大師様の日にお葬式で本人の霊もよろこんでいる事だらう。

六月二十二日　水　晴　男二十二　女五十五

市役所より電話あり。東山区から急ぐケースが一人あるのでたのむとの事。中尾のあとには北サガ直指庵の留守居している山内というお婆さんを入れる事となる。

六月二十三日　木　晴　男二十二　女五十五

出張／主食申請書（追加）不動産取得税免税申請書提出。来園／坂根さん来園。寿楽園育ての親なので、立派になったと大変よろこんで下さった。

白十字に税務署から来た保証書を送る。

六月二十四日　金　晴　男二十二　女五十五

六月二十五日　土　晴　男二十二　女五十六

入園／北嵯峨の直指庵に居た山内フクさん入園。

出張／市役所で初診券をもらう。

六月二十六日　日　曇小雨　男二十二　女五十六

慰問／饗庭さん達の慰問南寮に来園。十時頃から四時頃まで色々演芸の交換をして楽しむ。何時ものようにぶどう酒を御持参。古布、小切等沢山頂く。

寄附／西田氏より寄附金頂く。

六月二十七日　月　曇　男二十二　女五十七

入園／石田スエ入園。

出張／病院に増田を見舞い、初診券を渡す。市役所に行ったが楠さん留守。

六月二十八日　火　晴　男二十二　女五十七

決算について東京寝具に先日の蚊帳の受領書を分割してもらう。伝票の整理をなす。

六月二十九日　水　晴　男二十二　女五十七

火災保険の馬淵さんから電話あり。明日来てもらう様依頼す。

六月三十日　木　晴　男二十二　女五十七

調理の試験は全部合格。

来園／日新の馬淵さん来園。百九十万円契約す。

七月一日　金　晴　男二十三　女五十七

入園／同和園の水間さん入園。江頭氏が同道さる。

七月二日　土　曇　男二十三　女五十七

七月三日　日　晴　男二十三　女五十七

来園慰問／先日連絡があり、一応中止となっていた宇治の未亡人会婦人会の見学慰問あり。不意だったが幸い、園長も在園。園内を見学して帰らる。ビスケットを頂く。

六月分請求書を作る。来月から各区別の民生安定所扱となるので大変だと思う。

七月四日　月　曇　男二十三　女五十七

住民登録、主食申請書作成。中嶋信一は転出先不明の為手続き出来ず。請求書と共に出す状況報告書作成。

来園／水尾分園山本さんの奥さん来園。

七月五日　火　雨　　男二十三　女五十七
出張／市役所に請求書と収容者状況報告書提出。
来園　寄附／周山より来園、角田久吉の遺族の方、山本清一氏より寄附金を頂く。
七月六日　水　曇小雨　　男二十三　女五十七
出張／岩崎さん府庁、中央病院へ出張。
　京都バスが大覚寺前より開通し、寿楽園は特別に坂口氏より荻野課長に話してもらって一区間は寿楽園としてパスを購入誰でも乗れる事にして頂く。
七月七日　木　晴　　男二十三　女五十七
出張／増田の医療券につき市へ行く。七月発行でもあるし、六月分だが前住地で発行してもらうからとの事。相互により寄附金頂く。
七月八日　金　晴　　男二十三　女五十七
　南寮で職員の打合せ会をする。
七月九日　土　晴　　男二十三　女五十七
入院／石本すず昨夜大あばれして狂い方がひどいので、早速右京民生安定所に行き相談したところ、長岡病院に連絡して下さったところ、好都合に園長さんが京都で会合があるから、直行って診察するとの事。三時頃来診の結果、被害もう想との事で、早速夕方むかへの自動車をまわして頂き横川、小国の両名つきそい入院さす。
七月十日　日　晴　　男二十三　女五十六
感謝日／今日感謝日で園生に百円づつお小遣渡す。
七月十一日　月　晴　　男二十三　女五十六
出張／右京民生安定所に石本入園につき初診券その他の件につき出張。丁度保健所からも色々石本の事について来て居られたところで好都合であった。責任者は右京区長との事。
七月十二日　火　晴　　男二十三　女五十六
七月十三日　水　晴　　男二十三　女五十六
　共同募金より電話あり。事業計画並に三十一年度募金配分申請書を十六日中に提出する様との事であった。
来園／長岡病院から事務長さん来園。石本入院に関して法に依る手続の為園長印入用の為。
散髪／福嶋さん北寮に散髪奉仕に来園。
七月十四日　木　晴　　男二十三　女五十六
散髪／今日も福嶋さん散髪奉仕。
出張／横川、伏見民生安定所に増田信造の医療券の発行について出張。
七月十五日　金　晴　　男二十三　女五十六
養老連盟／洛東園に於て京都養老連盟開催され岩崎、横川両名出席。今度の七区民生安定所に事務が移管されるについて各安定所からも来て頂き、今後の事につき色々打合せをなす。初診券は施設所在の安定所に於て発行、死亡のあった場合は安定所に連絡して安定所から市営葬儀に連絡してもらい、葬祭券無しでも葬儀執行に支障を来たさぬ様して頂く事となる。

七月十六日　土　晴　　男二十三　女五十六

出張／共同募金局に書類を提出。

七月十七日　日　晴　　男二十三　女五十六

今日は祇園祭りで園生の内にも知人のある者はそれぞれ外出。

七月十八日　月　晴　　男二十三　女五十六

出張／中央病院に増田の件につき出張。

七月十九日　火　晴　　男二十三　女五十六

出張／岩崎さん府庁行、皆留守だったよし。

安田が退園し度いというので安定所に連絡す。大工仕事が出来るとかでも少し働き度いとの事。

七月二十日　水　晴　　男二十三　女五十七

来園／伏見の民生委員さん一行、十八名来園。午前北寮、午後南寮。

退園／安田定五郎退園。

入園／中村ミカ入園、下京山崎より話のあった人。

七月二十一日　木　晴　　男二十二　女五十七

出張／中央病院へ入院者については今後直接安定所に連絡してもらう様話し、下京民生安定所に行く。河田、矢尾、前田の件につき行ったが、皆ケースワーカーの人が係がちがうので一人づつ別に遇はねばならないので困る。午後山崎さんが来られるのでも一度出直して色々話をして帰る。請求書は出したら少し待てばもらえるらしい。

七月二十二日　金　曇　　男二十二　女五十七

中村みかの住民登録提出。明日の浄瑠璃会は延期のよし。

七月二十三日　土　雨　　男二十二　女五十七

出張／久々の雨で人も草木もやっと一息。右京民生安定所に初診券もらいに行く。庶務の人にあって扶助費の件聞いたら請求書が出て二、三日したら御払しますとの事。

七月二十四日　日　曇雨　　男二十二　女五十七

寄附／松尾神社から例年の通り昨日のお田植祭のお供のお下りをあげるからとの事で、リヤカーで岩崎さんと小国と英ちゃんの三人で頂きに行く。

七月二十五日　月　晴　　男二十二　女五十七

出張／岩崎さん府庁行。定員変更の件につき。

来園／吉田さんお嬢さんと一しょに来園。

七月二十六日　火　晴　　男二十二　女五十七

浄瑠璃／高田たつみ氏一行の浄瑠璃慰問あり。近くの方にも来て頂く。（南寮）おみやげとして二千円頂く。

七月二十七日　水　晴　　男二十二　女五十七

矢尾孝次が明日入院と決定。今日中に提出のはづの事務費調の報告書を作る。

出張／岩崎さん府庁へ定員変更届の件につき出張。

寄贈／京都食肉組合より肉とハム、ソーセージ寄贈さる。

七月二十八日　木　晴　男二十二　女五十七

入院／矢尾孝次中央病院に入院。

　下京民安に初診券提出（入院の為の）府庁に事務費調の調書提出。中京の人で入園させてほしい人があるが、何れ後より連絡するとの事。右京安定所でも一人入園させてほしいとの事であったが恩給があるよし。恩給の処置を充分納得させてもらってからでないと困るのでその点よく話して頂く様御願して置く。各安定所で入園者は直接園側と交渉して入園さす事に先達ての会合で話し合いが出来たよし。

七月二十九日　金　晴　男二十一　女五十七

　健康保険勧奨交付金申請書提出。主食申請書作成。

七月三十日　土　晴　男二十一　女五十七

来園／小松さん来園。明石の有料ホームにいられる親類の人をこちらにお世話になれないだらうかとの話。シャツ等ぼろを集めて置いたから取りに来てほしいとの事であった。住友信託増谷さん来園。

七月三十一日　日　晴　男二十一　女五十七

来園／松田先生南寮に来て下さる。看護婦さん世話して頂く様御願す。中々若い人では無いし相当年配の人では給料が安いので中々むつかしい。八月からお薬も施設のものを使って頂く事となる。

八月一日　月　晴　男二十一　女五十八

入園／谷すな下京より入園。

出張／右京民安で初診券受取り、右京区役所総務課で右京社協の提出書類の項目を書いて頂く。下京、右京、伏見の各安定所に保護費、事務費の請求書提出。右京は提出後二、三日内には出すとの事。下京も何れ連絡するとの事であった。伏見はがい算で請求書出してあるがまだ市から来ていないので何れ連絡するとの事。前田の歯科の医療券もらって帰る。

　夕方前田の代理の人から電話あり。こちらで歯を入れてもらうから四、五日とまるとの事なので、事情を話し兎に角一応帰る様伝えてもらう。

八月二日　火　晴　男二十一　女五十八

出張／岩崎さん上、中、安定所に請求書提出。府庁社会課へ定員変更の件につき出張。

　伏見民安より電話あり。前田の医療券が二人の医者から申請が出ているので困っているとの事なので事情を話したところ、歯科医とよく連絡して又返事するとの事であった。

八月三日　水　晴　男二十一　女五十八

　伏見安定所より電話あり。今歯科医師と共に前田が来て色々たのむので、医療券発行したからとの事なので、園の立場も種々説明したところ、それでは園の方はよい様に処置されたらよろしいでせうとの事で、いさゝか不おん当な云い方とは思ったが、何れよく今後の事は相談する事とす。

八月四日　木　晴　男二十一　女五十八
　東山安定所から電話あり。請求書が出ていないが、ひょっと失くしたのかと思ってとの事だったので、明日持参するつもりの旨返事す。
八月五日　金　晴　男二十一　女五十八
出張／岩崎府庁へ定員変更の件につき出張。横川、東山、左京安定所に請求書持参、市で前田の件につき楠さんに様子を話して置く。
八月六日　土　晴　男二十一　女五十八
八月七日　日　晴　男二十一　女五十八
　夕方前田帰園、ケースワーカーに来てもらって相談の上今後の事は話するにして本人には何も云はず。
八月八日　月　晴　男二十一　女五十八
出張／岩崎さん相互と東山、下京に出張。二安定所丈は今日出るとの事なので受取の為。
　夕方前田信二郎が退園を申し出る。三重県に弟が居て施設に入所するのを不賛成なので出るとの事。転出証明書を作る。
八月九日　火　晴　男二十一　女五十八
出張／花山火葬場の前に同和園で供養塔を建てられたので、お供養の法要に横川参列。京都養老連盟から千円お供す。
八月十日　水　晴　男二十一　女五十八
退園／前田信二郎本日退園。
出張／岩崎さん府庁へ定員変更の件につき出張。
感謝日／本日感謝日で相互よりのお小遣配分。
八月十一日　木　晴　男二十　女五十九
出張／成人保護対策委員会に横川出席。来月の老人の日の事に関し色々相談あり。
入園／田中うの入園。
八月十二日　金　晴　男二十　女五十九
八月十三日　土　晴　男二十一　女五十九
入園／福井利次郎入園。
八月十四日　日　晴　男二十一　女五十九
盆供養／北寮盆供養。園長北寮でとうば供養。西瓜の大きいのをお供えして明日分ける事とす。
八月十五日　月　晴　男二十一　女五十九
盆供養／南寮盆供養。今年は西瓜が豊年なので一同に大きなのを切って配分。紙や石鹸等配分。
寄附／大覚寺よりおそうめんを八十巴頂く。
八月十六日　火　晴　男二十一　女五十九
　嵐山の燈籠流しあり。園生もそれぞれ希望者は御先祖の霊を慰めて申し込む者もあり。夕方より見物に出かける。
八月十七日　水　雨　男二十一　女五十九
　南座より来信あり。引越し興行の文楽の人形浄瑠璃に招待するとの事。早速希望者を調べて南座に連絡したところ、二十二日十一時に開演の分に来る様との事。

八月十八日　木　曇　男二十一　女五十九

出張／府社会課に決算の事について教えて頂きに行く。銀行で預金引出し。

八月十九日　金　晴　男二十一　女五十九

社協に大阪の施設管理者現任訓練に岩崎、横川参加の申込みをなす。会費は会場で支払うとの事。

八月二十日　土　晴　男二十一　女五十九

ときわ子供会が二十三日慰問に行くとの連絡あり。

八月二十一日　日　晴雨　男二十一　女五十九

散髪／福嶋氏南寮に来園。明日行く人の散髪して頂く。

八月二十二日　月　晴　男二十一　女五十九

南座行／待ちかねの文楽招待の日。総勢三十七名。二階のさじきを一方洛東園、一方寿楽園に開放して頂く。京食のパンを持参しジュースを飲ます。

八月二十三日　火　晴しぐれ　男二十一　女五十九

慰問／ときわ子供会慰問。パン、ぶどう、西瓜等おみやげを頂き、舞踊、合唱等で慰問をして頂き老人達一同大よろこび。

八月二十四日　水　晴　男二十一　女五十九

出張／園長だいご行。老人の日について座談会に横川出席。南禅寺ハウスで開催さる。

慰問／北サガ子供会より慰問（北寮）。舞踊がとても上手なので地蔵盆に地元でやったが老人達にも見せ度いからとの事で来て下さる。

八月二十五日　木　晴　男二十一　女五十九

慰問／中京区西京北聖町子供会の方が老人に見せ度いからと劇や舞踊で慰問に来て下さる。おみやげにキャラメルを頂き南寮にも同じに配分。

連盟／京都養老事業連盟の月例会が今月は若宮寮で開催され岩崎さん出席。

八月二十六日　金　晴　男二十一　女五十九

新聞社から電話あり。風呂場の写真をとるから明日三時頃行くとの事。

八月二十七日　土　晴後雨　男二十一　女五十九

来園／大阪歯科大学から老人の歯について研究しているので協力してほしいと七人で来園、色々と調査さる。大覚寺と天龍寺を案内す。南寮に風呂場の写真をとりに松井さん達来園。

死亡／口野里き死亡、まだまだもちますとの松田先生の診断だったが眠る様に大往生。何楽しみとては無く、有難いという事の云えないあわれな老人だった。

八月二十八日　日　曇　男二十一　女五十八

葬儀／昨日が友引だったので今日は葬儀がこんでいたので、祭る事が出来なくて、園長朝来園、お葬式のおつとめをし御詠歌でお分れをして午後四時葬儀。

さがの子供会から慰問に来て下さる由なので南寮に来て頂く様連絡す。

八月二十九日　月　晴　男二十一　女五十八
慰問／さがの子供会南寮に慰問。舞踊、劇等で半日を楽しく過す。

八月三十日　火　晴後雨　男二十一　女五十八
出張／岩崎さん社協へ障子紙を買いに行き、北寮診療用のベッドの注文等に出張。横川右京民安に結城の初診券もらいに行く。口野の死亡届も提出。
来診／夜松田先生南寮に来診。

八月三十一日　水　曇　男二十一　女五十八
主食申請書、入園者の住民登録等す。社会福祉事業振興会の事業完了報告書作成す。

九月一日　木　曇　男二十一　女五十八
出張／近畿養老事業大会への提出議題等に関し打合せ会あり。園長出席。
講習／施設管理者現任訓練が大阪で開催され横川、岩崎両名参加。

九月二日　金　曇　男二十一　女五十八
厚生省より佐野事務官西下。是非南寮を見て頂き度いので、夕方来阪のよしなので八時に浪速荘を訪ねて御都合を聞いたところ、明日でないとわからぬよし。この由園長に連絡す。

九月三日　土　曇　男二十一　女五十八
今日佐野事務官の講義があり、その後五時半頃迄用事がある由なので済み次第一しょに京都へ来て頂ける事となり、夕方七時過南寮着。すばらしいものが手にはいってよかったと大変よろこんで頂く。府の社会課長も来園。

九月四日　日　晴　男二十一　女五十八
来園／佐野事務官北寮に来られ最初増築計画していた現場も見て頂き、やはり計画変更してよかったと云って居られた。

九月五日　月　晴　男二十一　女五十八
出張／岩崎さん河田の恩給証書返還の事について右京民安に出張。お米の配給についても中嶋の件につき問合せてもらう。今月から一名人員へらして区役所であづかって下さるよし。
老人の日の行事十日迄に報告する様との通達が来たので、一応園側の行事として浄るり会、本山まわり、日赤に来て頂いて老人の健康診断、十五日の祭典等計画す。

九月六日　火　晴　男二十一　女五十八
来園／中嶋信一来園、転出証明書をもらいに来た。丁度こちらでも手続しようと思って色々区役所と打合せをしたところへ、本人も前から安定所から連絡頂いて行かう行かうと思いつゝ、今日迄よう来なかったのでとの事で丁度よかった。

出張／午後野々宮町の役員さん三名来園。十日に町内の子供会から南寮に慰問に来て下さるよし。

診察／夜松田先生来診。色々お薬の注文あり。

各安定所に支払日の問合せをなす。

九月七日　水　晴　男二十一　女五十八
来園／北寮に松井記者来園。園の行事を報告す。

出張／岩崎さん上京下京安定所に支払、入園者決定等の件につき出張。

九月八日　木　曇　男二十一　女五十八
出張／園長、岩崎さん、伏見民安に林所長訪問。扶助費受取、先に申込みのあった入園者の件決定。

　右京民安より連絡あり。口野里きの死亡届当方からは三十日に出したが、まだまわっていないとの事で調べてもらう様依頼。十二日午前中に扶助費出すとの事。

寄附／横川、右京区役所配給課で米の通帳の数字訂正してもらう（中嶋移動の為）。相互で寄附金頂き、銀行で十日の園生配分金細かくしてもらう。

　アイスパレスに映画招待して下さるよし、市保護課に人員報告す。何れも一度連絡するとの事。タバコ配給依頼したところ十日に二百ヶ配分あるよし。

九月九日　金　雨　男二十一　女五十八
　老人の日の催物に地域の御老人を招待する為案内状を作ってそれぞれ常会長さんに連絡方御願す。


伏見民安から入園者は月曜日に入れてもらうとの事。市より電話あり。十一日には七時にバスがむかえに来て下さるよし。何れくわしくはバス会社から連絡があるとの事。

皆様お達者でございますか。今年も老人の日がまいりました。就きましては左記の通り催しをいたしますから、お誘い合せの上御来園下さいませ。お待ち申して居ります。

記

日時	場所	催物
九月十三日	嵯峨大覚寺前	腹話術
午后一時より	寿楽園北寮	人形劇　浪曲
仝　日	嵯峨天龍寺前	
午后二時より	寿楽園南寮	同　右
九月十六日、十七日	寿楽園北寮	
午前十時より		老人身上相談
午后三時まで	寿楽園南寮	
九月十七日	寿楽園南寮	京都日赤奉仕による老人健康相談、無料診察（薬湯の入浴もできます）
午前九時より　正午まで		
九月十七日	寿楽園南寮	浄瑠璃大会

午后一時より
その他週間中は色々の慰問演芸がございますので、
門前に提示致しますから御自由に御越し下さい。
社会福祉法人　寿楽園

嵯峨町内御老人様

九月十日　土　晴　男二十一　女五十八
来園／木田の心安い下駄やさん来園、老人の日に配給の下駄を注文する。松井記者来園（南）、老人の日の諸行事を聞きに来られたもの。

感謝日／本日感謝日、例月の通り相互のお小遣を配分。思えば有難い極みである。

慰問／野々宮町々内会から南寮に慰問に来て下さる。子供さんの舞踊、嵯峨校の田村先生の腹話術等で園生大よろこび。

出張／岩崎さん下京左京に扶助費受取の為出張。左京はも少し先のよし。

たばこ／専売公社でたばこ配分受領。

九月十一日　日　晴　男二十一　女五十八
北野神社から電話あり。十四日に小中学校から神社に奉納された図画を、あまり立派に出来ているので老人の日の贈物として持参するからとの事。十四日に子供さんの代表二名に職員の方がついて来て下さるよし。

来園／壬生の御所の内東部青年会の方四名来園、十八日の日曜に劇等で慰問して下さる由。くわしくは又後日手紙で知らせるとの事。

打合会／アイスパレスの帰りに職員一同南寮に集り老人の日の件につき打合せをなす。福引の景品の一部を買集める。

映画招待／朝七時北寮に観光バスをまわして下さり、こゝで希望者をのせ南寮にまわり、希望者全員乗車。アイスパレスまで連れて行って頂き、映画を見せて頂き、おみやげのお菓子を頂き帰りは又御所の方をまわって、行きも帰りもバスガールの案内を聞きつゝほんとに楽しい半日を過させて頂く。施設に入れて頂いたらこそこんなうれしい思いをさせて頂きますと皆大よろこび。

九月十二日　月　晴　男二十一　女五十九（入園一）
入園／古井入園。少し頭が変なのではないかと思える所がある。

九月十三日　火　晴　男二十一　女五十九
慰問／京都社会福祉協議会から人形劇、浪曲の慰問があった。北寮と南寮と夕方から泊りがけで水尾分園に行って下さった。一般の老人の方にも連絡して来て頂き楽しく半日を過す。

九月十四日　水　晴　男二十一　女五十九
社協慰問／京都社会福祉協議会より人形劇、浪曲の慰問あり。松本さんがお得意の舌切りすずめを見せて下さった。

先に北寮に来られ次に南寮へ来て頂いてそれから夕食の後、水尾へ行かれた。今日は一日中寿楽園の慰問、浪曲は駒恵、腹話術は田村先生でどうしても出られないので中止。北野神社から慰問に行くとの連絡あり。
慰問／北野神社より夏休み中の作品の図画持参で生徒さんと一しょに来園。誠に立派なのを沢山頂く。
寄附／京都新聞社を通じて金一封某夫人より寄贈された。

九月十五日　木　晴　男二十一　女五十九
としよりの日式典／今日老人の日。朝園長来園、北寮の式典をなす。八十才以上の老人には足袋を七十才以上には金一封をお祝いとして贈る。福引をしたが南寮の方は新しい者が多いので一入大よろこび。引続いて南寮で式典。
看護婦の小川さん本日より就任。
寄附／右京身障より中村妻吾楼氏を通じて湯呑とうどんを頂く。

九月十六日　金　曇雨　男二十一　女五十九
慰問／ベレー会より南寮慰問あり。人形劇、漫談、まんがクイズ等、お酒、おかし等のおみやげも頂く。サガ校の青少年、日赤の慰問あり。爺ちゃん婆ちゃんの似顔を画いて下さった。豆画家達大張り切り、おなかの皮がよれる程大笑いの大よろこび。皆自分の部屋にかざってよろこんでいた。婦人会も一しょに来て嵯峨婦人会と名入りのタオルを頂く。右京社会福祉協議会からは今年もさらしを頂く。

九月十七日　土　曇　男二十一　女五十九
浄瑠璃／高田タツミ師一行の浄瑠璃慰問あり。地域の御老人も多数来園、共に楽しい半日を過して頂く。
出張／園長、増築の件に関し府、市へ出張。
健康相談／日赤奉仕で午前中健康相談をなす。外来二十一名。

九月十八日　日　曇　男二十一　女五十九
慰問／御所の内町東部青年団の演劇の慰問あり。大変大がゝりなもので会場がせまく御気の毒であった位。然し老人達は大よろこびだった。
挨拶状が出来上ったが尚八十枚程不足、年々後援者が増加してうれしい事だ。

九月十九日　月　晴　男二十一　女五十九
のど自慢／京都市主催の老人のど自慢大会が円山の音楽堂で開催され、寿楽園も是非参加せよとの事で先日から嵯峨音頭等練習していたので、嵯峨音頭と中村ミカの京の四季、伊藤えんの月が重なりや等出演、おみやげを頂いて帰る。
出張／園長、岩崎さん二人増築の件に関し府、市へ出張。横川、市へ決算報告の書式の件で出張。杉村さんお留守。

九月二十日　火　晴　男二十一　女五十九
本山詣り／老人週間の行事の一つとしてエンゼル号を拝借して本山まわりをし、東寺、泉涌寺、三宝院、松尾神社等をまわる。今年はなるべく優先的に新らしい人を行かす事にした。
来診／長野さだが松尾神社に参拝の頃からしんどいと云って帰ると直就寝。早速松田先生に来て頂く。疲れたのだらうとの事で注射をして下さる。
九月二十一日　水　晴　男二十一　女五十九
市主催本山まわり／今日は京都市から東西本願寺、二条城等へバスでつれて行って頂くので（定員二〇名）小国が引率。朝八時バスが北寮と南寮に来て頂く。
出張／横川、府庁へ二十九年度事業の報告様式教えて頂きに行く。田中さんが居られてくわしく教えて頂く。長野さだの病状が悪いので、医師の来診を受けたところ赤痢らしいというので早速手続をし、京都病院に入院させ昨日便所を借りたという泉涌寺へ、岩崎と横川消毒に行ったところ、泉涌寺へ電話あり。長野の様子が悪いので直病院へ行く様との事で病院へ行ったらすでに死亡。昨日元気で本山詣りをして今日は本当におまいりしてしまったわけ、本人としては誠に楽な往生であったわけ。横川と小川さん病院にお通夜をなす。全員検便する事となる。
九月二十二日　木　晴　男二十一　女五十八
葬儀／病院から火葬場へ行きお骨を園に持ち帰り葬儀をなす。身内の方が来られて丁寧におとむらいして頂いて有難いと涙を流してよろこばれた。
　森きぬ発熱、然し松田先生の診察ではこれは風邪の熱との事。
出張／横川、京都病院に後片づけの為行く。左京民安にも報告の為行く。左京には澤井さんが第二係長で行っていられて好都合。
九月二十三日　金　晴　男二十一　女五十八
来園／右京保健所から来園。南寮で色々話をして一しょに北寮迄来て園内を見て頂く。消毒の事、薬品の事等指導して帰られた。「はいらず」を買って食物を二日分づゝ残す事となる。こうして置くと万一の場合同園の食中毒かどうかが直にわかるとの事。
九月二十四日　土　晴後小雨　男二十一　女五十八
出張／白菊会が慰問に来て下さる筈になっているので、この際遠慮した方がよいと思うので、早朝岩崎さん五番町まで断りに行ってもらう。園長、荒木氏宅へ先日の寄附の御礼の為訪問。
九月二十五日　日　曇　男二十一　女五十八
出張／園長、横川園の後援者である綾小路醒ヶ井の村川氏、府庁東のうるしやさんへ御礼に参上。
　午後保健所より電話あり。一名も保菌者は無しとの事で、一ぺんに明るい気持になる。
九月二十六日　月　晴　男二十一　女五十八
出張／京都市中央病院へ丹羽、山口、山本等連れて行く。丹羽がレプラの疑があるので京大で診てもらえとの事でびっくり仰天。山口はまつ毛が内側へ巻いているから一寸手術したらよいとか。山本はトラコーマのひどいので室があいたら入院させて頂く事とす。

九月二十七日　火　晴　男二十一　女五十八

出張／丹羽を連れて京大の特別研究所で綿密な診察の結果ベニタムシとわかりほっと一安心。

市の保護課から電話があり。全員も一度検便する様との事。

九月二十八日　水　晴　男二十一　女五十八

出張／府庁へ書類持参したところ、前のと少しちがうよし。訂正する事として、尚山本組の受領書写し、家屋の登記の謄本を添付する様との事で、山本組に立ち寄り写しの用紙もらって来る。

検便／本日検便持参。先日ので大丈夫とは思うけれと何となく不安な気持。

市役所で書式教えてもらうつもりのところ印刷にして郵送してあげると杉村さんが云って下さったのでそのまゝ帰る。

九月二十九日　木　曇　男二十一　女五十八

出張／右京民安に長野の死亡通知（変更届）提出。中央病院に矢尾、増田を見舞う。皮膚科の先生に先日の丹羽の件御礼に行きベニタムシであった事報告す。社協に市電パス代支払。園長、住友信託に仲介料支払の為出張。

九月三十日　金　晴　男二十一　女五十八

入院／保健所より電話あり。桝谷と佐治に菌があるから入院せよとの事で早速病院からむかへに来られ入院さす。健康保菌者なのでどちらもぴんぴんしているのだが、どちらも普通でない人ばかりなので病院でさぞ困られる事と思う。

十月一日　土　晴　男二十一　女五十六

出張／京都病院に二人を見舞い左京、南安定所に二人の入院の件につき一切を依頼す。社協にパスをもらいに行く。岩崎さん、府、市保健所に報告の為出張。

十月二日　日　晴　男二十一　女五十六

出張／京都病院から電話あり。病人に付添いを附けてほしいとの事なので、何分日曜の事とて安定所に連絡のしようも無し。止むを得ず横川と小川さん病院に行き色々事情を話してたのんで洗濯物等片づけて帰る。

十月三日　月　晴　男二十一　女五十六

出張／左京民安に佐治の附そいの件につき相談に行く。病院としては完全看護の立前だが人出がなく、桃山学園の赤痢で多数入院患者があり手がまわりかねるので、なるべくは病院でするけれど、四日目か五日目位に洗濯に来てほしいとの事でこの点承諾す。

上と北安定所に請求書提出。

十月四日　火　晴　男二十一　女五十六

出張／丹羽をつれて京大に受診（小川）。

十月五日　水　曇　男二十一　女五十七

主食申請書提出方請求あり。今月はいろいろとごたついたので遅れたので早速作成。

入園／大西シヲ入園。之は前松田の家にいた人で是非北療にとの希望。

十月六日　木　晴　男二十一　女五十七

出張／右京区役所に主食申請書提出（横川）。

気になりながら臨時費の決算その他の整理が出来なくて今日も殆んど徹夜で整理す。

十月七日　金　晴　男二十一　女五十七

来園／府庁から三上主事、水江係長来園。臨時事業について種々の点監査に来られた。タイルを大理石にしたのや便所等の模様変えによる差額の事等尚よく営繕課と相談して見るとの事。

十月八日　土　晴　男二十一　女五十七

出張／相互、銀行（横川）。相互で寄附金受領。南安定所で扶助費、事務費受領（岩崎）。京都病院に佐治、桝谷見舞と洗濯（小川）。

十月九日　日　曇　男二十一　女五十七

寄贈／山口登めが以前に三年程奉公していた家からテレビを寄贈され南寮にとりつけをなす。

高橋ゆき吐血、早速松田先生に診察して頂く。今のところ何とも云えないがガンではなさそうとの事。

十月十日　月　曇　男二十一　女五十八

感謝日／本日感謝日で相互からのお小遣を皆に渡す。

入園／北小路入園。奈良県の大淀美吉野園にいたのだが京都の施設があく迄と無理にたのんで入れてあったとかで、南寮に入園。大分変り者らしい。

十月十一日　火　晴　男二十一　女五十八

南寮の事務所がとても寒いので扉を入れてもらう。

出張／下、南、伏、左京より扶助費、事務費受取り。

十月十二日　水　曇　男二十一　女五十八

慰問／吉祥院婦人会より慰問参観。

十月十三日　木　晴　男二十一　女五十八

寄贈／三条大橋翠松閣より古雑誌寄贈（横川小国受取）。

十月十四日　金　晴　男二十一　女五十八

出張／成人委員会に横川出席。東京に於ける全国大会に関する件。寿楽園からは園長出席の旨申出をなす。矢尾の件につき南安定所行（岩崎）。

十月十五日　土　晴　男二十一　女五十八

来園／嵯峨婦人会の木村さん来園。十七日に生長の家のお話を聞く会を婦人会が開催し度いので場を借り度いとの事で承諾す。

十月十六日　日　晴　男二十一　女五十八

京都病院より電話あり。明十七日佐治とめ退院のよし、桝谷の方はこの次との事。選挙人名簿の作成おくれていたのを作る。

十月十七日　月　晴　　男二十一　女五十八

右京区役所より電話あり。選挙人名簿提出方督そくあり。丁度昨日出来ていたのでよかった。

出張／早速提出す（横川）。

退院／佐治退院。行きしなに中央病院に矢尾と増田を見舞う。増田は大分重態、二十数年つれそうた女房がありながら今こうして淋しい人生の終りをつげようとしている。そういう夫婦もあるものか。感慨無量なり。

婦人会で生長の家の講演会（南寮）。

十月十八日　火　雨　　男二十一　女五十八

学芸会／嵯峨小学校から学芸会に招待して頂き楽しんでいたが、ひどい雨で雨具の用意ある者丈二十五名程バスで行く事にした。表門が通行禁止になっていたら、バスの運転手がわざわざ裏の通用門までバックバックと車を返して下さった。心温まる思いやりに老人達よろこぶこと。切角の御招待であったが子供達のあまりにもさわがしいのに日頃静かな環境に馴れている老人達にとっては、劇の言葉は聞きとれないし、何だか頭がポーッとしたと云っていた。

出張／選挙人名簿の内訂正ヶ所あり、横川訂正に行く。

来園／谷山氏南寮に来園。市の恒川氏の坊ちゃん交通事故で御死去のよし、園長お悔みに行かる。

十日十九日　水　曇　　男二十一　女五十八

出張／決算書提出。

今夜半頃から台風が来るかも知れぬとの事で、南寮の方は雨戸があるので心配は無いが北寮は相変らず台風というと大さわぎ。兎も角大覚寺から竹を頂いていざという時にはちゃんとガラス所に支えの出来る様準備をなす。

十月二十日　木　曇後大雨　　男二十一　女五十九

養老事業連盟／松寿園で月例養老事業連盟の会合あり（岩崎）。

園長郷里で法事、帰郷出来ないので南寮で仏事をされた。

本日午後より嵐となる。被害はなし。

十月二十一日　金　曇　　男二十一　女六十

退院／桝谷、京都病院より退院の通知あり。お天気が悪いしのばしてもらえないか聞いたが、今日来てほしいとの事で小川さんむかいに行ってもらう。中央病院に増田を見舞う。先生もう駄目です、白い有難いじばんを着せてほしいので持って来てほしいと云う。明日にでも持ってくると約束す。

出張／南安定所に矢尾の件で行ったが、橋本さんは留守、川辺さんにお目にかかる。

帰ってみたら中央病院から電話あり。増田さんが是非横川さんに来てほしいと云っているとの事で、小国と一しょに出かける。善光寺で頂いたという南無阿弥陀仏と書いてある襦袢を持参、早く着せてほしいと云うので早速着せてあげると、ござをベッドのそばに敷いてその上に毛布を敷いてそこへ坐って話をしてくれと云う。女房へのうらみや身寄りへのうらみ等一ぱい持っていると思ったが、そんなものみな忘れてほかしてしまいましょうねと云ったら、そんな話がしてほしかった、もっともっと聞かしてほしいと云う。今更何と云っていいかわからないけれど、淋しいのだらうと思って手を握って色々と話したら今は何も思う事は無い、只よろこんでおむかえを待っている、早くおまいりし度いばかりと云う。意識がはっきりし過ぎて看護婦さんが困ると云って居られた。十一時頃までいて帰った。

十月二十二日　土　晴　　男二十一　女五十九

慰問／田中凡洋先生の還童会、教育舞踊研究会の慰問あり。一同にあめのおみやげ頂く。教育舞踊研究会もはじめの時よりずっと内容が充実して来られた様に思う。

時代祭に太田、長谷川の両名やとわれて参加す。

十月二十三日　日　晴　　男二十一　女五十九

右京保育園運動会／右京の保育園連合会運動会に招待して頂き、バスでむかえに来て頂いて立派なおかしのおみやげまで頂いて園生一同大よろこび。老人もスプーンレース、ざる引き等させてもらう。

来園／兵庫県加古川民生安定所よりバスで五十名来園、南寮北寮、大覚寺を案内す。

十月二十四日　月　晴　　男二十一　女五十九

来園／中川タキ氏一行三十名来園。北寮は前に一度来たからとの事で南寮に来られ、うちらにいるよりよっぽどよくてうらやましいと嵐山を眺めて感心して帰らる。

病院より電話あり。山本を明日入院させるとの事。

十月二十五日　火　晴　　男二十一　女五十九

入院／山本米次郎、中央病院にトラコーマ手術の為入院。増田さんの事気にかゝっていたがその後又持ち直しているとの事で、看護婦さんへのお礼の事又それぞれもたのまる。

下京民安に矢尾の件につき橋本さんに面会、定員超過の為当園としては止むを得ぬ事。尚長期入院の場合、入院と同時に事務費も保護費も打切りとなるのに、何時迄も部屋をあけて待つわけにも行かず、園としては養老施設への収容保護が病院への保護に切り替えられるわけで、入院以後は安定所で万事取り計かるべき筈であり、又退院の際も必ずしも好都合にもとの園に帰れるとはかぎらぬ立前になっている事等、まだ安定所の方には充分了解されていないらしく色々説明に骨を折る。

十月二十六日　水　曇　　男二十　女五十九

寄附／西田小太郎氏より例月の寄附金御持参下さる。

十月二十七日　木　晴　　男二十　女五十九

寄附／太秦唐渡町染工場社長より亡父の供養として五万円寄附頂く。香典返しを有意義にという事で太秦署長御持参下さる。
出張／中央病院から増田さん本日朝死亡の由連絡あり。わずらわしい此世の御行を終えて本人もさぞ満足に安らかな往生をよろこんでいる事と思う。病院から民安に連絡はしてあるが園からも是非来てほしいとの事で横川出むく。民安の係の方が三年も奥さんが入院して居られて増田さんの前のお部屋だって生前心安く、よくお説教に行ったよし、よいお爺ちゃんでしたのに家内も大分悪くて三号病舎につりましたとの事。株券の事もそれで話をしていたらしく、甥に渡した旨、尚之は本人が看護婦さんに御礼にしてほしいと云っていたので、その事を云うて渡してある事も話して置いた。

社協に行って財産登記の件に関して教えてもらいに行ったところ、裁判所横の芝田英也という事務所を紹介して下さり、そこから登記所に聞きに行って下さったら、財産に変化無かったという事にして来春間違いなく三月三十一日現在で登記されたらよろしいとの事であった。二度と間違いはしないけれど、何しろよくわからなくて、決算が出来なければ登記は出来ないものと思っていたので、この様におくれたが、実際に大きな財産の動きは五月中の事なので、三月三十一日では事実大きな動きは無かったわけ。この失敗二度くり返すべからず。肝に銘ずべし。

十月二十八日　金　雨　男二十　女五九
来園／右京医師夫人の会来園。堀夫人引率。南寮に来園。おみやげに石鹸、タオル等頂く。

白菊会より十三日に慰問に行くが差支え無いかとの問合せあり。楽しんでお待ちする旨返事を出す。
保健所来園／右京保健所より来園。北小路がものすごいしらみをわかしていて大さわぎ。三百人からの収容施設だったよし。手がまわらなかったのだらう。入園の際の持物は厳重にしらべて消毒も充分にしなければいけないと思う。こんなのはめったに無いけれど。

十月二十九日　土　曇　男二十　女五九
供養日／後援者各家御先祖、園物故者等の供養日で法要をなす。
来園／木村嵯峨婦人会長来園。十一日に昼は釈迦堂で夜は南寮の近くの加藤氏邸でよいお話がある。都合で又此次には会場を借り度いとの申出あり。

十月三十日　日　晴　男二十　女五九
来園／来月六日にお嬢さんが舞踊の慰問に来て下さるよし、その連絡の為来園（木村さんの奥様）。

十月三十一日　月　晴　男二十　女六十
出張／社協、府庁へ行く。途中で西原前課長にあう。

十一月一日　火　晴　男二十　女六十
出張／右京区役所に主食申請書提出。

十一月二日　水　晴　男二十　女六十

十一月三日　木　晴　　男二十　女六十
文化の日／明治の人間はやはりこの日はなつかしい。天長節の歌はなつかしい。歌えばプンと菊の香がする。園でも特別献立でお風呂をわかす。
十一月四日　金　晴　　男二十　女六十
社会事業大会／京都府社会福祉事業大会が岡崎の市公会堂で開催された。本年は児童部会も医療部会も成人部会も全部一しょに協議を進められた。他の科といえども同じく社会事業に属すること故、皆が知って置く必要があるからとの見解のもとにこの方法がとられたよし。
この朝前川養護所が火事があったよし。三十名の入寮者を各養老施設で分けて引取らねばならぬ様な話であったが、府の洛北に十三名とか収容されて、後はそれぞれ身寄りに引きとられたり、焼け残った所を利用されたりで整理が出来たよし。老人の施設はほんとに動作がにぶいので火事は一番おそろしい。
十一月五日　土　晴　　男二十　女六十
出張／財産目録並登記の件に関し府の了解を得ておいた方がよいし、又方法も教えてもらおうと思って黒川さんにあって話をしたところ、登記所でやかましく云はなければ、何れ十二月にでも府から一応は施設あて文書で出すけれど、その時事情を書いて出してもらえばよかろうとの事で了解して頂く。
十一月六日　日　曇　　男二十　女六十
慰問／木村さんのお嬢さん達一行が南寮に慰問に来て下さった。可愛らしい舞踊慰問。
十一月七日　月　晴　　男二十　女六十
出張／南区に扶助費受取(岩崎)。相互、共同募金に挨拶(園長)。
十一月八日　火　晴　　男二十　女六十
園長上京／本日園長夫妻上京。
映画／南寮に映画慰問あり。右京市民課より。「灯は消えず」と「荒城の月」。灯は消えずの中の市営葬儀の霊柩車がこの夏中尾さんの折に白梅町で映写されたものだった。
十一月九日　水　晴　　男二十　女六十
出張／東山扶助費受取（横川）。
十一月十日　木　晴　　男二十　女六十
感謝日／本日感謝日で園生に相互のお小遣渡す。
出張／小川さん中央病院に山本の見舞の為出張。
十一月十一日　金　晴　　男二十　女六十
右京市民課より北寮に十四日に映画慰問に行くとの連絡あり。本日釈迦堂と、夜南寮の近くの加藤氏邸でよいお話があるとの事で園生もお昼聞きに行ったが、声が小さくて聞きとりにくかって惜しい事だった。
十五日夕に菊浜婦人会より慰問がある由連絡あり。
十一月十二日　土　晴　　男二十　女六十

来園／永井さんが本咲邸としてあった頃に、謡曲のおけいこに毎週通った頃がなつかしい、一度行きたいとの事であったが、本日午後南寮に来園。
寄附／おみやげにと二千円包んで下さった。
十一月十三日　日　晴　男二十　女六十
慰問／白菊会の慰問あり。本日は嵐山でもみじ祭で町も大変な人出だったが、お天気でよかった。
十一月十四日　月　晴　男二十一　女六十
慰問／北寮に右京市民課よりの映画慰問あり。大覚寺をお借りして町内の人にも呼びかけ大入満員で一同大よろこび。
退院／山本米次郎退院。
十一月十五日　火　晴　男二十一　女六十
慰問／菊浜婦人会より慰問あり。
出張／伏、北、上、右、左扶助費受取（岩崎）。
十一月十六日　水　雨　男二十一　女六十
出張／折悪しく雨だったが、各理事さんを訪問。種々報告やら挨拶やらにまわる（岩崎、横川）。
十一月十七日　木　曇　男二十一　女六十
来園／西宮市社協鳴尾支部より視察の為来園。大覚寺も案内す。
慰問／南寮に洛西幼稚園より慰問あり。可愛らしいおゆうぎやお歌を聞かせて頂き、おみやげの果物を沢山に頂く。
落葉を拾い度いと天龍寺へ帰りに寄るとの事。庭のいてうが美しかったが毎朝はき清めるので、そんな事ならおいとけばよかったのにと残念がる。
十一月十八日　金　晴　男二十一　女六十
　園長帰園。
来園／相楽事務所より来園。北小路に色々話して聞かせて下さった。前にいた所でも中々がんこでよくなぐられたとかで、なる程何か話しかけるとにげ腰になると思ったが、やはりそれでかとうなずける。
十一月十九日　土　晴　男二十一　女六十
　園長高野山に関前管長猊下の病気見舞の為登山。
十一月二十日　日　晴　男二十一　女六十
来園／曇華院の後援会の帰りを山中さんのお婆さんとお連れとで南寮に来園。園生におみやげを頂く。
十一月二十一日　月　雨　男二十一　女六十
出張／中京民安へ扶助費受取（横川）。
十一月二十二日　火　曇　男二十一　女六十
　園長高野より帰園。
出張／社協へ健保勧奨交付金受取の為出張（横川）。
十一月二十三日　水　晴　男二十一　女六十
慰問／乾隆未亡人会慰問の為来園。
　中村ミカの入園前の奉公先であった中村富十郎氏の後援会が大覚寺で開催さる。その節赤い別ちん足袋を頂く。

十一月二十四日　木　曇　男二十一　女六十

明日南寮で京都養老事業連盟の会合があるので種々其の準備をなす。

十一月二十五日　金　曇　男二十一　女六十

養老連盟／南寮で養老連盟事業連盟の会合あり。施設の会合では今度南寮は初めてなので、少しお酒を出し薬湯をわかす。さゝやかなもてなし。十二月分前半の扶助費は大体出る事になっているよし。

十一月二十六日　土　曇　男二十一　女六十

山本米次郎の移送費請求書、退院届提出。

寄附／西田氏より例月の寄附金頂く。

十一月二十七日　日　晴　男二十一　女六十

供養／増田信造のお供養にと甥がパンを持参さる。病院の看護婦さんにも心ばかりのお礼をしましたとの事であった。

十一月二十八日　月　晴　男二十一　女六十

出張／事務所の変更の件につき角印持参してほしいとの事で水江さんにあいに行く。入園者（福知山より依頼の分）（西陣病院の件等につき）二人や三人で事務費を兎や角云はないからとの事なので、帰りに西陣病院に立寄り様子を聞いたところ、その内のお婆さんは此間の「灯は消えず」の中に出て来るお婆さんよりもっとこわい顔で、私の顔を地ごくからの使者をでも見る様ににらみつけて、私は死んでも養老院なんかには行きまへんと云う。養老院というところはどんなおそろしいところと思っているのだらう。丁度神仏の救ひの手がそこ迄のびているのにそれを知らずに自分の我の心をつっ張らして自から苦しみの谷に落ちて行く。よくある話だが他人事ではないとつくづく思った。

来園／寺本さん南寮に来園。

十一月二十九日　火　晴　男二十一　女六十

出張／府庁の提出書類に添付の写しに原本と相違ない旨の理事長の証明書と印がほしいとの事で持ち帰る（精算書の分）。事務所移転の為の定款変更の為の書式を教えてもらう。

十一月三十日　水　晴しぐれ　男二十一　女六十

出張／府庁へ訂正書類持参。

来園／北嵯峨の岡本綾子さん炊婦として明日より働いてもらう事と決定す。

十二月一日　木　曇小雨　男二十一　女六十

出張／右京区役所に主食申請書提出。

来園／分園の山本有綱氏来園。

十二月二日　金　晴　男二十一　女六十

出張／松尾神社よりお供の野菜を沢山に頂いたので御礼に行く。

十二月三日　土　晴　男二十一　女六十

十二月四日　日　晴　男二十一　女六十

明日高野山宗団代表者の集会あり。準備の為の印刷物等作る。
十二月五日　月　晴　男二十一　女六十
集会／高野山の集会、深夜までかゝって園長仲裁のもとに円満解決。
文化事報、松井さん来園、耳の早いこと。
十二月六日　火　晴　男二十一　女六十
来園／朝日、毎日、NHK、文化事報等来園。
出張／入園者の件につき市へ定員等に対する市の意向を聞きに出張。府から差支えない旨の文書をもらったら市もみとめるとの事で、無理せずこのまま見送る事にした方がよかろうと或る方からのお話。山本氏共募への提出書類に理事長印が入用とて来園さる。
十二月七日　水　晴　男二十一　女六十
出張／下、南扶助費受取（岩崎）。
来園／畔柳氏来園（南寮）。
保健所より発疹チブス対サクの為の薬剤撒布の日取を決定の為来園。中京民安より明日支払いするとの連絡あり。
十二月八日　木　晴　男二十一　女六十
出張／事務所変更の為の定款変更申請書提出。中京、伏見民安に扶助費受取（横川）。社協にて年末融資の件連絡会あり（岩崎）。水間が転寮希望申出たのでその由左京民安に連絡。
十二月九日　金　晴　男二十一　女六十
出張／右京民安に扶助費受取に来る様連絡があったので行ったら、最後の手続きをせず係の人が出張してしまったとの事で明日来てほしいとの事。馴れた事務屋さんでも、こんな事もあるものかといささか安心。相互で寄附金頂く。
来園監査／午後一時より黒田、吉田両氏南寮に来て頂き会計監査を受く。
十二月十日　土　晴　男二十一　女六十
感謝日／感謝日で園生にお小遣を渡す。
出張／右京、東山扶助費受取（横川）。
十二月十一日　日　晴　男二十一　女六十
慰問／宝鏡会慰問来園。寄附金頂く。
十二月十二日　月　晴　男二十一　女六十
出張／宝鏡寺へ会員さんの忘れ物とどけ、昨日のお礼を云う。社福振興会借入金返済の為銀行え行き本年度分七万円と利息を支払う。
十二月十三日　火　晴　男二十一　女六十
お供養／横川よりお芋を供養す（亡母命日）。
市の勧奨交付金精算書の作成にとりかゝる。
十二月十四日　水　晴　男二十一　女六十一
講演会／嵯峨婦人会が南寮を会場にして朝役員会、午後生長の家講演会を開催さる。園生には少しお話がむつかしかった様子。

入園／若林みね入園。
十二月十五日　木　晴　男二十一　女六十一
来園／右京保健所来園。南の井戸水不良のよし。北に二十日、南二十一日薬剤撒布の為来園のよし。
出張／上、北の生活扶助費受取（岩崎）。市へ交付金精算書に関し種々不明の点質問の為横川出張。
十二月十六日　金　晴　男二十一　女六十一
園長来秋頃渡府の事決定の為、ハワイへの挨拶状を印刷す。
十二月十七日　土　曇しぐれ　男二十一　女六十一
寄贈／京都食肉共同組合の中の一善会より牛肉二貫目寄贈され組合迄頂きに出向く。夕方おいしくすき焼を頂いているところを新聞にとりに来られた。（読売）
十二月十八日　日　晴　男二十一　女六十一
死亡／古井マツエ死亡。日曜のこととて民安に連絡したが、ケースワーカーに連絡つかぬよし。当方で全部手続きを終る。
十二月十九日　月　曇　男二十一　女六十
葬儀／古井マツエの葬儀執行。伏見民安から葬儀券を持参さる。集会室にお祭りしてあるからと云ったが、いや結構ですとお線香も立てずに帰られた。
出張／市役所より電話あり。提出書類に受領書をつける様との事で、その点未収未払分等の件処理につき市へ行く。
十二月二十日　火　晴　男二十一　女六十
追加米の申請をしてほしいとの事で、粳米三日精米先渡分二日の申請を出す。
来園／府の民生部長来園（南寮）。北寮に右京保健所来園。薬剤撒布。
十二月二十一日　水　晴　男二十一　女六十
来園／薬剤撒布の為右京保健所南寮に来園。
出張／一善会並に食肉組合に園長の書と礼状持参。年賀状、葬儀その他で雑用多く。提出書類を二十六日の月曜に持参する旨杉村さんに了解を得る為市役所に立寄る。
十二月二十二日　木　晴　男二十一　女六十
出張／上、北民安で山本の医療券を病院がまだもらっていないとの事で調べてもらいに行ったところ、四、五日前に出したとの事。
寄贈／上の民安を通して亀本氏は以前保護を受けていたのが再起更正されお礼にとて壱千円を年末に気の毒な方へと差出されたよしの尊いお金と、斉藤氏よりは養祖父の百ヶ日の供養に養老院へと差出された五千円を頂いて帰る（横川）。府より電話あり。お米三斗寄贈されているから明日取りに来る様との事。人の世は冷たく悲しい事ばかりにうづもれているわけでは無い。
十二月二十三日　金　晴　男二十一　女六十
寄贈／昨日府からの連絡のお米は北桑婦人会から粳米一斗、精米二斗の贈物。府へ頂きに行く（岩崎）。右京社協より炭五俵頂く。
職員会／夜職員相談会を南寮で開催。
　左京、東山扶助費受取。
十二月二十四日　土　晴　男二十一　女六十
寄贈／松井記者来園。嵐電勤務の方お二人がたばこを寄贈して下さり、早速お礼状を嵐電終点に持参す。
出張／園長西田氏令兄、越田家へ会葬さる。
下、南、伏見、十二月分保護費、事務費、支払さる。
十二月二十五日　日　曇　男二十一　女六十
死亡／岡田たつ死亡。日曜なので安定所との連絡つかず。直接市営葬儀に交渉、明日葬儀執行決定す。
園長帰国／園長郷里へ帰国。賀状を発送す。
寄附／西田氏より例月の寄附金頂く。
十二月二十六日　月　雨　男二十一　女六十
葬儀／岡田たつの葬儀執行。園長不在の為、大覚寺に御願したところ黒田執事が来て下さった。
心餅／日赤の心餅第一回が二十二キロとどく。鳴海餅からつき立ての美味しいのを持って来て下さった。まだ後が来るよし。有難いことだ。
出張／餅屋へ餅米をまわす。相互へ村上氏の件につきお願に行ったところ、何れみとめも頂かねばならないのでお宅へ伺いますとの事。
十二月二十七日　火　曇　男二十一　女六十
来園／山本の弟さんの方来園。徳丸氏のお嬢さんの不幸を聞く。
入園／伊藤きみへ北寮へ入園。恩給があるけれど、これは入園迄によくケースワーカーから話をして頂いて自己負担しなければならない事をよく承知しているので、河田の様な事は無いと思う。一件書類を全部園であづかる。
十二月二十八日　水　曇　男二十一　女六十
忘年会／頂いた心餅でおぞう煮をして忘年会をする。お酒も少しふる舞う事となる。
十二月二十九日　木　晴　男二十一　女六十
お笑大会／白十字社主催のお笑い大会に招待して頂き、バスで送りむかへして頂いて大よろこび。都蝶々、勇二、捨丸、天龍等のメンバーでとてもよかった。
来診／夜松田先生来診。
十二月三十日　金　晴　男二十一　女六十
寄附／京都新聞から電話あり。寄附金があるので受取りに来る様との事で行って見たら、笛一管で身を立て、いるおばあさん芸者の武田花子さんが気の毒な方へというので一万円寄附されたから、洛東園と寿楽園に分配するとの事で、早速帰りにお宅に立ち寄りお礼をのべて置いた。
十二月三十一日　土　晴　男二十一　女六十
寄附／長谷川菊洲師来園。同師扱分二、〇〇〇円と別に一、〇〇〇円菊洲師より御寄附頂く。

本年もいよいよ本日限り。南寮には辻井弘洲師より若松その他色々お花を頂く。北寮もそれぞれ飾りつけをなす。本年は〆飾りは南寮は園生で上手なのがいて作ってもらったが、北寮は炊婦の綾子さんのお父さんが毎年大覚寺のも作られるとかで今年は園も頂いた。

昭和三十一年

一月一日　日　晴　男二十一　女六十

お祝／朝は南寮で昼は北寮、園長以下職員も一しょにお雑煮とおとそを祝う。暖いお正月で一同わずかながらもお祝酒にほろりとして、おにしめもあります、焼魚もあります、にまめもあります、今年無いのは数の子丈、しゃばでの一人暮しでは中々もって出来っこ無しのお正月に有難い有難いと心から感謝感謝のよいお正月。

一月二日　月　曇しぐれ　男二十一　女六十

今日も暖くよいお正月。三味線等持ち出して楽しく一日を過す。

一月三日　火　晴しぐれ　男二十一　女六十

松尾神社／松尾神社へ園長、横川、太田と増田と四名でおまいり。三日には来て下さいと云はれた様に思ったので行ったが四日のまちがい。然し恵方への初まいりが出来たわけ。

死亡／中村ミカ午後三時半死亡。

一月四日　水　雨　男二十一　女五十九

葬儀／中村ミカの葬儀執行。浅沼さん参列。私を渡辺さんとこにつれて行って頂いて無理されたのが悪かったのでは無いかと思って心苦しいとの事であったが、本人としてはほんの二、三日のわずらいで安らかにおまいり出来てしあわせだと思う。

本日白菊会来園のはづのところ来られず。

一月五日　木　曇　男二十一　女五十九

来園／黒田氏、山川氏来園。山川氏よりおまんじゅのおみやげを頂く。

寄附／能勢武兵衛氏より寄附金頂く。

一月六日　金　晴　男二十一　女五十九

慰問／白菊会より慰問。お正月とて皆美しくお化粧して直そのまゝかくれてさっと一通り済んだら、長いお袖をひるがえしてお庭で羽根つき。今度はこの方が主眼であったらしく、四日は雨だったので来られなかったらしい。午後電話あり。浪曲の慰問に来たいとの事で南寮でやって明日北寮との事。

出張／午前中、園長、岩崎さん、新年の挨拶に府、市、共募、社協等訪問。知事、市長に面会。

心持／午後第二回心持運動のお餅一〇五kg頂く。

一月七日　土　晴　男二十一　女五十九

出張／主食申請書提出。昨日の浪曲慰問を今日は朝から北寮で催す。

右京民安杉本氏のお父様御死去のよし。葬儀参列(岩崎)。
一月八日　日　晴　男二十一　女五十九
心持運動のお飾を少しづつ配分。配給丈ならほんの少しづつしか頂かれないのに、御心尽しのお餅を沢山に頂いて、まだ当分は毎日頂かれそう。老人達は大よろこび。
一月九日　月　曇　男二十一　女五十九
今日はものすごく寒い。今迄暖かい日がつづいたので急に寒くてはじめてほんとにお正月らしい気がする。
出張、寄附／相互さんに寄附金頂きに行き銀行で現金にしこまかくする。
夕方天龍寺前で右京婦人会の御連中に遇う。宮本さんが太秦婦人会から明日北寮の方に慰問に行くからとのお話。
一月十日　火　曇雷しぐれ　男二十一　女五十九
感謝日／本日感謝日で園生におつとめの後百円づつ相互さんからのお金を渡す。
慰問／午後北寮に太秦婦人会から慰問に来て下さり、お餅四五貫頂く。山の様に積み上げて一同びっくり。
来園／南寮に府営繕課より今度のお年玉はがきの配分金による増築の件につき来園。設計その他一切府に御願いする事となる。
一月十一日　水　晴しぐれ　男二十一　女五十九
出張／相互会のお金をあづけに行く。
来園／日赤より又お心餅一二〇kg配分頂く。
寄附／午後神理教会と泉ヶ丘中学からもお餅の寄贈を受く。
一月十二日　木　曇　男二十一　女五十九
寄贈／今日も亦園部、亀岡より婦人会で集められたお餅を頂く。(市役所より持参)
一月十三日　金　曇しぐれ　男二十一　女五十九
寄贈／相楽郡社協より来園。餅三〇貫頂く。
来園／京都新聞の松井氏来園。小鳥をもらって来て下さるよし。分園の山本さんの姪の柿本慰子さんが本日一日から正式に事務のお手伝等なさるよし挨拶の為来園。
出張／下京保護費事務費受領と河田の眼科入院の件打合せの為岩崎さん出張。
上京民安より十六日に加藤たつ入園の連絡あり。
一月十四日　土　晴　男二十一　女五十九
定例会／同和園にて京都養老連盟の定例会開催され横川、岩崎出張。来月より扶助費は一括して市役所前の銀行で支払はれるよし、三日迄には必ず請求書提出してほしいとの事。
一月十五日　日　晴　男二十一　女五十九
慰問／向日町婦人会より慰問あり。お餅三斗持参下さる。つき立てなので早速園生に配分。
一月十六日　月　曇　男二十一　女六十
入園／加藤たつ入園（北寮）。

一月十七日　火　晴　　男二十一　女六十
浪曲慰問／先日の浪曲師が又も一人連れて慰問の為来園。いさゝか有難迷惑の感あり。本日南寮、明日北寮の予定。
一月十八日　火　晴後小雨　　男二十一　女六十
慰問／北寮浪曲慰問。
出張／左京に扶助費受取に行き、石野病院に同和園の江頭さんの奥さんのお見舞の為横川出張。江頭さんは京大病院にうつられた由。
一月十九日　木　晴　　男二十一　女六十一
出張／昨日雨に降られて京大病院へ行けず。今日横川、亀山両名で御見舞に行く。隔離病舎に居られ、あまり長く居ない様との事で一寸御見舞して引あげて来た。大分重態らしい。
一月二十日　金　晴　　男二十一　女六十一
入園／小田エイ入園。
一月二十一日　土　晴　　男二十一　女六十一
出張／右京税務所に源泉徴収の事で年末調整説明会に行けなかったので、今日行って書類を見てもらい、不足の用紙等もらって帰る。木原靜麿先生が京都に来て居られるのでお目にかゝり明日北寮で泊って頂く事にした。
〈心持運動でお餅を頂いた先への園長挨拶文〉
日々厳しいお寒さで御座いますが皆様御元気に御過しの御事と存じ上げます。さて此度は御心尽しのお餅を沢山に御恵贈下さいまして誠に有難う御座いました。並々ならぬ御努力の結晶を老人達は涙を流して感謝致して居ります。身よりもなく毎日淋しく日を過して居ります老人達にとりまして皆様方の温い御同情はどんなにうれしい事で御座いませう。配給丈ではほんのわずかしか御座いませんのに、今日になりましてもまだお餅を頂いて居ります。何という勿体ない事で御座いませう。老人達には皆様の御志のほどくれぐれも申し伝えまして、何一つ御恩返しの出来ない老の身には、天地一切に感謝して安らかに美しく、正しく暮す事こそ何よりの御恩返しと朝々に申し聞かせて日々合掌の生活を送る様致して居ります。
弊園も開設後早くも七年を経過致し、昨年は天龍寺前に南寮を新設して三十名の定員増加をなし、本年度は更に二十数名増員の為の一棟を南寮内に増築の計画で御座います。人生の旅路の果をよるべもなくさまよう気の毒な人を一人でも多く収容して社会を明るくし度いものと念願して職員一同一丸となって努力致して居ります。尚今後ともよろしく御支援のほど御願い申し上げます。同封のものは老人よりの御礼の言葉で御座います。よろしく御判読下さいませ。原文のまゝで御座います。合掌
一月二十五日　　園長　亀山弘應

〈園生御礼作文〉

春浅き今日此頃は近年になきお寒さきびしくございます。御一同様には御元気にてお過しの御事と御喜び申し上げます。我々一同も皆々様のもとに御心籠りましたる結構なる御餅を今年も沢山に御恵送下さいまして誠に有難く毎日毎日頂いて喜んで居ります。おかげさまにて皆々めっきり肥太りまして大元気にて暮さして頂いて居ります。之も皆様の厚きお情の賜と存じまして園生一同感涙に咽んで居ります。有難う存じます。御礼は言葉に言い尽せません。誠に簡単ではございまするが之にて失礼致します。追々とお寒さにむかいまする折柄何卒何卒御身大切の程を御祈り致して居ります。まつは　早々

嵯峨寿楽園にて　井狩春　拝（七十五才）

寒中御見舞申し上げます。余りの嬉しさにあく筆をもかへり見ず筆を取らして頂きます。幸なき老の身に御慈悲深く親身も及ばぬ御情け深き思召にて、御多忙中をわざわざ結構なるお餅を沢山に御恵み下されまして、誠に有難く余りの嬉しさに涙と共に頂戴致しましまして御座ります。厚く御礼を申し上げます。当園に入れて頂きまして誠に有難い事でござります。先生方が毎日親身も及ばぬ御世話を下さいまして、其上毎朝先生が結構な有難いお話を聞かして頂きまして、此世ながらの極楽に暮さして頂いて居りますから、他事乍ら御心安く御思召し下され度く、皆々様のおかげと日々感謝して居ります。厚く御礼を申し上げます。寒さの折柄で御座りますから皆々様御体を御大切に遊ばします様御祈り申上げます。先は御礼まで。

加藤里枝（八十二才）

かなもじにては、しつれいなれども、をゆるしくださいませ。みなさまの、あついあついをなさけのをもちを、まいにち、かんしゃの、なみだで、いただいて、をります。みなさまの、をなさけの、をもちを、じむしょでは、もっとよろこばそと、をもうてか、をぞうにやら、ぜんざいやら、あべかわなぞにして、いろいろとこしらいかたをかえて、よんでくださいますので、えんせいのものわ、みんな、よろこんで、ほがらかによばれてをります。まことにまことにありがとうございます。せんせいさまの、をはなしにわ、いまごろまでをもちを、いただけるとゆうことわ、みなさまが、をいそがしいなかも、さむいなかも、をいといなく、ごじんりょくを、してくだされた、をかげだ。ありがたくかんしゃをして、いただきなさいとのをはなしでした。ほんとうに、そのとうりでございます。ありがとうございます。みなさまの、をじひわいつのよまでも、わすれわいたしません。ありがとうございます。さようなら、じせつがら、をみをごたいせつに。みなみなさまに。とをくはなれた、ようろういんにて。

丸山ステ（六十二才）

寒氣御見舞申上ます。今年は寒さ別してきびしいように存じます。皆様御元気の事とおよろこび申上ます。下りてハ身よりなき淋しき私等に何より結構なお餅を沢山頂戴致しまして毎日毎日有難くよろこんでうれし涙をながして居ります。有難く厚く厚く御礼申上ます。誠にかんたんですが御礼まで申しのべます。寒さの折柄皆様御体を大切祈り上ます。

嵯峨寿楽園南寮にて　伊藤ゑん（七十四才）

此の間よりの寒さにもおいとひなく皆々様園迄わざわざ御越し下され結構なる御慰問をなし下され有難う存じます。其上何より一番好物の御餅を沢山頂戴致し幾重にも厚う御礼申上ます。早速御一統様の御心の籠った品を喜び感謝致しまして有難う頂いて居ります。尚寒さの折柄故皆々様御身大切の程くれぐれも祈り申し上げます。右厚く御礼申上ます。

橋本きみ（六十四才）

拝呈謹而　御懇切ナル御手間入リナル御餅沢山頂戴仕リ千万雖有此段御厚礼申上候　敬白。

寿楽園生　八十六才老夫　長谷川伊三郎

謹賀新年　早速御礼申上ます。皆々様の浅からぬ御同情と厚き御配慮を賜はり、私共孤老の常に渇望致し居ます美味しい沢山の餅お頂戴致し、何共御礼の言葉も御座いませんので唯々雖有感謝肝銘致す而已不取敢伏て御礼迄可述候合掌合掌

鶴井勝之助（八十二才）

御礼申上ます。このたびわ御こゝろづくしのおもちをたくさん下さいましてまい日よろこびいただいております。なんと御礼の申上ようもございませぬ。あつくあつく御礼申上ます。いまださむさきびしくございます。御みたいせつにあそばしますよう御いのり申上ます。

中西た袮（七十五才）

一月二十二日　日　晴　男二十一　女六十一

出張／午後岡崎の生長の家教化部で木原先生の講演を聞き夜伏見の誌友会場から北寮へ一しょに帰る。

一月二十三日　月　晴　男二十一　女六十一

講演午前中北寮で、午後南寮で木原先生のお話を園生一同聞かせて頂く。よいお話なので婦人会の方御近所の方も聞きに来られ、こんなよいお話又聞き度いから今度もあったら知らせてほしいと云って皆よろこんで居られた。今夜は北寮に泊まって頂く。

一月二十四日　火　晴　男二十一　女六十一

出張／早朝広島へ帰られる木原先生を御送りする。

寄贈／歳末たすけ合運動の配分金一人壱百五十円づつを頂く。

一月二十五日　水　晴　男二十一　女六十一

昨日のお金を一同に配分。昨年は年内に頂いたが今年は無いのかと思っていたら頂けて一同大よろこび。早速共募へ使途報告書提出。

寄附／越田氏お供養にとて一万円御寄附頂く。

河田白内障で手術を要するので電話したところ、も一度よこしてほしいその上でとの事。

大へんおくれていたがあちこち沢山お餅を頂いているので、園生に御礼状の書ける者にかゝせこの一部をガリで印刷して、それに一、二枚づつ園生の手紙を同封して頂いた先様へ発送。

〈発送先〉

日赤京都市支部

亀岡市婦人会千原支部長　美馬芳江、永田千代

泉ヶ丘中学校　井手町井手橋の本

南丹連合婦人会　船井郡園部町　南丹教育局気付

太秦婦人会　宮本阿絵子

相楽郡社会福祉協議会

神理教城南教会長　丹村キワ　綴喜郡八幡町

下粟野小学校　船井郡和知町

明俊小学校　船井郡瑞穂町

旭小学校　亀岡市立

向日町婦人会寺戸支部　稲本照子

以上

一月二十六日　木　曇　男二十一　女六十一

出張／社協で施設の連絡協議あり。横川出席。社会福祉事業法も改善を要するので案をねっていた所、医療保護がはづされそうなので之が反対運動に協力され度いと医療部会よりの説明あり。尚又お年玉はがきの配分についても種々意見あり。不正ありとは思はぬが、なるべく多くの施設に配分されたいとの意見が強かった。

一月二十七日　金　曇　男二十一　女六十一

寄附／西田氏寄附。白山氏寄附。

出張／府庁にお年玉はがきによる増築の青写真提出。

一月二十八日　土　曇しぐれ　男二十一　女六十一

来園／佐々木氏来園。二月十一日に南寮で誌友会をさせてほしいとの申入れあり。今のところ差支えないから使って頂く事とす。

同和園より三十一日の寮母会の時費用が足りないのでお菓子を寿楽園で持ってもらえないかとの事。同和園と洛北でお酒とぶどう酒と果物、洛東園が果物のよし。

一月二十九日　日　晴　男二十一　女六十一

共募提出書類作成。

一月三十日　月　晴　男二十一　女六十一

来園／分園山本奥さん来園。共募提出の書類について。

北安定所より先日湯瀬さんから話のあった堀江を入園させてほしいとの連絡あり。

一月三十一日　火　晴　男二十一　女六十一

寮母会／今年初の寮母会を平安寮で催されたので園長外三名出席。来年度から寿楽園当番と決定。尚今度成人保護対策委員会から養老部会丈退いて別に単独で養老事業連盟があること故、これ一本になり学識経験者等もはいってもらってやる事になるので、その際養老事業従事者の内から婦人代表をたぶん出す事になるので、この選定もして置いてほしいとの事で、京都市の四施設と郡部代表若宮寮と五施設でくじ引をしたところ、寿、同、洛北の順となった。寮母会は解散して女子従事員全員で養老事業連盟婦人部という事になり、負担金も園から支出してもらう事になった。

帰途共募に調書提出。

府に増築分の青写真頂きに立寄る。

二月一日　水　曇しぐれ　男二十一　女六十二

来園／府から高屋、徳丸両氏と外一名来園。増築敷地の測量に来て下さった。

入園／堀口トミ入園。

二月二日　木　曇しぐれ　男二十一　女六十二

寄贈／徳丸氏よりお嬢様の御供養にとて電蓄一台南寮に寄贈さる。今日迄は電蓄が無くて困っていたが、これで今後慰問があっても安心というもの。早速五日の吉田さんとこの慰問に間に合うわけ。

出張／主食申請書提出。右京民安に初診券をもらいに行ったが係の人が留守でもらへず。明日行く事にして帰園。

二月三日　金　晴後小雨　男二十一　女六十二

出張／初診券をもらいに行く。保護台帳の用紙が不足しているので民生安定所で少し頂いて来てとりあえず間に合す。今度連盟の会合の時他施設の様子を聞いて考えねばならぬ。

二月四日　土　曇　男二十一　女六十二

節分／節分で天龍寺や覚勝院等色々催物あり。園生もおまいりした。北寮谷すなさん、お化粧して島田のつけまげをしてはでなゆかたを着て、覚勝院で舞うやら豆をまくやら思はぬ飛入りに、色々おだちんを頂いたよし。夜は園長の年男で北寮南寮共に豆をまいて福は内鬼は外。

二月五日　日　曇　男二十一　女六十二

慰問／花柳紅さん（吉田戒雲氏令嬢）が可愛らしいお弟子さんを引つれて南寮に慰問に来て下さった。紅白のおまんじうをおみやげに頂く。北寮へは花の頃にまいりますとの事。その頃にはもっと上手になって、お弟子さんの数も多く連れて行くとの事であった。

今日府庁から八日に事務監査に行くとの事。

二月六日　月　曇　男二十一　女六十二

伝票が少なくなっているので収入支出両方印刷。市保護課より電話あり。一人収容出来ないかとの事であったが、西陣病院から四名入れると先日の連絡会議で申し渡されているので、目下のところ余地無い旨返事して置いた。

出張／上京の請求書に一名授けていたので訂正の為岩崎さん出張。

二月七日　火　晴　男二十一　女六十二

二月八日　水　晴　男二十一　女六十二

監査／府の監査あり。無事終了。

二月九日　木　晴　男二十一　女六十二

死亡／浅井ミツ死亡。本人生前よりの希望により京大病院で遺体を解剖に付す。生前心安くしていた奥田氏夫妻会葬の為来園。

二月十日　金　晴　男二十一　女六十一

感謝日／本日感謝日で相互の寄附金を渡す。

出張／増築の件につき岩崎府庁、山本共募その他に出張。

来園／府法人課より来園。

二月十一日　土　晴　男二十一　女六十一

慰問／北寮あんまの慰問に来園。

工事の請負契約の為高屋、森、山本兄弟、水江氏等来園。山本組と契約をなす。

二月十二日　日　晴　男二十一　女六十一

十五日厚生省より佐野事務官等来園のよしなので書類等整理。

二月十三日　月　曇　男二十一　女六十一

来園／浅井ミツの遺骨とどけて下さる。

十五日の厚生省の来園は無期延期との事。

二月十四日　火　晴　男二十一　女六十一

出張／相互で寄附金頂く。民安で丹羽、寺田、大給、奥田の初診券をもらう。府管財課へ青写真を御願に行く。

解剖者の場合葬儀の際の飾りつけが淋しいので何とか考えねばならないので、造花やちょうちん等見に行く。約四千円位でほぼ見られる位のものが調いそうに思はれる。

二月十五日　水　晴　男二十一　女六十一

京大より二十四日に解剖に対する御礼やら説明やらの御挨拶に行くとの連絡あり。たばこ専売局より土曜日に二〇六ヶ配分するとの連絡あり。十時半までに来てほしいとの事。

二月十六日　木　曇　男二十一　女六十一

出張／洛東園で養老施設連絡協議会。園長、相互タクシー、西田様等に挨拶の為出張。

※昭和三十年度は二月十六日で了。

昭和三十一年度

昭和三十一年四月一日～昭和三十二年三月三十一日

昭和30～35年（1955～60）頃の園生と横川、集会室にて

四月一日　日　雨　　男十九　女六十四
慰問／北寮に若柳吉恭子氏一行の舞踊慰問あり。一行中に表千家のお嬢さんも居られ、新聞社にも連絡済みであったが、今日は右京が区政をしいて市に編入されて二十五周年で本日記念式典あり、その方が忙しくて来られず。ボーロのおみやげ頂く。
出張／右京区政二十五周年記念式典に横川出席。
四月二日　月　晴　　男十九　女六十四
慰問／右京区理容師協会青年部の方（西大路三条下ル太秦理容協同組合内）五名来園、先ず北寮を済ませ、次に南寮に来て下さり全員さっぱりとしてもらって大よろこび。
来園／南寮の小鳥が全部昨夜のうちに盗まれていて大さわぎ。この小鳥の中には、この前松井さんの紹介で身障者からの温いおくりものもまじっているので警察へもとどけたところ、丁度産経の記者やら夕刊京都、京都新聞等居合されたので次々と記者の方が来園。近頃相ついで小鳥の盗難があるので困った事だとの話。
四月三日　火　晴　　男十九　女六十四
　同和園石井園長より電話あり。事務費の件、期末手当等、厚生省で認めない由なのでも一度民生部長に面会して話込む必要があるので、明四日十時府社協で一応下相談した上で一しょに民生部長に面会し度いと思うので来てほしいとの事であった。
寄贈／市内右京区太秦北多藪町一五、林一憲さんから（弟さんが林正行、三年、父林宇一氏）寿楽園の小鳥が居なくなって淋しいでせうとひわのひなを二羽太秦警察にとどけて下さったよし、お昼過に警察署からとどけて下さった。早速鳥小屋に入れる。夕方園長高野より帰園。
四月四日　水　晴　　男十九　女六十四
出張／園長、岩崎、社協と府へ事務費の件につき出張。横川主食申請書提出の為、右京区役所に行く。一日に慰問に来て下さった若みどり会の方の忘れもののレインコートを届ける為と御礼を申し上げる為、園長の色紙持参す。東映京都所長山崎眞太郎氏宅への先日のお供養の御礼に之も色紙持参、お留守だった。
四月五日　木　晴　　男十九　女六十四
出張／小鳥を頂いた林一憲さんの所と、西野つや子さんの所へ御礼に行く。下京民安に行き上田と河田の初診券をもらう。
　ハワイの方から衣料の寄贈あり、御礼状を書く。
来園／木舎氏来園。
　伏見民安林さんからお電話あり。伏見未亡人会がお花見をかねて行き度いのだがと急に問合せあり。一度是非南寮を見に来て頂いてこちらにするか、大沢池畔にするか御相談致しましょうという事になる。
四月六日　金　晴　　男十九　女六十四

来園／午後府監査課の黒崎氏来園、二十九年度の各款項目月別経理状況の一覧表作ってほしいとの事。左京民安から電話あり、寺田の歯科補てつの申請書出してほしいとの事。これからは初診券と一しょに補てつの場合は申請書も一しょに出してもらはないと協議に提出出来ない由。

四月七日　土　小雨　男十九　女六十四

慰問／花祭奉賛会から人形芝居、お話等の慰問の為、氷砂糖持参で南寮に来園。

四月八日　日　雨　男十九　女六十四

折角の花祭りも一日中しとしとの雨でおじゃん。但し嵯峨の花祭りは五月のよし。府黒崎氏より申し出の月別（二十九年度）支出状況表の下書作成。

四月九日　月　晴　男十九　女六十四

出張／岩崎上京民安、南より（山川氏よりの話の人）申込の入園希望の件につき連絡。まだ書類は出ていない由、府庁も皆留守で書類を丈提出。

横川相互で寄附金頂き、銀行でそれぞれ手配す。

来園／夕刻下鴨署よりカナリヤの寄贈があったからと持参さる。渋谷よしの退職申出あり。

事務費減額の為、種々懇談の為、小國南寮へ来る。明日十時より社協に於て事務費の件に関し集まる様連絡あり。分園より荷物取りに来園。

四月十日　火　曇後雨　男十九　女六十四

感謝日／本日感謝日で相互のお小遣を園生一同に渡す。

出張／園長、岩崎、社協へ出張。十三日迄に適正に作り直して一応出して見る事となる。

上京民安と伏見民安から緊急を要する入園者の件につき連絡あり。府の了解を得られた由で南寮に二名入園決定。明日入園の予定。

来園／分園山本氏、事務費改訂の打合せの為来園。

四月十一日　水　曇　男二十　女六十五

入園／京都病院に入院していた上野しげ、伊藤が伏見から入園（南寮）。

お花見／今日は待望のお花見で大沢池畔で催す筈のところ、お天気が悪くて南も北も集会室で開催。おすし、かまぼこ、だんご、金時豆、玉子にぬき、桜餅、それにお酒も出て一同大よろこび。

北寮に写真研究をしている学生さん（立命）二名、新聞で寿楽園のお花見と知ったので色々スナップを撮りたいのでとの事で来園、よいのが出来たらとどけますとの事。

来園／夜、中央病院中川先生来園。

白十字社の藹川氏来園。今度の増改築事業応援の為、藤沢嵐子、早川真平両氏によるタンゴ演奏会を開催、寄附をし度いとの申出あり。先達ての様な条件ならば大変結構な事なのでお受けする事となる。期日は五月八日円山公園音楽堂に於いて、雨天の際は九、十、十一と順延の予定のよし。

四月十二日　木　晴　　男二十　女六十五
　西京信用金庫より明日扶助費受取に来る様連絡あり。
来園／三国の息子が世話になった民生委員さん来園。まだ母を引取るところ迄にはならないのでとの事。
四月十三日　金　晴　　男二十　女六十五
出張／社協評議員会に園長出席。府の事務費の人件費等に関する書類提出。健保、失保の手続（小川）の為、岩崎出張。保護施設の変更申請書提出。
四月十四日　土　晴　　男二十　女六十五
出張／府三上氏より横川小国両名に話しがあるからとの事で府へ出頭。施設の形として場所が離れているのは園生の処遇上よくないのでそれぞれ別の施設としての形態とした方が好ましいこと、尚此度の厚生省の事務費決定について分けた方が事務費を受ける上についての問題も出て来たし、南寮を増員する際分ける手続を取った方がよいと思うが、色々事情もある事と思うからよく考えてほしい但し府としては無理に今直にどうでも分けよと云うのではないとの事。但し法人は分けるのでなく、一つの法人が二つの現場を持つと云う事になるよし。
来園／大阪より前理事中村氏来園。
四月十五日　日　晴　　男二十　女六十五
　園長前理事谷山宅訪問、分割についての話の為。
　花も盛りのお天気の日曜と来ているので嵯峨はものすごい人出。
来園／水江氏子供さん連れで北寮に来園。大覚寺のお華に案内す。
四月十六日　月　晴　　男二十　女六十五
出張／共募の郵政省への提出書類受取。下京民安へ河田の件につき岩崎出張。
来園／洛東園の中村氏来園。府が事務費の決定について厚生省に交渉に行かれるので実情等説明の為作られた書類御持参。
　夜、白十字社より来園、来月の催物についての書類を作る為。
四月十七日　火　晴　　男二十　女六十五
診察日／北寮の奥田ハル、入院の必要あるよし。
四月十八日　水　晴　　男二十　女六十五
出張／奥田入院の了解得る為、初診券もらいに東山民安へ行き、府立病院に相談に行く。医師の意見書を持って来てほしいとの事。本人は死んでもここで死に度いから入院し度くないという。
四月十九日　木　晴　　男二十　女六十五
出張／南寮北寮分割の件につき横川小国大阪行。
四月二十日　金　晴　　男二十　女六十五
出張／社協で老人福祉委員会あり。、園長、横川出席。府管財課へ増築に関し知事の証明を必要とするので早くして頂く様御願いに行く。
　右京社協評議員会に小国出席。
　夜、白十字社より電話あり。園が社会福祉法人である事の知事の証明書が必要のよしで、理事長印持参、書類作成。横川出張。
四月二十一日　土　晴　男二十　女六十五
共募配分／共募第一回配分説明会。経常費第一回分、一万二千五百円配分受く。
来園／谷山氏来園。園長より南北分割につき説明あり。本日お大師様のお正月に当るので園でもおすもじのお供養をなす。河田夜退園。
四月二十二日　日　晴　男十九　女六十五
四月二十三日　月　雨　男十九　女六十五
来園／府庁管財課と法人課より増築の調査に来園。
出張／太田喜兵衛氏の葬儀に横川焼香に行く。
　大給、歯科補綴の認可書着。保護台帳整理。
四月二十四日　火　晴　男十九　女六十五
出張／園長、岩崎、共募（郵政省分）配分につき府庁へ出張。
四月二十五日　水　晴　男十九　女六十五
出張／岩崎氏東京出張。上田の医療券はまだ決裁が下りていないよし。奥田の初診券、東山民安に返済。山本しづの謄本も未着。武田氏不在の為早くしてもらう様依頼す。右京民安で佐治美代の委託書未交付につき請求したところ、所長不在の為書類は出来ているが送れないので近日中発送するとの事であった。
寄贈／午後ドヤドヤとにぎやかな一行に何事かと思ったら、太秦東市川内田町大映住宅の小牧功君（一六）から小鳥七羽寄贈あり。京都、読売、産経各新聞社来園。
四月二十六日　木　晴　男十九　女六十六
入園／北区より福井テル入園、黒畔氏同伴。
来園／北野の岩崎氏よりテレビを御寄贈頂くよし。同和園にも寄贈されたとの事。南には早くから出来ながら北に無いので苦になっていた丈に有難さは一入。
四月二十七日　金　曇後雨　男十九　女六十六
テレビ寄贈／リヤカーをひいて北野の岩崎氏宅までテレビを頂きに園生二人と横川と出かける。四日に大阪から取つけに来て下さるよし。それ迄おあづけ。
四月二十八日　土　晴　男十九　女六十六
連絡会／京都養老事業連盟四月例会が松寿園で開催され横川出席。次回は寿楽園の当番。
　木村さんテレビの台とりつけ。薬戸棚に錠（劇薬用）のかかる所作り等してもらう。
四月二十九日　日　晴　男十九　女六十六
　花祭りの為の托鉢あり。例年の通り北寮で一休みして頂く。釈尊降誕二千五百年に当る由、園生からも心ばかりのおさいせんを出し合った。

来園／本阿彌節さん来園。

四月三十日　月　晴　男十九　女六十六

上野二人、福井テルの住民登録書提出。

各民安へ請求書提出。

来園／小林氏夫妻来園。

寄附／西田小太郎氏より例月の寄附金頂く。

五月一日　火　晴　男十九　女六十六

本日より南寮に田中書記出勤。

五月二日　水　曇　男十九　女六十六

河田の甥（東京の）の所から仏だんを送り返した旨はがきあり。以後何品もめいわく故送るなとの通知。何処でも歓迎されていないので困っている事だらう。

五月三日　木　晴　男十九　女六十六

憲法記念日でお休み。

来園／茨城の中野氏、南寮に来園。おみやげのお菓子を頂き園生に配分。

大阪の中村氏と石川春之助氏来園。

五月四日　金　晴　男十九　女六十六

テレビ／本日待望のテレビ取つけに大阪より来園。大変調子がよくてはっきりしている。園生のよろこびは大変なもの。

来園／午後寄贈主の岩崎氏、園長と共に来園。内職の件もくれぐれも御願いする。

五月五日　土　晴　男十九　女六十六

節句／本日お節句なのでかしわもちを配給す。

寄贈／昼は中野氏より牛肉を寄贈され、思いかけずすき焼き会となり園生は大よろこび。

出張／内職の件で来てほしいと岩崎商店より電話あり。横川が出向いたところ、蚊帳のつり手の房つけで老人にも出来るし同和園洛東園等でもすでにして居られるので三百本見本を頂いて帰る。

五月六日　日　晴後曇　男十九　女六十六

火曜日が学校の遠足で松田先生御留守の為、本日来診。

本日より内職を園生に習はす。

五月七日　月　曇　男十九　女六十六

この頃はよく夜の内に雨が降って昼は晴れるので大変好都合だ。中野氏大覚寺へ行って北寮にも来られるというので、朝から御待ちしていたところ午後二時頃来られた。北のお風呂も大理石を御寄附下さるよし。有難き事なり。

岩崎商店より内職の件で行くとの電話であったが来られず電話したところ明日行くとの事。

五月八日　火　晴後曇　男十九　女六十六

本日中野氏帰郷さる。園長駅までお見送りす。

花祭り／本日嵯峨の花祭り。白象に花を飾って大覚寺から出発、町中を行列のおねりあり。

来園／岩崎商店より内職持参。六千も持って来られたが、さてどれ位出来る事やら。

音楽会／夜、円山公園音楽堂で藤川嵐子、早川真平とオルケスタ・ティピカのタンゴの夕。寿楽園主催という事になっているので職員もお手伝に行く。幸い雨も降らず大分沢山集って頂いた。

五月九日　水　曇　　男十九　女六十六

入院／山内ゆき胸部腫瘍の手術の為、中央病院に入院す。出張／相互より寄附金頂き、銀行で明日配分準備の為、小銭にしてもらう。住友信託に行き共募より送金あり次第連絡してもらう様御願いす。

渋谷退職につき失保の件、並に山内の入院につき左京民安等に出張（田中）。

五月十日　木　曇後雨　　男十九　女六十五

感謝日／本日感謝日、相互のお小遣渡す。

出張／京都新聞社より電話あり。不思議不動尊より五千円御寄附頂く。

御下賜金拝受／民間社会事業御奨励の御思召しを以て天皇陛下より御下賜金あり。之が伝達式が府正庁で十時より行はれ園長出席。

右京社協評議員会に岩崎出張。

来園／北寮に京都新聞の和田記者来園。北寮は初めてのよし。

五月十一日　金　晴　　男十九　女六十六

山内手術を受く、経過良好との事。

入園／南寮に南区より女一名入園。杉浦良栄。

園長本日京都市内の西国札所めぐり。尾羽瀬氏等と共なり。

船渡徳一高熱の為、松田先生の来診を乞う。肺炎との事。日頃たばこが過ぎるので心臓が大分弱っているよし。昨日はまだえらい勢で起きて御飯を食べていたのに今日はリンゴ汁ばかり。午後はそれもほしくないとの事。小川看護婦、北に宿直。

大江美知子一座に園生を招待して下さるよし、たぶん十八日の昼の部になるらし、五十三名。

五月十二日　土　曇　　男十九　女六十六

死亡／船渡徳一午前三時半死亡、ほんの二、三日の病気で苦しみも大した事なく往生を遂ぐ。生前の希望により京大に遺体解剖を依頼す。園長西国巡礼の為不在なので、大覚寺に御願したところ新事務長が葬儀に来て下さった。横川、井上病院迄行き焼香す。

退園／南寮水間猪之助退園。一先ず甥の所へ行き、それから大阪悲田院に入所するという。

五月十三日　日　雨　　男十七　女六十六

五月十四日　月　雨　　男十七　女六十六

府から先達ての立入検査の際の結果についての書類が来ているので、それについて南寮で職員会議を開く。

出張／山本組が十五日中に是非お金が入用との事で相互、

田中伊雅、三法堂に行き寄附金頂いて来る。
五月十五日　火　曇　男十七　女六十六
出張／大住法衣店に寄附金頂きに行く。
立入検査／十七日の予定であった府の立入検査が予定より早く本日午後府の水江氏来園。
五月十六日　水　晴　男十七　女六十六
来園／北寮炊事婦の件につき谷山来園。一度園長にも面接した上でと思うが本月中は園長他出がちなので予定がわからないのでその内連絡する事とした。
五月十七日　木　晴　男十七　女六十六
橋垣エイの入園につき本人に面接したところ教え子のいる嵯峨は居りにくいのでなるべく遠方に行き度いとの希望なので上京民安へそのよし連絡したところ、代りに緊急を要する男子一名入園させてほしいとの事。午後右京民安より土曜日に入園し度いからと連絡あり。
五月十八日　金　曇後雨　男十七　女六十六
南座招待／大江美智子一座が南座にかかっているが、先代の追善興行の由で招待され、園生五十三名観劇させて頂き紅白のおまんまで頂き一同大よろこび。帰りは雨になる。
来園／中村氏来園、南と北と分割独立について種々打合せをなす。
五月十九日　土　曇　男十八　女六十六
入園／長坂悌輔、北に入園。以前二回程南寮に問合せに来た人。一部部屋替りをさす。
来園／すわらじの人来園。
五月二十日　日　曇　男十八　女六十六
北寮の炊婦の件につき浜口氏夫妻来園。来月十日頃から来るとの事。
五月二十一日　月　曇　男十八　女六十六
京都バラ協会から二十三日北寮にバラを御持参下さるよし。京都新聞より連絡あり。杉浦良栄が両眼トラコーマ、白内障で入院の必要あるよし、然し中央病院では上田の四月よりの医療券が未発行なので出るかしらと心配していられるよし。医療券がおくれるのは全く困ったものだ。今日はお大師様でお初の豆御飯。
五月二十二日　火　曇　男十八　女六十六
来園／北寮勤務希望の看護婦来園。大体ＯＫ。
五月二十三日　水　曇　男十八　女六十六
慰問／日本バラ会京都部会の代表者六名で美しいバラの花を沢山に御持参下さる。秋には苗木を下さるよし（北寮）。南寮に京都看護婦協会よりラヂオの御寄贈頂く。病人用にしてほしいとの事。
五月二十四日　木　雨　男十八　女六十六
養老連盟／京都養老連盟五月例会が寿楽園の当番だったが此度は分園で負担される事となり知恩院で開催。横川、田中出席。

園長夜那智より帰園。

五月二十五日　金　曇小雨　　男十八　女六十六

来園／兵庫県養老施設団一行三十数名来園。洛東園と寿楽園南寮に来られた由。府の水江氏案内役として来園さる。

出張／事業拡張計画を立てても府が赤字の為、予算化してもらえないと折角国庫負担分が京都府に割当てられているのに返上している様な状態なので、是非もっと施設拡充の為協力してもらう様知事並に府会に陳情する事となり、各施設長が集って之に当る事となり園長も出席。住友信託よりお年玉はがきのお金が来た旨電話あり。

五月二十六日　土　晴　　男十八　女六十六

出張／お年玉はがきのお金を住友信託で受取り山本組に支払をなす。社協で第三、四半期分の健保、勧奨交付金を受取り、共同募金局で配分金受取の御礼を申し述べる。

来園／府社会課水江氏来園。近日中に行政監察庁から監査に来られる由。

五月二十七日　日　雨　　男十八　女六十六

来園／弓の一行来園。

永井八重さんのお母さんのお葬式、嵯峨の永井さんのお宅へ行く。

五月二十八日　月　晴　　男十八　女六十六

来園／分園山本奥さん来園。すわらじの事で一燈園の人二人来園。婦人部の方で観劇会をしてほしい希望もあったので、割引の交渉をなす。

北寮の看護婦さんに電話で決定の旨通知す。大体来月十五日頃のつもりしてもらう様話す。

屋根修理／北寮事務所の屋根修繕にとりかかる。

五月二十九日　火　曇後雨　　男十八　女六十六

出張／市民憲章説明会が右京区役所で開催され園長出席。

松田先生来診。

五月三十日　水　雨　　男十八　女六十六

慰問／白十字社主催の浪曲慰問団来園。天龍三郎氏と奇術、帰天斉一行六名。白十字社の佐々木氏引率。北寮一時半より、南寮三時半より。

北寮には京都府立病院看護婦養成所の看護婦さんの一行二十名程が花たばとお菓子を持って雨の中を慰問に来て下さり、丁度奇術の最中だったので一しょに楽しんで頂く。その後老人たちと一しょに座談会をしてお話をしたり歌を唄ったり楽しく過す。

五月三十一日　木　晴　　男十八　女六十六

出張／定員変更の届書提出の為、岩崎出張。

六月一日　金　晴　　男十八　女六十六

写真／今日はカメラの記念日で、園にも写真屋さん達が老人を写しに来て下さった。皆おめかしをしてにこにこと写して頂く。下里太郎氏本日より北寮に就職。

六月二日　土　雨　　男十八　女六十六

入院／杉浦本日中央病院に入院す。上田の医療券がおくれているので病院の方もやかましく云はれるし、後の者の入院にも差支えるのでほんとに困ったものだ。

六月三日　日　晴　男十八　女六十五

六月四日　月　晴　男十八　女六十五

出張／北寮のはかりがくるって来たので四条大宮の精器堂に修繕の為持参す。一週間位かかる由。北寮の井上重蔵、御供養を園長に依頼。

六月五日　火　曇

七月分　記載なし

八月一日　水　晴　男十　女四十

八月二日　木　晴　男十　女四十

南座招待／京都子供芸能大会が南座で開催され、それに招待されて元気な者十名見物に行く。満四才の可愛らしい坊やの浄瑠璃等あり、大よろこびした。

出張／老人福祉委員会に横川出席。老人の日を如何にするか等の問題につき協議。松寿園では受けるばかりでなく一日を感謝奉仕日として、昨年は五十枚の雑巾を学校に寄附し、神社の清掃等されたよし。

八月三日　金　晴　男十　女四十

炊事夫婦がお休みをまとめてほしいとの事で二見へ帰る。

来園／平安短大生が六日来て色々園の事を聞かせてほしいが差支へないかと聞きに来園。了承す。

八月四日　土　晴　男十　女四十

八月五日　日　曇雨　男十　女四十

園長と英坊とで一生懸命台所横の池作りの最中、ものすごいにわか雨。折角のセメントがにげなければよいがと心配したが、どうやら大丈夫らし。

八月六日　月　晴　男十　女四十

来園／平安短大の女子学生三名来園。

八月七日　火　晴　男十　女四十

来診／松田先生来診、園生の健康診断して頂く。

八月八日　水　晴　男十　女四十

毎日思い切りあつい。然し病人も出ず、毎日平和な日がつづく。

八月九日　木　晴　男十　女四十

大掃除／嵯峨地区は十日が大そうじだが、一日には出来ないので今日は南と西の二棟の大掃除をなし、おだちんにぱんの配給をなす。出来た後は誠に気持がよい。

八月十日　金　晴　男十　女四十

大掃除／今日は引続き離れと静養室の大掃除をなす。病人は皆集会室に移転さす。腰張、壁等張ったら美しくなった。その内、襖も張り替え度いと思う。今日は感謝日で相互のお金を渡す日だけれど、大掃除の為明日にのばす。
八月十一日　土　晴　男十　女四十
リンゴ寄贈／朝相互のお金渡す。リンゴを京都青果組合より寄贈され、直に園生に配分す。
府の水江さんから今日迄の園の受けた臨時費の公金の額と使途について調査してほしいとの事であったが、月曜日に報告する事にして頂く。
八月十二日　日　晴　男十　女四十
八月十三日　月　晴　男十　女四十
出張／相互に寄附金頂きに行く。
府庁に公金の額と使途報告。明日は南からは園長と岩崎さんが来られる事になっているし、北からは中村園長とあなた方二人来る様に、社協の会議室を会場にするからとの事であった。
盆供養／明日皆府庁へ行くので今日お盆の供養をなす。今年は西瓜の当り年で大変おいしく安いので、大きなのを六ヶおそなえしたので園生もこれ丈頂いたら随分たっぷり当ると大よろこび。
午後園長来園、おつとめをして頂く。
八月十四日　火　晴にわか雨　男十　女四十
府庁に集合／南北寮分離について府庁と園関係者が集って話し合う為にはじめは府の方から園に来て頂く筈のところ、忙しいからこちらへ集れとの事で、両園長、横川、小国、岩崎の五名出席。府からは今度新たに着任された社会課長、三上、水江の三氏出席。課長から此度南北の分離は早晩実現してほしいと思うから、それについて色々の問題点をあげて遂條審議して行き度いと左の各項目を挙げられた。
一、名称の問題　一、設備、定員等の問題　一、職員の問題　一、財産の問題
一、名称の問題
法人は一つで社会福祉法人寿楽園何々と両方とも寿楽園をかぶせるが、施設としては各々別々の名称が必要なので、府の案の一つとして北寮の方を北嵯峨寮、南寮の方を嵐山寮としてはどうかと課長の提案があった。

園長は自分は何等こだわる所はないので、それもよいが、北は断食道場時代に健光園として相当全国に知れ渡った名前なのでそれも一つの案と思っているとの事であったが、尚よく相談するという事になる。
一、設備、職員等の問題
南寮の方は国庫補助、お年玉はがき等によって大体新らしい基準に合っているが、北寮の方は坪数その他で五十名の基準に合はず（今のままでは三十六名位にしかならない）、分離するとすれば北寮の拡充強化をしなければ、分けた意味がなくなる。このままでは北寮は経営がなり立たない（課長）。

亀山園長　最初四十名より四十五名、五十名となった。そして空地に三十名増員の計画を立て出願中、南の買収の問題が出て之に変更となった次第。それ故北寮を何とかしなければならないのは当然の問題だが、南の事業をやったばかり故、直にと云うわけには行かぬが、当然拡充強化はやらねばならぬと思っている。然しまだ具体的に考えているわけではない。何れにしても一建立では出来ないので府なり市の協力を得度い。二百万円位で作るとして是非協力してほしい。

課長　十一月に市に事務移管が行はれるので、府としては今約束するという事は出来ない。

亀山園長　事務引継の際に事情をのべて、是非とも市に於て協力してやってほしいと、その点よく話をしておいてほしい。設計図でも提出して当方の意向をのべて置く方がよいと思うが。

課長　事情は勿論よくのべて協力してもらう様に話して置く。

中村園長　園長としての職務についてはまだ充分理解していないが、個人としては分に応じた協力は惜しまないつもりでいる。

主事　これは園長個人の問題では無く法人の責任に於てなさるべき事で、具体的な計画を決定してほしい。今直というのは無理と思うが、何時迄にこれ丈の事をという様に目標を作ってほしい。

亀山園長　お年玉、共募としては従前と変りないわけなのだから、明後年には是非実現さす事として理事会の決議をも経たらよいと思っている。

課長　南寮は一応完成したのだからこれから法人としては北寮に重点をおくべきと思う。

亀山園長　その通り。南寮もまだ考える余地はあるが、先ず北寮を先にするつもりだ。

主事　北寮は五十名の定員でやって行けるか？

亀山園長　それは今日迄の経験で充分やって行ける。

主事　然し寿楽園の増築の出願の時も五十名では経営が困難だから増築して定員を増加し度いという事であったと記憶しているがやれるのか？

亀山園長　つましくやれば充分やれる。

主事　北寮の人の意見は？

横川　定員の五十名を基準通りの三十何名かに引き下げられては困るけれど、拡充出来る迄五十名をみとめて頂いて、やらして頂き度い。

課長　亀山さんは理事長で南寮の園長という事だが、北寮の方をやられる気は無いか？

亀山園長　如何なる理由で？

課長　南寮は誠に順調に行って今後も何等心配なく経営出来ると思うが、北寮は経営も困難だし、増改築の問題もあり種々困難な事が多いと思うので、理事長自ら困難な方の経営に当られてはと思う。中村氏は未経験であり貴方は充分経験を持っていられるから。

亀山園長　その事なら心配して頂かなくても、北寮をほって置く様な事は絶対に無いからこのままで御安心願い度い。

課長　職員の配置はどうか？

亀山園長　今のままが最もよい。

中村園長　何事もまだくわしくわからないが理事長がこれでよいと云はれるのだったらこれでよいと思う。

一、寿楽園の財産について

課長　寿楽園の基本財産は大分貧弱なので、南寮の土地建物を基本財産に繰り入れられ度い。

亀山園長　当然の事と思うので早速にその手続をします。

課長　分離の場合、北寮の建物の事が当然問題になるのだが、どの様に考えていられるか？

小国　寄附という事も考えています。

中村園長　小国家としては先代、先々代の遺産であって然も沢山の財産があるわけでは無く、軽々に申せる事ではないのであって、寄附等の場合に当然それには色々と経済問題もからんで来るわけで、色々と条件も自から出ると思う。

課長　それは当然の事と思う。よく相談して置いてほしい。

亀山園長　手続の書式その他についてはよろしく御指導願い度い。

主事　水尾分園は独立迄は上嵯峨寮につけておかないといけないと思う。尚方法等しばらく研究させてもらい度い。上嵯峨寮は既に施設としての認可は得てあるので、新基準に合はなくても直ちに影響しないけれど、新に施設の認可を受けるという事になれば基準は合致しなければいけないから、南寮は大体施設設置の認可を申請しても問題は無いが、分園をつけると基準が下るから既に施設の認可を得ていて新に申請する必要の無い上嵯峨寮につけなければならないが、事務費等の件についてはよく研究して置いてほしい。

大体以上の様な事でこの日の会合は終った。

八月十五日　水　　男十　女四十

寄贈／大覚寺よりお中元としておそうめんを小百、大十七頂く。早速南寮にも持参、おやつに配分。とてもおいしくて皆大よろこび。

八月十六日　木　晴　　男十　女四十

とうろう流し／仏徒連盟の燈籠流しで寿楽園船を英坊が作ったので一しょに嵐山に持って行って流す。来年はすばらしいのを作ろうと話し合う。

今日は西瓜をお下げして一同に分配したところ随分沢山

当ったので、とても御満悦の態だった。

八月十七日　金　雨　　男十　女四十

出張／南から電話あり。中村園長と横川南寮に行く。先達ての話合について、その後どのような意見かという様な事であった。最後的な話にはならず、兎も角も北寮の拡充に力を入れる方向へ話を持って行く。亀山園長の『かく思う』という本の為に中村園長より一万五千円の寄附金を申し出らる。北寮の台風に備えて、ガラスの破損ヵ所、根太の修理等決裁を受く。

八月十八日　土　　男十一　女四十

来園／大覚寺の事務所に来て居られる宇野さん来園。親類のおばあさんが死なれて古いたんすがあるので園で使ってもらえれば、と思ってとの事で、整理にも都合がよいのでよろこんで頂く事に御返事する。

八月二十一日　火　曇　　男十一　女四十

養老連盟／京都養老連盟の例会で同和園に行く。二十七、二十八両日比叡山で開かれる近畿の連絡協議会への提出議題について協議。江頭氏に対し園生の傷害事件のくわしい説明あり。前科十数はんのよし。検察庁では老人の事でもあり大した事件と見ず又園に引取ってほしい様な事だったので、そんな事をしては後々のみせしめにもならず益々増長させる様なものだし、反対する園生がそれこそ本当に殺人事件を起こしかねないからと云うので民安と相談の上一応中央保護所に収容された由だが、何処の施設も今後の事もあり集団生活の性質上検察当局による事情を説明する必要があるので、府からよく申し入れて頂く事となる。江頭氏も当人には常日頃物心両面に随分温情を以て接して居られ、園としても十年間種々手をつくして居られた由なのに、結局生れ変り死に変りしなければすくわれない魂なのかしら。寿楽園は今日迄大した事件もなく経過して来たが、文字通り身を捨てて取り組まなくてはならない仕事だとつくづく想う。

八月二十二日　水　雨　　男十一　女四十

中央病院で医療券の事やかましく云はれるので又々民安にさいそくの電話をかける。園としては何とも方法がないので、このことはほんとに困る。

八月二十三日　木　雨　　男十一　女四十

備品台帳の整理の為、物品しらべをなす。

八月二十四日　金　雨後曇　　男十一　女四十

午後曇となり中村園長来園。二十七、二十八両日の比叡山には出席出来ない由。

八月二十五日　土　曇　　男十　女四十

出張／南寮で提出書類その他について打合せ。バラ会の福井氏から贈られた南座の招待に小国と田中氏出席。

医療券の事、丸山に又話があったそうなので病院へ行って種々事情を話し了解を求めた。病院としても事務がおくれるので困られる事と思う。日赤で看護講習の件につき夜久さんと打合せをなす。

八月二十六日　日　雨　　男十　女四十

昨日の打合せでは九月末か十月はじめの一週間を講習の日に選んでほしいとの事であったが、夜久さんから電話があり、先約があったのを忘れていたので十月にしてほしいとの事。明日比叡山への出席は岩崎、横川両人と決る。

八月二十七日　月　雨　　男十　女四十

近畿連絡協議会／比叡山延暦寺で近畿養老事業連絡協議会開催され、横川出席。南からは岩崎さん出席。分園山本さん出席。十一月の東京に於ける例大会への提出議題について協議、ここでも江頭氏の件説明あり。他府県でも似た様な事件はよくあるよし。やはりこれは精神が異常を来して居るのだから日頃からよく記録を取って置いて精神病院に引取ってもらうより方法は無いという様な事であった。何れにもせよ大変な仕事だと思う。甘い気持では駄目だ。厚生省事務官の話に来年度予算では五十名以下の施設の事務費の改訂が考えられているので少しやり易くなるとの事であった。全国の約八十%が五十名以下の施設であるよし。

八月二十八日　火　雨　　男十　女四十

比叡は両日共大雨。午前七時から根本中堂その他拝観して後解散となり直に帰園。

八月二十九日　水　曇　　男十　女四十

八月三十日　木　雨　　男十　女四十

丸山の医療券がやっと来たが七月と八月と間違っているし、今度府から決定が来たら七、八両月分一しょに出すとの事だったのに一つしか来ていないので早速上京民安へ電話したら月は訂正してもらったらよいとの事であったが、やはり一度出かけて両月分出してもらわないと病院に対しても約束が違うのでいけないと思う。

八月三十一日　金　曇　　男十　女四十

中村園長来園。久々の天気で裏の池作り完成。

出張／上京民安へ行って事情を話し七、八の医療券出してもらう。初診券が二十日間の予定になっているので二十日間が切れたら一応打切って、も一度協議書を出せと府が云っているとか、二十日たったがまだ通院の要があるので園から申し出よとか。自分の方で医療券を出すのを遅らしておいて勝手な言い分なので、途中神経痛が出て長引いているが医療券さえ早く出ればそれは継続意見書に当然日のべの事は書ける筈なのだからその点説明、園の立場が苦しい説明したところ、病院が園にやいやい云うのはおかしいので初診券出す迄は園の責任だがそれ以後の事は安定所へ直接交渉しろと病院へ云って下さいとの事。安定所ともやはりもっと度々交渉を持つ様にしなければいけないと思う。

九月一日　土　晴　　男十　女四十

出張／寿楽園概要の事も気にかかるし、南寮に行って色々打合せをなす。

九月二日　日　晴　男十　女四十
出張／老人週間が近づくので、幕を早く作って置かねばならないので買物に行く。

来園／和田事務所より来園。便所と物置の保存登記をする為実測に来らる。

夜、亀山園長より電話あり。老人週間行事その他について打合せをなす。

九月三日　月　晴　男十　女四十
寿楽園概況の原紙書きをなす。杉浦良栄の眼鏡出来ている筈なので丸山に持って帰らす。

九月四日　火　晴　男十　女四十
来園／福嶋氏散髪奉仕の為来園。

植木の手入の為、植木屋二人来園。

出張／朝大急ぎでガリすりをして南へ持参。午前中かかって製本終了。

九月五日　水　晴　男十　女四十
来診／松田先生来診。

来園／福嶋氏今日も来園。

浜田氏帰国／浜田氏夫妻、家庭の事情で止むを得ず退職。荷物をまとめて帰国さる。

九月六日　木　晴にわか雨　男十　女四十
出張／主食申請書提出。選挙管理委員会で不足の用紙もらって帰る。南寮から田中さん謄写版かりに来らる。

来園／太秦幼稚園から十七日に他の幼稚園と打合せて午後一時から慰問に来るとの事。

黒田千糸さんからお電話あり。十六日に午前九時から北寮、午後南寮に浄瑠璃慰問に来られる由。昼食も夕食も南寮でという事。

木村さん根太の修理、ガラス戸の建付の悪いところの修理に来園。

九月七日　金　曇雨　男十　女四十
慰問／午後一時より府社協主催浪曲京山駒栄さんと腹話術、人形劇松本氏三氏来演。

来園／植木屋の松山さん、集会室東のもみじの枯木を切りに来らる。明後日桜の毛虫退治に噴霧器持参で来ますから薬を用意して置いてほしいとの事であった。

中村園長来園。台風が本土上陸の模様なのでガラス戸、藤だな等の対策を協議。西和林産で材木の交渉して来られたが、明朝でないと当方へまわしてもらえるかどうかわからないので、明朝電話する様にとの事であった。

森田和紙店から襖紙持参さる。夜、離れから襖張り替にとりかかる。案じる程の事もなく美しく出来上って部屋が見違える様になった。うれしい。

九月八日　土　曇にわか雨　男十　女四十

出張／午後三時より亀山園長渡布壮行会。洛北寮長歓送迎会が平安寮で開催され中村寮長出席。

九月九日　日　曇にわか雨　男十　女四十

寄附／西和の材木が駄目になったので、早田製材所に中村寮長が材木を買に行かれたところ、老人の日も近いことなり沢山の御老人をかかえて台風が来るというので大変でせう、どうぞ御使い下さいと約一万二千円程のものをポンと寄附して下さった。夜横川、小国両人でお礼に行ったところ、お母さんが万貫（すきやき屋）を買った人で断食道場時代からの知合いだった。仏のおみちびきと有難く思った。南に慰問に来られた御所の内青年団のおみやげとして飴一・四キロ頂く。

今日は台風が来るとの事であったが、途中で足ぶみをしているとかで明日来るらしい。

九月十日　月　曇　男十　女四十

出張／共同募金事務局長山海虎作氏の送別会が四条万養軒で開催され横川出席。

台風はずっと北にそれたので夕方五時警報解除さる。府庁から電話があり、十五日迄に分離に関する書類を提出する様との事であったよし。

夜右京民安の太田さんから電話あり、映画の慰問をしたらと思うが昼間の予定なので、どんな都合かとの事。南か北か一ヶ所丈しか行かれない由なので、どちらでも都合のよい方へ来て頂く様返事しておいた。どうしても集会室を広げる必要がある。

九月十一日　火　曇　男十　女四十

提出書類急ぐので下里さん南寮へお手伝。

来園／登記所の人と一しょに和田事務所から来園。普通だと沢山費用が入用なのだが、厚生大臣の証明を取れば無料になるので府への届けを済ました後、証明を取ってから登記をする事となる。

来診／松田先生来診。身体障害者の方々の慰問は南寮に十八日午後一時からと決り、北寮には幼稚園のバスをよこして下さる事となる。松田先生が関係していられるので幼稚園との交渉に当って下さった。

出張／夕方から南寮で福引等の打合せに行く。

九月十二日　水　晴　男十　女四十

慰問／嵯峨婦人会から午後一時より慰問の為来園。おみやげにタオルを一枚づつ頂く。可愛らしい子供さんの舞踊、役員さんのおどり等に楽しく半日を過させて頂く。

出張／西田氏を表彰して頂く（京都社会事業大会に於て）為に右京区役所総務課に行く。他からは出ていない由。形式も何も無いらしいので兎に角書類を出してほしいとの事であった。

早田製材所の美挙が京都新聞に出ていたので一部中村寮長に送る。

九月十三日　木　曇雨　　男十　女四十
男の一部部屋替をなす。

出張／午後より十五日の福引の景品準備の為南寮に行く。下里さん今日も南寮に御手伝。帰りにたばこ七十ヶ、景品等自動車で持ち帰る。

日赤より今年も「老人の日」の催しに協力の為、無料診療に来て下さる由、日赤は北寮に、右京社協第四部会医療部会からの奉仕は南寮に来て頂く予定。

九月十四日　金　晴　　男十　女四十
出張／下里さん今日も南寮に御手伝い。

来園奉仕／マッサージ奉仕の名取氏午後来園、奉仕して下さる。

「としよりの日」のポスター張出す。

離れの襖九分通り完成。紙が変った丈で見ちがえる程明るくなった。

明日午前中に右京社協から区長外、慰問の為来園のよし連絡あり。桂厚生園より電話あり。四名程で二十日に南寮に来園のよし。市主催の慰問は二十二、三日頃、万才落語等で来て下さるよし。日時決定次第通知するとの事であった。

京都青果組合からリンゴの寄贈あるよし連絡あり。

九月十五日　土　曇　　男十　女四十
出張／下里さん今日も午後から南寮にお手伝。

老人の日／今日は待ちに待った「としよりの日」。

十一時過に右京社協より慰問の為大西区長、内藤社協会長、杉本民安所長、大角右京民生委員長外、右京区役所の係の方等来園。さらしを沢山おみやげに頂く。

区長、内藤会長、民生委員長よりそれぞれ御挨拶あり。

昼食には御赤飯、おさかなに一献も出て園生は大よろこび。その後のど自慢、かくし芸等に三味線もなり出してにぎやかな事。

寄贈／午後中京一茶業者として名もつげず上等のお茶を茶箱に入れたのを三箱、南寮、水尾分園にも適当に御分け下さいと云って置いて行かれた。

西川嶋青年会から二十世紀のおいしい梨を一箱南寮に持参され、下里さん直に北寮分持って帰って下さる。

ヤクルト七十ヶ寄贈さる。

本日園生全員に下駄一足づつ（病人で下駄の不用の人には足袋）、たばこ、石鹸、洗濯石鹸各一ヶづつ、紅白まんじう、七十五才以上金一封（五十円在中）、八十歳以上はそれに足袋一足を附けてお祝として配給。七十五才以上が二十六名、八十才以上九名。

夕食後福引をなす。

来園／夕方岩崎さん来園、大覚寺黒田さんに監事の印を頂きに来られたが御留守のよし。夕方電話したがまだ帰られず、明朝頂きに行く事として書類領る。

九月十六日　日　雨　　男十　女四十

浄瑠璃慰問／高田タツミ氏一行の浄瑠璃大会あり。ビラで御近所にも呼びかけてあったので二十人程来園者あり。昼食は当方で済ませて午後に南寮。云ってもらったら何時でも来ますとの事。

午後三時頃から東山区山科の「こしょうクラブ」（南寮田中さん指揮下にある子供会のよし）の方五人、田中さんと共に人形芝居、幻燈持って慰問に来て下さる。田中さんのセリフ、山科音頭は中々堂に入っている。

九月十七日　月　雨　　男十　女四十

右京社協から頂いたさらしを男はまわし二枚、女はおこし一枚づつ配給。他に枕カバー、仏様になった時に顔にかぶせる布等作る。

今日幼稚園の慰問ある筈のところ中止となる。

出張／午後中村妻吾楼氏のおくやみに行く。浜田氏園をやめられた事につき谷山に挨拶に行く。

来園／永井とめさんから話しあり、炊事婦になり度いという人来園。子供二人あり。通いなので一寸困ると思う。後程園長とも相談して返事する事として帰ってもらった。

九月十八日　火　晴　　男十　女四十

映画／午後一時より南寮で右京傷痍軍人会主催の映画の慰問あり。嵯峨幼稚園のバスを北寮へまわして頂いたので北からも二十名南へ行く。

リンゴ寄附／京都青果組合よりリンゴ寄贈あり。

九月十九日　水　曇小雨　　男十　女四十

出張／下里さん右京税務所に施設分離の為の届について問合せの為出張。枝番号処理でよい由。大宮にカンカン（ハカリ）取りに行ってもらったところ、しまい込んで見当らぬとの事、後程電話で出て来たからとの事であった。

日赤診療／午後一時より日赤竹下内科部長外四名で無料診療に来て下さる。一般老人にもビラで呼びかけてあったので外来診療十五名、お薬も五日分位無料でもらって皆感謝して帰られた。

厚生園より電話あり、明日午後南寮に三名で行くとの事。園生の診察の結果、石井梅枝は早くレントゲン診断してもらって病院へ送った方がよかろうとの事。山内も一度レントゲン診断してもらった方がよい様に思うとの事なので、早速右京民安に電話して初診券発行方依頼す。

今宵満月／惜しいかな夕方より小雨、大覚寺で名月を眺める会あるも月は見えず。

茶舟より琴のきこえて無月かな
大沢にぼんぼり浮べ月を待つ

九月二十日　木　晴　　男十　女四十

出張／社会保険協会に分離についての問合せ、右京区役所に西田氏表彰申請書提出、右京民安に石井の医療券、山内の初診券受取の為、下里さん出張。係不在の為もらへず。

来園／午後、査定委員が実地を見分の為来園。

九月二十一日　金　曇　男十　女四十

老人週間の最後なのでお昼は五目ずしに豆腐汁。夜は牛肉と玉ねぎ、じゃが芋の煮付にお酒が出たので大よろこび。

出張／南寮に西田氏寄附金品について正確な日付しらべる為横川出張。今日迄に既に五十万円余の寄附金を頂いている。こうした仕事なればこそと有難く、又仕事をあづかる我々としては益々精進しなければと空おそろしい気さえする。

九月二十二日　土　曇小雨　男十　女四十

出張／中村寮長、南寮で風呂場の工事について園長の留守中に取かかるについての確認を得、又費用の点につき共募で不足する分は一時立替払して年度内に返済してもらえればよいからと申し出て頂いたので亀山園長も了承。看板は南寮の桜を板にする事にしたが園長出発迄には間に合いそうにないので取りあへず今迄通りのを削ってもらう事にして夜横川、木村さんに持参、工事の事も依頼す。早速左官やさんに打合せするとの事であった。

二十五日夜職員が園長壮行会を南寮で行うことに決定。

二十六日園生も南北各十名、京都駅迄見送り、園長に挨拶さす事となる。

下里さん夕方より帰宅さる。

九月二十三日　日　晴　男十　女四十

慰問／市主催の慰問団来園。京山駒造の浪曲その他万才、歌謡曲等。市からは保護課の恒川係長来園。

上嵯峨寮の看板は木村さんが家にあったのを持って行って置いたからとの事で、夕方とどけられた。嵐山寮ももう出ていたとの事なので早速こちらもかけた。

九月二十四日　月　晴　男十　女四十

出張／森田さん保健所に石井と山内の診断の結果を聞きに行って下さる。石井の方も入院の必要は無いし山内も心配無しとの事。但し明日も一度たんの検査の結果を聞きに来てほしいとの事であった。

明二十五日園生が園長の渡布に際し無事に行って来られる様との祈願祭を行う事となり、北寮からも代表十名程参加する事となる。その後座談会をするので感謝箱の中からおまんじうを買う事とし注文す。

九月二十五日　火　曇後雨　男十　女四十

出張／森田さん保健所に石井の咳たん持参。横川右京民安に山内の医療券申請書提出。嵐山寮で園長無事渡布の祈願祭あり、北寮からも園生十名参加。後茶話会。

夜職員一同で園長の壮行会。中村寮長は急用の為来られず。帰りにステッキの内職材料持ち帰る。

京都府社協の石川さんから電話あり。来月の社会事業大会に寮母会会員にも招待状出した方がよいと思うがとの事なので各施設あて適当数丈送って頂く様御願いす。

九月二十六日　水　雨　　男十　女四十
園長出立／本日午後一時七分の特急ハトで園長東上。園生も両寮から二十名程京都駅迄お見送りをなす。府の徳丸さんも見送りに来て下さった。沢山の見送りで元気に出立さる。

九月二十七日　木　雨　　男十　女四十
本日中村寮長と岩崎さん府市等へ挨拶に行かれる筈のところ、明日に延期となり夜、職員懇談会をなす。

九月二十八日　金　晴　　男十　女四十
台風の余波も去り久々の秋晴れ。
市保護課より電話あり。来月十日頃、眼鏡組合より老眼鏡の寄贈あるよし。さぞ老人達もよろこぶ事と思う。
出張／中村寮長、岩崎さんと府市等へ十月一日より各寮分離経営する旨挨拶に行かれたところお留守が多く、十月一日からという公の挨拶は一寸待ってほしいとの事であったよし。横川区役所で右京保育所連合運動会開催打合せ会に出席。来月十五日嵯峨校で開催のよし、去年と同じく近くてもバスで送迎して下さり、お菓子のおみやげを下さるとの事。ザル引きを昼食の前か後位にプログラムの中に入れるからとの事であった。

九月二十九日　土　晴　　男十　女四十
木村さん来園。風呂の底金を鉄にするよりも銅にした方がうんと長持ちする。一万五千円高くなるけれどとの事で中村寮長に電話で打合す。予算その他でやはり鉄にする事としてその由木村さんに電話す。
出張／内職の件で小国南寮行。

九月三十日　日　晴　　男十　女四十
来月一日から経理等、上嵯峨寮として嵐山とは分離する事になるので帳簿等整備す。岩崎さん明日朝東上のよし電話あり。
内職を急がれて一日中手伝をなす。来月一日から来られる筈であった炊事婦は断りに来られた。

十月一日　月　曇小雨　　男十　女四十
本日より経理等、実質的に南北分離して上嵯峨寮、嵐山寮となる。引続き帳簿の整備、棚の整理等す。
寄附／本日積慶園よりパン五十包寄贈あり。仏立講の信者のいろは旅館からのものの由。

十月二日　火　晴　　男十　女四十
寄贈／安原良氏より糯米、精米、砂糖、あづき代（千円）寄贈され、鶴井と後藤とで頂きに行く。あづきが近々新が出るので、そしたらおはぎを作るつもり。
出張、共募配分金受領／共同募金会より電話あり。臨時費の十万円受取りに来る様との事なので横川受取りに行く。二万五千円の経常費も使途変更承認さる。府庁へ行ったら三上、水江両氏共居られ、何れ十月一日にさかのぼって認可になる筈だからしばらくそのままでとの事だった。

市役所に行ったが龍池課長は来客中、恒川氏在席、市としても出来る丈の協力は惜しまないからよい計画を立ててしっかりやって下さいとの事であった。明三日午後に眼鏡支給について検眼の打合せに行くとの事。

十月三日　水　晴　男十　女四十
来園／市役所保護課恒川係長と眼科の医師二名来園。九日の検眼当日の暗室の下相談等して帰らる。眼鏡処方箋入れの状袋用意して置くから市迄取りに来て必要ヶ処記入して置いてくれとの事。

十月四日　木　晴　男十　女四十
出張／右京区役所に十月分主食申請書提出。今月から三六五gと基準量が増加配給される事となり配給日数も二十一日となった。献立も考えなければならないと思う。右京保健所で石井梅枝のレントゲン写真を借りて来る。看板屋に明五日、四時頃に来てもらう様依頼。

市で眼鏡処方箋入の封筒受取る。寮長実印はまだ出来て居らず。

十月五日　金　晴　男十　女四十
来園／福嶋氏、昨日と今日散髪奉仕に来て下さる。丸山さんが裏の畑から沢山どじょうをつかまえておみやげにさし上げた。

看板屋さん来られたので見積をしてもらう。ひさしの下に入れるのも立看板も、ほぼ同じ位らしい。約四千円。立看板を三角にして裏を張るともっと高くなる由。大体トタン一枚分で二千円の割のよし。

嵯峨小学（七日）蜂ヶ岡中学より運動会の案内状を頂く。
出張／下里さん三条河原町まで実印受取り。共募の十万円と後援会借入金の内一万五千円を西京都信用金庫に入金。
消防立入検査／午後右京消防署より立入検査あり。台所ガス台の向う側のトタンは無い方がかえってよいとの事。油をよくふき取って置く事と、職員居室天井のビニールコードを取り替える事と、配線の不用のものを整理する事を注意して帰らる。

十月六日　土　晴　男十　女四十
松竹健康保険組合の大西伊一氏から来信（使の人持参）、十四日の日曜午後六時から「笑いのグループ」が慰問に行き度いとの事。然し十四日は右京保育所の連合運動会なので二十一日に変更して頂いた。雨天でも来て下さるよし。

台所のガス台の亜鉛板、新らしいのと取りかえ、腰板の油を洗い流す。さっぱりして心地よし。

十月七日　日　晴　男十　女四十
来園／東京海上火災の今西氏夫妻来園。大覚寺に案内す。谷山より電話あり。子供一人ある夫婦者の炊事係が東洋紡にあるよし、相談して返事する事とす。

十月八日　月　曇　男十　女四十
出張／相互タクシーに寄附金頂きに行く。銀行で現金にし細かくして十日の準備をなす。看板屋に九日夜か十日朝電話してもらう様依頼す。

寄附／中野氏は北寮にも大理石寄附して下さるよし。石が出来てから風呂場をこわした方がよくないかとの事であったよし。やはり技士が来てちゃんと仕上げるとの事であった由。図面が行って居ないので早速送って作ってもらう事としなければ。

十月九日　火　晴　　男十　女四十

眼検査／眼の愛護デーを前にして本日眼科医四名、眼鏡組合の人三名、市から川上さん来園。園生全員眼疾並に眼鏡の度を計ってもらい、近日中全員にめがねをとどけて下さる事となる。

十月十日　水　晴後曇　　男十　女四十

剖体祭／京大の解剖祭が黒谷で催され横川、鶴井をつれて出席。立派な御つとめで鶴井も感激して帰る。

共募／共募経常費第二回配分金（臨時費に使途変更）一万二千五百円受領す。

十月十一日　木　曇後小雨　　男十　女四十

来園／伏見民安林氏一行百名来園の予定で準備をしていたが、にわか雨の為大覚寺へ先に行かれ、時間が無くなって立ち寄られず。

死亡／朝、籐椅子の修繕をしていた時は手伝をしたり、風呂にも這入って普通にしていたのに、少し具合が悪いとは云っていたそうで早寝して、九時前に急にドクドクと血をはいてほんの五分か十分で死んでしまった。かねて覚悟はしていたらしく今年は冬物はとても手を通す事もないから仕立てる気がしないと云っていたが、こんな楽な死に方は無いと他の者もあやかり度いあやかり度いと云っていた。動脈瘤があったらしい。

来園／吐血と同時に松田先生に電話したが間に合はず。失血死は天国に行く様にとても楽な死に方とのお話だった。病院へ直に連絡して解剖依頼す。

十月十二日　金　曇　　男十　女三十九

葬儀／小田エイの葬儀。大覚寺黒田執事さんが来て下さる。十時に大学から迎えに来られ小国、同室の人二人連れて大学まで見送りす。

例会／洛東園に於て養老連盟の月例会あり。収入は大体百円位は認める様になったらしい。

明後年日本で世界の社会事業大会が開催される由。次回は十二月初め、若宮寮で開催の予定。例会は横川出席す。

中村寮長風邪の為欠席。

十月十三日　土　雨　　男十　女三十九

左京民安が今度は当番との事なので、女一名欠員の報告をなす（吉川氏に）。

出張／第二土曜なので毎月の家庭看護友の会に横川、小国出席。帰途大学に小田の白帷子とどける。

来園／小田エイの甥と姪とがお骨をもらいに来られたが、まだ大学から帰っていないので帰ったら直連絡する事とした。お供えに園生におまんじうを二つづつ持って来られた。

十月十四日　日　晴　男十　女三十九

出張／炊事婦の件につき横川、谷山宅へ行く。

洛北寮に行き、看護講習会日取変更について相談、十七、十九、二十の三日と決定。各施設に連絡す。

右京保育所運動会／右京保育所の連合運動会に招待して頂きバスで送迎して頂く。幸いの好天気で園生もスプーンレース、玉入れ等させてもらって久々童心にかえって大はしゃぎ。お赤飯とかまぼこのおべん当。おみやげにお菓子を一袋づつ頂いて（行かない人も）（一袋五十円の岩つぼの菓子）大よろこび。

十月十五日　月　晴　男十　女三十九

小田エイの一七日の御供養す。

寄贈／鳥井さんから塩せんべい三箱頂いた。

出張／南寮に明日の講習の件、小田エイの変更届の件等で行く。看板屋に行って字の大きさを聞いたら一尺四寸位（曲尺）との事なので依頼して置く。金曜日に出来るよし。府立外科は今直には部屋が無いとの事（河原の入院の件）。

十月十六日　火　晴　男十　女三十九

鳥井さんより頂いたおせんべを配給。本日松田先生の来診なし。

十月十七日　水　曇　男十　女三十九

小田エイのお骨がかえったので甥の所へ連絡す。

看護講習／第二日赤で養老事業連盟婦人部会主催の家庭看護講習会開催、十三名出席。若宮丈出席なし。次回は十九、二十日。

谷山氏より電話あり。炊事の人、子供は他にあづけてもよいとの事で、一度来て頂いて面談する事となり、明日は講習が休みなので明日来て頂く事とす。

十月十八日　木　晴　男十　女三十九

右京民安より電話あり。女一名入園させてほしいので何時がよいかとの事だったから、金土は寮母不在の為月曜日位と返事して置いた。腰はまがっているが健康との事。

来園／炊事の人夫婦で来園。来月はじめから来させてもらうとの事（谷山敬之氏御紹介、東洋紡績大阪工場定年退職者）。

十月十九日　金　晴　男十　女三十九

講習／本日も看護講習あり。横川、小国、森田出席。

看板屋より明日持参するとの電話あり。二十一日の慰問は午後三時よりと時間変更の由、大西氏より電話あり。

来園／右京保健所の浅田宇一郎氏来園。炊事の人が変ったりした時は検便して置く様との事であった。前監事石川春之助氏病気入院の為、横川小国お見舞に行く。院長は前に園に多額の寄附をして頂いた池上重恵氏であった。

十月二十日　土　晴　男十　女三十九
講習／本日講習の第三日で最終日。

寄贈／森岡先生が朝来られ関係していられるライオンズクラブが松茸狩りに来られ、その際立ち寄って慰問の品を持参するとの事で、後からナガサキ屋店主高橋巌氏（幹事）来園。マシマロ四八袋頂き南寮に二六袋持参す。

十月二十一日　日　晴　男十　女三十九
慰問／松竹健康保険組合員の方の慰問あり。大熱演で泣くやら笑うやら老人達も大よろこび。

お供養／お大師様なので先日安原様から頂いたお米でおはぎを作る。とてもおいしくて皆大よろこびだった。

　白谷病気で西陣病院に行った。明日は連れて行くと夜中の一時頃、身よりの者からとの電話連絡があった。

十月二十二日　月　雨　男九　女四十
入園／右京より藤野みつ入園。南一号に入室さす。

午後五時過、西陣病院より電話あり。白谷さんを親類の人が園に連れて行かうとされたが、動けないがどうしようとの事なので、入院の手続をするからよくなる迄入院させて頂く様御願す。安定所への連絡は時間外なので明日の事とする。

来園／小田勝氏来園。小田エイの遺骨を持ち帰られ、園生にお供養にとおまんじうを頂く。

寄贈／北野の岩崎氏より牛肉一貫匁頂く。

十月二十三日　火　曇小雨　男九　女四十
出張／上京民安に電話して白谷の初診券、係の人が居られなくても間違いなく出してもらえる様依頼して置く。西陣病院に白谷の肌着、ねまき等持参。割合元気にしていた。帰らうと思って千本の所まできたらフラフラとして後はおぼえないよし、救急車で西陣病院に連れて行かれたらしい。初診券を郵送してもらったら後の手続は病院と上京民安とでするからとの事だったので、早速転出証明書をもらって、初診券と共に郵送の手配す。

　中央病院に丸山の九月分医療券が来たので持参し、七、八、九月通院治療回数の証明書をもらう。通院費請求の為。

来診／松田先生来診。藤野みつは栄養失調の様だからこれから園の食事を摂る様になれば元気になるだらうとの事。

河原まさの要入院の意見書を書いて頂く。

十月二十四日　水　曇小雨　男九　女四十
　昨夕新らしい風呂桶が来た。木村さん昨日から仕事をはじめて下さる筈のところ折悪しく悪天候で駄目。

醍醐同和園の江頭氏から都合で行けないので次の機会にとの通知があった。

　眼鏡協会から二十六日に先日の眼鏡持参するとの事、はがきで通知あり。

十月二十五日　木　晴　男九　女四十
浴場工事／今日から浴場の改築工事はじまる。水道工事必要の為、供川に明日来る様連絡す。

河原入院の件、国立病院に都合聞いたら部屋の都合つくが午前中に外来で一応診察してから入院手続とるからとの事で今日は間に合はず明日入院さす事とす。上京民安より電話あり。白谷の初診券入手したが申請が必要故送られ度いとの事。明日病院の帰りにとどける事にする。

丸山の通院費立替費請求書作る。

十月二十六日　金　晴　男九　女四十

出張／河原入院の予定で準備して国立京都病院に連れて行ったが。切断はしなくとも手術丈でやって見ようという事になったが、急患を入院させたのでどうしても部屋の都合つかず止むを得ず一応連れて帰った。部屋が明き次第連絡して下さる筈。

寄贈／先日来て下さった眼鏡組合から出来上がった眼鏡を御持参下さった。夜が明けた様に明るくなったと老人達のよろこびは大したもの。

十月二十七日　土　晴　男九　女四十

マッサージ慰問／名取氏マッサージの慰問に来て下さる。誰もがしてほしい人ばかりで中々むつかしい。

出張／上京民安に河原の件連絡。一応初診券は入院の為になっているが、あのまま提出し、入院したら月日を直に連絡する事とす。

丸善でブック立を買って来る。

午後中村寮長外三名、裏山越えに高尾神護寺に行く。南寮から例年のお手伝に二人行っていた。

十月二十八日　日　晴　男九　女四十

慰問／東山民安所長武村氏、六原民生委員長橋本氏外約十五名の六原民生委員の方来園。おみやげを頂く。毛糸は半端だけどとの事であったが、えりカバーでも編んでなるべく沢山の人に行き渡る様にしたらよいと思う。西田氏夫妻、下里さんの友人来園、大覚寺に御案内す。

十月二十九日　月　曇　男九　女四十

北野の岩崎商店から内職の事で来られる筈になっていたが来られなかった。リンゴ箱は一つ丈用意出来たが、後八百清から次々と出来次第持って来てもらう様依頼して置いた。

大覚寺に藤棚用の竹を頂く事御願に行く。切る時には立ち合はせるから入用な丈遠慮なく使ってもらって結構との事。

十月三十日　火　小雨　男九　女四十

松山さんに竹の事たのみに行ったら、竹切りの専門家にたのんだ方がよいからその様に連絡するとの事で、仕事は一月程待ってほしい、その方が葉も落ちて仕事もしやすくなるからとの事であった。分園の山本さんから電話あり、まだ松茸があるから来月の一日以後何時でもよいから一度来てほしいとの事であった。

十月三十一日　水　晴後雨　　男九　女四十
出張／府庁から電話で南北両寮分離に関する認可書を渡すから午後三時に府へ出頭する様との連絡あり。中村寮長、南の岩崎さんと共に出席。「施設の名称並びに定員変更については認可する」との知事の認可と同時に、事務費を七十七円とする事の決定通知を受領。これで上嵯峨寮も正式となったわけ。但し十月一日付の書類。
十一月一日　木　晴　　男九　女四十
　風呂場改築中は収容者も銭湯にやらねばならないので、亀山温泉に話して入浴券で園生を入れる事とした。金曜日は毎週風呂は休みで、土曜日曜は混雑する由なので今日は希望者に入浴券渡す。八百清さんがバタバタで行きしなには足の達者でない人をのせて下さった。
十一月二日　金　晴　　男九　女四十
出張／施設分離について右、左、東山、中、下、南、伏見の各民安へ寮長、横川、岩崎さん挨拶に行く。市民生局保護課へも行き局長にも御目にかかる。
来園／北野の岩崎さんから蚊帳のつり手の内職を持ち込まる。
十一月三日　土　晴後雨　　男九　女四十
文化の日／昔我々の記憶の中では十一月三日と云えば天長節、菊の花の香りと紅白のおまんじうを思い出す。晴れた秋空に日の丸の旗が風にはためき、晴れ着を着せてもらって御馳走をこしらえてもらって、ほんとにうれしい日だった。園でもお昼は牛肉の御馳走をこしらえた。
十一月四日　日　晴　　男九　女四十
　雨になるかと思ったがカラリと晴れてよい日曜日。主食申請書並に施設分離の届書作る。
十一月五日　月　晴　　男九　女四十
出張／右京配給課に届書提出。右京保健所に石井梅枝のレントゲン写真を返す。
十一月六日　火　小雨　　男九　女四十
慰問／午前十時半、初音婦人会員約百名来園。内藤政一氏の案内。園の概要を説明し、園内を見て、近々又古着等集めて婦人会役員が改めて慰問に伺いますとの事であった。
来園／夕方南寮の岩崎さん来園。明日健保、失保等手続その他連絡の為下里さんと同道しましょうとの事。
十一月七日　水　晴　　男九　女四十
　岩崎さん風邪気で出られぬとの連絡あり。
来園／中京民安から係長とケースワーカーと来園。中京から入園している者を一人一人呼んで色々調査された。入園当初とは色々ちがっている点もあり、再調査の必要もあらうけれど、今更家庭裁判等と云い出して見てもどうかと思うし、入園迄にもっともっとよく調査をされるべきだと思う。
　上京民安から白谷はどの様な事かと連絡あり。本当は入院したら民安の仕事なのだが、一応園からも調べに行って来る事としよう。

出張／相互タクシーに寄附金頂きに行く。

今日風呂桶のすえつけ。離れ便所屋根の修理等、離れの押入れの外は土やガラが一尺程も積み重なって、もたれていてひどいくさり方、何処もここも大変な事だ。一通りの手入れ丈でも並大抵では無い。洗面所の所も今日持ち上げ作業をしていた。集会室が直にひろげられないとすれば廊下に扉でも作って、慰問等の時、障子をはずしても寒くない様にした方がよい様に思って木村さんに聞いて見たが、素人が考える様に簡単には中々行かないらしい。

十一月八日　木　晴　男九　女四十

上京民安から河原の医療券の決裁が府から来たがいつから入院するかとの事なので、伏見国立病院に電話したところ、もう一週間程待ってほしい、退院する筈の人が退院がおくれているのでとの事なので、その由上京に連絡、しばらく保留して置いて頂く。

白谷の分も決裁が来た由なので直医療券発行して頂く様依頼す。

十一月九日　金　晴　男九　女四十

来園／南寮から田中さん、主食配給通帳を持って来て下さった。

出張／下里さん健保、税務所、失保等へ出張。

十一月十日　土　雨　男九　女四十

感謝日／相互の寄附金を配分す。

来園／右京保健所から井戸水検査の結果を持って来られたが、公共井戸としては不適との事。水道が無い時だと大問題だが、おかげで上水道の使用が出来るので安心。

十一月十一日　日　小雨後晴　男九　女四十

来園／内職をしてもらえないかと来園された人あり。同和園に四年程も仕事出していたが近頃お金の事がむつかしくなって仕事の出来高がガタベリになったので、との事。当園も今の仕事で手一ぱいなので御断りす。何処とも内職の件では頭痛の種らしい。

もみぢ祭／嵐山もみじ祭。元気な者は見物に出かけた。

十一月十二日　月　曇　男九　女四十

出張／矢部あいの眼鏡を奥原眼鏡店に持参。玉を取りかえて頂く。

西陣病院に白谷を見舞ったところ二階の明るい部屋に変えてもらっていた。丁度娘二人が来ていたので、子供や孫で何とか面倒を見て上げる様に出来ないものか、費用の点では又民生保護を受ける途もあるのだからと色々説明したところ、皆よって又相談してみますとの事であった。

十一月十三日　火　晴　男九　女四十

慰問／内藤政一氏が来られ、急ではあったが龍池婦人会員五十名程に園を見せてほしいとの事で、三十分程して婦人会の方来園。概要と説明して園内を見て頂く。会長の新宮さんは生長の家の誌友で顔見知りの方だった。私達はこれから清滝に遊びに行くのですが、自分たちの幸福を一入身にしみて感じると共に、こうした施設を見せて頂いてもっともっと協力させて頂かなければと思います、又帰って皆さんと相談して改めてよせて頂きますとの事であった。

来園／関西学院の小泉先生来園。こう云う施設を見、又色々話を聞いて大変参考になった、これからも又度々伺いますと云って居られた。

来診／夜松田先生来診。

十一月十四日　水　晴　男九　女四十
出張／洛東園の中村先生、去る八日夜バイクモーターとぶつかって重傷との事で、岩崎さんと共にお見舞に行く。面会謝絶の由なので園の方へ行った。丁度同和園の江頭さんも来られ、放火事件についても色々と御話を聞く。傷害事件、放火事件、集団食中毒事件と同和園はこのところ全く大変でこんな仕事がつくづくいやになった、とこぼして居られた。

来園／大阪の植田庄太郎氏夫妻来園。大覚寺に来たが一寸見せて頂き度いと云って立寄られ、おみやげを頂く。

十一月十五日　木　晴　男九　女四十
出張／下里さん健保、失保、税務所等に南の田中さんと共に種々手続の為出張。

来園／上京民安の竹内第一係長と平井さん来園。上京からの入園者について種々調査の為。竹内氏は二十年程前、まだ学生時代にここで断食をされた由、母堂も二週間断食されたとかで大変なつかしいとの事。
寄贈／去る六日慰問に来て下さった初音婦人会会員の大西冬子氏から古衣の小包がとどいた。よくよくの御志が無ければ中々こうした事は面倒な事なのに、有難い御志と思う。
十一月十六日　金　晴　男九　女四十
十一月十七日　土　晴　男九　女四十
出張／煉炭ストーブを試用して見てはと云う事になって丸物で注文して来た。病人用シーツ、台所用品等も買求めた。
十一月十八日　日　晴　男九　女四十
来園／嵯峨野子供会の世話をしている方が来られ、大変よい子供なので先頃文部大臣から表彰されたので今度子供会の行事を映画にとり度いので、養老院を慰問する場面を入れ度いと思うので、その時は御協力を願うとの事であった。
南北両寮分離についての挨拶状を作る。
十一月十九日　月　曇　男九　女四十
挨拶状に名前を書かない分を嵐山寮の方に五十枚程ほしいとの事なのでとどける。
十一月二十日　火　晴　男九　女四十
出張／下里さん健保その他分離についての届出等の為出張。挨拶状の所書を書く。

十一月二十一日　水　晴　　男九　女四十
　翔鸞婦人会から二十三日慰問し度いと上京区役所より連絡あり。
出張／昨日の手続の内、扶養者について民生委員の証明必要との事で証明書もらって再度下里さん出張。本日で諸手続完了。
十一月二十二日　木　晴　　男九　女四十
　挨拶状発送。
マッサージ慰問／名取氏本日も亦マッサージの慰問に来て下さる。度々なので京都新聞に連絡したところ前日に知らしてほしいとの事なのだが、名取氏は新聞に出す等しないでほしい、手のあいた時来るのだから前日から予告はしかねるとの事。田中さんが今日外人でこうした施設を見せてほしいと云っている人を連れて来られるとの事で、待っていたが遂に来られず。南寮丈で帰られたらしい。
十一月二十三日　金　晴　　男九　女四十
慰問／翔鸞学区の社協と婦人会員五十名来園。キャラメルを頂く。
寄贈／初音婦人会員の横田よしゑ氏、先日は来られなかった由だが話を聞いたのでぼろを持って来たとの事で、古着を持って来て下さった。
十一月二十四日　土　晴　　男九　女四十
出張／生長の家光明思想の講習会あり、寮長、横川、小国出席。南寮の田中氏来園。二十二日に約束しながら然も大覚寺迄来たのに立ち寄らなかった理由を説明し、おわびに来たと云って一泊しられた。
十一月二十五日　日　晴後雨　　男九　女四十
出張／横川、小国、本日も受講。浄圓月観の指導を受く。
〈浄圓月観〉
（先づ正座瞑目合掌し、普通の神想観の如く、無限の智恵、愛、生命、供給、悦び、調和の世界を観じたる後、次の如く繰り返し祈る）
　神よあなたの無限の愛を吾れに流れ入らしめ給いて、吾れに於て愛の霊光燦然として輝き給え
　而して、すべての人の罪を赦しすべての人々を愛したまえ
（以下思念を次の通り繰り返します）
　神の無限の愛吾れに流れ入りたまいて吾れに於いて愛の霊光燦然と輝きたまう
（生れる自身の身長と同じ位の空色の浄円月の雰囲気に包まれている自分を内観します）
　吾れに浄円月の雰囲気ただよう
　吾が雰囲気はやわらかく、あたたかく、清くうるわし。
すべての人々に平和と喜びとを与え
　すべての人の罪を赦し、すべての人を愛するのである
（前にもどって繰返し念ずるのであります）以上

こうした仕事にたずさわる者には誠によい観法と思う。常にこの観法をおこたらず精進したらすばらしいと思う。来園／初音婦人会員の油浦氏来園。古着を御持参下さる。

十一月二十六日　月　晴　男九　女四十

本日マッサージの慰問ある由、市保護課から連絡があったが来られず。市に問合せたが先方と連絡がつかない所だそうで、何か急に差支えが出来たのだらうと思いますとの事。

嵐山寮から電話あり。大理石を送ったとの通知があったが嵐山寮の方に持って来るといけないから日通に連絡して置いてほしいとの事だった。

翔鸞婦人会その他に礼状を出す。

市の養老連盟の集会が来月五日頃に開催され、府の方は十日頃若宮寮であるとの事。

十一月二十七日　火　晴　男九　女四十

小田の忌明をかねて総供養をなし、芋、菓子等お供養す。日通に荷物が来たら上嵯峨寮にとどけてもらう様電話す。小口扱はそう込んではいない由。

河原入院の事、病院に問合せたところ、明日午前中に入院する様との事で、上京、左京両民安にこの由報告。白谷、河原二人の欠員が出来たので補充してもらう様依頼す。来診／松田先生来診。寒くなって風邪が多くなった。

十一月二十八日　水　晴　男九　女四十

入院／河原まさ入院。入院手続につき身許引受人等の件につき問題あり。上京民安にいったがらち明かず。この事は次回連盟で決定してもらって置いた方がよいと思う。

若宮寮から来月三日養老連盟開催の案内あり。長生園も発足された由、案内状来る。

市保護課より電話あり。三十日に二条城の京都文華典に園生を御招待下さる由、希望者をつのったところ二十四名。西陣病院から電話あり。白谷さんがもう退院出来るから引取ってほしいとの事であったが、本人には娘もあり相談しておくとの事であったからその由も一度上京民安に連絡して善処される様依頼す。

テラゾ（人造大理石）が着いたので木村さんに電話してこちらで出来るのか出来ないのかよく調べてもらう様依頼す。明朝左官に見せてよく聞いて見ますとの事。

十一月二十九日　木　晴　男九　女三十九

慰問／聖三一幼稚園の慰問あり、八十名程来園。リンゴやみかんを沢山頂いて園生大よろこび。明日二条城に行くのに持って行けると子供の遠足みたい。中野氏に大理石の礼状並びに技手に来てもらえるかどうか、万一来られなければ、こちらでも何とかまとめられる旨手紙を出す。来診／丸山すて、夜急に悪寒発熱、松田先生の来診を乞う。心配な事ないらし。

来園／嵐山寮の田中さん、主食申請書の作り方聞きに来らる。京都新聞の和田氏来園。新寮長の事を横顔にのせるから写真がほしいとの事で、さがしまわって一枚渡す。

十一月三十日　金　晴しぐれ　男九　女三十九

文華典招待／二条城の京都文華典に市から招待して頂き、京都バスで園生十九名、職員三名（外に水尾より職員一名）参加。毎日新聞社からお菓子のおみやげ頂く。人形が主な部屋に飾りつけられて常の二条城拝観と違い昔の御殿の有様を目のあたり見る様で美しかった。がまの油、辻講談等見たが、今日は風が冷たくて程々にして又京都バスで帰園す。

十二月一日　土　晴　男九　女三十九

出張／京都府立医大から解剖体について種々懇談願い度いので来てほしいとの事で横川出席。その内施設にも御伺いして御願いし度いと思っているとの事であった。

十二月二日　日　晴　男九　女三十九

来園／石川春之助氏来園。

寄贈／松尾神社から野菜を沢山頂く。

十二月三日　月　晴　男九　女三十九

府養老連盟／若宮寮で府の養老連盟あり。横川出席。府、市、社協とも出席なし。府は十日に厚生省より監査があるよし。長生園長上羽氏がテレビ寄贈者の所知らせてほしい、次の順が来たら長生園にもほしいとの事。

出口氏から全国養老事業大会の報告あり。来年度から五十名以下の施設に対する事務費の増額を実施する意向ある由、大蔵省も小さい施設の事務費に無理のある点をみとめたので、厚生省も腰が強いとか。

十二月四日　火　雨後晴　男九　女三十九

来診／松田先生来診。風邪引き多し。

十二月五日　水　晴　男九　女三十九

出張／右京区役所に主食申請書提出。

北白川小倉町の柳田氏のお宅に御寄附の御礼に行く。

京都市養老連盟／市の養老連盟の会合あり。洛東園会場。今後（十一月以降）月報その他は市へ提出の事。収入等の報告は二十日〆切、二、三日の内に出してほしい、そしたら認定も早くするから十二、三日頃にはお金が出るとの事。医療券の決裁も府を通さない事になるので早くなるよし。有難いことだ。

来園／夜木村大工さん来園。仕事も予算外の事が次々とふえて来ているけれど、あまりに予算より大きいので業者に少しづつ寄附して頂く様木村さんからも皆に話して置くから、こちらもその様に話されたらとの事であった。中村寮長から十万円立替払いをして頂く事となり、嵐山寮の田中さんに渡して置いて頂いたよし（岩崎さん上京の為）。これで支払も支障なく出来る見込みが立って有難い。

十二月六日　木　晴　男九　女三十九

出張／右京民安、中京民安、市役所に下里さん出張。

寄贈／例年通り佃煮を寄贈して頂く事となり、午後二時市で配分を受く。
十二月七日　金　晴　男九　女三十九
出張／年末調整説明会に下里さん出張。
相互に寄附金頂きに行き、十一月二十八日河原の入院の際の自動車賃の領収書もらって来た。
十二月八日　土　晴　男九　女三十九
慰問／初音婦人会長と役員さん二人で古着、みかん、キャラメル等、自動車で運んで下さった。先達て来られた時の約束を果たして下さったわけ。寄贈された方の名簿とはがきまでそえて下さった。午後桂の西山幼稚園の園児十五名、園長先生に引率されて来園。お遊戯や紙芝居等の慰問があり、園児の作った手さげ袋におみやげのキャラメル、ビスケット等入れたのを頂く。京都新聞社から記者、写真班等も来園。
十二月九日　日　曇　男九　女三十九
前日の慰問者へ礼状を出す。初音婦人会の古着寄贈者は多人数だったので謄写版で失礼した。園長の帰京は十三日のつばめのよし。
十二月十日　月　晴　男九　女三十九
感謝日／感謝日のおつとめをしてお小遣を配分。
集会室の障子張りをなす。去年はとうとう張りかえなかってしみだらけだったが、真白い障子の建ったのというものはよいものだ。襖も障子も気になっているが、何と雑用の多いことか。
十二月十一日　火　晴　男十　女三十九
入園（退院）／白谷熊吉、西陣病院より退院。娘の所も孫が又結核で寝ているし家もせまくとても今直にはどうにもならないが、来春三月頃迄には何とかし度いがそれまであづかってほしい由。迎えに行ったら割合元気で、朝から待ちかねていましたと大変よろこんでいた。
来診／夜松田先生来診。佐治さんはもう長く無からうとの事。
十二月十二日　水　晴　男十　女三十九
死亡／お昼御飯を食べさせようと思ったら佐治さんが最後の息ですとの事。何の苦しみも無く、同室の者もついさっき迄、もう直お昼御飯ですよと云ったら「ハイ」とよい返事をしていられたのにとびっくり。誠に痛みも苦しみもなく大往生。生前の希望通り遺体は京大へ解剖にまわす。大覚寺の黒田執事がお葬式に来て下さった。
十二月十三日　木　曇　男十　女三十八
理事長帰京／亀山理事長ハワイから帰京。寮長、職員、園生京都駅迄出迎え。陽やけして丈夫そうになって居られた。
横川亡母の供養にリンゴを園生に配分。
十二月十四日　金　曇小雨　男十　女三十八
来園／亀山寮長来園。ハワイのおみやげにキャンデーのレイを頂き園生一同に配分。
午後石川の正子さん来園され安定所に行けず。
十二月十五日　土　晴　男十　女三十八
出張／左京民安に女二人あいているので早く入れて頂く様依頼す。安田信託に立寄り相互会のお金入金。十二月前半期分の扶助費が出るので請求書本日現在で提出。
十二月十六日　日　晴　男十　女三十八
十二月十七日　月　晴　男十　女三十八
仏徒連盟托鉢／本日嵯峨仏徒連盟の歳末募金の托鉢あり。園で何時もの様にお供養す。横川小国托鉢に参加。
十二月十八日　火　晴　男十　女三十八
年賀はがきの印刷をなす。英坊の芋版で中々風趣のあるのが出来た。
上京民安より白谷熊吉の娘の所へ行って色々相談の結果、毎月千円づつ出す事に決ったよし。
来園／林伏見民安所長が自動車で河原のふとんを運んで下さった。遅いからと直帰らる。
社福借入金本年度分元利七七、七七五円送金。十一月分扶助費事務費、支払通知来る。
十二月十九日　水　晴　男十　女三十八
寄贈／下嵯峨福井氏、亡父の供養にと二万円持参下さる。福山氏同道。石川正子さん来園、春之助氏病気全快祝いの為。二十五日南寮で養老連盟の忘年会開催の予定のよし。
十二月二十日　木　晴　男十　女三十八
十二月二十一日　金　晴　男十　女三十八
散髪奉仕／福嶋氏、散髪奉仕に来て下さる。お孫さんにクリスマスケーキを御礼の心ばかりにさし上げる。南一号南北の障子張りをなす。
十二月二十二日　土　晴　男十　女三十八
今日も福嶋氏散髪の奉仕に来て下さる。
浪曲慰問／白十字社主催の浪曲万才の慰問あり。午後三時より夕方迄。天龍三郎氏は時間の都合でどうしても来られなかったとか。
十二月二十三日　日　晴　男十　女三十八
大覚寺からみそかそばをとどけたいから人数知らせよとの事で両寮の人員報告す。
忘年会／少し早いが忘年会をなし、おみきも出した。
十二月二十四日　月　晴　男十　女三十八
心餅／日本青少年赤十字団より例年通り「お心餅運動」のお餅を七〇kg（内分園二〇kg）配分頂く。鳴海餅からつきたてをとどけて下さった。
十二月二十五日　火　晴　男十　女三十八
南寮で十時から京都養老連盟の忘年会。
来診／松田先生来診。
十二月二十六日　水　晴　男十　女三十九
入園／鎗分クラ入園。

出張／社協から借入金を受取りに来てほしいとの事で横川出張。上サガ寮も半分の三万二千五百円を帰途南寮に立寄り、理事長より受取って帰る。十二月分後半事務費、生活扶助費入金。

寄贈／野村佃煮会社から煮豆の寄贈ある由、府より連絡あり。

十二月二十七日　木　晴　　男十　女三十九

出張／例年通り知事と市長から各百円づつ餅代として収容者に配分あり。之と佃煮受取の為下里さん出張。

人形作り／相互タクシーに謝礼の為のモール人形を作る。

寄贈／永井八重氏よりミカン一箱、八百清よりリンゴ一箱寄贈さる。

十二月二十八日　金　晴　　男十　女三十九

感謝祭／感謝祭を執行。お人形を仏前に供えて職員園生一同心をこめて、このお人形の行くところ無事故を祈願して心経十巻と観音経を読誦し、南寮のと一しょにして両寮長、職員、園生代表者で相互タクシー本社に行き人形を贈る。

餅つき／園生にほんとにお餅らしいお餅を食べさせてあげ度いとの寮長のお志のもとに、井上さんにたのんで上等の糯米を求め、園創設以来はじめてうちで餅つきをなす。きねの音というものはうれしきものかな。仏もさぞ御満足の事と、お供餅はこの一番臼で作らせてもらう。

十二月二十九日　土　晴　　男十　女三十九

総供養／本年最後の総供養をなす。

来診／松田先生来診。大西シヲさん大分心臓が弱っているよし。

十二月三十日　日　晴　　男十　女三十九

来診／朝松田先生重ねて来診。大西シヲさんどうもむつかしいらしいので永井さんが親類の人に通知して下さり従姉来園。

すすはらい／すす払いをなす。

十二月三十一日　月　晴　　男十　女三十九

死亡／大西シヲさん午後の〇時過遂に死亡。何の苦しみもなく眠ったままの大往生。解剖を希望していなかったので市営葬儀社に連絡したけれど、一日はお休みとの事で止むを得ず二日の一時出棺と決る。明日がお正月なので場所は無し困ったが夜亀山理事長がお葬式に行くとの事で夕方からお葬式をなし、仏様はその後部屋にお祭りして集会所はお正月の支度をなす。時が時とててんやわんや。昨夜も大西さんが悪いというので二時過から寝ていないし、程々にして明日の事にしようと事務所の方はあら片づけ。こういう所であってみれば止むを得ぬとは云いながら、でもややこしい年の暮。

寄贈／大覚寺より例年通り年越そば頂く。

昭和三十二年

一月一日　火　晴　　男十　女三十八

お祝／亀山理事長来園、おとそを祝って集会室で職員園生一同昼食を頂く。仏様があるので例年の様なさわぎは無く、静かに春の様に暖いお正月を過した。

本年の賀状の原稿、左の通り。

年頭にあたり謹んで貴家の御多幸を御祈申上げます当園も昭和二十四年に発足以来皆様方の一方ならぬ御支援のもとに早第九年目の新春を迎える事となりました

これ偏えに十方各位の御援助の賜と深く感謝致して居ります

今後とも倍旧の御支援御鞭撻のほど伏して御願い申上げます　合掌

昭和三十二年一月元旦

一月二日　水　晴後雨　男十　女三十八

葬式／今日午後一時大西シヲさんの出棺。親類の人と園からは横川と井上重蔵、蓮華谷迄送る。あちらに行ったら嵐山寮も三十一日に一人死亡者があったとかで一しょになった。夕方から雨になった。

一月三日　木　晴　男十　女三十八

来園／石川春之助氏夫妻来園。

松尾神社から電話あり。従来からそちらにさし上げているので明日は中村寮長はじめ二、三人さんで例年通り御覧餅を受取りに来てほしいとの事。嵐山寮にも連絡して一人一しょに行ってもらう事とす。

一月四日　金　晴　男十　女三十八

寄贈／松尾神社から御覧餅とお酒一本頂き、嵐山寮と半分づつ分ける。

お菓子カーニバルの菓子を配分するから平安神宮に取りに来る様にとの事で横川出張。ビスケット二缶頂く。

初音婦人会の呼かけのあった時何も出来なくて気になっていたのでと、つきたてのお餅を持って二高東、鳴海餅さんからわざわざ来園。お名前も所も云われなかったが餅箱の二高東、鳴海餅とあったのをたよりに鳴海餅本店で問合せたところ直わかった。二条高倉東入、後藤明雄氏との事。暮に亀井さんが古着をもらってきたのを洗張りしてお正月様に仕立て直してよくなったのでそれを着せて、頂いた先様へ御礼に行ったところ生菓子百ヶ又頂いて来たので、仏前に御供へして二ヶづつ配分。次から次と有難いこと。

一月五日　土　晴　男十　女三十八

初風呂／ようやくお風呂が出来上って、今日は待望の初風呂をわかす。大覚寺の門跡様に一番風呂にはいって頂き、亀山理事長も来園。尚予算より仕事がふえて大変足が出たので大工、左官、その他みな無理を御願して寄附して頂いたので、初風呂は中風のまじないとの事なので、せめて御礼のしるしに初風呂に御招待して置いたところ、早田氏のお母さんが御祝を持って這入りに来て下さった。よい風呂が出来て園生もとても大よろこびだった。
一月六日　日　晴　男十　女三十八
お供養／中村ミカさんのお供養にとて中村富十郎さんからいなりずしをとどけて下さって早速園生に配分。常にはなかなか頂かれないものなので園生は大よろこび。一同御詠歌のお供養をなす。
一月七日　月　晴　男十　女三十八
心餅／日赤の心餅第二回目の配分あり。七三kg、分園三四kg。雪深い丹後丹波辺の子供さん達が集めて送って下さった、それこそ御心こもったお餅であることを園生にもよく伝え、お礼状を書いてもらう事とす。
出張／市、中京民安へ請求書、事務費調報告書提出す。
一月八日　火　雪　男十　女三十八
夜の間に辺一面の銀世界。何とすばらしい事か。
一月九日　水　雪　男十　女三十八
今日も亦朝は美しい雪景色。
一月十日　木　小雨　男十　女三十八
感謝日／感謝日で相互さんのお小遣を配分。
寄贈／乙訓郡寺戸の婦人会から今年も又沢山にお餅を持って慰問に来て下さった。昨年も園の老人からの礼状に会員さん達が感激して又来年も持って行ってあげようという事になった由。感謝の気持を相手に伝える事は大切な事と思う。
一月十一日　金　小雪　男十　女三十八
寄贈／夕方府社会課からお餅を持って来て下さった。台所はまるでお餅の洪水だ。勿体ない事だ。北野岩崎さんから電話あり、明日行くとの事。
一月十二日　土　晴　男十　女三十八
社会課から配分のお餅の受領書発送。はじめ報告した時より後で細かく分けて計った時と三貫匁程少なかった。大西シヲの死亡診断書控もらって来て諸届提出。
一月十三日　日　晴　男十　女三十八
寄贈／太秦婦人会役員の方三名来園。会長様御病気の由、例年はお餅を沢山御持参下さるのだけれど今年は御金で御寄附下さった。之又有難いこと。
慰問／午後は嵐山妙見会からお鏡餅二十二貫八百匁御持参下さり会員の方の舞踊等見せて頂いて楽しい半日を過す。お鏡餅を切るのに夜は大変なさわぎ。次々と沢山頂いたお餅をかびさせてはならないので水餅にしなければならないと思う。
一月十四日　月　小雪　男十　女三十八
市養老連／今日は嵐山寮で市養老連盟の会合あり。市、社協、各施設より来園。市からは三月迄の間に事情調査に行くが、その時には事前に日時等は連絡するとの事であった。
日赤心餅／第三回日赤の心餅を御持参下さる。二百キロ（本園一四三、分園五七）。今度のは大分かびがひどい。この方を水餅にした方がよいかも知れぬ。どちらがよいのかしら？

本日来る十九日開催の京都養老連盟婦人部会の案内状発送。

一月十五日　火　曇後晴　男十　女三十八

成人の日／太秦婦人会、嵐山妙見会に受領書、礼状発送。午後覚勝院の護摩供に余興もあり園生もお詣りする者もあり。

頂いたお餅のかびを落して四斗たるに水餅にす。大した事だと思う。お金に換算したら数万円のものとなる。我々にこのお仕事あづけられている事を思うとほんとに空おそろしい気がする。お台所の人にもこの事話しながら夜おそく迄一つ一つていねいにかび落しをする。

一月十六日　水　晴　男十　女三十八

出張／相互タクシーに寄附金頂きに行く。太秦区役所で主食申請書先月分の訂正について相談。二日分の先渡分は二月分申請の時精算してほしいとの事。

一月十七日　木　晴　男十　女三十八

出張／横川小国、天龍寺に十九日竹内先生庭園参観の件につき横井総務に依頼。氏の事御聞きしたら殆んど京都には居られず全国走りまわって居られる方で全国的に有名な方のよし。妙見堂は渡月橋から十五、六丁も西へ川筋を上って、それから山道二、三丁との事で夕方も近くなったので又の日の事とし福井氏早田氏等に御礼の為訪問。

一月十八日　金　晴　男十　女三十八

今日から藤棚を修理しに植木屋さん来ると云っていたが来なかった。明日大覚寺で養老連盟婦人部会開催の為、会場を作ったり炭を運んだり準備をなす。

一月十九日　土　晴　男十　女三十八

養老連盟婦人部会／京都養老連盟婦人部会を大覚寺を会場として開催。寿楽園が当番で、関西学院の竹内愛二先生に講師として来て頂き、各寮から会計二十六名出席。四時閉会。当寮からは横川小国出席。

一月二十日　日　晴　男十　女三十八

来診／松田先生来診。

寄贈／佐治留さんの姪の山本さんが子供さんと一しょにお骨を受取りに来られお供養として壱千円とみかんを一箱頂く。園生一同御詠歌供養す。

役員選挙／夕方役員の選挙をなす。男は鶴井、女は西村と佐治と決定。

一月二十一日　月　晴雪しぐれ　男十　女三十八

本日から植木屋さんが藤棚にかかる。柱の木が生木なので焼けないし防腐剤も吸収しないから、もっと木がかわいてから根本少し掘って防腐剤を塗りますとの事。

今日は初大師様なのでお昼、阿部川餅をしたら園生大よろこび。

一月二十二日　火　曇　男十　女三十八

藤棚出来上り。
来診／松田先生夜来診。
一月二十三日　水　晴　男十　女三十八
出張／安藤トキの診察の為中央病院に行く。悪性のものではないよし。
一月二十四日　木　晴　男十　女三十八
一月二十五日　金　晴　男十　女三十八
お心餅運動でお餅を頂いた先へそれぞれ園生の手紙を同封して礼状を出す。今年は左の通り。
○東和束村社会福祉協議会（京都府相楽郡）
○京都府竹野郡網野小学校
○深草中学校
○清水小学校
○桃陵中学校
○生祥小学校
○向日町婦人会寺戸支部
一月二十六日　土　晴　男十　女三十八
亀山理事長渡布の留守中の上嵯峨寮の諸般にわたって報告する為、中村寮長、横川、小国、下里の四名南寮に行く。今後寄附金品については月々報告を持ち寄り、それぞれ使途等相談の上決定する事となる。
今月は扶助費が大変おくれていたが二十八日には受取れる由。
散髪奉仕／福嶋氏散髪奉仕に来て下さる。
一月二十七日　日　雨後晴　男十　女三十八
一月二十八日　月　雨後晴　男十　女三十九
入園／午後右京から小寺つゑ入園。
来園／杉本一九氏来園。水尾分園に慰問に行き度いので都合聞いてほしいとの事で、明日山本さんが来られるから都合聞いて置くと約束す。
下里さん嵐山寮で九月末帳尻もらって来られた。
扶助費入金す。十二月分給料支払。
一月二十九日　火　雨後晴　男十　女三十九
出張／横川南寮に先日残りの打合せに行く。
分園山本さんに分園分扶助費渡す。有綱氏から電話があって、府の水江さんが上嵯峨寮は五十名なら八十円になっているとの事だから、との事で損をかけてはいけないからというので、三ヶ月分の差額五千百円受取る。
来診／夜松田先生来診。
一月三十日　水　晴　男十　女三十九
気になりながらのびのびになっていた中野慶吉氏にお礼状発送。
欠員補充について岩崎さんが市保護課に様子を聞きに行かれたところ、大亀谷の養老施設も出来上り法人の認可を待って入所の段取のよし。洛北寮が十一月十三日以後五十数名補充されたよし。約一日一人の死亡者があった割合になる。洛東、同和園、寿楽園等で七十名ほど補充され、一応急を要するのは処分できたので次を募っているとの事であった由。

一月三十一日　木　雨後晴　男十　女三十九

お供養／横川家の仏事の為キャラメルの供養あり。

出張／NHK年末たすけ合募金の配分ある由通知あり、横川受取りに行く。一人当百五十円の割で七千五百円也受領。外に衣料数点あり。

　理事長から電話あり。紀元節のお祝を何か考える事、年一回位は両寮収容者合同の慰安会の様な事考えて見てはどうか。共同募金への提出書類の内容について、来年度の計画は一応借入金等整理してその後で又事業にとりかかり度いと思うから小修繕に止め度いからそのつもりで計画をたてる事等。

二月一日　金　曇　男十　女三十九

出張／寮長と横川南に行く。寮長から希望意見として国庫補助を受けて二百万円程度の増築を計画し度いと申し出られたが、理事長としては事業が引続いたので一応借入金も返し一息しなければ、寄附を願う先方も大体同じ所だから重ね重ねは行きにくいとの事であったが、炊事場も何時迄もこのままは置かれないし、兎に角六、七十万円で炊事場の増築計画を出し自己負担分は半分を法人が責任を持ち半分を寮長はじめ上サガ寮職員が何とか努力して見る事として理事長の了解を得た。

二月二日　土　晴　男十　女三十九

出張／炊事場新築について財源の一部に市の勧奨交付金がもらえるものか否か、又収容室等の新しい事業計画等についても市の見解等聞かせてもらう為中村寮長と横川、市に行き龍池課長、恒川係長におあいしたところ、色々事情聞かせて下さって来年度のところははっきり返事は出来ないけれどお話はよくおなかに入れて置くから兎に角自己負担と共募とでやる事として提出して置く様との事であった。市の交付金来年度は百万円丈の予算で然もそれもどうなるかわからぬ由、然しやるつもりでこちらが立ち上れば何とかなるだらう。

二月三日　日　雨　男十　女三十九

節分／暖い節分だった。夜豆まきをなす。

　歳末たすけ合募金一人当百五十円の配分金を渡す。

二月四日　月　曇　男十　女三十九

出張／経理月報が九月の帳尻がもらえなくて遅れていたのが、帳尻をもらったのでやっと出来上ったので持参す。区役所に主食申請書持参したところ、今月から様式変更になるので新しい様式で出してほしい、明朝様式をとどけるとの事。横書のゴム印を注文す。

二月五日　火　曇　男十　女三十九

出張／共同募金の調書提出期限が今日になっているので持

参したところ、収入の法に依る内訳の数字を出してほしいとの事。丁度岩崎さんと一しょになったので一しょに市に行って十三次改訂をもらって来る。
　社協で共済会の掛金を支払う。
二月六日　水　雨　男十　女三十九
出張／数字を記入して共募に書類持参。帰途倉富長太郎氏宅に行き古衣の寄贈を受く。三河内の人の由、鳥居さんの奥さんのお里に小さい時奉公していられた由で、悪い事は出来んもんですナァという様な事で、何かしら旧知の間柄の様な気がして、又出来る丈の事はさせてもらいますとの事であった。
二月七日　木　雨　男十　女三十九
出張／相互タクシーに寄附金頂きに行く。昨日から小川つえが帰らないので太秦署の小使をしているという前住地の西村さんを尋ね様子を聞く。昨夕泣いて来て兎に角家に居りますから何とかよく云い聞かして連れて帰ってほしいとの事。お酒を毎日のんだらしく、それが出来ないイライラがあるらしい。嵯峨野の西村さん方に行ったら従姉とかが来ていて、色々話して見たが結局何処にも行く所は無いわけで、相当我が強く今日迄誰も頭を押さえる人が無かったらしい。色々話して一しょに連れて帰る。
死亡／中西た祢夕方死亡。よいお婆ちゃんで、古い人だしとても淋しい気がする。解剖は希望していないので市営葬儀に連絡したが明朝でないと時間が判らぬ由。
二月八日　金　晴しぐれ　男十　女三十八
葬儀／中西た祢の葬儀執行。午前中亀山理事長来園。円町の西村さん来園。丁度葬式に間に合ってよかった。おまんじうとリンゴを御供養して下さった。一応御骨を園に持ち帰ってお別れの御詠歌あげ、お墓もちゃんとあるそうなので御骨は持参された。園でこんなに立派なお葬式がしてもらえるとは思わなかったと涙を流してよろこんで居られた。
来診／小川つえ、ぜん息の発作らしいが死にそうなとやかましくいうので松田先生に電話したところ、十時半頃来て下さった。注射して頂いたら大分楽になった。
二月九日　土　曇後雨　男十　女三十八
寄附／築柴宗治郎氏から亡母の三回忌供養にとキャラメルと金壱千円也御寄贈頂く。滝谷さんの養子さんがここの会社につとめていられる由。
部屋替／一部の部屋替をなす。
寄贈／寮長からミキサーを寄贈して頂いたので早速リンゴ汁を作って松井、松本、小川等にのませたところ、おいしいおいしいと大よろこび。
二月十日　日　晴　男十　女三十八
感謝日／相互さんの寄附金配分。
二月十一日　月　晴雪しぐれ　男十　女三十八

紀元節復活云々の声が新聞等でもやかましいが、はっきり決定されてもいないし、兎もあれおぜんざいを作る。老人達は何とか彼とかで御馳走の献立のある日の一日でも多い方がうれしい丈だらう。松井ひささん、どうやら今度は駄目らしい。長くはない様に思はれるので姪の永田うのさんにはがきを出す。

二月十二日　火　曇　男十　女三十八

死亡／松井ひささん今朝死亡。洛東園に電話して永田うのさんの家が直近くなので連絡してもらう。生前から解剖希望なので京大に連絡す。

　亀山理事長病気の為、大覚寺に御願いしたところ都築さんが来て下さった。一時から葬儀執行、二時出棺。

　左京民安から電話連絡あり。萩澤ミサ七十三才入園させてほしいとの事。二、三日内にも一度連絡するとの事であった。

来園／南民安の施設係福住さん来園、収容者の調査の為。南は桝谷、田中ウノ、谷すなの三名。皆少し左巻の難ケースばかり。

二月十三日　水　晴　男十　女三十七

共募より来園／午後共同募金橋本局長来園。今年度は炊事場の新築工事を出願してあるのだが、も少し具体的に業者の見積りも取り、略図も書いて尚保健所等の意見書等あれば一層配分委員会への説明もし易いから二十日頃迄にそうしたものを提出してほしいとの事。

二月十四日　木　晴　男十　女三十七

　市役所より電話あり。明日水尾分園の事について東京へ行くが明夕方迄に二十九年度決算書、三十年度決算書、三十一年度予算書とを二部づつ提出してほしいとの事であったが、夜十時頃又水尾分園から電話がかかって明日午前中に提出する様との連絡があったが今から行って手伝うわけにもゆかずとの事で、一時頃までかかって書類を作る。分園に対する国庫補助の内示があったらしい。

二月十五日　金　晴　男十　女三十七

来園／分園より早朝山本さん来園。昨夜の書類持参して市役所へ行かれた。建坪数等以前の提出書類と数字が合はないと市役所から電話あり。南寮に書類があるので行って調べたところ、誤りのヶ所がわかった。上嵯峨寮への引継ぎは十月以降でそれ以前の事となるとこちらでは判らない。

二月十六日　土　晴後曇　男十　女三十八

入園／萩澤みさ入園。おとなしそうなお婆ちゃん。

出張／午後桂厚生園と東山七条の専売公社京都病院に炊事場の見学に行く。以前から大変理想的な調理場と聞いていたので一度行って見度い見度いと思っていたが、いよいよ新築計画をたてるとなると是非必要なので思い切って出かけた。両方共大変立派でとても手がとどかぬが、然しよいお手本を見せてもらって、出来る丈取り入れられる丈は取り入れて小規模ながらここはここなりに理想的なものを作り度いと思う。大変よい参考になった。

二月十七日　日　曇　男十　女三十八
来園／木村、村上の二人来園。炊事場の設計について種々相談。どうしても十二坪では思う様にならないので、十五坪余りに増やす。以前の時の計画では炊事室を二階にしていたが、今度はとても二階建等作れないので平屋にするとその室分丈どうしてもはみ出すわけ。今日明日に見積書作ってもらう事とす。

二月十八日　月　晴　男十　女三十八
寄贈／本阿彌節さんからお供養を頂く。園生にパンでも買ってあげてほしいとの事。

二月十九日　火　曇小雪　男十　女三十八
出張／保健所に炊事場の設計図を持参、相談したところ大変結構との事。消毒台の下にガスを引いて「ど□こ」の様にしたら便利な事等教えて頂く。明日来て下さるよし。その上で意見書を作って下さるとの事。
青写真を山中に聞いたところ老齢の為商売は止めたとの事で、市役所横の「石尾商店」を教えてもらったのでここで青写真を作ってもらう。
来診／夜松田先生来診。

二月二十日　水　晴　男十　女三十八
出張／下里さん共募、健保、税務所等に出張。昼前市役所から電話あり。分園の件につき上嵯峨寮からも来てほしいとの事で横川出張。水尾分園は上嵯峨寮の分園だから、どこまでも最後の責任は上嵯峨寮なり法人寿楽園に持ってもらい度い厚生省の意向よし。尚分園独立の時期は増築完成と同時でなく、後日改めて市から適当な時期を見て相談のあった時話をしようとの事であった由。

二月二十一日　木　晴　男十　女三十八
慰問／マッサージ慰問来園。

二月二十二日　金　晴　男十　女三十八
出張／保健所から意見書が出来たから取りに来てほしいと電話があったので頂きに行く。今度の見積では保健所の注意事項は全部出来ているわけ。これ丈の事は是非やらしてほしいと思う。南寮に行って二十日の市役所での報告を行う。分園の山本さんも来られた。二十五日に市の保護課長が来られ説明されることに決定。
共同募金会へ保健所の意見書提出。

二月二十三日　土　曇　男十　女三十八
養老連盟／京都養老連盟の例会が新に設置された園部の長生園で開催され、横川小国出席。来年度から保護費も事務費も少しづつ増額になるので予算もそのつもりでとの事。但し事務費はどの部分に増額するか未定で三月中頃迄には通達あるよし。今年の全国社福大会が五月に東京で開催されるよし。

二月二十四日　日　曇　男十　女三十八

二月二十五日　月　晴　男十　女三十八

共同募金の橋本事務局長より電話あり。建築工事と設備費と区分がはっきりしていないし、どうも普通の見積書とちがうから明日配分委員が行かれた時説明に困りはしないかとの事だったので木村さんに電話したが明日の間には合わないので、先日の見積の内から設備に属するものを抜いて後、建築工事費を坪に直すと約四万円。

二月二十六日　火　晴　男十　女三十八

共募配分委員来園／午後共募配分委員の方五名来園。上へは上らず現場を見て帰られた。従って見積書の事等も問題にはならず、然し事務局長の意見通りの見積書に作り直して提出して置く必要ありと思われるので、木村さんに来てもらって様式の説明をして作り直しを依頼す。

上京民安より伊藤キミへから手紙が来て恩給一回分前払してもらい度いと種々事情をのべてあったよし。当方からも実状の説明をして了解を求めた。伊藤は左京だが間違えて出したものらしい。手紙は左京へまわしますとの事であった。

二月二十七日　水　晴　男十　女三十八

出張／左京民安に行って伊藤きみへの件につき説明。丁度澤井係長が居られたので、兎も角一度園に係の人に来てもらってよく説明して頂く様御願いして置いた。

中村久子女子、同和園で一泊の後、洛東園、身体障害者福祉センター、白光荘と講演され、ここで一泊されたので御訪ねする。相変らず忙しく次から次と全国講演旅行を続けていられる由、先生にお目にかかる度に五体満足に揃って居たら苦労のクの字も云えない筈だと思う。先生の御心境の深さには何時も頭が下る。それから木原静麿、井上仙太郎両先生の講演を聞き夕食をおしょうばんして東京へ立たれるのを駅まで御送りした。木原先生も毎日毎日次から次へと講演してまわられると殆んど早朝神想観が朝五時からなので連日二、三時間しか眠られないよし。それでもとても元気でお目にかかる度に若返っていられる。六十一才とはどう見ても思えない位。先生の無我全托の境地には頭が下ると谷口先生がおっしゃっていられると石川貞様から聞いた事があるが、実にすばらしい方だ。

二月二十八日　木　晴雪しぐれ　男十　女三十八

出張／市役所保健課に職員に関する変更報告書提出。その際恒川係長から水尾分園に関して山本組より提出の仕様書、仕訳書を更に詳しくした書類を至急提出する事。

円覚寺と上嵯峨寮又は寿楽園との契約証書に関する件、新築の室内における配水図面を至急提出の事等お話あり。来月四、五日頃課長も一しょに嵐山寮に行って話しをするからとの事であった。

三月一日　金　曇雪しぐれ　男十一　女三十八

今頃になってここ両三日の寒いこと寒いこと。

光華園から電話あり。安田定五郎を是非何とかして入れてもらえまいか、前に居た所へ帰り度いと本人が希望しているのでとの事。市と連絡した上で返事する事とす。

嵯峨小学校から明日九時二十分から学芸会を開催するので見に来てほしいと御招待を頂く。

入園／光華園に行っていた安田定五郎がもとの古巣が恋しくて、やはり当園に入園となる。

三月二日　土　曇　男十一　女三十九

入園／河津やす入園。内職と民生の保護でやっと一人の生活を支えてきていたので、何をする間もない日々だったと云ってものすごくよごれた布団を持って来て部屋にも入られないので園の布団と毛布を支給し、持って来たのは早速作り直す事とした。

安田の件、市に連絡したところ、入園させてもらってよいとの事なので早速光華園に電話し引取る事と決定。

三月三日　日　晴　男十一　女三十九

寄贈／醍醐の五大力さんのお餅を頂く。

三月四日　月　晴　男十一　女三十九

出張／急に暖かく春らしい日ざし。梅の花が二、三輪咲き出した。甲子園の上野さんのお宅を訪問。東京へ行く時は前以て知らしてもらったら神谷氏に連絡して置くから大いに応援してもらいなさいとの事。今村冬二郎氏も訪問。帰りがおくれるらしくお目にかかれなかった。明日市保護課長来園のよし連絡あり。

三月五日　火　晴　男十一　女三十九

出張／中村寮長と横川午後一時に南寮に行ったが、市会で色々答べんの為課長は来られないとの事。日を改めて会合する事となる。

三月六日　水　曇　男十一　女三十九

出張／主食申請書提出。松田先生大分お悪いらしく、嵐山寮とも打合せ寿楽園から御見舞さし上げる事となり長崎屋のカステラを買求めて持参す。

三月七日　木　曇　男十一　女四十

山崎寮母さん朝九時死亡。ほんの疲れ休みと思っていたのが心臓衰弱の為あっけなく死亡された。親類の方達も来られ本人生前の意思通り遺体は京大で解剖という事となる。

入園／宇野タツ入園。

三月八日　金　雨　男十一　女四十

京大病院に連絡し四時に遺体受取りに来て頂いて、その前に園生一同お別れのお供養をなす。

三月九日　土　晴　男十一　女四十

若竹招待／曇華院の若竹保育園から御招待頂き園生十五名参加、嵐山寮からも十五名程出席。可愛らしいお遊戯を見せて頂きおみやげまで頂く。一同大よろこび、行かなかった人にも皆おまんを一ヶづつ頂く。

三月十日　日　雨　男十一　女四十

感謝日／今日は感謝日なのでそのおつとめをしたけれど、どさくさで土日を忘れていたので相互配分金のだんどりがおくれ、お金は明日という事にした。

山崎の遺骨が帰った。丁度中迫さん達荷ごしらえに来られ、近日中に頂きに来るからそれ迄あづかって置いてほしいとの事。

三月十一日　月　曇雪　男十一　女四十

相互のお金今日渡す。

分園山本さんより電話あり。本日正式国庫補助の内示があったよし、先ず独立の前ていなのでお芽出度く又有難い話し。

三月十二日　火　吹雪　男十一　女三十九

春にはめづらしい大雪。京都で三月に入っての雪は七十何年来のよし。

小寺ツエさん頭がだんだん変になるし食事をとらないし夜通ししゃべり通し、フラフラと目を離すとどこかへ行くので安定所に連絡したところ、北山病院の先生を連れて来て下さり早速入院させて下さった。

出張／中京民安から請求書を失ったから再提出してほしいとの事で、おくれているので下里さん持参。その後やはりありましたとの事だった。帰りに相互さんで寄附金頂く。

三月十三日　水　晴雪しぐれ　男十一　女三十九

山崎寮母さんの一七日と、松井さんと荻澤の御先祖の御供養で御詠歌をとなへる。小寺さんの入院で一部の部屋替をする。

三月十四日　木　曇雪しぐれ　男十一　女三十九

来園／理事長、大覚寺に挨拶に来たので一寸寄ったとて来園。中迫しづさん兄さんと一しょに山崎寮母さんのお骨持ち帰らる。

三月十五日　金　雪　男十一　女三十九

京都で三月になってのこんな大雪は七十六年振りとか。釈迦堂のおたいまつだが寒いので老人達もあまりようおまいりはしなかったと思う。

三月十六日　土　晴　男十一　女三十九

一部の部屋替の計画をする。一人二人の難ケースの為にほんとにむつかしい。

三月十七日　日　晴　男十一　女三十九

慰問／長谷川粂吉さんが七十才になったので死にみやげに一度慰問に行きますとの事で、本日午後一時二人連れで来られた。七十才とは思えない中々元気で手品万才等で楽しい午後の一刻を過させて頂く。キャラメルのおみやげ頂く。

今日は急に暖かく、陽春四月の温度とか。

三月十八日　月　晴　男十一　女三十九

三月十九日　火　晴　男十一　女三十九

見学／右京社協主催の社会事業施設の見学あり、横川出席。

桃陽学園（結核児収容）新設の老人ホームを先ず見学。大変健康的なよい場所だがものすごく不便な様に思はれる。室内の押入等、引出しもありよく考えられて居り、これなら整理もしよかろうと思はれる。

次に大阪市経営の弘済園に行く。昨年新築された一棟は土地を高くして廊下と外部とがわずかの段で、非常の際這うてでも出られる様になって居り、各室に水屋が設備されて居り押入も多くこれ亦整理がよく出来て居りうらやましいと思った。当寮のあまりにも私物の多いごたごたしたのを何とか少し考えなければいけないと思う。上嵯峨寮も小さいながらにすばらしいものにし度いとつくづく思った。

三月二十日　水　晴　男十一　女三十九

北山病院から小寺ツエさん死亡の通知あり。アルコールがパタリと切れてこんなに急に弱ったものと思う。新田さんの場合とよく似ている。

市の川崎さんから電話あり。事務費調べが出ていないとの事。うちは何時も早いので調べて見たら一日に発送済。その由返事して数字丈電話す。二十六、七日頃調査に行くからそれ迄に資料を書く用紙を送るから記入して置いてほしいとの事。

三月二十一日　木　晴　男十一　女三十九

今日彼岸の中日とお大師様で特別供養をなす。

理事長より電話あり。嵐山寮では今日総供養をしたので、そちらは二十三日に行くとの事。

三月二十二日　金　晴　男十一　女三十九

畠の梅や庭の梅が今年はとてもよく咲いた。朝早く鶯のさえずりが聞こえる。庭のねこ柳と梅を切って来て仏様にお供えす。柳に梅をこきまぜて、時を忘れぬ花の色にどうやらここにも春が来た様な。

三月二十三日　土　晴　男十一　女三十九

総供養／午前十時過理事長来園。草もち、嵐山だんごを御供して園物故者、並に後援者各家御先祖の総供養をなす。

三月二十四日　日　晴　男十一　女三十九

蜂ヶ丘保育園から電話あり。今年も卒業児を連れて慰問に行きたいが二十六日にはどうかとの事なので、たぶん市の監査がその日になると思うのでと申し上げたら、それでは二十八日にとの事。

来園／午後京大の桐村さん来園。小寺ツエさんのお骨を持参下さる。お花の時に一度大覚寺拝観し度いとの事。

三月二十五日　月　晴しぐれ　男十一　女三十九

南より電話あり。明日市から来られるとの事。当方には何も連絡は無いので市に電話したところ二十六日に行きますとの事。どちらが先になるか判らぬ由。分園にこの由連絡す。

本日京都老人福祉委員会があったが出席出来なかった。

来園／夕方東京の中西良吉氏来園。五月大会に出席の際、御世話になり度いので園の現況等お話して御協力を御願いす。

三月二十六日　火　晴　男十一　女三十九

市監査／午前十時市保護課から恒川係長と新に経理面担当の人と二人来園。初めて市の管轄下に這入ったので市としては初の監査であったわけ。公金を頒ってそれを使って行く上は当然の事ながら何か悪い事でもしている罪人をでも調べるみたいでいやな感じ。当寮の経理は丁寧過ぎて大会社の経理の様で、も少し略してもよいと思うとの事。別にとり立てて云はれる事もなかったらしい。夕方四時過終了。

三月二十七日　水　晴　男十一　女三十九

昨日数字等うつし切れなかった分等送ってほしいとの事だったので書類作成して発送。

三月二十八日　木　晴しぐれ　男十一　女三十九

慰問／蜂ヶ丘保育園から卒園児三十名程先生お母さん達と一しょに来園。お遊戯お歌等で可愛らしい慰問をして頂き、美しい色紙の薬玉をおみやげに頂き一同大よろこび。去年来て頂いた時はどしゃ降りで大変困ったけれど今年はよいお天気でよかった。

出張／市消防署の防災に関する講習があるというので横川小国早朝から出かけたら、五月との事で補修布等買物して帰る。

右京保健所から電話あり。三十日に印鑑持参の上ポリライス受取りに来る様との事。

三月二十九日　金　晴　男十一　女三十九

久し振り暖い日だったので草ひきをしたり、バスからの畑の道を通りようしたり。大っぴらに道をなぶる事はも少し先にしてほしいと大覚寺が云はれるので、ほんの上り口とひどく凹んだ所丈修理す。

寄贈／荻澤さん御供養。

来園／中西た祢さんの姪が来園。いろいろ御世話になった御礼やらお骨納めも済ましたのでその報告やらに来たとの事。

三月三十日　土　晴　男十一　女三十九

出張／下京民安に行き、宇野さん入園迄の今月分の扶助費日割計算で受領。帰途右京保健所でポリライスを頂いて来る。分園共で二キロ百。

園生の不足分の写真出来上り。

退園／白谷さん孫の所で引取るといって十時頃来園帰家す。

三月三十一日　日　晴　男十　女三十九

本年度も今日で終り。十月以降南北両寮の分離等もあってやや暗空ていめいの折もあったが、浴場も出来上り来年度には炊事場も出来る筈だし、ここはここで小さいながら、まとまったよい施設にして行き度いと思う。

寄贈／松井ひささんの忌明でおまん二ヶづつ、永田うのさんから御寄贈頂く。

資料編

壽樂園に關する記録

一、壽樂園開設契約書　昭和二十四年三月三十日

二、小国家親権會議開催の趣旨並に議題（亀山記）　昭和二十五年六月八日

三、壽樂園開設の發端より今日迄での経過と
　園独自に財団法人認可出願をなさざるを得ない理由　昭和二十五年八月三日

四、財団法人壽樂園設立許可申請書　昭和二十五年八月三日

五、財団認可出願提出後の経過（亀山記）　昭和二十五年九月

一、壽樂園開設契約書

大本山大覺寺主管者ヲ甲トシ断食道場主小國英夫ヲ乙トナシ壽樂園開設ニ當リ後日ノ為左記契約ヲナス

甲ハ乙所有ノ土地建物並ニ既設諸施設ヲ無償借受テ昭和廿四年四月一日以降大本山大覺寺所属社會事業トシテ壽樂園ヲ開設シ養老事業ヲナス

乙ハ壽樂園経営ノ為メ乙所有ノ建物並ニ土地及ビ既設備品ノ無償使用ヲ甲ニ對シ同意ス

甲ハ壽樂園経営ノ為メ必要ナル役職員任命採用ニ際シ乙一族中ノ有資格者ヲ優先的ニ採用スルモノトス

萬一乙一族ヲ採用得サル場合アル時ハ甲ハ乙一家ノ生活保護ニツキ壽樂園理事會ノ議ヲ経テ道義的ニ生活保証ノ所置ヲ講スルモノトス

甲ハ本事業ノ経営主タル名義又ハ権限ヲ乙ノ同意ナクシテ第三者ニ委譲スルコトヲ得ズ

甲若シ本事業ヲ廃止セントスル時ハ監督官廳ノ認可ヲ受ケ本園理事會ヲ以テ財産處理委員會ヲ組織シ詮議ノ上所有ノ土地並ニ本事業ニ使用ノ建物及ビ所有物件ヲ無償ニテ乙ニ返還譲渡ヲナスベク道義的所理ヲナサシムルモノトス

将来本園ヲ法人化スル必要アルトキハ甲乙両者会議ノ上理事會ノ議決ヲ経テ法人申請ヲ行フモノトスル

本契約ハ壽樂園理事會ニ報告シ後日ノ為メ承認ヲ受ケ置クモノトス

昭和廿四年三月三十日

右契約者

甲　京都嵯峨大本山大覺寺　主管者　草繋全宜　印

乙　京都嵯峨大覚寺前　断食道場主　小国英夫　印

二、小国家親権會議開催の趣旨並に議題

「趣旨」不肖私（亀山）は昨年春以来皆様の推挙を受けて大覚寺並に小国家の中間に立ち、大覚寺主管の寿楽園々長そして及ばず乍ら主管の責任を擔当して漸やく今日に至りましたが、園を財団法人に認可申請するについて第一回の理事会であり発証人會である役員會を去る昭和廾五年□□［空白］日午后□□［空白］時から本園で開きましたが、その際財団の認可申請は満場一致決定されたが財団の役員選定方針について大覺寺より理事選出は大覚寺を四とし小国側を三とする事、若し此の要求に應じ得ないならば大覚寺は園から手を引き小国家單独でせよとの申し入れがありました、そこで私としては此の律が今回だけの事ならば兎も角であるが永久的な原則とする事は将来に問題を残す恐れなきにしもあらずと考え、此の際律などを根本原則として定めないで、大覚寺側と小国側から適当な人体を選出すると同時に本園の事業に相当の理解があり又援助も惜しまない様な公平な考を持つて頂く事の出来る第三者を選定して理事に願つてはどふかとの意見を述べたのであったが仲々大覚寺側「岩根事務長」理事の賛成を得られなかった、然し本件に関する意見が對立して決着し難かつたので、大覚寺側と私とで適当に後日相談して満足の行く様解決して呉れと云ふので一任されました。

その後大覚寺事務長を訪問して、律など原則的に決定しないで中間に立つ第三者を適当に選定して大覚寺並に小国両者が不安を持つ事なく本事業の将来発展し得る様道を開いて置いてはどふか充分御考慮願い度いと相談したが、大覚寺は上局会議で決定して居る事であつて、若し夫れが聞かれないなら小国側で自由にせよ、幾度その話を聞いても同じ事だと云う意見以外には出なかった、仕方がないので私的にその後草繋門跡猊下に電話を求めて本件に関する圓満な打開策をお願いしたが、小国家は生命権とも云ふ可き全財産を投げ出しての事業だから安心の出来る様にしてやる可きだと思う、然し財団の事は理事会多数によつて決せられるのだから、大覚寺の土地等を寄附する以上は理事選出の律は上局会で決定して居る通り四對三とし出来るだけ第三者などを入れる事は充分考えて差し控えたらよかろふとの御意見であつて、此れ又不調に終りました。

私としては強いて大覚寺が希望せられる以上は御意見に随って行きましよふと答えてもよい様なものですが、何分小国家の當主は未定年者であり親権者は未亡人の事であります為めに若し萬一将来に遺憾な事が出来た際は私の責任は重大だと考えますので判断を親族會の皆様に御願いする事にして次の議題を提案しましたから私共には何等遠慮する事なく充分慎重に協議決定して、出来得れば親族会議の代表者を選んで大覚寺や府市御當局にも必要な事があれば

御交渉願い度思います、私もその際御供はさして頂きます、私が園長であり又高野山真言宗の僧侶である為めに色々の面で實に苦しい立場に居る事をあらかじめ御賢察願います。

昭和廿五年六月八日

亀山弘應　印

親族会議々題

第一、財団法人寿楽園の役員選出律を云何に考えてよいかの件

説明

親族会開催趣意書の通りの事実を云何に判断す可きか私には決しかねますので提案しました

第二、役員選出律を大覚寺四、小国側三と決定するとした場合、小国英夫所有財産の一部である建造物を財団に寄附して置く事の可否判断の件

説明

役員の選出は大覚寺側から要求せられない以前の方針は勿論寿楽園設立の特種性を考慮して共同寄附の形ちに当然す可きだと考えてその準備を進めたのでありますが、会議制度による理事の数が永久に原則として小国側がその半数に至らないと決定される以上「第三者の理事を入れて公平な採決の出来る役員機構なら別であると思ふ」小国側の意見は是非は別として将来理事会に採用せられなくなつても致し方がない云ふ一種の不安があるので生命権とも見る可き小国英夫財産中の主要部分を財団に寄附して置く事が将来策の得たものかどふか判断しかねるので御判断願います

第三、若し大覚寺側の希望である役員選出律に応じ得ないで、大覚寺の意見通り小国家が單独で財団認可申請を餘義

なくせられた場合は小国英夫の財産を財団の基本財産に寄附して認可を出願するの件

説明

本園設立の趣旨とした如所き事は考え度ないが止むを得ない場合は小国家が單独でも認可出願して認可されるなら事業継続せなければ府市並に社会に對し申し譯けがないかと充分考えられる、そこで本件を充分慎重に協議して例へ将来小国家に不利の場合が起るとも此の際継続の出来る様出願す可きかと考えて提案しました。

第四、第三の場合は役員（理事）中には相當数の適任者を府、市等の意見も聞いて依願するの件

説明

本園は公的な委託事業であつて小国家の單なる慈善的事業ではないから、當然第三者が見て公的経營方針を取つて居るものとした納得の行ける人的機構にせなければならぬと思ふので御判断願います。

第五、第三の場合園長以下職員等の人的機構改善をなすの件

説明

創立當初の事でもあり経済的事情も許るさないので現在は小国英夫に関係深いいはば同族で職員等を占めて居るが不正行為の有無、便不便の云何は別として兎角第三者側の誤解を招き易いと思はれるので近き内に是非共第三者の適材を選んで職員中に一名以上採用する必要があると考えるので此の事に関する御意見を承り度い

第六、園長引退の件

説明

不徳□才而も微力なものが此の上園長の重職に止まる事は色々の面で不利であり又園の制度改正を機會に當然引退して有能な適材園長就任を願つて今后の発展を期する事が尤も當を得た策と考えますので此の際引退を承認して頂き度存じて本件を提案しましたのですから是非御同意願います。

以上

昭和廿五年六月八日前記六件を小国家親族會に提案しまして私の責任上慎重審議決定を願いまして寿楽園の承續と今后の発展を期して頂き度存じます。

寿楽園々長　亀山弘應　印

小国家親族會各位御中

三、壽樂園開設の發端より今日迄での経過と園独自に財団法人認可出願をなさざるを得ない理由

（一）健光園断食道場を壽樂園として認可出願する迄で

イ、昭和廿四年一月三十一日付けで初めて健光園断食道場主小国英夫親権者小国静子より書面を以て覚勝院住職坂口密翁師等より大覚寺と協力して断食道場を養老施設に轉向してはとの話しがあるので一應考えて見度いから至急来訪して呉れとの申し入れがあった。その後大覚寺からも本件について相談し度いから上京せよとの通信があった。重ねて小国家から電報や□□［空白］で状況を督促して来た。

ロ、仝年二月十九日夜私は取敢えず小国家に来て小国静子横川八重両人から一應轉向に関する話し合いの展末を聞いた。その要点は『断食道場主であった小国健治が昭和廿三年三月二十日に死亡し当主になる小国英夫は幼年であり未亡人静子や健治の實妹で而も主人に死別して生家に皈寓して居る横川八重等の女手で此の断食道場を継續するよりも断食道場の設備並に備品を活用して養老事業を開設すれば一定の法による保護費事務費の支給もあり共募からの援助等もあるから仕事に安定性もあり又社会事業と云ふ貴い仕事であるから亡き主人等の霊も喜ぶ事であろふ。夫れにつけて亡夫健治が生前嵯峨佛徒連盟等にも深き関係を持つて居つたので此れ等と聯系を持つてやる事も一案だが大覚寺の門前に居り而も従来大覚寺と因縁も深く亦地の一部も大覚寺のものであるから大覚寺の協力を求め大覚寺を名義人になつて貰つて小国一族がその仕事を担当して行く事にしたらと云ふ』覺勝院坂口師等の親切な勧告を受けたのでそふして見たいと思つたので至急上京を願いましたとの事であた。然しそふする事の是非の判断なり、又此れを実現するとしても私の意見なり協力を得なければ出来ないから来て貰つたとの事であつた。

ハ、私は高野山眞言宗の僧侶であり又大覚寺の旧末寺であり更に昭和二十一年二月に高野山と大覚寺を合同して高野山眞言宗を造つた發頭人でもあり而も私の亡妻は小国家の娘でもあつた姻戚関係もあり更らに昭和廿三年夏迄高野山眞言宗の社会部長でもあつたと云ふ色々な関係を持つて居るので本件を解決する尤適役として小国側からも大覚寺側からも私を呼び寄せて相談を持ちかけられる事になつたのである。

ニ、仝年二月廿日夜小国家に坂口密翁（養老事業發起勧誘者）石川春之助（健治の親友）両氏の来訪を求めて更に小国静子横川八重立会の許に意見を聞いた『坂口師は養老事業の時代的に必要で且つ有望な事小国一族の生活安定を計るのに尤も好適な事業である事、大覺寺としても小国家と協力して大覺寺の名で此の種の仕事をする事が時宜に適した事であつて大覺寺も大体同意して呉れて居る事等々を述

べ』『石川氏は趣旨は結構だが女、子供等のみで此の事をなす事は後日軒を貸してお母屋を奪はれると云ふ様な事がないとも限らず、又何事でも計画もよく容易な仕事でもある様に考えられても案外色々な困難に遭遇する事もある。ましてや何等資力も持たずに此の事業に着手する事は危険であるから断食道場を継續してはどふか、若し亀山氏が本腰で此の仕事に□□□［空白］し小国や横川を使つて完成に努力せられると云ふ事であれば又考え様もあろふがと思ふ自重論を熱心に主調せられた。そうして若しやるなら一應親族会議でも開いて決定せられたいとの事であつた』

ホ、二月廿一日朝から大覚寺を訪問し草繋門跡、岩根事務長等に面談して意見を聞いた。その要点は「門跡の言葉」坂口師から大覚寺としても時宜に適した仕事であり小国家の救済にもなるから断食道場を大覚寺の名で養老事業に切り替えたらと云ふ相談を受け又小原弘万氏を大覚寺の何にかの仕事に協力さし養老事業に尽力さしたらと云ふ申入れがあつた。然し趣旨は誠に結構であり又門前で他派の者が小国と協力して左様な仕事を始められても困る事があるから、小国一族の為になるのならば大覚寺は名義をかす事は一向差し支えはないが、然小原氏を云云と云ふ事は今考える事は出来ない、夫れをやるなら色々の面で関係の深い亀山を呼んで本人の意見を聞き亀山が適役と思ふから本人に全部一任してやらす事が大覚寺としても安心なら小国側も安堵して仕事が出来ると思ふから君に全権を持つてやつて呉れると思ふて居るから是非此の仕事を引受けてやつてやれ小國家の為めでもあろふ、大覚寺は経済も許さず又此の仕事を自らやらねばならぬとも考えて居らないのだから積極的に干渉もする意志はない、唯だ大覚寺の名でやる事が色々の面で便利だと思ふので名を貸す事に同意して、君の上京を待ち君に此の仕事をやつて貰い度いと考えて居ると熱心に聞かされた『岩根事務長も同意見であつて大覚寺は名義人となるが経営上その他の責任は一切亀山さんあんたにやつて貰い度いとの事であった』『此れに対し私としては小國一族の為には重大な事であり又仕事も難事業であるから充分考えさして貰い度いと答えて置いた』

へ、二月廿三日夜小国家の親族會議を小国家で開いた。出席者は谷山敬之、中村勝造、石川春之助（友人）、亀山弘應、横川八重、小国静子、以上六人。親族側の意見は仕事は結構で趣旨も立派で而も大覚寺が協力して下さると云ふのだから喜ぶ可き事の様だが仲々容易ならぬ仕事であり又中途で不測の難問題が起らぬとも考えられぬから断食道場を継續する事が賢明ではないか、若し断食道場経営が困難なら小国家として他に何にか轉向の方法もあろふではないかと云ふ意見が相当強行に論議されたが結論としては、亀山が本氣で此の仕事を引受けて呉れそふして大覚寺との間に財産その他の事で後日問題の起らぬ様に充分交渉してやつて貰えるなら小国も横川も（小国家を守つて居る女達）進んで居るのだから同意はする、然し小国の全財産を提供し而も此の仕事によつて一家の生計も建て、幼少な英夫の成人する迄で教育等もなさねばならぬ事だから自重して貰い度いとの事であった。

そこで大覚寺は名義を出しても亀山を園長として全権を一任し経営上の責任を執らすと云ふて居る事であり、又小国横川両人が此の仕事に従事してやるのだから充分自重し誠意を以てやれば後日笑ふ時もあろふ、但し財産は勿論萬一小国一家を此の仕事から除くが如き事のあつた場合を考慮して大覚寺との間に嚴重な書類交換をして置けばよかろふと云ふ事で断食道場を養老園に切替える事に満場一致決定した。

ト、仝年二月廿四日夜岩根大覚寺事務長、坂口密翁、亀山弘應、小国静子、横川八重の五名小国家に会合して園名を壽樂園とし園則決定豫算書作製を行つた。

チ、仝年二月廿五日前日に決定した書類を添付して大覚寺主管に昭和廿四年二月廿一日付けで養老施設壽樂園の認可出願を［以下空白］

リ、同年二月廿五日小原弘万氏の小国家来訪を受け亀山弘應、小国静子、横川八重、立會の上小原氏を園に協力して貰ふ件について協議した。その要点は園は創設当初の事でありて事務費が果して何程得られるか見通しもつかず又大覚寺は名義人であつても□的質的援助をして呉れる約足もなく私（亀山）が園長になつて小國家と協力して経営その他の全責任を持つことになつて居る所ろで殆んど資力も持たずに難事業に當るので小原氏に協力を乞ふ事にしても俸給とか手当を出せるかどふか豫側が出来ない、坂口密翁師が小原氏を紹介して呉れられた時の言葉では小原氏は特種技能の所有者で経済的には何等心配もないし又大覚寺の仕事に協力さして貰ふ事にもなれば尚更ら物的には生活不安のない方だから園に協力して貰へとの事であつたが園としてはそふも行かなかろうと思ふので折角だが御願い出来ない、然し夫れでも阪口師の言葉通り物的要求なくして進んで協力下さるのならば失礼だが御礼の記しに煙艸銭にも足らないが毎月壹千円程度は差上げたいと小原氏に話したのであつた、此れに対して小原氏は金銭は少しも要求致しません、仕事が好きだから喜んで協力仕様との事であつたので夫れでは御協力願ふ以上は資格だけでも副園長と云ふ事にした方が仕事を願ふ上に便利だろふから大覚寺にも相談して大覚寺社会部嘱託と云ふ事に辞令は頂かなくても同意して頂く事に仕様と云ふので、小原氏の副園長就任の約束をして大覚寺門跡前に岩根事務長にその事を傳えて諒解を受け小原氏に其の旨を傳えたので小原氏は大覚寺嘱託壽樂園副園長と云ふ名刺を造られた様である。

ヌ、仝年二月廿六日岩根事務長、小原弘万、横川八重、亀

山弘應の四人で京都府、京都市、共同募金局を訪問し壽樂園の認可願を夫れ夫れ提出した。

（二）壽樂園の認可出願以後の経過

イ、願書を提出したので府、市の係員の方々が次ぎ次ぎに園の視察なり調査に来られ四月一日開設に先き建つてボツボツ収容を始めたらと云ふ事であつたので三月廾八日に最初の入園として井上重藏を入園さし更らに四月初めから順次収容者の数を増した。

ロ、仝年四月十一日に共同募金局から昭和廾四年度の配分金として金拾壱万四千圓を頂いて先づ炊事場の改造に着手した。仝年四月十二日に第一回の理事会として大覚寺主管者の同意を得て依頼して居った理事、岩根事務長、阪口密翁、野路井盛秀、亀山弘應、小国静子、小原弘万、横川八重、谷山敬之（欠席）の七名園に会合し園長亀山弘應が理事長となつて昭和二十四年度の四、五、六の三ヶ月間の暫定実行豫算等を決議し、更に共同募金局交附金の使途報告、後援会清規等の決定をなし、又役職員として園長亀山、副園長小原、理事岩根、野路井、坂口、亀山、小原、谷山、小国、横川、主事横川八重、會計小国静子と決定確認した。

ハ、［項目ナシ］

ニ、仝年七月十六日、布哇の石生安治氏外有志信徒からの寄贈金参万七千五百八十二円を受けて収容室に置戸棚五組を造り、五月五日には高野山眞言宗々務所から金三万円高野山三寶院から金参千円仝普門院から金五百円、五月十一日には布哇の篤信者國行愛輔氏から金五千円の寄贈を受けて経榮資金に充当した。

ホ、前述の通り有志者の寄贈を受けたのであるが園の設備資金や運榮資金に窮乏したので大覚寺に物的補助は余り無理を云はない方針ではあつたが開設当初の事であるからと云ふので六月廾五日付けで金拾萬圓を大覚寺五萬円華道総司所五万円と云ふ事にして補助方を申請したが遂に却下せられる事になつた。然し寿楽園の知事認可も得られて居らないので却下にせず保留にして呉れと頼んで保留して頂いたが今日迄で壱銭も補助も受けて居らぬ。

ヘ、同年七月十九日民事部顧問楠本女子、坂根主事の来訪を受け賞讃と激励の言葉を頂いた。

ト、仝年八月廾八日に米国羅府高野山米国別院婦人会よりの古着寄贈の傳達特使として曽我部了勝開教師を大覚寺に迎えた、大覺寺庭湖舘の一室で歓迎の晩餐会がり出席者草繋門跡、曽我部特使、木舎幾三郎、高野山時報社々社長所祥賢、亀山弘應の五名であつたが其の席上で高野山眞言宗の社会部で或る筋の勧告により近くボーイスカウトを始めるそふだと云ふ話しが出たのに関連して、草繋門跡から茲にも大僧正のルンペンが居るが亀山君高野山の社会部に使つて貰つてはどふかと云ふ聞くに耐えない暴言を吐かれた、此に対し僕はルンペンではない立派に壽樂園の園長であり此の園の為に曽我部特使は勿論木舎、所両氏も澁面を造り私に同情しその場はしらけて両氏は退席し別室で非常に憤慨せられて居った、私としては酒の上の事と云ふので我慢はしたが実に不愉快であつた。

チ、仝年九月十六日付けで京都府民生部長から京都府知事名で壽樂園創設者大覚寺主管者草繫全宣宛に昭和廾四年四月一日に逆上つて認可証を送られた。

リ、仝年九月廾二日晩大覚寺に呼び出され、草繫門跡から岩根事務長木舎幾三郎両氏立会の席上で亀山園長待望の寿楽園認可書が来た、然し大覚寺は小国一族の為めに名義を貸しては居るが経済的には援助する方針は持つて居らん、随つて大覚寺に物的依存をするのであれば寿楽園はよして貰い度いのであるが君が経営の責任者として経済的に大覚寺に迷惑をかけぬと云ふのであれば折角認可が来たのだからやり給へ、認可書は大覚寺宛のものであるから大覚寺に保管して置くと云ふ意外な言葉を聞いた、然し私としては先に提出した金拾万圓の補助願が却下になり一厘半銭の援助も受けて居らないのだから今更ら驚く事はないと思つたが余り心良い感じもせなかつた、此れを聞いた木舎幾三郎氏は言葉をはさんで門跡さん夫れはひどいではないか京都に眞言宗各派があつても此れだけの仕事をして居ると世間に云い得るのは大覚寺だけなのだから少しは補助してはどんなものか、此れに対して門跡は夫れは程度の事だ、岩根氏は時期の問題だと答へて居られた。就れにしても折角府、市の委託を受けて一生懸命に経営して居る寿楽園殊に海外遠く米国や布哇の知人や信徒に呼びかけて迄でやつて居る貰い仕事を今更ら廃止する事は出来ないのだから石にかぢり付いても成し遂げます、門跡さんの言葉通り私に経営その他一切の責任を実質的に委任されてやつて居るのですから命がけでやりますと約束して退席した。

ヌ、仝年九月以降副園長小原氏に退園して頂いた、その理由は経済的には園に迷惑をかけない約束で就任されたのだが始めに坂口師等と相談して豫期されて居つた大覚寺の仕事に如何なる理由があつたか大覚寺から小原氏の協力を求められなかつた為めに経済的に困られた結果園に小原氏一家の生活を維持する様にと云ふ希望が出たので夫れは園の実情が許るされないから多少の増額なら兎も角だが多くを期待されても應ずる事は出来ないから遺憾千萬ではあるが他に職を求めて退園して頂きたいと云ふ事で慰労記念品料金五千圓呈上して辞任して貰つた。

ル、昭和廾五年一月十二日寮母が園生をつれて大覚寺の庭掃除に奉仕し落葉を事務所に許しを受けて集めて居たが俄かに差し止められ、大覺寺にも落葉は必要なのだから他にやる事は出来んとの言葉を聞いて寮母は園生と共に皈園した、私は当時備后に出張中であつたが帰園後此れを聞いて悲しくなつた、大覺寺華務長辻井弘洲先生が此の事を傳へ聞いて門跡に眞否を質し侍者にいたく苦言を呈したと云ふ事も聞いて居る。
オ、同年二月末に辻井弘州先生が發起して壽樂園の風呂場を新設する為めに金参万圓を門跡始め先生の弟子達から募集して寄贈された、此の時門跡は金五千圓の寄附を下されたとの事であつた。
以上が壽樂園の發端から財団認可出願問題の起る迄での過去一ヶ年余の實情であつた。

(三) 財団設立についての経緯

イ、新法令によつて五月一日以降向三ヶ月間内に私設の社会事業は財団の認可を得なければ自然知事の認可が消滅になると云ふので府並に市の当局から至急に出願せよと云ふ注意を受けた、此の事は岩根事務長からも傳へ聞き私自身直接にも聞いた。
ロ、仝年五月廿五日夜財団設立の緊急理事會を園に於て開き出席者理事岩根事務長、監査味岡大覚寺会計、同今村冬二郎、理事谷山敬之、坂口密翁、野路井盛秀、石川春之助、中村勝造代亀山弘應、主事横川八重、會計小國静子の拾名。議長に亀山弘應押されて會議に入り出席者、理事並に監査を財団設立準備委員に決定方を決議し、京都府から入手した参考書類によつて作製した財団設立出願に必要とせられる一件書類を一括上提して協議に移つた。
財団の認可出願は豫定の事として満場一致決定。

寄附行為の審議も多少の修正はあつたが大略異議なく決定した所が役員選出の件について大覚寺側の要求として大覚寺は寿楽園に対して積極的に物的援助をする意志もないが同時に干渉もしない、然し壽樂園が財団になれば独立した法人格を持つのだから大覚寺のものでも小国のものでもない事になるが大覚寺が壽樂園の設立者であつたのだから原則として役員選出の律は大覚寺側を四とし小国側を三の律にせよとの申し出があつた。

此れに対して園長としても小国側の理事としても原則として四対三の律には同意できない、その理由は小国家は生命とも云ふ可き全財産を提供し然も今日迄で大覚寺の名義は貸つて居るが物的には何等の援助も受けて居らず又財団になつたら積極的應援する意志もないと云はれるのに役員の律だけ四対三にせられて多数決によりて全べてが所理せられる理事会に初めから發言権や採決件が認められ難い批律に原則として決定せられては困る、殊に小国の当主は未定年者であり親権者は婦人であり而も此の仕事を唯一の生命として誠心誠意今後發展せしめ度いと云ふ希望によつて生きて居るのに夫れでは将来に不安もあつて甚だ遺憾である當主英夫が成人して此の仕事を懸命になさんとする際に設立当初原則として役員の律を四対三に定められて居る事を知つて如何に残念の意を表するかも知れない、そこで四対三を原則とせず時によつて律の相違もあり又公的な事業と云ふ点から考えて假に大覚寺側も小国側も三対三としたとして第三者が此の事業の協力者とか或は此の種事業の権威者とか社会的地位なり信用のある人々を一、二加えて理事に依頼し會議の公正を計つて頂く事に願い度いと云ふ事を力説したが、大覺寺側は役員の律を四対三に同意出来ないのならば大覚寺をぬきにして小国側で自由に財団の認可出願とせられたい、此れは大覚寺の寺内の決議だから変更は出来ないと云ふので一歩も譲歩せられなかつた。此れが為設立委員會は本件に関しては岩根事務長と園長亀山弘應とで何んとか協議して後日妥協して貰い度いと云ふ事で廿四時過ぎ解散した。

ハ、その後五月廿七日に岩根事務長を訪問して何んとか律を変更し第三者を入れる事に同意して呉れと懇請し若し夫れが出来ぬなら暫定的に現在の役員を其俕財団の理事監事にして認可後改めて律の事を協議する事に願い度いと申入れたが、頑として聞かれなかったのみならず、小国の方では壽樂園で生活して居るから相当利益にあづかつて居るが大覚寺は名義だけで利益はないのだから役員位は多数を取つてよいではないかとの事であつた、此れでは妥協的な相談も出来ないので物別れとなつた。

ニ、仝年六月八日午后八時から小国側の親族会議を開いたが出席者は谷山、中村、今村、石川（友人）、小国、横川の六人の外に園長として私が参加し、岩根事務長と妥協が得られない事を報告し、更らに次の

一、大覚寺の要求通り四対三に應ずるか

二、大覚寺の申出での通り四対三に應ぜられねば小国側で単独出願せよと云ふ事に依つて出願するか

三、此の場合の基本財産をどふするか

四、単独でやる以上は職員の機構を改善して同族のみでやつて居ると云ふ誇りを少々なくする事

五、園長としての自分が不徳であり不適任である為めに如斯く難問題も起る事がと思ふので財団設立を機会に辞任する事

以上の五件について慎重に親族間の協議を進めて呉れと申入れて自分は退席した。

親族會議は深更迄練議されたが結局園長が此際辞任すると云ふのでは全べては破滅であつて問題にもならず親族としても安心して此の難事業を誰れに托すると云ふ事も出来ないから是非留任して貰いたい、夫れから大覚寺に対しては親族會議の決議として大覚寺三、小国三、第三者三の九人の理事と云ふ事に同意せられる様明日懇願に出る事、若し絶対に聞かれない場合は京都府並に市に陳情して善意の諒解を求め小国側で單独出願に及で従来筆紙に尽し難い府、市、並に一般社会の好意ある支持と援助を蒙つて居る事を

無二する事なく今后懸命に本事業の遂行に努力を契つて継續する事万一認可を得られない場合は遺憾乍ら廃止もやむを得ないと云ふ事に決定したので私も此の決議に同意した。

ホ、六月九日朝谷山、石川両人と私とで大覚寺を訪問し、岩根事務長は辞任帰国せられて居つたので味岡事務長代理に面談して親族會議の決議として大覚寺三小国三第三者三、九人の理事制に同意せられ度い旨を谷山から懇請した、此れに対し味岡師は皆さんは正気で云はれるのか私として考えらない事だ、大覺寺は四対三と云ふても決して壽樂園に積極的に物的援助も出来ないが干渉もしない、唯だ役員の數を大覚寺が多分に持つて居る事は大覚寺の壽樂園であると云ふ立前を持つて若し世間から壽樂園に兎角の非難があつても大覚寺がやつて居るのだからと云ふ事で園長なり小国側の保護をして上げ度いので経営は従来通り小国一族で安心してやつて貰い度いのだと云ふのであつた。此れに対して谷山は本気も本氣今朝四時迄でかかつて慎重に協議して決定しました、又公的事業として社會的信用度を持つ上にも是非斯く願い度い、小国側としては公的仕事を私くしする考へは持て居らぬ、随って斯くの如くにして萬一園の経営が出来なくなつて小国家の全財産を失ふ事があつても自業自得として悔いる事はないと思つて居ると答えた。そこで味岡師は自分一存では答へられないから門跡や寺内の者に相談して善所しましよふと云ふので別れた。

へ、その後何日であつたか味岡師と相談して第二回目の設立委員會開催の期日を六月十六日晩に決定した。

ト、六月十三日に府廳に出頭して坂根主事さんに面談し大覚寺側として四対三の役員選出の希望ある事、此れに対する小国側の三、三、三の懇請をして居る事を報告した。その際坂根主事さんから大覚寺は本山の事だから壽樂園の敷地を基本財産に提供して万一の事があつてはならぬと云ふ考へから四対三を要求せられるのであるかも知れんが、若し夫れならば敷地を抜いても小国の建物だけでも相当価格もあり、又園の所有物品でも相當の財産はあるから財団認可出願は出来るかと思ふので都合では大覚寺の敷地を除いて本山に安心して貰つてはとの注意もあつたので、其の翌日則ち六月十四日に大覚寺で味岡師に誤解して呉れては困るが小国家の為めに便宜を計つて名前を利用さして頂いて居る大覚寺に萬一事業不振と云ふ様な場合に迷惑をかけてはと云ふ遠慮もあるので善意の御諒解が得られるなら大覚寺の所有の敷地を基本財産から抜いて頂いてもよいがと小国家の婦人連中が申して居るがと云ふ事を傳えた。此に対し味岡師は一言で夫れは結構だ、そふすれば大覚寺から役員を出さないでもよいではないかとの事であつたから夫れはいかん敷地を除く事は大覚寺を除く事ではない、殊に寄附行為の條項に大覚寺上局員中から一名以上の理事並に監事に一名とあるのだから此れは是非出して貰い度いと申したのであつた。
チ、味岡師の會見を終つて門跡に面談して敷地を除く事と役員の事は別であつて是非大覚寺の協力は絶対に願い度いと申し上げて誤解せられない様依頼して置いた。
リ、仝夜（六月十四日）味岡師と壽樂園で晩餐を共にし乍ら十六日の役員会前に役員の件を決定し度いので会合する事を約束して待つたが欠席された。
ヌ、六月十五日夜重ねて会見を約束したが又来て貰へなかつた。
ル、六月十六日朝大覚寺に味岡師を訪ふて晩の役員會迄でには是非懸案の財団役員の比律問題を解決したいと云ふので懇請した､その結果基本財産から大覚寺の土地を除く事、基本金に現金参万円大覚寺に寄附して頂く事、役員に理事一名監事一名を出して頂く事、右三件について門跡に相談願つたが門跡は壽樂園の事は坂口師が最初に大覚寺に話しかけた事だから、阪口師や野路井氏に相談して適当に解決せよとの意見であると味岡師が云ふたので、丁度坂口師は急用で名古屋の方に出張されたと聞いて居るが野路井さん何んとか今晩の役員会には解決して財団の出願をなし得る様頼むと申して別れた、此れに対して味岡師は承知しました何んとかしますとの事であつた。
オ、然るに今夜、谷山、今村、野路井、中村、石川、坂口（欠）、亀山の六名出席定刻が過ぎて遅く迄で待つたが味岡師が出席せられないので電話で大覚寺に照会したら味岡師は辻井華務長宅に出かけて留守だと云ふ返事であつたので早速横川主事を辻井氏宅に急派して味岡師の都合を聞かせたが、味岡師は後刻行くと云ふ返事であつた、自分（亀山）は大覚寺に行つて黒田執事に面談したが一向要領を得なかつた、然し夕刻に門跡の室で大覚寺の要求して居る四対三は岩根事務長個人の意見ではなくて大覚寺の決議だと云ふ話しが出て居つたとの事を聞いて帰園した。遂に午后拾壱時が過ぎても味岡師は来られないので流會にして野路井氏は皈へり、他の理事は嵐電もないので京都にも大阪にも帰へれないので宿泊し夜明け近く迄で困つた事だが何んとかならぬものかと話し合い、若し最悪の場合は都合で嵯峨在住の石川理事に大覚寺に今一度懇願して貰ふか夫れとも望みがないとすれば府や市に展末を石川理事同伴で園長に報告して貰い、出来る事なら公的社會事業として認可を受けて継續する様運んで貰い度いとの事であつた。
ワ、六月十七日には大覚寺から何等の音沙汰もなく、六月十八日朝電話で園長に出頭を命ぜられたので早刻行つた、應接間に於いて坂口師立會の上味岡師から大覚寺の方針は何度云ふも同じ事で中間説はないのだから、役員を四対三でやるか、然らざれば小国側で單独に自由出願したらよかろふとの事であつた、然し何んとか考えて呉れないかと重ねて頼んだが無駄であつた。

カ、六月十九日に石川理事に大覚寺の回答を傳へて今一度大覚寺に交渉して呉れないかと云ふたのだがどふせ無駄であろふから、府や市に出頭して一切を報告し壽樂園の当事者や小国側の役員であり親族である一同の継續に対する熱意を披瀝して善意の諒解を仰ぐ外はなかろふと云ふ事で、仝日、石川春之助、小国静子、亀山弘應三名が府市を訪問し府では阪根主事市では山崎係官に詳細を傳へ支援方を依頼して御両人から激励の言葉を受け安心して帰園した。

ヨ、六月廿四日壽樂園が成人部會の当番であつたので府の阪根主事、市、林保護係長と山崎氏に残つて頂き園で今后の対策を協議して頂いた、その結論は阪根主事の意見として『八月四日になれば壽樂園は自然消滅になるので大覚寺の関係も自然消滅するから夫れを待つて園長から財団の認可を改めて出願、更らに園の開設を出願して行く事が最上の策であり、認可を得る迄での空間は市に依頼して私人委托として現在の収容者を引き續いで世話するがよかろふ、若し自然消滅になる前に小國側から出願しても大覚寺側で云ふて居る通り単独認可出願に心よく同意して居る事を府の照会に答えればよいが万一文句が出ると反へつて問題を複雑化する事にならんがものでもなかろふから待つたがよかろふ』 市の林、山崎両氏も阪根主事の此の意見が上策として同意されたので萬事宜敷頼みます、園としては出来るだけ円満に解決し、従来通り大覺寺の援助も受け更らに高野、京都各本山等の支持も得て将来の發展を期し度い、出来得る事なら財団の認可を受け来年度は収容設備を倍加す可く新築を行い度いと述べ、次いで相互自動車會社の好意によつて園生のお小使を隔月に壹万圓頂けるので高野山の協力を頼んであるから近日中に園生の高野参詣を企て度いと報告して喜んで貰つた。

タ、仝年六月廿六日大覺寺は遂に高野山眞言宗から分派独立を強行決定した。

レ、六月廿七日朝大覚寺から電話で門跡が私を呼んで居られるとの通告があつたので出かけた。門跡は改まつて大覺寺の独立を傳え合同に協力を勧説した自分が現在門跡中に独立を餘義なくされた事は遺憾な事だが諒承して呉れとの挨拶を受けたので、私も合同の張本人であつた為めに大覚寺末徒に対する道義的責任上独立せられても直ちに大覚寺に歸属する事は出来ない事を諒承して貰い度いと挨拶し退席した。

ソ、仝日午前十時豫ての計画通り園生十九名小国会計亀山寮母二十一名を引率して高野山参拝に出かけ、普門院に投宿二泊して下山した、山上では大師教会本部の歓迎慰問の茶話會、総本山金剛峯寺別殿に於ける和田管長猊下の法話、寺族婦人會の歓迎慰問の懇切な茶話会、或は金剛舞踊団の慰問演舞を受け園生一同大喜びをした。

ツ、七月一日京都御所で偶然府社會課の東主事阪根主事に面会したので高野山の事並に壽樂園の財団認可出願を六月廾四日の指示通り自重して待つて居る旨を傳へて置いた。ネ、七月十一日市保護課島田保護係長と畔柳両氏の来園あり、財団の件について充分諒解を願つて置いた。
ナ、七月廾二日山科の黎明會で成人部會の際阪根島田両氏に又々財団法人の出願を延期して居るが間違いなく頼みますと申して置いた。
ラ、七月廾七日各役員に八月三日最后の財団設立出願の會議案内状を配布をした、府の阪根主事に電話で在否照会したが神戸行きとの事であつたから午后市役所を訪問して大覚寺から財団の件について何か話しがあつたか否やを尋ねた、少々気がかりに思はれる点があつた為めに、七月廾八日に府廳に坂根主事を訪問して仝主事が大覚寺を訪問せられた時の様子を聞いた、その際坂口密翁師作製して居つた私案としての財団法人寄附行為を見て呉れと云ふたから一應見て来たとの事であつた。
七月三十一日の朝大覚寺に招かれ門跡の室で門跡、味岡、坂口三師立会の上味岡師から財団問題を何んとか至急に解決す可きかと思つて居ると云ふので財団認可出願の趣意書と坂口師の私案であつた財団法人寄附行為を見せられ坂口師から大体の説明があつた。

此れに対し既に園としては八月三日に最后の理事會を招集して居るのでその際役員會に披露し適当に協議して見たいと答えて辞去した。

八月三日第三回目の最後的役員會を開き大覚寺の意向は味岡師から説明された。

設立準備委員會

昭和廾五年八月三日午后三時より壽樂園に於て前回継續會議として開會した。
議案としては
第一號議案、第一回設立委員会より今日迄の経過報告の件
第二号議案、生活保護施設としての壽樂園は新法令によつて「八月五日以降」自然消滅となるので今后のあり方を如何なる方針によって處理す可きやの件
第三号議案、財団法人寿楽園寄附行為原案中一部改正の件
第四号議案、出願添付書類の件
以上
出席者
理事味岡良戒、坂口密翁、野路井盛秀、谷山敬之、石川春之助、中村勝造代人亀山弘應、
監事
今村冬二郎
園長亀山弘應議長席につき前記の議案を一括上提し議案の説明に入るにさきたち、園の収容設備所有者小國英夫親権

者小国ウメコを委員として一名増員を報して同意を受け、第一号議案、第二号議案についての説明を行い、味岡師から大覚寺の意向を聞き一、二意見の交換の後、休憩に入り懇談會に移つた。

坂口、亀山両氏より壽樂園発足の動機より開設当初から今日至る迄での事を夫れ夫れの立場から説明があつて後、味岡師を交えない懇談会が委員の腹臓なき意見の交換に都合がよかろふと云ふ事で味岡師に席を去つて貰い懇談會を更らに継続した、その結果大覚寺が去る六月廿六日に高野山眞言宗から分派独立して高野山との関係を絶れたので今日迄問題にして居つた役員の比律問題どころでない大問題として寿楽園の為めに取り上げて考えねばならぬ事になつた、その理由は寿楽園は大覚寺に所属して居つたが單なる大覚寺でなく、高野山眞言宗の大本山大覚寺に所属して居つたのであつて、壽樂園は開設後高野山眞言宗社会部に宗団の社會事業として報告し登録されて、爾来今日迄で物心両面に渉り一方ならぬ援助を受けて居り又高野山と特種の親交関係を持つ米本国や布哇在住の教徒等から筆紙に尽し難い同情と援助を受けて居り、今後も亦此れ等の援助なくしては園の運営に色々の面で困ると云ふ現實の事情もある、然るに若し高野山と手を切つて大覚寺と一方的に續いて行く事になつたら此れ等の援助が得られなくなるのみならず道義的に高野関係と離れる事は出来ない、そこで愼重な上にも愼重に考慮して態度を決す可きだと云ふ意見が多數の意見となつて發表せられる事になつた。

そこで味岡師の出席を乞ふて更らに本會議で協議したが仲々結論を見出し得ないので経営の責任者としては今後を如何す可きか腹案があれば聞かして貰い度い、他の委員が幾等議論して見ても経営者自体が困るあり方では問題にならぬと云ふ質問意見が出たので園長としては今日の場合分派独立した大覚寺のものとして一方的にはなれない、高野山から分離する事は道義的にも亦過去の実績上からも考えられない事で園としては従来通り両者との関係を何等かの形で保つ可きだと思つて居る、然し壽樂園の設立者である大覚寺主管草繋門跡がそふした事を同意せられるかどふか意見を聞かないでは熟れとも決定出来ないからと云ふので本会議を一憩し味岡、亀山両人が草繋全宣門跡を訪問し亀山園長から委員会の空気や壽樂園の今日及び将来に対する意見を述べて門跡の善意の諒解を求め更らに此の際大覚寺門跡と總本山金剛峯寺座主（高野山眞言宗管長）を名誉顧問に推戴し理事中には廣く眞言宗各派の役職員からも依頼する事にしたいと申出で門跡の同意を懇請した。

此に対し、門跡は園長の申出でによつて園の困難な實情なり園長の苦しい立場も能く諒解せられたが園の問題を最初に大覚寺に紹介したのが覚勝院坂口密翁師だから一應坂口師を呼んで意見も聞きたいとの事であつたので園の委員会に出席中の坂口、野路井両氏に電話で此の旨傳え亀山園長は交替して皈園し大覚寺側の最後的回答を待つた、約三十分の後に味岡、坂口、野路井三氏帰園味岡師より壽樂園の設立代表者である大覚寺主管草繋全宣門跡の御意見として『壽樂園を財団に設立するについて色々の実情上園として困難の立場のある事を亀山園長から聞いて諒承した、ついては産みの親となつた大覚寺は此の際一應園から手を引く事とし園は園独自で財団の認可を受け今后益々発展を期して貰い度い大覚寺は園の将来を祝福する』との懇切な回答であつた、又坂口、野路井両氏も大覚寺に同調し此の際役員は辞するが今后を祝福するとの申出があつた、此れに対し亀山園長は園を代表して、大覚寺並に壽樂園創設者草繋門跡から今日迄で一方ならぬ恩義を蒙つた事を心から感謝すると同時に園の立場に同情と正しい御理解を與えられて園独自に財団認可出願の自由を認められた事を肝銘して御禮申上げると共に今後も一層御後援を願い度いと述べ又坂口、野路井両氏の留任を懇願し度いが辞意が堅いので餘義ない事に存じますが今日迄での御協力と御支援を感謝し将来とも宜敷御後援を頼むと謝意を表し壽樂園は園独自の立場で財団の認可を至急出願し各位の御同情と御支援を頼み、公的な社会事業として堅実な發展を期し度いと聲涙共に下る決意を披瀝した。

谷山、石川、今村等の委員も亦大覚寺及び味岡、坂口、野路井三氏に感謝と今後の援助を依頼し、次いで今日迄で壽樂園の所有する財産所理或は財団の出願手續等について意見の交換を行い、在来の壽樂園に関する一切の権限は挙げて財団法人壽樂園に所属せしむる事が当然であり又出願等の件は全べて園長並に残つた委員であり理事監事である者等に於いて適当に所理する事に決定して味岡、坂口、野路井三氏は辞去せられた、時刻は既に午后十一時過ぎに及んで居たが、更らに會議を續行し

第三號議案財団法人壽樂園寄附行為原案中一部改正の件を附議し改正すべき点は全べて此れを改正し提案通り満場一致可決々定し

第四号議案（第一回の委員会に保留した第五号議案）出願添付書類の件

大部に渉る添付書類を審議し、大体に於いて不都合なきものと認めるが尚一層書類の整備等に充分注意して提出する事を園長に委任すると云ふ事で満場一致可決した。

（追加）（第一回の委員会で審議未了であつた第四号議案）

第五号議案財団法人壽樂園設立の設立役員選出並に代表者決定及財団法人寿楽園初期の役員選定の件

本案中の設立役員は既に理事監事等を準備委員として議事を進めて来たのだから改めて選定の必要なし

出願代表者には園長亀山弘應とする事

理事中には小國英夫の親権者小国ウメコを加える事

理事中味岡、坂口、野路井、三氏辞任監事中味岡師辞任の為壹名欠員となつたので至急園長に於いて適当な人体を推薦し理事會の同意を求め財団法人寿楽園の理事五名監事二名を決定し寄附行為の末尾に附記して出願する事を園長に委任する事として可決々定した。

以上の通り財団法人壽樂園に改組する為めに必要なる議案一切の審議決定を終つたが尚此の外に手續上必要なる問題が発生した際は園長に於いて適当に所理する事を一任して会議を終了し解散した。

署名委員

谷山敬之

石川春之助

四、財團法人壽樂園
設立許可申請関係書類

財団法人壽樂園設立許可申請書

今般財団法人壽樂園設立いたしたいので別紙の通り關係書類相添江許可申請いたします

昭和二十五年八月三日

住所

京都市右京区嵯峨大覚寺門前六道町十二番地

財団法人壽樂園設立代表者　亀山弘應

京都府知事蜷川虎三殿

財団法人壽樂園寄附行為

第一章　名稱及事務所

第一條　本園は財団法人壽樂園という。

第二條　本園は事務所を京都市右京区嵯峨大覚寺門前六道町十二番地に置く。なほ理事会の議決を経て府内必要の地に支部又は事務所を設けることが出來る。

第二章　目的及事業

第三條　本園は慈悲の精神に基き京都府内に於て社会福祉事業をなすを以て目的とする。

第四條　本園は前条の目的を達成する為に、次の事業を行。

一、養老事業施設の設置経営

二、その他目的達成のため必要と認める事項

第三章　資産及会計

第五條　本園の資産は次の各号により構成される。

一、設立当初寄附された別紙財産目録記載の財産

二、寄附金品

三、基本財産から生ずる果実

四、事業に伴う収入

五、其の他の収入

第六條　本園の資産はこれを分つて基本財産及通常財産の二種とする。基本財産は次の各号のものから成り、これを処分することができない。但し已むを得ない理由のあるときは、理事三分の二以上の同意を経、なお主務官廳の許可を得てその一部を処分するこが出來る。

一、前條第一号の財産中建造物

二、理事会で基本財産に繰入ることを決議した財産、通常財産は基本財産の元本以外の財産から成る

第七條　本園の経費は通常財産を以て支辨する。

第八條　本園の資産は理事長之を管理し、その方法は理事會の議決を経てこれを定める。

第九條　資産の内、現金は郵便官署、確実なる銀行、又は信託会社に預入れ、若しくは信託し、或は国公債、確実なる有價証券に換え保管するものとする。なほ理事会の議決を経て不動産を買入れ、処分することが出來る。

第十條　年度末において剰余金を生じた時は、理事会の決議を経てその全部、若しくは一部を、翌年度に繰り越すか、又は基本財産に繰り入れるものとする。

第十一條　本園の毎年度の歳入歳出豫算等は年度開始前に理事会の議決を経て、これを定め、歳入、歳出決定並決算等は年度終了後二ヶ月以内にその年度の財産目録と共に、監事の監査を圣て理事会の認定に附するものとする。

第十二條　本園は理事会の議決を圣て、特別会計を設けることが出來る。

第十三條　本園の会計年度は毎年四月一日に始まり翌年三月卅一日終る。

第四章　會員

第十四條　本園の趣旨に賛同し、金品の寄附、又は事業に支援を與へるもので、理事会が推薦したものを以て會員とする。

会員の種別は別に定める。

第五章　役員と職員

第十五條　本園に左の役員を置く。

理事長　一名

理事　五名以上

監事　二名

第十六條　理事長は理事の互選とする。

理事は本園の会員及び眞言宗各派本山役員並びにその他より理事会の推薦により理事長が委嘱する。

但し理事中に小国英夫直系同族一名以上を選出するものとする。

監事は理事会の議決を圣て理事長が委嘱する。

役職によつて就任した者あるときは其役職の任期に準ずるものとする。

第十七條　理事長は本園を代表し園務を統轄する。

理事長事故あるときは、理事長の指名する理事が、職務代行する。理事は理事会を組織し本園の事務執行に當る。監事は民法第五十九條の職務を行う。

第十八條　理事及監事の任期は三年とする。但し再任は妨げない。

補欠により就任した役員の任期は、前任者の残任期間とする。

第十九條　役員の任期満了と雖も、後任者が就任する迄は、前任者が。その職務を行うものとする。

第二十條　役員は任期中と雖も、本会の名誉を毀損し、又は目的趣旨に反するような行動があつたときは、理事会の議決を経て、理事長はこれを除名することが出來る。

第二十一條　本園に名誉顧問、顧問、及参與若干名を置くことが出來る。

名誉顧問、顧問及参與は理事会の推薦により理事長が委嘱する、顧問及参與は事項について理事長の諮問に應へる。

第二十二條　本園に園長、主事、書記、その他の職員若干を置き園務に従事する。職員は理事長が任免する。園長は理事会の議決により理事中より選定する。

第六章　會議

第二十三條　會議は定期理事会、並に臨時理事会の二種とし定期理事会は毎年会計年度前に開き、臨時理事会は必要ある時、随時開くものとする。

第二十四條　會議は理事長がこれを招集し、その議長となる。理事半數以上、又は監事から、連名を以て会議の目的たる事項を示して請求あつたときは、理事長は、その会議を召集しなければならない。

第二十五條　會議は理事の過半數の出席がなければ、これを開會することが出來ない。但し招集再会のときはこの限りではない。

第二十六條　會議の議事は出席役員の過半數の同意を以てこれを決す。可否同数なるときは議長が之を決する。

第二十七條　已むを得ない理由のため会議に出席出來ない役員は豫め通知された事項についてのみ書面を以て表決をなし又は代理人に委任することが出來る。この場合は出席したものと見なす。

第二十八條　理事長は、簡単な事項、又は急施を要する事項については書面を送附して賛否を求め、会議に替へることが出來る。

第二十九條　理事会にはこの寄附行為に規定してあるもの、外、次の事項を附議する

一、事業計画の決定

一、歳入歳出豫等の決定並決等の承認

一、諸規定の制定並改廃

一、その他理事長が附議した事項

第七章　寄附行為の変更と解散

第三十條　この寄附行為は、理事三分の二以上の同意を経、なほ主務官廳の許可を得なければ、これを変更することが出來ない。

第三十一條　本園は民法第六十八条の場合、理事三分の二以上の同意を経なければ、これを解散することが出來ない。

第三十二條　前条により解散したときの残余財産は、理事会の議決を経、主務官廳の許可を得て所分し、設立当初、寄附した小国英夫の寄附にかゝる建物等はこれを本人、又は直系遺族に帰属するものとする。

第八章　附則

第三十三條　この寄附行為施行について必要な細則は、理事會の議決を経て理事長がこれを定める。

第三十四條　第十六条による理事及監事は決定に至る迠左の通りとする。

理事　亀山弘應　仝　中村勝造

仝　森岡春治　仝　小國ウメコ

仝　市田賢吉
仝　松田二三人
仝　谷山敬之
監事　今村冬二郎
仝　石川春之助

添付書類目次
一、設立趣意書
一、財産目録
一、財産所在証明書
一、理事並監事就任承諾書
一、備品所在証明並見積証明書
一、壽樂園昭和廿四年度豫算書
一、財團法人壽樂園昭和廿五、六年度豫算見積書
一、壽樂園昭和廿四年度事業計畫書
一、財團法人壽樂園昭和廿五、六年度事業計畫書
一、壽樂園昭和廿四年度決算書
一、壽樂園昭和廿四年度事業成績書
一、財團法人の基本財産として指定寄附された土地建物及金圓寄附申入証明寫並に謄本等関係書類
一、壽樂園を財團法人壽樂園に改組する為め理事會議録寫

財団法人壽樂園設立趣意書

永年の戦争に疲れ而も敗戦の苦汁をなめ再起もあやぶまれた我が国家並に国民ではあるが勇敢に新憲法を遵守し文化國家平和日本の建設に更生を期して居る　然し乍ら餘りにも深刻な社會不安に襲はれ落伍を餘義なくせられて居る同胞の數は枚挙に遑なき程であり而も年老いて寄る辺もなき人々の悲惨は想像以外であると思はれる茲に於いて高野山眞言宗の大本山大覚寺と門前の健光園断食道場との間に養老事業發起の議が纏り経営上の事務責任担當者として両者合議の上亀山弘應を選定し園名を壽樂園とし大覚寺門跡を出願人として昭和廿四年四月一日付けで京都府知事の認可を受け爾来官民各位の絶大な指導と援助に縋り又遠く米本国や布哇の弘法大師教徒等の後援を頼み四十名を定員として発足したのであるが早くも超満員を収容する盛況を招き園生は感謝と合掌の生活に餘生を樂しみ合ふ現状に至つた事は全く神佛の加護と十方各位の同情の賜なりと確信して居る所で本事業の社會的信用度を高め基礎を確立し堅實な發展を期する為めには是非共財團法人の認可を受け経営其の他の面に益々合理化を計らねばならぬ　そこで此れが実現に昼夜努力を捧げたのであつたが書類の整備其の他に手間どり所定の期日内に認可を得られなかつた事は遺憾千萬であつた而も斯くして居る内に高野山眞言宗から大本山大覚寺が昭和廿五年六月廿六日に分派独立する事になりに本園は高野山眞言宗の社會部に届出登録をなし宗団の社會事業壽樂園と云ふので高野山眞言宗の物心両面に渉る實質上の支持と後援を今日迄に多分に受けて居る随って園として

は絶対に関係を絶つことは出來ないのみならず今后の活動には一層の援助を必要とせられるのが實情であるそこで寿樂園としては宗状の変化や政争の外に立つての法人権を持った壽樂園として大覚寺は勿論高野山幷に眞言宗各派本山門末の支持を受け得る發展態勢とし従來にました官民各位の同情と指導を求めて本園の事業目的を愈々擴充強化せねばならないので壽樂園関係者の協議を重ね別紙の通り書類を整備して出願しましたついては特別の御詮議にあづかり一日も速かに御認可を與江られます様御願い致します

財産目録

基本財産

建造物　八六．〇九坪　價格　三二七、〇六〇円

通常財産（昭和二十五年七月一日現在）

一、現金　参阡七百弐拾円六拾六銭也

二、備品

一、四脚事務机、椅子　一．組　三、二〇〇円

一、食器戸棚　一．個四、五〇〇

一、仝　一．個二、五〇〇

一、輪轉機謄寫版　一．組二、五〇〇

一、自動秤　一．台一、一〇〇

一、グラム秤　一．台一、三〇〇

一、ラヂオ　二．台二、五〇〇

一、基盤　一．面三、〇〇〇

一、布団　一流　三、三二一　八流二六、五六八

一、座布団　一帖　三〇〇　一五帖四、五〇〇

一、蚊帳　一張　一、一六四　二張　二、三二八

一、瀬戸火鉢　一個　一、三〇〇　二個

一個　八〇〇　一個　三、九〇〇

一個　五〇〇　一個

一、防寒衣料　オーバー一着　二，五〇〇

三九着　九七、五〇〇

ズボン　一着　一，〇〇〇

二七着　二七、〇〇〇

上着　一着　一，〇〇〇

七着　七，〇〇〇

一、其他雑品　九点　三、八九〇

基本財産

建造物　八六．〇九坪

右價格　三二七、〇六〇圓也

右ハ当組合の査定シタル

價格ナルコトヲ証明ス

昭和廿五年八月七日

京都市右京區嵯峨天龍寺瀬戸川町七番九ノ七

嵯峨信用組合

壽樂園昭和廿四年度事業計画書

永年の戦いに疲れ而も主要都市を始め各地方に莫大な戦禍を受けて敗戦した、我が国の経済事情は誠に窮乏を極め、尚其上に数百万の海外同胞が引揚げを餘義なくされたので、一般国民の生活事情は名状し難いものとなり、自活の道を失つた落伍者の數は數え切れなくなつて來た。新憲法は家族主義を民主々義に改め、国家の責任に於いて国民の最低生活を保証し、国民は此れを要求する権利を與えて居る。

然し乍ら現実の問題として、貧弱な国家の経済では難民の為めに衣食住の安定を充分得さす事は出來ない。

そこで社会事業に多少の志を有する国民が、国家に協力して社会福祉施設の設置、或は擴充強化に当たらなくては、今日の社会生活を安定せしめる事は出來なくなつて居る。

茲に於いて我が壽樂園は、大覚寺の名により小国英夫一家の協力を求め断食道場を無償借り受け府市の委托を受けて老人達をお世話する養老施設壽樂園として發足した。然し開設初年度の事であるから養老施設にふさわしい諸般の設備、或は各種備品の購入整頓をなし、収容に遺憾なきことを期せねばならぬ。そこで府市等の監督官廳を始め既設の養老事業団体の援護や指導を受け、又共同募金局や一般社会の協力を頼んで、壽樂園の事業確立をなす可き事を初年度の事業計画として実現に移した。

財団法人壽樂園昭和廿五年度事業計画書

昭和廿四年四月一日付けを以て、養老事業施設として京都府知事の認可を受けた我が壽樂園は、府市當局を始め共同募金局並に一般民家の御協力と支援を受け、尚又米本土や布哇在住の弘法大師教徒等の絶大なる援護を受けて、不完全ながらにも収容施設としての一應の設備なり備品等を整える事が出來、而も四十名を定員として發足したにもかかわらず、既に四十四名の多數老人達を収容して、合掌と感謝の裡に日々樂しく老後の生活を營なまし得るものとなつた事は誠に感激に堪へない。

そこで我が壽樂園の基礎を益々強化し、社会的信用度を高め、今後の発展を期する為に、財団法人壽樂園寄附行為の認可申請を昭和廿五年八月五日付けで提出することに決定した。執れは遠からず認可せられるものと確信しているので、本年度は廣く大本山大覚寺や高野山眞言宗々務所或は総本山高野山金剛峯寺等を始め京都在住の眞言宗各派本山に呼びかけ、或は又米国や布哇在住の弘法大師末徒の同情に更に訴えて益々内容の充実外観の整備を遂行する一方に於いては、後援会の組織を造つて本園の協力を乞ふと同時に、更に余力を集め得られたならば設備を擴張し収容能力を高めたいと計画している。

財団法人壽樂園昭和廿六年度事業計画書

本年度の事業計画としては、昭和二十五年度の事業計画方針を継承して是非共収容能力を倍加す可く建造物新設に着手し、更に本事業に附随して尤も必要と考えられる医療保護施設の併置を計画し、此れを実行に移す事を事業計画として考慮して居る。

尚又新憲法実施に伴なつて、今后は有料養老施設の計画実施を多分に必要とするに至るであろふ事が考えられるので、此の方面についても充分研究して、若し可能であるならば實行に着手し度く計画して居る。

昭和二十四年度歳入歳出決算書

歳入の部

第一款　交付金　七三五、一三六・三〇円
第一項　生活扶助費　四六三、七〇五・七〇円
第二項　施設事務費　二六一、六三〇・六〇円
第五項　葬祭扶助費　九、八〇〇・〇〇円
第二款　助成金　二二一、八二八・〇〇円
第一項　共同募金配分金　一六二、〇〇〇・〇〇円
第二項　其他助成金　五九、八二八・〇〇円
第五款　別途借入金　二五〇、八一四・八六円
歳入合計　一、二〇七、七七九・一六円

歳出の部

第一款　事務費　五五九、四〇〇・五〇円
第一項　俸給及諸給　三三六、五九四・〇〇円
第二項　事務需用費　二二二、八〇六・五〇円
第二款　保護費　六四二、三七八・六六円
第三款　豫備費　六、〇〇〇・〇〇円
歳出合計　一、二〇七、七七九・一六円

寄附申込證書

一、木造瓦葺平家弐棟　別紙配置図の通り
建坪　八六・〇九坪
見積價格　三二七、〇六〇円（嵯峨信用組合査定額）
所在地　京都市右京区嵯峨大覚寺門前六道町十二ノ四番地

右壽樂園が財團法人設立の際は財団法人壽樂園の基本財産として寄附致します

昭和二十五年四月十日

京都市右京区嵯峨大覚寺門前六道町十二番地
小國英夫
親権者　小國ウメコ

財団法人壽樂園設立代表者　亀山弘應殿

寄附申込証書

一、弐拾七坪九合参勺

所在　京都市右京区大覚寺門前六道町拾弐番弐の内
一、六拾弐坪七合四勺
所在　京都市右京区大覚寺門前六道町拾弐番地壱、参の内
一、貮百拾弐坪九合八勺
所在　京都市右京区大覚寺門前六道町拾弐番地の四
一、貮拾坪四合
所在　京都市右京区大覚寺門前六道町拾弐番地の五
以上見積坪当り四百圓也
右社会福祉法人壽樂園設立の際は基本財産として寄附致します

昭和弐拾五年十月五日

京都市右京区嵯峨大沢町四番地

大本山大覚寺主管者大僧正　草繋全宜

社会福祉法人壽樂園設立代表者　草繋全宜殿

財團法人寿樂園設立準備委員會　議事録寫し

第一回　設立準備委員會

昭和廿五年五月廿五日午后七時より寿楽園に於いて園の理事會を開き、兼ねて通告して於いた財團法人寿楽園設立準備委員會を開催する事として理事會をその儘準備委員會として各種議案を一括上提した。

出席者

理事　岩根智俊、坂口密翁、谷山敬之、中村勝造代人、石川春之助、野路井盛秀、亀山弘應

監事　味岡良戒、今村冬二郎

議長　園長亀山弘應を満場一致決定。

議案配布、

第一号議案　寿楽園を財團法人寿楽園に改組する件。

第二号議案　財團法人寿楽園寄附行為制定の件。

第三号議案　寿楽園所有財産を財團法人寿楽園に寄附するの件。

第四号議案　財團法人寿楽園設立委員選出並に代表者決定及び財團法人寿楽園初期の役員選定の件。

第五号議案　財團法人寿楽園設立許可申請書に添付すべき寄附行為を除く一切の書類について同意を求めるの件。

第六号議案　財團法人寿楽園設立許可申請の願書並に添付書類中字句等加除訂正を必要とせられた際は寄附行為の根本精神に違背なき範囲に於て適当なる修正を委任し置くの件。

以上

第一号議案　満場一致可決々定した。

第二号議案　逐條審議を行ったが、役員選出の律について大覚寺側の要望として大覚寺事務長岩根理事より役員選出の原則として大覚寺側から（四）、小國側から（三）の律で選定せよと云ふ意見が出たので、此れに対し坂口、野路井、石川、谷山、亀山等の各委員から意見が夫れ〴〵開陳されたが、特に亀山議長から原則とした四對三の律を財團

設立の当初に條件として決定して置く事は不穩當であり又後日に禍根を残す恐れもあり、尚又公的事業性を持たす為めには第三者を加えて置く必要もあるから、此の際斯くの如き比律の決定には賛成出来ないと云ふ強行な反對意見が出たので遂に對立的になつて容易に解定出来なくなつたので、坂口、谷山等の委員から此の比律問題や最初の役員選定等は後日、岩根、亀山、両者で圓満に解定して呉れとの意見が出て一任となり、本案は保留し次の議案審議に移った。

第三号議案　満場異議なく可決々定した。

第四号議案　第二号議案が保留になったので本案も保留

第五号議案　添付書類は大部に渉るので時間の関係上次回の會議に審議する事にして保留

第六号議案　満場一致可決々定した。

以上の通り慎重審議を行い午后十二時解散した。

第二回　設立準備委員會

昭和廿五年六月十六日午后七時より前回の継續會議として委員會を開催した。

出席者

理事　野路井盛秀、谷山敬之、石川春之助、中村勝造、亀山弘應

監事　今村冬二郎

亀山園長議長席につき、定刻に遅れる事殆一時間の後、出席者過半数に及んだので開會を宣し、理事であった大覚寺事務長岩根智俊師が大覚寺事務長辞任の為め園の管理規定によつて次ぎの事務長代理味岡良戒師に理事就任を願い會議に出席して頂く事になつて居る。次ぎに坂口理事は名古屋方面に出張中の為め欠席と報告し、今回の議案は第一回に審議未了になつて居る。

第二号議案「寄附行為制定の件」

第四号議案「財團出願代表等役員に関する案」

第五号議案「添付書類に関する案」

以上を一括上提する事にしたが、味岡師が出席して居らないので大覚寺の意見を聞く事が出来ない為めに、議案の審議に入る事を控えて議長から第一回の委員會で委任された大覚寺当局との交渉顛末の報告をする事にして左の通り要点の報告をなした。

岩根事務長と比律問題で種々協議したが頑として聞かれないので仕方なく去る六月八日に小國側の親族會議を開いて貰い、大覚寺の意向を傳え、小國側の態度決定方を求めた。親族會議では、園の理事を九名程度に増員する事にして、大覚寺三、小國三、第三者三、にする事を代表者を挙げて大覚寺に同意懇願する事、若し此れが容れられない場合は止むを得ぬから、最后的決意をなさねばならぬと云ふ事に決定し、六月九日に谷山敬之、石川春之助両氏と園長が大

覚寺を訪問し、味岡事務長代理に親族會議の決意を傳え、善意の諒解と役員選出律の承認を乞ふた。
此れに対し味岡師は寺内の協議を行い何分の回答を約束されたが、今日迄で大覚寺の意向を□る事が出来ないと報告した。味岡師が午后十二時近くとなるも出席なき為め、野路井氏は帰宅されたが残りの委員で最悪の場合は如何にす可きかについて申し合せをなし解散した。

第参回　設立準備委員會

昭和廿五年八月三日午后三時より寿楽園に於いて前回の継續會議として開會した。
議案としては、
第一号議案　第一回設立委員會より今日迄の経過報告の件。
第二号議案　生活保護施設としての寿楽園は新法令によつて「八月五日以降」自然消滅となるので今后のあり方を如何なる方針によって処理す可きやの件。
第三号議案　財團法人寿楽園寄附行為原案中一部改正の件。
第四号議案　出願添附書類の件。　以上
出席者
理事　味岡良戒、坂口密翁、野路井盛秀、谷山敬之、石川春之助、中村勝造代人、亀山弘應、
監事　今村冬二郎
園長亀山弘應議長席につき、前記の議案を一括上提し議案の説明に入るにさきだち、園の収容設備所有者小國英夫親権者小國ウメコを委員として一名増員方を報告して同意を受け、第一号議案．第二号議案についての説明を行い、味岡師から大覚寺の意向を聞き一、二、意見の交換の後、休憩に入り懇談會に移った。坂口、亀山両氏より寿楽園発足の動機なり開設當初から今日に至る迄での事を夫れゞ、の立場から説明があつて後、味岡師を交えない懇談會が委員の腹臓なき意見の交換に都合がよかろふと云ふ事で、味岡師に席を去つて貰い懇談會を更らに継續した。
その結果、大覚寺が去る六月廿六日に高野山真言宗から分派独立して高野山との關係を絶れたので、今日迄で問題にして居った役員の比律問題どころでない大問題として寿楽園の為めに取り上げて考えねばならぬ事になった。その理由は、寿楽園は大覚寺に所属して居つたが単なる大覚寺でなく、高野山真言宗の大本山大覚寺に所属して居つたのであつて、寿楽園は開設後、高野山真言宗の社會部に宗団の社会事業として報告し登録されて爾来今日迄で物心両面に渉り一方ならぬ援助を受けて居り、又高野山と特種の信仰關係を持つ米本国や布哇在住の教徒等から筆紙に盡し難い同情と援助を受けて居り、今后も亦此れ等の援助なくては園の運營に色々の面で困ると云ふ現実の事情もある。然る

に若し、高野と手を切つて大覚寺と一方的に續いて行く事になつたら此れ等の援助が得られなくなるのみならず、道義的に高野関係と離れる事は出來ない。そこで慎重な上にも慎重に考慮して態度を決す可きだと云ふ意見が多数意見となつて発表せられる事になった。

そこで味岡師の出席を乞ふて更らに本會議で協議したが、仲々結論を見出し得ないので圣營の責任者としては今后を云何す可きか腹案があれば聞かして貰い度い、他の委員が幾等議論して見ても圣營者自体が困るあり方では問題にならぬと云ふ質問意見が出たので園長としては今日の場合、分派独立した大覚寺のものとして一方的にはなれない、高野山から分離する事は道義的にも亦過去の實績上からも考えられない事で、園としては従來通り両者との関係を何等かの形で保つ可きだと思つて居る。

然し寿楽園の設立者である大覚寺主管者草繋門跡がそふした事を同意せられるかどふか意見を聞かないでは□れとも決定出来ないからと云ふので、本會議を一時休憩し、味岡、亀山両人が草繋全宜門跡を訪問し、亀山園長から委員会の空氣や寿楽園の今日及び将来に対する意見を述べて門跡の善意の諒解を求め、更らに此の際、大覚寺門跡と総本山金剛峯寺座主（高野山真言宗管長）を名譽顧問に推戴し理事中には廣く真言宗各派の役職員からも依頼する事にしたいと申し出で門跡の同意を懇請した。

此れに對し門跡は、園長の申し出でによつて園の困難な實情なり園長の苦るしい立場も能く諒解せられたが、園の問題を最初に大覚寺に紹介したのが、覺勝院主坂口密翁師だから一度、坂口師を呼んで意見も聞きたいとの事であつたので、園の委員會に出席中の坂口、野路井両氏に電話で此の旨傳え、亀山園長は交替して帰園し、大覚寺側の最后的回答を待つた、約十分の后に味岡、坂口、野路井三氏帰園。味岡氏より寿楽園の設立代表者である大覚寺主管者草繋全宜門跡の御意見として、『寿楽園を財團に設立するについて色々の実情上園として困難の立場のある事を亀山園長から聞いて諒承した。ついては産みの親となつた大覺寺は此の際一應園から手を引く事とし園は園独自で財團の認可を受け今后益々發展を期して貰い度い。大覺寺は園の将来を祝福する』との懇切な回答であった。又坂口、野路井両氏も大覚寺の意見に同調し、此の際役員は辞するが今后を祝福するとの申し出があった。

此れに對し亀山園長は園を代表して、大覺寺兼に寿楽園創設者草繋門跡から今日迠で一方ならぬ恩義を蒙った事を心から感謝すると同時に、園の立場に同情と正しい御理解を與えられて、園独自に財團認可出願の自由を認められた事を肝銘して御礼申し上げると共に今后も一層御後援を願い度いと述べ、又坂口、野路井両氏の留任を懇願し度いが辞意が堅いので餘義ない事に存じますが今日迠での御協力と御支援を感謝し将来とも宜敷御後援を頼むと謝意を表し、寿楽園は園独自の立場で財團の認可を至急出願し各位の御同情と御支援を頼み、公的な社会事業として堅実な発展を期し度いと聲涙共に下る発意を披歴した。

谷山、石川、今村等の委員も亦大覚寺及び味岡、坂口、野路井三氏に感謝と今后の援助を依頼し、次いで今日迠で寿楽園の所有する財産処理或は財團の出願手續等について意見の交換を行い、在来の寿楽園に關する一切の権限は擧げて財團法人寿楽園に所属せしむる事が當然であり、また出願等の件は全べて園長並に残つた委員であり理事監事である者等に於いて適當に処理する事に決定して、味岡、坂口、野路井三氏は辞去せられた。時刻は既に午后十一時過ぎに及んで居たが、更らに会議を續行し、

第三号議案　財團法人寿楽園寄附行為原案中一部改正の件を附議し、改正す可き点は全べて此れを改正し指導通り満場一致可決々定し、

第四号議案（第一回の委員会に保留した第五号議案）出願添附書類の件、大部に渉る添付書類を審議し、大体に於いて不都合なきものと認めるが尚一層書類の整備等に充分注意して提出する事を園長に委任すると云ふ事で満場一致可決々定した。

（追加）（第一回の委員会で審議未了であった第四号議案）

第五号議案　財團法人寿楽園設立の設立役員選出並に代表者決定及び財團法人寿楽園初期の役員選定の件。

本案中の設立役員は既に理事、監事等を準備委員として議事を進めて来たのだから改めて選定の必要なし。

出願代表者には園長亀山弘應とする事。理事中には小國英夫の親権者、小國ウメコを加える事。

理事中、味岡、坂口、野路井三氏辞任、監事中、味岡師辞任の為め一名欠員となつたので至急園長に於いて適當な人体を推薦し理事會の同意を求め、財團法人寿楽園の理事五名、監事二名を決定し寄附行為の末尾に附記して出願する事を園長に委任する事、として可決々定した。

以上の通り、財團法人寿楽園に改組する為めに必要なる議案一切の審議決定を終つたが尚この外に手續上必要なる問題が発生した際は園長に於て適當に処理する事を一任して会議を終了し解散した。

署名委員　谷山敬之　印

石川春之助　印

五、財団認可出願提出後の経過

八月三日付けで財団法人壽樂園寄附行為並に一件書類を作製し理事七名監事二名の同意書を添付京都府並に市に申請した、その後申請願に議事録を添付してあるが阪根主事としては一應大覺寺の公的意志表示を公文で照會せねばならんとの事であったから議事録に大覚寺の意志表示があるのだから夫れではいけませんか若し御希望があるのなら御手數かけずとも私が大覚寺に八月三日の理事会で意志表示をされた事をその通り証明して頂きましよふと約束して八月十六日に大覚寺に出頭して証明を依頼した、その際黒田執事から事務長味岡師が十九日に皈山するから夫れ迄で待つて呉れとの事であつた、十九日に味岡師に面談して依頼したら門跡が二十日早朝皈山するから十時迄でには証明を出しますから待つて呉れとの事であつた、翌朝十時に横川主事を大覚寺に行かしたら門跡が園長に面談して証明すると申して居るからとの事であつたから二十日夜門跡を訪問したら、その事は未だ録に聞いて居らん、随って君に會い度いとは云ふて居らんとの事であつた、そこで証明方を依頼したら事情よく判つたから味岡事務長に云ふてして貰えとの事であつたが、その際味岡師は来客で主席に居られたので門跡に明朝味岡師に話すから万事宜敷と申して皈へり翌朝大覚寺に行つたら味岡師は他行して留守黒田執事から「味岡師が府が公文が必要なら公文の照会があつたら公文で答えると申し残して出たとの事であつた、私としては八月三日大覚寺の意志を公的に表明された事をその保証明するのに何の為めに遷延されるのか不可解に耐えなかつた、或は門跡も充分諒解して置きながら斯くせられた事はその晩坂口師が大覚寺に居られたから同師に相談せられた結果かとも想像したが眞否は不明である。

その後府、市に大覚寺は証明を呉れませんが事実を基礎として至急に認可して貰い度い、園としては三回の理事会を重ねて充分審議し決定し既に新理事迄で依頼して出願して居る事であり又過去一ヶ年余り色々苦るしみぬいて来た出来事であり、又高野山関係を無視しては絶対に今後の経営は不可能であるから名義人としての権利は尊重せねばならんが知れないが大覚寺のみに依存する事は絶対出来ないとこちらの意見を述べて置いた。

九月二日に大覚寺に味岡事務長から呼ばれて出頭した。

大覺寺は公文の照会に対し中心問題である園の譲渡に亀山弘應を絶対に推薦出来ない、「その理由は表面は理事の数を大覚寺四、小国側三の律に同意しないからと云ふ事であり内実は大覚寺の独立に反対である亀山を大覚寺の名義であった壽樂園を責任を持つて譲るとは答えられぬとの事であるらしい」

味岡師から府の公文書を見せられ府の阪根主事から大覚寺

の無責任を責められた、大覺寺は無責任ではないが亀山園長が大覚寺の云ふ通りせなかったと云ふたら、阪根主事は職員だから解雇したらよいではないかと云はれたのでそふ簡単にも行かないのでありますと答えた。

但し大覺寺に責任者を以つて後継者を推薦せよと云はれるなら独立に反対した亀山を推薦出来ぬと答えて置いたとの事であつた。

此れに対し大覚寺の回答は御自由であるが園は八月三日の決議によつて出願して居るからその事は明瞭に回答して貰い度いと注意して置いた、当園としては公的に大覺寺に八月三日の決議通りの線によつて府の照會に答えられ度いと申入して置いた。九月七日大覚寺主管者より府の公文照會に対する回答に關し旧壽樂園理事監事に相談したいと云ふ案内状が来た、大覚寺の内意は知るに由ない事だが八月三日の役員会に大覺寺から園独自で財団認可出願をせよと申し入れた事を変更して話を過去に皈へし四対三の役員比律に同意を求め若し此れに同意出来ねば園長又は園の役員達が大覚寺の申付けを聞かないからと云ふ理由を造りその理由を基礎として回答文を作る豫定の如く察せられる、然し役員問題は既に愼重に協議を重ね、不同意の意志表示をして居る事であり、又夫れ以上に重大な過去の實績並に将来の経営等の面から高野山と関係を絶つて分派独立した大覚寺のみに所属の出来ない事も動かし得ぬ事であり、又既に新理事として社会的信用もある第三者の理事の承諾を得て財団出願中であるから、今更ら第三者を交えないで大覚寺を四とし小国側を三とすると云ふが如き公共性のない役員組織ニ逆轉する事は殆んど不可能な事と察せられる、然し會合の結果を見ねば決定的な事は判らないがこふした事で徒らに日を延ばされる事は園の為めに悲しむ可き事だと思ふ。

本朝九時前に壽樂園の建造物所有者である小国ウメコが府の西原社會課長に呼ばれて府に出かけ、皈園後、西原課長から親切に同人の心境を聞かれ、所有物件を財団に寄附する事について本意を確かめられ

イ、八月三日の決議により目下申請中通り園長亀山が壽樂園を継承するなら喜んで寄附する

ロ、八月三日の申入れを大覺寺が勝手に変更して他の者に園長として経営せしめる場合は絶対に寄附は勿論貸付に同意しない

ハ、物件の寄附その他について他人の強要を受けて追従して居るものでない

以上の如き事を大要答え西原課長から元氣を出して懸命に貴い事業に精進せよと激励され又阪根主事からも親切に云ふて頂いたと報告があつた。

◎以上は今日迄での経過であるが、

園長並に関係者は大覚寺に対し感謝の態度を持續し出来るだけ不本意な事があつても此れを忍び哀願的態度で折衝を重ねて来た此の方針なるが故にどふしたら財団に関する難問題を圓満に解決出来るかと苦心し府の阪根主事市の林主事等関係官廳の指導員の方々に御相談して善所に万全を期したのであつた、阪根林その他の方々も色々と公私の立場から注意して呉られた事には衷心から感謝せねばならぬと思ふて居る、所が折角好意ある指導を受けて万全を期したが尚且つ今日の仕末になつた事は誠に申し訳けもない。今日迄で色々の事で大覚寺と交渉を進めて来たが圓満な諒解が出来たと思はれて居つた事が一両日の後に妙に混乱して解決が得られなくなつた、自からの拙であり不徳であるとして自誠反省し今後に善所して四十四名の老人達の幸福を祈つてやらねばならん、好事魔多しと云ふが誠にその通りだと思ふ。

寿楽園々長　亀山弘應

〈追記〉

以上の各資料はすべて原文のままです。

宗門の関係や一部の役員間の人間関係等々で、寿楽園の財団法人設立認可申請に関してはいろいろな紆余曲折があったようです。

しかし、一九五一（昭和二十六）年三月十二日に財団法人寿楽園はめでたく設立が認可されました（京都府指令六指第三一号）。

いまでは社会福祉法人健光園は、歴代の大覚寺門跡を総裁として推戴しております（定款第五条）。加えて宗務総長が健光園の評議員として、いろいろご指導下さっております。

また、大覚寺前の養護老人ホーム健光園リニューアル工事に際しましては長期間にわたり工事用車両の大覚寺駐車場通過をお認め頂くなど、日常的にも種々ご協力ご支援を頂いております。

小國英夫（二〇一九年二月）

あとがき

私は一九九〇（平成二）年三月末に健光園の園長を辞し、その後二十二年間、愛知県立大学を振り出しに四つの大学で社会福祉の教員として働いてまいりました。

その間に日本の社会福祉はたいへん大きく変化しました。一九九〇年の社会福祉八法改正やゴールドプランの実施に始まり、二〇〇〇年度には介護保険制度がスタートしました。私はこうした激動の時代を研究や教育という立場から考察してまいりましたが、この大きな変化をどう評価すべきか悩みは膨らむばかりでした。

二〇一一年度から再び健光園に戻りましたが、その時すでに健光園は創立から数えて六十年を越えていました。そして職員の多くは介護保険制度以後の世代でした。周りを見渡しても健光園の創設にかかわった人々はすでに他界していました。過去の資料もかなり散逸し、なかには相当汚損したものもありました。

そうしたときに見つかったのが叔母・横川八重による創立時八年間の克明な日誌でした。記録というものは後になればなるほどその価値が大きくなるものだと思います。お陰様で私も八十歳を迎えましたが、この本の監修に当たって子どもの頃の記憶を一生懸命たどりながら、自分の人生に大きな影響を与えてくださった多くの方々のことを本当に有難いと思いました。

私が竹内愛二先生のご指導を受けるために一九五七（昭和三十二）年度に関西学院大学文学部社会事業学科に入学したのも、叔母・横川八重や母・小國静子が何度か先生のご講演を拝聴して感銘を受けたと話してくれたことによります。人生はこうした多くのご縁で紡がれているのだとつくづく思った次第です。

本書の刊行に当たっては、社会福祉の歴史がご専門の室田保夫先生、小笠原慶彰先生、山本啓太郎先生、そして私の大学の二年先輩である岡本民夫先生にたいへんお世話になりました。

また大量の原稿の編集には関西学院大学出版会の田中直哉さんや、株式会社ワードの小田民平さん、黒田正子さんにお世話になりました。また、ボランティアで文字入力を手伝ってくださった辻なおみさんにもお世話になりました。辻さんは文字入力しながら「この日誌は大変おもしろい。福祉関係者でない私でも興味深く読むことができる」と話しておられました。貴重な史料がこうして出版されることになったのは皆さまのお陰です。本当に有難く深く感謝申し上げます。

二〇一九年　二月

小國英夫

著者・監修者　略歴

横川八重〈1903-65〉（よこがわ・やえ）

現在の京都府京丹後市久美浜町で小國家の三女として生まれる。京都府女子師範学校（現・京都教育大学）卒。教員として勤めたのち兄・小國健治の友人・横川修治と結婚し広島県五日市で暮らすが終戦直後、夫に先立たれ京都に戻る。嵯峨の実家では兄・健治が健光園断食道場を運営していたが、健治も1948年病死。周囲の勧めもあって、健治の妻・静子と八重が道場施設を養老院に転換し、義兄・亀山弘應（当時は広島県の大覚寺派宝泉寺住職）を初代園長、自らは主事となって静子と二人三脚で園を運営した。二代園長として在任中の65年、62歳で急逝。

小國英夫〈1939-〉（おぐに・ひでお）

1939年、京都嵯峨に生まれ、養老院「寿楽園」を自宅として育つ。関西学院大学文学部社会事業学科卒。京都・堀川病院医療相談室ソーシャルワーカーを経て27歳で社会福祉法人健光園理事長・園長に就任。特養や養護の経営とともに、援助を必要とする地域の高齢者のための各種サービスを展開。1990年愛知県立大学教授に招聘され、四天王寺国際仏教大学、京都光華女子大学、関西福祉大学大学院で計22年間社会福祉の研究教育に従事。その間理事長を交代するが2011年理事長に復帰。創立70周年を迎える2019年、自ら定めた理事長任期4期8年を満了、新理事長に引き継ぐ。著書『あすのために―脱・老人ホームの試み』他、多数の論文、エッセイがある。

京都嵯峨　寿楽園日誌

終戦直後に創設された養老院のドキュメント

2019年5月19日初版第一刷発行

著　者　横川八重
監　修　小國英夫
編　者　社会福祉法人健光園

発行者　田村和彦
発行所　関西学院大学出版会
所在地　〒662-0891
　　　　兵庫県西宮市上ケ原一番町1-155
電　話　0798-53-7002

印　刷　株式会社クイックス

Printed in Japan by Kwansei Gakuin University Press
ISBN 978-4-86283-281-8